国家哲学社会科学成果文库
NATIONAL ACHIEVEMENTS LIBRARY
OF PHILOSOPHY AND SOCIAL SCIENCES

唐代刑事诉讼慣例研究

陈玺 著

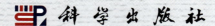
科学出版社

内 容 简 介

"刑事诉讼惯例"是指古代刑事诉讼活动中客观存在,却不见于律典明确规定,又为官方和民众普遍认同的各类习惯性规则。本书以唐代刑事诉讼惯例为主要研究对象,通过对诉讼主体、告诉、审判、执行等领域的专题研究,基本查明了唐代刑事诉讼惯例生成、运行与发展的基本情况,勾勒出中国传统诉讼法律文明中制度、惯例、观念三位一体、协调互动的运作格局,展示了我国传统诉讼法制文化演进、发达之概观与规律。

本书可供法学、中国史等领域学者及相关专业的研究生、本科生阅读和参考。

图书在版编目(CIP)数据

唐代刑事诉讼惯例研究 / 陈玺著. —北京:科学出版社,2017.3
(国家哲学社会科学成果文库)
ISBN 978-7-03-051840-8

Ⅰ. ①唐⋯ Ⅱ. ①陈⋯ Ⅲ. ①刑事诉讼-研究-中国-唐代
Ⅳ. ①D925.202

中国版本图书馆 CIP 数据核字(2017)第 032520 号

责任编辑:陈 亮 范鹏伟 / 责任校对:李 影
责任印制:张克忠 / 封面设计:肖 辉 黄华斌

编辑部电话:010-64026975
E-mail:chenliang@mail.sciencep.com

科 学 出 版 社 出版
北京东黄城根北街 16 号
邮政编码:100717
http://www.sciencep.com
中国科学院印刷厂 印刷
科学出版社发行 各地新华书店经销
*
2017 年 3 月第 一 版 开本:720×1000 1/16
2018 年 9 月第二次印刷 印张:34 插页:4
字数:570 000
定价:**128.00 元**
(如有印装质量问题,我社负责调换)

作者简介

陈　玺　1976 年生，陕西西安人，西北政法大学刑事法学院教授，先后获得西北政法大学法学学士学位、法学硕士学位，陕西师范大学历史学博士学位，中国社会科学院法学研究所博士后、湘潭大学法学院博士后。主持国家社科基金项目"唐代刑事诉讼惯例研究"、"宋代诉讼惯例研究"等各类科研项目 10 余项；获得第 9 批中国博士后基金特别资助、第 57 批中国博士后基金一等资助、第 48 批中国博士后基金一等资助；参加国家社科基金重大项目 1 项、国家社科基金一般项目 3 项。出版学术专著 1 部，在《法学家》、《法学》、《法律科学》等刊物发表学术论文 30 余篇。获得第四届"中国法律文化研究成果"一等奖、陕西省优秀博士学位论文奖、教育部全国高等院校古籍整理研究工作委员会第十届"中国古文献学奖学金"等各类奖励 20 余项。

《国家哲学社会科学成果文库》

出版说明

为充分发挥哲学社会科学研究优秀成果和优秀人才的示范带动作用，促进我国哲学社会科学繁荣发展，全国哲学社会科学规划领导小组决定自 2010 年始，设立《国家哲学社会科学成果文库》，每年评审一次。入选成果经过了同行专家严格评审，代表当前相关领域学术研究的前沿水平，体现我国哲学社会科学界的学术创造力，按照"统一标识、统一封面、统一版式、统一标准"的总体要求组织出版。

全国哲学社会科学规划办公室
2011 年 3 月

目　　录

第一篇　总　　论

第二篇　特殊主体与诉讼惯例

第三篇　告诉惯例研究

Contents

Volume 1   Introduction

Volume 2　Special Subject and Litigation Practice

Volume 3　Research on Litigation Practice

Volume 4   Research on Judgment Practice

Volume 5   Research on Execution Practice

第一篇

总　论

第一章

绪　论

第 一 章

总 论

第一节 缘起与研究意义

一、缘起

（一）习惯与惯例

纵观世界各国法制发达历程，法律实践活动皆先于法律创制。而法律初创之际，又多以习惯为主要表现形式①。梁任公有云："（各国）法律之大部分，皆积惯习而来，经国家之承认，而遂有法律之效力。……人类之始为社会，其间固自有种种惯习以为之制裁，是即法律之所由起也。"②习惯是司法实践长期运行的产物，亦为后世成文法及法典编纂之基础。"在大多数发达的社会中，一般的或广为流行的习惯一直经常是法律的重要的历史渊源，因为一般习惯性做法已经得到如此公认，以致通过司法上的接受、采纳并在其后适用于其他案件而已经成为习惯法，或者已经被教科书的作

---

① 按："在社会发展某个很早的阶段，产生了这样的一种需要：把每天重复着的生产、分配和交换产品的行为用一个共同规则概括起来，设法使个人服从生产和交换的一般条件。这个规则首先表现为习惯，后来便成了法律。"马克思、恩格斯：《马克思恩格斯选集》（第2卷），人民出版社1972年版，第538—539页。

② 梁启超：《梁启超论中国法制史》，商务印书馆2012年版，第3、72页。

者阐述为具有法律效力，或者已经在立法中得到采用或认可"①。上述关于"习惯"的概念表达了以下三重意涵：首先，习惯（在中国固有法领域时常称为惯习②、惯例③、故事④等）与法律之间存在历史渊源关系，习惯是法律创制的基础，部分惯例可经国家认可上升为法律；其次，习惯上升为法律，应为司法机关采纳或为权威法学家著作接受；最后，习惯应具备普遍适用效力，并应成为沟通司法与立法之重要媒介。立法者经由大量诉讼审判活

---

① ［英］沃克：《牛津法律大辞典》，李双元等译，法律出版社 2003 年版，第 295 页。

② 按：在中国传统语境中，"惯习"具有多重含义：其一，指传统或风俗。如《东京梦华录》记北宋开封府春节盛景，以"惯习"指"风俗"："正月一日年节，开封府放关扑三日。士庶自早互相庆贺，坊巷以食物、动使、菓实、柴炭之类，歌叫关扑。如马行、潘楼街、州东宋门外、州西梁门外踊路、州北封邱门外及州南一带，皆结彩棚，铺陈冠梳、珠翠、头面、衣着、花朵、领抹、靴鞋、玩好之类，间列舞场歌馆，车马交驰。向晚，贵家妇女，纵赏关赌，入场观看，入市店饮宴，惯习成风，不相笑讶。"［（宋）孟元老：《东京梦华录笺注》卷 6"正月条"，伊永文笺注，中华书局 2006 年版，第 514 页］其二，指职业或专长；或熟悉特定环境。《颜氏家训》论行业职守，以"惯习"指行业："人生在世，会当有业：农民则计量耕稼，商贾则讨论货贿，工巧则致精器用，伎艺则沈思法术，武夫则惯习弓马，文士则讲议经书。"［王利器：《颜氏家训集解》卷 3《勉学第八》（新编诸子集成），中华书局 1993 年版，第 143 页］李德裕《讨袭回鹘事宜状》："臣比闻戎虏不解攻城，则知除马上驰突，其他并不惯习。"［（唐）李德裕：《会昌一品集》卷 17《密状》，商务印书馆 1936 年版（丛书集成初编），第 142 页］则以"惯习"指"专长"。其三，以"惯习"指"适应"。《与萧翰林俛书》记柳宗元贬谪永州，因"居蛮夷中久，惯习炎毒，昏眊重腿，意以为常。"此处"惯习"，则为适应当地环境之意。（唐）柳宗元：《柳宗元集》卷 30《书》，中华书局 1979 年版，第 798 页。

③ 按：《牛津法律大辞典》将惯例（Usage）释为"通行的、习惯性的做法。"（沃克：《牛津法律大辞典》，李双元等译，法律出版社 2003 年版，第 1148 页）在本书研究的唐代刑事诉讼规则领域，不再对习惯与惯例作更为细致的划分，并不涉及"习惯"与"习惯法"之专门讨论。

④ 按："故事者，言旧制如此也。"［（汉）班固：《汉书》卷 80《宣元六王传》，（唐）颜师古注，中华书局 1962 年版，第 3317—3318 页］唐代"故事"，多指长期行用之前朝或本朝旧制、先例。霍存福指出：唐代"一般所谓故事却是指惯例和事例，非指经过纂辑的唐格。唐代也从未汇纂过故事。唐代故事，多数是唐人在行事过程中所形成或创造的本朝独有的故事，即所谓'国朝故事'。但也有一小部分是引用前朝故事，主要是两汉故事（此外尚征引个别魏晋故事）。……惯例型故事，首先和主要的是法律规定，……也可以是无法律敕令依据的不成文习惯。……事例型故事只是具体史实，与法律规定没有关系。"霍存福：《唐故事惯例性论略》，《吉林大学社会科学学报》1993 年第 6 期，第 17—18 页。

动总结提炼出若干通用规则，并加反复袭用，日久成俗，此为诉讼惯例产生之大致模式。

"所谓法律自发的发展，便告中止。自此以后，对它起着影响的，……便都是有意的和来自外界的"[①]。促成历代修订法律之动因，除社会物质生活条件(地理环境、人口因素、生产方式等)变迁以外，司法实践之推动作用自然无法忽视。"习惯历来是法律的重要渊源之一"[②]，自进入"成文法"时代以后，成文法典虽在中国国家法框架内占据优势地位，惯例性规则因深刻根植于诉讼实践这一源头活水，其规则创制功能及普遍适用效力却无法加以湮没。"以成文法补惯习法之未备，又以制定法尚未足以踌躇满志也，复取惯习法以补其缺点。惯习法之所短，以制定法补之而有余；制定法之所短，以惯习法补之亦无不足。制定法与惯习法，两者并用……实善良之立法政策也"[③]。

在法律渊源层面讨论"惯例"、"习惯"、"习惯法"等时，需要注意以下几点：首先，"习惯法"起初为西方法律渊源之一，"惯例"、"习惯"、"习惯法"等皆为晚近语词，是清末法制改革前后受西方法学影响引入之外来词汇，不属于传统诉讼法律文明之固有研究对象，时人亦视"惯例"、"习惯"、"习惯法"等为舶来之物。清末法律馆《刑律草案》删除比附，且言"今惟英国视习惯法与成文法为有同等效力。此外，欧美及日本各国无不以比附援引为例禁者"[④]。法部郎中吉同均曾以法律渊源角度对中西法律进行比较，认为"《大清律》者，乃历代相传之法典，斟酌乎天理人情，以治中华礼教之民，犹外国之有习惯法、普通法也"[⑤]。其次，《大清民律草案》正式确立"习惯法"之地位与效力，"习惯(法)"遂成直接法律渊源："民事本律所未规定者，

---

① [英]梅因：《古代法》，沈景一译，商务印书馆1979年版，第13页。

② 苏力：《当代中国法律中的习惯——一个制定法的透视》，《法学评论》2001年第3期，第19页。

③ 蕴华：《论惯习与法律之关系》，《法政杂志》1911年第1卷第7期，第82页。

④ (清)沈家本：《修订法律大臣沈家本等奏进呈刑律草案折》，上海商务印书馆编译所：《光绪新法令》，李秀清、孟祥沛、汪世荣点校，商务印书馆2010年版，第473页。

⑤ (清)吉同均：《乐素堂文集》，闫晓君点校，法律出版社2014年版，第131页。

依习惯法；无习惯法者，依法理。"①可见，"习惯法"旨在弥补成文法之不足，其内涵与外延诸端，当时尚未明确。如第 1012 条规定："围障须用七尺高之垣墙。但当事人有特约或另有习惯者，依其特约或习惯。"②再次，清末所修诸律常将条约、法规与惯例并用，此多指代国际惯例。如《刑律草案》"第二条、第三条及第五条至前条之规定，如国际上有特别条约、法规或惯例，仍从条约、法规或惯例办理。"③

(二) 惯例之生成

从历史渊源而言，中国传统诉讼法制文明可溯至上古。徐朝阳言"虞舜时代，刑法即已发生，记载明确，无庸疑议。而关于诉讼法规，则文籍无征，夏商之世，亦无明文，是否其时之诉讼法规不文法，抑年代久远，书阙有间，无得而稽。至其明确之记事，昉自周代"④。程树德亦将中国传统诉讼法之源上溯至《尚书·吕刑》⑤。考诸《礼记》、《仪礼》、《周礼》等先秦典籍，无不大量涉及诉讼程序问题。中国古代诉讼法制至西周发轫，形成"五听"、"三刺"、"三宥"等累世遵行之诉讼规则，其后薪火相传，绵延不绝。与中国固有法时代诉讼法治文明多元构成格局(制度、惯例、观念等)相适应，"诉讼制度"时常被理解为国家制定法层面的法律规定，因此，这里选择"诉讼规则"这一表述方式，力求能够涵盖制度与惯例等相关内容。

泊至春秋战国，成文法典在诸多法律渊源样式中取得绝对优越地位，以至韩非将"法"重新定义为"编著之图籍，设之于官府，而布之于百姓者也"⑥。李悝著《法经》六篇，《囚》、《捕》二律见诸篇什，此为我国诉

---

① 杨立新点校：《大清民律草案》，吉林人民出版社 2002 年版，第 3 页。

② 杨立新点校：《大清民律草案》，吉林人民出版社 2002 年版，第 133 页。

③ (清) 刘锦藻：《清续文献通考》卷 245《刑考四·刑制》，商务印书馆 1935 年版(万有文库)，第 9895 页。

④ 徐朝阳：《中国诉讼法溯源》，吴宏耀、童友美点校，中国政法大学出版社 2012 年版，第 127 页。

⑤ 程树德：《国故谈苑》卷 6《中国法系之诉讼法》，商务印书馆 1937 年版，第 386 页。

⑥ (清) 王先慎：《韩非子集解》卷 16《难三第三十八》，钟哲点校，中华书局 1998 年版(新编诸子集成)，第 380 页。

讼规则纂成专编之始。秦汉以降，传统律典虽以"诸法合体、以刑为主"为其基本特质，但诉讼规则却始终在累朝典制中占据重要位置。《睡虎地秦墓竹简》之"封诊式"、"法律答问"；《二年律令》之"告律"、"捕律"等，足以说明秦汉时期诉讼法制已获得长足发展。魏晋南北朝之际，诉讼规则成为历代律典不可或缺之要素，如《魏律》之"告劾"、"系讯"、"断狱"；《晋律》之"告劾"、"捕律"、"系讯"、"断狱"[①]；《北魏律》之"系讯"、"捕亡"、"断狱"；《北周律》之"杂讼"、"告言"、"系讯"、"断狱"等。至《北齐律》首创十二篇法典结构，其中"名例"、"斗讼"、"捕断"等篇则成为隋唐诉讼制度之直接历史渊源。唐代律令是司法审判的基本依据，事关诉讼之程序规范则散见于《唐律疏议》"名例"、"贼盗"、"斗讼"、"断狱"、"捕亡"诸篇及《狱官令》之中。

有唐一代，司法实践与律令规则抵牾的现象可谓遍及诉讼程序诸环节，而这类现象又无法简单归结为司法审判与律令规定相互脱节。可以认为，在以法律文本为代表的制度性规则以外，尚存在大量客观支配诉讼活动的惯例性规则，此类设计又恰与中国古代立法程序、司法传统及法律文化等因素完全契合。古代司法者在诉讼中遵从惯例、援引"故事"；一定条件下还可通过创制先例、拟议新制，乃至修订律典，实现立法与司法之良性互动，保障法律规则高效有序运行。因此，关于诉讼惯例的研究，对于全面、客观认识我国传统司法文明具有异常重要之价值。

本书研究的"刑事诉讼惯例"是指刑事诉讼活动中客观存在，却不见于律典明确规定，又为官方和民众普遍认同的各类习惯性规则。唐代诉讼惯例的形成与适用以律令规则为基准，又在实践中发挥矫正、修补、创新等重要作用。在弹劾、诣台诉事、杂治、长流等特定领域，其诉讼规则之大部竟属于惯例状态。诉讼制度、诉讼观念、诉讼惯例是中国传统诉讼法律文明中不可割裂之三项基本元素。诉讼制度侧重从官方文本层面，反映诉讼法律文化的宏观样式与基本架构；诉讼观念则立足思想意识角度，诠释时人对于诉讼法律制度的认识水平；诉讼惯例源出司法实践，以律令为

---

① 按："告劾"、"系讯"、"断狱"，皆狱官事。张鹏一编著：《晋令辑存》，徐清廉校补，三秦出版社 1989 年版，第 168 页。

基础，参酌典章故事，通过厘定规则、弥合缺漏，完善诉讼法制，推动司法进程①。制度、惯例与观念之良性互动，构筑了中国固有法时代诉讼规则发展之基本格局。

二、相关概念释义

（一）先例

先例是指先前存在的事例。先例对后续发生的同类事例之处置，往往具有一定指导意义。对于礼法阙载的问题，往往通过检寻、比附先例决断。若无先例或成法可据，则召集臣僚议决、拟定。适用先例决断者，可溯至刘宋时期。孝建三年（456 年）五月丁巳，诏以第四皇子出绍江夏王太子叡为后。有司奏："皇子出后，检未有告庙先例，辄勒二学礼官议正，应告与不？告者为告几室？"太学博士傅休、太常丞庾亮之、祠部郎中朱膺之参议。兼右丞殿中郎徐爰议曰：

> "国之大事，必告祖祢。皇子出嗣，不得谓小。昔第五皇子承统庐陵，备告七庙。"参议以爰议为允，诏可。②

徐爰主张四皇子出绍江夏王告庙礼制，应比照五皇子承统庐陵，备告七庙先例。参议臣僚复议后奏准实行。同年八月戊子，有司奏："云杜国解称国子檀和之所生亲王，求除太夫人。无国子除太夫人先例，法又无科。"孝武帝乃下礼官议正。太学博士孙豁之、祠部郎中朱膺之等参议，太常丞庾蔚之议曰：

---

① 按：邢义田指出：早在汉代即有所谓"故事"此一法律渊源，其范围包括成文的诏书、律令、仪法制度等，也包括不成文的惯例。这些不成文的惯例往往可以填补律令制度不能周全照顾的地方（邢义田：《汉代"故事"考述》，许倬云等：《中国历史论文集》，台湾商务印书馆 1986 年版，第 371—423 页）。上述论断对于探明唐代诉讼惯例的性质、地位与功能具有重要启发。

② （梁）沈约：《宋书》卷 17《礼四》，中华书局 1974 年版，第 464 页。

　　"母以子贵",虽春秋明义,古今异制,因革不同。自顷代以来,所生蒙荣,唯有诸王。既是王者之嫔御,故宜见尊于蕃国。若功高勋重,列为公侯,亦有拜太夫人之礼。凡此皆朝恩曲降,非国之所求。子男妾母,未有前比。……所议参议,以蔚之为允。诏可。[①]

集议臣僚对《春秋》"母以子贵"含义和效力的认定存在重大分歧,庾蔚之以古今异制为由,主张否决除太夫人的奏请,获得参议臣僚认同。可见,即使经义宪典所创设之先例,在后世亦可能存在不同理解,并不具备当然效力。

　　若确有先例可查,后世则可引据适用。大德十一年(1307 年)六月,臣僚奉旨商议诸王朝会赏赐标准。成宗即位,承世祖府库充富,"比先例,赐金五十两者增至二百五十两,银五十两者增至百五十两"。武宗即以此先例为据,"遵成宗所赐之数赐之"[②]。至正十五年(1355 年)六月癸未,中书参知政事实理门言:"旧立蒙古国子监,专教四怯薛并各爱马官员子弟,今宜谕之,依先例入学,俾严为训诲。从之。"[③]

　　可见,古代适用先例遵循以下基本原则:其一,通过检寻程序,查明先例原委;若无先例引据,则须转入集议、敕裁等相关途径解决;其二,对于确实存在的先例,事主、有司皆可援引,并作为重要论据;其三,可资参照的先例既可以是本朝事例,亦可是先朝故事。需要指出的是,先例仅有参考价值,并无必然拘束效力。先例是产生惯例的基本前提,实践中亦可称"事例",若事例得到援引、遵从,即可能升格为惯例。

　　(二)断例

　　"断例"之谓,首见于《晋书·杜预传》:"法者,盖绳墨之断例,非穷理尽性之书也。"[④]此处泛指规则、依据,与"判例"意涵相去甚远。直至宋

---

①　(梁)沈约:《宋书》卷 15《礼二》,中华书局 1974 年版,第 409 页。

②　(明)宋濂:《元史》卷 22《武宗纪一》,中华书局 1976 年版,第 480—481 页。

③　(明)宋濂:《元史》卷 44《顺宗纪七》,中华书局 1976 年版,第 925 页。

④　(唐)房玄龄等:《晋书》卷 34《杜预传》,中华书局 1974 年版,第 1026 页。

代，断例意涵逐步由司法判例演化为法律形式，法司"取谳狱轻重可为准者，类次以为断例"①，断例逐步成为宋代基本法律渊源之一，并在法律体系中占有重要地位。《宋史·艺文志》著录《熙宁法寺断例》十二卷②，此当为宋代官方编修断例之始，《郡斋读书志》又录《元丰断例》六卷，"右元丰中法寺所断罪，此节文也"③。嗣后，两宋累朝多有修纂断例事迹。崇宁四年(1105 年)十月甲申，"以左右司所编绍圣、元符以来申明断例班天下"④。绍兴九年(1139 年)十一月："申命刑部大理官编次刑名断例。"⑤乾道二年(1166 年)六月丙子，"刑部上《乾道新编特旨断例》"⑥。开禧二年(1206 年)八月丙寅，有司复进《开禧刑名断例》⑦。断例编修是宋代重要的法律创制活动，官府专设检详、修订断例制度。元丰二年(1079 年)七月，中书以刑房奏断公案，分在京、京东西、陕西、河北五房，逐房用例，轻重不一，"乞以在京刑房文字分入诸房，选差录事以下四人专检详断例。从之"⑧。元祐元年(1086 年)十一月，中书省以嘉祐时富弼、韩琦编修断例"内有该载不尽者，欲委官将续断例及旧例策一处看详情理轻重，去取编修成策，取旨施行。从之"⑨。宋代编修的断例，当由"条"和"例"混合构成，所谓"可以为法者，创立新条；法不能该者，著为例"⑩。司法审判适用的刑例，是宋朝在恢复奏谳制

①　(元)脱脱等：《宋史》卷 310《王曾弟子融传》，中华书局 1977 年版，第 10186 页。

②　(元)脱脱等：《宋史》卷 204《艺文三》，中华书局 1977 年版，第 5143 页。

③　(宋)晁公武：《郡斋读书志校证》卷 8《刑法类》，孙猛校证，上海古籍出版社 1990 年版，第 333 页。

④　(元)脱脱等：《宋史》卷 20《徽宗纪二》，中华书局 1977 年版，第 375 页。

⑤　(元)脱脱等：《宋史》卷 29《高宗纪六》，中华书局 1977 年版，第 542 页。

⑥　(元)脱脱等：《宋史》卷 33《孝宗纪一》，中华书局 1977 年版，第 634 页。

⑦　(元)脱脱等：《宋史》卷 38《宁宗纪二》，中华书局 1977 年版，第 742 页。

⑧　(宋)李焘：《续资治通鉴长编》卷 298"神宗元丰二年(1079 年)六月"，上海师范大学古籍整理研究所、华东师范大学古籍研究所点校，中华书局 1995 年版，第 7260—7261 页。

⑨　(宋)李焘：《续资治通鉴长编》卷 391"哲宗元祐元年(1086 年)十一月"，上海师范大学古籍整理研究所、华东师范大学古籍研究所点校，中华书局 1995 年版，第 9509 页。

⑩　(宋)李焘：《续资治通鉴长编》卷 307"神宗元丰三年(1080 年)六月丁巳"，上海师范大学古籍整理研究所、华东师范大学古籍研究所点校，中华书局 1995 年版，第 7471 页。

度过程中形成的①。

元代断例相当于唐宋旧律，元人徐元瑞《吏学指南》径引《晋书·杜预传》，以"断例"比附"法"、"律"②。元代断例源自司法实践，是元代基本法律形式之一，并时常作为法典的重要组成部分。黄时鉴认为："断例"释作"断案通例"正是"划一之法"，也就是律③。钱大群复曰：《大元通制》中的"断例"部分"相当律文"④。英宗至治三年(1323 年)二月修《大元通制》，凡二千五百三十九条，"内断例七百一十七、条格千一百五十一、诏赦九十四、令类五百七十七"⑤。《元典章》台纲、户部、刑部、工部等章纂入各类断例三十余则，如"户绝家产断例"、"买卖蛮会断例"、"侏儒挑钞断例"、"食践田禾断例"、"焚夫尸嫁断例"、"奸八岁女断例"、"借使官吏俸钱断例"、"处断盗贼断例"、"奴诬告主断例"、"刑名枉错断例"、"杀羊羔儿断例"等。从法律渊源角度而言，元代断例不同于司法判例，是经过有司拟定、呈报、审核之圣旨、拟议、咨呈等程序的正式法律文件。兹引《元典章》与《至正条格》"断例"证之：

> 至元二十八年四月二十一日，奉圣旨："休杀羊羔儿吃者。杀来的人根底，打一十七下，更要了他的羊羔儿者。"么道。钦此。⑥
>
> 至大四年六月，吏部呈："妇人因夫、子得封郡县之号，即与庶民妻室不同。既受朝命，若夫、子不幸亡殁，不许再醮。如不遵守，将所受宣敕追夺，断罪离异。"都省准拟。⑦
>
> 至元六年二月，刑部议得："王佛保与邓普聪争地怀恨，用斧将本人牛舌割去半截倒死。即系故行用刀杀死牛只，难议减科。比例，拟合杖

---

① 杨一凡、刘笃才：《历代例考》，社会科学文献出版社 2012 年版，第 93 页。

② （元）徐元瑞：《吏学指南》，浙江古籍出版社 1988 年版，第 67 页。

③ 黄时鉴：《〈大元通制〉考辨》，《中国社会科学》1987 年第 2 期，第 163 页。

④ 钱大群、钱元凯：《唐律论析》，南京大学出版社 1989 年版，第 353 页。

⑤ （明）宋濂：《元史》卷 28《英宗纪二》，中华书局 1976 年版，第 629 页。

⑥ 陈高华等点校：《元典章》卷 57《刑部十九·诸禁·禁宰杀·杀羊羔儿断例》，天津古籍出版社 2011 年版，第 1896 页。

⑦ 韩国学中央研究院编：《至正条格》（校注本）卷 8《断例·户婚·命妇不许再醮》，韩国学中央研究院 2008 年版，第 242 页。

断壹伯，既已断讫捌拾柒下，所少杖数依上贴断外，据割舌倒死牛只，照依彼中时价，追陪给主。"都省准拟。[1]

《元典章》中时常出现"合令刑部明立断例，遍行中外遵守"[2]、"本台已有奏准断例，钦依施行"[3]、"都省今抄断例前去，咨请钦依施行"[4]等类似表述，元代"断例"具有一般法律效力，司法机关可以援引、适用。

中国古代始终存在判例和成法冲突与竞合问题，凡不具备一般法律效力之断例、敕条，法司禁止援引比附。绍兴三十年(1160年)八月丙辰，诏修吏部敕令格式及刑名疑难断例。高宗敕曰："今既有成法，不可更令引例也。"[5]金宣宗贞祐四年(1216年)，拜参知政事李革奏："有司各以情见引用断例，牵合附会，实启倖门。乞凡断例敕条特旨奏断不为永格者，不许引用，皆以律为正。"诏从之[6]。总之，断例源自司法实践，是律典编纂之重要素材，往往通过立法机构删修、规范程序，成为普遍适用规则，跻身法律制度之列。"诉讼惯例"与司法"断例"可能均生成于司法实践，并为官方与民间所遵守。但立法机构颁布施行的"断例"是宋元时期纳入现行法律体系之正式法律渊源，此与本书所探讨的"惯例"存在根本差异。

(三) 判例

中国古代适用判例的历史源远流长，西周已经出现"上下比罪"[7]的司法

---

[1] 韩国学中央研究院编：《至正条格》(校注本)卷9《断例·厩库·怀恨割牛舌》，韩国学中央研究院2008年版，第255页。

[2] 陈高华等点校：《元典章》卷45《刑部七·诸奸·强奸·强奸幼女处死》，天津古籍出版社2011年版，第1519页。

[3] 陈高华等点校：《元典章》卷48《刑部十·诸赃三·首赃·出首取受定例》，天津古籍出版社2011年版，第1608页。

[4] 陈高华等点校：《元典章》卷49《刑部十一·诸盗一·强窃盗·强切盗贼通例》，天津古籍出版社2011年版，第1625页。

[5] (宋)熊克：《中兴小纪》卷39"绍兴三十年(1160年)八月丙辰"，商务印书馆1999年版，第471页。

[6] (元)脱脱等：《金史》卷99《李革传》，中华书局1975年版，第2197页。

[7] (汉)孔安国传，(唐)孔颖达疏：《尚书正义》卷19《吕刑二十九》，十三经注疏整理委员会整理，北京大学出版社2000年版，第647页。

原则。西周时期，判例曰"成"或"比"。《礼记·王制》："疑狱，泛与众共之。众疑，赦之。必察小大之比以成之。"郑注："小大犹轻重，已行故事曰比"①，即以"故事"对应"比"。《周礼·秋官·大司寇》：以八法治官府，其五曰官成，以经邦治，"凡庶民之狱讼，以邦成弊之"。贾公彦疏："比八者，皆是旧法成事品式。若今律，其有断事，皆依旧事断之，其无条，取比类以决之，故云决事比也。"②又以"决事比"对应"成"。"成"与"比"，皆判例之意。

秦法律形式有"廷行事"，乃法庭成例③，此为秦朝适用判例之证。王念孙曰："行事者，言已行之事，旧例成法也。"④秦"廷行事"具有补充或修改律令规定之司法功能。《睡虎地秦墓竹简·法律答问》中有"律"与"廷行事"相违，以"廷行事"论断之例：

> 告人盗百一十，问盗百，告者可（何）论？当赀二甲。盗百，即端盗驾（加）十钱，问告者可（何）论？当赀一盾。赀一盾应律，虽然，廷行事以不审论，赀二甲。⑤

汉代法律形式有四，曰律、令、科、比，颜师古曰："比，以例相比况也。"⑥比是在司法实践中法无明文规定时，法司决断所参考类似判例，并形成"类集为篇，结事为章"的判例编纂体例，即以法律调整对象的不同领域为依据，分门别类编纂判例⑦。《张家山汉墓竹简·奏谳书》为议罪案例汇编，是当

---

① （汉）郑玄注，（唐）孔颖达疏：《礼记正义》卷13《王制》，十三经注疏整理委员会整理，北京大学出版社2000年版，第481页。

② （汉）郑玄注，（唐）贾公彦疏：《周礼注疏》卷34《秋官·大司寇》，十三经注疏整理委员会整理，北京大学出版社2000年版，第1067页。

③ 睡虎地秦墓竹简整理小组：《睡虎地秦墓竹简》，文物出版社2001年版，第102页。

④ （清）王念孙：《读书杂志》卷6《汉书第十二·行事》，江苏古籍出版社1985年版，第342页。

⑤ 睡虎地秦墓竹简整理小组：《睡虎地秦墓竹简》，文物出版社2001年版，第102页。

⑥ （汉）班固《汉书》卷23《刑法志》注，（唐）颜师古注，中华书局1962年版，第1101页。

⑦ 汪世荣：《中国古代的判例研究：一个学术史的考察》，《中国法学》2006年第1期，第83页。

时的诉讼司法程序和文书格式的具体记录①，也是汉代判例适用的真实反映。

隋唐法律形式曰律、令、格、式，判例不具备直接法律渊源性质。但唐代继承前代行政长官兼理司法之传统，科举选官有身、言、书、判四法，修撰判集蔚然成风，由此催生大量以应试为目的之判例习作。宋人郑樵《通志》著录案判凡二十部，七十九卷，或可窥唐宋判集编录之梗概(表1-1)。

表 1-1　《通志》所见唐宋判集简表

判集名称	著者	卷数	备注
百道判	(唐)骆宾王	一卷	《玉海》卷 60
百道判(又)	(唐)郑宽	一卷	元和拔萃。《新唐书》卷 60；《玉海》卷 54
百道判(又)	(唐)白乐天	一卷	《白居易集》卷 49—50
百道判(又)	(唐)崔锐	一卷	大历中人。《新唐书》卷 60
穿杨集	(唐)马幼昌	四卷	判目。《新唐书》卷 60；《崇文总目》卷 3
龙筋凤髓判	(唐)张文成	十卷	杂抄唐人判语，分门为类。《玉海》卷 117
判格	(唐)张伾	三卷	《新唐书》卷 58；《崇文总目》卷 2(阙)
代耕心鉴甲乙判	(唐)南华张集唐代诸家判	一卷	《崇文总目》卷 11(阙)
判范	(唐)陈岠	一卷	—
究判妙微	方仲舒	一卷	《宋史》卷 210
书判幽烛	不著撰人	四十卷	《宋史》卷 207；《崇文总目》卷 3(阙)
五经评判	周明辨	六卷	《崇文总目》卷 3(阙)
吴康仁判	不详爵里	一卷	《崇文总目》卷 12(阙)
张咏判辞	张咏	一卷	—
拔萃判	毛询	一卷	天圣九年拔萃科《玉海》卷 116
百道判图	不明	一卷	—
尹师鲁书判	尹师鲁	一卷	—
甲乙平等及第判	不明	二卷	—
唐诸公试判	不明	一卷	—
唐诸公案判	不明	一卷	—

---

① 张家山二四七号汉墓竹简整理小组：《张家山汉墓竹简》(释文修订本)，文物出版社 2006 年版，第 91 页。

以上骆宾王《百道判》至陈岵《判范》为唐人判集，今唐判传世者有《龙筋凤髓判》、《白居易集》、《元稹集》[①]、《文苑英华》等，保存唐代拟判一千余道[②]，敦煌文书中亦发现《文明判集残卷》(伯三八一三背)、《开元判集残卷》(伯二五九三)等拟判文书[③]。上述判例依据律令、经义撰写，多以四六骈体行文。虽非真实判例，却对了解中古时期判文发展提供了重要参考。唐代拟判行文格式亦颇有异同，如张鷟《龙筋凤髓判》、白居易《百道判》体例相类，皆以简要案件起首，《文苑英华》所收判文多称"某某判"，当为编修者依据判文内容所增。兹撷唐代拟判三道，以明其详。

　　《龙筋凤髓判》御史严宣，前任洪洞县尉日，被长史田顺鞭之。宣为御史，弹顺受赃二百贯，勘当是实。顺诉宣挟私弹事，勘问，宣挟私有实，顺受赃不虚。

　　田顺题舆晋望，让佩汾阳。作贰分城，参荣半刺。性非卓茂，酷甚常林。鞭宁戚以振威，辱何忧夔而逞志。严宣昔为县尉，雌伏乔元之班。今践宪司，雄飞杜林之位。祁奚荐举，不避亲雠。鲍永绳愆，宁论贵贱。许扬大辟，讵顾微嫌。振白鹭之清尘，纠黄鱼之浊政。贪残有核，赃状非虚。此乃为国锄凶，岂是挟私弹事？二百锾坐，法有常科，三千狱条，刑兹罔赦。[④]

　　《白居易集》得景为县官，判事案成后，自觉有失，请举牒追改。

　　① (唐)元稹：《元稹集》外集卷3《补遗三·判》，冀勤点校，中华书局1982年版，第652—658页。

　　② 按：据陈锐统计，在《文苑英华》中，自第503卷至第552卷皆为判词，凡50卷，录判词1036篇。其中，有名有姓之作者约452人，被收录3篇以上判词的作者达12人，其中尤以白居易的作品为多，另有444篇判词没有明确作者。这些判词大致分为36个大的门类。参阅陈锐：《唐代判词中的法意、逻辑与修辞——以〈文苑英华·刑狱门〉为中心的考察》，《现代法学》2013年第4期，第48页。

　　③ 按：关于出土唐判研究，可参阅刘俊文：《敦煌吐鲁番唐代法制文书考释》，中华书局1989年版，第436—494页。

　　④ (唐)张鷟：《龙筋凤髓判》卷1《御史台》，(明)刘允鹏原注，陈春补正，商务印书馆1939年版，第8—9页。

刺史不许，欲科罪，景云令式有文。

政尚从宽，过宜在宥。苟昨非之自悟，则夕改而可嘉。景乃案察，参诸簿领。当推案务剧，讵免毫厘之差；属褰帷政苛，不容笔削之改。误而不隐，悔亦可追。县无罔上之奸，州有刻下之虐。先迷后觉，判事虽不三思；苟有必知，牒举明无二过。揆人情而可恕，征国令而有文。将欲痛绳，恐非直笔。①

《文苑英华·私习天文判》定州申：望都县冯文私习天文，殆至妙绝，被邻人告言。追文至，云移习有实，欲得供奉。州司将科其罪。文兄遂投匦请追弟试。敕付太史试讫，甚为精妙，未审若为处分。

对（崔璀）：精心宁寂，绵思洞幽。既讯水之如符，亦言天而若印。昔闻其事，今觌斯人。冯文儒术圆冠，识均方士。耻苍蝇之迷夜，重鸣鸡之唱晨。由是微神穿石，流观刺井。探九玄之微妙，察五纬之纲维。眷彼倾河，言不乖于暝雨；循兹险涧，罪已挂于秋霜。邻人嫉深，始求资于魏阙；友于情切，方辨过于尧年。由是皇旨鉴微，刑不阿附。既令付法，须裁典宪。按其所犯，合处深刑。但以学擅专精，志希供奉。事颇越于常道，律当遵于异议。即宜执奏，伏听上裁。②

唐宋以降，亦有大量实判存世。如敦煌出唐代《麟德安西判集残卷》（伯二七五四）、《唐西州判集断片》[73TAM222：56(1)—(10)]、《唐开元二十四年九月岐州郿县尉勋牒判集》（伯二九七九）；宋代《名公书判清明集》、郑克《折狱龟鉴》、桂万荣《棠荫比事》；清代陈芳生《疑狱笺》、董沛《汝东判语》、李清《折狱新语》、蒯德模《吴中判牍》、全士潮《驳案新编》、杨景仁《式敬编》、祝庆祺《刑案汇览》、庄纶裔《卢乡公牍》等，皆属此类。此以敦煌出永泰年间《河西巡抚使判集》（伯二九四二号）为例，试辨唐代拟判、实判之异同：

---

① （唐）白居易：《白居易集笺校》卷66《判》，朱金城笺校，上海古籍出版社1988年版，第3586—3587页。

② （宋）李昉等编：《文苑英华》卷503《判一·乾象律历·私习天文判》，中华书局1966年版，第2583页。

（前略）

111　瓜州别驾杨颜犯罪，出斛斗三百石赎罪

112　杨颜所犯，罪过极多。纵不累科，事亦非少。既愿纳物，以用赎

113　刑，正属艰难，打煞何益。虽即屈法，理贵适时。犯在瓜州，纳

114　合彼处。事从发断，义不可移。既有保人，任出输纳。[①]

此判语上引拟判之行文体例、书写格式相类，叙事相对平实，较少征引典故。总之，无论是拟判抑或实判，均源自司法实践，在一定程度反映了特定时期诉讼制度、诉讼观念、诉讼文化之客观情况。就法律效力而言，与"断例"不同，唐代"判例"并非正式法律渊源，不具备直接适用之法律效力。

此外，与诉讼"惯例"概念相关者，又有条例、原例、增例、则例、事例、成例、钦定例等。上述规则多数亦源自司法判例，经有司遴选编修后，奏报皇帝批准，遂产生一般法律效力，跻身国家正规法律渊源之列，具有直接行用之法律效力，与"惯例"之非正式制度性质迥然不同。因主题与篇幅所限，于兹不赘[②]。

三、研究意义

首先，就学术价值而言，唐代刑事诉讼惯例研究是回溯与继受中国优秀传统法律文明的必然选择。儒家历来讲求"祖述尧舜，宪章文武"，凡事惯于回视历史，总结经验，斯可谓切中国人之禀赋性情与思维范式。古人将数千年的法律经验最终概括为"天理、国法、人情"三者的贯通，并作为司法信条和基本原则加以严格恪守。"情、理、法"共融于诉讼的现象经由种族繁衍和文化继受得以世代传承，并深刻根植于国人之精神与血脉之中。有时不经意间回溯历史，在故纸之中往往会有惊人发现。从某种意义而言，关于我国

---

① 唐耕耦、陆宏基编：《敦煌社会经济文献真迹释录》（第 2 辑），全国图书馆文献微缩复制中心 1990 年版，第 624 页。

② 按：杨一凡《历代例考》对决事比、故事、廷行事、断例、榜例、则例、省例、条例、事例、格例等重要问题进行了详细考辨，是关于古代"例"研究的扛鼎之作。参阅杨一凡、刘笃才：《历代例考》，社会科学文献出版社 2012 年版。

传统法律史学的研究，除了其学术意义本身以外，尚有中西两种法律思维模式博弈之意涵。经历了效仿西方制度的百年历程之后不难发现，当代中国法律人需要解决的许多重大课题均与中国社会物质生活条件密切联系，而与法律相关之理性、和谐、人性、人文、民本等诸多概念的解释方式可以是多元的，但在规则层面能为国人所广泛认同和接受的，往往还是那些世代承袭或约定俗成的制度、观念与惯例。因此，关于唐代刑事诉讼惯例的研究，正是在社会转型背景之下对传统法律文化之重新审视与客观评估，对于全面认知我国固有法律传统具有重要学术价值。

其次，就应用价值而言，唐代刑事诉讼惯例研究是回应和推动我国当前立法与司法改革进程的现实要求。自清末西法东渐以来，法学经过百年发展嬗变，业已成为当代人文社会科学之"显学"之一。然其学科门类、制度原则、概念术语、思维范式无一不深受西方学术传统之影响。20 世纪以来，法学诸分支学科之划分又呈更为细致之态势，不同部门法学之间交叉互补的研究方法也日益为学界所重。尤其是从历史视野对各个部门法进行的思考，已经成为立法与司法实践中不容忽视的内容。近年，我国法制进程中有两件事是值得法史学界特别关注的，其一，2011 年《中华人民共和国刑法修正案》（八）对我国传统矜老恤幼原则之认可；其二，2012 年新修订的《中华人民共和国刑事诉讼法》接受传统容隐原则，豁免强制被告人近亲属出庭作证义务。这两件事之重大意义并非局限于人文关怀与法律理性本身，更可视为当代中国立法与司法回溯我国优秀法律传统，汲取历史经验与智慧的重要转向，从研究视野与方法而言，更是我国法学界民族法律精神觉醒与复兴的重要标志。回归中国固有文化，追慕中华法系文明之源，势必成为 21 世纪法律学人的共同使命。本书研究试图通过深入挖掘和弘扬优秀传统法律文化，为实现中华民族的伟大复兴，为推动"中国梦"的实现贡献力量。

最后，就研究范畴而言，唐代刑事诉讼惯例研究对于诉讼法史学科构建具有重要理论价值。我国近代诉讼法部门构建以诉讼法典的编纂为前提，光绪三十二年（1906 年），修律大臣沈家本和伍廷芳上呈清廷《刑事民事诉讼法草案》，是为中国近代专门诉讼法典之始。与之相适应，关于诉讼法学本身之研究亦由此逐步展开，此间则必然涉及我国诉讼规则嬗变发达之纵向考察。

本书属于诉讼法史研究性质，横跨法律史学与诉讼法学两个分支学科，又与历史文献学、碑刻学、敦煌吐鲁番学、中国古典文学等相关学科密切联系。本书选择唐代刑事诉讼惯例作为研究剖面，透视中国传统诉讼法律文化的发展脉络，可以视为诉讼法史学科构建之有益尝试。

第二节　研究现状述评

本书研究以唐代为历史剖面，以刑事诉讼为研究范畴，以诉讼惯例为核心内容。为查明唐代刑事诉讼惯例生存状态与运作模式，势必对与之密切相关的诉讼制度、诉讼文书、诉讼文化等问题进行全面考察。因此，本书对于学术史的述评，将从诉讼法制通论研究、唐代诉讼专题研究、唐代诉讼惯例研究、唐代法律形式研究、出土诉讼文书研究、诉讼法律文化研究等六个方面依次展开。在上述六个专题项下分别介绍内地及海外重要研究成果。所述文献依据发表时间先后排序，于文献名后注明引据的版本或资料来源。

一、诉讼法制通论研究

众所周知，唐律在中国传统法制辗转兴替历程之中占据至为重要之枢轴地位。美国学者马伯良（Brain E. McKnight）指出："《唐律》内容在其后各朝法典中的不断翻版，无疑部分地基于它作为古代产物的法典权威，部分地基于它的规定作为一般准则的重要性。"①具体至刑事诉讼法制研究一隅，纵向比较之诉讼通论研究，对于唐代刑事诉讼惯例问题的讨论显得至关重要。

传统意义上，以通论方式记述历代诉讼规则变迁者，如《通典》、《通志》、

---

① ［美］马伯良：《〈唐律〉与后世的律：连续性的根基》，霍存福译，载高道蕴、高鸿钧、贺卫方编：《美国学者论中国法律传统》（增订版），清华大学出版社2004年版，第290页。

《文献通考》等"即为一种吾国完全之法制史"①，其中自然涵盖历代刑事诉讼规则之一端。泊乎清季，西法东渐，新律修订、司法改革、法学研究及法学教育等构成中国固有法近代化转型之主要内容。以刑律、民律、商律、诉讼律等为主干之近代"六法"体系至此始见端倪。因中西法律思想、法律制度、法律学说相互碰撞交融，清末修订诸律多具有过渡性与包容性特色。受西方法学理论影响，学者开始尝试运用各类方法系统研究中国古代法制文明。《唐律》作为流传至今最早一部系统完整的封建法典，受到学界格外关注。光绪末年，长安薛允升《唐明律合编》（法律出版社 1999 年版）运用纵向比较方法，探究唐、明律关系，开创了唐代诉讼法制领域纵向比较研究之法门。此后，沈家本又依循中国治律传统修撰《历代刑法考》（中华书局 1985 年版），其中关于刑官、审判、系讯、执行等问题的分析，纵横捭阖，条分缕析，是早期诉讼法制通论研究之典范。

民国时期，因受到西法体系与理论影响，研究中国传统法制之门径与方法发生重大变化。多部《中国法制史》之编纂体例则或以历史断代为序，或以法律部门统辖。以断代为序者如郁嶷《中国法制史》（北平震东印书馆 1931 年版）叙述唐代刑罚适用与执行问题。朱方《中国法制史》（上海法政学社 1932 年版）将中国法制历史划分为创制、因革、完成、沿袭、变动五阶段，第三章"唐代审判制度"一节涉及刑讯、上诉、审级、弹劾、赐死等问题。以法律部门统辖方式进行的研究成果，当首推徐朝阳之《中国古代诉讼法》（商务印书馆 1927 年版）与《中国诉讼法溯源》（商务印书馆 1933 年版），《中国古代诉讼法》介绍民、刑诉讼的区分、诉讼原则、诉讼费用、诉讼担保等；《中国诉讼法溯源》涉及告诉、讯问、证据、勘验、代理、上诉等诸多问题，基本涵盖了诉讼法制的各个方面，是目前所知最早关于我国古代诉讼的专门论著。徐氏借鉴西方法学思维，对我国传统诉讼法制的兴替沿革进行了深入分析，大致确立了诉讼法史研究的方向与规模。按照诉讼法学程序架构编撰法史专著的书写模式，成为一时之流行风尚。丁元普《中国法制史》（上海会文堂新记书局 1930 年版）第六章"唐代之民刑法及诉讼法"专门论及唐代司法机关及法官职掌。程树德《中国法制史》（华通书局 1931 年版）对唐代刑制、法官

---

① 朱方：《中国法制史》，上海法政学社 1932 年版，第 18 页。

责任、家族制度等问题进行了研究。陈顾远《中国法制史》(商务印书馆 1934 年版)按照现代法律学科门类贯通介绍中国古代法制,其中司法制度部分与唐代诉讼有直接关联。尤其值得一提的是,陈氏明确提出以"问题研究法"考察中国法制历史变迁,摈弃王朝兴迭之传统书写模式,为后续诉讼法史研究的深入展开指明方向。

时至今日,法史学界研究唐代诉讼法制之路径仍大致分为"断代描摹"模式或"程序中心"模式两类。前者遵循王朝兴替轨迹,以朝代更迭为划界依据,按照时间顺序依次介绍不同时期刑事诉讼规则的发展概况。代表性成果如汪潜《唐代司法制度——唐六典选注》(法律出版社 1985 年版)对《唐六典》刑部、大理寺、御史台及地方司法四部分所涉制度、名词予以悉心疏解,不仅可借此概览唐代诉讼制度,还可准确理解相关概念术语。任爽《唐代典制》(吉林文史出版社 1995 年版)第五章"法律制度"专设"诉讼程序"一节,讨论告诉、审讯、判决、执行与赦宥问题。陈鹏生主编《中国法制通史》(法律出版社 1998 年版)第四卷"隋唐"开辟专章讨论唐代司法制度,全面论述了唐代司法机关设置、控告与强制措施、审判、执行等问题。其中"上诉"与"复核"及刑罚执行问题,正是本书研讨内容之一。冯辉《唐代司法制度述论》(载《史学集刊》1998 年第 1 期)详细阐释了唐代司法机构、程序规则、司法特权等问题。刘俊文《唐代法制研究》(文津出版社 1999 年版)第三章"唐代司法制度"介绍了唐代刑事诉讼受诉、拘捕、监禁、审判、申覆、行刑六目,考订缜密,资料翔实,是系统介绍唐代刑事诉讼制度之成功例证。张晋藩《中国司法制度史》(人民法院出版社 2004 年版)第四章对隋唐时期"刑事诉讼审判的程式化"一节全面介绍了唐代刑事诉讼的主要环节,是书广征博引,系统完备,代表了近年来唐代刑事诉讼法制研究的较高水平。李文玲《中国古代刑事诉讼法史》(法律出版社 2011 年版)采取断代分述方式,对夏商、周、秦、汉、唐、宋、明、清历代诉讼程序进行了讨论。

与"断代描摹"书写方式相比,以"程序中心"模式研究中国诉讼规则的成果虽相对较少,其法学特质似乎更为鲜明。此类研究一般依据刑事诉讼诸环节之法定顺序,容纳排比不同历史时期各类史料,遂形成诉讼法史之通史架构。代表性成果如林咏荣《中国法制史》(台北永裕印刷厂 1976 年版)分设"法制演进之诸阶段与诸因素"、"法制之形成及其本质"、"法典之编纂及其因素"、"刑制之厘定及其变迁"、"审判之程序及其原则"等九章,其中第八章涉及传统司法之审级、期间、审判、拷问、证人、法官责任等问题。戴炎辉《中国法制史》(三民书局 1979 年版)分设法源史、刑法史、诉讼法史、身份法史、财产法史五篇,其中"诉讼法史"部分对司法组织、裁判机关、诉讼当事人及代理人、诉讼程序进行深入论析。陈光中、沈国峰《中国古代司法制度》(群众出版社 1984 年版)分列"审判组织"、"起诉"、"强制措施"、"上诉、复审与复核"等十章,全面介绍先秦至清代中国司法制度变迁之梗概。该著作体例新颖、资料翔实,在研究方法与表述方式方面,开大陆学界风气之先。李交发《中国诉讼法史》(中国检察出版社 2002 年版)重视诉讼法制度层面通论研究,尤其关注传统诉讼理论的整理与提炼。张伟仁《中国传统的司法和法学》(载历史语言研究所:《法制史研究》第 9 期,2006 年)从中西比较视野,依据现代法律架构,对涉及中国传统司法、天理与法理、人情之关系等事关诉讼规则之基本问题进行了论说。桂齐逊《国法与家礼之间——唐律有关家族伦理的立法规范》(龙文出版社股份有限公司 2007 年版)对《唐律》所涉十恶、缘坐、恤刑、复仇进行了专题研究。陈玺《唐代诉讼制度研究》(商务印书馆 2012 年版)采取专题论述方式,对唐代诉讼之起诉、受理、审理、覆奏等问题进行了专门探讨。

唐代诉讼惯例研究的展开,势必需要与不同历史时期诉讼规则进行比较,以期查明唐代诉讼规则形成、演化的基本脉络。这方面代表性成果有:刘海年《秦的诉讼制度》(载《中国法学》1985 年第 1 期)依据《睡虎地秦墓竹简》对秦朝司法机关、案件管辖、诉讼提出、告诉限制、强制措施、证据种类等问题进行了系统研究。滋贺秀三《中国法文化的考察——以诉讼的形态为素材》(载《比较法研究》1988 年第 3 期)通过中西法律文化比较,认为"只是从父母官型诉讼中产生不出 Jus、Recht 系列的概念来,这对中国来说确实是一种宿命。对于在中国的传统中生活的人们,法律(Gesetz)是容易理解的,而法——权利(Recht)却是一个陌生的概念。"李交发《中国传统诉讼文化宽严之辨》(载《法商研究》2000 年第 3 期)从法宽与刑严、执法时宽时严、宽严相济等三个方面,系统论述了中国传统诉讼法律文化中的宽严问题。夏新华《中国的传统诉讼原则》(载《现代法学》

2001 年第 6 期)将中国传统诉讼原则归纳为等级特权原则、宗法伦理原则、有罪推定和刑讯逼供原则等。刘馨珺《明镜高悬——南宋县衙的狱讼》(北京大学出版社 2007 年版)对南宋审级设置、受词追证、系狱推鞫、听讼定罪、判决科刑等进行了研究。程政举《汉代诉讼制度研究》(法律出版社 2010 年版)论述了汉代司法机构和诉讼程序(告劾、拘捕、通常审判程序、乞鞫等),并以专题形式对汉代诉讼原则、诉讼观念、基本诉讼制度、诉权制度、诉讼文书、证据制度、执行制度等论题进行讨论。张琼军《秦代刑事证据在诉讼程序中的运用》(载《证据科学》2013 年第 1 期)认为秦朝的刑事证据制度已趋向规范化、制度化,在司法活动中重视事实与证据,初步创立了客观主义的刑事证据制度。程政举《〈左传〉所反映的春秋诉讼及其对后世的启示》(载《法学》2013 年第 7 期)指出,公平、公正、理性地处理诉讼纠纷是《左传》体现的主流意思。

二、唐代诉讼专题研究

专题式讨论历来是唐代诉讼规则研究的重要门径,此类成果多具有研讨主题明确、观点表述清晰的特征。兹依典型性、权威性、关联性标准,选择相关领域经典论著,按照发表时间顺序,对于本书各专题研究的现状予以简要介绍。各章节直接参考的学界研究成果,将在相应章节逐一以脚注方式征引、标注。

(一)唐代告诉规则研究

唐代"告诉"是启动刑事诉讼之初始环节,途径多样,程序繁杂。从广义而言,"上诉"、"申诉"、"代诉"等,皆属于"告诉"范畴。告诉规则的程序地位及司法实践导致该领域衍生出为数众多的诉讼惯例规则。因此,查明唐代告诉规则是研究告诉惯例的先决条件。该领域代表性研究成果有:陈光中《中国古代的上诉、复审和复核制度》(载《法学评论》1983 年第 3 期)依诉因不同,将复审分为申诉不服的复审和申报上级的复审。杨一凡、刘笃才《中国古代函匦制度考略》(载《法学研究》1998 年第 1 期)对投匦功能性质、匦函管理等进行了全面论述。余经林《略论唐代刑事控告及其受理制度》(载

《中外法学》1998 年第 3 期)依据《唐律疏议》探讨了唐代刑事告诉的途径、受理方式。张全民《中国古代直诉中的自残现象探析》(载《法学研究》2002 年第 1 期)指出"直诉者进行自残一则表明自己将诉讼进行到底的决心，这是当时直诉制度的种种弊端使然；二则表达自己主动受罚的诚意，这是受当时人们思想意识的影响。"龙大轩、原立荣《御史纠弹：唐代官吏犯罪的侦控程序考辨》(载《现代法学》2003 年第 2 期)认为"纠察"为调查程序，指御史依职权对中央和地方的各级官吏的各项职事进行主动监督，以发现犯罪并进行调查。"弹奏"为控诉程序，指御史将其所发现并已核实的案件事实直接向最高统治者提起弹劾。马晨光《唐代刑事诉讼立案过程探讨》[载《西北民族大学学报》(哲学社会科学版)2011 年第 4 期]对唐代诉讼受理的机构、限制等问题进行了分析。

(二)特殊诉讼主体研究

从身份角度而言，唐人有良贱之分。诉讼活动中，良人与贱民又因居住地域、性别差异、隶属关系等因素，在诉讼权利、义务方面存在一定差异，并由此形成基于身份因素的特殊诉讼类型。代表性研究成果有：戴炎辉《论唐律上身份与罪行的关系》(载台湾大学法学院《社会科学论丛》第 11 期，1961 年。收入黄清连主编：《制度与国家》，中国大百科全书出版社 2005 年版)基于身份差异，对唐代妇女、道冠僧尼、老幼疾病、特别职业之刑责，以及亲属与罪刑关系、夫妻妾与罪刑、贱人与罪刑、官人与罪刑等进行了系统论证。李季平《试析唐代奴婢和其他贱民的身份地位》(《齐鲁学刊》1986 年第 6 期)及穆渭生《唐代贱民的等级与法律地位》(载《陕西教育学院学报》1996 年第 1 期)分别介绍了唐代官属、私属贱民的类型及法律地位，对于研究奴婢、部曲诉权问题具有参考意义。谢元鲁《汉唐掖庭制度与宫廷政治》(载《天府新论》1999 年第 3 期)对汉唐掖庭的历史、籍没妇女管理等问题进行了探讨。张维迎、邓峰《信息、激励与连带责任——对中国古代连坐、保甲制度的法和经济学解释》(载《中国社会科学》2003 年第 3 期)认为在早期国家的控制能力低下以及信息严重不对称的情况下，"连坐和保甲制度属于一种强有力的激励方式。信息成本是决定法律制度有效性的主要因素，法律制度应该随信息成本的变化而变化。"对于准确认识唐代邻里相讼现象有所裨益。郑显文《律令制下唐代妇女的法律地位》[载《吉林师范大学学报》(人文社会科学版)2004 年第 3 期]从政治、经济、婚姻、人身关系等方面分析了唐代妇女的法律地位。高世瑜《唐律：性别制度的法典化》[载荣新江主编:《唐研究》(第十卷)，北京大学出版社 2004 年版]分析了唐代妇女涉及的相告、缘坐、宽刑等刑事诉讼问题。王汝涛《〈无双传〉史实考——附论罪臣妻女没入掖庭》(王汝涛:《唐代小说与唐代政治》，岳麓书社 2005 年版)经由唐人传奇材料结合唐代法制，考证无双没入掖庭本事，对了解唐代妇女诉讼主体地位具有借鉴意义。

(三)唐代审判规则研究

"诉讼是第三者对社会上所产生的纠纷下判断的过程"[①]。就广义而言，这一判断过程应涵盖因当事人上诉或法司申报启动的各类案件，包括初审、复审、复核、覆奏、昭雪等。基于以上认识，此处对审判规则项下规则不再进行细致分类，仅作总括概览式介绍。代表性研究成果有：李治安《唐代执法三司初探》(载《天津社会科学》1985 年第 3 期)注意到三司"受事"与"杂按"的差异，为研究唐代长期存在的杂治惯例以及"三司"名实不符问题极具启发意义。郑禄《唐代刑事审判制度》(载《政法论坛》1985 年第 6 期)全面审视唐代刑事诉讼中审判组织、审判方式等若干重要命题，并首次提出将唐代诉讼复审制度分为移送复审和上诉复审的学术观点，对于准确认识唐代审级制度具有指导意义。贾宪保《唐代北司的司法机构》载《人文杂志》1985 年第 6 期)对唐代宦官干预司法问题进行了论述。虞国云《汉代"杂治"考》(载《史学集刊》1987 年第 3 期)对汉代杂治的组织机构、审判事由等进行了探讨。马俊民《唐代匦使院制度考论》[载《天津师范大学学报》(社会科学版)1990 年第 1 期]分析了唐代直诉之一"投匦"制度的发展、作用等问题。刘后滨《唐代司法"三司"考析》[载《北京大学学报》(哲学社会科学版)1991 年第 2 期]讨论唐代三司制度的演进、大小三司、三司使等问题，对于查明唐代杂治惯例运行状态具有借鉴意义。徐唐棠《略论

---

① [日]籾山明:《中国古代诉讼制度研究》，李力译，上海古籍出版社 2009 年版，第 4—5 页。

我国古代的刑讯制度》(载《当代法学》2002 年第 9 期)认为刑讯虽然不能等同于冤狱，但是是造成古代历史冤狱累累的重要原因之一。冈野诚《武则天に対する呪诅と裴怀古の守法——唐代の一僧侶をめぐる诬告事件》(载《法史学研究会会报》第 10 号，2005 年)以个案解剖方式，对唐代诏狱审判及告密问题进行了探究。张春海《论隋唐时期的司法集议》[载《南开学报》(哲学社会科学版)2011 年第 1 期]认为唐代司法集议主要分为指定集议、法定集议和申请集议三种类型，并将司法集议界定为开放性、临时性的介入程序。蒋铁初《中国古代刑讯的目的与代价分析》(载《法制与社会发展》2014 年第 3 期)认为中国古代的刑讯在立法上有发现真实、消除疑罪、追求认罪口供及其他有罪证据的目的，在司法实践中还有追求有罪认定、徇私枉法、维护官威的目的。

（四）唐代执行规则研究

八重津洋平《唐代官人の贬をめぐる二三の问题》[载《法と政治》18—2(关西学院大学)，1967 年]对唐代贬官概念、程序、量移、赦宥进行了系统分析，对研究唐代流贬规则极具借鉴价值。张荣芳《唐代长安刑场试析》(载《东海学报》第 34 期，1993 年 6 月)搜集大量事例，对唐代死刑执行地点、目的及特征进行了专门探讨。黄晓明《笞刑论考》[载《安徽大学学报》(哲学社会科学版)1997 年第 2 期]从笞刑产生发展过程入手，结合特定历史环境进行考察，揭示了笞刑在中国古代社会中的适用特点和演变规律。张艳云《唐代左降官与流人异同辨析》[载史念海主编：《唐史论丛》(第八辑)，陕西师范大学出版社 1998 年版]从放逐区域、量移制度、活动范围等方面，分析了流犯与左降官的具体差异。彭炳金《论唐代杖刑制度的发展变化》(载《通化师范学院学报》2004 年第 9 期)对杖刑执行规则、杖杀、重杖、脊杖等进行了全面研究。赵旭《唐宋死刑制度流变考论》[载《东北师大学报》(哲学社会科学版)2005 年第 4 期]通过对唐代死刑执行方式、执行程序进行分析，认为唐宋时期死刑执行方式是由绞、斩发展到重杖处死和凌迟的流变过程；执行程序亦由"三覆奏"向"一覆奏"发展。辛德勇《两市刑人之所及资圣寺、狗脊岭所在》(辛德勇：《隋唐两京丛考》，三秦出版社 2006 年版)一文在订正徐松《唐两京城坊考》的基础上，结合唐长安城旧址地貌，查明屡见于两《唐书》、《资治通鉴》等文献之唐代死刑执行具体场所。张春海《试论唐代流刑与国家政策、社会分层之关系》［载《复旦学报》(社会科学版)2008 年第 2 期］认为唐代流放地区的指定和被流放人的身份有直接的关系，唐代的流刑政策对后世的政局也有重大影响。富谷至《笞刑的变迁——从汉的督笞至唐的笞杖刑》［载《东方学报》(85)，2010 年。收入周东平、朱腾主编：《法律史译评》，北京大学出版社 2013 年版］以隋唐为界，对笞杖刑在不同历史时期的变化进行了梳理，认为"在秦汉及其后的刑罚体系中，笞、杖及鞭虽曾作为附加措施或对官吏的惩戒而被执行，但并未取得正刑的地位。"辻正博《唐宋时代刑罚制度の研究》(京都大学学术出版会 2010 年版)对唐代流刑的渊源、唐律中的流刑制度、流刑的理念与现实进行分析。认为"在流刑事案中，州有专使往返，在州与中央刑事部之间进行文书传递，流放计算距离时以京师为起点。"陈俊强《述论唐代大赦的内容与效力》(历史语言研究所：《法制史研究》第 2 期，2001 年)认为唐代恩赦法制化具有不完全的特点，恩赦的法制化亦不成功。

(五)司法监察规则研究

以御史台监察为中心的唐代司法监察体制研究，一直是唐代刑事诉讼研究的重点课题之一。这一方面的代表性成果有：筑山治三郎《唐代における御史と酷吏について》(《京都府立大学学术报告》，16，1964 年)认为唐代为通过辟召与使职制度，加强对高级官吏之监察。胡沧泽《唐代御史台司法审判权力的获得》［载《厦门大学学报》(哲学社会科学版)1989 年第 3 期］从推鞫狱讼、创制台狱；御史台参与三司推事；三司受事等角度全面论述了唐代御史台审判权的获得和行使问题。高桥继男《唐代后半期的巡院地方行政监察事务》［收入刘俊文主编：《日本中青年学者论中国史》(六朝隋唐卷)，上海古籍出版社 1995 年版］认为中晚唐巡院的机能在于维持唐王朝的统一的集权统治，另外在藩道以外广大区域内的财政政策实施上也起到了不可轻视的作用。王宏治《略述唐代的司法监督制度》(载《浙江学刊》2004 年第 5 期)认为唐代存在由中书门下、尚书省、御史台、巡察使构成的全方位、多层次司法监察网络。胡宝华《唐代御史地位演变考》［载《南开学报》(哲学社会科学版)2005 年第 4 期]指出唐后期的御史构成、秉公执法观念以及社会地位等各方面都呈现出明显弱化的趋势。上述论著为本书弹劾惯例及诣台诉事惯例的研究开辟了道路。此外，与唐代司法监察相关者尚有录囚、覆奏、巡院等相关研究。段伟《救灾方式对中国古代司法制度的影响——因灾录囚及其对司法制度的破坏》[载《安徽大学学报》(哲学社会科学版)2008 年第 2 期]认为录囚在维护灾害时期社会稳定、安定灾民心理功效的同时，对我国古代的灾害防治和司法审查产生了很多不良影响，妨碍社会公正，甚至流于形式。岳纯之《唐代中央对地方司法活动的监督与控制》(载《学习与探索》2010 年第 1 期)认为唐代司法监控体系主要包括复审、疑狱奏谳、上诉、死刑复奏和录囚徒，上述诸项研究成果皆与唐代诉讼惯例生成与运行直接相关，因而对本书研究具有重要启发。

三、唐代诉讼惯例研究

关于唐代诉讼惯例的研究是本书之核心内容，亦是当前学术研究之相对薄弱领域。自 1930 年代以来，一批与之相关的研究成果为本书的展开提供了重要参考。代表性研究成果有：吴春桐《法律习惯化与习惯法律化》(载《东方杂志》1935 年第 32 卷第 10 号)揭示习惯、法律之间的因果关系。泷川政次郎《唐代法制史略》(王晞辰译，载《清华学刊》1934 年第 42 卷第 3 期)提出唐之法源有成文法典与不成文法。前者包括律、令、格、式、礼五类；后者包括判例、惯习、学说、条理。霍存福《唐故事惯例性论略》(载《吉林大学社会科学学报》1993 年第 6 期)认为"唐人行事，多循故事"，故事的基本特征是惯例性，多数故事是律、令、格、式、制敕以外的规范，是在当时被频繁引据的行事准据。邢义田《汉代"故事"考述》(收入许倬云等著：《中国历史论文集》，台湾商务印书馆 1986 年版)对故事的性质、选择与变更问题进行了全面探讨。陈玺《诣台诉事惯例对唐御史台司法权限的影响》[载《湘潭大学学报》(哲学社会科学版)2011 年第 1 期]认为诉讼惯例是诉讼活动中客观存在却不见于律典明确规定，为官方和民众普遍认同的各类习惯性规则。由于唐代律令、诏敕对于御史台和尚书省受纳词讼的分工和关系未予明确界定，实践中，地方进京告诉者有权在台、省之间进行选择：或经尚书省左右丞逐级申诉；或径直向御史台告诉，并由此逐步形成百姓诣台诉事的司法惯例。冯学伟《敦煌吐鲁番文书中的地方惯例》(载《当代法学》2011 年第 2 期)指出"乡元"、"大例""大匕(比)例"、"往例"等词汇都是当时对调整民事关系的不同类型地方习惯的称谓，而且当时的人对这些惯例的认可度较高。对此类惯例内容、性质、在诉讼中的应用以及国家是否承认其法律效力等进行分析，可以展示出当时民间习惯法的局部面貌。汪世荣《中国古代的民事诉讼习惯》(载《法律科学》2012 年第 4 期)指出"民事实体法主要表现为礼仪、风俗，民事程序法仍然保留了诉讼习惯形式。……民事诉讼习惯是包括官府和当事人在内的所有诉讼主体必须遵循的规范，随着时间和地域的差异，表现出了多样性和灵活性，服务于国家和地方政府的社会治理目标。"直至清代，审判实践中仍存在一套程序性的惯例[①]。刘昕杰《引情入法：清代州县诉讼中习惯如何影响审断》[载《山东大学学报》(哲学社会科学版)2009 年第 1 期]通过考察四川省南部县全清档案中州县官对"义让"和"转房"案件审断情况，可以发现"符合律意的习惯"和"不符合律意的习惯"在州县审断中的影响。赵娓妮《国法与习惯的"交错"：晚清广东州县地方对命案的处理源于清末〈广东省调查诉讼事习惯第一次报告书〉(刑事诉讼习惯部分)的研究》(载《中外法学》2004 年第 4 期)认为晚清粤省之诉讼习惯在对案件的处理中，事实上起到了超越国法的作用。

　　可见，自战国秦汉以降，成文法典虽为国家法制之主流，但在立法与司法实践中，惯例一直是中国固有法体制的重要组成部分，在刑事、民事诉讼中发挥着广泛而长期的作用。部分惯例性规则可能升格为律令、附例、则例等；其他未以成文法形式固定之惯例规则则保持惯例状态，为官方与民间所认同，并于诉讼实践中长期行用。从法制嬗变发达层面考察，上述立法架构与司法模式可谓前后相继，传承有序。值得注意的是，以往以成文律典为中心的研究模式尚占据优势地位，目前关于唐代诉讼惯例的研究仍属初创阶段，相关研究成果数量甚稀，尚乏体系。因此，对于唐代诉讼惯例领域的开掘与研讨更显得异常必要而迫切。

---

　　① 张勤：《从诉讼习惯调查报告看晚清州县司法——以奉天省为中心》，《南京大学法律评论》(2012 年秋季卷)，第 81 页。

四、唐代法律形式研究

律、令、格、式是唐代基本法律形式，其中《唐律疏议》"名例"、"斗讼"、"贼盗"、"断狱"诸篇以及《狱官令》、《公式令》、《捕亡令》等，是支撑唐代诉讼规则运行的直接依据。因此，关于唐代基本法律形式的研究对于准确把握唐代诉讼规则适用与发展具有决定意义。此外，与司法审判直接关联之诏敕、格、式等，亦值得充分重视。

（一）唐律之考释与笺注

1.《唐律疏议》之历史渊源

20 世纪初以来，学界围绕《唐律疏议》版本、渊源等问题的研究显得尤为热烈，此乃查明今本《唐律》"正身"，乃至释读、笺注、援引诸事之前提条件。关于唐律历史渊源研究的代表性著作有：梁启超《论中国成文法编制之沿革得失》①、浅井虎夫《中国法典编纂沿革史》②、程树德《九朝律考》③、陈寅恪《隋唐制度渊源略论稿》④、徐道邻《开元律考》⑤、仁井田陞、牧野巽《〈故

---

① 梁启超：《饮冰室文集》之 16，中华书局 1936 年版。收入范忠信选编：《梁启超法学论文集》，中国政法大学出版社 2004 年版，第 121—183 页。

② 按：该著作于 1919 年译介至国内，第六章"唐制政典"以时代为序，分述唐律、令、格、式、《唐六典》、格后敕等法制编修情况。[日]浅井虎夫：《中国法典编纂沿革史》，陈重民译，中国政法大学出版社 2007 年版。

③ 按：1920 年代，程树德就《唐律》渊源问题提出"北系说"："自晋氏而后，律分南北二支：南朝之律，至陈并于隋，而其祀遽斩；北朝则自魏及唐，统系相承，迄于明清，犹守旧制。"程树德：《九朝律考》，中华书局 2003 年版，第 333 页。

④ 按：1930 年代末，陈寅恪撰《隋唐制度渊源略论稿》"刑律"篇考定律条源流，明辨诸律关系，系统论述了《唐律》之历史渊源问题。陈氏对程氏"北系说"有所驳正，认为晋律"既为南朝历代所因袭，北魏改律，复采用之，辗转嬗蜕，经由（北）齐隋，以至于唐，实为华夏刑律不祧之正统。"陈寅恪：《隋唐制度渊源略论稿》，生活·读书·新知三联书店 2001 年版，第 111—127 页。

⑤ 按：徐道邻对仁井田陞观点有所驳正，以为"今本唐律，实是永徽律，惟其所据原本，乃开元时写本，亦或即系开元二十五年颁行之本，亦未可知。"徐道邻：《开元律考》，《新法学》1948 年第 1 卷第 3 期，第 17—19 页。

唐律疏议〉制作年代考》①、杨廷福《〈唐律疏议〉制作年代考》②、刘俊文《唐律渊源辨》③、八重津洋平《故唐律疏议研究》④、高明士《中国中古政治的探索》⑤等。目前，今本《唐律疏议》为《永徽律疏》之通说，为大陆学界多数学者所认同。

2.《唐律疏议》之点校笺注

对于《唐律疏议》释读、笺注活动，甚至可以追溯至宋人孙奭所撰《律音义》⑥。20世纪80年代以来，刘俊文⑦、曹漫之⑧、钱大群⑨、岳纯之⑩诸家对今本《唐律疏议》进行点校、译注和笺释。其中以刘俊文点校本(中华书局1983年版)流布、使用最为广泛。刘氏又有《唐律疏议笺解》(中华书局1996年版)，对唐律逐条考证，辨其源流，证以事例，是目前关于唐律研究方面较为翔实细致之杰作。岳纯之推出新校本《唐律疏议》，在总结前人研究成果基础上，参考敦煌吐鲁番文书及日本律令，使《唐律疏议》之校勘提升至更高水平。

---

① 按：仁井田陞、牧野巽认为今传《唐律疏议》并非《永徽律疏》，而是开元二十五年《开元律疏》。[载日本东方学院东京研究所：《东方学报》第1、2册，1931年。收入杨一凡主编：《中国法制史考证》(丙编第2卷)，中国社会科学出版社2003年版，第1—251页]此观点得到中日两国部分学者赞同。

② 杨廷福：《唐律初探》，天津人民出版社1982年版，第1—31页。

③ 刘俊文：《唐律渊源辨》，《历史研究》1985年第6期。

④ 杨一凡主编：《中国法制史考证》(丙编·第2卷)，中国社会科学出版社2003年版，第302—329页。

⑤ 高明士：《中国中古政治的探索》，五南图书出版股份有限公司2006年版。该著作第五章"法制化与盛世的再思考"对战国至唐宋律令体系变迁问题有详细论述。

⑥ (宋)孙奭等：《律音义》，收入杨一凡主编：《中国律学文献》(第2辑，第1册)，黑龙江人民出版社2005年版(民国上海涵芬楼景刊吴县潘氏滂熹斋藏宋刻本)。

⑦ 刘俊文点校：《唐律疏议》，中华书局1983年版。

⑧ 曹漫之：《唐律疏议译注》，吉林人民出版社1989年版。

⑨ 钱大群：《唐律译注》，江苏古籍出版社1988年版；《唐律疏义新注》，南京师范大学出版社2007年版。

⑩ 岳纯之点校：《唐律疏议》，上海古籍出版社2013年版。

3.《唐律》之系统研究

《唐律》研究一直是唐代法制研究之重点领域。自民国以来，董康①、徐道邻②、戴炎辉③、潘维和④、杨廷福⑤、乔伟⑥、钱大群⑦、王立民⑧等前辈学者对于《唐律》进行专门研究。伴随西方法学理论的逐步引入，《唐律》研究逐步摆脱注释律学之传统模式，兹列举数家著述为证。1930 年代，董康《科学的唐律》(载《现代法学》1931 年第 1 卷第 5 期)即依据西方法律概念对唐律总、分则诸篇之内容与价值予以介绍，其后又在该刊物连续发表有关《唐律》总则"法例"的专文。徐道邻《唐律通论》(中华书局 1945 年版)对唐律之礼教中心、家族主义、集议制度等进行了研究。1949 年以后，海内外学者围绕《唐律》进行卓有成效的研究工作，并取得了一批重要研究成果⑨。戴炎辉《唐律通论》(正中书局 1964 年版)、《唐律各论》(三民书店 1965 年版)运用现代法学理论对《唐律疏议》之法典结构、概念术语等进行了疏解。杨廷福《唐律研究》(上海古籍出版社 2012 年版)对《唐律疏议》制作年代、历史渊源、主要内容、世界影响等进行了分析，是改革开放后关于《唐律》开创性研究。

---

① 董康：《科学的唐律》，载《现代法学》1931 年第 1 卷第 5 期。

② 徐道邻：《唐律通论》，中华书局 1945 年版。

③ 戴炎辉：《唐律通论》，正中书局 1964 年版；戴炎辉：《唐律各论》，三民书店 1965 年版。

④ 潘维和：《唐律学通义》，汉林出版社 1979 年版。

⑤ 杨廷福：《唐律初探》，天津人民出版社 1982 年版。

⑥ 乔伟：《唐律研究》，山东人民出版社 1985 年版。该著作后收入《乔伟文集》卷 3，山东大学出版社 2000 年版。该书第十五章"唐律的诉讼制度"专门就唐律所见告诉程序、告诉限制、证据与刑讯、判决和执行等问题进行讨论，为唐代诉讼法律制度的系统研究提供了借鉴。

⑦ 钱大群、钱元凯：《唐律论析》，南京大学出版社 1989 年版；钱大群、夏锦文：《唐律与中国现行刑法比较论》，江苏人民出版社 1991 年版；钱大群：《唐律与唐代法律体系研究》，南京大学出版社 1996 年版；钱大群：《唐律研究》，法律出版社 2000 年版。

⑧ 王立民：《唐律新探》，北京大学出版社 2007 年版。

⑨ 按：关于台湾地区研究《唐律》的成果介绍，可参阅桂齐逊《五十年来(1949—1999)台湾有关唐律研究概况》(历史语言研究所：《法制史研究》创刊号，2000 年，第 201—207 页)。张文昌："唐律研读会"的耕耘与收获》(历史语言研究所：《法制史研究》创刊号，2000 年，第 321—330 页)及高明士《台湾近十年来(1995—2004)大学文史研究所对"中国法制史"研究概况》(历史语言研究所：《法制史研究》第 7 期，2005 年，第 343—356 页)。

钱大群于唐律用功甚勤，著述颇丰，且自成体系。上述研究成果对于唐代诉讼规则研究具有重要指导意义。

（二）唐令之辑佚与研究

众所周知，唐代法律形式有四：曰律、令、格、式。《唐律》是刑事诉讼活动最主要的依据，除此以外，尚有《狱官令》、《公式令》、《捕亡令》、《刑部格》等与刑事诉讼直接相关。由于篇幅所限，此处所述者，仅限与刑事诉讼惯例直接关联问题之讨论。

唐令的功能在于"设范立制"，其中《狱官令》是诉讼审判中必须遵循之准则之一。20 世纪 30 年代以来，学界关于唐令的研究，以辑佚与复原工作为基础。日本学者仁井田陞自两《唐书》、《唐六典》、《通典》、《唐会要》等古籍中辑出唐令条目，参以日本《养老令》，撰成《唐令拾遗》（日本东方文化学院东京研究所 1933 年版）。依唐令旧目分官品令、三师三公台省职员令、寺监职令等三十三门，计七百十五条。以一人之力，几得唐令半数。对于研究者查阅、征引唐令提供了莫大便利。此后，又有池田温编辑代表《唐令拾遗补》（东京大学出版会 1997 年版）可供参考①。

学界关于《唐令》的研究成果甚繁，代表性研究成果有：仁井田陞《唐律令与其历史意义》（载《北平近代科学图书馆馆刊》1938 年第 3 期）对唐令编纂及构造进行了研究。中村裕一《唐令逸文の研究》（汲古书院 2005 年版）对唐《职员令》、《祠令》、《公式令》、《赋役令》等逸文进行了考证。自 2000

---

① 按：赵和平将《唐令拾遗补》之特征概括为以下三点：(1) 对《田令》、《户令》、《赋役令》部分条文加以重新编排；(2)《职员令》是该著作增补量最大的部分；(3) 注意参照敦煌出唐令写本，并相关书仪制作年代进行考订。（赵和平：《仁井田陞著，池田温等编〈唐令拾遗补〉》书评，载荣新江主编：《唐研究》第 4 卷，北京大学出版社 1998 年版，第 550—551页）日本学者辻正博指出："在《唐令拾遗补》第 2 部中，没有被《唐令拾遗》复原而追补的新令文达 143 处。"仁井田陞在编纂《唐令拾遗》时没有参照但其后已经注意到的新资料，如《天地祥瑞志》、《集古今佛道论衡》、《四时纂要》、《南部新书》、《营造法式》、《职官分纪》、《三礼图》、《记纂渊海》等，查出唐令逸文。"辻正博：《从资料环境看 20 世纪日本的唐代法制史研究——以唐令的复原研究为中心》，周东平、陈进立译，载王立民主编：《中国历史上的法律与社会发展》，吉林人民出版社 2007 年版，第 322 页。

年《天圣令》发现至今，关于《唐令》复原、校勘、研究成果等堪称壮观。大津透编《日唐律令比较研究の新段阶》(山川出版社 2008 年)收录唐令研究学术论文十余篇。该书第一部"天圣令の位相"部分收录辻正博《天圣「狱官令」と宋初の司法制度——「宋令」条文の成り立ちをめぐって》、坂上康俊《天圣令の蓝本となった唐令の年代比定》、黄正建《天圣令における律令格式勅》(山口正晃译)、大津透《「コメント」日本令における式別式勅》等，均是围绕《天圣令》对唐宋法制进行的重要论著。《唐研究》第十四卷《天圣令及所反映的唐宋制度与社会研究专号》(北京大学出版社 2008 年版)收录相关研究论文 25 篇，《天圣令》书评论文十二篇，广泛涉及《天圣令》附唐令制作时间[1]、唐令复原、唐宋司法制度等，代表了目前《天圣令》及《唐令》研究的较高水平。其中张雨《唐开元狱官令复原的几个问题》对雷闻《唐开元狱官令复原研究》部分内容提出了不同看法；陈俊强《从〈天圣·狱官令〉看唐宋的流刑》对唐代流刑的断决、流人押送、流人至配所等进行了系统考释；辻正博《〈天圣·狱官令〉与宋初司法制度》认为"五代宋初至《天圣令》制定之前这段期间内所作种种制度变革，大都被多样、重层地反映到条文中。"黄正建主编《〈天圣令〉与唐宋制度研究》(中国社会科学出版社 2011年版)中"诏敕入令与唐令复原"、"《天圣令》中的律令格式敕"、"《天圣令》附《唐令》是否为开元十二五年令"等，均是唐令研究的前沿成果，且与唐代诉讼规则之研究存在千丝万缕的联系。郑显文《出土文献与唐代法律史研究》(中国社会科学出版社 2012 年版)又从历史变迁角度结合《天圣令》，对唐《狱官令》所见司法制度及后世影响进行了分析。赵晶《〈天圣令〉与唐宋法制考论》(上海古籍出版社 2014 年版)从法制变迁角度，对唐宋令篇目、条文、用语、复原问题进行了考证与分析。

（三）格式之辑佚与研究

与律、令相比，格、式与唐代刑事诉讼规则的关系相对疏远。唐格之功

---

① 按：冈野诚《关于天圣令所依据唐令的年代》(《法史学研究会会报》第 13 号，2009年 3 月)提出天圣令所依据的唐令是开元二十五年令玄宗时期的抄本(或其转写本)，可与《唐研究》收录戴建国、坂上康俊论文相互参照。[日]冈野诚：《关于天圣令所依据唐令的年代》，李力译，《中国古代法律文献研究》(第 4 辑)，法律出版社 2010 年版，第 139 页。

能在于"禁违止邪",目前所见材料与唐代刑事诉讼直接关联者,主要是敦煌出《神龙散颁刑部格》。代表性研究成果有:董康《书舶庸谭》(中华书局 2013年版)对 P.3078 和 S.4673《神龙散颁刑部格》的初步研究。仁井田陞《唐令の复旧について-附:董康氏の敦煌発见散颁刑部格研究》(《法学协会杂志》52-2,1934 年)对唐代令与格进行了比较。王斐弘《敦煌写本〈神龙散颁刑部格〉残卷研究——唐格的源流与递变新论》(载《现代法学》2005 年第 1期)以《刑部格》为例,对"格"在唐律中的位阶、性质和效力进行了分析。胡凯《唐代的法制建设——兼论唐"格"的作用》(载《兰台世界》2008 年第 6 期)就格对律、令、式的影响问题进行了探讨。陈灵海《国家图书馆周字51 号文书辨疑与唐格复原》(载《法学研究》2013 年第 1 期)认为"周字 51号文书是开元时期西州都督府辖区的一件下行牒文书,并非唐格"。

唐式的作用在于"轨物程事"。是以行政法为主体的非刑事性法律,亦久已散佚。唐《刑部式》、《司门式》等与刑事诉讼存在一定联系。该领域代表性成果有:冯卓慧《从几件敦煌吐鲁番文书看唐代法律形式——式》(载《法学研究》1992 年第 3 期)对唐式的类型、体例及行政管理制度等进行了分析。霍存福《唐式性质考论》(载《吉林大学社会科学学报》1992 年第 6 期)揭示了唐式的非刑律性规范的性质。将其拟类为行政法规,具体归结为以行政法为主,间有军事法、民事法、诉讼法规范的综合法律形式。韩国磐《传世文献中所见唐式辑存》[载《厦门大学学报》(哲学社会科学版)1994 年第 1 期]结合敦煌吐鲁番文书,对传世典籍所见唐式进行了初步辑佚,辑录唐代式文四十余则,并对唐式编修体例、令式关系等有诸多创见。霍存福《唐式辑佚》(收入杨一凡主编:《中国法制史考证续编》,社会科学文献出版社 2009 年版)复原唐式旧文 207 条,占约 1000 条唐式的五分之一。是第一部复原唐式的著作,也是迄今为止研究唐式最详尽的学术专著。郑显文《出土文献与唐代法律史研究》(中国社会科学出版社 2012 年版)依据敦煌吐鲁番文书资料,对格、式的编修过程,唐式篇目、数量与体例,唐代令式关系等进行了深入研究。

五、出土诉讼文书研究

20 世纪初,敦煌吐鲁番文书的相继面世,为唐代法制研究提供了前所未有之资料渊薮。敦煌吐鲁番所出唐纸之中，法律文书占据一定数量；其中之判集、案牍客观生动反映了唐代诉讼规则之运行状态①。中外学者通过整理、释读、研究上述材料，在诉讼法史领域取得了一系列重要学术成果。囿于研究主题及篇幅限制，这里仅就与刑事诉讼直接关联之研究成果作简要介绍。

（一）法制文书资料整理

敦煌吐鲁番文书中保留了唐代律[如永徽《名例律》（Дх.1916）、《擅兴律》（Ch.991）、开元贼盗律疏（S.6138）等]、令[如《开元公式令》（P.2819）、《祠令》（Дх.3558）等]、格[《神龙散颁刑部格》（P.3078、S.4673）、《垂拱后长行格》（Ch.3841）等]、式[《开元水部式》（P.2507）等]残卷，为查明唐代法律文书的真实面貌提供了直接证据。海内外学者对唐代出土法制文书进行整理研究活动始于 20 世纪初，早期主要依据敦煌残卷及照片资料进行研究工作。如王仁俊《敦煌石室真迹录》、罗振玉《鸣沙石室佚书续编》、王重民《敦煌古籍叙录》等。20 世纪 80 年代以后，大规模整理、影印、释读敦煌吐鲁番文书的条件基本成熟，《吐鲁番出土文书》（文物出版社出版 1981—1991 年版）、《大谷文书集成》（法藏馆 2003 年版）、《英藏敦煌文献》（四川人民出版社 1994—1995 年版）、《北京大学图书馆藏敦煌文献》（上海古籍出版社 1996 年版）、《法藏敦煌文献》（上海古籍出版社 1995—2005 年版）、《俄藏敦煌文献》（上海古籍出版社 2000 年版）、《新获吐鲁番出土文献》（中华书局 2008 年版）相继出版，为唐代法制文书提供了完整、翔实的原始资料。

与此同时，关于敦煌吐鲁番法制文书的专门整理工作也在有序进行。宣统三年（1911 年），王仁俊《唐写本开元律疏名例卷附案证》（《敦煌石室真迹录己集》，宣统三年吴越王氏影本)结合《唐律疏议》、两《唐书》等文献考定敦煌所出写本为《唐开元律疏》"名例"残卷，对于了解唐律的演变过程具

---

① 按：关于敦煌文书的数量及收藏情况，可参阅郝春文：《石室写经——敦煌遗书》，甘肃教育出版社 2007 年版，第 18—28 页。据统计，敦煌出法制文书在总数约五万件的敦煌遗书中所占比例较小，包括唐代法典写本及判集残卷 29 件及与法制有关的制敕文书、争讼状牒、法律档案等残卷几十件，反映敦煌民间普通民众、寺院等民事主体之间社会经济交往关系的契约文书 300 余件，共计 400 余件。陈永胜：《敦煌法制文书研究回顾与展望》，《敦煌研究》2000 年第 2 期，第 100 页。

有重要意义。日本学者池田温《中国古代籍帐研究》(龚泽铣译,中华书局2007年版)对唐(七世纪后半叶)判集存十六道及不完三道(后图一一四)、唐开元二四年九月岐州郡县尉口勋牒判集(后图一六五)进行了录文、考释工作。唐耕耦、陆宏基编《敦煌社会经济文献释录》(一至五辑,全国图书馆文献微缩复制中心1986—1990年版)对敦煌遗书中涉及的佛经以外与社会生活直接关联的文书进行了拣择、分类、录文、标点、释读等工作,其中第二辑"法律文书"部分对律、令、格、式及判集予以汇集、释读和标点,并附图版参阅,为本书资料搜集和运用提供了便利。池田温《敦煌汉文文献》(大东出版社1992年版)专设"敦煌资料と唐代法典研究"(收录名例律、职制律残卷)、"官文书"(收录公式令残卷等)。刘俊文《敦煌吐鲁番唐代法制文书考释》(中华书局1989年版)对敦煌、吐鲁番发现的唐代律、令、格、式及判集、案卷等50件法律文书加以考证、校补和笺释,是大陆学界对唐代出土法制文书较为系统深入的研究集成。唐耕耦《敦煌法制文书》(收入刘海年、杨一凡主编:《中国珍稀法律典籍集成》甲编第三册,科学出版社1994年版)与吴震《吐鲁番出土法制文书》(收入刘海年、杨一凡主编:《中国珍稀法律典籍集成》甲编第四册,科学出版社1994年版)悉心拣择、分类收录唐律、律疏、令、格、式、诏敕、诉牒、辨辞、案卷等,是关于敦煌吐鲁番法制文书资料的系统汇编,上述两部著作网罗宏富,颇便利用。齐陈骏《敦煌、吐鲁番文书中有关法律文化资料简介》(载《敦煌学辑刊》1993年第1期)详细介绍了敦煌吐鲁番法制文书的大致规模,依据出土文书情况,分类介绍了唐代法律渊源(律、令、格、式)、诉讼文书[《唐西州高昌县上安西都护府牒为录上讯问曹禄山诉李绍谨两造弁辞事》、《唐宝应元年(公元762年)康失芬行车伤人案卷》等数十件]判集[《文明判集残卷》、《开元廿四年(公元736年)岐州郡县尉口勋牒判集》、《河西巡抚使判辞集》、《麟德安西判集残卷》、《开元判集残卷》等],以及与契约、籍帐、告身、手实、过所、公验等。是对敦煌吐鲁番法制文书首次较为系统的全面梳理,为本书资料搜集提供了线索。辻正博《敦煌·吐鲁番出土唐代法制文献研究之现状》(载《敦煌写本研究年报》第6号,2012年3月。收入周东平、朱腾主编:《法律史译评》,北京大学出版社2013年版)对近十余年间唐代出土诉讼文书的研究,尤其是日本学界取得的最新进展进行了全面介绍。

(二)出土司法档案研究

该领域主要研究敦煌吐鲁番出官府审判刑事案件之诉牒、辩辞等文书材料。代表性成果有：黄惠贤《〈唐西州高昌县上安西都护府牒稿为录上讯问曹禄山诉李绍谨两造辩辞事〉释》与陈国灿《对唐西州都督府勘检天山县主簿高元祯职田案卷的考察》(收入唐长孺主编：《敦煌吐鲁番文书初探》，武汉大学出版社 1990 年版)。黄文依据阿斯塔纳六一号墓所出文书，对唐代民事诉讼审理流程进行了探讨；陈文则依阿斯塔纳二三〇、二一四号墓出土文书及大谷文书残片，对本案中涉及之举告、调查、勘察、辩对、审判诸环节予以分析。刘安志《读吐鲁番所出〈唐贞观十七年(643)西州奴俊延妻孙氏辩辞〉及其相关文书》(载《敦煌研究》2002 年第 3 期)结合孙氏辩辞等文书，考订唐代若干重大史实，并对官府讯问善憙、孙氏之程序予以复原。陈永胜《〈宝应元年六月高昌县勘问康失芬行车伤人案〉若干法律问题探析》(载《敦煌研究》2003 年第 5 期)依据本案案卷材料，对未成年人监护制度、民事诉讼代理制度、共同诉讼制度和保辜制度等进行初步分析，然陈氏将本案定性为民事诉讼，似可商榷。张艳云、宋冰《论唐代保辜制度的实际运用——从〈唐宝应元年(762)六月康失芬行车伤人案卷〉谈起》[载《陕西师范大学学报》(哲学社会科学版)2003 年第 6 期]分析了保辜制度在唐代具体司法实践中运用与实施的情况，从侧面反映了唐代基层组织的执法状况。

(三)唐代出土判集研究

唐人判词有实判与拟判之别，传世流布者如张鷟《龙筋凤髓判》、白居易《甲乙判》及《文苑英华》所收判词，皆为拟判性质。敦煌吐鲁番所出者可谓虚实兼备：《文明判集》属于拟判性质，《唐开元廿四年岐州判集》则为实判性质。关于唐代判集的研究成果甚为丰硕，代表性成果有：池田温《敦煌本判集三种》(载《古代东亚史论集》下卷，吉川弘文馆，1978 年)将敦煌出唐判与日本《令集解》所引判集进行了比较研究。胡如雷《两件敦煌出土的判牒文书所反映的社会经济状况》[收入《唐史论丛》(第二辑)，陕西人民出版社 1987 年版]利用《唐开元二十四年岐州郿县尉□勋牒判集》七条判、牒，对郿县地方社会经济状况、诉讼程序等问题进行深入研究。齐陈骏《读伯 3813

号〈唐判集〉札记》(载《敦煌学研究》1996 年第 1 期)对《文明判集》之点断、定名、年代及唐代刑事诉讼规则进行了分析，对该判集的准确使用提供了保障。汪世荣《中国古代判词研究》(中国政法大学出版社 1997 年版)唐代判词部分对《文明判集》从法学角度对刑事争讼判例进行了探讨。张艳云《〈文明判集残卷〉研究》(载《敦煌研究》2000 年第 4 期)分析了《文明判集》刑事争讼判文的特点，并归纳了此类判词制作的法律依据和主要类型。王斐弘《敦煌写本〈文明判集残卷〉研究》(载《敦煌研究》2002 年第 3 期)援引石崇、郭泰等 4 件判例，对《文明判集》蕴含之法律思想、司法原则、主要特征等进行分析。解梅《P.2754〈唐安西判集残卷〉研究》(载《敦煌研究》2003 年第 5 期)分析了《安西判集》的特点、价值，并对第 2 道判文"伊州镇人元孝仁魏大师造伪印事"涉及的罪名认定、管辖、复审等予以专门研究。潘春辉《〈P.2979 唐开元廿四年岐州郿县县尉牒判集〉研究》(载《敦煌研究》2003 年第 5 期)在录文、校注的基础上，对判文所反映的开元后期政府政令效力减弱问题进行了探讨。

六、诉讼法律文化研究

长期以来，学者利用出土文献、唐人诗文以及稗乘传奇等资料，对唐代刑事诉讼之运行状况进行了卓有成效的探究。此类研究的特点可以概括为领域宽广、视角独到、史料丰富、新论迭出，对于唐代刑事诉讼惯例研究极具参考价值。代表性研究成果有：徐忠明《从明清小说看中国人的诉讼观念》[载《中山大学学报》(社会科学版)1996 年第 4 期]通过明清小说资料揭示了"无讼"观念是以官方与士人阶层为代表的文化大传统的法律追求和理想。"厌讼"、"惧讼"观念则主要体现了大众百姓代表的文化小传统的诉讼意识。严冰《情理·法理——从敦煌壁画中智断亲子归母案说起》(载《敦煌研究》1998 年第 2 期)一文以莫高窟贤愚经变为基础，结合圣经故事、史籍轶事、元代杂剧等，分析了古代审判中情理成分之渗入。楚永桥《〈燕子赋〉与唐代司法制度》(载《敦煌研究》2002 年第 6 期)以敦煌变文《燕子赋》对照唐代诉讼实践，认为该案发生、审判、结案的全过程，反映了官方典籍不遑载及的法律实施方面的情形。霍存福《复仇·报复刑·报应说：中国人法律观念的文化解说》(吉林人民出版社 2005 年版)对中国传统法律文化的三个主要文化元素——复仇、报复刑、报应说进行分析，涉及中国刑法文化的三类存在形态：习俗文化、制度文化和观念文化，对于唐代刑事诉讼惯例研究具有直接指导意义。张金桐《〈冥报记〉的冥判故事与唐初"依律慎刑"思想》(载《社会科学论坛》2002 年第 12 期)一文深入分析唐人小说《冥报记》中蕴含的法制资料，开拓了法律史的研究领域。陈登武《从唐临〈冥报记〉看唐代地狱审判》(载历史语言研究所：《法制史研究》第 6 期，2004 年)地狱审判程序几乎是俗世司法审判的投射，其详细审判罪囚的过程，可以作为了解唐代司法运作的侧面数据。张金桐、刘雪梅《从〈冥报记〉看初唐"依律慎刑"思想》[载《武汉大学学报》(人文科学版)2007 年第 3 期]指出："《冥报记》的主旨为'因果报应'，但其冥判故事却与初唐'依律慎刑'思想丝丝入扣。"游自勇《吐鲁番新出〈冥讼文书〉与中古前期的冥界观念》(载《中华文史论丛》2007 年第 4 期)认为《冥讼文书》透露出的祖灵观念呈现了更为复杂的情境，死去的先人与阳世的家庭仍然保持了紧密的联系，甚至可以对阳世的家庭纠纷进行裁决。陈登武《从戴孚〈广异记〉看唐代地狱审判的法制意义》(载历史语言研究所：《法制史研究》第 12 期，2007 年)认为地狱审判的司法程序完全是俗世司法审判程序的投射，凡此均足以深化对唐代司法制度运作之了解。徐燕斌《穿行在礼与法之间——〈龙筋凤髓判〉所揭示的唐代官吏的司法观》(载《昆明理工大学学报》2008 年第 3 期)通过对张鷟《龙筋凤髓判》分析了唐代司法审判中蕴含的礼法观念。郭永勤《唐小说中的法律问题研究》(西北大学硕士学位论文，2007 年 6 月)对唐代诉讼观念问题进行专章探讨，对《太平广记》所述诉讼主体、申诉类型、诉讼心理等进行了讨论，在扩展诉讼法史研究视野方面进行了有益尝试。

　　综上所述，长期以来，海内外学界在传统诉讼法史领域进行了卓有成效的研究。作为中国固有法鼎盛时期，唐代诉讼法律文明亦受到格外关注。其中，学者对唐代诉讼制度涉及之告诉、拘捕、审判、复审、狱政、执行等具体问题，几乎都予以不同程度的关注，并取得了一大批重要研究成果，为本书研究提供了坚实基础。与此同时，关于唐代诉讼规则的研究亦存在以下疏漏。首先，就研究视野而言，从法制通史角度宏观考察诉讼规则演进历程的学术成果虽不鲜见，但由于论著结构及研究资料限制，无法对诉讼规则进行深层解读。而关于唐代之专题研究，又时常囿于断代隔膜，无法清晰阐释诉讼规则演化发展之规律；其次，就研究角度而言，无论是诉讼法制通论研究，抑或诉讼专题考察，均将研究焦点集中于诉讼制度本身之静态描摹，对于诉讼法制实际运行与前后变化的关注略显乏力，对于诉讼惯例更缺少系统研究；最后，就研究方法而言，部分成果仍因循传统法史研究路径，缺少借鉴史学等关联学科之优势研究方法，对于历史文献学、碑刻学、敦煌吐鲁番学等相关学科前沿成果关注与借鉴亦相对有限。上述因素在一定程度上限制了诉讼法史研究向纵深发展，亦无法全面客观展示唐代诉讼法律文明之原貌。基于上述理由，本书拟经由中国诉讼法制嬗变之宏观背景，依据现代诉讼法学理论架构，通过对唐代诉讼惯例的系统考察，整理和弘扬我国优秀司法传统，对建设"法治中国"贡献力量。

第三节　诉讼惯例之文化基础

本书关于"唐代刑事诉讼惯例"问题的讨论，势必遵循以下研究路径：由唐代法制文明切入，讨论唐代诉讼法制文明；在此视阈内，重点关注唐代刑事诉讼规则，具体包括诉讼制度、诉讼惯例、诉讼观念三大要素，其中，又以诉讼惯例作为研究重点。显而易见，对于唐代刑事诉讼惯例问题的讨论，无法脱离唐代物质生活条件之制约，以及唐代社会文化诸要素之浸染。因此，研究诉讼惯例之形成、演进与发达，必须关照生成、滋养传统诉讼法律文明之文化土壤。

吕诚之曰："汉唐并称中国盛世，贞观、永徽之治，论者比以汉之文景。"[①]唐代是古代社会的鼎盛时期，更是中古时期社会体制革新、完善的重要历史阶段。唐代贞观、永徽、开元、元和、大中等时期，政治清明，经济发达，文化强盛，"盖姬周而下，文物仪章，莫备于唐"[②]，赫赫文治武功，煌煌盛

---

① 吕思勉：《隋唐五代史》，上海古籍出版社 2005 年版，第 66 页。

② （宋）柳赟：《唐律疏议序》，（唐）长孙无忌等：《唐律疏议·附录》，刘俊文点校，中华书局 1983 年版，第 663 页。

世景象。这一阶段，海陆"丝绸之路"成为法律文明传播的重要路径，教育、贸易、宗教、婚姻等社会活动，催生的大量涉外法律关系，由此创制并适用世界上最为古老的涉外冲突规范：

> 诸化外人，同类自相犯者，各依本俗法；异类相犯者，以法律论。①

"九天阊阖开宫殿，万国衣冠拜冕旒"②。中国社会文明超越国境，对日本、琉球、朝鲜、越南等地以及西域诸国产生深刻影响，儒学、佛教、汉字、律令等，成为沟通东亚世界，乃至中西文明之重要文化载体③。仁井田陞曾云："儒教律令不独影响遍大陆，且东渡海而及于日本。在文化上看来，东海不啻唐的庭中池，正如地中海之于罗马。凡受中国，尤其唐律令的影响甚大者：东有日本、朝鲜，南有安南，北有渤海、辽、金诸国。"④大唐律法在东亚世界的影响强烈且持续，为世人称道的"中华法系"至此诞生。

　　唐代诉讼法律文明与唐代社会存在不可割裂的现实联系，更与数千年积淀之法文化传统存在传承关系。因此，关于唐代诉讼惯例的讨论，必须从法律文化角度，洞察支配唐代法律体系精神所在，从而达到深入理解唐代诉讼文化的目的。秦汉至隋唐时期，法律样态大致可概括为律令体系。诉讼法律文化最为直接的反映，是保存至今的律、令、格、式。其中，《唐律疏议》作为流传至今的古代法典，是研究唐代法律文化的基本依据，其中关涉法律规则创制理念者，大要有三：一曰"德本刑用"；二曰"一准乎礼"；三曰"得古今之平"。

---

① （唐）长孙无忌等：《唐律疏议》卷 6《名例》"化外人相犯"，刘俊文点校，中华书局1983 年版，第 133 页。

② （唐）王维：《王右丞集笺注》卷 10《近体诗·和贾舍人早朝大明宫之作》，（清）赵殿成笺注，上海古籍出版社 1984 年版，第 177 页。

③ 按：韩昇指出：以唐朝为中心的东亚世界，"是以共通的文化为基础，由东亚主要国家构成的国际社会。在这个国际体系内部，使用通用的汉字，国家间交往的正式文书采用汉文，广泛实行以唐朝制度为基础的国家政治制度和法律体系，儒家的家庭与国家伦理道德，通过选士教育体制渗透到社会基层，和法令相辅相成的各种礼法，规范着人们的思维和行为模式"。韩昇：《东亚世界形成史论》，复旦大学出版社 2009 年版，第 280 页。

④ ［日］仁井田陞：《唐律令与东亚法律》，钱稻孙译，《舆论周刊》1937 年第 1 卷第 1 号，第 22 页。

一、德本刑用

其基本内核可归结为"德"。长孙无忌《进律疏表》曰:"德礼为政教之本,刑罚为政教之用,犹昏晓阳秋相须而成者也。"[①]其中蕴含"德"之理念,诚可谓洞察中国律学数千年相传之要旨。自上古三代,"德"始终被视为匡正纲纪、表彰教化、敦睦仁和之理论基础,《尚书·尧典》描摹了圣王家国治理机制之宏观构想,由修德而睦族,由睦族而理政,其治国诸要素皆统一于"德":

> 克明俊德,以亲九族。九族既睦,平章百姓。百姓昭明,协和万邦。[②]

嗣后,"德"作为判断是非曲直的标准地位被不断强调。《皋陶谟》:"允迪厥德,谟明弼谐。"[③]《仲虺之诰》:"佑贤辅德,显忠遂良。"[④]《盘庚》:"用罪伐厥死,用德彰厥善。"[⑤]"德"被提升为一切善行嘉政之总括。由于"德"具备调整人际关系、规范行为举止、明辨是非曲直等重要作用,因此,"德"被视为传统诉讼之基本理论基础[⑥]。"以德配天,明德慎罚"是殷周相继的法律观念,《太甲》中早已抉示天道无常、怀仁敬德之意:

> 惟天无亲,克敬惟亲。民罔常怀,怀于有仁。鬼神无常享,享于克诚。天位艰哉!德惟治,否德乱……先王惟时懋敬厥德,克配上帝。[⑦]

---

① (唐)长孙无忌:《进律疏表》,刘俊文点校:《唐律疏议》,中华书局1983年版,第3页。

② (汉)孔安国传,(唐)孔颖达疏:《尚书正义》卷2《尧典第一》,十三经注疏整理委员会整理,北京大学出版社2000年版,第31页。

③ (汉)孔安国传,(唐)孔颖达疏:《尚书正义》卷4《皋陶谟第四》,十三经注疏整理委员会整理,北京大学出版社2000年版,第122页。

④ (汉)孔安国传,(唐)孔颖达疏:《尚书正义》卷8《仲虺之诰第二》,十三经注疏整理委员会整理,北京大学出版社2000年版,第235—236页。

⑤ (汉)孔安国传,(唐)孔颖达疏:《尚书正义》卷9《盘庚上第九》,十三经注疏整理委员会整理,北京大学出版社2000年版,第278页。

⑥ 参阅李交发:《中国诉讼法史》,中国检察出版社2002年版,第243—247页。

⑦ (汉)孔安国传,(唐)孔颖达疏:《尚书正义》卷8《太甲下第七》,十三经注疏整理委员会整理,北京大学出版社2000年版,第254页。

殷商"以礼配天",《君奭》:"殷礼陟配天,多历年所。"①此当为后世"以德配天"之重要历史渊源。伴随"汤武革命",受命于天的神权法律观念濒于崩溃,西周初年,"以德配天"思想除秉承固有"敬天"、"敬祖"因素以外,尤其强调"民本"意涵。"皇天无亲,惟德是辅"②、"不敬厥德,乃早坠厥命"③等,无不在反复强调"德"与天命变革的因果关系,而《泰誓》"民之所欲,天必从之"④的论断,更是将"民欲"与"天命"直接对应,从而使"民本"成为彰显德教的基本路径。"明德慎罚,汤、文所务也"⑤,"明德慎罚"是"德治"思想在法律层面之具体反映,且为殷周列圣所承。《尚书·多方》:

> 乃惟成汤,克以尔多方,简代夏作民主。慎厥丽,乃劝,厥民刑,用劝。以至于帝乙,罔不明德慎罚,亦克用劝。⑥

《左传》又曰:"'明德慎罚。'文王所以造周也。"⑦西周又进而提出寓德于刑,"士制百姓于刑之中,以教祗德"⑧。并逐渐衍生出"眚"与"非眚"、"惟终"与"非终"、"罚弗及嗣"基本法律原则。

---

① (汉)孔安国传,(唐)孔颖达疏:《尚书正义》卷 16《君奭第十八》,十三经注疏整理委员会整理,北京大学出版社 2000 年版,第 522 页。

② (周)左丘明传,(晋)杜预注,(唐)孔颖达疏:《春秋左传正义》卷 12 "僖公五年引《周书》",十三经注疏整理委员会整理,北京大学出版社 2000 年版,第 393—394 页。

③ (汉)孔安国传,(唐)孔颖达疏:《尚书正义》卷 15《召诰第十四》,十三经注疏整理委员会整理,北京大学出版社 2000 年版,第 471 页。

④ (周)左丘明传,(晋)杜预注,(唐)孔颖达疏:《春秋左传正义》卷 40 "襄公三十一年引《泰誓》",十三经注疏整理委员会整理,北京大学出版社 2000 年版,第 1293 页。

⑤ (汉)刘珍等:《东观汉记校注》卷 2《肃宗孝章皇帝》,吴树平校注,中州古籍出版社 1983 年版,第 79 页。

⑥ (汉)孔安国传,(唐)孔颖达疏:《尚书正义》卷 17《多方第二十》,十三经注疏整理委员会整理,北京大学出版社 2000 年版,第 541 页。

⑦ (周)左丘明传,(晋)杜预注,(唐)孔颖达疏:《春秋左传正义》卷 25 "成公二年引《周书》",十三经注疏整理委员会整理,北京大学出版社 2000 年版,第 809 页。

⑧ (汉)孔安国传,(唐)孔颖达疏:《尚书正义》卷 19《吕刑二十九》,十三经注疏整理委员会整理,北京大学出版社 2000 年版,第 636 页。

寻流溯源，"德治"思想大致经历以下历史阶段：第一，西周时期。通过周公"制礼作乐"，传统"德"观念在西周发扬光大，并以"礼"的形式贯彻至社会生活的方方面面，产生"礼刑合治"的观念。所谓"礼之所去，刑之所取，失礼则入刑，相为表里者也"①。此为唐代"德本刑用"思想之直接历史渊源。第二，春秋时期。孔孟等总结传统德教思想，系统提出"为国以礼"、"为政以德"、"为政在人"的系统治国理念。"隆礼至法则国有常"②，荀卿所倡之"隆礼"与"重法"，成为指导数千年立法之圭臬。第三，西汉时期。传统"礼法合治"、"宽猛相济"等观念在汉代得以继续完善，"圣人之道，宽而栗、严而温、柔而直、猛而仁"③。汉儒董仲舒以"天人感应"和"阴阳五行"等附会"德主刑辅"学说，"教，政之本也。狱，政之末也。其事异域，其用一也"④。封建正统法律思想至此宣告诞生，并以"上请矜恤"、"春秋决狱"、"亲属相隐"、"秋冬行刑"的方式加以践行，并最终形成支配中国后世立法的直接渊源。

《唐律》在律条、疏议中强力渗透"德"的因素，如以"干纪犯顺，违道悖德"为"大逆"标准；以"方正清循，名行相副"⑤为贡举标准；以"导德齐礼、移风易俗"⑥为善政准则等。"德"已经超越伦理层面，成为司法实践必须考量的重要因素。具体至诉讼规则领域，诸多诉讼惯例的开创与运行，都与"德"这一指导思想密切相关。如默许妇女直诉、自刑惯例，安置罪人女眷为没官减等之惯例，是仁孝观念在诉讼中的体现；针对死刑、从坐、赦

① (宋)范晔：《后汉书》卷46《陈宠传》，(唐)李贤注，中华书局1965年版，第1554页。
② (汉)王先谦：《荀子集解》卷8《君道篇第十二》，沈啸寰、王星贤点校，中华书局1988年版(新编诸子集成)，第238页。
③ 刘文典：《淮南鸿烈集解》第13《氾论训》，冯逸、乔华点校，中华书局1989年版(新编诸子集成)，第432页。
④ 苏舆：《春秋繁露义证》卷3《精华第五》，钟哲点校，中华书局1992年版(新编诸子集成)，第94页。
⑤ (唐)长孙无忌等：《唐律疏议》卷9《职制》"贡举非其人"，刘俊文点校，中华书局1983年版，第183页。
⑥ (唐)长孙无忌等：《唐律疏议》卷11《职制》"长吏辄立碑"，刘俊文点校，中华书局1983年版，第217页。

宥、八议进行的量刑集议程序，则是对传统"恤刑慎罚"理念的回应；昭雪程序中，对蒙冤者及家属给予复赠官爵、议定谥号、恩荫后嗣等安抚举措，则是通过司法彰化德教的例证。

二、一准乎礼

若言"德"是《唐律》之基本宗旨，"礼"则为《唐律》之精神内涵。《唐律》设定诸多调整礼的规范，最终目的在于维护纲常名教。因此，"一准乎礼"成为《唐律》的基本特征之一①。万斯同《明史·刑法志》曰：

> 自汉承秦弊，历代刑典更革不一。迄于隋开皇间，始博议群臣，立有定制。其最善者，更五刑之条，设三奏之令，而唐世因之。高祖命裴寂等撰律令，本前代法，故为书而一准乎礼，以为出入。礼之所弃，律之所收也，故唐律为万世法程。②

"礼"起源于原始社会以饮食祀奉鬼神之仪节。《说文》：礼者，"履也，所以事神致福也"③。上古三代礼制，嬗变损益而成，所谓"殷因于夏礼，所损益，可知也。周因于殷礼，所损益，可知也"④。西周时期，礼乐大备，礼成为调整国家政治、经济、文化乃至个人思想言行的基本准则。"礼"有本有文，"本"

---

① 按：叶峰认为唐律编纂以礼为原则，定罪以礼为依据，量刑以礼为标准（参阅叶峰：《论〈唐律〉"一准乎礼"、"得古今之平"》，《现代法学》1986 年第 2 期，第 49—52 页）。姜素红将《唐律》"一准乎礼"主要内容概括为四个方面：（1）唐律的主旨在于全面贯彻礼的核心内容——封建三纲；（2）定罪量刑以礼为依据；（3）注释以礼为根据；（4）修律以礼为蓝本。参阅姜素红：《试论"一准乎礼"》，《湖南农业大学学报》2000 年第 1 期，第 69—72 页。

② （清）万斯同：《明史》卷 126《刑法上》，顾廷龙等：《续修四库全书》（326 册），上海古籍出版社 2002 年版，第 143 页。

按：官修《明史》略曰："自汉以来，刑法沿革不一。隋更五刑之条，设三奏之令。唐撰律令，一准乎礼以为出入。"（清）张廷玉：《明史》卷 93《刑法一》，中华书局 1974 年版，第 2279 页。

③ （汉）许慎，（清）段玉裁注：《说文解字注》卷 1 上，上海古籍出版社 1981 年版，第 2 页。

④ 程树德：《论语集释》卷 4《为政下》，程俊英、蒋见元点校，中华书局 1990 年版（新编诸子集成），第 127 页。

一般认为是"礼"之精神，其基本内涵是"亲亲"与"尊尊"；"文"多指代"礼"之仪节，如"五礼"、"六礼"、"九礼"等。据《礼记·礼器》：

> 先王之立礼也，有本有文。忠信，礼之本也。义理，礼之文也。无本不立，无文不行。礼也者，合于天时，设于地财，顺于鬼神，合于人心，理万物者也。[1]

由于"礼"具有"经国家，定社稷，序民人，利后嗣"[2]的强大功能，遂被视作古代社会国家治理的根本路径选择，所谓"治人之道，莫急于礼"[3]。作为唐代累世遵奉之基本刑书，《唐律疏议》异常重视礼与律结合，诚如长孙无忌《进律疏表》所言："律增甲乙之科以正浇俗，礼崇升降之制以拯颓风。"礼典编修是唐代"礼律合流"重要体现。《唐律疏议》中论及律令深意，常引典礼以喻之；阐发礼典幽微，多据律令以证之，礼制由此成为法律运行中必须考量的重要因素。据统计，《唐律疏议》中提及"依礼"者凡十七处，涉及《礼记》、《周礼》、《孝经》等。如妇人有官品及邑号犯罪，"依礼：凡妇人，从其夫之爵命"[4]。对照《礼记·杂记》"凡妇人，从其夫之爵位"[5]条可知矣。又《唐律》规定闻丧不即举哀，于后择日举讫事发定罪，"依礼：斩衰之哭，往而不返。齐衰之哭，若往而返。大功之哭，三曲而偯。小功、缌麻，哀容可也"[6]。此复可与《礼记·间传》相证："斩衰之哭，若往而不反；齐衰之

---

① （汉）郑玄注，（唐）孔颖达疏：《礼记正义》卷23《礼器第十》，十三经注疏整理委员会整理，北京大学出版社2000年版，第836页。

② （周）左丘明传，（晋）杜预注，（唐）孔颖达疏：《春秋左传正义》卷4"隐公十一年"，十三经注疏整理委员会整理，北京大学出版社2000年版，第146页。

③ （汉）郑玄注，（唐）孔颖达疏：《礼记正义》卷49《祭统第二十五》，十三经注疏整理委员会整理，北京大学出版社2000年版，第1570页。

④ （唐）长孙无忌等：《唐律疏议》卷2《名例》"妇人有官品邑号"，刘俊文点校，中华书局1983年版，第38页。

⑤ （汉）郑玄注，（唐）孔颖达疏：《礼记正义》卷41《杂记上》，十三经注疏整理委员会整理，北京大学出版社2000年版，第1378页。

⑥ （唐）长孙无忌等：《唐律疏议》卷10《职制》"匿父母及夫等丧"，刘俊文点校，中华书局1983年版，第205页。

哭，若往而反；大功之哭，三曲而偯；小功、缌麻，哀容可也。此哀之发于声音者也。"[1]值得指出的是，唐律所融入之"礼"，确切些说是"唐礼"[2]。《礼记》、《周礼》等经典相关内容及具体表达，在唐代已融入唐代礼典之中，就其具体内容而言，《贞观礼》、《显庆礼》、《开元礼》之间，可能也存在重大差异。惜贞观、显庆二礼不存，今唯有征诸古礼矣。

　　礼法合治在唐代司法中得到深入贯彻，如散斋之日禁刑杀罚罪之禁令，屡见于《唐六典》、《大唐开元礼》、《大唐郊祀录》、《唐会要》等文献，即为唐代礼典与刑书糅合之典型例证。《唐六典》："散斋日不得吊丧问疾，不判署刑杀文书，不决罚罪人。"[3]《大唐开元礼》："散斋理事如旧。惟不吊丧问疾，不作乐，不判署刑杀文书，不行刑罚，不预秽恶。致斋惟祀事得行，其余悉断。"[4]《大唐郊祀录》[5]、《旧唐书》[6]所记略同。与此同时，众多具体典礼制度亦上升至令典层面。唐《祀令》、《衣服令》、《仪制令》等，多是关于礼制的法律规定。如大祀昊天上帝、五方帝、皇地祇、神州及宗庙礼仪，早在武德年间即已进入令典，冬至祭祀礼仪与法令之间建立直接类属关系。《大唐郊祀录》记载："冬至祀圜丘，加羊九，豕九。夏至祀方丘，加羊五，豕五……皇朝武德初定令，祀于官内□□以下，加羊豕各九。夏至祭地祇、岳镇以下，加羊豕各五。开元因之，不复改也。"[7]据《通典》引武德令文：

　　　　每岁冬至，祀昊天上帝於圜丘（坛于京城明德门外，道东二里。四成，成各高八尺一寸。下成广二十丈，再成广十五丈，三成广十丈，四成广五丈）。以景帝配，五方上帝、天文皆从祀（日月、内官、中官、外官及众星

①　（汉）郑玄注，（唐）孔颖达疏：《礼记正义》卷57《间传第三十七》，十三经注疏整理委员会整理，北京大学出版社2000年版，第1807页。

②　苏亦工：《唐律"一准乎礼"辨正》，《政法论坛》2006年第3期，第122页。

③　（唐）李林甫等：《唐六典》卷4《尚书礼部》"祠部郎中员外郎"条，陈仲夫点校，中华书局1992年版，第124页。

④　（唐）萧嵩等：《大唐开元礼》卷27《吉礼·斋戒》，民族出版社2000年版，第159页。

⑤　（唐）王泾：《大唐郊祀录》卷1《凡例上·斋戒》，民族出版社2000年版，第730页。

⑥　（后晋）刘昫：《旧唐书》卷21《礼仪一》，中华书局1975年版，第819页。

⑦　（唐）王泾：《大唐郊祀录》卷1《凡例上·牲牢》，民族出版社2000年版，第732页。

皆从祀。其五方帝及日月七座，在坛第二等。内官五星以下五十五座，在第三等。二十八宿以下百三十五座，在第四等。外官百一十二座，在外壝之内。众星三百六十座，在外壝之外）。上帝及配帝用苍犊各一，五方帝及日月用方色犊各一，内官以下加羊豕各九。①

唐人以法入礼，依礼制法，以法代礼，以法护礼②。在礼制法律化领域，律、令、典、礼迭相为用。如墓前碑碣规格，《唐律疏议》引《丧葬令》："五品以上听立碑，七品以上立碣。茔域之内，亦有石兽。"③《唐六典》则云："碑碣之制，五品已上立碑；七品已上立碣……凡石人、石兽之类，三品已上用六，五品已上用四。"④《唐律疏议》"发冢"条曰："礼云：葬者，藏也，欲人不得见。"⑤《礼记·檀弓》："葬也者，藏也。藏也者，欲人之弗得见也。"⑥《唐律疏议》本条复曰："古之葬者，厚衣之以薪，后代圣人易之以棺椁"，此又可与《周易·系辞》互证："古之葬者厚衣之以薪，葬之中野，不封不树，丧期无数。后世圣人易之以棺椁，盖取诸大过。"⑦诸如此类，不胜枚举。具体至诉讼规则层面，改谥、禁婚、私忌、复仇司法集议中形成的惯例规则，以及赐死场所安排、临行优崇等惯例规则，均可视作礼制在诉讼领域之表彰。

---

① （唐）杜佑：《通典》卷 43《礼三·沿革三·吉礼二·郊天下》，王文锦等点校，中华书局 1988 年版，第 1192 页。参阅［日］仁井田陞：《唐令拾遗·祠令第八》"冬至祀昊天上帝"，栗劲等译，长春出版社 1989 年版，第 63—64 页。

② 陈戍国：《从〈唐律疏议〉看唐礼及相关问题》，《湖南大学学报》（社会科学版）1999 年第 1 期，第 51 页。

③ （唐）长孙无忌等：《唐律疏议》卷 27《杂律》"毁人碑碣石兽"，刘俊文点校，中华书局 1983 年版，第 517 页。

④ （唐）李林甫等：《唐六典》卷 4《尚书礼部》"礼部郎中员外郎"条，陈仲夫点校，中华书局 1992 年版，第 120 页。

⑤ （唐）长孙无忌等：《唐律疏议》卷 19《贼盗》"发冢"，刘俊文点校，中华书局 1983 年版，第 354 页。

⑥ （汉）郑玄注，（唐）孔颖达疏：《礼记正义》卷 8《檀弓上》，十三经注疏整理委员会整理，北京大学出版社 2000 年版，第 279 页。

⑦ （魏）王弼注，（唐）孔颖达疏：《周易正义》卷 8《系辞下》，十三经注疏整理委员会整理，北京大学出版社 2000 年版，第 355 页。

三、得古今之平

四库馆臣认为："上稽历代之制，其节目备具，足以沿波而讨源者，要惟唐律为最善。"[①]纪昀等人之所以得出上述结论，与编修《四库全书》时可以信据的史料直接关联。苏亦工指出，"古"之上限若定于秦汉，"今"则指代《提要》撰著者所处的清代[②]。时至今日，《唐律疏议》仍是完整保存至今且最为古老的法典，因此，研习法律史学者，无不对唐律予以充分关注。伴随甲骨文献、敦煌卷子、边陲简牍等出土文献相继问世，古代法律研究资料状况大为改观。20 世纪以来，秦汉简牍、地方档案、文书契约、碑刻墓志等各类史料之发掘、整理、释读和研究工作的大力推进，法律史学研究取得了前所未有的骄人成绩，众多学界聚讼纷争的历史悬案得以逐步破解。但是，与传统史志、法典相比，上述资料多属于零章断简，故无法反映特定时期法律发展、运行之全貌，亦不可撼动传世文献之固有地位。基于上述原因，《唐律》相关条目仍是讨论历代法律变迁的基本依据。《唐律疏议》是唯一一部与清代现行法典《大清律例》并列于《四库全书》的古代法典，"承认唐律为公平法律的典范，当然也就承认了以唐律为宗祖制定的大清律的正统地位"[③]。四库馆臣在塑造《大清律例》"斟酌画一，权衡允当，迨今日而集其大成"的历史贡献的同时，其深意在于证明清代"折衷往制，垂宪万年"法统地位，由此更加凸显《唐律》作为华夏刑律正统的夺目光辉。

时至今日，四库馆臣对《唐律疏议》所作"节目备具，足以沿波而讨源"的评价，仍然具有重大学术价值。"平"是对《唐律》立法技术作出的基本评价，并于"法"之内涵及传统"中和"思想一脉相承。从这个意义上说，平与"公平"、"中正"、"慎恤"等法律观念具有不可割裂的天然联系。

第一，"平"蕴含"公平"之意。《说文》释"灋"曰："刑也，平之如水，

---

① （清）永瑢等：《四库全书总目》卷 82《史部三八·政书类二·法令》，中华书局 1965 年版，第 712 页。

② 参阅苏亦工：《唐律"一准乎礼"辨正》，《政法论坛》2006 年第 3 期，第 135 页。

③ 苏亦工：《唐律"得古今之平"补辨——兼评〈四库提要〉之价值观》，《政法论坛》2008 年第 5 期，第 134 页。

从水，廌所以触不直者去之，从廌去。"①以法为基本依据的裁判活动，应以确保公平为基本原则。如现有证据难于再现当时场景，则需借助神明威力，依托獬豸决断(图1-1)。《论衡》云獬豸为一角之羊，性知有罪。皋陶治狱，其罪疑者，以触不直："斯盖天生一角圣兽，助狱为验，故皋陶敬羊，起坐事之。"②公平是中国传统法制的价值追求，是治国理政必须秉承的基本原则。《尚书·周官》曰："以公灭私，民其允怀。"③公平之要旨在于中正、无私。《管子》曰："公平而无所偏，故奸诈之人不能误也。"④《荀子》："公平者，职之衡也；中和者，听之绳也。"⑤商鞅相秦，"法令至行，公平无私。"⑥上述观念历代传承，成为唐代施政重要理念，强调规则制定与运作，以体现公平为其要务：

> 若赏不遗疏远，罚不阿亲贵，以公平为规矩，以仁义为准绳。考事以正其名，循名以求其实，则邪正莫隐，善恶自分。然后取其实，不尚其华。处其厚，不居其薄，则不言而化，期月而可知矣！⑦

唐代"公平"观念进入国家体制层面，成为评价官吏道德水平的基本要件，唐代考课之法有四善，"一曰德义有闻，二曰清慎明著，三曰公平可称，四曰

---

① (汉)许慎，(清)段玉裁注：《说文解字注》卷10上，上海古籍出版社1981年版，第470页。

② 黄晖：《论衡校释》卷17《是应第五十二》，中华书局1990年版(新编诸子集成)，第760页。

③ (汉)孔安国传，(唐)孔颖达疏：《尚书正义》卷18《周官第二十二》，十三经注疏整理委员会整理，北京大学出版社2000年版，第573页。

④ 黎翔凤：《管子校注》卷21《明法解第六十七》，梁运华整理，中华书局2004年版(新编诸子集成)，第1214页。

⑤ (汉)王先谦：《荀子集解》卷5《王制篇第九》，沈啸寰、王星贤点校，中华书局1988年版(新编诸子集成)，第151页。

⑥ (汉)刘向集录：《战国策》卷3《秦一》"卫鞅亡魏国入秦"，上海古籍出版社1985年版，第75页。

⑦ (唐)吴兢：《贞观政要》卷3《择官第七》，上海古籍出版社1978年版，第97页。

恪勤匪懈"[①]，法官又当以五听察其情，"公平以鞫庶狱"[②]。唐代诉讼观念中，亦大量蕴含"公平"因子，如唐人冥判、冤报事件反映的善恶循环、业报不虚之民间信仰；稗史小说中"业镜"、"业称"所反映的冥律无私、洞烛幽微观念；传奇故事中冤魂上诉、临刑称冤等描述透露的追求司法公正的合理期待等。凡此种种，皆为"公平"观念在唐代诉讼文化领域之生动映射。

图 1-1   獬豸图
资料来源：徐光冀主编：《中国出土壁画全集》第 9 册，科学出版社 2012 年版，第 198 页

第二，"平"蕴含"中正"之意。传统"中正"、"惟中"思想与"慎罚"直接相关，具体是指唐律所规定的刑制，与历代律典相比较，均属平缓，不轻不重，适得其中[③]。上古文献中，时常将"中正"作为评判法律的重要标准，如《吕刑》曰："惟良折狱，罔非在中……明启刑书，胥占，咸庶中正。"[④]《立政》曰："兹式有慎，以列用中罚。"[⑤]《君陈》："予曰宥，尔惟勿宥。惟厥

①（唐）李林甫等：《唐六典》卷 2《尚书吏部》"考功郎中"条，陈仲夫点校，中华书局 1992 年版，第 42 页。

②（唐）李林甫等：《唐六典》卷 18《大理寺》"大理寺卿"条，陈仲夫点校，中华书局 1992 年版，第 502 页。

③ 蒲坚：《释唐律"出入得古今之平"》，《政法论坛》2001 年第 4 期，第 156 页。

④（汉）孔安国传，（唐）孔颖达疏：《尚书正义》卷 19《吕刑第二十九》，十三经注疏整理委员会整理，北京大学出版社 2000 年版，第 648 页。

⑤（汉）孔安国传，（唐）孔颖达疏：《尚书正义》卷 17《立政二十一》，十三经注疏整理委员会整理，北京大学出版社 2000 年版，第 565 页。

中。"①上述论断均强调在立法、司法中，应恪守中德，不偏不倚，尽量做到公道、正直。《汉书·薛宣传》进而提出"允执圣道，刑罚惟中"②的著名论断。司法实践中，要求恪守"刑罚世轻世重"、"以五声听狱讼"、"疑罪惟赦"等基本原则。纪昀等认为，"刑为盛世所不能废，而亦盛世所不尚"。故《四库全书》政书类法令之属，仅列二部七十七卷，此即《唐律疏议》、《大清律例》是也。值得注意的是，四库馆臣对于《大清律例》的评价，仍在强调"中正"之意：

> 皇心钦恤，道取协中。凡谳牍奏陈，皆辨析纤微，衡量情法。随事训示，务准其平，以昭世轻世重之义。又每数载而一修，各以新定之例分附于后。③

《吕刑》主张的"轻重诸罚有权，刑罚世轻世重"④，不仅要求执法者在执法中保持中正，五刑之罚轻重适当，更要求立法者针对社会状况，在法律层面作出迅速反应。西周开创的"世轻世重"原则，为历代律令典制所追慕；泊乎《唐律》，号为平允，此恰与《周礼》"刑平国用中典"⑤之意契合，所谓承平守成之国，用长行之法也。同时，"以五声听狱讼"是古代司法长期承用的基本审判方式，所谓"两造具备，师听五辞"⑥。《唐律疏议》规定："应讯囚

---

① （汉）孔安国传，（唐）孔颖达疏：《尚书正义》卷18《君陈二十三》，十三经注疏整理委员会整理，北京大学出版社2000年版，第580页。

② （汉）班固：《汉书》卷83《薛宣传》，（唐）颜师古注，中华书局1962年版，第3386页。

③ （清）永瑢等：《四库全书总目》卷82《史部三八·政书类二·法令》，中华书局1965年版，第712页。

④ （汉）孔安国传，（唐）孔颖达疏：《尚书正义》卷19《吕刑第二十九》，十三经注疏整理委员会整理，北京大学出版社2000年版，第647页。

⑤ （汉）郑玄注，（唐）贾公彦疏：《周礼注疏》卷34《秋官·大司寇》，十三经注疏整理委员会整理，北京大学出版社2000年版，第1060页。

⑥ （汉）孔安国传，（唐）孔颖达疏：《尚书正义》卷19《吕刑第二十九》，十三经注疏整理委员会整理，北京大学出版社2000年版，第641页。

者，必先以情，审察辞理，反覆参验。"①至于法官审查辞理的具体方式，唐《狱官令》则明确指向传统"五听"之制：

> 诸察狱之官，先备五听，又验诸证信，事状疑似犹不首实者，然后拷掠。②

关于疑罪的处置，唐律继承《吕刑》赎刑制度，笞、杖、徒、流、死、赎铜标准由一斤至一百二十斤有差。至天宝六载(747 年)四月八日，朝廷规定赎铜与铜钱换算比值，遂使唐代赎法更加完备：

> 其赎铜，如情愿纳钱，每斤一百二十文。若负欠官物，应征正赃及赎物无财，以备官役折庸。其物虽多，止限三年。一人一日折绢四尺。若会恩旨，其物合免者，停役。③

第三，"平"蕴含"慎恤"之意。"慎恤"包含悲悯慎杀与体恤幼弱双重含义。唐初立法秉承《北齐律》、《开皇律》传统，务在宽平。《武德律》"因开皇律令而损益之，尽削大业所用烦峻之法"。及至贞观，太宗命长孙无忌、房玄龄与学士法官，更加厘改律令。革断趾之刑，立加役之流；祖孙兄弟缘坐，俱从配没之法；老幼废疾犯罪，依律上请收赎。《贞观律》的修订，标志唐律从原则到结构的基本形成，删繁就简，哀矜是求。故《旧唐书·刑法志》曰：

> 比隋代旧律，减大辟者九十二条，减流入徒者七十一条。其当徒之法，唯夺一官，除名之人，仍同士伍。凡削烦去蠹，变重为轻者，不可胜纪。④

---

① (唐)长孙无忌等：《唐律疏议》卷 29《贼盗》"讯囚察辞理"，刘俊文点校，中华书局 1983 年版，第 552 页。

② 天一阁博物馆、中国社会科学院历史研究所天圣令整理课题组校正：《天一阁藏明钞本天圣令校正》附《唐开元狱官令复原清本》第 38 条，中华书局 2006 年版，第 647 页。

③ (宋)王溥：《唐会要》卷 40《定赃估》，上海古籍出版社 2006 年版，第 851 页。

④ (后晋)刘昫：《旧唐书》卷 50《刑法志》，中华书局 1975 年版，第 2138 页。

《永徽律疏》制定之前的武德、贞观时期，形成并传承了"慎恤"司法的基本原则。如武德二年(619 年)二月，武功人严甘罗行劫，为吏所拘。甘罗言"饥寒交切，所以为盗"①，高祖命赦之。贞观五年(631 年)，完善死刑覆奏制度，正式确立死刑京师五复奏、诸州三复奏的基本制度。永徽初年，遵先朝故事，务在恤刑，颇有贞观遗风。如永徽三年(652 年)正月甲子，恩宥在京及天下囚徒，"鳏寡茕独及笃疾之徒，量加赈恤，务令得所"②。上述因素均是促成《唐律疏议》体现"慎恤"思想的重要原因。"慎恤"观念在中晚唐仍得到反复强调，朝廷多次发布诏敕，强调在司法中贯彻"慎恤"理念。如乾元二年(759 年)三月《以春令减降囚徒敕》："国之用刑，兼在于慎恤……其天下见禁囚徒，死罪从流，流罪已下，一切放免。"③开成三年(838 年)正月二十四日敕节文："狴狱之重，人命所悬。将绝冤滥，必资慎恤。"④大中九年(855 年)七月十三日《赈恤江淮遭水旱疾疫百姓德音》节文："委所在长吏慎恤刑狱，疏决囚徒。必务躬亲，俾无冤滞。"⑤咸通十二年(871 年)五月庚申《疏理京城诸司及诸州军府囚徒德音》仍在重申"慎恤刑狱"⑥这一基本司法理念。

　　综上所述，德本刑用、一准乎礼、得古今之平既是《唐律》的基本特征，也是唐代诉讼法制所坚守的基本原则。其中，"德政"、"礼法"、"中正"、"慎恤"等司法原则，在唐代诉讼实践中多有体现，上述原则长期运行，逐步勾勒出唐代法律文化的基本轮廓，并成为孕育和生成唐代诉讼规则的法律文化基础。

---

　　① (宋)王谠：《唐语林校证》卷 1《政事上》，周勋初校证，中华书局 1987 年版，第 51 页。

　　② (宋)王钦若等编纂：《册府元龟》卷 84《帝王部·赦宥第三》，周勋初等校订，凤凰出版社 2006 年版，第 927 页。

　　③ (宋)宋敏求：《唐大诏令集》卷 84《政事·恩宥二·以春令减降囚徒敕》，中华书局 2008 年版，第 480—481 页。

　　④ (宋)李昉等编：《文苑英华》卷 436《翰林制诏十七·德音三·赈恤下·淄青蝗旱赈恤德音》，中华书局 1966 年版，第 2206 页。

　　⑤ (宋)李昉等编：《文苑英华》卷 436《翰林制诏十七·德音三·赈恤下·赈恤江淮遭水旱疾疫百姓德音》，中华书局 1966 年版，第 2209 页。

　　⑥ (后晋)刘昫：《旧唐书》卷 19 上《懿宗纪》，中华书局 1975 年版，第 677 页。

第四节　研究思路与创新之处

一、研究思路

《唐代刑事诉讼惯例研究》选择唐代诉讼规则之一隅——诉讼惯例作为研究剖面，透视中国传统诉讼法律文明的发展脉络。以现代诉讼法学之制度框架，解读和融汇相关历史资料，运用社会法学的宏观视野，思考唐代盛世诉讼法制文明的运行和变迁。在唐代律令制架构项下，研究诉讼惯例生成、运行与演变之实际状态。试图通过查明诉讼制度、诉讼惯例与诉讼观念诸问题之相互关系，透视唐代诉讼规则实际运行与兴替沿革，展示我国传统诉讼法制文化演进、发达之概观与规律。

本书研究以诉讼惯例为主导，以诉讼制度为依托，并于一定程度涉及司法思想与诉讼观念问题，以期全面考察唐代诉讼法律文明之整体架构；研究中注重法律通史研究与断代法史研究的有机结合，在突出唐代诉讼惯例核心地位的同时，注意上下勾连，博稽史料，以查明具体问题历史发展脉络；本书研究突出问题意识，兼顾整体描摹，充分注意诉讼领域一般与特殊、共性与个性的关系。篇章涉及在强调专题研究特色的基础上，亦顾及一般诉讼原则、诉讼制度的简要介绍，并注意章节内容之相互照应。就研究结构而言，本书研究依据唐代刑事诉讼演进规则，撷取惯例规则较为集中之告诉、审判、执行等领域，设置若干章、节，对告诉、上诉、杂治、集议、昭雪、长流、赐死等规则中蕴含的诉讼惯例进行爬梳、归纳和论证，以期彰显中华法系法律渊源的多元特质。

二、创新之处

(一)选题新

值得注意的是，学界在古代诉讼规则领域取得诸多优秀研究成果的同时，亦存在视野局限、概念失范、资料单一等弊病。时至今日，对于传统诉讼规则之结构、功能、价值等基本问题的研究仍显乏力。截至目前，关于"诉讼惯例"问题之系统研究更乏人问津。基于对传统法律文明多元架构的基本判断，本书选择了诉讼法史这一相对薄弱之具体研究领域。本书选题新颖，特色鲜明，在研究视野方面，具有填补学界空白的意义。研究中经由中国诉讼法律文明之宏观视野，立足于唐代诉讼规则之兴替沿革与实际运作，运用诉讼通史之宏观视角，凸显问题意识与断代特色。因此，从研究领域与研究视角而言，本书之立意谋划具有重要学术价值，对于推动法律史学学科的深入发展，亦有一定促进意义。

（二）方法新

《唐律疏议》是中国成文法时代之杰出代表。研究这一历史时期诉讼惯例生成、适用及演化，必然以唐代律令为依托，依循诉讼程序发展流程，侧重于法律适用层面挖掘、认定、分析唐代刑事诉讼惯例。具体而言，本书在立足传统正史、律典、政书材料的基础上，合理移植"史料考订"、"二重证据"、"文史互证"等史学研究方法，在唐代法制领域，彰显史学与法学研究路径之有效沟通。本书研究在复原、描述的基础上，搜集、整理和分析唐代刑事诉讼惯例。本书以两《唐书》、《唐律疏议》、《资治通鉴》、《册府元龟》、《唐会要》等典籍文献作为基本依据，通过比勘考订各类文献资料，相互质证，发现、分析各类惯例规则；充分利用敦煌吐鲁番出土文书之案卷、诉牒、籍帐、手实等，以及长安、洛阳等地新近出土唐人墓志材料，从实证角度分析唐代诉讼活动的进程，关注司法实践中蕴含的各类诉讼惯例；在复原唐代诉讼活动原貌的基础上，解析制度、惯例与观念之间的微妙关系。充分重视杂史稗乘所含史料的开掘与运用，从时人撰述角度，分析官方与民间诉讼观念之异同，多维透视唐代诉讼法律文化。

（三）资料新

唐代法制研究由来已久，欲获得可资利用之新资料实属不易。本书在扩展资料搜集、适用范围的同时，尤其关注近年新出唐代文献的充分利用，以《新获吐鲁番出土文献》、《大唐西市博物馆藏墓志》、《洛阳流散墓志汇编》等新见资料最为典型。其中，长安、洛阳两京近郊新出唐人墓志蕴含部分诉讼法制信息，目前尚未引起诉讼法史领域研究者的足够重视。本书研究中详细剖析《李多祚墓志》、《刘祎之墓志》、《成王千里(李仁)墓志》、《卢巽墓志》等出土资料所蕴含之法律史料,并与传世文献相互印证,补阙正谬,为查明相关领域诉讼惯例问题提供了有力支持。此外,《大谷文书集成》、《日本宁乐美术馆藏吐鲁番出土文书》等域外所藏汉籍文献,在本书中也得到充分利用。

第五节　主要研究方法

一、史料考订法

史料考订是本书使用的基本方法。该方法为治文史之学之基本手段,即在广泛收集各类资料的基础上,对相关史实逐一比勘,发现抵触讹误之处,并加以考据订正①。对于本书研究中涉及的正史、编年、政书、类书、诗文、稗史等传世文献之收集与运用,大致遵循以下原则:首先,以两《唐书》记述为基本依据,尤其重视《旧唐书》之记载;二者矛盾、含混或阙载时,则参考《资治通鉴》、《册府元龟》之记载;其次,对于制度兴替变迁问题,在依据史书志、传的基础上,参考《唐六典》、《唐会要》、《通典》等政书内容;最后,对于诉讼规则变迁和运作问题之官方表述,则主要依据《唐大诏令集》、《太平御览》、《文苑英华》等资料。

二、二重证据法

从社会法学研究视角出发,一切反映特定历史时期诉讼法制状况的资料均应予以必要关注。这就要求以律典规定为基础,广泛深入检寻相关史料,从而达到深入考察法制运行状况的目的。唯有如此,才有可能接近于历史事实之本相。基于上述理由,本书研究充分重视出土文献与传世典籍之相互印

---

① 按:民国学者王英生指出,研究法制史的第一步工作是搜集关于法制史的材料;第二步是要将搜集的史料拿来批评,以判别其真伪;第三步工作为史料的整理及解释;第四步为史论的构成。王英生:《法制史学的本质及其研究方法》,《安徽大学月刊》1933年第1卷第7期,第95—100页。

证。二重证据法之实践可上溯至北宋学者欧阳修与赵明诚，至民国时期，王国维始将之提升成为专门之学：

> 吾辈生于今日，幸于纸上之材料外更得地下之新材料。由此种材料，我辈固得据以补正纸上之材料，亦得证明古书之某部分全为实录，即百家不雅训之言亦不无表示一面之事实。此二重证据法。惟在今日，始得为之。[1]

"二重证据法"强调以出土文献与传世资料相互印证，补阙正谬。因出土文献深瘗地下，未经改窜，故可信度较高，正可借此校订史书错讹。受到史书修撰体例和篇幅限制，两《唐书》等传世典籍多侧重诉讼法制之静态描摹，对于诸多具体问题缺乏详细记录。本书研究中，主要利用《吐鲁番出土文书》、《敦煌社会经济文献真迹释录》、《全唐文补遗》、《大唐西市藏墓志汇编》等资料，与传世史料对照印证，力图还原和再现唐代诉讼法律文明的实际运行状态，重点关注各类诉讼制度的运作程序，凸显诉讼法史之学科特色。值得注意的是，敦煌吐鲁番文书多为残章断简，少有全书[2]，因此仅可为研究资料之辅助证据。墓志资料与诉讼问题直接相关者更为有限，且须剔除谀墓回护之成分。因此，在坚持"二重证据"法的同时，仍应将正史为代表的传统典籍作为主要研究依据。

三、文史互证法

所谓"文史互证法"，即以文学作品和史书记载相为表里，互为取证，此为治文史学问之基本方法之一。徐敬修认为："史家之研究历史，必有赖于各种补助之学(古文书、考古、图谱等)。"[3]唐人诗文、稗史、传奇等资料，在一定程度反映出当时士民社会的诉讼观念水平与法律信仰状态。不可否认，笔记小说的史料价值和运用方式自当与律令规定及正史记述有所区别，然其

---

① 王国维：《古史新证》，《燕大学刊》1930 年第 1 卷第 1—2 期，第 2 页。
② 傅斯年：《史料论略》，《史学方法导论》，上海古籍出版社 2011 年版，第 6 页。
③ 徐敬修：《史学常识》，大东书局 1933 年版，第 59 页。

蕴含诉讼法律文化信息之广度与深度，却是任何"正经"史料无法比拟的[①]。从审慎而客观角度对以《太平广记》为代表的唐稗传奇进行法律视野的诠释，也应成为法史学人需要直面之课题。唐代诉讼惯例研究在依据两《唐书》纪、传记载的同时，重点关注唐人诗文材料，并适当采撷《冥报记》、《朝野佥载》、《酉阳杂俎》及《太平广记》中之记载，与律令典章及传世文献相互参证。力图从此"另类"史料之中，抉示唐代诉讼惯例与时人诉讼观念。

四、统计分析法

资料统计是历史研究重要方法之一，"史家最大任务是要研究人类社会的'共相'和'共业'。而这种'观其大较'的工作，实为'求共'之绝妙法门"[②]。诉讼法史研究须以史料搜集、统计与分析为基础，"统计分析法"之资料容纳与全景展示之功能，绝非其他研究方法所能比拟。以"安史之乱"为界，中晚唐诉讼审判制度与司法实践产生了一系列重要变化。而相关案例多散见于史料典籍之中，不但数量繁复，且记载或有出入。如仅依靠举例说明，恐有挂一漏万之嫌，且难于呈现不同时期诉讼法制运行的实际状况。因此，研究中多次采用了统计分析方法，图表的制订格式又结合行文需要有所更易。或侧重案情描述，或强调统计数据，或考订资料来源。总之，添设图表的目的在于更为充分地展示本书之研究基础，并从中归纳若干重要结论，也为学界后续研究提供资料便利。

第六节　主要研究资料

鉴于诉讼法律文化之多元架构模式，关于唐代刑事诉讼惯例的研究必须依托诉讼制度本身进行。在制度变迁和运作过程中，考察诉讼惯例在唐代的发展运行状况。与此同时，法律史学是具有史学与法学双重性质之交叉学科，其研

---

① 陈玺：《唐代诉讼制度研究》，商务印书馆 2012 年版，第 304 页。
② 梁启超：《历史统计学（续）》，《晨报副刊》1922 年第 11 期，第 110 页。

究素材必然包括文献典籍、出土文书、墓志碑铭等诸多资料来源①。基于上述理由，本书研究中使用的主要文献资料大致可分以下六类。

一、正史编年类

唐代以后，官修史书成为定制。纪传体新、旧《唐书》当为研究唐代诉讼规则最为基本的资料来源，本书涉及大量重要纪事与案例多本于此。《旧唐书》（中华书局 1975 年标点本）源自唐代实录国史、制诰德音、时政记、地方奏报，以及天文灾祥、蕃夷贡赋等官方材料，辅以日历、碑碣、家传、谱牒等资料，虽有芜杂之弊，然资料原始详备，且可信度较高②。

北宋初年崇文偃武，文事大盛，故典佚文复出于世。仁宗时曾公亮等以《旧书》"纪次无法，详略失中，文采不明，事实零落"为由，重修唐书，是为《新唐书》（中华书局 1975 年标点本）。吕诚之云《新唐书》为补正《旧书》而作，"欧、宋又皆积学能文之士，故其足矫前书之失者甚多"③。以虽因"文省而事增"遭人诟病，然较之于《旧唐书》，记事、纪时更为准确，同类项下蕴含之信息大幅增加，且尤详于中晚唐史实之记述。同时，《新唐书》增设四表（《宰相》、《方镇》、《宗室世系》、《宰相世系》）、三志（《兵》、《仪卫》、《选举》），其史料价值确有超越《旧唐书》之处④，研究中，新、旧《唐书》应各取所长，对勘补充、不可偏废⑤。

北宋神宗元丰七年（1084 年），司马光主持编修之《资治通鉴》（胡三省音注，中华书局 1956 年标点本）告竣。该书在充分利用唐代遗留之实录国史、诏制敕

① 按：关于史料分类、搜集与运用，参阅梁启超：《中国历史研究法》，上海古籍出版社 2006 年版，第 39—94 页。

② 按：清儒赵翼曾详述《旧唐书》史料来源："五代修唐书，虽史籍已散失，然代宗以前尚有纪传，而庾传美得自蜀中者，亦尚有九朝实录，今细阅旧书文义，知此数朝纪传多钞实录、国史原文也。凡史修于易代之后，考覆既确，未有不据事直书，若实录、国史修于本朝，必多回护。观旧书回护之多，可见其全用实录、国史，而不暇订正也。"（清）赵翼：《廿二史札记校证》卷 16 "旧唐书前半全用实录国史旧本"，王树民校证，中华书局 1984 年版，第 345 页。

③ 吕思勉：《论学集林》，上海教育出版社 1987 年版，第 187 页。

④ 何忠礼：《中国古代史史料学》，上海古籍出版社 2004 年版，第 74 页。

⑤ 黄永年：《唐史史料学》，上海书店出版社 2002 年版，第 23 页。

册、史馆吏牍的同时，兼及传状谱牒、野史杂记、稗乘传奇等，网罗宏富，考订严谨，其中记事尤详于唐、五代。在恢复编年史书声望的同时，更成研究唐代诉讼法制问题之基本资料。与两《唐书》相比，《资治通鉴》以时系事，可以较为清晰判定若干历史事件发生的具体时间。同时，受北宋严谨考据学风之熏染，司马光撰修之《资治通鉴考异》胪列若干记事之不同史料来源，或辨明真伪，或并存史料，为后世研究保留了难得的一手材料①。

二、政书典制类

本书研究所涉及政书主要有《唐六典》、《通典》与《唐会要》。《唐六典》（陈仲夫点校，中华书局 1992 年版）在系统总结开元时期中央与地方职官制度的同时，考述制度流变，引据官方律令诏敕，对于查明唐代诉讼规则演变轨迹具有重要参考价值。唐杜佑所撰《通典》（王文锦等点校，中华书局 1988 年版）侧重记述制度演进脉络，便于考察天宝以前唐代诉讼规则的"前世今生"，遂为相关制度之纵向比较提供了便利。与此同时，《通典》以当时人言当时事的方式，完整保留了《开元格》、臣僚奏议等原始资料，值得充分重视。王溥所撰《唐会要》（上海古籍出版社 2006 年标点本）接续唐人苏冕、崔铉《会要》，成有唐一代之典要，研究唐史，以材料论，"天宝以后，则《唐会要》为最早史料"②。是书分类系事，条目清晰，许多重要典制皆见于此，时常可与两《唐书》、《册府元龟》相关内容进行校订印证，对于纵览唐代法制变迁具有无法替代的重要作用。

三、律令诏敕类

唐代秉承秦汉魏晋立法传统，采取诸法合体、兼容并括的立法模式，以《唐律疏议》（刘俊文点校，中华书局 1983 年版）作为调整社会法律关系之基

---

① 按：《资治通鉴》"取材在广博的基础上又极为精审，每一史实都是以严谨的态度，自多种史料中选定其最可靠者而从之。其比较各项史料的过程和选定的理由，都另作记载，以成《考异》一书，因而此项治学方法被称为'考异法'。"王树民：《史部要籍解题》，中华书局 1981 年版，第 162—163 页。

② 柴德赓：《史籍举要》，北京出版社 2002 年版，第 303 页。

本依据(图1-2)。此外,又辅之以令、格、式、格后敕等其他法律渊源。而关于诉讼制度本身,并未修纂专门法典。与当时诉讼规则相关者,均散见于名例、职制、斗讼、捕亡、断狱等篇。唐令规模庞大,开元时期有官品、丧葬、衣服、狱官、捕亡等令一千五百余条,惜皆已亡佚。日本学者仁井田陞《唐令拾遗》(栗劲等译,长春出版社1989年版)辑得七百余条,在相当程度恢复了唐令原貌。其中之《公式令》、《狱官令》等与唐代诉讼规则研究直接关联。2006年,天一阁博物馆联合中国社会科学院历史研究所推出《天一阁藏明钞本天圣令校正》(中华书局2006年版),附载《唐开元狱官令复原清本》68条、《唐开元捕亡令复原清本》16条,《唐开元医疾令复原清本》35条。上述资料是唐代诉讼法史研究可以信据的新材料之一,值得充分重视。

除常规律令格式以外,唐代制敕时常对律令规定有所变通。其中"永为常式"或"以为永格"者,具备普遍法律效力。早在北宋即有宋敏求编著《唐大诏令集》(中华书局2008年版),采择唐代官方诏敕,分类汇编,其中大量包含关于赦宥、虑囚、赐死、流刑规则实际执行的规定,是研究唐代刑事诉讼惯例的基本资料之一。近人研究唐代诏敕的工具书,则以日本学者池田温《唐代诏敕目录》(三秦出版社1991年版)及李希泌《唐大诏令集补编》(上海古籍出版社2003年版)最为著名。

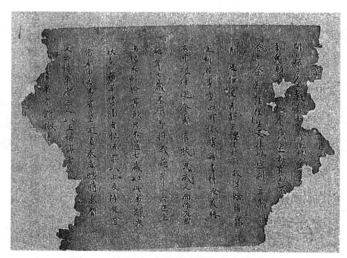

图1-2 唐写本《唐律疏议》名例律残卷

资料来源:国家文物局古文献研究室等编:《吐鲁番出土文书》第9册,图4,文物出版社1990年版

四、类书类

唐代诉讼法制研究中，还需注意类书中蕴含的资料。北宋初年编修之大型类书《册府元龟》(周勋初点校，凤凰出版社 2006 年版)乃唐史资料之渊薮。该书多采唐实录及唐年补录[①]，较少删削剪裁，记事往往详于《旧唐书》等同类资料。关于相关案件的时间及内容等描述更为细致，所记资料信而可据。不但可与两《唐书》相互印证，更有弥补其他资料疏漏的特殊作用，对于其中不见于其他典籍文献者，更应当予以充分重视(如隋末杨岳一房因杨玄感谋反株连事，即不见于其他相关资料)。《太平御览》是成书于北宋初年的大型类书，相对于今本两《唐书》等相关其资料，《御览》征引材料文字更为原始，表述颇有异同，对于查明事件原委具有参考价值，其中所含部分古籍逸文更是法史研究之重要资料。

五、诗文稗史类

唐人诗文与稗史传奇是此次研究中涉及重要资料之一。以往关于唐代诉讼法制之研究，往往宏观论述有余，微观描述不足，研究资料多限于《唐律疏议》及两《唐书》等基本典籍。欲厘清相关诉讼程序问题，则需放宽视野，广辑史料。由此，唐人诗文稗史等时人撰述势必纳入研究范围。唐代文士基于亲身经历撰写之章奏、策对、拟判、诗文等，其真实性与可信性在一定意义甚至高于正史。颜真卿、韩愈、柳宗元、元稹、白居易等唐人文集中时常包含与诉讼法制相关重要史料，其中不仅有相关历史事件的记述，往往还包含作者本人的判断与评价，是唐代诉讼法律文明研究的重要资料来源。

唐代杂史、故事、笔记内容广泛，诸如职官、典故、时令、法令、狱讼、异闻、琐谈等无所不包[②]，其中有资于诉讼法史研究者若《冥报记》、《朝野佥载》、《广异记》等，宋初编修之《太平广记》更可谓集唐人稗史传奇之大成[③]。

---

① 岑仲勉：《唐史馀渖》卷 4《杂述》，上海古籍出版社 1979 年版，第 236 页。
② 陈志超、陈高华等：《中国古代史史料学》，天津古籍出版社 2006 年版，第 164 页。
③ 按：民国学者徐敬修将唐人小说分为历史、社会、义侠、志艳、神怪五类，叙之甚详。徐敬修：《说部常识》，大东书局 1933 年版，第 45—64 页。

若能博采旁搜，颇有裨于史实考证。另一方面，"野史杂说，多有得之传闻及好事者缘饰，故类多失实，虽前辈不能免，而士大夫颇信之"[①]。唐代稗史传奇所记真伪相杂，又乏体系，其史料价值断难与正史政书相比肩。然纵观唐代诉讼之各个环节，几乎均可从唐稗传奇中求得印证，换而言之，唐代诉讼制度、诉讼习惯，以及时人之诉讼观念无不浓缩于唐人笔记小说之中。若透过虚幻怪诞之迷雾，经由唐人俚俗琐议，洞察唐代不同历史时期的诉讼法制现象，则一部鲜活的唐代诉讼法史即可呈现于世人面前。

六、出土文献类

自 19 世纪末敦煌卷子发现以来，运用敦煌吐鲁番文书研究唐代法制之治学门径，早已为学界广泛使用。出土文书是当时社会生活之原始记录，是最能反映当时社会实际的第一手资料（图 1-3）[②]。目前可资利用者主要有国家文物局古文献研究室等编《吐鲁番出土文书》（文物出版社 1981—1991 年版）、唐耕耦、陆宏基编《敦煌社会经济文献真迹释录》（全国图书馆文献缩微复制中心 1990 年版）、陈国灿、刘永增编《日本宁乐美术馆藏吐鲁番出土文书》（文物出版社 1997 年版）、小田义久编《大谷文书集成》（法藏馆株式会社 2003 年版），以及荣新江、李肖、孟宪实主编《新获吐鲁番出土文献》（中华书局 2008 年版）等出土文献资料。

唐代碑刻墓志乃出土文献之大宗，墓志"撰文叙事，胪述生平"[③]，是承载唐人社会生活信息的重要载体之一。然其法律史料价值，目前尚未引起足够重视。目前可资利用者主要有吴钢主编《全唐文补遗》（一至九辑，三秦出版社 1995—2009 年版）、周绍良、赵超主编《唐代墓志汇编》（上海古籍出版社 1992 年版）及《唐代墓志汇编续集》（上海古籍出版社 2001 年版）。此外，西安、洛阳等地流散、新藏墓志中蕴含诉讼法制的全新史料，尚未用于诉讼法史研究，值得充分重视。此次研究中，重点征引胡戟、荣新江主编《大唐

---

① （宋）洪迈：《容斋随笔》卷4"野史不可信"，孔凡礼点校，中华书局2005年版，第53页。

② 陈国灿：《敦煌学史事新证》，甘肃教育出版社 2002 年版，第 3 页。

③ （清）赵翼：《陔余丛考》卷 32"墓志"，商务印书馆 1957 年版，第 683 页。

西市博物馆藏墓志》（北京大学出版社 2012 年版）、毛阳光、余扶危主编《洛阳流散唐代墓志汇编》（北京图书馆出版社 2013 年版）等，为唐代诉讼惯例问题研究提供有力支持。

图 1-3　唐麟德二年（公元 665 年）牛定相辞为请勘不还地子事

资料来源：国家文物局古文献研究室等编：《吐鲁番出土文书》第 5 册，图 3，文物出版社 1983 年版

第二篇

特殊主体与诉讼惯例

引　言

"封建统治阶级以法权形式，把人们划分成许多等级，依照人们的社会地位、身份、职业等，分成权利与义务极不平等的集团，并使其世代相承"①。唐代对于诉讼主体的划分，源于身份类型与诉讼职能两项基本要素。唐代居民首先有良贱之分，"四民者，士农工商也"②。良人依职业分为士、农、工、商四类，据《唐六典》：

> 辨天下之四人，使各专其业：凡习学文武者为士，肆力耕桑者为农，功作贸易者为工，屠沽兴贩者为商。工、商之家不得预于士，食禄之人不得夺下人之利。③

四民之中，以士地位最高，农次之，工又次之，商人至为低贱。士、农、工、商皆具备权利能力，以自己名义参加诉讼活动。唐代贱民分为官贱民和私贱民两大类，官贱民有官奴婢、官户（番户，为罪役户）、工乐户、杂户及太常音声人等。私贱民有奴婢、部曲、客女和随身，等等，其中以奴婢地位最低，所谓"奴婢贱人，律比畜产"④。因唐代良人与贱民之诉讼权利有本质差异，

---

① 杨廷福：《唐律研究》，上海古籍出版社 2012 年版，第 49 页。

② （汉）刘向：《说苑校证》卷 7《政理》，向宗鲁校证，中华书局 1987 年版，第 172 页。

③ （唐）李林甫等：《唐六典》卷 3《尚书户部》"户部郎中员外郎"条，陈仲夫点校，中华书局 1992 年版，第 74 页。

④ （唐）长孙无忌等：《唐律疏议》卷 6《名例》"官户部曲官私奴婢有犯"，刘俊文点校，中华书局 1983 年版，第 132 页。

良贱之别遂成为影响诉讼主体身份的重要因素。唐代诉讼依照行为人参与诉讼的目的与作用不同，具体分为原被告、第三人、证人、翻译人、勘验及鉴定人员等。值得注意的是，对于一般诉讼主体的研究，学界已经取得一系列重要成果，职业分工与诉讼关系之间，往往缺乏直接而必然的关联。而诉讼主体性别差异对司法实践之重大影响，却是值得深入研究的重要问题。与之相适应，"良贱之分"是古代诉讼主体之焦点所在，针对贱民阶层的专门研究，则是查明唐代诉讼主体法律地位的基本线索。此外，基于传统农耕文明对古代社会结构、生产方式、法律观念之深刻影响，本篇将针对唐代邻里诉讼法律关系进行专门检讨。综上所述，本篇撷取妇女、私贱两类特殊主体及邻里诉讼关系，从告诉、证据、连带责任、刑罚执行等诸多层面，重点分析身份因素在诉讼惯例产生和运行的实际影响，以求尽量接近与再现唐代诉讼法制之原貌。并从纵向比较维度，认知唐代诉讼规则在中国诉讼法制嬗变发达历程中的枢轴地位。

第 二 章

妇 女

中国封建时期以宗族或家族为基本社会单元，家族组织以户为单位，承担生产、赋役、教化、治安等众多社会职能。家族成员虽以男性家长为核心，形成宗族谱系，而女性却是建构、繁衍和维系家族关系之血亲纽带。刘熙《释名》言"亲，衬也，言相隐衬也；属，续也，恩相连续也"[1]。宗族内部关系以婚姻为基础，再经血缘、拟制(收养、立嗣等)等法律事实形成错综复杂的亲伦关系网络。在广义上，"宗亲"指本宗范围内的一切血亲及其女性配偶[2]。在宗族内部，女性宗亲主要由本宗未出嫁的妇女和嫁入本宗的妇女组成，前者谓"在室女"，后者称"归来之妇"。此外，还有出嫁后因夫死或离异回归本宗者，曰"归宗女"。封建家庭长期存在所谓"夫妻一体"观念，男女婚姻是延续宗族的现实基础，"夫妻一体"则是"宗族一体"观念之重要组成部分[3]。

---

① (汉)刘熙：《释名》卷 3《释亲属第十一》，中华书局 1985 年版(丛书集成初编本)，第 44 页。

② 丁凌华：《五服制度与传统法律》，商务印书馆 2013 年版，第 112 页。

③ 按：《仪礼·丧服》云："父子一体也，夫妻一体也，昆弟一体也。故父子，首足也；夫妻，胖合也；昆弟，四体也。"[(汉)郑玄注，(唐)贾公彦疏：《仪礼注疏》卷 30《丧服》，十三经注疏整理委员会，北京大学出版社 2000 年版，第 662 页]滋贺秀三在《中国家族法原理》中曾对中国宗族观念作了如下阐释："所谓宗族，归根到底无非是将父子、夫妻、兄弟三种关系加以几重的组合而成。而且这一父子、夫妻、兄弟的三种关系各有一些不同的意义，但任何一个都是能被称为'一体'的关系。"[日]滋贺秀三：《中国家族法原理》，张建国、李力译，法律出版社 2003 年版，第 31 页。

"女子之行，于亲也孝，妇也节，母也义而慈，止矣"[①]。在家族或宗族内部，女性时常以节妇、慈母等身份参与诉讼，其法律地位与社会影响不可小觑。基于伦理观念、社会角色、法律地位等诸多因素，唐代妇女之影响遍及各个诉讼环节，从而形成了一系列专属妇女的诉讼惯例，并在一定程度上对唐代诉讼规则构成影响。学界目前关于唐代妇女法律地位的专门研究，主要集中于社会阶层、身份关系、经济地位、财产制度、婚姻关系等方面[②]。值得注意的是，作为一类重要诉讼主体，目前对于唐代妇女刑事诉讼主体地位的研究却几乎无人问津。本章依循唐代诉讼程序基本架构，分析女性在告诉、举证、刑罚执行等环节的主体地位与诉讼功能。

第一节　代诉职能

唐代刑事诉讼程序中，妇女在告诉、举告等层面，与男性享有同等诉权，这一点即使奴婢亦莫能外。同时，亲属代为诉讼现象在司法实践中非常普遍。代诉情形主要包括子诉父冤、配偶代诉、兄弟子侄代诉三类，而此三类代诉人正是最为重要的宗族亲属，这里重点探讨女性代诉问题。就性质而言，妇女代诉多属代为上诉或代为直诉。大中末，凤州刺史卢方义以轻罪决部民，数日而毙，其妻列诉于兴元府尹柳仲郢"又旁引他吏，械击满狱"[③]。女性为

---

① （宋）欧阳修、宋祁：《新唐书》卷205《列女传》，中华书局1975年版，第5816页。

② 代表性研究成果有：戴炎辉：《论唐律上身分与罪刑的关系》，载台湾大学法学院《社会科学论丛》第11期，1961年。收入黄清连主编：《制度与国家》，中国大百科全书出版社2005年版；高世瑜：《唐代妇女》，三秦出版社1988年版；段塔丽：《从夫妻关系看唐代妇女家庭地位的变化》，《兰州大学学报》（社会科学版）2001年第6期；郑显文：《律令制下唐代妇女的法律地位》，《吉林师范大学学报》（人文社会科学版）2004年第3期；翟元梅：《唐代妇女民事法律地位研究》，南京师范大学硕士学位论文2007年5月；张善英、邓永奎：《浅论〈唐律〉对妇女地位的确认》，《重庆文理学院学报》（社会科学版）2008年第1期；梁敏：《从〈唐律〉的规定性及社会实践看唐代妇女的地位》，《石河子大学学报》（哲学社会科学版）2009年第1期；金荣洲：《〈摩奴法论〉、〈唐律疏议〉所见古代印度与唐代妇女的社会地位》，《江汉论坛》2011年第2期。

③ （后晋）刘昫：《旧唐书》卷165《柳公绰子仲郢传》，中华书局1975年版，第4306页。

昭雪宗亲冤屈，多以直诉形式直达天听，"以非常程序救济奇冤"[①]，并在一定范围内存在默许妇人越级诉事之惯例。显庆中，右卫大将军慕容宝节妾以毒酒鸩杀杨思训，宝节流配，思训妻诣阙诉事。关于思训妻法律地位，两《唐书》记载略有出入。据《旧唐书·杨思训传》：

> 时右卫大将军慕容宝节有爱妾，置于别宅，尝邀思训就之宴乐。思训深责宝节与其妻隔绝，妾等怒，密以毒药置酒中，思训饮尽便死。宝节坐是配流岭表。思训妻又诣阙称冤，制遣使就斩之。仍改《贼盗律》，以毒药杀人之科更从重法。[②]

显然，思训妻因不服原审判决直诉阙廷，故处于上诉人地位；而据《新唐书》可知，思训妻以告诉人身份参加诉讼：

> 右卫大将军慕容宝节夜邀思训与谋乱，思训不敢对。宝节惧，毒酒以进，思训死。妻诉之，流宝节岭表，至龙门，追斩之。乃诏以真毒人者重其法。[③]

其实，两《唐书》关于杨思训妻诉讼地位的不同记载，或可作如下判断：杨思训中毒身亡后，其妻告官获理，启动刑事诉讼程序。法司初断配流，思训妻再诉天听，改判斩刑，并修改相关律条。

司法实践中，妇女代诉时常与缠诉或自刑等非常措施伴生始终。唐代尚无严格终审概念，律令对于诉事人告诉次数亦无明确限制，即使直诉天听，若诉事者未达目的，即可持诉不已。贞元元年(785年)三月，京兆尹李齐运以公事诉万年县丞源邃，左右抑捽至死，"其妻郑氏告冤阙下，御史大夫崔纵请穷竟死状，帝不听。邃妻诉不已，纵奏如初。御史中丞张彧断论，御史连章

① 林咏荣：《中国法制史》，永裕印刷厂1976年版，第206页。
② (后晋)刘昫：《旧唐书》卷62《杨恭仁子思训传》，中华书局1975年版，第2382页。
③ (宋)欧阳修、宋祁：《新唐书》卷100《杨恭仁子思训传》，中华书局1975年版，第3927页。

弹齐运"①。基于君主关怀民瘼与监督地方司法的双重目的,唐代长期奉行"一事再诉"惯例,源邃妻乃可数次伏阙诉事,引发御史连署纠弹,追究李齐运刑责之弹劾程序亦由此启动。

唐代一贯禁止采取割耳、劓面、切腹等自刑方式伏阙诉事,据贞观十三年(639 年)八月四日敕:

> 身体发肤,受之父母,不合毁伤。比来诉竞之人,即自刑害耳目,今后犯者先决四十,然后依法。②

《唐律疏议·斗讼律》"邀车驾挝鼓诉事不实"条亦规定:"自毁伤者,杖一百。虽得实,而自毁伤者,笞五十。即亲属相为诉者,与自诉同。"③由于法律并未规定自刑告诉不予受理,在告诉属实的情况下,减轻自刑者量刑的情形又时有发生。因此,尽管律令诏敕严厉制裁自残行为,但采取自刑等激烈方式直诉的情形却始终无法禁绝。颜真卿《唐故杭州钱塘县丞殷府君夫人颜氏碑铭并序》曾记颜氏割耳诉冤事:"叔父吏部郎中敬仲,府君□□□□君□□□宜芳令裴安期妻司□□□□割耳□□,因获减死,及诞男□,生而左耳缺焉。"④此墓志阙文甚多,语义未详。然对照《新唐书·殷成己传》,其中端倪即可详明:

> 族子成己,晋州长史。初,母颜叔父吏部郎中敬仲为酷吏所陷,率二妹割耳诉冤,敬仲得减死。及成己生,而左耳缺云。⑤

大和中,邕州都督府录事参军衡方厚为招讨使董昌龄诬枉杀害。妻程氏"徒

① (宋)王钦若等编纂:《册府元龟》卷 64《帝王部·发号令第三》,周勋初等校订,凤凰出版社 2006 年版,第 683 页。

② (宋)王溥:《唐会要》卷 41《杂记》,上海古籍出版社 2006 年版,第 872 页。

③ (唐)长孙无忌等:《唐律疏议》卷 24《斗讼》"邀车驾挝鼓诉事不实",刘俊文点校,中华书局 1983 年版,第 447 页。

④ (唐)颜真卿:《颜鲁公集》卷 16《补遗·唐故杭州钱塘县丞殷府君夫人颜氏碑铭并序》,上海古籍出版社 1992 年版,第 107 页。

⑤ (宋)欧阳修、宋祁:《新唐书》卷 199《儒学中·殷践猷传》,中华书局 1975 年版,第 5683 页。

行诣阙，截耳于右银台门，告夫被杀之冤"①。后经御史台鞫问得实，董昌龄遂受谴逐。衡方厚妻程氏割耳诉事一案中，诉事人本管邕州都督府为州级单位，冤案本应诉至尚书省，程氏则逾越尚书省、三司、上表等上诉程序诣阙直诉，案件经御史台理问，最终将被告绳之以法。上述事例皆存在自刑及越诉瑕疵，却未见追究女性诉事人相关责任。可见，在所诉冤情属实的前提下，诉事妇人在道德舆论层面占据绝对优势。封建统治者为彰显纲常名教，标榜"列女"仪范，往往法外施恩，豁免代诉者自刑、越诉的法律责任。此风日炽，以为后比，默许妇女自刑直诉的司法惯例遂逐步形成。同时，通过亲属直诉启动案件复审程序，又为司法监察机关纠举官吏枉法裁判提供线索。因此，亲属代诉案件中，所告虚实则成为制约诉讼程序进程的关键因素。

"政教隆平，男忠女贞。礼以自防，义不苟生"②。孝子烈女苦诉申冤被认为是道德教化深入人心的具体表现，基于儒家亲伦观念形成的社会舆论、诉讼习惯和法律意识以及国家对于孝义行为的制度保障③，在相当程度上刺激了亲属代诉行为的发生。衡方厚妻程氏截耳诉冤后，于开成元年（836 年）获得朝廷降敕褒奖：

> 乃者吏为不道，虐杀尔夫，诣阙申冤，徒行万里，崎岖逼畏，滨于危亡。血诚既昭，幽愤果雪，虽古之烈妇，何以加焉。如闻孤孀无依，昼哭待尽，俾荣禄养，仍赐疏封。可封武昌县君，仍赐一子九品正员官。④

程氏自刑诉事达到申冤、封赠的双重收益，被告董昌龄坐贬溆州司户。司法

---

① （后晋）刘昫：《旧唐书》卷193《列女·衡方厚妻程氏传》，中华书局1975年版，第5150页。

　　按：据《唐六典》：紫宸殿"之南面紫宸门，左曰崇明门，右曰光顺门；殿之东曰左银台门，西曰右银台门，次北曰九仙门；殿之北面曰玄武门，左曰银汉门，右曰青霄门。"（唐）李林甫等：《唐六典》卷7《尚书工部》"工部郎中员外郎"条，陈仲夫点校，中华书局1992年版，第218—219页。

② （后晋）刘昫：《旧唐书》卷193《列女传》论赞，中华书局1975年版，第5152页。

③ 郑显文：《唐代律令制研究》，北京大学出版社2004年版，第19页。

④ （后晋）刘昫：《旧唐书》卷193《列女·衡方厚妻程氏传》，中华书局1975年版，第5150—5151页。

实践中，经过妻妾直诉申告的案件，多数可以获得重审，其审判结果往往倾向申诉一方。但本为防止冤滞的上诉和直诉制度有时也会被不法无赖之徒滥用，部分凶悍刁蛮之辈甚至肆意缠诉，挟持舆论，要挟官府。乾元二年（759年）四月，凤翔马坊押官为劫，被天兴尉谢夷甫捕杀。其妻讼冤于李辅国，委派监察御史孙鋆鞫问无状，又遣御史中丞崔伯阳、刑部侍郎李晔、大理卿权献三司鞫问未果。其妻仍不服。李辅国又使侍御史太平毛若虚鞫问，遂使谢夷甫获罪，先后负责推问的法官亦遭贬黜。"若虚倾巧士，希辅国意，归罪夷甫。……伯阳贬高要尉，献贬桂阳尉，晔与凤翔尹严向皆贬岭下尉，鋆除名，长流播州"①。又据《唐故兴元府城固县丞京兆韦府君墓志铭》：贞元中，韦识知金州事之际，纠绳判司刘方老不法事。刘方老阴遣妾妇，以数十事伏阙诬告于长安，天子遣使鞫验无状。后"方老复遣妾妇决耳街卧诉"②，是时又逢逆乱，原审法官韦识遂被冤窜福州。不容否认，妇人自害耳目，无理妄诉的行为，必然对正常诉讼秩序造成严重侵扰，从而彻底背离司法审判体恤孤弱之初衷。

第二节　申诉职能

中国固有法所谓"申诉"者，"狱在有司而断决不当者，许其于期内上诉之谓也"③。然对于"决断不当"的判定，则由当事人依据自身利益加以判定，并不以裁判失当为必然前提。女性为维护自身或亲属利益，有权向官府告诉或举告，诉事妇女由此获得参与诉讼活动的主体资格。与亲属代诉有别，妇女向官府申诉，不以存在冤滞枉法为前提。即使法司鞫问得情，罚当其罪者，人犯女性亲属仍可以年老孤寒、贫病无依等事由，请求法外开恩。封建国家为彰显宽仁慎刑及孝亲悲悯等司法理念，往往竟从其所请。高宗时，濮州鄄城孝女贾氏，为报父仇，不肯婚嫁，鞠养幼弟。后弟强仁杀仇家，取其心告

---

① （宋）司马光：《资治通鉴》卷220"肃宗乾元二年（759年）四月"，中华书局1956年版，第7076—7077页。

② 吴钢主编：《全唐文补遗》（第8辑），三秦出版社2005年版，第190页。

③ 陈顾远：《周礼所述之司法制度》，《中华法学杂志》1937年新编第1卷第5—6期，第110页。

父墓。"强仁诣县言状，有司论死。孝女诣阙请代弟死，高宗闵叹，诏并免之，内徙洛阳"①。复仇杀人，断死有据。贾氏阙廷请代，终获应允。贾孝女请代事尚凭借复仇观念作为理论支撑，下述三例中妇人诉请减免事迹则与律典规定龃龉不合。元和十四年（819 年）七月，盐铁福建院官权长孺坐赃一万三百余贯，诏付京兆府杖杀。长孺母刘氏以其年耄年，丐子以养。宪宗欲屈法赦之，咨于宰臣，崔群对曰："陛下仁恻即赦之，当速令中使宣谕。如待正敕，即无及也。"②上乃使品官驰往止之，翌日，诏长孺杖八十，长流康州。关于崔群促成宪宗赦免权长孺事，两《唐书》本传皆赞以"启奏平恕"，《册府元龟》卷三百三十七《宰辅部·狥私》表达的意见却与此迥异：

> 议者以长孺坐赃巨万，宜处死以惩恶，今以其母而贷其生，是为人子者皆可以为大恶，因母老而不死矣。帝恻然舍之，仁也；宰相救免之，非也。③

值得注意的是，权长孺免死配流，乃至后来恩赦放还，均与宗亲宰臣权德舆直接相关，赵璘《因话录》曾记此事原委若是：

> 宪宗知权文公甚真。后权长孺知盐铁福建院，赃污盈积，有司以具狱奏。上曰："必致极法。"崔相群救之云："是德舆族子。"上曰："德舆必不合有子弟犯赃，若德舆在，自犯赃，朕且不赦，况其宗从也？"及知其母年高，乃免死，杖一百，长流康州。④

---

① （宋）欧阳修、宋祁：《新唐书》卷 205《列女·贾孝女传》，中华书局 1975 年版，第 5820 页。

② （后晋）刘昫：《旧唐书》卷 159《崔群传》，中华书局 1975 年版，第 4188 页。

按：肃宗乾元元年二月五日敕对左降官、流移人留养亲眷作出规定："其左降官，非反逆缘坐及犯恶逆名教、枉法强盗贼，如有亲年八十以上，及患在床枕，不堪扶侍，更无兄弟者，许停官终养。其流移人亦准此。"[（宋）王溥：《唐会要》卷 41《左降官及流人》，上海古籍出版社 2006 年版，第 860 页]《宋刑统》引此敕节文文字略异："乾元元年二月五日敕节文，其左降官非反逆缘坐及犯恶逆、名教、枉法赃，如有亲年八十以上及疾疹患在床枕，不堪扶侍，更无兄弟□□□□终养。其流移人等亦准此限。"（宋）窦仪撰：《宋刑统》卷 27《杂律》"犯流徒罪"条引乾元元年二月五日敕节文，吴翊如点校，中华书局 1984 年版，第 48 页。

③ （宋）王钦若等编纂：《册府元龟》卷 337《宰辅部·狥私》，周勋初等校订，凤凰出版社 2006 年版，第 3798 页。

④ （唐）赵璘：《因话录》卷 1《宫部》，上海古籍出版社 1979 年版，第 72 页。

权长孺减死长流似与权德舆无关，然其于长庆末自流所放还，则直接缘于权相德舆余惠。《太平广记》卷二百一"权长孺"条引《乾𦠅子》："长庆末，前知福建县权长孺犯事流贬。后以故礼部相国德舆之近宗，遇恩复资。"[1] 法司以孝亲恩宥为名，更兼请减之条，权长孺贪赃案的处置结果，可谓因人废法之明证。

开成四年（839 年）六月，越王贞裔孙女道士玄真护先代数丧归葬，玄真以祖父三代皆亡殁岭外，上表请四丧归葬祖茔：

> 去开成三年十二月内得岭南节度使卢钧出俸钱接措，哀妾三代旅榇暴露，各在一方，特与发遣，归就大茔合祔。今护四丧，已到长乐旅店权下，未委故越王坟所在，伏乞天恩，允妾所奏，许归大茔。妾年已六十三，孤露家贫，更无依倚。[2]

据《册府元龟》：玄真"曾祖名珍，是越王第六男。先天年，得罪流配岭南，祖、父皆亡殁岭外。虽累蒙洗雪，未还京师"[3]。玄宗先天年号仅行用二载，《旧唐书·玄宗纪上》：先天二年（713 年）"十二月庚寅朔，大赦天下，改元为

---

① （宋）李昉等：《太平广记》卷201"权长孺"条引《乾𦠅子》，中华书局1961年版，第1517页。

② （后晋）刘昫：《旧唐书》卷193《列女·女道士李玄真传》，中华书局1975年版，第5151页。

③ （宋）王钦若等编纂：《册府元龟》卷39《帝王部·睦亲》，凤凰出版社2006年版，第418页。

按：玄真曾祖名讳及身份，文献记载颇有出入，《旧唐书》作："女道士李玄真，越王贞之玄孙。曾祖珍子，越王第六男也。"[（后晋）刘昫：《旧唐书》卷 193《列女·女道士李玄真传》，中华书局 1975 年版，第 5151 页]《新唐书》言："贞最幼息珍子谪岭表，数世不能归。"[（宋）欧阳修、宋祁：《新唐书》卷 80《太宗诸子·越王贞传》，中华书局 1975 年版，第 3577 页]《册府元龟》记"故越王贞玄孙女道士玄贞进状，曾祖名珍，是越王第六男。"《唐会要》云"越王事迹，国史著明，枉陷非辜，寻已昭雪。其孙珍子，他事配流，数代飘蓬，不还京国。"[（宋）王溥：《唐会要》卷 5《杂录》，上海古籍出版社 2006 年版，第 70 页]上述史料皆言玄真为越王贞玄孙，《旧唐书》、《册府元龟》云珍子为玄真曾祖，《新唐书》亦言珍子为越王贞最幼子。《唐会要》记越王贞"孙珍子"，与玄真昭穆不合，当据改。《唐会要》"越王事迹"云云，皆本于开成四年六月敕，此为官方文书定本，涉案者名讳应不当误。《册府元龟》及《唐大诏令集》亦皆作"其子珍，他事配流"。两《唐书》将"子珍"误"珍子"当据改。据上述信息可知，越王贞当共有六子，最幼者第六名珍，即道士玄真曾祖。

开元"①。此后一百二十余年间，李珍等三代皆终老岭表，至文宗开成四年，由玄孙女道士玄真护丧归葬。

垂拱四年（688 年），玄真高祖越王贞与子冲等举兵匡复李唐，则天命内史岑长倩、凤阁侍郎张光辅、左监门大将军鞠崇裕率兵讨之。九月丙寅，"斩贞及冲等，传首神都，改姓为虺氏"②。神龙初，孝和反正，侍中敬晖等即以越王贞父子翼戴皇家，义存社稷，请复其官爵，为武三思等沮罢。开元四年（716 年），诏追复爵土，令备礼改葬。翌年，"封贞侄孙琳为嗣越王，以奉其祀，仍为立碑"③。可见，早在开元初年，越王贞父子冤案早已定谳昭雪，改葬祭祀等亦依礼行事。女道士玄真曾祖珍流放原因史籍未详，但与越王贞平反之间并无直接联系。据《唐大诏令集·听越王归葬诏》：

> 越王事迹，国史著明。枉陷非辜，寻已洗雪。其子珍，他事配流。数代漂零，不还京国。玄真弱女，孝节卓然。启护四丧，绵历万里。况是近族，必可加恩。行路犹或嗟称，朝廷固须恤助。委宗正寺京兆府与访越王坟墓报知，如不是陪陵，任祔茔卜葬。其葬事仍令京兆府接措，必使备礼。葬毕，玄真如愿住京城，便配咸宜观安置。④

此敕明确区分了越王贞蒙冤受戮与李珍得罪配流的差异，玄真护李珍等丧归京，得以备礼祔葬，皆因玄真孝义卓行，蒙朝廷嘉悯所致。可以认为，李珍

① （后晋）刘昫：《旧唐书》卷 8《玄宗纪上》，中华书局 1975 年版，第 172 页。
② （后晋）刘昫：《旧唐书》卷 6《则天皇后纪》，中华书局 1975 年版，第 119 页。
③ （宋）王溥：《唐会要》卷 5《杂录》，上海古籍出版社 2006 年版，第 70 页。
按：据陕西礼泉县烟霞镇出《唐故太子少保豫州刺史越王墓志铭》："以开元五年五月廿日旧封建，谥曰敬。王以开元六年正月廿六日诏陪葬于昭陵，礼也。"《越王李贞碑》则因磨泐无存，中部断裂，未见著录（张沛编：《昭陵碑石》，三秦出版社 1993 年版，第 83、214 页）。由此，越王贞改葬、立碑事当迁至开元六年始毕。
④ （宋）宋敏求：《唐大诏令集》卷 39《诸王·收葬·听越王归葬诏》，中华书局 2008 年版，第 181 页。
按：越王贞墓正为太宗陪陵。据宋敏求《长安志》：太宗昭陵陪葬诸王七："蜀王愔、赵王福、纪王慎、越王贞，嗣纪王澄、曹王明、蒋王恽。"（宋）宋敏求：《长安志》卷 16《县六·醴泉》，（清）毕沅校正，成文出版社有限公司 1970 年版（中国方志丛书），第 407 页。

等归葬，并不具备昭雪性质，乃是国家为旌表玄真孝行所采取的赦宥行为。

咸通六年（865 年），沧州盐院吏赵鏻盗官利论死，其女以孤寒饥迫为由，诉请减死，且以与父俱死相胁：

> 赵氏女，山阳之盐山人。其父贸盐，盗出其息，不纳有司赋。官捕得，法当死。簿已伏，就刑有日矣。赵氏女求见盐铁官，泣愬于庭曰："某七岁而母亡，蒙父私盗官利，衣食某身，为生厚矣。今父罪根露，某当随坐法，若不可，官能原乎？原之不能，请随坐之。"法官清河崔据义之，因为减死论。赵氏大泣曰："某之身，前则父所育，今则官所赐，愿去发学释氏，以报官德。"自以女子之言难信，因出利刃于怀，立截其耳，以盟必然。崔益义之，竟全其父命。赵氏侍父刑疾愈，因诀归浮屠氏舍。①

欧阳修《新唐书·列女传》记山阳女赵氏事迹，与此略同②。吕夏卿《唐书直笔》云《新书》列房玄龄妻卢等，"《旧书·列女传》无此二十二人，《新书》皆增立，可与此证合"③。《新唐书》增列山阳女赵事迹之史料来源，当本于《皮子文薮》。本案中，赵鏻盗官利依法论死，本无可厚非；朝廷为表彰孝义，

---

① （唐）皮日休：《皮子文薮》，萧涤非、郑庆笃整理，上海古籍出版社 1981 年版，第 78 页。

按：《南部新书》所记文字略异："沧州盐院吏赵鏻犯罪，至死。既就刑，有女请随父死，云：'七岁母亡，蒙父私盗官利钱衣食之。今父罪彰露，合随其法。'盐院官崔据义之，遂具以事闻。诏哀之，兼减父之死。女又泣曰：'昔为父所生，今为官所赐，誓落发奉佛，以报君王。'因于怀中出刃，立截其耳以示信。既而侍父减死罪之刑，疾愈，遂归浮图氏。"（宋）钱易：《南部新书》丁，黄寿成点校，中华书局 2002 年版，第 55 页。

② 按：《新唐书·列女传》："山阳女赵者，父盗盐，当论死，女诣官诉曰：'迫饥而盗，救死尔，情有可原，能原之邪？否则请俱死。'有司义之，许减父死。女曰：'身今为官所赐，愿毁服依浮屠法以报。'即截耳自信，侍父疾，卒不嫁。"［（宋）欧阳修、宋祁：《新唐书》卷 205《列女·山阳女赵传》，中华书局 1975 年版，第 5831 页］霍存福结合该案指出："对这样的'狱情'、'案情'之'情'的体谅，导致司法中'情有可原'之类词汇的出现。……'原情'（实际是在追溯犯罪的根本原因）之讲究情理的做法，就被延续了下来。至清朝扩而充之，甚至形成了《情有可原例》。"霍存福：《中国传统法文化的文化性状与文化追寻——情理法的发生、发展及其命运》，《法制与社会发展》2001 年第 3 期，第 2—3 页。

③ （宋）吕夏卿：《唐书直笔》卷 4《新例须知》，商务印书馆 1937 年版（丛书集成初编），第 53 页。

代刑者和被代者的全部获免，得益于官方尤其君主特别的道德感慨，姑且可称为一种"道德泛化型"代刑措施①。

权长孺母刘氏、女道士玄真、山阳女赵氏谋求法外开恩，其诉请皆无任何法律依据。法司对于妇女诉请的考虑，实质是人情与国法之博弈。有学者指出："原始的古老传统（这一传统尤其被儒家所发扬）的以情断狱所表现出的对法律或规则的偏离倾向，在秦以后的历史中，变得逐渐突显出来。汉初已开始了扭转专依法律为准的司法倾向。"②天理、国法、人情出现冲突之际，何者具有优先适用效力，律令并无明确规定。司法者之所以采取曲法申恩的做法，其目的在于彰显道德教化的示范功能。曲法申恩，以明教化；宽宥罪人或有枉法之嫌，却能获得社会舆论褒奖，并达到宣扬封建伦理之目的。同时，上述三例犯罪人皆直接侵害国家利益，不存在其他受害人。与一般刑事案件相较，在刑罚适用及赦宥方面更加便于操作。妇女借助本身弱势地位，以亲伦孝义为由，向法司提出各类非分诉求。女性群体亦普遍坚信礼教地位高于法律之基本认识，以孝义亲伦名义裹挟、绑架律典之司法惯例由此得以长期适用。

第三节　参　与　诉　讼

"依礼：'夫者，妇之天'"③。唐代家庭以男性尊属为家长，除家无成丁者，妇女一般情况下无主持家事权利，其参与诉讼的几率甚低。因此，唐代女性直接参与诉讼之情形，尤其是女性直接向官府举报控告者相对稀见④。司

---

① 方潇：《中国古代的代亲受刑现象探析》，《法学研究》2012 年第 1 期，第 186 页。

② 霍存福：《中国传统法文化的文化性状与文化追寻——情理法的发生、发展及其命运》，《法制与社会发展》2001 年第 3 期，第 5 页。

③ （唐）长孙无忌等：《唐律疏议》卷 1《名例》"十恶"，刘俊文点校，中华书局 1983 年版，第 14 页。

④ 按：需要明确的是，在民事诉讼领域，妇女作为原被告参加诉讼，以及在家无成丁是担任户主的现象非常普遍。在涉及人身法律关系或财产法律关系方面，女性自由民参与诉讼并无过多限制。

法实践中，除妻、妾、母、女告诉、申诉、代诉以外，妇女时常以被告人、被害人、证人等身份参与诉讼。

一、刑事被告人

犯罪嫌疑人指因涉嫌犯罪，为司法机关追诉刑事责任者。与一般刑事犯罪有别，唐代妇女犯罪类型以反逆、巫蛊、奸罪等较为常见。贞观元年（627年），曹州李五戒言罗艺妻孟氏"骨相贵不可言，必当母仪天下"。又言燕郡王罗艺贵色已发，劝之反。事败，"孟及李皆坐斩"①。永徽四年（653年）十月戊申，"睦州女子陈硕贞举兵反，自称文佳皇帝，攻陷睦州属县"②。后为婺州刺史崔义玄、扬州都督府长史房仁裕率众讨平。宝应元年（762年）四月乙丑，肃宗大渐。张后与内官朱辉光、马英俊等谋立越王係。事败，乃"移后于别殿，幽崩。诛马英俊，女道士许灵素配流"③。会昌三年（843年）十二月，泽潞刘稹平，欲定其母裴氏罪，令百僚议之。刑部郎中陈商认为裴氏以酒食会潞州将校妻子，泣告以固逆谋。"为恶有素，为奸已成，分衣固其人心，申令安其逆志。臣等参议，宜从重典"④，诏从之。孟氏潜通妖巫，陈硕贞举兵称帝，裴氏挟众拒命等，皆反状明白，罪在不赦。唐代妇人还可因涉嫌妖妄成为刑事被告人，《南部新书》记载蒲州李六娘师事紫微女道士为童子。开元二十三年（735年）十月二十三夜，宴坐而睡，觉已在河南府开元观。"京兆尹李适之以为妖，考之，颜色不变。具上闻"⑤。此外，本宗亲属谋为反逆，妇女知情参与者亦可成为同案被告。永徽四年（653年）二月，荆王元景、吴王恪、驸马都尉房遗爱、柴令武等坐谋反，"遗爱、万彻、令武并斩，元景及恪，遗爱妻高阳公主、令武妻巴陵公主并赐死"⑥。在集团犯罪中，妇女还可以从犯

---

① （后晋）刘昫：《旧唐书》卷 56《罗艺传》，中华书局 1975 年版，第 2279 页。

② （后晋）刘昫：《旧唐书》卷 4《高宗纪上》，中华书局 1975 年版，第 72 页。

③ （后晋）刘昫：《旧唐书》卷 52《后妃下·肃宗张皇后传》，中华书局 1975 年版，第 2186 页。

④ （宋）王溥：《唐会要》卷 39《议刑轻重》，上海古籍出版社 2006 年版，第 835 页。

⑤ （宋）钱易：《南部新书》卷丙，黄寿成点校，中华书局 2002 年版，第 38 页。

⑥ （宋）王钦若等编纂：《册府元龟》卷 617《刑法部·守法》，周勋初等校订，凤凰出版社 2006 年版，第 7135 页。

身份成为刑事被告。元和十年(815年)，张宴等杀宰臣武元衡，李惠嵩妻阿马等从坐，"付京兆府，决痛杖一顿处死"。苏表妻阿康、奴绿耳等以不识阴情豁免。赵环妻阿樊、阿唐，张晏女"初则不知，终然同恶，悉付京兆府，各决二十口放"①。龙纪元年(889年)二月，"汴州行军司马李璠槛送秦宗权并妻赵氏以献"②，宗权斩于独柳，赵氏笞死。

唐代妇女因巫蛊犯罪是一个值得重视的现象。巫蛊、厌魅行为交错丛生，史籍常以"巫蛊"、"厌蛊"等概称③。唐代数宗巫蛊案件的行为人多指向妇女，这种现象自妃嫔贵戚，乃至民妇婢妾概莫能外。永徽六年(655年)六月，高宗王皇后"密与母柳氏求巫祝厌胜"④。天宝十一载(752年)，棣王琰有二孺人争宠，"其一使巫书符置琰履中以求媚"，玄宗疑琰知之，"因于鹰狗坊，绝朝请，忧愤而薨"⑤。贞元三年(787年)，又有郜国大长公主"坐蛊媚，幽禁中"⑥。唐人笔记对于厌魅犯罪的行为方式多有具体描述，其犯罪主体亦多为女性。《逸史》云王屋主簿公孙绰为奴婢所厌暴卒，县令密选健吏赍牒往河阴县旧宅搜查，"其奴婢尽捕得，遂于堂檐上搜之，果获人形，长尺余，钉绕其身，木渐为肉，击之哑然有声"⑦。《广异记》关于厌魅巫术的描摹更为细致，天宝中，李氏婢施魇蛊之法，"以符埋李氏宅粪土中；又缚彩妇人形七枚，长尺余，藏于东墙窟内，而泥饰之"。四五年后，魇蛊术成，彩偶"眉目形体悉具，在人手中，恒动不止。以刀斫之，血流于地"。后又于粪土中得桃符，符上朱书字云："李氏婢魇苏氏家女，作人七枚，在东壁上土龛中，其后九年当

---

① (宋)宋敏求：《唐大诏令集》卷126《政事·诛戮上·诛杀武元衡贼张宴等敕》，中华书局2008年版，第682页。

② (宋)王溥：《唐会要》卷14《献俘》，上海古籍出版社2006年版，第375页。

③ 陈玺：《隋唐时期巫蛊犯罪之法律惩禁》，《求索》2012年第7期，第98页。

④ (后晋)刘昫：《旧唐书》卷51《后妃上·高宗废后王氏》，中华书局1975年版，第2170页。

⑤ (宋)司马光：《资治通鉴》卷216"玄宗天宝十一载(752年)十二月"，中华书局1956年版，第6916—6917页。

⑥ (宋)欧阳修、宋祁：《新唐书》卷139《李泌传》，中华书局1975年版，第4636页。

⑦ (宋)李昉等：《太平广记》卷128"公孙绰"条引《逸史》，中华书局1961年版，第905页。

成。"①唐代厌魅之法多以制作偶人、书写名讳、贯钉带锁等方式，意图害人，其行为方式与律文规定基本一致。巫蛊行为伪讬鬼神，假借巫祝，事关左道，紊乱纲常，故为历代王朝所严厉禁止。与其他犯罪相比，巫蛊犯罪尤其是厌魅行为，具有诡异隐秘、难于查证，不假外人、易于实施等特点，故而常为妇女泄愤报复的首选方式。

妇女因奸罪成为刑事被告的情形，亦常见于唐代诉讼实践。其中，已婚妇女与他人通奸占据相当比例。《折狱龟鉴》载"贞观中，左丞李行廉弟行诠前妻子忠，烝其后母"②，经长安县尉王璥审断，母子并服罪。《教坊记》云裴大娘与赵解愁私通，夫侯氏有疾，因欲药杀之未遂，"有司以闻。上令范安及穷究其事，于是赵解愁等皆决一百"③。顺宗女襄阳公主下嫁张孝忠子克礼，常微行市里，与薛枢、薛浑、李元本私通，"克礼以闻，穆宗幽主禁中"④。唐代对妇女犯奸的处断较后世宽松，相比之下，士大夫犯通奸罪往往量刑更重⑤。

二、被害人

被害人指人身、财产权利或其他合法权益受到犯罪行为直接侵害的人。长庆中，前率府仓曹曲元衡杖杀百姓柏公成母，法官以公成母死在辜外，元衡父任军使，使以父荫征铜。柏公成私受元衡资货，母死不闻公府，法寺以经恩免罪。《唐律》为保护被害人权益，设定保辜制度：凡是斗殴伤人案件，被告要在一定期限内对受害人的伤情变化负责，如果受害人在限期内因伤情恶化死亡，被告应按杀人罪论处。这种制度称为保辜，所定期限为辜限。《唐律疏议》详细规定了四类辜限标准和加害人相关责任：

---

① （唐）戴孚：《广异记》"苏丕女"，方诗铭辑校，中华书局 1992 年版，第 120—121 页。

② （五代）和凝：《疑狱集校释》，杨奉琨校释，复旦大学出版社 1988 年版，第 180 页。

③ （唐）崔令钦：《教坊记》，曹中孚等校点，上海古籍出版社 2012 年版，第 10 页。

④ （宋）欧阳修、宋祁：《新唐书》卷 83《诸帝公主·顺宗襄阳公主传》，中华书局 1975 年版，第 3666 页。

⑤ 姜诗绮：《由诉讼关系看唐代女性在家庭中的地位》，南京大学硕士研究生毕业论文，2013 年 5 月，第 10 页。

诸保辜者，手足殴伤人限十日，以他物殴伤人者二十日，以刃及汤火伤人者三十日，折跌支体及破骨者五十日。限内死者，各依杀人论；其在限外及虽在限内，以他故死者，各依本殴伤法。[①]

史游《急就篇》颜师古注云："保辜者，各随其状轻重，令殴者以日数保之。限内致死，则坐重辜也。"[②]此皆与律意相合。由此，曲元衡杖杀柏公成母，然柏母当时尚未毙命，依律辜限当为二十日。此外，曲元衡又以父荫纳赎。对于此案处理结论，刑部郎中裴潾提出两点意见，致使本案发生彻底逆转：

潾议曰："典刑者，公柄也。在官者得施于部属之内，若非在官，又非部属，虽有私罪，必告于官。官为之理，以明不得擅行鞭捶于齐人也。且元衡身非在官，公成母非部属，而擅凭威力，横此残虐，岂合拘于常典？柏公成取货于雠，利母之死，悖逆天性，犯则必诛。"奏下，元衡杖六十配流，公成以法论至死，公议称之。[③]

裴潾认为，曲元衡与柏公成母之间并非监临部属关系，元衡无殴击责罚职权。"'私罪'，谓不缘公事，私自犯者；虽缘公事，意涉阿曲，亦同私罪"[④]。因此，元衡所犯，理应由辖内官府受理。然柏公成接收曲元衡资财，匿不告官，属于刑案私合情形，《唐律》规定："诸祖父母、父母及夫为人所杀，私和者，流二千里。"[⑤]曲元衡终杖六十配流，公成以法论至死[⑥]。

---

① （唐）长孙无忌等：《唐律疏议》卷 21《斗讼》"保辜"，刘俊文点校，中华书局 1983 年版，第 388—389 页。

② （汉）史游：《急就篇》卷 4，（唐）颜师古注，岳麓书社 1989 年版，第 311 页。

③ （后晋）刘昫：《旧唐书》卷 171《裴潾传》，中华书局 1975 年版，第 4449 页。

④ （唐）长孙无忌等：《唐律疏议》卷 2《名例》"官当"，刘俊文点校，中华书局 1983 年版，第 44 页。

⑤ （唐）长孙无忌等：《唐律疏议》卷 17《贼盗》"亲属为人杀私和"，刘俊文点校，中华书局 1983 年版，第 333 页。

⑥ 按：显然，裴潾所议与律文量刑大有出入。刘俊文以为此律（"亲属为人杀私和"条）唐后期或经格敕修改，于父母死私和罪特别加严，故而裴潾始有此议。观于文中"犯则必诛"、"法至论死"云云，可以为证也。刘俊文：《唐律疏议笺解》，中华书局 1996 年版，第 1923 页。

《新唐书·柳仲郢传》记会昌五年(845 年)禁军校刘诩殴纥干皋母，为京兆尹柳仲郢杖杀事：

> 纥干皋诉表甥刘诩殴母，诩为禁军小校，仲郢不俟奏下，杖杀。为北司所谮，改右散骑常侍，权知吏部尚书铨事。[①]

唐代诸军之中，左右神策军曾抵御安禄山反叛和吐蕃入寇，以"外入赴难，国家遂以倚重"[②]，故而最为骄横。以后又因宦官出任左、右神策军护军中尉，其势更居诸军之上。自贞元以降，禁军公然违背禁军司法权限规定[③]，不断侵夺地方府县权力，对于军人涉诉案件横加干预。北司不断助长禁军侵扰百姓之恶劣风气，更成为市井无赖之徒栖身影庇之所，甚至出现"或犯禁于南则亡命于北，或正刑于外则破律于中，法出多门，人无所措"[④]的混乱局面。依据贞元七年(791 年)关于军司府县管辖权划分标准，军士"与百姓相讼，委府县推劾"，然大事须经奏裁处分，柳仲郢未待奏下处分，遂有改授之厄。

三、证人

作为可能知悉案情者，唐代妇女在普通刑事案件中，时常以证人身份接受法司讯问、收禁。吐鲁番出《唐永淳元年坊正赵思艺牒为勘当失盗事》[64TAM29：89(a)]记永淳元年(682 年)婢女僧香报案家中失窃钱物，县衙责成坊正赵思艺调查，僧香本人则以证人身份接受盘诘：

---

① (后晋)刘昫：《旧唐书》卷 165《柳公绰子仲郢传》，中华书局 1975 年版，第 4306 页。

② (元)马端临：《文献通考》卷 155《兵考七·禁卫兵》，中华书局 1986 年版，第 1351 页。

③ 按：贞元七年(791 年)三月辛巳，德宗对府县审判权力进行分割，将各类诉讼依据涉案主体划分为军、民两类，军司取得军人间各类诉讼之专门管辖权，普通司法机关的诉讼管辖权因此受到严重侵害："诏神威、神策六军将士自相讼，军司推劾；与百姓相讼，委府县推劾；小事移牒，大事奏取处分，军司、府县不得相侵。"(后晋)刘昫：《旧唐书》卷 12《德宗纪下》，中华书局 1975 年版，第 371 页。

④ (宋)司马光：《资治通鉴》卷 243"文宗大和二年(828 年)三月"，中华书局 1956 年版，第 7857 页。

```
1 □_____□ 坊
2 麹仲行家婢僧香
3   右奉判付坊正赵艺专为勘当
4   者，准状，就僧香家内检，比邻全无
5   盗物踪迹。又问僧香口云：其铜钱
6   耳当等在厨下，被子在一无门房内
7   坎上，并不觉被人盗将，亦不敢
8   加诬比邻。请给公验，更自访觅
9   者。今以状言
10 □状如前。谨牒
11      永淳元年八月  日坊正赵思艺牒
12                  □_____□ 方①
```

又据日本宁乐美术馆藏开元二年(714 年)三月《唐蒲昌府郭才感妻麹氏辞》[宁乐七(1)号]记麹氏向官府证明其夫郭才感双脚十指(趾)冻落事：

```
1  □_____□ 郭才感妻麹氏辞：
2  □_____□  月番当悬泉
3  □_____□  下走报消息，为
4 □_____□ 深，遂即脚废十指，
5 □_____□  百日不能起止，
6 □_____□ □不，蒙符至②
```

除妻妾、侍婢、母女等家内女性外，其他涉案妇女亦可以证人身份参与诉讼。唐代男子因旅宦在外，或妻室妒忌，往往于外室安置别宅妇人。玄宗时，别

---

① 国家文物局古文献研究室等编：《吐鲁番出土文书》（第 7 册），文物出版社 1986 年版，第 76—77 页。

② 陈国灿、刘永增编：《日本宁乐美术馆藏吐鲁番出土文书》，文物出版社 1997 年版，第 56 页。

宅妇曾一度被禁。开元五年(717 年)七月《禁别宅妇人诏》则将纳别宅妇者处罚改为罚俸,别宅妇人悉令配嫁:

> 别宅安妇,先施禁令。往年括获,特已宽容。何得不悛,尚多此事。国有常宪,宜寘于理,方画一于后刑,故三令以先德。俾从轻罚,以愧其心。今所括获者,见任官征纳四季禄,前资准见任。自余诸色,并准九品官禄数纳粟,妇女并放出掖庭。即令京兆尹李朝隐求匹配嫁。行之京都,作戒天下。敢更犯者,一依常格。①

各级官员是安置别宅妇之责任主体,别宅妇本身并非犯罪嫌疑人。然实践中对于拣括之别宅妇人,法司可收禁鞠问,查明案情。此时别宅妇实质上承担证明事主罪责的义务。《朝野佥载》曾记殿中侍御史王旭括宅中别宅女妇,刑讯酷虐之状:

> 殿中侍御史王旭括宅中别宅女妇风声色目,有稍不承者,以绳勒其阴,令壮士弹竹击之,酸痛不可忍。倒悬一女妇,以石缒其发,遣证与长安尉房恒奸,经三日不承。女妇曰:"侍郎如此,若毒儿死,必诉于冥司;若配入官,必申于主上。终不相放。"旭惭惧,乃舍之。②

《旧唐书·酷吏传》云王旭开元二年自并州录事参军迁左台侍御史,五年,"迁左司郎中,常带侍御史"③,《新传》与之略同。《唐御史台精舍题名考》卷一《碑阴题名》有"王旭",赵钺、劳格又云碑阴题名表"其中格曰殿中御

---

① (宋)宋敏求:《唐大诏令集》卷 109《政事·禁约下·禁别宅妇人诏》,中华书局 2008 年版,第 565 页。

　按:唐代置别宅妇的现象并未因此禁绝,元和年间元微之诗尚云:"开筵试歌舞,别宅宠妖娴。坐卧摩锦褥,捧拥缦丝饕。"(唐)元稹:《元稹集》卷 5《台中鞫狱忆开元观旧事呈损之兼赠周兄四十韵》,冀勤点校,中华书局 1982 年版,第 57 页。

② (唐)张鷟:《朝野佥载》卷 2,赵守俨点校,中华书局 1979 年版,第 34 页。

③ (后晋)刘昫:《旧唐书》卷 186 下《酷吏下·王旭传》,中华书局 1975 年版,第 4853 页。

史并内供奉，列崔湜等名"，内有"王旭"，列于"郭震"后①。从开元三年（715年）、五年（717年）两次诏书对于别宅妇的不同态度观之，《朝野佥载》记王旭拷掠事，或在开元三年。法司拷掠妇人逼取证词之例证又见于"杨慎矜"案，天宝六载（747年），李林甫诬陷户部侍郎杨慎矜"心规克复隋室，故蓄异书，与凶人来往，而说国家休咎"，玄宗震怒系杨慎矜于尚书省，诏刑部尚书萧隐之等杂鞫之，又使侍御史卢铉与御史崔器入城搜慎矜宅，"无所得，拷其小妻韩珠团"②。对此，《旧唐书·吉温传》有更为细致的记述：

> 林甫恐事泄，危之，乃使御史卢铉入搜。铉乃袖谶书而入，于隐僻中诈而出曰："逆贼牢藏秘记，今得之矣。"指于慎矜小妻韩珠团婢见，举家惶惧，且行捶击，谁敢忤焉。狱乃成，慎矜兄弟赐死。③

第四节　收　孥　女　眷

一、收孥历史渊源

罪人家属收孥之法相沿已久，其源可溯至虞夏之际。《尚书·甘誓》即有"孥戮"之制，孔安国传："孥，子也。非但止汝身，辱及汝子，言耻累也。"④ "孥戮"的具体含义为将罪人近亲属罚为奴婢，或施以刑罚。沈家本曾言："收与坐系二事……收者，收其孥坐，不独罪及什伍，即监临部主亦连

---

① （清）赵钺、劳格：《唐御史台精舍题名考》，张忱石点校，中华书局1997年版，第178页。

② （后晋）刘昫：《旧唐书》卷105《杨慎矜传》，中华书局1975年版，第3227页。

③ （后晋）刘昫：《旧唐书》卷186下《酷吏下·吉温传》，中华书局1975年版，第4855—4856页。

④ （汉）孔安国传，（唐）孔颖达疏：《尚书正义》卷7《甘誓第二》，十三经注疏整理委员会整理，北京大学出版社2000年版，第207页。

坐矣。"①秦亦有收孥之法，《汉书·文帝纪》应劭曰："孥，子也。秦法，一人有罪，并其室家。"②汉初吕后时，除三族罪、祅言令。《张家山汉墓竹简·收律》明确规定了汉代收孥制度：

> 罪人完城旦舂、鬼薪以上，及坐奸府（腐）者，皆收其妻、子、财、田宅。③

《汉书·文帝纪》载文帝前元元年（前179年）十二月"尽除收孥相坐律令"④。至景帝初年，即复收孥之法，景帝前元三年（前154年）冬十二月，襄平侯嘉子恢说不孝，谋反，欲以杀嘉，大逆不道。"赦嘉为襄平侯，及妻子当坐者复故爵（如淳曰：'律，大逆不道，父母妻子同产皆弃市。今赦其余子不与恢说谋者，复其故爵。'）。论恢说及妻子如法"⑤。可见，汉代收孥妻子之法沿袭

---

① （清）沈家本：《历代刑法考·刑法分考一·缘坐》，邓经元、骈宇骞点校，中华书局1985年版，第83—84页。

② （汉）班固：《汉书》卷4《文帝纪》，（唐）颜师古注，中华书局1962年版，第111页。

按：唐人颜师古进一步对"孥戮"的含义进行了解说："'孥戮'者，或以为奴，或加刑戮，无有所赦耳。"（唐）颜师古：《匡谬正俗平议》卷2，刘晓东平议，山东大学出版社1999年版，第35页。

③ 张家山二四七号汉墓竹简整理小组：《张家山汉墓竹简》（释文修订本），文物出版社2006年版，第32页。

④ （汉）班固：《汉书》卷4《文帝纪》，（唐）颜师古注，中华书局1962年版，第110页。

按：秦汉之际"收"与"连坐"概念有所异同，闫晓君指出：秦汉时期的连坐与"收"近似，但也有明显不同之处。（1）对象不同，收孥在汉律中仅以妻子儿女为对象，连坐除妻子外，还可能包括父母、兄弟同产等亲属，还有监临部主、邻伍等非亲属。（2）收孥为原始社会的氏族习惯；连坐则是法家的创制，"至于战国，韩任申子，秦用商鞅，连相坐之法，造参夷之诛。"（3）收孥以血缘关系为基础，连坐以地缘关系为基础，汉代连坐法应从秦律继承而来。（4）收是将正犯的妻、子收孥，即变为官奴婢；连坐者视正犯罪行而定，如因谋反被缘坐者，"其父母、妻子、同产，无少长皆弃市"。（5）收孥"所以累其心，使重犯法也"，连坐则在于让邻伍之间"相收司"，相互伺察，相互监督及举告非法。当然，收律与连坐有较多共通之处，后世不加区分，统称为"缘坐"。闫晓君：《论张家山汉简〈收律〉》，《华东政法大学学报》2006年第3期，第130页。

⑤ （汉）班固：《汉书》卷5《景帝纪》，（唐）颜师古注，中华书局1962年版，第142页。

甚久，结合《收律》及如淳引律可知，反逆等严重刑事犯罪中，须诛及罪人妻子；普通刑事犯罪则将罪人妻子没为官婢。

"父母妻子同产相坐及收，所以累其心，使重犯法也"①。就法律责任而言，谋反大逆罪犯家属本身并无罪责，唯基于重惩反逆及重刑理念，始有收孥之制。魏晋南北朝之际，收孥之法进行了一系列调整，并对《唐律》产生直接影响。首先，曹魏时改革妇女从坐制度。长期以来，"父母有罪，追刑已出之女；夫党见诛，又有随姓之戮。一人之身，内外受辟"。应司隶主簿程咸议请，"在室之女，从父母之诛；既醮之妇，从夫家之罚。宜改旧科，以为永制"②。其次，废除诛杀罪人女眷旧制，代之以没官或配流。梁天监初定律，"其反、叛、大逆以上，皆斩。父子同产男，无少长，皆弃市。母妻姊妹及应从坐弃市者，妻子女妾同补奚官为奴婢。资财没官"③。北齐神武秉东魏政，迁都于邺，群盗颇起，遂立严制："诸强盗杀人者，首从皆斩，妻子同籍，配为乐户；其不杀人，及赃不满五匹，魁首斩，从者死，妻子亦为乐户；小盗赃满十匹已上，魁首死，妻子配驿，从者流。"④隋初曾除孥戮相坐之法，开皇十七年（597 年），有司奏合川仓粟少七千石，命斛律孝卿鞫问其事。"以为主典所窃。复令孝卿驰驿斩之，没其家为奴婢，鬻粟以填之。是后盗边粮者，一升已上皆死，家口没官"⑤，收孥之法复行于时。

二、唐代没官制度

"自汉迄唐，其犯重罪者，其妻子无不没为官奴婢也"⑥。唐代沿袭前朝收孥之法，据《唐律疏议·贼盗》"谋反大逆"条，谋反大逆者本人处斩，未成年男性亲属、女眷等亲属为官奴婢，家资抄没：

---

① （汉）班固：《汉书》卷 23《刑法志》，（唐）颜师古注，中华书局 1962 年版，第 1104 页。

② （唐）房玄龄等：《晋书》卷 30《刑法志》，中华书局 1974 年版，第 926 页。

③ （唐）杜佑：《通典》卷 164《刑法二·刑制中》，王文锦等点校，中华书局 1988 年版，第 4223 页。

④ （北齐）魏收：《魏书》卷 111《刑罚志》，中华书局 1974 年版，第 2888 页。

⑤ （唐）魏徵等：《隋书》卷 25《刑法志》，中华书局 1973 年版，第 714 页。

⑥ 尚秉和：《历代社会风俗事物考》，商务印书馆 1939 年版，第 306 页。

　　　　诸谋反及大逆者，皆斩；父子年十六以上皆绞，十五以下及母女、妻妾(子妻妾亦同)、祖孙、兄弟、姊妹若部曲、资财、田宅并没官。①

　　唐代籍没制度的实际运行与律令规定颇有出入，扩大缘坐范围或随意变更罪名的现象时有发生。乾封元年(666 年)八月丁未，杀司卫少卿武惟良、淄州刺史武怀运，改姓蝮氏。怀运兄怀亮妻善氏依律本不在没限，竟"坐惟良等没入掖庭，荣国令后以他事束棘鞭之，肉尽见骨而死"②。宝历元年(825 年)，左神策军击毬将张志和因侍宴被酒乖礼，"杖八十，流丰州，家属配掖庭"③，此为籍没流犯家眷之恶例。咸通十三年(872 年)五月乙亥，国子司业韦殷裕于阁门进状，论淑妃弟郭敬述阴事。殷裕并无反逆行径，懿宗怒下京兆府决杀殷裕，籍没其家。"殷裕妻崔氏，音声人郑羽客、王燕客，婢微娘、红子等九人配入掖庭"④。据《唐律疏议·贼盗》"缘坐非同居"条："若女许嫁已定，归其夫。出养、入道及娉妻未成者，不追坐。道士及妇人，若部曲、奴婢，犯反逆者，止坐其身。"⑤与此直接冲突的是，唐代司法实践中存在收孥罪人出家女眷之惯例，罪犯妻女即使隐遁修持，亦难逃没官厄运。大历十二年(777 年)三月，宰臣元载事败，"载妻王氏并赐死。

---

　　① (唐)长孙无忌等：《唐律疏议》卷 17《贼盗》"谋反大逆"，刘俊文点校，中华书局 1983 年版，第 321 页。

　　按：没官由收孥之衍生而成，至唐代，二者差异更趋细致。西田太一郎指出：《唐律》中有关族刑连坐的规定主要涉及谋反、谋大逆、谋叛、不道等罪名。《唐律》中关于家族缘坐范围，"子"包括儿子和女儿，但缘坐制是将女儿排除在外的。……《唐律》中对于犯罪者女儿的连坐便只限于"谋反"、"大逆"、"造畜蛊毒"这三类罪行。[日]西田太一郎：《中国刑法史研究》，段秋关译，北京大学出版社 1985 年版，第 159—162 页。

　　② (宋)司马光：《资治通鉴》卷 201"高宗乾封元年(666 年)八月"，中华书局 1956 年版，第 6350 页。

　　③ (宋)王钦若等编纂：《册府元龟》卷 628《环卫部·迁黜》，周勋初等校订，凤凰出版社 2006 年版，第 7260 页。

　　④ (后晋)刘昫：《旧唐书》卷 19 上《懿宗纪》，中华书局 1975 年版，第 679 页。

　　⑤ (唐)长孙无忌等：《唐律疏议》卷 17《贼盗》"缘坐非同居"，刘俊文点校，中华书局 1983 年版，第 324 页。

女资敬寺尼真一，收入掖庭"①。贞元八年(792 年)，窦参贬骧州司马，"女尼真如，隶郴州；其财物婢妾，传送京师"②。

唐代掖庭局与司农寺是容纳籍没家属的主要机构。唐宫城西有掖庭宫，宋敏求言"盖高祖所起，宫人教艺之所也"③。唐都官郎中、员外郎掌管配没隶之造籍、验视与申报，据《都官式》：

> 官奴婢，诸司每年正月造籍二通，一通送尚书，一通留本司。每岁十月，所司自黄口以上并印臂，送都官阅貌。官户……入老者，并从良。④

唐内侍省下置掖庭、宫闱、奚官、内仆、内府、内坊六局，其中掖庭局掌宫人名籍除附、役使劳作："凡宫人名籍，司其除附；公桑养蚕，会其课业；供奉物皆取焉。妇人以罪配没，工缝巧者隶之，无技能者隶司农。诸司营作须女功者，取于户婢。"⑤又据《唐六典》，没官妇人有技艺者，配隶掖庭；无技能者，隶属司农：

---

① (后晋)刘昫：《旧唐书》卷 118《元载传》，中华书局 1975 年版，第 3414 页。

按：依唐律规定，反逆罪人女眷皆没官，而无诛杀之例，元载妻王氏语出狂悖而至赐死。前引《旧唐书·元载传》亦言"王氏，开元中河西节度使忠嗣之女也"。《资治通鉴》云："载妻王氏，忠嗣之女也。"[(宋)司马光：《资治通鉴》卷 225"代宗大历十二年(777 年)三月庚辰"，中华书局 1956 年版，第 7242 页]唯《云溪友议》卷下"窥衣帷"条作"元丞相载妻王氏，字韫秀(原注：王缙相公之女，维右丞之侄)"[(唐)范摅：《云溪友议》，《唐五代笔记小说大观》，上海古籍出版社 2000 年版，第 1319 页]。《云溪友议》所记或误，当据《旧唐书》等改。

② (后晋)刘昫：《旧唐书》卷 136《窦参传》，中华书局 1975 年版，第 3748 页。

③ (宋)宋敏求：《长安志》卷 6《宫室四·唐上》，(清)毕沅校正，成文出版社有限公司 1970 年版(中国方志丛书)，第 132 页。

④ 霍存福：《唐式辑佚》都官第 18，杨一凡主编：《中国法制史考证续编》，社会科学文献出版社 2009 年版，第 480 页。

⑤ (宋)欧阳修、宋祁：《新唐书》卷 47《百官二》，中华书局 1975 年版，第 1222 页。

按：据《因话录》"天宝末，蕃将阿布思伏法，其妻配掖庭，善为优，因使隶乐工"。此为没官女性有技能之例证。(唐)赵璘：《因话录》卷 1《宫部》，上海古籍出版社 1979 年版，第 69 页。

　　凡反逆相坐，没其家为官奴婢(原注：反逆家男女及奴婢没官，皆谓之官奴婢。男年十四以下者，配司农；十五已上者，以其年长，命远京邑，配岭南为城奴)。……凡初配没有伎艺者，从其能而配诸司；妇人工巧者，入于掖庭；其余无能，咸隶司农。[1]

图 2-1　提罐侍女图

资料来源：徐光冀主编：《中国出土壁画全集》第 7 册，科学出版社 2012 年版，第 263 页

由汉代历魏晋南北朝延续到唐代的掖庭，是这一历史时期的宫廷监狱与籍没犯罪官吏家属的机构(表 2-1)，也是皇帝后、妃选取和产生的重要场所，形成

---

　　[1] (唐)李林甫等：《唐六典》卷 6《尚书刑部》"都官郎中员外郎"条，陈仲夫点校，中华书局 1992 年版，第 193 页。

一个绵延千年的特殊后宫机构①。唐初充纳掖庭女性来源较为复杂，除缘坐没入者以外，尚有伎乐侍婢、犯奸妇女、别宅妇人等②。值得注意的是，籍没入宫妇女多出身衣冠世家，与侍儿伎乐或别宅妇人之流存在本质差别，其资质才华亦非常人所能及。伴随其自身命运改变，籍没妇女凭借其特殊身份与才能，对唐代宫闱政治产生了巨大影响。上官婉儿是唐代妇女参政之典型，早年因祖父上官仪被诛，"婉儿时在襁褓，随母配入掖庭"。因擅长文词，明习吏事，"自圣历已后，百司表奏，多令参决。中宗即位，又令专掌制命，深被信任"③。唐代有数名皇子生母为掖庭宫人，如睿宗第二子惠庄太子㧑，"母柳氏，掖庭宫人"④，武后以母贱，欲不齿之。宪宗二十子，其中"十七王，皆后宫所生，史逸其母之号、氏"⑤。实践中，没官妇女与妃嫔之间往往只有

---

① 谢元鲁：《汉唐掖庭制度与宫廷政治》，《天府新论》1999 年第 3 期，第 73 页。

按：王伟歌指出："唐代掖庭虽然也出现了关押囚禁皇族女性成员和宫人的现象，而且还有大量反叛谋逆者家属籍没入宫的也在掖庭中，但唐朝并没有把这些人真正当做像罪犯一样来处理，更没有安排专门的官员来管理这些'罪犯'，而仅仅是把掖庭作为拘役的场所。对于后妃和公主等宫中成员来说，更多是作为关押和囚禁她们的临时场所；对于籍没罪犯官僚的家属来说，更主要的是把掖庭当成劳作场所，即以'劳作'作为对她们的惩罚方式"。王伟歌：《唐代掖庭研究》，上海师范大学硕士学位论文，2011 年 3 月，第 76 页。

② 按：《资治通鉴》："尚书奏：近世掖庭之选，或微贱之族，礼训蔑闻(谓由侍儿及歌舞得进者)；或刑戮之家，忧怨所积(谓缘坐没入掖庭者)。请自今，后宫及东宫内职有阙，皆选良家有才行者充，以礼聘纳；其没官口及素微贱之人，皆不得补用"[(宋)司马光：《资治通鉴》卷 195 "太宗贞观十三年(639 年)二月戊戌"，中华书局 1956 年版，第 6144 页]。张廷珪《论别宅妇女入宫第二表》引天授二年敕，"京师神都妇女犯奸，先决杖六十，配入掖庭。"[(宋)李昉等编：《文苑英华》卷 624《表七十二·杂谏论二·论别宅妇女入宫第二表》，中华书局 1966 年版，第 3235 页]《朝野金载》记武周郎中裴珪妾赵氏与人奸，"没入掖庭"事，可为旁证[(唐)张鷟：《朝野金载》卷 1，赵守俨点校，中华书局 1979 年版，第 1 页]。开元三年二月敕："禁别宅妇人，如犯者，五品以上贬远恶处，妇人配入掖庭"(宋)王溥：《唐会要》卷 41《杂记》，上海古籍出版社 2006 年版，第 873 页。

③ (后晋)刘昫：《旧唐书》卷 51《后妃上·中宗上官昭容传》，中华书局 1975 年版，第 2175 页。

④ (后晋)刘昫：《旧唐书》卷 95《睿宗诸子·惠庄太子㧑传》，中华书局 1975 年版，第 3015 页。

⑤ (宋)欧阳修、宋祁：《新唐书》卷 82《十一宗诸子·宪宗二十子传》，中华书局 1975 年版，第 3628 页。

一步之遥，如代宗生母章敬皇后吴氏，"坐父事没入掖庭"①。开元二十三年（735 年），玄宗以忠王傍无媵侍，命高力士选掖庭宫人以赐之，而吴后即在籍中。宣宗生母孝明皇后郑氏，本为李锜侍婢，"锜诛，没入掖廷，侍懿安后。宪宗幸之，生宣宗"②。由于郑氏曾服侍郭太后，"有曩怨。帝奉养礼稍薄，后郁郁不聊"③，最终导致郭后暴崩。

三、收孥妇女放免

因朝廷累年采纳、异邦进奉、获捷献俘等因素，导致掖庭宫女数量急剧膨胀④。自武德年间，曾多次下诏放免宫人，其中当不乏籍没女眷。武德九年（626 年）八月癸酉，"放掖庭宫女三千余人"⑤。神龙元年（705 年）正月甲辰，中宗即位大赦，"其为周兴等所枉者，咸令清雪，子女配没者皆免之"⑥。贞元二十一年（805 年）三月庚午，"出宫女三百人于安国寺，又出掖庭教坊女乐六百人于九仙门，召其亲族归之"⑦。长庆四年（824 年）二月辛卯，"敕先在掖

---

① （后晋）刘昫：《旧唐书》卷 52《后妃下传·肃宗章敬皇后吴氏传》，中华书局 1975 年版，第 2187 页。

② （宋）欧阳修、宋祁：《新唐书》卷 77《后妃下·孝明郑太后传》，中华书局 1975 年版，第 3505 页。

按：《南部新书》载："李锜之诛也，二婢配掖庭，曰郑曰杜。郑则幸于元和，生宣皇帝，是为孝明皇后。杜即杜秋，《献替录》中云：'杜仲阳即杜秋也，漳王养母。'"（宋）钱易：《南部新书》卷戊，黄寿成点校，中华书局 2002 年版，第 66 页。

③ （宋）欧阳修、宋祁：《新唐书》卷 77《后妃下·懿安郭太后传》，中华书局 1975 年版，第 3505 页。

④ 按：《明皇杂录》记僧一行周览掖庭宫人名籍，过目不忘之能，可见籍册之繁。"僧一行姓张氏，巨鹿人，本名遂。唐玄宗既召见，谓曰：'卿何能？'对曰：'唯善记览。'玄宗因诏掖庭，取宫人籍以示之，周览既毕，覆其本，记念精熟，如素所习读。数幅之后，玄宗不觉降御榻，为之作礼，呼为圣人"（唐）郑处晦：《明皇杂录》补遗"僧人一行"，田廷柱点校，中华书局 1994 年版，第 42 页。

⑤ （后晋）刘昫：《旧唐书》卷 2《太宗纪上》，中华书局 1975 年版，第 30 页。

⑥ （宋）司马光：《资治通鉴》卷 207"中宗神龙元年（705 年）正月甲辰"，中华书局 1956 年版，第 6581 页。

⑦ （后晋）刘昫：《旧唐书》卷 14《顺宗纪》，中华书局 1975 年版，第 406 页。

庭宫人及逆人家口并配内园者，并放出外，任其所适"①。

唐代没官家口，须经赦令方可放免。司法实践中，发布别敕是放免罪人女眷的重要方式，此类举措具有特赦意涵。唐代放免籍没妇女的原因有以下三类：其一，遵循"八议"原则，特赦罪人女眷。贞观十七年(643 年)四月，汉王元昌以谋反"赐自尽于家，而宥其母(元昌母孙嫔)、妻、子"②。贞观十九年(645 年)十二月庚申，以"夙经任过，不忍枭悬"，赐侍中刘洎自尽，而"免其妻孥"③。贞元七年(791 年)十月，郭子仪孙钢叛走吐蕃赐死，德宗以尚父"翼戴肆勤，安固邦国"之功，郭钢父母妻子"并原之，俾复其位，其诸不坐皆释放"④。其二，新君即位，特赦罪人家眷。此举旨在"导迎休和，荡涤瑕累"，昭示维新气象。神龙三年(707 年)七月五日，成王千里等参与节愍太子谋反，失败被杀，家属籍没，至景云元年(710 年)睿宗登位，获得昭雪。西安灞桥区洪庆村出《唐成王妃慕容氏墓志》言千里妻慕容氏于开元十三年(725 年)二月廿六日，寝疾于洛阳劝善里私第。并于次年十一月廿八日，与成王合葬于"京兆同人原，礼也"⑤。贞元二十一年(805 年)二月癸丑，顺宗诏"释掖庭没官妇人朱泚妻徐氏等"⑥。元和十四年(819 年)三月辛卯，"李师道妻魏氏并男没入掖庭"⑦。次年七月，穆宗敕"许逆贼李师道妻魏氏为尼，住

---

① (宋)王溥：《唐会要》卷 3《出宫人》，上海古籍出版社 2006 年版，第 41 页。

② (宋)司马光：《资治通鉴》卷 197 "太宗贞观十七年(643 年)四月乙酉"，中华书局 1956 年版，第 6193 页。

按：据西安碑林博物馆藏《唐故元昌墓志》："贞观十七年四月六日赐死于私第，春秋廿有五。诏以国公礼葬焉。粤以其年岁次癸卯十月丁未朔十五日辛酉，室于雍州之高阳原。"樊波、举纲：《新见唐〈李元昌墓志〉考略》，《考古与文物》2006 年第 1 期。

③ (宋)司马光：《资治通鉴》卷 198 "太宗贞观十九年(645 年)十二月庚申"，中华书局 1956 年版，第 6234 页。

④ (宋)王钦若等编纂：《册府元龟》卷 134《帝王部·念功》，周勋初等校订，凤凰出版社 2006 年版，第 1485 页。

⑤ 中国科学院考古研究所编：《西安郊区隋唐墓》(中国田野考古报告集考古学专刊丁种十八号)，科学出版社 1966 年版，第 99 页。

⑥ (宋)王钦若等编纂：《册府元龟》卷 42《帝王部·仁慈》，周勋初等校订，凤凰出版社 2006 年版，第 457 页。

⑦ (后晋)刘昫：《旧唐书》卷 15《宪宗纪下》，中华书局 1975 年版，第 467 页。

法云寺"①。其三，臣下劝谏，放免罪人女眷。大和九年（835 年）十一月"甘露之变"，李孝本二女配没右军，文宗不避宗姓，取之入宫。右拾遗魏謩上疏切谏，"帝立出二女，以謩为右补阙"②。

又据《唐律疏议·名例》"诸彼此俱罪"条，若罪人于后蒙恩得免，缘坐者虽已配没，亦从放免，其奴婢同。与前述特赦罪人家眷有别，此类放免以罪人平反昭雪须为前提。武德中，高祖不察突厥反间之计，诛杀广州总管刘世让，籍没其家。"贞观初，突厥来降者言世让初无逆谋，始原其妻子"③。神龙三年（707 年）七月庚子，太子重俊与羽林将军李多祚等率众诛武三思事败，李多祚、重俊为部下所杀，籍没其家。睿宗景云元年（710 年）七月丙辰，诏复李多祚官爵，"仍宥其妻子"④。

表 2-1　唐代妇女没入掖庭简表

时间	事主处置	女眷处置	资料来源
武德三年	斩王行本	籍没其妻子	《资治通鉴》卷 188；《册府元龟》卷 152
武德六年十月丙午	杀广州都督刘世让	籍没其家。贞观初，始原其妻子	《旧唐书》卷 69；《新唐书》卷 1；《资治通鉴》卷 190
武德七年二月	太保杜伏威薨，除名	籍没其妻子	《旧唐书》卷 56；《新唐书》卷 92；《资治通鉴》卷 190
贞观十七年四月乙酉	汉王元昌坐与太子连谋，赐死	宥元昌母孙嫔、妻子	《旧唐书》卷 3；《旧唐书》卷 64；《新唐书》卷 2；《资治通鉴》卷 197；《册府元龟》卷 934
贞观十九年十二月庚申	侍中刘洎赐死	免其妻孥	《资治通鉴》卷 198；《唐大诏令集》卷 126
麟德元年十二月丙戌	杀西台侍郎上官仪	上官婉儿与母郑配掖廷	《旧唐书》卷 51；《新唐书》卷 76；《资治通鉴》卷 208
乾封元年八月	则天诛杀惟良、怀运，改姓为蝮氏	妻善氏尤不礼于荣国，坐惟良等没入掖庭	《旧唐书》卷 76；《资治通鉴》卷 201

---

① （宋）王钦若等编纂：《册府元龟》卷 42《帝王部·仁慈》，周勋初等校订，凤凰出版社 2006 年版，第 457 页。

② （宋）王钦若等编纂：《册府元龟》卷 101《帝王部·纳谏》，周勋初等校订，凤凰出版社 2006 年版，第 1110 页。

③ （后晋）刘昫：《旧唐书》卷 69《薛万彻附刘世让传》，中华书局 1975 年版，第 2523 页。

④ （后晋）刘昫：《旧唐书》卷 109《李多祚传》，中华书局 1975 年版，第 3297 页。

续表

时间	事主处置	女眷处置	资料来源
垂拱二年	太子中舍人刘浚为酷吏所陷被杀	妻子籍没	《旧唐书》卷 84
神龙三年秋七月	杀羽林将军李多祚	妻子并从籍没	《旧唐书》卷 109；《册府元龟》卷 139
大历十二年三月	宰臣元载伏诛	妻王氏并赐死，女尼真一收入掖庭	《旧唐书》卷 118；《唐国史补》卷上
贞元七年十月	丰州刺史郭钢赐死	父母妻子皆释放	《册府元龟》卷 134
元和十二年十月	淮西吴元济伏诛	妻沈氏没入掖庭	《旧唐书》卷 15；《旧唐书》卷 145
元和十四年三月	淄青李师道死	妻魏氏并小男没入掖庭	《旧唐书》卷 15；《旧唐书》卷 124
长庆二年九月	斩汴州留后李𬐚	𬐚妻马氏、小男道本、女汴娘配于掖庭	《旧唐书》卷 16
宝历元年	张志和为左神策军击球将配流	家属配掖庭	《册府元龟》卷 628
大和九年十一月	斩贾𫗧、舒元舆、李孝本	妻女不死者，没为官婢	《资治通鉴》卷 245；《册府元龟》卷 101；《唐大诏令集》卷 125
咸通十三年五月	决杀国子司业韦殷裕	殷裕妻崔氏、音声人郑羽、客王燕、客婢微娘、红子等九人配入掖庭	《旧唐书》卷 19 上；《资治通鉴》卷 252
天祐二年	杀白州长史崔子远	家没掖庭	《新唐书》卷 182

第五节 配 流 安 置

一、配流

与收孥之法相比，配流、安置是唐代处置罪人女眷的补充方式（表 2-2）。除自身犯罪以外，反逆犯罪是造成罪人女眷配流的主要原因。《唐律疏议·贼盗》"谋反大逆"条，依据实害不同分为两类：一是谋反而有害，即"结谋真实"且"能为害者"，缘坐范围涉及广泛，且处罚严厉；一为谋反而无害，即"结谋真实而不能害者"，缘坐范围仅限父母、子女、妻妾，不及其他亲属，家资不在没限：

> 诸谋反及大逆者，皆斩；父子年十六以上皆绞，十五以下及母、女、妻妾(子妻妾亦同)、祖孙、兄弟、姊妹若部曲、资财、田宅并没官，……即虽谋反，词理不能动众，威力不足率人者，亦皆斩；父子、母女、妻妾并流三千里，资财不在没限。其谋大逆者，绞。①

按照上述标准，凡谋反查证属实者，罪犯家属即应没官。然自贞观时期，即逐步形成宽宥罪人女眷惯例，即以配流作为没官之替换措施，反逆罪人女眷遂成为配流妇女的主要来源。贞观十七年(643年)四月，吏部尚书侯君集坐与太子承乾连谋，斩于四达之衢，籍没其家。君集临刑以破灭二国之功，乞令一子以守祭祀，"由是特原其妻及一子，徙于岭南"②。载初元年(689年)，推事使奏瀛州人李仁里等三十七人被告称谋反，"曹断并处斩，父母、妻子流三千里"③。徐有功引《贼盗律》："口陈欲反之言，心无真实之计，流三千里。"后宗君哲状称无反可寻，请依有功所议断流。

天宝至贞元时期，出现数宗诬陷他人谋反案件，不乏事主妻女配流边裔之例。天宝五载(746年)十二月，李林甫诬告赞善大夫杜有邻、著作郎王曾、左骁卫兵曹柳勣等妄称图谶交构东宫指斥乘舆，并下狱死。"有邻、勣及曾等皆杖死，积尸大理，妻子流远方；中外震栗"④。天宝六载(747年)十一月丁酉，李林甫又诬构杨慎矜反逆，"赐慎矜及兄少府少监慎余、洛阳令慎名自

---

① [唐]长孙无忌等：《唐律疏议》卷17《贼盗》"谋反大逆"，刘俊文点校，中华书局1983年版，第321—322页。

② (后晋)刘昫：《旧唐书》卷69《侯君集传》，中华书局1975年版，第2514页。

③ (宋)王钦若等编纂：《册府元龟》卷616《刑法部·议谳第三》，周勋初等校订，凤凰出版社2006年版，第7121页。

按：《册府元龟》载"得使宗君哲状，称无反可寻，请依徐丞见，流三千里。奏，敕依，会赦免"。由此，徐有功以司刑丞身份议刑。据文献记载，有功任司刑丞时间在载初元年，《旧唐书·徐有功传》："载初元年，累迁司刑丞"[(后晋)刘昫：《旧唐书》卷85《徐有功传》，中华书局1975年版，第2818页]。《资治通鉴》有"道州刺史李行褒兄弟为酷吏所陷，当族，秋官郎中徐有功固争不能得"的记载[(宋)司马光：《资治通鉴》卷204"则天后天授元年(690年)十月"，中华书局1956年版，第6469页]。由此，徐有功所议李仁里谋反案，当即发生于载初元年。

④ (宋)司马光：《资治通鉴》卷215"玄宗天宝五载(746年)十二月甲戌"，中华书局1956年版，第6874—6875页。

尽；敬忠杖百，妻子皆流岭南"①。天宝十一载(752 年)，王铁以弟王焊逆谋，赐死于三卫厨，"妻薛氏及在室女并流"②。建中二年(781 年)，杨炎、庾準"诬(刘)晏以忠州叛，杀之，妻子徙岭表，朝野为之侧目"③。上述杜有邻、杨慎矜、王铁、刘晏四例皆因诬构所致，因查无明证，牵强比附，率以"谋反而无害"论罪，事主断死，妻女配流。

此外，流犯配偶随行制度的存在，亦是妇女配流的重要原因。《唐律》规定："诸犯流应配者，……妻妾从之，父祖子孙欲随者，听之。"④由此，流犯妻妾具有随同配流之法定义务，而男性尊、卑亲属却可选择是否随流。龙朔三年(663 年)四月戊子，右相李义府因厌胜、赃贿等事"除名长流巂州"。至高宗上元元年(674 年)大赦，"义府妻子得还洛阳"⑤，此可为妻子随流之证。元和八年(813 年)九月，刑部侍郎王播奏请免死配流天德五城诸镇，"有妻儿者，亦任自随"⑥。直至晚唐，流犯配偶随行的制度仍被继续强调，但流犯

---

① (宋)司马光：《资治通鉴》卷 215 "玄宗天宝六载(747 年)十一月丁酉"，中华书局 1956年版，第 6882 页。

按：洛阳近出《王绾墓志》：江南西道观察支使试太子正字杨彤"堂叔祖户部侍郎(杨慎余)遇宰相李林甫患，祖母以孀嫂同处连罪，遂携孤弱，谪居康州"(胡戟、荣新江：《大唐西市博物馆藏墓志》，北京大学出版社 2012 年版，第 843 页)。由此，杨慎矜兄弟赐死后，杨慎余妻自洛阳流于岭南康州。

② (后晋)刘昫：《旧唐书》卷 105《王铁传》，中华书局 1975 年版，第 3232 页。

③ (后晋)刘昫：《旧唐书》卷 118《杨炎传》，中华书局 1975 年版，第 3423 页。

④ (唐)长孙无忌等：《唐律疏议》卷 3《名例》"流犯应配"，刘俊文点校，中华书局 1983年版，第 66—67 页。

⑤ (后晋)刘昫：《旧唐书》卷 82《李义府传》，中华书局 1975 年版，第 2770 页。

⑥ (宋)王溥：《唐会要》卷 40《君上慎恤》，上海古籍出版社 2006 年版，第 842 页。

按：《册府元龟》对王播奏疏记述甚详："准本年九月十七日敕：自今已后，两京及关内、河东、河南、河北、淮南、河东西等道州府犯罪系囚，除大逆及下手杀人外，其余应入死罪者，委所任官长审量事状，但情非巨蠹，并免死，配流天德五刑诸镇。臣谨言，敕文除大逆下手杀人外，余入死罪，科目至多，若不举其余流，或虑中外处断不一。今请犯十恶及故杀、斗、谋、劫、私铸钱、造伪，并京兆界持杖强盗不论，并依律文及前后格敕处分。自余死刑，即请准今敕减死配隶属天德伍城。有妻者，仍准式勒随流人。其父祖子孙欲随去者，任去。从之"〔(宋)王钦若等编纂：《册府元龟》卷 616《刑法部·议谳第三》，周勋初等校订，凤凰出版社 2006 年版，第 7124 页〕。此条史料校勘标点错讹甚多，第一，"配流天德五刑诸镇"误为"配流天德，五刑诸城"；第二，故杀、斗杀、谋杀、劫杀又本为唐代杀人罪四种形态，承前略为"故杀、斗、谋、劫"，周勋初标点本断为"故杀斗、谋劫"，不知何据；第三，"其父祖子孙欲随去者，任去。从之"一句，"任去"是王播奏请，"从之"乃宪宗敕答，理当点断。以上三条皆当据改。

亡故后，随流妻妾的附随义务亦告终结，可选择返回原籍，或滞留流所。据宣宗大中五年(851年)十一月中书门下奏：

> 今后有配长流及本罪合死遇恩得减等者，并勒将妻同去，有儿女情愿者亦听。如流人所在身死，其妻等并许东西，州县不任勾留。情愿住者亦听。①

表 2-2　唐代妇女配流安置简表

时间	事主处置	女眷处置	资料来源
贞观十七年四月	吏部尚书侯君集坐与太子连谋，斩	原其妻及一子，徙于岭南	《旧唐书》卷3；《旧唐书》卷69；《新唐书》卷2；《资治通鉴》卷197；《册府元龟》卷58
龙朔三年四月	右丞相李义府赃贿等事长流	上元元年大赦，义府妻子得还洛阳	《旧唐书》卷82；《新唐书》卷223上；《资治通鉴》卷201
载初元年	李仁里等三十七人被告称谋反	父母妻子流三千里	《册府元龟》卷616
天宝五载十二月	杀赞善大夫杜有邻等	妻子流远方	《资治通鉴》卷215
天宝六载十一月	户部侍郎杨慎矜兄弟赐死	妻子皆流岭南	《资治通鉴》卷216
天宝十一载四月	户部侍郎兼御史大夫京兆尹王鉷赐死	妻薛氏及在室女并流	《旧唐书》卷105；《资治通鉴》卷216
建中元年七月	忠州刺史刘晏赐死	妻子徙岭表	《旧唐书》卷118
贞元元年八月	朔方李怀光死	妻诸儿女递送澧州，委李皋逐便安置。其出嫁女、诸亲并释放	《旧唐书》卷12；《旧唐书》卷121；《新唐书》卷224上；《资治通鉴》卷232；《册府元龟》卷134；《唐大诏令集》卷121
贞元八年四月	贬窦参为骧州司马	女尼真如隶郴州，其财物婢妾传送京师	《旧唐书》卷136；《新唐书》卷145
元和十四年五月	平李师道	李师古妻裴氏女宜娘于邓州安置，李宗奭妻韦氏放出掖庭	《旧唐书》卷15；《旧唐书》卷159；《册府元龟》卷150；《唐会要》卷39
大和三年五月	斩沧州李同捷	诏宥李同捷母孙、妻崔及男元达等，令于湖南安置	《旧唐书》卷17上；《旧唐书》卷134

二、安置

与"配流"相比，妇人"安置"刑的适用则更凸显出中晚唐的时代特色。

---

① (宋)王溥：《唐会要》卷41《左降官及流人》，上海古籍出版社2006年版，第865页。

"安置"可追溯至显庆四年(659年)许敬宗诬陷长孙无忌谋反事。《资治通鉴》显庆四年四月戊辰条:"下诏削无忌太尉及封邑,以为扬州都督,于黔州安置,准一品供给。"①《旧唐书·则天本纪》载嗣圣元年(684年)"二月戊午,废皇帝为庐陵王,幽于别所"②。对此,《册府元龟》、《南部新书》皆云"房州安置"③。安置起初是一种将官员贵族幽禁边远州郡,保留一定政治及物质待遇,严格限制其人身自由的处分措施。《读律佩觿》曾言安置与"三流"之别:

> (安置)或栖以传舍,或给以口粮,使之稍有以自遂,始得谓之安……惟止于年为稽考,月为点验,禁令不得恣行他适而已。以是为置,即以是为安,庶乎与三流之流迥别,方与安置之义允符。④

张春海指出:"在将被安置人放逐时,可根据情况,在一定程度上维持他们的身份和待遇,向他们示以不会赶尽杀绝之意。"⑤安置具有贬黜荒远,待罪贬所的特点,自开天之际,安置开始作为一类独立罚则,时常与左降、配隶、流移等并列于诏敕之中。开元十八年(730年)正月丁巳制:"其左降官及流移配隶安置、罚镇效力之类,并稍与量移。"⑥《天宝七载册尊号赦》:"其左降官及流移配隶安置、罚镇效力之类,并稍与量移。"⑦敬宗长庆四年(824年)三

---

① (宋)司马光:《资治通鉴》卷200"高宗显庆四年(659年)四月戊辰",中华书局1956年版,第6314页。

② (后晋)刘昫:《旧唐书》卷6《则天皇后纪》,中华书局1975年版,第116页。

③ 按:《册府元龟》云"崔敬嗣好樗蒲饮酒。则天初,为房州刺史。中宗为庐陵王,安置在州,官吏多无礼"[(宋)王钦若等编纂:《册府元龟》卷953《总录部·不遇》,周勋初等校订,凤凰出版社2006年版,第11038页]。《南部新书》:"崔敬嗣,武后时任房州刺史。孝和安置在彼,官吏多无礼,嗣独申礼待供给之。"(宋)钱易:《南部新书》卷戊,黄寿成点校,中华书局2002年版,第71页。

④ (清)王明德:《读律佩觿》卷4"安置",何勤华等点校,法律出版社2001年版,第143页。

⑤ 张春海:《论唐代的安置刑》,《史学集刊》2011年第4期,第58—59页。

⑥ (宋)王钦若等编纂:《册府元龟》卷86《帝王部·赦宥第五》,周勋初等校订,凤凰出版社2006年版,第951页。

⑦ (宋)宋敏求:《唐大诏令集》卷9《帝王·册尊号赦上·天宝七载册尊号赦》,中华书局2008年版,第52页。

月壬子大赦，敕"诸色得罪人先有敕云纵逢恩赦不在免限并别敕安置者，亦放还"①。安置之刑罚位阶介于徒流刑之间的刑罚，且时常作为流刑之减等措施适用。广德二年（764年）春正月壬寅，"敕称程元振变服潜行，将图不轨，长流溱州。上念元振之功，寻复令于江陵安置"②，此为降流刑为安置之例。元和十二年（817年），郑州刺史崔祝坐赃三万余贯，宪宗"缘其身居忧服，未可授官，宜且于康州安置，待服满日处分"③。后因所至迟留，锢身配流康州，此为升安置为流刑之例。

中晚唐时期形成以"安置"罪人女眷为"没官"减等之司法惯例，并在平定藩镇活动中多次适用。贞元元年（785年）八月，朔方部将牛名俊斩李怀光首以降，李怀光曾外御吐蕃、助平朱泚，对其家人法外开恩：

> 宜以怀光男一人为嗣，赐庄宅各一区。仍还怀光尸首，任其收葬。怀光妻、诸儿女，递送澧州，委李皋逐便安置，使得存立。其出嫁女、诸亲并释放。④

李怀光死后，朝廷遵从出嫁女不坐之旧制，仅将怀光妻王氏等递送澧州安置⑤。

---

① （宋）王钦若等编纂：《册府元龟》卷90《帝王部·赦宥第九》，周勋初等校订，凤凰出版社2006年版，第996页。

② （宋）司马光：《资治通鉴》卷223"代宗广德二年（764年）春正月壬寅"，中华书局1956年版，第7159页。

③ （宋）王钦若等编纂：《册府元龟》卷700《牧守部·贪黩》，周勋初等校订，凤凰出版社2006年版，第8089页。

④ （后晋）刘昫：《旧唐书》卷12《德宗纪上》，中华书局1975年版，第350页。

⑤ 按：对于贞元元年安置李怀光家属一事，文献记载各有详略。前引《旧唐书·德宗纪上》："怀光妻、诸儿女，递送澧州，委李皋逐便安置，使得存立。其出嫁女、诸亲并释放。"《旧唐书·李怀光传》："妻子并徙澧州。"［（后晋）刘昫：《旧唐书》卷121《李怀光传》，中华书局1975年版，第3494页］《新唐书·李怀光传》："诏许一子嗣，赐庄、第各一区，听以礼葬，妻王徙澧州。"［（宋）欧阳修、宋祁：《新唐书》卷224上《叛臣·李怀光传》，中华书局1975年版，第6378页］《册府元龟》："其怀光妻、子孙、在室女等，并递送澧州，委李皋逐便安置，使得存立。其出嫁女，及诸亲戚等，并宜释放。"［（宋）王钦若等编纂：《册府元龟》卷134《帝王部·念功》，周勋初等校订，凤凰出版社2006年版，第1485页］《唐大诏令集》："其妻及诸子孙、在室女等，并递澧州，委李皋逐便安置，使得存立。其出嫁女及诸亲戚，并宜释放。"（宋）宋敏求：《唐大诏令集》卷121《政事·舍雪上·诛李怀光后原宥河中将吏并招谕淮西诏》，中华书局2008年版，第647页。

贞元元年八月己卯《平李怀光诏》言"宜以怀光男一人为嗣",恐朝廷尚不知悉怀光诸子皆亡。据《新唐书·李怀光传》:"初,怀光死,其子璀尽杀其弟乃死,故怀光无后。"[1]怀光子璀、瑗等死,无人承祀,遂以怀光外孙燕八八为后,此亦与放免出嫁女直接关联。《资治通鉴》卷二百三十三"贞元五年(789年)三月戊辰"条:

> 初,上思李怀光之功,欲宥其一子,而子孙皆已伏诛;戊辰,诏以怀光外孙燕八八为怀光后,赐姓名李承绪,除左卫率胄曹参军,赐钱千缗,使养怀光妻王氏及守其墓祀。[2]

安置叛臣李怀光妻女,乃至立后承祀的一系列举措,与其说是德宗感念勋旧、宽宥慎刑之善政,不如说是中晚唐朝廷姑息藩镇割据的无奈之举。是时朔方甫定,藩镇狂悖者尚众,安置女眷之举在明正典刑的同时,其怀柔安抚之政治意涵亦明。值得注意的是,安置藩将家眷先例的创制与适用对中晚唐时期平定藩镇产生了深远影响。元和十四年(819年),淄青李师道平,师道异母兄师古已于元和元年(806年)闰六月卒,师古妻裴氏、女宜娘起初与师道妻魏氏等一并没入掖庭。元和十四年五月,宪宗以逆人亲属,量其轻重,亦宜降等为由,改裴氏、宜娘邓州安置:

> 十四年,诛李师道,上顾谓宰臣曰:"李师古虽自袭祖父,然朝廷待之始终。其妻于师道即嫂叔也,虽云逆族,若量罪轻重,亦宜降等。又李宗奭虽抵严宪,其情比之大逆亦有不同。其妻士族也,今与其子女俱在掖廷,于法皆似稍深。卿等留意否?"群对曰:"圣情仁恻,罪止元凶。其妻近属,倘获宽宥,实合弘煦之道。"于是师古妻裴氏、女宜娘,诏出于邓州安置。宗奭妻韦氏及男女先没掖廷,并释放,其奴婢、资货皆复赐之。[3]

① (宋)欧阳修、宋祁:《新唐书》卷 224 上《叛臣·李怀光传》,中华书局 1975 年版,第 6378 页。

② (宋)司马光:《资治通鉴》卷 233 "德宗贞元五年(789 年)三月戊辰",中华书局 1956 年版,第 7519 页。

③ (后晋)刘昫:《旧唐书》卷 159《崔群传》,中华书局 1975 年版,第 4188 页。

显然，与没入掖庭相比，安置之优待、体恤之意不言自明。大和三年（829年）五月甲申，沧州李同捷平。文宗袭用处置李怀光、李师古女眷惯例，诏于湖南安置李同捷母、妻等人，据《破李同捷德音》：

> 其母孙氏、妻崔氏，并男及家口等，并宜特从宽宥。今于湖南管内诸州，有空闲处安置。①

另据《唐会要》："其李同捷母、妻并男元达等，诏并宥之，令于湖南安置。"②李同捷子或在律令规定从坐年龄之下，故一并安置。同捷败后，前沧州节度掌书记崔从长亦"配商州安置"③。同年六月，又以李同捷弟同志"久因贬谪，不涉逆谋，又知异出，特宽缘坐。宜听随母于所配居止"④。

上述三例"安置"罪人女眷事例，均与朝廷革除藩镇割据之政治策略直接关联，"安置"主要作为没官或配流之减等的适用，在彰显朝廷宽仁好生的同时，更能达到孤立逆党，延揽人心之目的。若言妇女配流多据律令裁决，则安置罪人女眷则多依情势酌定。

本 章 小 结

唐代妇女是唐代诉讼活动的重要参与主体之一，基于伦理观念、社会角色、法律地位等诸多因素，唐代妇女在司法实践中占据重要地位，其影响遍

---

① （宋）宋敏求：《唐大诏令集》卷125《政事·平乱下·破李同捷德音》，中华书局2008年版，第670页。

② （宋）王溥：《唐会要》卷14《献俘》，上海古籍出版社2006年版，第374页。

③ （宋）王钦若等编纂：《宋本册府元龟》卷925《总录部·谴累》，中华书局1989年版，第3683页。

按：周勋初标点本言据宋本将常州改为"商州"，此不误，对照宋本《册府元龟》，知遗漏"安置"二字，遂使文意遽变[（宋）王钦若等编纂：《册府元龟》卷925《总录部·谴累》，周勋初等校订，凤凰出版社2006年版，第10734、10737页]，今从《宋本册府元龟》。

④ （宋）王钦若等编纂：《册府元龟》卷150《帝王部·宽刑》，周勋初等校订，凤凰出版社2006年版，第1676页。

及各个诉讼环节，从而形成了一系列专属妇女的诉讼惯例，并在一定程度上影响了唐代司法审判制度。

首先，在告诉领域，唐代女性为昭雪宗亲冤屈，多以直诉形式直达天听，在一定范围内形成默许妇人越级诉事惯例。因唐代并无严格终审概念，律令对于诉事人告诉次数亦无明确限制，妇女代诉时常与缠诉或自刑等非常措施伴生始终。唐代虽一贯禁止采取割耳、劓面、切腹等自刑方式伏阙诉事，法律并未规定自刑告诉不予受理，而实践中在告诉属实的情况下，减轻自刑者量刑的情形又时有发生。因此，若诉事人所诉冤情属实，司法机关即可奉诏免除代诉者越级告诉的法律责任，并由此形成默许妇女自刑直诉的司法惯例。

其次，在申诉领域，妇女向官府申诉不以存在冤滞枉法为前提。即使法司鞫问得情，罚当其罪者，人犯女性亲属仍可以年老孤寒、贫病无依等事由，请求法外开恩。封建国家为彰显宽仁慎刑及孝亲悲悯等司法理念，往往竟从其所请。妇女借助本身弱势地位，以亲伦孝义为由，向法司提出各类非分诉求。女性群体亦普遍坚信礼教地位高于法律之基本认识，以孝义亲伦名义裹挟、绑架律典之司法惯例由此得以长期适用。

再次，唐代籍没制度的实际运行与律令规定颇有出入，扩大缘坐范围或随意变更罪名的现象时有发生。与《唐律疏议·贼盗》"缘坐非同居"条直接冲突的是，唐代司法实践中存在收孥罪人出家女眷之惯例，罪犯妻女即使隐遁修持，亦难逃没官厄运。唐代掖庭局与司农寺是容纳籍没家属的主要机构，籍没妇女凭借其特殊身份与才能，对唐代宫闱政治产生了巨大影响。

最后，与收孥之法相比，配流、安置是唐代处置罪人女眷的补充方式；流犯配偶随行制度的存在，是妇女配流的重要原因。中晚唐时期形成以"安置"罪人女眷为"没官"减等之司法惯例，并在平定藩镇活动中多次适用。"安置"主要作为没官或配流之减等的适用，在彰显朝廷宽仁好生的同时，更能达到孤立逆党，延揽人心之目的。与"配流"相比，妇人"安置"刑的适用则更凸显出中晚唐的时代特色。

第 三 章

奴　仆

　　传统礼法讲求"贵贱有别，尊卑有序"①。中国历代律典均禁止奴婢告主，唐律适应家庭结构的巨大变化，为部曲、奴婢等私贱设定容隐主人犯罪之法定义务，严禁奴仆告发其主。学界对唐代奴婢告主问题的讨论由来已久，现有成果侧重从奴婢反抗压迫及其法律地位角度的讨论②，惜未见及

---

　　① （清）王聘珍：《大戴礼记解诂》卷 12《朝事》，王文锦等点校，中华书局 1983 年版，第 225 页。

　　② 代表性成果：（清）沈家本：《部曲考》，载《历代刑法考》，邓经元、骈宇骞点校，中华书局 1985 年版，第 416—421 页；黄现璠：《唐代社会概略》，商务印书馆 1936 年版。武伯纶：《唐代长安的奴婢》，《人文杂志》1981 年第 1 期；李季平：《唐代奴婢史，上海人民出版社 1986 年版，第 259—261 页；李伯重：《唐代部曲奴婢等级的变化及其原因》，《厦门大学学报》（哲学社会科学版）1985 年第 1 期；李季平：《试析唐代奴婢和其他贱民的身份地位》，《齐鲁学刊》1986 年第 6 期；赵云旗：《论隋唐奴婢阶层在中国历史上的变化及其原因》，《晋阳学刊》1987 年第 2 期；马晓丽：《论唐代的奴婢》，《烟台大学学报》（哲学社会科学版）1990 年第 2 期；[日]滨口重国：《唐代贱民部曲的成立过程》，载刘俊文主编：《日本学者研究中国史论著选译》（第 8 卷），中华书局 1992 年版，第 191—224 页；杨际平：《唐代的奴婢、部曲与僮仆、家人、净人》，《中国史研究》1996 年第 3 期；朱雷：《唐律疏议中有关部曲法律条文的现实意义》，载朱雷：《敦煌吐鲁番文书论丛》，甘肃人民出版社 2000 年版，第 190—201 页；郑定、闵冬芳：《"良贱之别"与社会演进——略论唐宋明清时期的贱民及其法律地位的演变》，《金陵法律评论》2003 年秋季卷；翁育瑄：《从唐律的规定看家庭内的身份等级——唐代的主仆关系》，载高明士主编：《唐代身份法制研究：以唐律名例律为中心》，五南图书出版股份有限公司 2003 年版，第 159—162 页；[日]山根清志：《唐代良贱制下における良と贱とを分かつ基準をめぐって》，《福井大学教育地域科学部纪要》第 3 部社会科学弟 59 号，2003 年，第 1—7 页；李天石：《从张家山汉简与唐律的比较看汉唐奴婢的异同》，《敦煌学辑刊》2005 年第 2 期；李天石：《从睡虎地秦简看秦朝奴隶与唐代奴婢的异同》，《中国经济史研究》2005 年第 3 期；赵雪军：《论"同居相为隐"原则》，《赤峰学院学报》（哲学社会科学版）2006 年第 4 期。

关于唐代私贱诉讼法律地位问题之专门阐释。因此，有必要博稽史料，纵向类比，从唐代私属贱口之性质与内涵变化为线索，深入探究唐代贱口告主问题之立法演进、罪名类型、实际处置、形成原因，及其后世影响等问题，借此全面认知贱民阶层的法律地位和唐代律令诏敕的运行状态。

第一节　贱口告主之立法演进

奴婢告主严重侵害传统尊卑名分观念，为秦汉律令所绝对禁止。据《睡虎地云梦秦简·法律答问》："子告父母，臣妾告主，非公室告，勿听。……而行告，告者罪。"①汉《二年律令·告律》亦云"子告父母，妇告威公，奴婢告主、主父母妻子，勿听而弃告者市"②。上述规定成为唐代惩治奴仆告主立法的直接渊源。

"贱不得干贵，下不得凌上，教化之本既正，悖乱之渐不生"③。禁止奴婢告主是中国固有法中容隐原则的直接体现，容隐原则起源于儒家"孝亲"思想，讲求"父子相隐，直在其中"，起初限于父子之间相互包庇隐匿犯罪。汉世倡导"亲亲得相首匿"，至宣帝地节四年(前66)始著令典④，将容隐范围限定于三代以内直系亲属，在彰显血缘亲伦观念的同时，特别强调卑幼对尊长权威之绝对维护。唐律进而将"亲属容隐"原则发展为"同居相隐"，据《唐律疏议·名例》"同居相为隐"条："部曲、奴婢，主不为隐，听为主隐。非

---

① 睡虎地秦墓竹简整理小组：《睡虎地秦墓竹简》，文物出版社 2001 年版，第 118 页。

② 张家山二四七号汉墓竹简整理小组：《张家山汉墓竹简》(释文修订本)，文物出版社 2006 年版，第 27 页。

③ (宋)王溥：《唐会要》卷 51《识量上》，上海古籍出版社 2006 年版，第 1046 页。

④ 按：汉宣帝地节四年(前 66 年)夏五月诏曰："自今子首匿父母，妻匿夫，孙匿大父母，皆勿坐。其父母匿子，夫匿妻，大父母匿孙，罪殊死，皆上请廷尉以闻。"(汉)班固：《汉书》卷 8《宣帝纪》，(唐)颜师古注，中华书局 1962 年版，第 251 页。

'谋叛'以上，并不坐。"①律文以同财共居之法律事实为前提，认同奴仆因豢养或佣雇获得之"家人"身份②；以尊卑贵贱之名分为基点，对传统律典之亲属容隐原则进行了适度扩展。

唐贞观二年(628年)确立绝对禁止奴婢告主之司法原则，即使谋反等重大犯罪，亦不在奴仆论告之列，其立法精神颇有秦汉遗风。据《贞观政要》：

> 比有奴告主谋逆，此极弊法，特须禁断。假令有谋反者，必不独成，终将与人计之；众计之事，必有他人论之，岂藉奴告也。自今奴告主者，不须受，尽令斩决。③

贞观二年诏令作为处理同类案件之准则典范，时常后世公卿士族所援引。然谋反、叛逆事关社稷安危，一概禁绝举告，或恐助成祸端。永徽四年(653年)《永徽律疏》对奴仆告主案件的范围进行适当限定，禁止奴婢、部曲告主及主人亲属之一般刑事犯罪。若奴主身犯谋反、大逆或谋叛三事，即为"不臣之人"，此时尊卑礼法须让位于国家利益，故许奴仆告诘。《唐律疏议·斗讼》"部曲奴婢告主"专条规定了部曲、奴婢告发主人及其亲属犯罪之罚则："诸部曲、奴婢告主，非谋反、逆、叛者，皆绞(原注：被告者同首法)；告主之期亲及外祖父母者，流；大功以下亲，徒一年。诬告重者，缌麻，加

---

① (唐)长孙无忌等：《唐律疏议》卷6《名例》"同居相为隐"，刘俊文点校，中华书局1983年版，第130页。

按：雷梦麟《读律琐言》认为："同居不限籍之同异，服之有无，以其恩义之笃。"[(明)雷梦麟：《读律琐言》卷1《名例律》"亲属相为容隐"，怀效锋、李俊点校，法律出版社1999年版，第52页]韩树峰则认为经济利益是促使同籍同居向同财共居转化的基本动因。"秦汉律令中的同居，是以同籍为判定标准的，但是到唐代，就舍弃了这一标准，而代之以同财了。……唐律界定同居时，以同财为标准，并特别强调，同财者不限户籍之同异、丧服之有无，充分反映政府排除了同籍、有服这种表面因素，把经济利益密切相关的成员视为一个团体，并据此确定权利、义务关系。"韩树峰：《汉魏法律与社会——以简牍、文书为中心的考察》，社会科学文献出版社2011年版，第206、216页。

② (清)沈家本：《历代刑法考·同居考》，邓经元、骈宇骞点校，中华书局1985年版，第1328页。

③ (唐)吴兢：《贞观政要》卷8《刑法第三十一》，上海古籍出版社1978年版，第239页。

凡人一等；小功、大功，递加一等。"①此与"同居相隐"原则互为表里，相辅相成。

德宗建中元年(780年)五月二十八日诏重申唐律精神，规定奴仆告主反逆谋叛以外犯罪者，视同主人自首，奴仆当依律论绞："准斗竟律②，诸奴婢告主，非谋叛已上者，同自首法，并准律处分。"③然而此诏亦未得到实际执行，德宗朝长安令李济缘奴得罪，万年令霍晏因婢获刑④，一度形成"愚贱之辈，悖慢成风，主反畏之，动遭诬告，充溢府县，莫能断决"的混乱局面。建中三年(782年)正月，更有尚父郭子仪婿赵纵为奴当千发其阴事⑤，轰动朝野，缙绅惊秋。此后敬、宪、宣三朝，皆不乏奴仆告主之实例。大中十三年(859年)十月九日《懿宗嗣登宝位赦》再次申严奴仆告主禁令，此诏特别关注到实践中奴仆、佣保告发其主问题：

> 凶险之辈情状难容，如闻将吏、佣保、奴仆之徒，或因惩过，发遣之后，辄生怨谤。捃拾本使及郎主细微之事，意在侥求，苟无所得，便成恐胁。或暗投无主文字，或擅进文状，此若不绝，交害平人。自今已

---

① (唐)长孙无忌等：《唐律疏议》卷24《斗讼》"部曲奴婢告主"，刘俊文点校，中华书局1983年版，第438页。

按：仁井田陞对古代中国"奴婢诉良"现象有如下论述："在中国的旧法中，被害者和第三者如向官方申告犯罪事实，也就是上告、告发，都被称之为'告'。部曲及奴婢受到其主人告发的事是有的，但部曲、奴婢却不能告发其主人及其亲族，但是，这也仅仅是原则，如果是谋反、大逆的场合，也是容许告发其主人及其亲族的。奴隶也和部曲相同，能够自己提出上诉，请求确认自己的自由。唐律、元代法以及其他法律中都将这类上诉称之为'奴婢诉良'，这早在6世纪的记录(《北齐书》)中就已能见到。"[日]仁井田陞：《中国法制史》，牟发松译，上海古籍出版社2011年版，第97页。

② 按：此"斗竟律"即《唐律疏议·斗讼律》，宪宗元和二年(807年)八月壬戌，据刑部奏避顺宗李诵讳改"讼"为"竟"。[(后晋)刘昫：《旧唐书》卷14《宪宗纪》，中华书局1975年版，第421页]顺宗乃德宗长子，贞元之际不当有"斗竟"之称，此或为中晚唐史官追改前朝实录、国史，后晋修《旧唐书》时承用旧文之遗迹。

③ (后晋)刘昫：《旧唐书》卷125《张镒传》，中华书局1975年版，第3546页。

④ (宋)钱易：《南部新书》卷甲，黄寿成点校，中华书局2002年版，第6页。

⑤ (后晋)刘昫：《旧唐书》卷125《张镒传》，中华书局1975年版，第3546页。

后宜准律文，及大中二年九月十日及大中六年八月二日敕，便于当处焚烧，所由不得收领，及与闻奏。其擅进文状，宜勘责重加科，诚如所由固违敕文，不焚烧所投文书，尚敢将出当，与告诉者同罪。其容修文状、挟奸蠹者，委台府及诸军、诸使切加访察，如有此色，便捉获送府县推问，须令痛惩。①

　　所谓"佣保"乃雇佣役使之人，"庸保，即谓赁作者。保谓庸之可信在者也"②。佣保从人因承担杂役，常与奴婢并称，《资治通鉴》胡注云："佣，雇也。奴仆受雇者曰佣。"③唐元微之有"婢仆佣保"④之说，白乐天有"臧获佣保"⑤之谓，皆为佣保、奴仆同属贱类之例证。而所谓"郎主"则是唐代门人、奴仆对主家之敬语。据唐李匡乂《资暇集》"奴为邦"条："呼奴为邦者……邦字类拜字，言奴非唯郎主，是宾则拜。"⑥自唐以后，"郎"成为僮仆对主人之通谓⑦。与部曲奴婢相比，佣役与主人的人身依附性质相对松弛，双方仅因雇工契约在一定期限内形成雇佣劳作关系，雇工"自雇已后，便须驱驱造

---

① (宋)李昉等编：《文苑英华》卷420《赦书一·登极赦书·大中十三年十月九日嗣登宝位赦》，中华书局1966年版，第2126—2127页。

② (宋)王钦若等编纂，周勋初等校订：《册府元龟》卷926《总录部·忍耻》，周勋初等校订，凤凰出版社2006年版，第10743页。

③ (宋)司马光：《资治通鉴》卷75"邵陵厉公嘉平三年(251年)四月"胡注，中华书局1956年版，第2390页。

④ (唐)元稹：《元稹集》卷58《碑铭·夏阳县令陆翰妻河南元氏墓志铭》，冀勤点校，中华书局1982年版，第610页。

⑤ (唐)白居易：《白居易集笺校》卷69《碑序解祭文记·大唐泗洲开元寺临坛律德徐泗濠三州僧正明远大师塔碑铭并序》，朱金城笺校，上海古籍出版社1988年版，第3728页。

按：臧、甬、侮、获皆为奴婢贱称。据扬雄《方言》：荆淮海岱杂齐之间，骂奴曰臧，骂婢曰获。齐之北鄙燕之北郊凡民男而壻婢谓之臧，女而妇奴谓之获；亡奴谓之臧，亡婢谓之获。皆异方骂奴婢之丑称也。自关而东陈魏宋楚之间保庸谓之甬。秦晋之间骂奴婢曰侮。华学诚等：《扬雄方言校释汇证》，中华书局2006年版，第183页。

⑥ (唐)李匡乂：《资暇集》卷下，商务印书馆1939年版(丛书集成初编本)，第21页。

⑦ (清)顾炎武：《日知录校注》卷24"郎"条，陈垣校注，安徽大学出版社2007年版，第1373页。

作"①，雇佣关系存续期间，在事实上与主人之间形成主仆名分。与奴婢部曲不同，应役人夫之人格相对独立，身份近于良民，在"各酬佣直"②的同时，有权自择其主③。但又因佣保役从职操贱业，以备驱使，其法律地位又与奴婢近似。孔颖达言"役人贱者男曰臣，女曰妾"④，将奴婢与役人并列，《白氏六帖事类集》又有"仆人贱隶"⑤之谓，将"仆人"径直释为"役人"。

唐代官宦豪门族属庞大，家口繁盛，奴主无法对奴仆有效监控，加之个别奴婢承恩骄横，里通外人，不乏"暗投无主文字，或擅进文状"，揭举郎主隐私之徒。唐代司法实践中，匿名告人者或捏造假名，诬告事主罪状；或隐弃真名，匿名妄言，罗织构陷他人⑥。据《唐律疏议》，投匿名书告人罪者，流二千里⑦。进状直诉虽属合法，但应严格按照级别管辖原则，逐级穷尽县、州(府)、尚书省左右丞、三司、上表等救济程序⑧，诉事人若越级告诉，依律当笞四十⑨。

---

① 唐耕耦、陆宏基编：《敦煌社会经济文献真迹释录》(第 2 辑)，全国图书馆微缩复制中心 1990 年版，第 65 页。

② (后晋)刘昫：《旧唐书》卷 105《韦坚传》，中华书局 1975 年版，第 3224 页。

③ 按：张鷟《朝野佥载》记开元中，萧颖士常使一仆杜亮，"每一决责，皆由非义。平复，遭其指使如故。或劝亮曰'子佣夫也，何不择其善主，而受苦若是乎？'"(唐)张鷟：《朝野佥载》卷 6，赵守俨点校，中华书局 1979 年版，第 133 页。

④ (汉)孔安国传，(唐)孔颖达疏：《尚书正义》卷 20《费誓第三十一》，十三经注疏整理委员会整理，北京大学出版社 2000 年版，第 665 页。

⑤ (唐)白居易：《白氏六帖事类集》卷 6"仆隶"，文物出版社 1987 年版。

⑥ 陈玺、何炳武：《唐代匿名告人现象的法律思考》，《人文杂志》2008 年第 3 期，第 167 页。

⑦ (唐)长孙无忌等：《唐律疏议》卷 24《斗讼》"投匿名书告人罪"，刘俊文点校，中华书局 1983 年版，第 439 页。

⑧ 按：据《唐令拾遗·公式令》载："诸辞诉皆从下始，先由本司本贯，或路远而蹎碍者，随近官司断决之。即不伏，当请给不理状，至尚书省，左右丞为申详之。又不伏，复给不理状，经三司陈诉。又不伏者，上表。受表者又不达，听挝登闻鼓，若茕独老幼不能自申者，乃立肺石之下(若身在禁系者，亲识代立焉。立于石者，左监门卫奏闻。挝于鼓者，右监门卫奏闻)。"[日]仁井田陞：《唐令拾遗·公式令第二十一》"词诉皆从下始"，栗劲等译，长春出版社 1989 年版，第 532 页。

⑨ (唐)长孙无忌等：《唐律疏议》卷 24《斗讼》"越诉"，刘俊文点校，中华书局 1983 年版，第 447 页。

第二节　私贱家人身份之解析

唐人对于各类贱民身份内涵的理解和表述较为宽泛，两《唐书》、《册府元龟》等传世文献关于告主奴仆具体身份之描述可谓扑朔迷离，且多有彰显奴仆"家人"身份之旨趣。《唐会要》等记建中三年(782年)正月，郭子仪婿太仆卿赵纵为奴当千发其阴事[①]，《旧唐书·郭子仪附子曜传》则言子仪婿太仆卿赵纵等"皆以家人告讦细过，相次贬黜"[②]。此处"奴"与"家人"概念互通。元和八年(813年)二月，宰相之子太常丞于敏，肢解梁正言奴，弃溷中。《旧唐书·于頔传》记"于敏家奴王再荣诣银台门告其事"，《新唐书》本传云"家童上变，诏捕頔吏沈壁及它奴送御史狱"[③]。《册府元龟》则明言王再荣乃"太常丞于敏役人"[④]。由此，告事者王再荣之身份即有"家奴"、"家童"与"役人"三种表述。宝历元年(825年)十月甲子，安再荣告前袁王府长史武昭谋害宰臣，《旧唐书·敬宗纪》与《册府元龟》皆言其为刘遵古"役人"，而旧书《李逢吉传》与《裴度传》皆言安氏乃刘遵古"从人"。大中年间状告大理卿马曙私藏犀甲者，《旧唐书·魏谟传》言告者乃"从人王庆"[⑤]，《新唐书》[⑥]与《东观奏记》[⑦]则言王庆身份为"奴"，由此，"役从"与"家奴"之间似乎亦可等同。

---

① (宋)王溥：《唐会要》卷51《识量上》，上海古籍出版社2006年版，第1046页。

② (后晋)刘昫：《旧唐书》卷120《郭子仪附子曜传》，中华书局1975年版，第3468页。

③ (宋)欧阳修、宋祁：《新唐书》卷172《于頔传》，中华书局1975年版，第5200页。

④ (宋)王钦若等编纂：《册府元龟》卷934《总录部·告讦》，周勋初等校订，凤凰出版社2006年版，第10824页。

⑤ (后晋)刘昫：《旧唐书》卷176《魏謩传》，中华书局1975年版，第4570页。

按：《旧唐书》卷17上《敬宗纪》言"武昭及弟汇、役人张少腾宜付京兆府决"。傅璇琮据《旧唐书》卷167《李逢吉传》、《资治通鉴》卷243、《册府元龟》卷153订正为"武昭及茅汇、役人张少腾宜付京兆府决"。詹宗佑：《点校本两唐书校勘汇释》，中华书局2012年版，第154页。

⑥ (宋)欧阳修、宋祁：《新唐书》卷97《魏徵附謩传》，中华书局1975年版，第3884页。

⑦ (唐)裴庭裕：《东观奏记》中卷，田廷柱点校，中华书局1994年版，第111页。

　　唐代诉讼领域家奴、家人、家僮、役人、从人等称谓纷繁复杂、迭相为用的现象，与唐代家庭结构的变迁以及容隐犯罪原则的演进密切相关。隋唐之际，以门阀贵族为主体的自给自足经济模式，在社会生活中仍占据主导地位，魏晋南北朝诸多旧制，隋唐律典亦颇有承继①。基于农作、杂役、扈从、兵役、馈赠等实际需要，②唐代衣冠豪门多蓄养奴婢，以供役使。贞观初，营州都督李谨行"家童至数千"③。高宗朝李义府先多取人奴婢，及其败落，各散归其家。龙朔三年(663 年)，有作《河间道行军元帅刘祥道破铜山大贼李义府露布》称"混奴婢而乱放，各识家而竞入"④，其奴婢之众，可窥一斑。德宗时，汾阳王郭子仪"家人三千人"⑤，以至"僮客于大门出入各不相识"⑥。此处"家人"一词之内涵当介于父兄妻儿与奴婢之间，亦可包括佣工、典身等在内的各色人户⑦。唐光启进士苏鹗言唐人"以奴为家人"⑧，杜牧撰《故邕府巡官裴君墓志铭》记裴希颜"家人有过失则谕之，谕不变者，出之为良人，终不忍牵鬻于市"⑨。其中所谓"家人"者乃私属奴婢无疑。

　　唐代社会强调尊卑有别，良贱有差。士、农、工、商皆为良人，工户、

<hr />

　　① 按：沈家本引《周书·武帝纪》建德六年十一月敕，言"此诏改奴婢为部曲，乃奴婢与部曲同在私家分别等级之明证，而客女亦同见于诏中，似奴婢、部曲、客女三者之纂入律内实始于此。时唐用隋律，隋承周后，周之旧法，必多沿袭而未改者，此源流之约略可考者也。"(清)沈家本：《部曲考》，载《历代刑法考》，邓经元、骈宇骞点校，中华书局 1985 年版，第 421 页。

　　② 李季平：《唐代奴婢史》，上海人民出版社 1986 年版，第 164—189 页。

　　③ (宋)欧阳修、宋祁：《新唐书》卷 110《诸夷蕃将·李谨行传》，中华书局 1975 年版，第 4123 页。

　　④ (后晋)刘昫：《旧唐书》卷 82《李义府传》，中华书局 1975 年版，第 2770 页。

　　⑤ (宋)司马光：《资治通鉴》卷 227"德宗建中二年(781 年)六月辛丑"，中华书局 1956 年版，第 7303 页。

　　⑥ (唐)封演：《封氏闻见记》卷 5《第宅》，赵贞信点校，中华书局 2005 年版，第 45 页。

　　⑦ 杨际平：《唐代的奴婢、部曲与僮仆、家人、净人》，《中国史研究》1996 年第 3 期，第 53—63 页。

　　⑧ (唐)苏鹗：《苏氏演义》卷上，商务印书馆 1939 年版(丛书集成初编)，第 8 页。

　　⑨ (唐)杜牧：《樊川文集》卷 9《唐故邕府巡官裴君墓志铭》，陈允吉校点，上海古籍出版社 1978 年版，第 143 页。

乐户、官户、杂户及部曲、奴婢客女等归入贱类①。良贱各色人等身份之认定，概以手实、籍书著录为准。手实由户主申报，是记载良贱家口身份、姓名、性别、年龄等信息的原始资料，官府据此编订籍帐。据《新唐书·食货志》：

> 凡里有手实，岁终具民之年与地之阔狭，为乡帐。乡成于县，县成于州，州成于户部。又有计帐，具来岁课役以报度支。②

考敦煌吐鲁番所出唐代手实、籍帐，凡曰奴婢者，依例有名无姓；凡曰部曲者，"谓本是贱品，赐姓从良，而未离本主"③，往往名姓俱全；客女地位与部曲类似，故而著录方式亦与之同。吐鲁番阿斯塔纳二二八号墓出《武周先漏新附客女奴婢名籍》分类登记奴婢、部曲、客女姓名、年龄等信息，前段〔64TAM35：42（a）〕登记奴男宜得、秋生、煞鬼、洛州等二十一人；婢女四鼠、斯伏、阿时、气力等二十九人；部曲巩居居、何酉、曹某等三人；客女王香、泛支、石多不、石肥罗等四人。第二段〔64TAM35：43（a）〕登记客女勒肶子、卢媚女二人；婢女祀香、满儿、柳叶等十五人。名籍末言"右件部曲、客女、奴、婢等，先漏不附籍帐。今并见在，请从手实为定，件录年名如前"④。阿斯塔纳一八七号墓出《唐部曲奴婢名籍》〔72TAM187：211（b）〕亦将部曲马小名、曹隆行与奴典仓、允富及婢和胜、秋香分类著录⑤。各色人等身份属性和社会位阶可谓粲然有别。

据唐《户令》："里正责所部手实，具注家口年纪。"⑥这里"家口"的提

---

① 黄现璠：《唐代社会概略》，商务印书馆 1936 年版，第 11 页。

② （宋）欧阳修、宋祁：《新唐书》卷 51《食货一》，中华书局 1975 年版，第 1343 页。

③ 大正一切经刊行会：《大正新修大藏经》卷 45《量处轻重仪》，新文丰出版有限公司 1983 年版，第 845 页 b。

④ 国家文物局古文献研究室等编：《吐鲁番出土文书》（第 7 册），文物出版社 1986 年版，第 463 页。

⑤ 国家文物局古文献研究室等编：《吐鲁番出土文书》（第 8 册），文物出版社 1987 年版，第 452 页。

⑥ ［日］仁井田陞：《唐令拾遗·户令第九》"造籍帐"，栗劲等译，长春出版社 1989 年版，第 148 页。

法颇可关注。敦煌出《大历四年(769年)沙州敦煌县悬泉乡宜禾里手实》(斯五一四号)将奴罗汉、富奴、安安、婢宝子，列于户主索思礼、母泛、妻泛、男游鸾、鸾妻张、鸾男齐岳之后①。《唐贞观某年男世达户籍》亦将奴丰堨、丰富、丰多、丰柱，婢多榄、春香列于男世达(黄男)、女文英(小女)之后②。《唐律疏议》云"家人不限良贱"③，部曲、客女及奴婢虽属贱类，籍帐却将其列于户主和妻、妾、儿、女之次。部曲、奴婢因人身依附关系作为家庭成员的法律事实，通过手实、籍帐著录得到唐代官方确认，唐代良贱之间的绝对差异亦随之渐趋淡化。由此，唐代私贱则以"家人"或"家口"之名义，在一定程度上具备法律主体资格。

手实、户籍中对于部曲、客女、奴婢等私贱分类著录虽是泾渭分明，但部曲、奴婢及役从等贱民之间的细微差异，又因同系家主，共操贱业变得甚为模糊。可以认为，史籍文献中告主家奴、家僮、役人、从人等称谓互通的特殊现象，正是唐代家庭结构深刻变化与贱民地位相对提高的真实反映。而这种变化在法律制度层面之重要表达路径，即为部曲、奴婢容隐其主原则的确立④。《唐律疏议》云"部曲、奴婢，是为家仆"⑤，鉴于唐代私贱称谓繁多，概念宽泛之现实，为便于表述，权以"奴仆"统称私属部曲、奴婢、役从等私属贱口。

---

① 唐耕耦、陆宏基编：《敦煌社会经济文献真迹释录》(第1辑)，书目文献出版社1986年版，第192页。

② 国家文物局古文献研究室等编：《吐鲁番出土文书》(第6册)，文物出版社1985年版，第103页。

③ (唐)长孙无忌等：《唐律疏议》卷8《卫禁》"不应度关而给过所"，刘俊文点校，中华书局1983年版，第174页。

④ 按：瞿同祖认为："唐、宋的法律并将部曲、奴婢包括在容隐的范围以内，为主隐者勿论，明、清律同样地施之于奴婢及雇工人。法律上实以子孙的待遇视同奴婢。"(瞿同祖：《中国法律与中国社会》，中华书局1981年版，第59—60页)唐律规定部曲奴婢告发主人，其定罪量刑皆与卑幼告尊长同。可以认为，奴仆容隐其主原则实际上是传统容隐范围的适度扩展和尊卑礼法观念的自然伸延。

⑤ (唐)长孙无忌等：《唐律疏议》卷22《斗讼》"部曲奴婢过失杀伤主"，刘俊文点校，中华书局1983年版，第407页。

第三节　私贱告主之罪名类型

　　唐代部曲、奴婢有权告发主人叛逆谋反犯罪，对于一般刑事犯罪，据律不在论诉之列。然有唐一代"愚贱之辈，悖慢成风，主反畏之，动遭诬告，充溢府县，莫能断决"①。纵观唐代司法实践，无论清明承平盛世，抑或离乱播迁之际，奴仆告主现象一直绵延不绝，涉案罪名不乏突破律文诏敕之恶例，以至形成允许奴仆诉主之诉讼惯例，《唐律》惩治奴仆告主之禁条徒具虚文而已。

一、谋反

　　谋反谓"谋危社稷"②。贞观三年(629年)，狂人信行言裴寂有天分，监奴恭命上变。据贞观二年(628年)敕，奴婢告主一律斩决，法司不当理问。然太宗自乱其例，列举裴寂四宗死罪，"妖人言其有天分，匿而不奏"③即居其一。寂徒交州，竟流静州。上元二年(675年)三月，高宗欲令武后摄政，中书侍郎郝处俊谏止，郝氏遂与武后结怨。垂拱四年(688年)夏四月戊戌，有"奴诬告(郝处俊孙太子通事舍人)象贤反"④，此所谓"谋反"，实为武后诛杀异己之托辞。

二、谋叛

　　谋叛谓"谋背国从伪"⑤。疏议进一步解释说"有人谋背本朝，将投蕃国，

---

　　①（后晋）刘昫：《旧唐书》卷125《张镒传》，中华书局1975年版，第3546页。

　　②（唐）长孙无忌等：《唐律疏议》卷1《名例》"十恶"，刘俊文点校，中华书局1983年版，第6页。

　　③（后晋）刘昫：《旧唐书》卷57《裴寂传》，中华书局1975年版，第2289页。

　　④（宋）司马光：《资治通鉴》卷204"则天后垂拱四年(688年)夏四月戊戌"，中华书局1956年版，第6448页。

　　⑤（唐）长孙无忌等：《唐律疏议》卷1《名例》"十恶"，刘俊文点校，中华书局1983年版，第8页。

或欲翻城从伪，或欲以地外奔"之类。天宝末年，侍御史徐演陷居贼中，"谋使家人与本朝通计，为部曲所发。遂遭禁诘，一日之中，议刑者数焉"[1]。墓志云徐演"伪命连辟，辞疾不起"，因与朝廷通谋联络，遂以"谋叛"论断。

三、间谍

至德二载(757年)，安禄山乱军正炽，"凤翔张谦奴附子告谦与逆贼为细作"[2]。陆德明《经典释文》言"细作"古称为"谍"，"徒协反间也，今谓之细作"[3]。贞元四年(788年)，右龙武将军李建玉前陷吐蕃，久之自拔，"为部曲诬告潜通吐蕃"[4]，后由窦参申理释出。据《唐律疏议》"征讨告贼消息"条："间谓往来，谍谓觇候，传通国家消息以报贼徒。"[5]故"细作"与"潜通外番"均当以间谍罪论，据律不合由奴仆举告，法司亦不当受理勘问。

四、厌魅

"造畜蛊毒厌魅"乃十恶项下"不道"的具体形态之一，《唐律》言"厌魅者，其事多端，不可具述，皆谓邪俗阴行不轨，欲令前人疾苦及死者"[6]。《唐律释文》进一步解释为"事邪鬼惑，用人为牲。又将人名姓，告此邪魔。令人病死癫狂，皆能害人性命，是阴行不轨之道"[7]。长寿二年(693年)，户

---

① (唐)颜真卿：《颜鲁公集》卷8《碑·朝议大夫赠梁州都督上柱国徐府君神道碑铭》，上海古籍出版社1992年版，第55页。

② (宋)王钦若等编纂：《册府元龟》卷152《明罚》，周勋初等校订，凤凰出版社2006年版，第1703页。

③ (唐)陆德明：《经典释文》卷16，商务印书馆1929年版(四部丛刊初编)，第241页下。

④ (后晋)刘昫：《旧唐书》卷136《窦参传》，中华书局1975年版，第3746页。

⑤ (唐)长孙无忌等：《唐律疏议》卷16《擅兴》"征讨告贼消息"，刘俊文点校，中华书局1983年版，第307页。

⑥ (唐)长孙无忌等：《唐律疏议》卷1《名例》"十恶"，刘俊文点校，中华书局1983年版，第10页。

⑦ (元)王元亮重编：《唐律释文》卷1"十恶难字"，杨一凡主编：《中国律学文献》(第2辑，第1册)，黑龙江人民出版社2005年版，第133页。

婢团儿"诬谮(窦氏)与肃明皇后(刘氏)厌蛊咒诅"[①]。二后同时遇害,秘瘗宫中,莫知所在。同年,又有润州刺史窦孝谌妻庞氏为"其奴所告夜醮"[②]断死,经侍御史徐有功持论,庞氏减死,流于岭南。厌魅属十恶之一,虽为常赦所不原,据律却不在奴仆论讼之列。

五、赃污

唐律正赃,唯有六色:"强盗、窃盗、枉法、不枉法、受所监临及坐赃。"[③]《太平广记》卷一二二"华阳李尉"条引《逸史》云天宝年间"会李尉以推事受赃,为其仆所发"[④]。剑南节度使张某令能吏深文按之,奏杖六十,流于岭徼,死于道。大历初,少府监单超俊与家奴盗裴皋马三匹,"家僮以告,乃露"[⑤]。单俊超窃盗计赃七千贯,谪于剑南西山效力,同盗马奴三人并杖杀。李尉受财与超俊盗马虽涉赃污,却均属一般刑事案件,据律不合奴仆告发。

六、谋杀

唐代谋杀有"预谋"与"同谋"之分,宝历元年(825 年)九月丁丑,"卫尉卿刘遵古役人安再荣告前袁王府长史武昭谋害宰相李逢吉,诏三司鞫之"[⑥]。《册府元龟》云武昭听闻逢吉阻己仕进,遂起谋害逢吉之念。其后"(张)少腾漏语于(安)再荣,再荣遂以状密告,因成其狱"[⑦]。据《唐律疏议》"谋杀"

---

①　(后晋)刘昫:《旧唐书》卷 51《后妃上·睿宗昭成顺圣皇后窦氏传》,中华书局 1975 年版,第 2176 页。

②　(唐)刘肃:《大唐新语》卷 4《持法第七》,许德楠、李鼎霞点校,中华书局 1984 年版,第 57 页。

③　(唐)长孙无忌等:《唐律疏议》卷 4《名例》"以赃入罪",刘俊文点校,中华书局 1983 年版,第 88 页。

④　(宋)李昉等:《太平广记》卷 122"华阳李尉"条引《逸史》,中华书局 1961 年版,第 860 页。

⑤　(宋)王钦若等编纂:《册府元龟》卷 930《总录部·寇窃》,周勋初等校订,凤凰出版社 2006 年版,第 10776 页。

⑥　(后晋)刘昫:《旧唐书》卷 17 上《敬宗纪》,中华书局 1975 年版,第 517 页。

⑦　(宋)王钦若等编纂:《册府元龟》卷 153《明罚》,周勋初等校订,凤凰出版社 2006 年版,第 1714 页。

条:"造意者,谓元谋屠杀,其计已成,身虽不行,仍为首罪,合斩。"①经三司按问得实,敕造意者武昭付京兆府决痛杖一顿处死。唐律并未禁止奴仆告发其他良人犯罪,而本案或因涉及宰辅重臣,法司遂得受理。

七、其他

另有二宗奴仆告主案件,具体案由不得而知。其一为建中三年(782年)正月"太仆卿赵纵为奴当千发其阴事"②。其二为宝历元年(825年)五月戊申,琼王府司马谢少莒奴沙橘"告少莒为不轨"③。不轨谓"不循法度"④,奴仆所发"阴事"、"不轨"具体所指,因文献缺载,均无从知悉。

第四节 贱口告主案件之处置

"严于主仆之分,所以杜悖逆之萌"⑤。《唐律疏议》在继承前代立法经验的基础上,确立处置奴仆告主案件之三项基本原则:其一,奴婢部曲告发主人及主人亲属一般犯罪者,皆绞。其二,涉及谋反、大逆、谋叛者,为维护国家利益,允许奴仆告诉。其三,教唆部曲奴婢告主属实,奴婢仍应据律断绞,教唆者减等流三千里⑥。如前所述,唐代律令诏敕屡次申严奴仆诉主之禁令,然案件具体处断却多与律敕精神大相径庭。考察奴仆告主处断实例,大致可分三类情形。

---

① (唐)长孙无忌等:《唐律疏议》卷17《贼盗》"谋杀人",刘俊文点校,中华书局1983年版,第329页。

② (后晋)刘昫:《旧唐书》卷125《张镒传》,中华书局1975年版,第3546页。

③ (宋)王钦若等编纂:《册府元龟》卷933《总录部·诬构第二》,周勋初等校订,凤凰出版社2006年版,第10809页。

④ (汉)班固:《汉书》卷28下《地理志下》颜师古注,中华书局1962年版,第1654页。

⑤ (清)赵翼:《陔馀丛考》卷42《奴封侯》,上海商务印书馆1957年版,第942页。

⑥ (唐)长孙无忌等:《唐律疏议》卷24《斗讼》"教令人告事虚",刘俊文点校,中华书局1983年版,第446页。

一、贳主罚奴

《唐律》禁止奴仆告发主人反逆谋叛以外犯罪，经审理无状者，奴仆当断绞刑。至德二载(757 年)，奴附子告凤翔张谦通敌，经三司推鞫虚妄。肃宗遂诏："自下讼上，贬俗乱常。矫诬之词，妄称不轨；忿意之嫉，图有诛夷。朕处分中书门下，再令按问，备兹阅实，其妄告张谦奴附子宜付凤翔郡集众决杀。"①元和十一年(816 年)，王稜家二奴告稜换父锷遗表，隐没进奉物。宪宗留其奴于仗内，遣中使往东都检责王稜家财。《旧唐书·王锷传》言锷受符节居方面凡二十余年，"家财富于公藏"②。宰臣裴度以为检括王锷资财可能引发藩镇将帅猜疑，宪宗"即日遣中使还，二奴付京兆府决杀"③。上述两案处断基本遵循律文精神，强调主仆名分，唯对告主奴仆之量刑略有加重。宝历元年(825 年)，奴沙橘告琼王府司马谢少莒不轨事，敬宗诏委内侍省持鞫不实，"沙橘各决流灵州，少莒释放"④。此案处断亦秉承《唐律》贳主罚奴原则，然告事奴之量刑又有所减轻。沙橘止于笞责，仍窜近地，似有有用刑失当之嫌。

二、贳奴罚主

唐代司法实践中，大量存在奴仆告主之普通刑事案件，其受案范围超越律文规定。然君主却基于剪除异己、宣泄宿怨、节制功臣等原因，形成贳奴罚主之惯例，直接追究奴主罪责，告事奴仆却得以逍遥法外。如裴寂"天分"案、郝象贤"谋反"案、窦孝谌妻庞氏厌诅案、睿宗二妃厌蛊咒诅案等，均属子虚乌有，然事主或蒙冤流贬，或横遭屠戮，唯不闻责罚诬构奴婢。即使在号称承平之开元盛世，奴仆告主案件亦无法据律论断。开元十一年(722 年)十二

---

① (宋)王钦若等编纂：《册府元龟》卷 152《明罚》，周勋初等校订，凤凰出版社 2006 年版，第 1703 页。

② (后晋)刘昫：《旧唐书》卷 151《王锷传》，中华书局 1975 年版，第 4060 页。

③ (后晋)刘昫：《旧唐书》卷 170《裴度传》，中华书局 1975 年版，第 4416 页。

④ (宋)王钦若等编纂：《册府元龟》卷 933《总录部·诬构第二》，周勋初等校订，凤凰出版社 2006 年版，第 10809 页。

月，"许州刺史王乔家奴告乔与（王）晙潜谋构逆"[①]，玄宗敕侍中源乾曜、中书令张说鞫问，既无反状。据律本当罚奴贯主，以儆效尤，王晙竟左迁蕲州刺史。其他如天宝末华阳李尉推事受赃案、大历初单超俊盗马案、元和八年（813 年）于敏肢解僮奴案，均不在谋反、叛逆之列，据律不合理问。然案件处断结果均以事主获罪告终。诚如吕思勉所言："主得罪而奴获遂志者，盖亦不少；主无罪而奴获重咎，盖转为罕见之事。……法律不成具文者几何哉？"[②]

三、杀奴罚主

奴仆告主案件中主奴两罚者，以建中三年（782 年）太仆卿赵纵"阴事"案与大中年间马曙"犀甲"案最为典型。赵纵因奴当千发其阴事，"纵下御史台，贬循州司马，留当千于内侍省"。张镒援据贞观二年（628 年）敕令，以为"赵纵非叛逆，奴实奸凶，奴在禁中，纵独下狱，考之于法，或恐未正"[③]。德宗贬纵循州司马，奴当千杖死。马曙任代北水陆运使，罢职之际以代北犀甲一二十领自随，后为奴王庆告于御史台。据《唐律疏议》"私有禁兵器"条："诸私有禁兵器者，徒一年半。"[④]甲、弩、矛、矟、具装等五事，并在禁止之列。马曙家奴王庆"称曙蓄兵器，有异谋"[⑤]，经魏謩引法律论之[⑥]，遂杖杀王庆于青泥驿，马曙贬邵州刺史。奴仆告主非反逆者，被告者当同首法。据《唐律疏议》"犯罪未发自首"条："诸犯罪未发而自首者，原其罪。"[⑦]由此赵纵、马曙罪行未为有司所发，奴仆论讼当依自首赦宥。因此，杀奴罚主诉讼惯例之践行，与律文精神严重背离。

---

① （后晋）刘昫：《旧唐书》卷 93《王晙传》，中华书局 1975 年版，第 2989 页。

② 吕思勉：《隋唐五代史》，上海古籍出版社 2005 年版，第 689 页。

③ （后晋）刘昫：《旧唐书》卷 125《张镒传》，中华书局 1975 年版，第 3546 页。

④ （唐）长孙无忌等：《唐律疏议》卷 16《擅兴》"私有禁兵器"，刘俊文点校，中华书局 1983 年版，第 314 页。

⑤ （唐）裴廷裕：《东观奏记》卷中，田廷柱点校，中华书局 1997 年版，第 111 页。

⑥ （后晋）刘昫：《旧唐书》卷 176《魏謩传》，中华书局 1975 年版，第 4570 页。

⑦ （唐）长孙无忌等：《唐律疏议》卷 5《名例》"犯罪未发自首"，刘俊文点校，中华书局 1983 年版，第 101 页。

第五节　贱口告主现象之原因

唐律始将奴仆扩充为容隐与告发主体，且又有主人犯三种重罪可告诉之明文规定，上述律文遂在一定意义上成为奴仆告主的直接依据。假设唐代一如秦汉，绝对禁止卑幼告发尊长犯罪，则奴仆告主断难成风。此外，唐代奴仆告主现象盛行又与下列社会政治因素直接关联。

一、奴仆泄愤

主仆之间矛盾冲突是造成唐代奴婢告主现象泛滥的直接原因。良贱异类，尊卑悬殊。儒家容隐本以血缘关系为纽带，彰显"亲亲"之大义，主仆之间则因同居之事实，仅存尊卑之等差。容隐其主之单方义务因缺乏理论与现实基础，并不为奴婢役从所认同。《左传》存"六逆"①之说，以贱妨贵居于其首。主家长期压迫与奴役使奴仆心存愤恨，积怨日久，往往通过告发主人宣泄报复。更有部分奴仆深得主人宠信，由此知悉其主隐私，"主人之起居食息，以至于出处语默，无一不受其节制，有甘于毁名丧节而不顾者。奴者主之，主者奴之"②。奴主为家仆贱类挟持之尴尬局面，正可作为"六逆"的绝佳注释。由此，"旧勋故将失势之后，为厮养辈之所胁制者，往往有之"③。贞观三年(629年)，监奴恭命将信行"天分之说"言于其主裴寂，"寂惶惧不敢闻奏，阴呼恭命杀所言者。恭命纵令亡匿，寂不知之。寂遣恭命收纳封邑，得钱百余万，因用而尽"④。豪奴恭命监知家务，挥霍无度，因恐遭受责罚，遂告主以自保。大中年间，奴王庆有犯，因遭大理卿马曙笞责，心存愤恨，遂将其主私藏犀甲事诉于台司。希求恩赏是刺激奴仆告主现象蔓延的又一重要

---

① (周)左丘明传，(晋)杜预注，(唐)孔颖达疏：《春秋左传正义》卷3"隐公三年"，十三经注疏整理委员会整理，北京大学出版社2000年版，第93页。

② (清)顾炎武：《日知录校注》卷13"奴仆"条，陈垣校注，安徽大学出版社2007年版，第767页。

③ (宋)薛居正等：《旧五代史》卷107《汉书九·史弘肇传》，中华书局1976年版，第1404页。

④ (后晋)刘昫：《旧唐书》卷57《裴寂传》，中华书局1975年版，第2289页。

因素，目前关于唐代告密奴婢之赏赐标准尚不明晰，但仍可从现存史籍获知部分信息。武后朝一度构陷罗织成风，《资治通鉴》云"告密者皆诱人奴婢告其主，以求功赏"[①]，然奴婢是否可以直接予以放良则未可知。前述役人安再荣告武昭谋害宰臣事，虽系奴仆告发主人以外其他良人，但事后安再荣、山人刘审等三人皆续议优奖："诏授刘审郢州长寿县主簿，安再荣石龙为武军长史，赏告武昭之功也。"[②]可见，唐代各色贱口可能因告主而直接获益，此亦为奴仆告主现象屡禁不止之又一动因。

二、君主权谋

《韩非子·内储说上》有"七术"之说，其六曰"挟知而问"[③]，恰可从唐代奴仆告主案件的处置中求得印证。若奴仆揭发官僚贵族罪行隐私，君主正可借此施展权术，挟制臣下。裴寂乃武德元从勋旧，得宠于高祖，"徒以恩泽，特居第一"[④]，太宗借此案剪除异己之谋，固可知也。则天朝酷吏肆虐，冤狱迭兴，其直接目的在于剪除宗室贵胄，打压异己势力。垂拱四年（688 年）郝象贤谋反案、长寿二年（693 年）窦、刘二妃厌蛊咒诅案及窦孝谌妻庞氏厌胜案，均是这一时期政治背景下的直接产物。山南东道节度于頔曾借讨蔡州吴少诚"大募战士，缮甲厉兵，聚敛货财，恣行诛杀，有据汉南之志，专以慢上陵下为事"[⑤]。贞元之际即为朝廷所患，至宪宗即位，"威肃四方，頔稍戒惧"[⑥]。元和八年（813 年），頔子敏肢解梁正言僮奴事发，贬于頔恩王傅，于

① （宋）司马光：《资治通鉴》卷 205 "则天后长寿二年（693 年）正月"，中华书局 1956 年版，第 6488 页。

② （宋）王钦若等编纂：《册府元龟》卷 934《总录部·告诘》，周勋初等校订，凤凰出版社 2006 年版，第 10825 页。

③ （清）王先慎：《韩非子集解》卷 9《内储说上·七术第三十》，钟哲点校，中华书局 1998 年版（新编诸子集成），第 211 页。

④ （后晋）刘昫：《旧唐书》卷 57《裴寂传》，中华书局 1975 年版，第 2288 页。

⑤ （宋）司马光：《资治通鉴》卷 235 "德宗贞元十六年（800 年）五月"，中华书局 1956 年版，第 7588 页。

⑥ （后晋）刘昫：《旧唐书》卷 156《于頔传》，中华书局 1975 年版，第 4130 页。

敏长流雷州，锢身发遣，子季友、于正、于方等皆遭贬黜①。朝廷剪除宰臣于顿羽翼之志，不言自明。此外，德宗朝子仪三婿因家奴诬构相继流贬，宪宗时王稷由奴告讦检括家私，诸如此类，不胜枚举。因奴仆举告而门户倾颓者，莫不为钟鼎阀阅之家，君主抑制权臣勋贵之潜在意涵由此显露无遗。

三、朋党倾轧

"群臣朋党，则宜有内乱"②。唐代数宗奴仆告主案件与统治集团内部不同派系争斗倾轧直接关联。建中三年(782 年)赵纵阴事案因奴当千所发，但就其政治背景而言，则是奸佞秉政，迫害勋旧的直接产物。汾阳王郭子仪平定安史叛乱，于唐室有再造之功。旧书郭子仪本传言"子仪薨后，杨炎、卢杞相次秉政，奸谄用事，尤忌勋族。子仪之婿太仆卿赵纵、少府少监李洞清、光禄卿王宰，皆以家人告讦细过，相次贬黜"③。可见，子仪三婿因奴仆告发获罪与不同派系之利益纠葛难脱干系。宝历元年(825 年)役人安再荣告发武昭事亦直接源于朋党斗争："是时，宰臣李逢吉、李程不叶，而此辈皆乘隙售己，干游其门。(水部郎中)李仍叔素依附李程，知昭不得志，易以鼓怒怨，亦诳昭云：'程欲与昭官，为逢吉所阻。'昭果恨怒，与刘审及张少腾潜说谋害逢吉之计。"④可见，酿成武昭之狱的根本原因在于宰臣之间的权力争斗，奴仆告发仅是本案发生之偶然机缘而已。

第六节　贱口告主立法之流变

唐律确定的奴婢容隐其主原则和奴仆告主相关罚则，对后世立法产生直

---

① (后晋)刘昫：《旧唐书》卷 15《宪宗纪下》，中华书局 1975 年版，第 445 页。
② 黎翔凤：《管子校注》卷 10《参患第二十八》，梁运华整理，中华书局 2004 年版(新编诸子集成)，第 533 页。
③ (后晋)刘昫：《旧唐书》卷 120《郭子仪附子曜传》，中华书局 1975 年版，第 3468 页。
④ (宋)王钦若等编纂：《册府元龟》卷 934《总录部·告讦》，周勋初等校订，凤凰出版社 2006 年版，第 10825 页。

接影响。宋、元、明、清历代律典中奴讼其主之罚则，莫不奉《唐律疏议》为圭臬。《宋刑统》继受唐律规定，于"同居相为隐"条规定部曲奴婢对主人承担容隐义务。自元代始，对奴婢告主区分诬告与告实，分别论罪，据《元史·刑法志》："诸奴婢（诬）告其主者处死。……诸以奴告主私事，主同自首，奴杖七十七。"[①]元至大年间曾两次申严奴仆告主禁令[②]，与唐律相较，允许奴仆告发之事由增加"谋、故杀人"一项。此外，因雇工与主家同居，衣食皆仰给，与唐代部曲无异，理合相为容隐。至顺元年（1330 年）又确立雇工人告主禁令："除犯恶逆及损侵己身事理听从赴诉，其余事不干己，不许讦告"[③]。元代在惩治奴仆告主立法方面的革新对明清法制产生直接影响，其于中华传统法制文明承前启后之重要地位，亦由此彰显无遗。

明清律典借鉴宋元立法经验，于"亲属相为容隐"[④]条规定奴婢、雇工人当为家长隐。"名者，名分之尊；义者，恩义之重"[⑤]。明清律典承接宋元法制传统，将奴仆告主犯罪列入"干名犯义"[⑥]项下，并依据社会生活变化的需要，对奴仆告主立法进行了大幅修订。与唐律比较，明清时期惩治奴仆告主犯罪立法之变化主要集中在四个方面：首先，区分诬告与告实，量刑有所减轻。唐代部曲奴婢告主者，不问虚实首从，一律断绞。明、清奴婢告主得实

① （明）宋濂等：《元史》卷 105《刑法四·诉讼》，中华书局 1976 年版，第 2672 页。

② 按：据至大二年（1309）七月诏："如有子证其父，奴讦其主，及妻妾弟侄干名犯义者，一切禁止。"（陈高华等点校：《元典章》卷 1《典章二·厚风俗·禁止干名犯义》，天津古籍出版社 2011 年版，第 68 页）次年四月又诏："如主家有犯反逆、谋故杀人之事，许令告首。其余杂泛，不许陈告……奴婢告主，以卑凌尊，以贱犯贵，甚伤风化，大失人伦。如准御史台所呈，遍行禁治。"陈高华等点校：《元典章》卷 53《刑部十五·诉讼·禁例·禁止干名犯义》，天津古籍出版社 2011 年版，第 1795 页。

③ 黄时鉴辑：《元代法律资料辑存》，浙江古籍出版社 1988 年版，第 208 页。

④ 怀效锋点校：《大明律》卷 1《名例律》"亲属相为容隐"，法律出版社 1999 年版，第 18 页；田涛，郑秦点校：《大清律例》卷 5《名例律下》"亲属相为容隐"，法律出版社 1999 年版，第 121 页。

⑤ （清）沈之奇：《大清律辑注》卷 22《刑律·诉讼》，怀效锋、李俊点校，法律出版社 2000 年版，第 830 页。

⑥ 怀效锋点校：《大明律》卷 23《刑律五·诉讼》"干名犯义"，法律出版社 1999 年版，第 178 页。

者，杖一百，徒三年；诬告者方论绞刑。其次，奴仆告发主人亲属行为之量刑有所减轻。唐代告主人之期亲及外祖父母者断流；明、清得实杖一百。唐代奴仆告大功以下亲，徒一年；明、清告主人缌麻至大功亲，杖七十至九十有差。再次，除唐律固有之谋反、大逆、谋叛犯罪以外，清代允许奴仆告主的事由增列窝赃奸细一项①。最后，因雇工人于主人合则有恩，散则恩绝，其主仆名分相对淡薄，明清雇工人告主之量刑相对奴婢较轻，此亦为唐律所不及。

此外，清代又酌定"奴仆告主"条例二则，附载律文之后，法司处理此类案件可直接援用。雍正十三年(1735 年)奉上谕，重申奴仆告主之禁，凡奴仆首告家长者，"虽所告皆实，亦必将首告之奴仆仍照律从中治罪"。然此例精神与律文规定并无二致，似有重复之嫌②。乾隆二十一年(1756 年)十二月，又据大学士傅恒条奏，确立主奴仆不得折换枷号，旗下家奴告主徒满官卖定例，以申从严之意："告主旗下家奴应得徒罪著予实徒，不准鞭枷完结……徒满之日交于各该旗照例官卖，仍令为奴，价给原主。"③清代司法实践中，又依据个案裁判对惩治奴仆告主律例进行了完善与变通。据嘉庆二十一年(1816 年)"王存告主案"④，奴仆受人指使诬告家长者，拟满流论处。嘉庆二十五年(1820 年)"沈益友告主案"确立出户奴仆告家长与子孙同之例⑤，然诬告者量刑递减一等，拟满流发落。据道光七年(1827 年)"那木济尔指证其主案"⑥，家奴听从外人诬告家长未遂者，杖一百，徒三年，限满照例官卖。道光十一

---

① 按："窝赃奸细"一条的纂入可溯源至天聪六年(1632 年)三月十三日皇太极谕旨，康熙十二年(1673 年)覆准："凡家仆告主，系谋反、大逆、谋叛、隐匿奸细者，方许首告，其余概不准行。将控告之人，系旗下，鞭一百；系民，责四十板。"并于雍正三年(1725 年)律例馆奏准纂例。乾隆五年(1740 年)，因条例与律文旨意重复删除，而"窝赃奸细"一条作为允许奴仆首告者，仍旧保存于律文之中。马建石、杨育裳主编：《大清律例通考校注》，中国政法大学出版社 1992 年版，第 893—894 页。

② (清)薛允升：《读例存疑》卷 40《刑律·诉讼之二·干名犯义》，黄静嘉编校，成文出版社有限公司 1970 年版，第 1014 页。

③ (清)嵇璜：《清朝文献通考》卷 204《刑考·徒流十》，浙江古籍出版社 1988 年版，第 6687 页

④ (清)祝庆祺等：《刑案汇览》卷 48《干名犯义》，北京古籍出版社 2004 年版，第 1801 页。

⑤ (清)祝庆祺等：《刑案汇览》卷 48《干名犯义》，北京古籍出版社 2004 年版，第 1803 页。

⑥ (清)祝庆祺等：《续增刑案汇览》卷 12《干名犯义》，北京古籍出版社 2004 年版，第 392 页。

年(1831年)"杨沈氏告主"案又确立雇工人辞工后诬主者以凡人论之例①。总之,清代通过修订律文、增列注释,纂定条例等方式,对奴仆告主立法进行了全面修订与完善,事关奴仆告主者,莫不强调尊卑贵贱与主仆名分,中国古代惩治奴仆告主行为的相关立法至此臻于完备。考宋、元、明、清历代惩治奴仆告主立法沿革嬗变之轨迹,若寻流溯源,又必当以唐代律令典章为其嚆矢。

本 章 小 结

本章讨论私贱诉讼法律地位。主要关注唐代奴婢、部曲等贱口之诉讼权利能力问题。中国历代律典均禁止奴婢告主,唐律适应家庭结构的巨大变化,为部曲、奴婢等私贱设定容隐主人犯罪之法定义务,严禁奴仆告发其主谋反、大逆或谋叛三事,其余一般刑事犯罪,依律不在告诉之限。然纵观有唐一代,贱口告主现象绵延不绝,涉案罪名不乏突破律文诏敕之恶例,以至形成私贱告主之诉讼惯例,《唐律》惩治奴婢、部曲告主之禁条徒具虚文。

实践中,除谋反、谋大逆、谋叛以外,间谍、厌魅、赃污、谋杀等普通刑事犯罪均可向官府举告。唐代律令诏敕屡次申严奴仆诉主之禁令,然案件具体处断却多与律敕精神大相径庭。实践中形成贯主罚奴、贯奴罚主、杀奴罚主三类处断情形。其中"贯主罚奴"基本遵循律文精神,强调主仆名分。而"贯奴罚主"与"杀奴罚主"处置方式皆属诉讼惯例性质,前者直接追究奴主罪责,告事奴仆却得以逍遥法外。后者主奴两责,处断标准与《唐律》规定严重背离。

造成唐代私贱告主现象泛滥并形成"贯奴罚主"、"杀奴罚主"等诉讼惯例的原因主要有奴仆泄愤、君主权谋及朋党倾轧三项,皆与唐代社会政治、经济深刻变化直接关联。唐律确定的奴婢容隐其主原则和私贱告主相关罚则,还对后世立法产生直接影响。宋、元、明、清历代律典中奴讼其主之罚则,莫不奉《唐律疏议》为其圭臬。

---

① (清)祝庆祺等:《刑案汇览》卷48《干名犯义》,北京古籍出版社2004年版,第1805页。

第 四 章

邻　里

　　邻里关系是指基于居所毗连事实而形成的特殊法律关系。与由血缘关系维系的宗族关系相对应，因地缘关系建构的邻伍关系是古代中国社会网络的重要组成部分。在传统基层组织邻伍连保机制项下，该群体成员时常被设定为刑事法律责任连带责任主体[①]。与妇女、贱口不同，邻里并非一类具体诉讼主体，却又处于特定诉讼法律关系之中，被赋予彼此承担救助、举告、证明等多项法律义务。学界关于邻里法律关系已进行深入研究，并取得部分重要成果[②]，然关于唐代邻里诉讼法律关系研究，仍甚为薄弱。传统史籍在资料采

---

　　① 按：张维迎、邓峰指出："古代中国的连带责任是发达的，其原因在于它构成了社会的主要组织方式：一是家族、血缘关系为纽带的集体性惩罚，这主要表现在连坐制上；二是以地域关系为纽带的公共权力组织方式，即保甲制度。两者同样存在着交叉和融合：宗法宗族制下的聚居。连带责任的再一个表现形式，则是在公共权力领域，如举荐、科举等，同样采用连坐制。连带责任的广泛存在，强化了宗法宗族制度，是古代中国'家国同构'的核心治理方式。"张维迎、邓峰：《信息、激励与连带责任——对中国古代连坐、保甲制度的法和经济学解释》，《中国社会科学》2003 年第 3 期，第 100 页。

　　② 主要研究成果有：闻钧天：《中国保甲制度》，商务印书馆 1935 年版；江士杰：《里甲制度考略》，商务印书馆 1944 年版；罗开玉：《秦国"什伍"、"伍人"考——读云梦秦简札记》，《四川大学学报》（哲学社会科学版）1981 年第 2 期；彭年：《秦汉族刑、收孥、相坐诸法渊源考释》，《四川师范大学学报》（社会科学版）1986 年第 2 期；臧知非：《先秦什伍乡里制度试探》，《人文杂志》1994 年第 1 期；韩秀桃：《中国古代礼法合治思想在基层乡里社会中的实践》，《安徽大学学报》（哲学社会科学版）1998 年第 1 期；赵秀玲：《中国乡里制度》，社会科学文献出版社 1998 年版；刘凡镇：《秦汉告奸法初探》，郑州大学硕士学位论文，2002 年 5 月；张维迎、邓峰：《信息、激励与连带责任——对中国古代连坐、保甲制度的法和经济学解释》，《中国社会科学》2003 年第 3 期；杨利锋：《秦汉连坐制度初探》，西北大学硕士学位论文，2006 年 6 月；王立民：《唐代连坐制度论纲》，《中国历史上的法律与社会发展》，吉林人民出版社 2007 年版，第 276—286 页；袁克勤：《试论中国古代见危不救罪与邻伍连坐制度》，复旦大学硕士学位论文，2008 年 10 月；徐睿一：《浅析我国古代的相邻关系》，吉林大学硕士学位论文，2012 年 4 月。

择和适用方面，更加重视封建国家政治、经济、军事等制度构建与运行的宏观描述，邻里关系虽属于封建国家基层管理之重要方面，但正史、律典、政书之中关于邻里诉讼法主体之相关记载甚为匮乏。因此，此次唐代邻里法律关系的研究，相对倚重唐代诗文杂撰、稗史传奇等相关素材，并将唐人拟判纳入研究范围，通过分析涉及邻里关系之诉讼惯例，达到还原、剖析唐代基层社会法治运行状态的目的。

第一节　邻伍相保制度

早在商周之际，中国基层社会即已形成严密的"邻伍相保"制度，即将彼此毗邻之五户居民作为最小社会单元，邻里之间承担救助危难、检举犯罪、协助诉讼等法律职责，并在此基础之上，构建层级式社会管理机制。关于邻伍相保的记载，最早可追溯至殷商晚期。《逸周书》记文王赈救灾荒，作《大匡》以诏牧其方，即有"慎惟怠惰，什伍相保"[①]之说。《周礼》对"什伍相保"这一社会结构模式作如是描摹：

> 遂人，掌邦之野。以土地之图经田野，造县鄙形体之法。五家为邻，五邻为里，四里为酂，五酂为鄙，五鄙为县，五县为遂，皆有地域，沟树之。使各掌其政令刑禁，以岁时稽其人民，而授之田野，简其兵器，教之稼穑。[②]

西周确立的以邻伍为基础的逐层累进管理格局，成为后世基层控制模式的最初蓝本。与传统农耕文明生产生活方式相适应，"邻伍连保"制度被认为是乡村社会管理最为有效之路径。管夷吾相齐之际，将"邻伍连保"与户籍管理直接联系，将邻伍连保制度的功能设定为限制人口迁徙流动，杜绝流民逃户：

---

① 黄怀信等：《逸周书汇校集注》卷 2《大匡解第十一》，上海古籍出版社 1995 年版，第 162 页。

② （汉）郑玄注，（唐）贾公彦疏：《周礼注疏》卷 15《地官·遂人》，十三经注疏整理委员会，北京大学出版社 2000 年版，第 461 页。

　　夫善牧民者，非以城郭也。辅之以什，司之以伍。伍无非其人，人无非其里，里无非其家。故奔亡者无所匿，迁徙者无所容。不求而约，不召而来，故民无流亡之意，吏无备追之忧。①

管仲主张"自五至属各有官长，以司其事，以寓军政"②，虽伍长亦选贤与能，齐霸业遂成。邻伍连保制度经过长期实践运行，在内容日趋详备的同时，具备了适应社会发展需要而不断革新的特征。

　　在制度设计层面，自秦汉延及隋唐五代，邻伍相保一直是历代王朝进行乡村社会管理的基本模式。邻伍之间因地缘依存关系，成为社会管理体系之基本单位。《睡虎地秦墓竹简·法律答问》："可（何）谓'四邻'？'四邻'即伍人谓殴（也）。"③又史游《急救篇》"戎伯总阅什伍邻"条颜师古注：

　　五人为伍，二伍为什，五家为邻。又依此法，各有部署，安居服役。皆遵制令，无乖剌也。④

秦汉时期更加重视伍长、什长、里魁、亭长、乡佐、三老、有秩、啬夫、游徼等基层乡官之司察、教化、赋税、督劝、理讼职能。《宋书·百官志》：

　　县令、长，秦官也。大者为令，小者为长，侯国为相。汉制，置丞一人，尉大县二人，小县一人。五家为伍，伍长主之；二五为什，什长主之；十什为里，里魁主之；十里为亭，亭长主之；十亭为乡，乡有乡佐、三老、有秩、啬夫、游徼各一人。乡佐、有秩主赋税，三老主教化，啬夫主争讼，游徼主奸非。其余诸曹，略同郡职。⑤

---

　　① 黎翔凤：《管子校注》卷 17《禁藏第五十三》，梁运华整理，中华书局 2004 年版（新编诸子集成），第 1023 页。
　　② （唐）杜佑：《通典》卷 3《食货三·乡党》，王文锦等点校，中华书局 1988 年版，第 56 页。
　　③ 睡虎地秦墓竹简整理小组：《睡虎地秦墓竹简》，文物出版社 2001 年版，第 116 页。
　　④ （汉）史游：《急就篇》卷 3，（唐）颜师古注，岳麓书社 1989 年版，第 157 页。
　　⑤ （梁）沈约：《宋书》卷 40《百官下》，中华书局 1974 年版，第 1258 页。

魏晋南北朝之际，传统邻伍连保之主要职能得到不断强化和创新，南齐永明三年(485 年)，"初令邻里党各置一长，五家为邻，五邻为里，五里为党。四年，造户籍。分置州郡"①。北魏太和十年(486 年)二月甲戌，"初立党、里、邻三长，定民户籍"②。北齐河清三年(564 年)定令，"乃命人居十家为比邻，五十家为闾里，百家为族党"③。隋唐时期，农耕生产方式对居民流动之约束效力得到继续强化，在家族内部，旌表累世而居、骨肉相聚的生活方式④；在村、坊辖内，则沿袭由来已久的邻伍连保制度，据《资治通鉴》，武德七年(624 年)四月，令定邻保之法："凡民赀业分九等。百户为里，五里为乡，四家为邻，四邻为保。"⑤后《唐六典》、《文献通考》均准此描述唐代邻保制度，并将其主要职能定位于督察与禁约二项⑥。

---

① (梁)萧子显：《南齐书》卷 57《魏虏传》，中华书局 1972 年版，第 989 页。

② (北齐)魏收：《魏书》卷 7 下《高祖纪下》，中华书局 1974 年版，第 161 页。

按：北魏重建邻伍制度与国家户籍、赋役管理直接相关。据《魏书·食货志》："魏初不立三长，故民多荫附。荫附者皆无官役，豪强征敛，倍于公赋。(太和)十年，给事中李冲上言：'宜准古，五家立一邻长，五邻立一里长，五里立一党长，长取乡人强谨者。邻长复一夫，里长二，党长三。所复复征戍，余若民。三载亡愆则陟用，陟之一等。'"(北齐)魏收：《魏书》卷 110《食货志》，中华书局 1974 年版，第 2855 页。

③ (唐)魏徵等：《隋书》卷 24《食货志》，中华书局 1973 年版，第 677 页。

④ 杨廷福：《唐律研究》，上海古籍出版社 2012 年版，第 58 页。

⑤ (宋)司马光：《资治通鉴》卷 190"高祖武德七年(624 年)四月"，中华书局 1956 年版，第 5982 页。

按：高祖武德七年令云："百户为里，五里为乡，四家为邻，五家为保。" 此后，开元七年、二十五年《户令》袭用之([日]仁井田陞：《唐令拾遗·户令第九》"乡里邻保坊村"，栗劲等译，长春出版社 1989 年版，第 123—124 页)。张国刚指出："村治的基础是邻保。邻保本置于村坊之中、里正之下，"四家为邻，五家为保"，就是要家庭与邻里之间互相监督，组成一个有互保连带责任的居民小组。"四家为邻，五家为保"的意思，就是说五户人家中，每家以相邻的其他四家为"邻"，加上自家，一共五家，构成一保，故又称"伍"或"伍保"。一里就大约有二十个称为"保"的居民小组。设置邻保的意义除了治安秩序的检察外，还有一种赋役上的连带责任，即在户口、田地登记中，邻保有互相担保记录真实的义务；在户口逃亡的情况下，邻保有分摊逃户租税的义务。"张国刚：《唐代乡村基层组织及其演变》，《北京大学学报》(哲学社会科学版) 2009 年第 5 期，第 120 页。

⑥ 按：据《唐六典》："百户为里，五里为乡。两京及州县之郭内分为坊，郊外为村。里及村、坊皆有正，以司督察。四家为邻，五家为保。保有长，以相禁约。"(唐)李林甫等：《唐六典》卷 3《尚书户部》"户部郎中员外郎"条，陈仲夫点校，中华书局 1992 年版，第 73 页。

第二节　邻伍救助义务

受中国农耕文化影响，邻里之间因生产、居住、生活等层面的相互联系异常紧密，传统安土重迁思想成为促进睦邻观念长期延续发展的重要动力。长期以来，敦睦亲和的邻里关系始终为先民向往追求。《诗经·邶风》云："凡民有丧，匍匐救之。"郑玄笺云："匍匐，言尽力也。凡于民有凶祸之事，邻里尚尽力往救之。"①秦时，邻里救助义务正式入律。据《睡虎地秦墓竹简·法律答问》：

> 贼入甲室，贼伤甲，甲号寇，其四邻，典、老皆出不存，不闻号寇，问当论不当？审不存，不当论；典、老虽不存，当论。②

入室抢劫，被害人呼救，只有在四邻确不在家情况下，方可免责。唐代针对强盗、杀人、绑架等恶性犯罪以及火灾等紧急情况，设定了邻伍强制救助与告发义务，此恰与秦律一脉相承。据《唐律疏议·贼盗》"有所规避执人质"条，四邻伍保或知见绑架劫持，皆须捕格。"避质不格者，徒二年"③。又《唐律疏议·斗讼》"强盗杀人不告主司"条：遇强盗、杀伤者，同伍、比伍须承担告发义务：

> 诸强盗及杀人贼发，被害之家及同伍即告其主司。若家人、同伍单弱，比伍为告。当告而不告，一日杖六十。主司不即言上，一日杖八十，三日杖一百。官司不即检校、捕逐及有所推避者，一日徒一年。窃盗，各减二等。④

---

① （汉）毛亨传，（汉）郑玄笺，（唐）孔颖达疏：《毛诗正义》卷 2《邶风·谷风》，十三经注疏整理委员会整理，北京大学出版社 2000 年版，第 177 页。

② 睡虎地秦墓竹简整理小组：《睡虎地秦墓竹简》，文物出版社 2001 年版，第 116 页。

③ （唐）长孙无忌等：《唐律疏议》卷 17《贼盗》"有所规避执人质"，刘俊文点校，中华书局 1983 年版，第 331 页。

④ （唐）长孙无忌等：《唐律疏议》卷 24《斗讼》"强盗杀人不告主司"，刘俊文点校，中华书局 1983 年版，第 449 页。

此外，邻里遭遇抢劫、杀伤而求援者，同伍当尽力施救，若贼强人少或老小羸弱不能赴救者，则应从速报告随近官司、村坊、屯驿：

> 诸邻里被强盗及杀人，告而不救助者，杖一百；闻而不救助者，减一等；力势不能赴救者，速告随近官司，若不告者，亦以不救助论。其官司不即救助者，徒一年。窃盗者，各减二等。[①]

《唐律》设定的邻伍救助义务，是传统邻伍相保制度在刑事诉讼层面的直接体现，亦可视为亲邻敦睦观念的现实反映。实践中，邻里之间救助义务之履行大致遵循唐律规定。皇甫氏《原化记》云贞元中，华亭县界村堰典妻与人私，又于邻家盗一手巾，邻知觉后至典家寻觅，典与妻诟骂盟誓，夜遇天霹，四邻救助事："至夜，大风雨，雷震怒，击破典屋，典及妻男女五六人并死。至明，雨犹未歇，邻人但见此家屋倒，火烧不已，众共火中搜出，觅得典及妻，皆烧如燃烛状。为礼拜，求乞不更烧之，火方自息。"[②]《唐律》规定，遇火灾，事主告知及四邻救助皆为法定义务，"见火起，烧公私廨宇、舍宅、财物者，并须告见在及邻近之人共救。若不告不救，减失火罪二等"[③]。堰典妻盟誓获谴，"天假雷刑"[④]，以绝其命。其事虽涉荒诞，然因邻里施救豁免刑责却与《唐律》精神完全相合。

第三节　邻伍举告义务

农耕文明孕育了中国古代基层社会比邻敦睦、和谐共生的生存格局，

---

① （唐）长孙无忌等：《唐律疏议》卷24《捕亡》"邻里被强盗不救助"，刘俊文点校，中华书局1983年版，第530—531页。

② （宋）李昉等：《太平广记》卷393"华亭堰典"条引《原化记》，中华书局1961年版，第3142—3143页。

③ （唐）长孙无忌等：《唐律疏议》卷27《杂律》"见火起不告救"，刘俊文点校，中华书局1983年版，第511页。

④ （唐）皮日休：《皮子文薮》卷7《杂著》"惑雷刑"，萧涤非、郑庆笃校注，上海古籍出版社1981年版，第65页。

宋人赵彦卫云："盖比闾之法，所以保养斯民，相生相养，使邻里各有恩义。"[①]
传统邻伍相保制度设定之初衷本为构建和谐有序之社会关系，然自战国秦
汉以降，统治者为应对信息约束引发的社会管理困境，将"伺察奸邪"之
义务强加于邻里之间，举告逐渐成为与兵役、赋税等并列之基本义务[②]。邻
伍之间有罪相纠，而风俗日堕。《墨子·号令》："诸卒民居城上者，各葆其
左右，左右有罪而不智也，其次伍有罪。若能身捕罪人若告之吏，皆构之。
若非伍而先知他伍之罪，皆倍其构赏。"[③]封建国家基于社会控制需要，将
检举揭发犯罪视为邻里关系的重要内容之一，以致人心疏离，风俗日薄。
徐幹《中论》已将监督邻伍言行与邻伍制度直接联系：

> 凡民出入行止、会聚饮食，皆有其节，不得怠荒以妨务，以丽罪
> 罚。然则安有群行方外而专治交游者乎？是故五家为比，使之相保，比
> 有长；五比为间，使之相忧。[④]

---

① (宋)赵彦卫：《云麓漫钞》卷9，傅根清点校，中华书局2000年版，第157页。

按：孟子对乡治模式有如是论断："死徒无出乡，乡田同井，出入相友，守望相助，疾病相
扶持，则百姓亲睦。"[(汉)赵岐注，(宋)孙奭疏：《孟子注疏》卷第5上《滕文公章句上》，十
三经注疏整理委员会整理，北京大学出版社2000年版，第164页]韩秀桃进而指出："乡野人民
创造出的以有利于生产和生活为目的组织模式在国家看来正是控制人民的最佳方法：把村民始
终用一种组织来约束，把个人置身于联保相助的组织中，把家庭置于血脉相连的制度中，这两
者的结合应该说是古代社会中什伍之制的社会基础和思想基础。"韩秀桃：《中国古代礼法合治
思想在基层乡里社会中的实践》，《安徽大学学报》(哲学社会科学版)1998年第1期，第96页。

② 按：张维迎、邓峰指出："以保甲和连坐为重要内容的连带责任，是小政府在有限的信
息约束下控制大国家的有效手段。管仲和商鞅所推行的连带责任，将居民、亲属之间的连带责
任正式加以确立，依据地域划分管辖权、编户齐民制度、人口普查制度等国家管理制度逐步出
现。通过人与人之间的大规模刑事连带，解决了小政府的信息收集、进而解决反叛的预防等统
治问题。……在古代中国，连带责任可以说是一种有效的治理结构—至少从国家控制的目的而
言是如此。正是人与人之间大规模实施的连带责任，和其他体制一起相互配合，维持着帝国的
一统。人与人之间连带责任的大规模推行，在地方一级克服了信息不对称和技术、交通落后等
制约因素，起到了维持政权的重要作用。"张维迎、邓峰：《信息、激励与连带责任—对中国古
代连坐、保甲制度的法和经济学解释》，《中国社会科学》2003年第3期，第102、110页。

③ (清)孙诒让：《墨子间诂》卷15《号令第七十》，孙启治点校，中华书局2001年版(新
编诸子集成)，第600页。

④ (魏)徐幹：《中论解诂》卷下《谴交第十二》，孙启治解诂，中华书局2014年版，第
224页。

魏晋南北朝之际，邻伍纠举之适用渐趋广泛。北魏正式以敕令方式规定邻伍举告之法定义务，延兴二年(472年)夏四月，诏邻伍相保，检举揭发无籍僧侣游历居止：

> 比丘不在寺舍，游涉村落，交通奸猾，经历年岁。令民间五五相保，不得容止。无籍之僧，精加隐括，有者送付州镇，其在畿郡，送付本曹。若为三宝巡民教化者，在外赍州镇维那文移，在台者赍都维那等印牒，然后听行。违者加罪。[①]

除刑事犯罪以外，若邻伍违礼，比居之人亦有劝勉、告发义务。刘宋元嘉中，丹阳丁况等久丧不葬，太子率更令何承天议曰："丁况三家，数十年中，葬辄无棺椁，实由浅情薄恩，同于禽兽者耳。窃以为丁宝等同伍积年，未尝劝之以义，绳之以法。"元嘉十六年(439年)冬，上言"若民人葬不如法，同伍当即纠言，三年除服之后，不得追相告列，于事为宜"[②]。

张国刚指出："四家为邻，五家为保"，就是要家庭与邻里之间互相监督，组成一个有互保连带责任的居民小组[③](参见图4-1)。隋唐时期，"同伍"、"比伍"等邻居单位构成邻居连坐单位，形成连坐责任[④]，邻伍检举非为义务趋于强化。隋大业中，李密初为杨玄感败亡，谋主李密与玄感从叔询相随，匿于冯翊询妻之舍。"寻为邻人所告，遂捕获，因于京兆狱"[⑤]。值得

① (北齐)魏收：《魏书》卷114《释老志》，中华书局1974年版，第3038页。

按：有学者指出：此诏下达的背景，很可能的是因为北魏太武帝下令毁佛后，僧徒潜匿乡村，深入荒僻。太武帝去世，文成帝即位，虽下诏兴复佛教，但游化僧尼可能已经大量增加，至孝文帝成为国家高度关注的问题，遂有此诏。陈登武：《内律到王法：唐代僧人的法律规范》，载《政大法学评论》第111期，2009年10月，第13页。

② (梁)沈约：《宋书》卷64《何承天传》，中华书局1974年版，第1705页。

③ 张国刚：《唐代乡村基层组织及其演变》，《北京大学学报》(哲学社会科学版)2009年第5期，第120页。

④ 王立民：《唐代连坐制度论纲》，《中国历史上的法律与社会发展》，吉林人民出版社2007年版，第279页。

⑤ (宋)王钦若等编纂：《册府元龟》卷949《总录部·亡命》，周勋初等校订，凤凰出版社2006年版，第10999页。

注意的是，《唐律》并未直接规定邻里之间揭举犯罪之义务，各级法司凭借邻保互相纠举查获辖内奸恶的做法，应视为官吏施政权宜之计。贞元初，河南尹崔纵令"五家相保，俾自占告发敛，以绝胥吏之私"①。即使朝廷发布敕令邻保举告，也仅具有临时效力。宪宗时淄青王承宗、李师道欲阻用兵之势，遣人折陵庙之戟，焚刍藁之积，流矢飞书，恐骇京国。元和十二年（817 年）二月庚子，宪宗敕"京城居人五家相保，以搜奸慝"②。传世典籍中关于邻伍举告之运行状况的记载甚为匮乏，而唐稗传奇资料却为研究邻伍举告及附随权利提供了更为有力的佐证，如《原化记》载苏州海盐县有戴文子举告邻人妄言，县司传唤邻人勘验事：

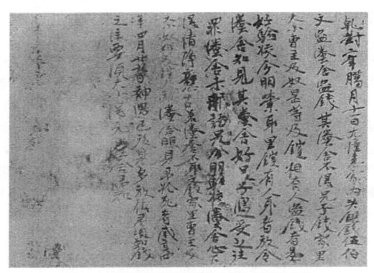

图 4-1　唐瀵舍告死者左憧憙为左憧憙家失银事

资料来源：国家文物局古文献研究室等编：《吐鲁番出土文书》第 6 册，图 2，文物出版社 1985 年版

贞元中，苏州海盐县有戴文者，家富性贪，每乡人举债，必须收利数倍。有邻人与之交利，剥刻至多，乡人积恨，乃曰："必有神力照鉴。"数年后，戴文病死，邻人家牛生一黑犊，胁下白毛，字曰戴文，闾里咸知。

---

① （后晋）刘昫：《旧唐书》卷 108《崔涣子纵传》，中华书局 1975 年版，第 3281—3282 页。

② （后晋）刘昫：《旧唐书》卷 15《宪宗纪下》，中华书局 1975 年版，第 458 页。

文子耻之，乃求谢，言以物熨去其字，邻人从之。既而文子以牛身无验，乃讼邻人，妄称牛有犊字。县追邻人及牛至，则白毛复出，成字分明，但呼戴文，牛则应声而至。邻人恐文子盗去，则夜闭于别庑，经数年方死。[1]

《酉阳杂俎》记大和四年（830年）蜀地百姓赵安于野外见衣幞遗墓侧，以为无主，遂持还，言于妻子。"邻人即告官赵盗物，捕送县"[2]，赵安竟以常持金刚经获免。《墉城集仙录》言乾符元年（874年），王氏女好无为清静之道，题诗奄然而终。后有二鹤栖于庭树，仙乐盈室，觉有异香，远近惊异，共奔看之。"邻人以是白于湖洑镇吏详验，鹤已飞去，因囚所报者"[3]。可见，唐代邻里以第三人身份举告同伍罪责，并非强制法定义务。若邻里揭举，官府即有受理义务，此为"告诉才处理"之一端，并不追究同伍知而不举之责任。

除告发义务以外，邻里实质拥有控制嫌犯、扭送法司等诉讼权利。《冯燕传》云滑将张婴妻与燕私通，后为冯燕所杀，张婴见妻死，欲出自白。"婴邻以为真婴杀，留缚之，趣告妻党。……共持婴百余笞，遂不能言，官收系杀人罪，莫有辨者"[4]。《集异记》又载杨褒妻与奸夫谋杀亲夫未遂，邻里扭送嫌犯至县司事：

> 褒妻乃异志于褒，褒莫知之。经岁时，后褒妻与外密契，欲杀褒。褒是夕醉归，妻乃伺其外来杀褒。既至，方欲入室，其犬乃啮折其足，乃咬褒妻，二人俱伤甚矣。邻里俱至救之，褒醒，见而搜之，果获其刀。邻里闻之，送县推鞫，妻以实告。褒妻及怀刀者，并处极法。[5]

---

[1]（宋）李昉等：《太平广记》卷434 "戴文"条引《原化记》，中华书局1961年版，第3523页。

[2]（唐）段成式：《酉阳杂俎》续集卷7《金刚经鸠异》，方南生点校，中华书局1981年版，第271页。

[3]（宋）李昉等：《太平广记》卷70 "王氏女"条引《墉城集仙录》，中华书局1961年版，第436—437页。

[4]（宋）李昉等：《太平广记》卷195 "冯燕"条引《沈亚之冯燕传》，中华书局1961年版，第1463页。

[5]（唐）薛用弱：《集异记》"杨褒"条，中华书局1980年版，第70页。

若随近法司不理邻伍举告，告事人有权逐级申诉，其诉权与上诉人略同。《冥报记》言贞观二十一年(647 年)，有雍州醴泉县东阳乡人杨师操立性毒恶暴口，喜见人过，每乡人有事，即录告官。"但有牛羊纵暴，士女相争，即将向县。县令裴瞿昙用为烦碎，初二三回与理，后见事繁不与理。操后经州，或上表闻彻，恶心日盛，人皆不喜见"[1]。据唐《狱官令》：邻人举告比伍罪过，法司受案后，对于流罪以上案件，告人免戴械具应收禁；流罪以下案件，原告取保候审：

> 诸告言人罪……若前人合禁，告人亦禁，辨定放之。即邻伍告者，有死罪，留告人散禁；流以下，责保参对。[2]

唐代法司赋予邻伍举告权利与义务，构筑治安联防网络，邻里比伍司察纠举，其目的在于以集体监视的方式维护社会秩序与地方治安。与邻里遭遇绑架、火灾、抢劫同伍救助的法定义务相比，邻里举告义务相对淡化。受秦汉以来邻伍相保传统制约，《唐令》并不禁止邻人举告，在认可其采取强制措施的前提下，要求告发者承担举证、质证责任。因此，若无直接利益纠葛或经济利益刺激，窥邻隐私、发人罪责之行径，必为传统伦理观念所不齿，亦与民众明哲自保的普遍心态背道而驰。因此，与前代相比，"邻里举告"逐步由义务性规范转化为选择性规范，进入举告程序后之强制措施、告诉、举证、质证诸事，多数降格为诉讼惯例性质。

第四节　邻人诉讼类型

唐代邻里告事之具体事由相当广泛，不仅涉及奸非、劫盗、杀伤等，甚至违反礼制者亦在举告之列。按照是否与自身利益直接相关，邻人告事可以区分为邻人举告与邻人涉诉两类。

---

[1] (唐)唐临：《冥报记》"唐杨师操"，方诗铭辑校，中华书局 1992 年版，第 88—89 页。
[2] 天一阁博物馆、中国社会科学院历史研究所天圣令整理课题组校正：《天一阁藏明钞本天圣令校正》附《唐开元狱官令复原清本》第 35 条，中华书局 2006 年版，第 646—647 页。

一、邻人举告

所谓"邻人举告"即邻里以案外第三人身份向官司控告邻居罪行，其本身与所控犯罪并无直接利益关系，亦无法律强制规定，可视为传统告奸思想的扩展与伸延。前述戴文子诉邻人妄言、邻人告赵安盗物、邻伍捕送张婴杀人，以及杨师操告发乡邻细故等事，皆属此类。《白居易集》、《元稹集》、《文苑英华》保存唐判中亦有邻人举告拟判中有十余道，为查明唐代邻里诉事理由及其裁判问题提供了重要参考(表4-1)。

表 4-1　唐代邻里相讼判文简表

	判名	诉因	性质	结论	出处
1	家有归藏判	家有归藏	邻告左道	不成立	《元氏长庆集补遗》卷3
2	田中种树判	田中种树	邻长告妨五谷	成立	《元氏长庆集补遗》卷3
3	嫁殇判	嫁殇(冥婚)	邻人告违禁	成立	《白氏长庆集》卷66
4	私陈钟磬判	私陈钟磬，无故不彻悬	邻人告其僭	成立	《白氏长庆集》卷66
5	被妻殴判	甲居家被妻殴笞	邻人告妻违法	成立	《白氏长庆集》卷67
6	私习天文判	冯文私习天文妙绝	邻人言私习天文	成立	《文苑英华》卷503
7	求邻壁光判	郗珍穿邻壁取烛光	邻告为盗	不成立	《文苑英华》卷510
8	谶书判	乙家有论语谶	邻告其畜禁书	不成立	《文苑英华》卷511
9	祥鼓素琴判	戊祥之日鼓素琴	邻人告违礼	不成立	《文苑英华》卷521
10	鬻缯不利度木为业判	丙鬻缯不利度木为业	邻告惰农	不成立	《文苑英华》卷530
11	奴判	下士有僮指干	为邻人所告	不成立	《文苑英华》卷531
12	问羊知马判	甲问羊知马	邻人告其左道	不成立	《文苑英华》卷532
13	佯狂让弟判	陈乙袭爵，遂佯狂以让弟甲，嗣爵后方入仕	邻人告甲非嫡子不合袭	成立	《文苑英华》卷537
14	泽中得堇判	王祖母饥病，刘公孙因泽中取土得堇粟，遗之	后有火过于西邻，邻告云妖	不成立	《文苑英华》卷537
15	嫂疾得药判	颜甲养寡嫂疾求药无出，有童子授之，化鸟去	邻告妖异	不成立	《文苑英华》卷537
16	凿井获镜判	凿井获古镜不送官司	邻告违法	成立	《文苑英华》卷544
17	断屠月杀燕判	甲为蒺藜饲𱨇子致死	邻人告断屠月杀燕子	成立	《文苑英华》卷547
18	义居芝草判	虞乙家五从义居祥瑞	邻人告隐瑞	不成立	《文苑英华》卷551
19	探卵窥邻判	毌丘三儿登木探卵	邻人以窥见室家，执缚之	不成立	《文苑英华》卷551

上述判词虽属虚拟，但均依据唐代律令设计作答，在司法实践中多可寻得依据①。如第 8 例"谶书判"云"乙家有论语谶，邻告其畜禁书，科徒一载。郡断无罪，未知合否？"据《唐律疏议·职制》"私有玄象器物"条："诸玄象器物，天文，图书，谶书，兵书，七曜历，《太一》、《雷公式》，私家不得有，违者徒二年。"②然纬候及《论语》谶，依律不在禁限。由此，邻人告某乙藏禁书罪名不成立，薛邕、孙宿二人所作对策亦与律文精神相合。大历二年(767 年)正月敕禁私藏玄象器局、天文、图书、七曜历、《太一》、《雷公式》等，在严饬地方官长捉搦的同时，"仍令分明牓示村坊要路，并勒邻伍，递相为保。如先有藏畜者，限敕到十日赍送官司，委本州刺史等对众焚毁"③。第16 例"凿井获镜判"云"凿井获古镜，不送官司，邻告违法"。据《唐律疏议·杂律》"得宿藏物隐而不送"条："诸于他人地内得宿藏物，隐而不送者，计合还主之分，坐赃论减三等(原注：若得古器形制异，而不送官者，罪亦如之)。"疏议进一步解释说："得古器，钟鼎之类，形制异于常者，依令送官酬直。"④三道判词均认为邻人告诉成立，但具体处罚意见却有所差异，第一道佚名判云"虽则私获。合送官司。爱而欲留。法将焉许。自招其责，谁复哀

---

① 按：唐代吏部选官四法曰：身、言、书、判。其中"判"以"文理优长"为标准。"凡试判登科谓之入等，甚拙者谓之蓝缕，选未满而试文三篇谓之宏辞，试判三条谓之拔萃。中者即授官。"[(宋)洪迈：《容斋随笔》卷 10"唐书判"，孔凡礼点校，中华书局 2005 年版，第 129 页]汪世荣对《文苑英华》收录唐人判词价值有如下评价："《文苑英华》中的判词，皆属拟判，且属骈判。与敦煌吐鲁番出土文书中的判词相比，更富浓厚的文学色彩。……其判词大多注重词藻的华丽和用典的堆砌，有时竟然不顾律令条文规定或封建礼教的要求，囿于文字工整的范围。如果说敦煌吐鲁番出土文书中的判词能够对司法实践起到重要指导作用的话，那么，《文苑英华》中的判词则仅具有文学欣赏的价值。"(汪世荣：《中国古代判词研究》，中国政法大学出版社 1997 年版，第 55 页)值得注意的是，《文苑英华》判词所据者，无外乎礼教与律令，其二者皆可于判词中获得印证，并可借此考察唐人诉讼观念及法律运行状态，其价值亦并不限于文学欣赏层面。

② (唐)长孙无忌等：《唐律疏议》卷 9《职制》"私有玄象器物"，刘俊文点校，中华书局 1983 年版，第 196 页。

③ (宋)王钦若等编纂：《册府元龟》卷 64《帝王部·发号令第三》，周勋初等校订，凤凰出版社 2006 年版，第 682 页。

④ (唐)长孙无忌等：《唐律疏议》卷 27《杂律》"得宿藏物隐而不送"，刘俊文点校，中华书局 1983 年版，第 520—521 页。

矜。邻人告之，雅符公正"。第二道吕务博判则在认同追究获镜人责任的同时，对其予以矜悯宽宥。第三道朱萃判则主张古镜送官，"然物非古迹，事或可矜，请更详审，方可裁断"。即在查明古镜是否属于"古器形制异"者，然后依法裁决，而不可单凭邻人指控拟断。

二、邻人涉诉

所谓"邻人涉诉"，意指邻伍因奸非、贼盗、杀人等诉因，与案件存在直接利害关系，在诉讼法律关系中处于被告人或被害人地位。《开元天宝遗事》记长安豪民杨崇义妻刘氏与邻舍儿李弇私通，刘氏与李弇趁崇义醉酒同谋害之，其时仆妾辈并无所觉，唯有鹦鹉一只在堂前架上。刘氏令童仆四散寻觅其夫，遂经府陈词，言其夫不归，窃虑为人所害。后"县官再诣崇义家检校，其架上鹦鹉忽然声屈，县官遂取于臂上，因问其故。鹦鹉曰：'杀家主者刘氏、李弇也。'官吏等遂执缚刘氏及捕李弇下狱，备招情款。府尹具事案奏闻，明皇叹讶久之。其刘氏、李弇依刑处死"①。又南唐昇元中，庐陵村落豪民曝衣箧于庭中，失新洁衾服不少，许计其资，直不下数十千。以所居僻远，人罕经行，唯一贫人邻垣而已。遂疑邻人盗之，乃诉于邑，归罪贫人，冤狱乃成。员外郎萧俨覆按明察，冥祷神祇，方知失物为牛所噉，邻人遂雪②。上述二例中邻人均因比伍告诉涉案，处于刑事诉讼被告地位。《朝野佥载》又记贞观时邻伍指控黎景逸盗布及法司收禁景逸事，为查明邻人涉讼后案件处置程序提供了依据：

> 贞观末，南康黎景逸居于空青山，常有鹊巢其侧，每饭食以喂之。后邻近失布者诬景逸盗之，系南康狱，月余劾不承。欲讯之，其鹊止于狱楼，向景逸欢喜，似传语之状。其日传有赦，官司诘其来，云路逢玄衣素衿人所说。三日而赦至，景逸还山。乃知玄衣素衿者，鹊之所传也。③

---

① （五代）王仁裕：《开元天宝遗事》卷上"鹦鹉告事"，曾贻芬点校，中华书局 2006 年版，第 18 页。

② （宋）郑文宝：《南唐近事》，《宋元笔记小说大观》，上海古籍出版社 2001 年版，第 274 页。

③ （唐）张鷟：《朝野佥载》卷 4，赵守俨点校，中华书局 1979 年版，第 98—99 页。

第五节　邻伍证明义务

受邻伍相保关系影响，传统司法观念视邻伍为一体。法司为查明案件原委，可以传唤、询问邻人。汉代法司审断斗殴、杀伤案件，须收禁邻人查证，《急就篇》颜师古注："有犯变斗伤杀者，则同伍及邻居之人皆被收掩"①。北齐苏琼以左丞行徐州事时，城中五级寺忽被盗铜像一百躯，"有司征检，四邻防宿及踪迹所疑，逮系数十人。……(琼)抄贼姓名及赃处所，径收掩，悉获实验，贼徒款引，道路叹伏"②。《周书·柳庆传》记有胡家被劫，"郡县按察，莫知贼所，邻近被囚系者甚多"③。计部郎中柳庆诈伪劫匪作匿名状，广陵王欣家奴面缚自告榜下，因获党与甚众。后世虽常有羁押邻人鞫问之实例，此举多为良吏所不齿。据贞观十六年(642 年)十月二十六日诏：

> 盗贼之作，为害寔深。州县官人，多求虚誉，苟有盗发，不欲陈告。乡村长正，知其此情，遽相劝止，十不言一。假有披论，先劫物主，爰及邻伍，久婴缧绁。有一于斯，甚亏政化。自今已后，勿使更然，所司明加采察，随事绳纠。④

《狱官令》虽允许收禁告事邻伍，在刑事诉讼领域，并无邻人承担证明义务之直接依据，但实践中长期存在法司擅自滞留邻伍问对之惯例。天宝五载(746 年)，李林甫"以坚戚里，不合与节将狎昵，是构谋规立太子"，构陷韦坚与河西节度鸿胪卿皇甫惟明等。韦坚子弟故旧流贬岭外者甚众。直至天宝七载(748 年)，李林甫仍"于江淮、东京缘河转运使，恣求坚之罪以闻，因之纲典舡夫溢于牢狱，郡县征剥不止，邻伍尽成裸形，死于公府，林甫死乃

---

① (汉)史游：《急就篇》卷 4，(唐)颜师古注，岳麓书社 1989 年版，第 301 页。

② (宋)王钦若等编纂：《册府元龟》卷 695《牧守部·折狱》，周勋初等校订，凤凰出版社 2006 年版，第 8028 页。

③ (唐)令狐德棻：《周书》卷 22《柳庆传》，中华书局 1971 年版，第 371 页。

④ (宋)王钦若等编纂：《册府元龟》卷 63《帝王部·发号令第二》，周勋初等校订，凤凰出版社 2006 年版，第 672 页。

停。"①皇甫枚《三水小牍》记咸通十一年(870年)新安县民王公直瘗蚕货桑，遭受天谴，牵连官司事：

> 唐咸通庚寅岁，洛师大饥，谷价腾贵，民有殍于沟塍者。至蚕月而桑多为虫食，叶一斤直一镪。新安县慈涧店北村民王公直者，有桑数十株，特茂盛荫翳。公直与妻谋谋曰："歉俭若此，家无见粮。徒极力于此蚕，尚未知其得失。以我计者，莫若弃蚕，乘贵货叶，可获钱十万，蓄一月之粮，则接麦矣，岂不胜为馁死乎？"妻曰："善。"乃携锸坎地，养蚕数箔瘗焉。明日凌晨，荷桑叶诣都市鬻之，得三千文，市彘肩及饼饵以归。至徽安门，门吏见囊中殷血连洒于地，遂止诘之。公直曰："适卖叶得钱，市彘肩及饼饵贮囊，无他物也。"请吏搜索之，既发囊，唯有人左臂，若新支解焉。群吏乃反接送于居守，居守命付河南府。尹正琅琊王公凝令纲纪鞫之，具款云："某瘗蚕卖桑叶市肉以归，实不杀人，特请检验。"尹判差所由监令就村验埋蚕处。所由领公直至村，先集邻保责手状，皆称实知王公直埋蚕，别无恶迹。乃与村众及公直同发蚕坑，中有箔角一死人，而阙其左臂。取得臂附之，宛然符合。遂复领公直诣府白尹。尹曰："王公直虽无杀人之辜，且有坑蚕之咎。法或可恕，情在难容。蚕者，天地灵虫，绵帛之本。故加剿绝，与杀人不殊。当置严刑，以绝凶丑。"遂命于市杖杀之。使验死者，则复为腐蚕矣。②

河南尹据王公直供述，差官就慈涧店北村瘗蚕处勘验。官差聚集邻伍，访查案情，邻里皆以手状自白，证明王公直埋蚕属实，并无其他罪行。嗣后，差役在邻里见证下开掘埋瘗之处。唐代"手状"乃诉讼中嫌犯书面供述，或证人证言等文字材料。如《旧唐书·姚崇传》载神功元年(697年)九月甲寅，武

---

① (后晋)刘昫：《旧唐书》卷105《韦坚传》，中华书局1975年版，第3225页。

② (唐)皇甫枚：《三水小牍》卷上"埋蚕受祸"，《唐五代笔记小说大观》，上海古籍出版社2000年版，第1178页。

后云"使近臣就狱亲问，皆得手状，承引不虚"①。大和九年（835年）十一月，仇士良奏王涯等谋反系狱，"因以涯手状呈上，召左仆射令狐楚、右仆射郑覃等升殿示之"②，皆言为王涯字迹。《三水小牍》"王公直"条言腐蚕通灵，幻化为死人左臂云云，当属虚构；然法司访查案情，邻伍作证等，皆与唐代诉讼规则并无二致。此外，唐律对于证人资格有一定限制，"其于律得相容隐，即年八十以上，十岁以下及笃疾，皆不得令其为证，违者减罪人罪三等"③。由此，比邻为证者，当遵循上述规定，将同居亲属、老幼笃疾者排除在外。

第六节　邻伍连带责任

"相司连坐之制，皆起于什伍"④。邻伍连带责任是邻伍互保的直接产物，邻里之间不但须承担告发、证明义务以外，对于重大犯罪，还须分担部分刑事责任。戴炎辉指出："连坐乃正犯的同职或伍保负连带责任……连坐自秦已有此语，乃邻伍（什伍）或同职连带负刑事责任之谓；另有相司、相牧司、相监司等语，亦连坐之意。"⑤就历史渊源而言，邻伍连坐制度可追溯至商鞅变法时期，秦孝公十年（前352年），商君定变法之令：

> 令民为什伍（《索隐》刘氏云："五家为保，十保相连。"《正义》或为十保，或为五保），而相牧司连坐（《索隐》：牧司谓相纠发也。一家有罪而九家连举发，若不纠举，则十家连坐。恐变令不行，故设重禁）。不告奸者腰斩，告奸者与斩敌首同赏（《索隐》案：谓告奸一人则得爵一级，

---

① （后晋）刘昫：《旧唐书》卷96《姚崇传》，中华书局1975年版，第3021页。
② （宋）司马光：《资治通鉴》卷245"文宗大和九年（835年）十一月癸亥"，中华书局1956年版，第7915页。
③ （唐）长孙无忌等：《唐律疏议》卷29《断狱》"议请减老小疾不合拷讯"，刘俊文点校，中华书局1983年版，第551页。
④ 吕思勉：《吕思勉读史札记》，上海古籍出版社1982年版，第367页。
⑤ 戴炎辉：《中国法制史》，三民书局1979年版，第55—56页。

故云"与斩敌首同赏"也），匿奸者与降敌同罚（《索隐》案律，降敌者
诛其身，没其家，今匿奸者，言当与之同罚也）。①

什伍连坐是邻伍连保体制在司法实践领域的初步尝试，为后世完善邻伍
连带责任制度提供了范例。思想家尉缭在坚持邻伍连坐制度的基础上，对什
伍连保纠举犯罪体系的功能与价值进行了深入阐释。②秦国长期沿袭了商鞅什
伍连坐之制，据《睡虎地秦墓竹简·法律答问》：

> 律曰"与盗同法"，有（又）曰"与同罪"，此二物其同居、典、伍当
> 坐之。③

---

① （汉）司马迁：《史记》卷68《商君列传》，（宋）裴骃集解，（唐）司马贞索隐，（唐）张守
节正义，中华书局1959年版，第2230页。

按：罗开玉依据出土文献结合史籍文献，对秦国"什伍"、"伍人"等概念详作辨析，得
出以下结论：（1）秦自商鞅时代起，便以里直接辖"伍"。商鞅"令民为什伍"应释为："伍"
是五家为保"的地方组织，又是"五人为伍"的军事编制，刘氏所云仅是其一方面；"什"只
是"十人为什"的军事编制，而非"十家连坐"，刘氏之云，《索隐》、《正义》之注皆误。（2）"伍
人"指整个同"伍"的人。地方上，它指包括家属在内的整个"四邻"，军中只指同"伍"的本
人。"伍人"的责任，对政府而言，主要是相互监督，对"贼"而言，则为相互保护；而前者是
经常的主要的任务，是秦国"伍"的特征所在。"伍人"的责任，主要是通过残酷的连坐法来完
成的。在统一战争中，它对维护秦本土的治安和军事进取也起了一定的积极作用。（3）"士伍"
这个称谓可能源于商鞅时期的"什伍"制，是地方上的"伍"与军中"什伍"中无爵适龄男性
的单称。罗开玉：《秦国"什伍"、"伍人"考——读云梦秦简札记》，《四川大学学报》（哲学社
会科学版）1981年第2期，第88页。

② 按："军中之制，五人为伍，伍相保也；十人为什，什相保也；五十人为属，属相保也；
百人为闾，闾相保也。伍有干令犯禁者，揭之，免于罪；知而弗揭，全伍有诛。什有干令犯禁
者，揭之，免于罪；知而弗揭，全什有诛。属有干令犯禁者，揭之，免于罪；知而弗揭，全属
有诛。闾有干令犯禁者，揭之，免于罪；知而弗揭，全闾有诛。吏自什长已上至左右将，上下
皆相保也。有干令犯禁者，揭之，免于罪；知而弗揭者，皆与同罪。夫什伍相结，上下相联，
无有不得之奸，无有不揭之罪。父不得以私其子，兄不得以私其弟，而况国人聚舍同食，乌能
以干令相私者哉？"[（战国）尉缭：《尉缭子全译》卷3《伍制令第十四》，刘春生译注，贵州人
民出版社1993年版，第73页]其实，实践中关于什伍相保连坐制度并不限于军旅之内，而是广
泛适用于封建国家各级行政区域。

③ 睡虎地秦墓竹简整理小组：《睡虎地秦墓竹简》，文物出版社2001年版，第98页。

汉魏晋时期，均有邻伍承担连带刑事责任的例证。《二年律令·钱律》："盗铸钱及佐者，弃市。同居不告，赎耐。正典、田典、伍人不告，罚金四两。"①王莽天凤六年(19年)规定：盗铸钱邻伍不举告者，与盗铸者同罪："私铸作泉布者，与妻子没入为官奴婢；吏及比伍，知而不举告，与同罪。"②《魏书·高祐传》记祐设禁贼之方，令邻里揭发盗贼，"五五相保，若盗发则连其坐，初虽似烦碎，后风化大行，寇盗止息。"③熙平二年(517年)春，灵太后令：民间有私度他人奴婢者，邻长里党未能纠举者须承担连带责任：

> "私度之僧，皆由三长罪不及己，容多隐滥。自今有一人私度，皆以违旨论。邻长为首，里、党各相降一等。县满十五人，郡满三十人，州镇满三十人，免官，僚吏节级连坐。私度之身，配当州下役。"时法禁宽褫，不能改肃也。④

可以认为，律令诏敕设定邻伍连带责任的目的，仍与前述邻里纠举义务相辅相成。由于实践中时常出现基层里保乡党怠于履行举告义务，故而创设法禁，督促邻伍之间相互访查非违，及时向官府举报，否则即应承担不利的法律后果。唐代在特定时期，针对特定犯罪，曾在常法之外，专以别敕形式设定邻伍从坐责任，由此形成重大犯罪邻伍连带惯例。如永淳元年(682年)禁盗铸钱，"私铸者抵死，邻、保、里、坊、村正皆从坐"⑤。大中五年(851年)正月敕定屠牛之禁，"如有屠牛事发，不唯本主抵法，邻里保社并须痛加惩责，本县官吏委刺史节级科罚"⑥。上述诏敕中针对私铸、屠牛等行为之禁

---

① 张家山二四七号汉墓竹简整理小组：《张家山汉墓竹简》(释文修订本)，文物出版社2006年版，第35页。

② (汉)班固：《汉书》卷24下《食货志》，(唐)颜师古注，中华书局1962年版，第1184页。

③ (北齐)魏收：《魏书》卷57《高祐传》，中华书局1974年版，第1261页。

④ (北齐)魏收：《魏书》卷114《释老志》，中华书局1974年版，第3043页。

⑤ (宋)欧阳修、宋祁：《新唐书》卷54《食货志》，中华书局1975年版，第1384页。

⑥ (宋)王钦若等编纂：《册府元龟》卷70《帝王部·务农》，周勋初等校订，凤凰出版社2006年版，第749页。

令均有一定时效限定，然在禁令实施期间，其法律效力却毋庸置疑。《因话录》记载某人犯屠牛、私酿、国忌作乐三禁，牵连邻保事：

> 又有里人为邻巫所惑，而当有灾，宜谢神，乃杀家犊，酿酒，声鼓以祀。时官禁屠牛私酿，法甚峻。又当国忌，不合动乐。并犯三罪，为吏所擒。家长邻保，皆抵重罪，连及数十人，此乃禳灾适所以致灾也。其愚如此。[①]

武宗末年，禁止私酿，一度于扬州等地施行榷沽制度，江南诸州推行榷沽之法甚为严厉，时常累及邻伍，遂于会昌六年（846 年）九月降敕规制：

> 扬州等八道州府，置榷曲，并置官店沽酒，代百姓纳榷酒钱，并充资助军用，各有榷许限，扬州、陈许、汴州、襄州、河东五处榷曲，浙西、浙东、鄂岳三处置官沽酒。如闻禁止私酤，过于严酷，一人违犯，连累数家，闾里之间，不免咨怨。宜从今以后，如有人私沽酒及置私曲者，但许罪止一身，并所由容纵，任据罪处分。乡井之内，如不知情，并不得追扰。其所犯之人，任用重典，兼不得没入家产。[②]

随意株连邻伍的施政方式，并不为有识之士所认同。史籍文献时常将追究邻伍连带责任视为长吏酷虐之例证。《旧唐书·王世充传》记武德三年（620 年），世充令五家相保，"有全家叛去而邻人不觉者，诛及四邻。杀人相继，其逃亡益甚"[③]。《新唐书·韩滉传》记贞元中，韩滉巡内婺州属县"有犯令者，诛及邻伍，坐死数十百人"[④]。因"刻下罔上，以为己功"遭人诟病。

五代承唐季丧乱，率以酷法驭下，邻伍连坐责任制度更趋严苛。在禁绝私盐、盗铸等经济犯罪方面，时常以诏敕强调邻伍连保机制，以高额奖

---

① （唐）赵璘：《因话录》卷 6《羽部》，上海古籍出版社 1979 年版，第 111 页。
② （后晋）刘昫：《旧唐书》卷 49《食货下》，中华书局 1975 年版，第 2130—2131 页。
③ （后晋）刘昫：《旧唐书》卷 54《王世充传》，中华书局 1975 年版，第 2233 页。
④ （宋）欧阳修、宋祁：《新唐书》卷 126《韩滉传》，中华书局 1975 年版，第 4435 页。

励刺激邻伍之间互相纠举。后唐长兴四年(933年)五月七日,敕四邻告发私盐者有赏:

> 应食末盐地界,州府县分,并有榷巢场院,久来内外禁法,即未有一概条流,应刮鳓煎盐,不计多少斤两,并处极法。兼许四邻及诸色人等陈告,等第支与赏钱。①

后周广顺二年(952年)九月十八日敕:条流禁私盐曲法,邻保向兴贩私盐私酿通风报信者据法科断;村坊、邻保等协助官府巡检鳓卤的责任。

> 一、诸色犯盐曲,所犯一斤已下至一两,决臀杖十七,配役一年;五斤已下一斤已上,决脊杖二十,配役三年;五斤已上,并决重杖一顿,处死。应所犯盐曲关津、门司、厢巡、村保,如有透漏,并行勘断。

> 一、刮鳓煎炼私盐,所犯一斤已下,决脊杖二十,配役三年;一斤已上,并决重杖一顿,处死。所犯私盐,若捉到鳓土鳓水,祗煎成盐,称盘定罪。逐处凡有鳓卤之地,所在官吏节级所隶,常须巡检,村坊邻保,遍相觉察。若有所犯,他处彰露,并行勘断。

> 一、所犯私盐,捉事告事人各支赏钱,以系省钱充。至死刑者,赏钱五十贯文;不及死刑者,三十贯文。②

村坊、邻伍巡察辖内的责任在后周显德二年(955年)八月二十四日改立盐法中得到再次重申:"应有不系官中煎盐处鳓地,并须标识,委本州府差公干职员与巡盐节级、村保、地主、邻人,同共巡检。若诸色人偷刮卤地,便仰收捉……其刮鳓处地分,并刮鳓人住处巡检、节级、所由、村保等,各徒二年半,令众一月,依旧勾当。"③

---

① (宋)王钦若等编纂:《册府元龟》卷494《邦计部·山泽第二》,周勋初等校订,凤凰出版社2006年版,第5605—5606页。

② (宋)王钦若等编纂:《册府元龟》卷494《邦计部·山泽第二》,周勋初等校订,凤凰出版社2006年版,第5608—5609页。

③ (宋)薛居正等:《旧五代史》卷146《食货志》,中华书局1976年版,第1953—1954页。

后周广顺元年(951年)三月、显德二年(955年)九月两次发布诏敕,要求邻伍举告私藏铜器,意在禁绝盗铸之源:

> 周广顺元年三月二十八日敕:铜法今后官中更不禁断,一任兴贩。所有钱一色即不得销铸为铜器货卖。如有犯者,有人纠告捉获,所犯人不计多少斤两,并处死。其地分所由节级,徒一年,邻保人杖七十,其告事人给与赏钱一百贯。[①]
>
> 显德二年九月一日敕:……应两京、诸道州府铜象器物,诸色装铰所用铜,限敕到五十日内,并须毁废送官。其私下所纳到铜,据斤两给付价钱。如出限及有隐藏及埋窖使用者,一两至一斤,所犯人及知情人徒二年,所由节级、四邻杖七十,捉事、告事人赏钱十贯;一斤至五斤,所犯及知情人各徒三年,所由节级、四邻杖九十,捉事、告事人赏钱二十贯;五斤已上,不计多少,所犯人处死,知情人徒三年,配役一年,所由节级、四邻杖一百,捉事、告事人赏钱三十贯。[②]

与《唐律》规定的特定情形下邻伍须承担救助义务相适应,后世强加于邻伍之举告、证明责任及连带责任皆无明确法律依据,故在特定时空范围内,针对特定行为,以殊旨别敕方式设定相关义务。此类立法多数不具备普遍法律适用效力。

本 章 小 结

本章讨论邻里诉讼法律关系问题。受中国农耕文化影响,邻里之间因生产、居住、生活等层面的相互联系异常紧密,传统安土重迁思想成为促进睦邻观念长期延续发展的重要动力。自秦汉延及隋唐五代,邻伍相保一直是历

---

① (宋)王溥:《五代会要》卷27《泉货》,上海古籍出版社1978年版,第436页。
② (宋)王溥:《五代会要》卷27《泉货》,上海古籍出版社1978年版,第437页。

代王朝进行乡村社会管理的基本模式。

首先，《唐律》针对"规避执人"、"见火起不告救"、"邻里被强盗"情形设定的邻伍救助义务，是传统邻伍相保制度在刑事诉讼层面的直接体现，亦可视为敦睦亲邻观念的现实反映。与邻里遭遇绑架、火灾、抢劫同伍救助的法定义务相比，邻里举告义务相对淡化。受秦汉以来邻伍相保传统制约，《唐令》并不禁止邻人举告，在认可其采取强制措施的前提下，要求告发者承担举证、质证责任。因此，若无直接利益纠葛或经济利益刺激，窥邻隐私、发人罪责之行径，当为传统伦理观念所不容，亦与民众明哲自保的普遍心态背道而驰。因此，唐代"邻里举告"逐步由义务性规范转化为选择性规范，进入举告程序后之强制措施、告诉、举证、质证诸事，多数降格为诉讼惯例性质。

其次，按照是否与自身利益直接相关，唐代邻人告事可以区分为邻人涉诉与邻人举告两类。邻里实际拥有控制嫌犯、扭送法司等诉讼权利。受邻伍相保关系影响，传统司法观念视邻伍为一体。法司为查明案件原委，可以传唤、询问邻人。唐代虽时有羁押邻人鞠问之实例，却多为监临官酷虐之例，多为良吏所不齿。《狱官令》虽允许收禁告事邻伍，在刑事诉讼中，并无邻人承担证明义务之直接依据。但实践中长期存在法司擅自滞留邻伍问对之惯例。

最后，邻里之间对于重大犯罪，还须分担部分刑事责任。唐代在特定时期，针对特定犯罪，曾在常法之外，专以敕令形式设定邻伍从坐责任，由此形成重大犯罪邻伍连带问责惯例。延及五代，诉讼实践中，对于邻里举告义务、证明义务、连带责任诸端，多依惯例行事，其中，泉货、榷沽、榷盐等事关国计民生者，则为邻里涉诉惯例生成与实践之重点领域。

第三篇

告诉惯例研究

引　言

　　起诉是引发刑事诉讼之初始环节。关于唐代刑事诉讼起诉途径，学界观点各异。民国学者刘陆民认为："（唐代刑事事件）审判程序开始之缘由，在大体上，似亦可分为纠弹官之公诉，与被害人方面之自诉。"具体包括告诉、告发、自首、纠弹和纠问五类①；陈光中认为起诉方式包括被害人告诉、一般人告诉、犯罪人自首、官吏举发、审判机构纠问五类②；刘俊文则认为法司受诉方式包括专司受诉、上诉、直诉三类③；李交发将起诉形式划分为自诉（唐律称"告诉"或"告"）、举告、自首和官纠举四类④；蒲坚认为唐代起诉方式包括举劾与告诉两类，前者由官吏代表国家纠举；后者由平民告诉，又包括自诉、越诉、直诉和亲属代诉四种途径⑤。上述诸说虽有分歧，但以私人告诉行为作为唐代基本起诉途径的观念，已得到当今学界的普遍认同。

---

① 刘陆民：《唐代审判制度考》，《法学月刊》1947 年第 2 期，第 22—24 页。
② 陈光中、沈国峰：《中国司法制度史》，群众出版社 1984 年版，第 47—52 页。
③ 刘俊文：《唐代法制研究》，文津出版社 1999 年版，第 164—173 页。
④ 李交发：《中国诉讼法史》，中国检察出版社 2002 年版，第 34—51 页。
⑤ 蒲坚：《中国法制史》，中央广播电视大学出版社 2003 年版，第 227 页。
　　按：关于告诉方式的研究应注意相关概念之间的种属关系，"自诉"即私人告诉，应与官吏纠举之公诉相对应，具体包括纠问与弹劾两种方式；越诉并非单独一类告诉途径，原则上是历朝律令所禁之告诉形态，除非敕令特殊规定或司法机关认可，诉事者不得越级告诉。"直诉"是逐级上诉（申诉）的最高形式，即向皇帝直接告诉。直诉原则上应穷尽地方州县、中央尚书省、三司、上表等环节后，仍冤滞未申，即可以立肺石、挝登闻鼓、投匦、邀车驾等方式诉于君主。"亲识代诉"本质上是告诉或上诉（包含直诉）的表现形式，与一般自诉或上诉的差异，主要体现在具体告诉主体的不同。

　　学界对于告诉、自首(自告)、举劾等起诉方式已进行了深入研究，本篇撷取弹劾、诣台诉事、举告、告密、上诉五类告诉方式作为研究样本，试图通过对唐代刑事诉讼实际运行状态之分析，探究告诉领域诉讼惯例之生成与运行问题。其中，弹劾属于官方纠举性质，诣台诉事、举告、告密虽在告诉方式上略有差异，却均属于私人追诉性质。其中，告密又是第三人举告之特殊形态。"上诉"一章则专门讨论上诉及与之相关的临刑称冤、亲识代诉等问题，广义上均可纳入告诉范畴。

第 五 章

告 诉 原 则

第一节 强制告诉原则

一、谋反大逆随近密告

对于严重危害封建统治秩序的各类犯罪，知情人均承担强制告发义务。此类犯罪之中，反逆大罪因"亏损名教，毁裂冠冕"，其揭举告发之责尤重。据《唐律疏议·斗讼》"知谋反逆叛不告"条："诸知谋反及大逆者，密告随近官司，不告者，绞。知谋大逆、谋叛不告者，流二千里。知指斥乘舆及妖言不告者，各减本罪五等。"①该条规定了重大犯罪就近强制告诉的基本原则，知情人无论是否与案件有牵连，或与涉案当事人有容隐关系，皆需向官府秘密告诉。其中对于包庇危害封建国家之"谋反"、"谋大逆"行为流两千里；对于"指斥乘舆"之大不敬行为以及"妖言"犯罪当徒二年。官府对于告发谋反、大逆、指斥乘舆及妖言者，必须立即受理并派员追摄，"官司承告，不即掩捕，经半日者，各与不告罪同；若事须经略。而违时限者，不坐"②。

---

① （唐）长孙无忌等：《唐律疏议》卷 23《斗讼》"知谋反逆叛不告"，刘俊文点校，中华书局 1983 年版，第 427 页。

② （唐）长孙无忌等：《唐律疏议》卷 23《斗讼》"知谋反逆叛不告"，刘俊文点校，中华书局 1983 年版，第 427 页。

二、尊亲被害限期告发

对于强盗、窃盗、杀人等严重危害人身、财产安全的犯罪，严禁私相和解，被害人家属、邻里等必须向官府告发。据《唐律疏议·贼盗》"亲属为人杀私和"条：

> 诸祖父母、父母及夫为人所杀，私和者，流二千里；期亲，徒二年半；大功以下，递减一等。受财重者，各准盗论。虽不私和，知杀期以上亲，经三十日不告者，各减二等。①

中国古代复仇思想源远流长，《礼记·曲礼上》即有"父之仇弗与共戴天，兄弟之仇不反兵，交游之仇不同国"②的记载，且因儒家推崇而影响深远。唐律要求被害人亲属及时报案，通过正当诉讼程序解决杀亲案件。律文在禁绝私和的同时，对此类案件的告诉主体及告诉时限予以明确规定：知祖父母、父母及夫等尊亲被杀，经三十日内不告，徒二年半；知期亲被杀经三十日不告者，徒一年半。此外，奴婢、部曲承担单方容隐主人之法定义务，若其主被杀，部曲、奴婢私和受财，不告官府，"得罪并同子孙"。

三、被害之家及邻伍告发

古代中国农耕文明为主的生产方式，衍生出民众安土重迁、群居睦邻的生活方式。张国刚指出："唐代在县政权以下乡村基层社会设置有两类组织，一个是乡、里，一个是村、坊，这两类组织都建立在居民的家户之上。百户为里，五里为乡，这是基层行政组织，带有基层政权的性质；在城居者为坊，在乡野者为村，这是居民小区组织，主要负责治安责任。"③唐代重视基层乡村治安联保体系之构建，《唐律疏议·斗讼》"强盗及杀人"条规定强盗、杀

---

① （唐）长孙无忌等：《唐律疏议》卷 17《贼盗》"亲属为人杀私和"，刘俊文点校，中华书局 1983 年版，第 333 页。

② （汉）郑玄注，（唐）孔颖达疏：《礼记正义》卷 3《曲礼上》，十三经注疏整理委员会整理，北京大学出版社 2000 年版，第 98 页。

③ 张国刚：《唐代乡村基层组织及其演变》，《北京大学学报》（哲学社会科学版）2009 年第 5 期，第 125 页。

人、盗窃等犯罪案发，被害人家属及五保之人应立即向所辖官府告发，如被害家人、同伍无法告诉，由临近住户承担告诉责任：

> 诸强盗及杀人贼发，被害之家及同伍即告其主司。若家人、同伍单弱，比伍为告。当告而不告，一日杖六十。主司不即言上，一日杖八十，三日杖一百。官司不即检校、捕逐及有所推避者，一日徒一年。窃盗，各减二等。①

同时，《唐律》设定邻里强制救助、告发义务。若遇强盗、杀人者，四邻在事主求援或呼救的情况下，应履行法定救助义务。若自身力不能及，则须从速向辖内官府报案。又据《唐律疏议·斗讼》"监临知犯法不举劾"条，知同伍内人在家，有犯罪而不纠者，"死罪，徒一年；流罪，杖一百；徒罪，杖七十"②。若其家唯有妇女及男年十五以下不堪告事者，皆勿论。此外，《唐律》还规定了各级长官及里正、村正、坊正等监临主司，"知所部有犯法，不举劾者，减罪人罪三等"③。御史等纠弹之官及金吾，知所辖犯罪不纠劾者，减罪人罪二等论断。

第二节　限制告诉原则

一、身份限制

（一）限制亲属相讼

基于儒家宗法伦理观念，《唐律》在告诉主体身份层面设定诸多限制。首

---

① （唐）长孙无忌等：《唐律疏议》卷 24《斗讼》"强盗杀人不告主司"，刘俊文点校，中华书局 1983 年版，第 449 页。

② （唐）长孙无忌等：《唐律疏议》卷 24《斗讼》"监临知犯法不举劾"，刘俊文点校，中华书局 1983 年版，第 450 页。

③ （唐）长孙无忌等：《唐律疏议》卷 24《斗讼》"监临知犯法不举劾"，刘俊文点校，中华书局 1983 年版，第 449 页。

先，禁止卑幼告发尊长。《礼记·檀弓》："事亲有隐而无犯。"[①]告祖父母、父母者，与"亲亲"观念相悖，违背"亲属相隐"原则，故为历代律典所不容。《睡虎地秦墓竹简·法律答问》云"子告父母，臣妾告主，非公室告，勿听。……而行告，告者罪"[②]。《二年律令·告律》："子告父母，妇告威公，奴婢告主，主父母妻子，勿听而弃告者市。"[③]《魏书·窦瑗传》引《北魏律》："子孙告父母、祖父母者死"，[④]由此使汉宣帝时确立的亲属容隐权利变为严厉的法律责任[⑤]。《唐律疏议·斗讼》"告祖父母父母"条规定：子孙卑幼告言祖父母、父母者，是为"不孝"，依律当绞。[⑥]父祖犯谋反、大逆、谋叛者，不在此限。其次，禁止告期亲尊长。"诸告期亲尊长、外祖父母、夫、夫之祖父母，虽得实，徒二年；其告事重者，减所告罪一等；即诬告重者，加所诬罪三等。告大功尊长，各减一等；小功、缌麻，减二等；诬告重者，各加所诬罪一等"[⑦]。期亲尊长犯谋反、大逆、谋叛者，不在此限。再次，禁止告缌麻卑幼。此亦为告亲之罪，"诸告缌麻、小功卑幼，虽得实，杖八十；大功以上，递减一等。诬告重者，期亲，减所诬罪二等；大功，减一等；小功以下，以凡人论"[①]。《唐律》此条着力偏祖尊属，"诬告子孙、外孙、子孙之妇妾及已之妾者，各勿论。"

（二）限制部曲奴婢告主

唐律要求奴婢、部曲为其主承担单方容隐义务。与之相适应，禁止部曲、

① （汉）郑玄注，（唐）孔颖达疏：《礼记正义》卷 6《檀弓上第三》，十三经注疏整理委员会整理，北京大学出版社 2000 年版，第 196 页。

② 睡虎地秦墓竹简整理小组：《睡虎地秦墓竹简》，文物出版社 2001 年版，第 118 页。

③ 张家山二四七号汉墓竹简整理小组：《张家山汉墓竹简》（释文修订本），文物出版社 2006 年版，第 27 页。

④ （北齐）魏收：《魏书》卷 88《良吏·窦瑗传》，中华书局 1974 年版，第 1909 页。

⑤ 赵世超：《中国古代引礼入法的得与失》，《陕西师范大学学报》（哲学社会科学版）2011 年第 1 期，第 17 页。

⑥ （唐）长孙无忌等：《唐律疏议》卷 23《斗讼》"告祖父母父母"，刘俊文点校，中华书局 1983 年版，第 432 页。

⑦ （唐）长孙无忌等：《唐律疏议》卷 24《斗讼》"告期亲以下缌麻以上尊长"，刘俊文点校，中华书局 1983 年版，第 435 页。

① （唐）长孙无忌等：《唐律疏议》卷 24《斗讼》"告缌麻以上卑幼"，刘俊文点校，中华书局 1983 年版，第 436—437 页。

奴婢告发主人犯罪。《唐律疏议·斗讼》"部曲奴婢告主"条规定：部曲、奴婢告发主人及其亲属犯罪之罚则："诸部曲、奴婢告主，非谋反、逆、叛者，皆绞（原注：被告者同首法）；告主之期亲及外祖父母者，流；大功以下亲，徒一年。诬告重者，缌麻，加凡人一等；小功、大功，递加一等。"①由此，对于主人一般犯罪，皆禁止奴婢部曲告发，唯谋反、大逆、谋叛者，不在此限。

（三）老幼残疾限制告诉

"年八十以上、十岁以下及笃疾者，听告谋反、逆、叛、子孙不孝及同居之内为人侵犯者，余并不得告。官司受而为理者，各减所理罪三等"②。老、幼、残疾皆属于特殊诉讼主体，唐《户令》对残疾标准有明确界定：

> 诸一目盲、两耳聋、手无二指、足无三指、手足无大拇指、秃疮无发、久漏下重、大瘿瘇，如此之类，皆为残疾。痴痖、侏儒、腰脊折、一肢废，如此之类，皆为废疾。恶疾、癫狂、二肢废、两目盲，如此之类，皆为笃疾。①

由此，法司当据令文认定限制告诉者之具体身份。《唐律》此条将老人、残疾人告诉权利限定于举告谋反、大逆、谋叛，以及子孙不孝、供养有阙、同居之内为人侵犯等直接涉及老年人利益之犯罪。其中子孙不孝、供养有阙两项，则为老人所独享。

---

① （唐）长孙无忌等：《唐律疏议》卷24《斗讼》"部曲奴婢告主"，刘俊文点校，中华书局1983年版，第438页。

② （唐）长孙无忌等：《唐律疏议》卷24《斗讼》"因不得告举他事"，刘俊文点校，中华书局1983年版，第441页。

① ［日］仁井田陞：《唐令拾遗·户令第九》"残疾废疾笃疾"，栗劲等译，长春出版社1989年版，第136页。《白氏六帖事类集》载《户令》与之略同："诸一目盲、两耳聋、手无二指、足无大拇指、秃疮无发、久漏下重、大瘿肿之类，皆为残疾。痴痖、侏儒、腰折、一枝废，如此之类，皆为废疾。瘨狂、两枝废、两目盲，如此之类，皆为笃疾。"（唐）白居易：《白氏六帖事类集》卷9《三疾令》，文物出版社1987年版。

二、程序限制

(一)限制匿名告发

战国法家在鼓励告奸的同时，禁止匿名告人。《睡虎地秦墓竹简·法律答问》记载了秦代处置匿名文书的一般原则：“有投书，勿发，见辄燔之；能捕者购臣妾二人，系投书者鞠审谳之。所谓者，见书而投者不得，燔书，勿发；投者(得)，书不燔，鞠审谳之谓殹(也)。”①汉《二年律令·具律》又云：“毋敢以投书者言系治人。不从律者，以鞠狱故不直论。”②唐代处理匿名投书遵循一般案件即时焚毁；反逆案件闻奏听裁的基本策略③。《唐律》规定：“诸投匿名书告人罪者，流二千里。得书者，皆即焚之，若将送官司者，徒一年。官司受而为理者，加二等。被告者，不坐。辄上闻者，徒三年。”④若匿名告谋反、大逆、谋叛者，“状即是实，便须上请听裁；告若是虚，理依诬告之法”。

(二)诉牒须合规范

唐代对告事人向官府呈递的诉牒之内容与形式有严格要求，与前述禁止匿名告诉原则相适应，诉牒须写具告事人姓名、年月；事实叙述与诉讼请求部分应清楚明白，证据确凿：“诸告人罪，皆须明注年月，指陈实事，不得称疑。违者，笞五十。官司受而为理者，减所告罪一等。”①由于诉牒是启动和推进诉讼程序的关键因素，因此，《唐律》又有“为人作辞牒加状”的规定：“诸为人作辞牒，加增其状，不如所告者，笞五十；若加增罪重，

---

① 睡虎地秦墓竹简整理小组：《睡虎地秦墓竹简》，文物出版社 2001 年版，第 106 页。

② 张家山二四七号汉墓竹简整理小组：《张家山汉墓竹简》（释文修订本），文物出版社 2006 年版，第 25 页。

③ 陈玺、何炳武：《唐代匿名告人现象的法律思考》，《人文杂志》2008 年第 3 期，第 169—170 页。

④ (唐)长孙无忌等：《唐律疏议》卷 24《斗讼》“投匿名书告人罪”，刘俊文点校，中华书局 1983 年版，第 439—440 页。

① (唐)长孙无忌等：《唐律疏议》卷 24《斗讼》“告人罪须明注年月”，刘俊文点校，中华书局 1983 年版，第 444 页。

减诬告一等。"①嗣后，法官亦应依告状鞫狱，"若于本状之外，别求他罪者，以故入人罪论"②。

第三节 禁止告诉原则

除上述强制告诉与限制告诉诸条以外，《唐律》又胪列大量禁止告诉之情形，广泛涉及告诉主体、诉讼审级、诉讼时效等方面：

一、禁止囚徒告举他事

雷梦麟《读律琐言》认为："现禁囚不得告举他事，恐业已犯罪，难复加诬，奸人倚此陷害平人，故不受理。"③汉代即有禁止囚徒之条，《二年律令·告律》："年未盈十岁及系者、城旦舂、鬼薪白粲告人，皆勿听。"①北齐文宣帝天保七年(556 年)，豫州检使白标为左丞卢斐所劾，标于狱中诬告斐受金，文宣知其奸罔，按之无状，遂定罪囚举告禁令："敕八座议立案劾格，负罪不得告人事。"②《唐律疏议·斗讼》"囚不得告举他事"条规定："诸被囚禁，不得告举他事。其为狱官酷己者，听之。"③见禁囚徒除知谋反、大逆、谋叛以及自身遭受狱官虐待以外，"自余他罪并不得告"。清儒沈家本认为《唐律》此条即本于汉律：

---

① (唐)长孙无忌等：《唐律疏议》卷 24《斗讼》"为人作辞牒加状"，刘俊文点校，中华书局 1983 年版，第 444 页。

② (唐)长孙无忌等：《唐律疏议》卷 29《断狱》"依告状鞫狱"，刘俊文点校，中华书局 1983 年版，第 555 页。

③ (明)雷梦麟：《读律琐言》卷 22《刑律·诉讼》"现禁囚不得举告他事"，怀效锋、李俊点校，法律出版社 1999 年版，第 415 页。

① 张家山二四七号汉墓竹简整理小组：《张家山汉墓竹简》(释文修订本)，文物出版社 2006 年版，第 27 页。

② (唐)魏徵等：《隋书》卷 25《刑法志》，中华书局 1973 年版，第 704 页。

③ (唐)长孙无忌等：《唐律疏议》卷 24《斗讼》"囚不得告举他事"，刘俊文点校，中华书局 1983 年版，第 440 页。

《晋书·刑法志》:"囚徒诬告人反,罪及亲属,异于善人,所以累之,使省刑息诬也。"按:此魏改《汉律》之一,足征汉有囚徒诬告人反之律,魏特加重耳。《唐律》有诬告谋反大逆条,又有囚不得举告他事条,《疏议》引《狱官令》,囚明知谋叛以上听告,是谋反大逆囚亦许告。唐法如是,恐亦本于汉也。[①]

文献中可拣得见禁囚徒告发谋反事例,贞观十七年(643年)四月一日,"大理囚纥干承基上变,称太子承乾、汉王元昌等谋反"[②]。太宗诏长孙无忌、房玄龄等群臣杂治,承乾废为庶人,徙于黔州[③]。《文苑英华》卷五百二十二《刑狱门》"告密判"载绵州告密囚王礼告本州人有谋反,兼夜行越关事,应试人以"但缘谋反,律有明条"对策,言"告密纵使非虚,越关无宜首免"[④],由此亦可印证《唐律》允许见禁囚徒告诉反逆之规定。告发谋反以上犯罪,依令当给驿,差使部领送京。"其犯死罪囚,及缘边诸州镇防人,若配流人告密者,并不在送限。应须检校及奏闻者,准前例"[①]。

二、禁止以赦前事告

"夫赦令者,将与天下更始,诚欲令百姓改行洁己,全其性命也"[②]。封建时期君主诏赦具有最高法律效力,对于已经赦免的犯罪,禁止控告,法司亦不得受理。一经赦免,非仅刑罚权不存在,即罪名亦归消灭,与未犯罪前

①　(清)沈家本:《历代刑法考·汉律撷遗卷六·囚律》"告劾",中华书局1985年版,第1476页。

②　(宋)王溥:《唐会要》卷43《五星凌犯》,上海古籍出版社2006年版,第902页。

③　(宋)欧阳修、宋祁:《新唐书》卷80《太宗诸子·常山愍王承乾传》,中华书局1975年版,第3565页。

④　(宋)李昉等编:《文苑英华》卷522《判二十·刑狱门·告密判》,中华书局1966年版,第2674页。

①　天一阁博物馆、中国社会科学院历史研究所天圣令整理课题组校正:《天一阁藏明钞本天圣令校正》附《唐开元狱官令复原清本》第36条,中华书局2006年版,第647页。

②　(汉)班固:《汉书》卷12《平帝纪》,(唐)颜师古注,中华书局1962年版,第348页。

同①。《睡虎地秦墓竹简·法律答问》已有赦前盗钱，赦后事发，免其罪的规定："或以赦前盗千钱，赦后尽用之而得，论可(何)殹(也)？毋论。"②在唐代发布的三十余则诏敕之中③，多次重申"禁止以赦前事告"的诉讼原则。《唐律》规定："诸以赦前事相告言者，以其罪罪之。官司受而为理者，以故入人罪论。至死者，各加役流。"①

三、禁止越诉

唐制：凡有诉讼，"皆从下始，从下至上"。地方当先诉于所辖县司、若不伏，请给"不理状"，诉于本州；若对州司裁断不伏，可向中央尚书省左右丞、三司，乃至上达天听，即以邀车驾、挝登闻鼓、立肺石、投函匦、上表

---

① 徐朝阳：《中国诉讼法溯源》，吴宏耀、童友美点校，中国政法大学出版社 2012 年版，第 151 页。

② 睡虎地秦墓竹简整理小组：《睡虎地秦墓竹简》，文物出版社 2001 年版，第 102 页。

③ 据统计，唐代诏敕 30 次重申"以赦前事相告言者，以其罪罪之"的规定，主要见于《册府元龟》、《文苑英华》、《唐大诏令集》等文献，为便于表述，以下依次省称《册》、《文》、《诏》，并注明所在卷数：(1)武德九年八月甲子《太宗即位赦文》(《册》卷 85)；(2)《贞观四年二月甲寅大赦》(《册》卷 85；《诏》卷 83)；(3)贞观二十年《曲赦并州管内诏》(《文》卷 433)；(4)《改元光宅诏》(《诏》卷 3)；(5)改元载初赦(《诏》卷 4)；(6)《改元开元元年大赦天下制》(《诏》卷 4)；(7)开元五年《至东都大赦天下制》(《诏》卷 79、《文》卷 433)；(8)《开元十一年南郊赦》(《诏》卷 68)；(9)《开元十三年东封赦书》(《诏》卷 66)；(10)开元二十年《后土赦书》(《诏》卷 66)；(11)开元二十一年《藉田赦书》(《诏》卷 74)；(12)开元二十三年正月籍田制(《文》卷 462)；(13)大历五年三月丙戌大赦文(《册》卷 88)；(14)《大历七年大赦》(《诏》卷 85)；(15)《大历八年大赦》(《诏》卷 85)；(16)《大历九年大赦》(《诏》卷 85)；(17)《奉天改兴元元年赦》(《诏》卷 5)；(18)兴元元年《平朱泚后车驾还京赦》(《诏》卷 123)；(19)《贞元改元大赦制》(《陆贽集》卷 2)；(20)元和十四年七月二十三日上尊号赦(《文》卷 422)；(21)长庆元年正月三日南郊改元赦文(《文》卷 426)；(22)《宝历元年正月南郊赦》(《诏》卷 70)；(23)宝历元年四月二十日册尊号赦文(《文》卷 423)；(24)大和三年十一月十八日赦文(《文》卷 428)；(25)开成三年十一月壬戌诏(《册》卷 91)；(26)会昌二年四月二十三日上尊号赦文(《文》卷 423)；(27)会昌五年正月三日南郊赦文(《文》卷 429)；(28)大中元年正月十七日赦文(《文》卷 430)；(29)大中二年正月三日册尊号赦书(《文》卷 422)；(30)大中十三年十月九日嗣登宝位赦(《文》卷 420)。

① (唐)长孙无忌等：《唐律疏议》卷 24《斗讼》"以赦前事告言"，刘俊文点校，中华书局 1983 年版，第 442 页。

等方式向皇帝直诉。惟其如此,"卑官得以尽其职,尊官得以视其成"①。越诉是受害人向上级司法机构申诉的权利,通常是在同级司法机关无法保证当事人正常行使陈述权情况下向上级部门的申诉②。实践中,主要存在于因私人上诉(申诉)引发的上诉程序之中③,据《唐六典》:

> 　　凡有冤滞不申欲诉理者,先由本司、本贯;或路远而蹮碍者,随近官司断决之。即不伏,当请给不理状,至尚书省,左、右丞为申详之。又不伏,复给不理状,经三司陈诉。又不伏者,上表。受表者又不达,听挝登闻鼓。若惸、独、老、幼不能自申者,乃立肺石之下。④

由于逐级诉讼程序繁琐,成本高昂,实践中时常有人越级诉事。《唐律疏议》明确规定越诉罚则:"诸越诉及受者,各笞四十。若应合为受,推抑而不受者笞五十,三条加一等,十条杖九十。"①

四、禁止诬告

"诬告反坐"是中国古代司法长期秉承的基本原则,"亦最平允"②。秦汉以降,该原则即成定制而为历代恪守。《睡虎地秦墓竹简·法律答问》:"完城旦,以黥城旦诬人。可(何)论?当黥。"③魏文帝黄初五年(224年)春正月,

---

① (明)雷梦麟:《读律琐言》卷22《刑律·诉讼》"越诉",怀效锋、李俊点校,法律出版社1999年版,第400页。

② 戴建国、郭东旭:《南宋法制史》,人民出版社2011年版,第197页。

③ 陈玺:《唐代诉讼制度研究》,商务印书馆2012年版,第135页。

④ (唐)李林甫等:《唐六典》卷6《尚书刑部》"刑部郎中员外郎"条,陈仲夫点校,中华书局1992年版,第192页。

① (唐)长孙无忌等:《唐律疏议》卷24《斗讼》"越诉",刘俊文点校,中华书局1983年版,第447页。

② (清)薛允升:《唐明律合编》卷24《斗讼四》"诬告充军及迁徙",怀效锋、李鸣点校,法律出版社1998年版,第658页。

③ 睡虎地秦墓竹简整理小组:《睡虎地秦墓竹简》,文物出版社2001年版,第121页。

"初令谋反大逆乃得相告，其余皆勿听治；敢妄相告，以其罪罪之"[1]。即告发反逆以外的犯罪，依律视为诬告行为。张斐《注律表》云"诬告谋反者反坐"[2]。《北魏律》亦规定"诸告事不实，以其罪罪之"[3]。唐代对于诬告行为于法有罚，对诬告者采取"准前人入罪法"，即以诬告他人之罪罪之："诸诬告人者，各反坐。即纠弹之官，挟私弹事不实者，亦如之。"[4]

第四节　告诉才处理原则

《唐律》承袭"峻礼教之防，准五服以制罪"[5]原则，规定部分案件"告诉才处理"，与现代法律之刑事自诉案件相类似。此类案件多涉及家事犯罪，因其认定与裁断涉及隐私风化，须由被害人亲自向官府提出控诉，否则司法机关不得主动干预。《唐律》规定的告诉才处理的案件主要包括尊长告供养有阙与亲属相犯两类，具体包括以下四类情形：第一，"不孝"之供养有阙者，依律徒二年，"其有堪供而阙者，祖父母、父母告乃坐"[1]。第二，殴伤妻妾者，"皆须妻、妾告，乃坐"[2]。若致死人命者，案外人不限亲疏，皆得论告。第三，妻殴詈夫者，"要须夫告，然可论罪"[3]。第四，"妻妾殴詈夫父母者，徒

---

① （晋）陈寿：《三国志》卷 2《魏书·文帝纪》，（宋）裴松之注，中华书局 1959 年版，第 84 页。

② （唐）房玄龄等：《晋书》卷 30《刑法志》，中华书局 1974 年版，第 930 页。

③ （北齐）魏收：《魏书》卷 60《韩麒麟传》，中华书局 1974 年版，第 1334 页。

④ （唐）长孙无忌等：《唐律疏议》卷 23《斗讼》"诬告反坐"，刘俊文点校，中华书局 1983 年版，第 428 页。

⑤ （唐）房玄龄等：《晋书》卷 30《刑法志》，中华书局 1974 年版，第 927 页。

① （唐）长孙无忌等：《唐律疏议》卷 1《名例》"十恶"，刘俊文点校，中华书局 1983 年版，第 13 页。

② （唐）长孙无忌等：《唐律疏议》卷 22《斗讼》"殴伤妻妾"，刘俊文点校，中华书局 1983 年版，第 410 页。

③ （唐）长孙无忌等：《唐律疏议》卷 22《斗讼》"妻殴詈夫"，刘俊文点校，中华书局 1983 年版，第 410 页。

三年，亦须"舅姑告，乃坐"①。上述"告诉才处理"者皆为家族内部侵害行为，其中后三类皆涉及夫妻相殴问题。对于此类行为之处置原则，徐元瑞有如是论断：

> 盖夫妻相殴，本出于其一时忿争，初非心怀怨恶而斗，苟不至死，虽夫妻之父母兄弟诉之于官府，皆不坐罪。若被殴者自告，则其心有憾，而恩义亦可见矣，然后依法科之。②

家事琐细，号为难理。若非当事人亲自告诉，依律皆不在受理之列。中国古代处理"告诉才处理"案件时，充分照顾当事人本身意愿，杜绝官府主动介入及干预裁量。

本 章 小 结

唐代律令对起诉有诸多原则性规定，大致可划分为"强制告诉原则"、"限制告诉原则"、"禁止告诉原则"及"告诉才处理原则"四类。此四类原则之下，有设细目若干。上述原则是指导起诉及官府受理案件之基准，对于判定刑事诉讼告诉惯例具有重要参照意义。

---

① （唐）长孙无忌等：《唐律疏议》卷 22《斗讼》"妻妾殴詈夫父母"，刘俊文点校，中华书局 1983 年版，第 415 页。

② （元）徐元瑞：《吏学指南》，浙江古籍出版社 1988 年版，第 96 页。

第 六 章

弹 劾

　　纠弹是御史台等监察机关对官吏和豪右势力违法犯罪行为进行的纠举和弹劾，是官纠举之基本途径之一[①]。学界已从司法监察等角度对御史台的弹劾功能进行深入研究[②]，然对于其起诉功能之考察尚待深入。作为起诉方式而言，宪司纠弹与告诉、举告等途径在告诉对象、控诉理由、诉讼程序、处置规则层面均存在重大差异。在弹劾式诉讼领域，多循先朝"故事"，遂使此类起诉方式彰显出鲜明的惯例特色。

第一节　弹劾惯例之演进

　　中国御史制度始于秦，秦汉时称御史府，东汉改为宪台。魏晋、刘宋时

---

　　① 李交发：《中国诉讼法史》，中国检察出版社 2002 年版，第 43—47 页。

　　② 学界代表性成果有：贾福海、程杰、魏义：《我国历史上的弹劾制考略》，《学术月刊》1981 年第 8 期；刘志坚：《"风闻弹劾"考》，《政治与法律》1986 年第 5 期；龙大轩：《唐代的御史推弹制度》，《西南师范大学学报》(人文社会科学)1998 年第 5 期；胡宝华：《唐代"进状"、"关白"考》，《中国史研究》2003 年第 1 期；胡宝华：《唐代御史地位演变考》，《南开学报》(哲学社会科学版)2005 年第 4 期；胡宝华：《唐代监察制度研究》，商务印书馆 2005 年版；张先昌：《浅议隋朝御史的弹劾权》，《史学月刊》2005 年第 11 期；王宏治：《唐代御史台司法功能转化探析》，《中国政法大学学报》2010 年第 3 期；张移生：《唐朝御史弹劾权研究》，安徽大学硕士学位论文，2012 年 4 月；霍志军：《唐代的"进状"、"关白"与唐代弹劾规范——兼与胡宝华先生商榷》，《天水师范学院学报》2013 年第 3 期。

名兰台，梁、陈、北朝皆曰御史台。唐初沿袭前代旧制，高宗朝至玄宗初，宪司规建制职权屡有更易。龙朔二年（662 年）改名宪台，咸亨复旧。光宅元年（684 年）又分台为左、右，号曰左、右肃政台。左台专知京百司，右台按察诸州。神龙复为左、右御史台。延和年间废右台，先天二年（713 年）复置，十月又废。就其职责而言，弹劾缙绅贵胄一直是宪司之首要职责。据杜佑《通典》：

> 御史为风霜之任，弹纠不法，百僚震恐，官之雄峻，莫之比焉。旧制但闻风弹事，提纲而已。①

唐代御史台自大夫、中丞及三院御史皆有弹劾非违之责。宪司弹劾权由御史大夫、中丞统领，诸御史各司其职。"唐代的御史为'清而复要'的职位……不是由吏部铨选，而是由皇帝亲自敕授"②。台院侍御史弹举百官；殿院殿中侍御史纠察朝仪；察院监察御史掌巡按郡县。就弹劾对象而言，"从一般官吏到宰相，从官吏个人到政府机构，从中央到地方，官员不论已故的或尚在的，无一例外"③。

　　台司"故事"是唐代弹劾规则的重要组成部分，《汉书》："故事，诸侯王获罪京师，罪恶轻重，纵不伏诛，必蒙迁削贬黜之罪。"唐颜师古注："故事者，言旧制如此也。"④所谓"故事"即旧制、先例、惯例之谓，即在实践中长期适用而未曾明示于律典之习惯性规则，其中不乏"格令不载，亦无正敕"⑤者。汉代已有御史弹劾之习惯性规则，《汉书·严延年传》引张晏曰：

---

① （唐）杜佑：《通典》卷 24《职官六·御史台》，王文锦等点校，中华书局 1988 年版，第 659—660 页。

② 赖瑞和：《唐代的中层文官》，联经出版事业股份有限公司 2008 年版，第 65 页。

③ 胡沧泽：《唐代御史台对官吏的弹劾》，《福建学刊》1989 年第 3 期，第 61 页。

④ （汉）班固：《汉书》卷 80《宣元六王传》，（唐）颜师古注，中华书局 1962 年版，第 3317—3318 页。

⑤ （宋）王溥：《唐会要》卷 57《尚书省诸司上·尚书省》，上海古籍出版社 2006 年版，第 1154 页。

"故事有所劾奏，并移宫门，禁止不得入。"①《唐会要》所谓"风闻"弹奏之诉事惯例，可溯源至魏晋时期。洪迈《容斋随笔》："御史许风闻论事，相承有此言，而不究所从来，以予考之，盖自晋、宋以下如此。"②由此，御史访知可弹事迹，查证确凿者，即可言"风闻弹奏"。至开元中期，御史台"受事"惯例趋于制度化，此为诉讼惯例向律典规定转化之例证：

> 故事，御史台无受词讼之例，有词状在门，御史采有可弹者，即略其姓名，皆云风闻访知。其后御史嫉恶公方者少，递相推倚，通状人颇壅滞。至开元十四年，始定受事御史，人知一日劾状，遂题告事人名，乖自古风闻之义，至今不改。③

"彰善瘅恶，激浊扬清，御史之职"。唐代官吏考课之法有四善二十七最，其中对于御史纠弹须"访察精审，弹举必当"④，御史"以残虐为事，唯阿曲是图，希媚以合上之旨，巧诬以致人之罪"⑤者，于法有罚。据《唐律疏议·斗讼》"诬告反坐"条规定：纠弹之官，挟私弹事不实者，当以诬告反坐论。⑥先天元年(712年)十一月，玄宗告诫众御史当恪尽职守，"如闻百寮非常弛慢，即宜访察闻奏。如其宽纵，国有常典"⑦。为保障御史依法履职，唐代又有尚书省长官监察制度，若御史纠劾不当，仆射、左右丞"兼得弹之"⑧。

① (汉)班固：《汉书》卷90《酷吏传》，(唐)颜师古注，中华书局1962年版，第3667页。
② (宋)洪迈：《容斋四笔》卷11"御史风闻"，孔凡礼点校，中华书局2005年版，第768页。
③ (宋)王溥：《唐会要》卷60《御史台上·御史台》，上海古籍出版社2006年版，第1226页。
④ (后晋)刘昫：《旧唐书》卷43《职官二》，中华书局1975年版，第1823页。
⑤ (宋)王钦若等编纂：《册府元龟》卷512《宪官部·总序》，周勋初等校订，凤凰出版社2006年版，第5817页。
⑥ (唐)长孙无忌等：《唐律疏议》卷23《斗讼》"诬告反坐"，刘俊文点校，中华书局1983年版，第428页。
⑦ (宋)王钦若等编纂：《册府元龟》卷155《帝王部·督吏》，周勋初等校订，凤凰出版社2006年版，第1731页。
⑧ (后晋)刘昫：《旧唐书》卷43《职官二》，中华书局1975年版，第1816页。

为确保台司依法弹劾，朝廷多次降敕创制、确认或改革弹劾惯例。贞元中，御史大夫崔纵、中丞张彧连署章弹奏京兆尹齐运，意图向朝廷与被弹者施压，遂有朋党之嫌。贞元元年(785 年)三月甲寅，诏宰臣宣谕御史，"今后上封弹奏，人自陈论，不得群署章疏"①。元和十五年(820 年)三月，御史中丞崔直奏："依阁内故事，纵知弹侍御史自有错失，不被弹奏。候班退监奏毕，然出待罪"，②由此确保弹劾活动顺利完成。大和九年(835 年)六月，御史大夫李固言以知弹侍御史事详精繁重，旧例惟配一人担纲，力所不逮。奏请置"知弹御史一人，专掌京城百司公事；皆弹侍御史一人，分掌诸州府之事，庶使官业各修，无所遗阙。从之"③。终唐之世，御史台纠弹规则始终处于厘革状态，而弹劾惯例的存在与运行，则是促成上述变革的重要力量。

第二节　弹劾程序之变迁

御史本系监察之官，不当干预审判。"弹劾之事，虽有涉及刑狱的，仍略去告诉人的姓名，谓之风闻。唐代此制始变，且命其参与推讯"④。唐代弹劾的程序设置，实质是官方纠举官吏犯罪的基本方式。《册府元龟》对宪司纠弹形式有如是描述："处风宪之任，当绳纠之职，乘骢、簪豸、车服之异，等霜简白笔，职业之尤重，所以振肃内外，提正纲纪。"⑤唐代弹劾程序甚为郑重，其主要特征可概括为专奏御前、豸冠朱衣、对仗弹劾三个方面。

---

① (后晋)刘昫：《旧唐书》卷 12《德宗纪上》，中华书局 1975 年版，第 348 页。

② (宋)王溥：《唐会要》卷 61《御史台中·弹劾》，上海古籍出版社 2006 年版，第 1264 页。

③ (宋)王溥：《唐会要》卷 61《御史台中·弹劾》，上海古籍出版社 2006 年版，第 1265 页。

按：文宗年号两《唐书》作"太和"，钱大昕云"太"当作"大"。"予见唐石刻书文宗年号，皆是'大'字，与魏明帝、晋海西公、后魏孝文、吴杨溥称太和者各别。今刊本新、旧史皆误为'太'矣。"[(清)钱大昕：《廿二史考异》卷 42《唐书二》，方诗铭、周殿杰点校，上海古籍出版社 2004 年版，第 670 页]本文凡书唐文宗此年号者，概为"大和"。

④ 吕思勉：《吕著中国通史》，华东师范大学出版社 1992 年版，第 171 页。

⑤ (宋)王钦若等编纂：《册府元龟》卷 512《宪官部·总序》，周勋初等校订，凤凰出版社 2006 年版，第 5817 页。

一、专奏御前

唐初御史弹劾权限之行使较少羁绊，若遇非违得即时弹奏。长安四年(704年)三月，御史大夫李承嘉以弹事不咨大夫，责难台中御史。监察御史萧至忠言："'故事，台中无长官，御史人君耳目，比肩事主，得各弹事，不相关白。若先白大夫，而许弹则可，如不许弹，则如之何？大夫不知曰谁也。'承嘉默然，而惮其刚直。"①可见，直至武周末期，御史弹劾一直沿袭独立奏事惯例，无须事先报请长官批示。霍存福指出："故事的基本特征是其惯例性，或者说是应被遵守的规范性。正是在这个意义上，它具有法律规范的特性，才具有拘束力，特别是对惯例型故事而言。"②在宪官弹劾领域，遵循"累朝故事"则是赋予诉讼惯例以法律效力之基本途径。

伴随唐代政治因素影响及社会变迁，多数诉讼规则均在实践中发生变化，弹劾惯例亦呈现出不断演进的发展态势。由于宪司纠劾百官，其职清要，时常引人猜忌，纠弹程序的实施受到严重干扰。至中宗末年，御史纠弹程序发生颠覆性变故，据景龙三年(709年)二月二十六日敕：

> 诸司欲奏大事，并向前三日录所奏状一本，先进，令长官亲押，判官对仗面奏。其御史弹事，亦先进状。③

由此，御史不再拥有自行弹事之权，弹劾须经录状、押署、进状等前置程序，至开元末，宰相以御史权重，进一步在弹劾程序层面限制御史专劾之权，以致台司权威日衰：

---

① (宋)王溥：《唐会要》卷61《御史台中·弹劾》，上海古籍出版社2006年版，第1259—1260页。

按：杜佑《通典》对于御史独立弹奏惯例，亦有相同记载："故事，台中无长官。御史，人君耳目，比肩事主，得各自弹事，不相关白。"(唐)杜佑：《通典》卷24《职官六·监察侍御史》注，王文锦等点校，中华书局1988年版，第675页。

② 霍存福：《唐故事惯例性论略》，《吉林大学社会科学学报》1993年第6期，第19页。

③ (宋)王溥：《唐会要》卷25《百官奏事》，上海古籍出版社2006年版，第556页。

开元末，宰相以御史权重，遂制：弹奏者先谘中丞、大夫，皆通许，又于中书门下通状，先白然后得奏。自是御史不得特奏，威权大减。①

是时李林甫秉政，弹奏先白中丞大夫，复通状中书门下，然后始得奏。自是，"御史之任轻矣"②。修订后的弹劾程序在废除此前御史弹事"不相关白"惯例的同时，确立了御史弹事"通状关白"惯例。囿于重重阻隔，御史纠弹权力之行使可谓举步维艰。"通状关白"制度对御史独立行使弹劾职权构成严重威胁。安史乱后，肃宗、德宗均曾欲复贞观旧制。至德元年(756 年)十月癸未，诏"依贞观故事，御史弹事，不须大夫同署；谏官论事，不须宰相先知"③。而《唐会要》所记"凡中外百寮之事，应弹劾者，御史言于大夫，大事则方幅奏弹之，小事则署名"④的新型"故事"，在开元天宝之际早已确立。由此，即出现"贞观故事"与"开元故事"的冲突。乾元二年(759 年)四月壬寅又敕："御史台欲弹事，不须进状，仍服豸冠。"⑤所有弹奏，明令依准贞观故事，由此在实质上否定了开元末年以来形成的御史弹劾事先关白进状之惯常性做法。大历十四年(779 年)六月己亥朔，德宗再次强调"宪司弹奏，一依贞观故事"⑥。惜以朋党私衅作罢，乃诏御史不得专举，弹劾诉事又恢复至开元

---

① (唐)封演：《封氏闻见记校注》卷 3 "风宪"，赵贞信校注，中华书局 2005 年版，第 24 页。

② (宋)欧阳修、宋祁：《新唐书》卷 48《百官三》，中华书局 1975 年版，第 1238 页。

③ (宋)王钦若等编纂：《册府元龟》卷 64《帝王部·发号令第三》，周勋初等校订，凤凰出版社 2006 年版，第 679 页。

④ (宋)王溥：《唐会要》卷 61《御史台中·弹劾》，上海古籍出版社 2006 年版，第 1256 页。

⑤ (后晋)刘昫：《旧唐书》卷 10《肃宗纪》，中华书局 1975 年版，第 255 页。

⑥ (宋)王钦若等编纂：《册府元龟》卷 89《宪官部·赦宥第八》，周勋初等校订，凤凰出版社 2006 年版，第 980 页。

按：对德宗初年恢复贞观弹劾惯例搁浅的缘由，《册府元龟》有如是记载："帝即位之初，侍御史朱敖请复制朱衣豸冠于内廊，有犯者，御史服以弹。帝许之，又令御史得专弹举，不复关白于中丞大夫。至是，著首行之，乃削郱御史中丞，而著特赐绯鱼袋。自是，悬衣冠于宣政之左廊。然著承杨炎意弹郱，无何，御史张滂复以朋党私衅弹中丞元全柔，众议不直，乃诏御史不得专举。"(宋)王钦若等编纂：《册府元龟》卷 522《宪官部·私曲》，周勋初等校订，凤凰出版社 2006 年版，第 5926—5927 页。

"故事"。可见，两《唐书》关于御史弹劾，长官押署的描述①，显为开元末年以后宪司弹劾权缩减之写照。

二、豸冠朱衣

《后汉书·舆服志》言"獬豸神羊，能别曲直，楚王尝获之，故以为冠"②。据《大唐开元礼》卷三《序例下·衣服》："法冠，一名獬豸冠，一角，为獬豸之形，御史大夫以下监察御史以上服之。"③《唐六典》对御史豸冠之来源与涵义有如是疏解："法冠，一名'柱后惠文'，以铁为柱，言其审固不挠也。法冠者，《秦事》云'始皇灭楚，以其君冠赐御史。'亦名獬豸冠，以獬豸兽主触不直，故执宪者以为冠。"④此外，旧时御史之任，又有"绣衣"、"簪笔"之谓，此皆有"故事"可循。《汉书·元后传》记王贺"为武帝绣衣御史，逐捕魏郡群盗"⑤，以致"绣衣持斧"竟成为后世关于御史之形象描摹⑥。《初学记》引《魏略》："帝尝大会，殿中御史簪白笔，侧阶而坐。上问左右：'此为何官何

① 按：《旧唐书·职官三》言"凡事非大夫、中丞所劾，而合弹奏者，则具其事为状，大夫、中丞押奏。"[(后晋)刘昫：《旧唐书》卷44《职官三》，中华书局1975年版，第1862页]《新唐书·百官三》亦言"凡有弹劾，御史以白大夫，大事以方幅，小事署名而已。"(宋)欧阳修、宋祁：《新唐书》卷48《百官三》，中华书局1975年版，第1235页。

② (晋)司马彪：《后汉书志》第30《舆服下·法冠》，(梁)刘昭补注，中华书局1965年版，第3667页。

③ (唐)萧嵩等：《大唐开元礼》卷3《序例下·衣服》，民族出版社2000年版，第30页。

④ (唐)李林甫等：《唐六典》卷13《御史台》"侍御史"条注，陈仲夫点校，中华书局1992年版，第379页。

⑤ (汉)班固：《汉书》卷98《元后传》，(唐)颜师古注，中华书局1962年版，第4013页。

⑥ 按：《汉书》记"武帝末，军旅数发，郡国盗贼群起。绣衣御史暴胜之使持斧逐捕盗贼，以军兴从事，诛二千石以下。"[(汉)班固：《汉书》卷66《王訢传》，(唐)颜师古注，中华书局1962年版，第2887页]有唐一代，常见以"绣衣持斧"指代御史之任。韦应物《送李侍御益赴幽州幕》："儒生幸持斧，可以佐功勋。"[(唐)韦应物：《韦苏州集》卷4《送别》，陶敏、王友胜校注，上海古籍出版社1998年版，第260页]李华天宝十一年拜监察御史，"出按二千石，持斧所向，郡邑为肃。为奸党所嫉，不容于御史府，除右补阙。"[(清)董诰等：《全唐文》卷388《检校尚书吏部员外郎赵郡李公(华)中集序》，上海古籍出版社1990年版，第1746页]柳宗元云父柳镇官至侍御史，"持斧登朝，宪章肃清"。(唐)柳宗元：《柳宗元集》卷12《表志·故叔父殿中侍御史府君墓版文》，中华书局1979年版，第317页。

主？'左右不对。辛毗曰：'此谓御史，旧时簪笔，以奏不法。'"①唐时御史纠弹大事，"则冠法冠，衣朱衣纁裳，白纱中单以弹之。小事常服而已"②。此制度颇有汉晋遗风，"朱衣"当自"绣衣"演化而来。

"故事，御史弹奏，上坐日，曰仗弹"③。御史于朝堂之上，向君主指控罪臣劣迹，兼含警戒百官之意。身具法服是御史纠弹的重要仪式，贞观旧制，"诸司皆于正牙奏事，御史弹百官，服豸冠，对仗读弹文"④。建中元年(780年)三月，"监察御史张著冠豸冠，弹京兆尹、兼御史中丞严郢于紫宸殿"⑤。獬豸乃上古通灵神兽，"獬豸者，一角之羊也，性知人有罪。皋陶治狱，其罪疑者，令羊触之"⑥。御史服法冠弹奏，公正执法之意涵可谓不言而喻。至晚唐，纲纪沦丧，竟连象征御史权威之豸冠朱衣亦遭褫夺。长庆四年(824年)，侍御史温造又"请复置弹事朱衣、豸冠于外廊，大臣阻而不行"⑦。

三、对仗弹劾

贞观故事："大臣为御史对仗弹劾，必趋出，立朝堂待罪。"⑧御史于君臣奏对之际公开弹劾罪臣，罪臣即当俯偻疾行，出列听宣。若弹劾成立，罪臣当于朝堂待罪，后承旨移交法司发落。《唐故洛州密县令王府君墓志铭并序》

---

① (唐)徐坚等：《初学记》卷12《侍御史第八》引《魏略》，中华书局1962年版，第292—293页。

按：簪笔之礼，颇有渊源。唐人颜师古云"簪笔，插笔于首也。"[(汉)班固：《汉书》卷63《武五子传》颜师古注，中华书局1962年版，第2769页]《宋书·礼志五》："古者贵贱皆执笏，其有事则搢之于腰带，所谓搢绅之士者，搢笏而垂绅带也。绅垂三尺。笏者有事则书之，故常簪笔，今之白笔，是其遗象。"(梁)沈约：《宋书》卷18《礼志》，中华书局1974年版，第519页。

② (后晋)刘昫：《旧唐书》卷44《职官三》，中华书局1975年版，第1862页。

③ (宋)王溥：《唐会要》卷61《御史台中·弹劾》，上海古籍出版社2006年版，第1256页。

④ (宋)司马光：《资治通鉴》卷211"玄宗开元五年(717年)九月"，中华书局1956年版，第6728页。

⑤ (宋)王溥：《唐会要》卷61《御史台中·弹劾》，上海古籍出版社2006年版，第1262页。

⑥ (梁)任昉：《述异记》卷上，中华书局1931年版，第14页。

⑦ (后晋)刘昫：《旧唐书》卷165《温造传》，中华书局1975年版，第4315页。

⑧ (宋)欧阳修、宋祁：《新唐书》卷109《宗楚客传》，中华书局1975年版，第4102页。

按：趋出与上古趋步礼直接关联，意为小步快走，以示敬礼。李斌城等：《隋唐五代社会生活史》，中国社会科学出版社1998年版，第298页。

记永徽初，殿中侍御史王神授以中书令裴炎跋扈，"露板奏之，请收下狱"①。显庆元年（656 年）八月，中书侍郎李义府于擅杀大理寺丞毕正义，侍御史王义方对仗叱义府令下，义府恃宠而骄，顾望不退，"三叱乃出，（义方）然后跪宣弹文"②。长庆四年（824 年）七月甲戌，左金吾卫大将军李佑进马二百五十匹，御史温造于阁内奏弹佑罢使违敕进奉，"佑趋出待罪，诏宥之"③。至中晚唐，仍可见御史对仗弹劾事例，长庆四年（824 年），李佑自夏州入拜大金吾，进马一百五十疋。侍御史温造"正衙弹奏。佑退，股战流汗"④。宪官对仗弹劾罪臣，多有提请司法介入的诉求表示，此即为弹劾式起诉的官方表达形式。如大和二年（828 年），御史中丞温造、殿中侍御史崔蠡弹义成军节度使李听"按甲迁延，逗挠军政，以致狼狈就道，自图苟免。伏请付法司论罪"⑤。大和七年（833 年）九月丙寅，侍御史李款阁内奏弹前邠州行军司马郑注内通敕使，外连朝官等事，"请付法司。"⑥旬日之中，竟至谏章数十上。

　　御史写具弹文，对仗弹劾是诉讼程序正式启动的标志。唐制：凡下之通上，其制有六，其二曰奏弹，"谓御史纠劾百司不法之事"⑦。由此，弹文指控是否确凿有力，成为制约后续环节之关键因素。唐代弹文在两《唐书》、《册府元龟》、《文苑英华》等史籍文献中多有保存，其中以元稹《弹奏剑南东川节度使状》最为著名，整篇弹文脉络清晰，条分缕析，可谓唐代弹文范例。

---

① 赵文成、赵君平：《新出唐墓志百种》，西泠印社出版社 2010 年版，第 80 页。

　　按："此处"露板"谓御史公开劾奏，与征讨檄文"宣漏于外，皦然明白"之义相同。《文心雕龙·檄移第二十》曰："其植义扬辞，务在刚健，插羽以示迅，不可使辞缓，露板以宣众，不可使义隐；必事昭而理辨，气盛而辞断，此其要也。"御史劾奏，弹文如檄，露板不封，布诸视听。（梁）刘勰：《文心雕龙》，周振甫注，人民文学出版社 1981 年版，第 227 页。

　　② （唐）刘肃：《大唐新语》卷 2《刚正第四》，许德楠、李鼎霞点校，中华书局 1984 年版，第 30 页。

　　③ （后晋）刘昫：《旧唐书》卷 17 上《敬宗纪》，中华书局 1975 年版，第 511 页。

　　④ （宋）王钦若等编纂：《册府元龟》卷 520 下《宪官部·弹劾第三下》，周勋初等校订，凤凰出版社 2006 年版，第 5911 页。

　　⑤ （宋）王溥：《唐会要》卷 61《御史台中·弹劾》，上海古籍出版社 2006 年版，第 1264 页。

　　⑥ （后晋）刘昫：《旧唐书》卷 17 下《文宗纪下》，中华书局 1975 年版，第 552 页。

　　⑦ （唐）李林甫等：《唐六典》卷 8《门下省》"侍中"条注，陈仲夫点校，中华书局 1992 年版，第 242 页。

该文大致分为三部分：其一，概括严砺罪责："故剑南东川节度观察处置等使严砺在任日，擅没管内将士、官吏、百姓及前资寄住等庄宅、奴婢，今于两税外加配钱、米及草等，谨件如后。"其二，详述勘察过程："臣昨奉三月一日敕，令往剑南东川详覆泸川监官任敬仲赃犯，于彼访闻严砺在任日，擅籍没前件庄宅奴婢等，……文案及执行案典耿琚、马元亮等检勘得实。"其三，提出处置意见："臣职在触邪，不胜其愤。谨录奏闻，伏候敕旨。"文末附录中书门下牒一道，表明此案处置结果"所没庄宅奴婢，一物已上，并委观察使据元没数，一一分付本主。纵有已货卖破除者，亦收赎却还。其加征钱、米、草等，亦委观察使严加禁断，仍晓示村乡，使百姓知委。……柳蒙、陶锽、李怤、张平、邵膺、陈当、刘文翼等，宜各罚两月俸料，仍书下考，余并释放。"①《弹奏剑南东川节度使状》原文可参阅本章末附录部分，以明唐代弹文格式行文及处置程序。

第三节　弹劾案件之处置

就诉讼功能而言，御史弹劾是宪司揭发臣僚罪恶，请求依法惩治的诉讼请求。与一般起诉方式相比，御史弹劾启动诉讼程序的成功率较高，弹劾案件于对仗之际公开提出，故"大臣不得专君而小臣不得为谗慝"②。弹劾案件成立后若转入司法程序，对于嫌犯之处置方式仍与一般刑事案件存在显著差异③。首先，弹劾是监察机关代表封建国家控诉官吏犯罪的初始环节，弹劾于

---

① （唐）元稹：《元稹集》卷 37《状·弹奏剑南东川节度使状》，冀勤点校，中华书局 1982 年版，第 419—424 页。

② （宋）司马光：《资治通鉴》卷 211"玄宗开元五年（717 年）九月"，中华书局 1956 年版，第 6728 页。

③ 按：张先昌指出："（隋朝）弹劾之后如何处理？是交众大臣集体讨论作出处理意见，还是交宪司进入司法程序判决，抑或令几位重臣调查其罪状、追究其责任，其决定权掌握在皇帝手中；同样，判决或处理结果也由皇帝最后裁定。"（张先昌：《浅议隋朝御史的弹劾权》，《史学月刊》2005 年第 11 期，第 119 页）经纵向比较可知，唐代弹劾案件处置流程是在隋朝旧制基础上损益厘定而成。

朝堂之上向君主直接控诉，案件一裁终局，无法申诉；其次，若弹劾案件成立，基于身份差异，对受控官员之量刑多有议、请、减、赎、当等优待，实践中多施以外贬、免官、罚俸等行政处分；再次，因弹劾对象皆为官僚贵族，由此御史弹人须承受巨大政治风险。君主对于弹劾请求的裁断，亦带有相当变数。

一、羁押

宪官对仗弹劾犯官，若指控成立，嫌犯当趋出待罪，羁押于御史台、尚书省或金吾仗等处听候发落。开元十四年(726年)四月癸丑，御史中丞宇文融与御史大夫崔隐甫弹尚书右丞兼中书令张说，"鞫于尚书省"①。尚书省下辖六部二十四司，刑部居其一。《旧唐书·张说传》言"说坐于草上，于瓦器中食，蓬首垢面，自罚忧惧之甚"②，据此推断，张说羁所当为刑部狱。贞元十四年(798年)五月，侍御史殿中邹儒立以太子詹事苏弁入朝班位失序，对仗弹之，"弁于金吾待罪数刻，特释放"③。《唐六典》云左右金吾卫大将军"掌宫中及京城昼夜巡警之法，以执御非违"④。胡三省言唐"左、右金吾仗在含元殿前左右"⑤。官员若遭对仗弹劾，可于金吾仗羁押候审。贞元十八年(802年)十二月乙巳，贬大理卿李正臣为卫尉少卿，"正臣为御史弹劾下狱，不堪其辱而死"⑥。由此，李正臣在贬官后又遭弹劾，当于羁押期间亡故。

二、审判

对于御史弹劾启动的诉讼程序，若涉及重罪隐情者，君主可责成大理寺、京兆府或御史台等机构查证勘鞫，弹劾案件由此转化为诏狱性质。仪凤二年

① (后晋)刘昫：《旧唐书》卷8《玄宗纪上》，中华书局1975年版，第189页。

② (后晋)刘昫：《旧唐书》卷97《张说传》，中华书局1975年版，第3055页。

③ (宋)王钦若等编纂：《册府元龟》卷520下《宪官部·弹劾第三下》，周勋初等校订，凤凰出版社2006年版，第5910页。

④ (唐)李林甫等：《唐六典》卷25《左右金吾卫》"左右金吾卫大将军"条，陈仲夫点校，中华书局1992年版，第638页。

⑤ (宋)司马光：《资治通鉴》卷245"文宗大和九年(835年)十一月壬戌"注，中华书局1956年版，第7911页。

⑥ (后晋)刘昫：《旧唐书》卷13《德宗纪上》，中华书局1975年版，第397页。

(677年)二月十九日敕："凡有弹纠，皆待大理断招后，录入功过。"①可见，大理寺当为审理弹劾案件的法定主审机构。值得注意的是，在弹劾式诉讼案件的实际管辖与审判领域，御史台却一直充任主导角色。贞观二年(628年)，侍御史张玄素奏庆州乐蟠县令叱奴骘盗用官食，"推逐并实，上令决之"②，张文瓘、魏徵据律进谏乃免。此案缘御史纠弹进入诉讼程序，然究竟由何机构推问今未可详知。由于台司极力争取弹劾案件管辖权力，晚至中宗朝，即已存在御史主审弹劾案件之先例。景龙三年(709年)三月，中书舍人崔湜与郑愔同掌选事，卖官鬻狱，侍御史靳恒与监察御史李尚隐对仗弹奏，中宗下湜等狱，"命监察御史裴漼按之。安乐公主讽漼宽其狱，漼复对仗弹之"。五月丙寅，"愔免死，流吉州，湜贬江州司马"③。嗣后，御史接受差遣巡察地方，弹奏鞫案渐成常态。开成二年(837年)，江西观察使吴士矩违额加给军士破官钱数十万计，为御史中丞狄兼謩纠弹，"请付东台差清彊御史就江西推勘奏闻"④。

对于涉及故旧贵胄的重大案件，在台狱具状拟断之后，还应由中书门下按覆。开元二年(714年)正月，薛王业舅王仙童侵暴百姓，"宪司按罪以闻。业奏求免，诏下紫微黄门重按覆"⑤。宰臣卢怀慎、姚崇执奏，由是贵戚束手。中书门下维持御史台初审判决，经奏报皇帝，其狱遂成。此案因涉及贵戚，故于台司审判后由宰相详覆。

三、杂按

对于重大弹劾案件，君主可拣择大理寺、刑部、御史台诸司官员组成临

---

① (宋)王溥：《唐会要》卷61《御史台中·弹劾》，上海古籍出版社2006年版，第1256页。

② (宋)王溥：《唐会要》卷58《尚书省诸司中·左右丞》，上海古籍出版社2006年版，第1170页。

③ (宋)司马光：《资治通鉴》卷209"中宗景龙三年(709年)五月丙寅"，中华书局1956年版，第6635页。

④ (宋)王钦若等编纂：《册府元龟》卷520下《宪官部·弹劾第三下》，周勋初等校订，凤凰出版社2006年版，第5912页。

⑤ (宋)王钦若等编纂：《册府元龟》卷317《宰辅部·正直第二》，周勋初等校订，凤凰出版社2006年版，第3586页。

时法庭杂按。前引开元十四年（726 年）张说弹劾案，玄宗敕宰臣源乾曜、刑部尚书韦抗、大理少卿明珪与御史大夫隐甫就省杂鞫。元和四年（809 年）七月壬戌，"御史中丞李夷简弹京兆尹杨凭前为江西观察使时赃罪，贬凭临贺尉"①。关于此案审判细节，《册府元龟》有更为明确的记载：

> 　　李夷简为御史中丞，元和四年，奏京兆尹杨凭前为江西观察使赃罪及他不法事，敕付御史台刑部尚书李鄘、大理卿赵昌同鞫问，贬凭贺州临贺县尉。又追捕凭前江西判官、监察御史杨瑗系在台，命大理少卿胡珦、左司员外胡证、侍御史韦顗同推。初，凭归朝参，修第于永宁里，广畜妓妾于永乐里。夷简乘众议，举劾前事。帝即位，以法制临下，夷简首举凭罪，故时议以为宜，然绳之太过，物论又讥其深切矣。②

杨凭、杨瑗受审之际，皆羁押于御史台，由御史台领衔承办，前后两次启动"三司推事"程序。审理杨凭者为刑部尚书李鄘、大理卿赵昌等，《旧唐书·杨凭传》又言弹劾者御史中丞李夷简"持之益急"，可见，审理本案者当为"大三司使"。至杨凭旧从事杨瑗到案，复命大理少卿胡珦、左司员外胡证、侍御

---

① （后晋）刘昫：《旧唐书》卷 14《宪宗纪上》，中华书局 1975 年版，第 428 页。

② （宋）王钦若等编纂：《册府元龟》卷 520 下《宪官部·弹劾第三下》，周勋初等校订，凤凰出版社 2006 年版，第 5910 页。

　　按：又据《旧唐书·杨凭传》："元和四年，拜京兆尹，为御史中丞李夷简劾奏凭前为江西观察使赃罪及他不法事，敕付御史台覆按，刑部尚书李鄘、大理卿赵昌同鞫问台中。又捕得凭前江西判官、监察御史杨瑗系于台，复命大理少卿胡珦、左司员外郎胡证、侍御史韦顗同推鞫之。诏曰：'杨凭顷在先朝，委以藩镇，累更选用，位列大官。近者宪司奏劾，暴扬前事，计钱累万，曾不报闻，蒙蔽之罪，于何逃责？又营建居室，制度过差，侈靡之风，伤我俭德。以其自尹京邑，人颇怀之，将议刑书，是加愍恻。宜从迁谴，以诫百僚，可守贺州临贺县尉同正，仍驰驿发遣。'先是凭在江西，夷简自御史出，官在巡属，凭颇疏纵，不顾接之，夷简常切齿。及凭归朝，修第于永宁里，功作并兴，又广蓄妓妾于永乐里之别宅，时人大以为言。夷简乘众议，举劾前事，且言修营之僭，将欲杀之。及下狱，置对数日，未得其事，夷简持之益急，上闻，且贬焉，追旧从事以验。"（后晋）刘昫：《旧唐书》卷 146《杨凭传》，中华书局 1975 年版，第 3967—3968 页。

史韦颛同推。此处以尚书省官员左司员外郎暂代刑部次长之职①，其人员配置与"小三司使"相类。宝历元年(825 年)四月乙亥，御史萧彻弹京兆尹兼御史大夫崔元略违诏征畿内所放钱万七千贯，"付三司勘鞫不虚。辛丑，敕削元略兼御史大夫"②。关于此次会审的"三司人员组成，《册府元龟》有如是记载：

> 敬宗宝历元年四月，京兆尹崔元略误用诏条，征畿内放钱万七千贯，彻于阁门弹奏。诏命刑部郎中赵元亮、大理正元从质、侍御史温造鞫其事，不谬，元略削兼御史大夫。③

弹奏一旦立案，宪官掌握之罪证材料遂成为后续调查审判之基本依据。因此，凡由弹劾启动之追诉程序，若使用杂按模式审判，无论参鞫官员如何配置，绝大多数情况下，皆有御史参与。御史通过行使监察权力参与杂治，遂成会审弹劾案件之惯常做法。

四、处置

宪官若弹奏官僚贵族劣迹恶行，确证明白者，多依据议、请、减、赎原则，径直科以降贬、罚俸等行政处分。安州都督吴王恪数出畋猎，颇损居人。侍御史柳范奏弹之。贞观十一年(637 年)十月丁丑，"恪坐免官，削户三百"④。永徽元年(650 年)十月，监察御史韦仁约劾中书令褚遂良抑买中书译

---

① 按：据《通典》：尚书省"都堂居中，左右分司。都堂之东，有吏部、户部、礼部三行，每行四司，左司统之。都堂之西，有兵部、刑部、工部三行，每行四司，右司统之。凡二十四司，分曹共理，而天下之事尽矣。"[(唐)杜佑：《通典》卷 22《职官四·尚书上·尚书省》，王文锦等点校，中华书局 1988 年版，第 590 页]又据《唐六典》："左、右司郎中员外郎各掌付十有二司之事，以举正稽违，省署符目；都事监而受焉。凡都省掌举诸司之纲纪与其百僚之程式，以正邦理，以宣邦教。"(唐)李林甫等：《唐六典》卷 1《尚书都省》"左右司郎中员外郎"条，陈仲夫点校，中华书局 1992 年版，第 10 页。

② (后晋)刘昫：《旧唐书》卷 17 上《敬宗纪》，中华书局 1975 年版，第 515 页。

③ (宋)王钦若等编纂：《册府元龟》卷 520 下《宪官部·弹劾第三下》，周勋初等校订，凤凰出版社 2006 年版，第 5911 页。

④ (宋)司马光：《资治通鉴》卷 195 "太宗贞观十一年(637 年)十月丁丑"，中华书局 1956 年版，第 6134 页。

语人宅地，并大理少卿张叡册枉断等事，"左迁遂良为同州刺史，叡册为循州刺史"①。夏官侍郎李迥秀颇受贿赂，为监察御史马怀素劾奏。长安四年（704 年）二月癸亥，"迥秀贬庐州刺史"②。广德元年（763 年）十二月，宦者程元振服缞麻于车中入京城，以规任用，与御史大夫王仲昇饮酒，为御史所弹，"诏长流溱州百姓"③。

另一方面，受君主祖护或权臣弄法等负面因素影响，部分弹劾案可能搁置迁延，纠弹御史甚至可能自罹其祸。武后临朝，谏官、御史得以风闻言事，甚至出现"御史大夫至监察得互相弹奏，率以险诐相倾覆"④的局面。若弹劾案件未成立，御史在实践中多被斥为离间君臣、劾奏不实之罪名，面临罢黜降贬等严厉惩罚。其中御史忍辱含垢、蒙冤贬黜者不乏其例。显庆二年（657 年），御史王义方弹劾权臣李义府未果，高宗以义方"毁辱大臣，言词不逊，贬莱州司户"⑤。景龙三年（709 年）二月丙申，监察御史崔琬对仗弹宗楚客、纪处讷潜通戎狄，受其贿赂，"上竟不穷问，命琬与楚客结为兄弟以和解之，时人谓之'和事天子'"⑥，其暗弱昏庸若是。僧惠範恃太平公主权势，逼夺百姓店肆，州县不能理。景云二年（711 年）五月，御史大夫薛谦光与殿中慕容珣奏弹之，"反为太平公主所构，出为岐州刺史"⑦。开元二十五年（737 年）四月辛酉，监察御史周子谅弹牛仙客非才，引谶书为证。"搒之殿庭，朝堂决

① （宋）王钦若等编纂：《册府元龟》卷 520 上《宪官部·弹劾第三上》，周勋初等校订，凤凰出版社 2006 年版，第 5903—5904 页。

② （宋）司马光：《资治通鉴》卷 207 "则天后长安四年（704 年）二月癸亥"，中华书局 1956 年版，第 6569 页。

③ （宋）王钦若等编纂：《册府元龟》卷 669《内臣部·谴责》，周勋初等校订，凤凰出版社 2006 年版，第 7709 页。

④ （宋）司马光：《资治通鉴》卷 211 "玄宗开元五年（717 年）九月"，中华书局 1956 年版，第 6729 页。

⑤ （唐）刘肃：《大唐新语》卷 2《刚正第四》，许德楠、李鼎霞点校，中华书局 1984 年版，第 30 页。

⑥ （宋）司马光：《资治通鉴》卷 209 "中宗景龙三年（709 年）二月丙申"，中华书局 1956 年版，第 6632 页。

⑦ （后晋）刘昫：《旧唐书》卷 101《薛登传》，中华书局 1975 年版，第 3141 页。

杖死之"①。诚如开元侍御史杨瑒所言:"若纠弹之司,使奸人得而恐惕,则御史台可废矣。"②由于弹劾式诉讼与诸多政治因素相互纠葛,知弹御史之任在拥有肃正纲纪美誉的同时,亦成为高危职业之一。

从受案范围而言,弹劾事由远较一般刑事案件广泛。除重大刑事犯罪以外,官员贵族违反纲纪典礼者,亦在御史纠举控诉之列。魏元忠男昇娶荥阳郑远女,神龙三年(707年),魏昇与节愍太子谋诛武三思,废韦庶人,为乱兵所害,元忠坐系狱,远以此乃离异。"今日得离书,明日改醮"③,为殿中侍御史麻察草状弹劾,郑远由此禁锢。景云元年(710年)十二月,侍御史倪若水奏弹国子祭酒祝钦明、司业郭山恽乱常改作,希旨病君,"左授钦明饶州刺史,山恽括州长史"④。大历二年(767年)正月庚辰,"禁王公宗子郡县主之家,不得与军将婚姻交好,委御史台察访弹奏"⑤。开成元年(836年)七月丙申,湖南观察使卢周仁进羡余钱一十万贯,"御史中丞归融弹其违制进奉,诏以周仁所进钱于河阴院收贮"⑥。可见,御史台纠弹官僚贵族违法逾礼事例遍及唐代不同历史阶段,在官方追诉活动中发挥举足轻重的作用。

本 章 小 结

唐代弹劾式诉讼领域,多循先朝"故事",遂使此类起诉方式彰显出鲜明的诉讼惯例特色。"故事"乃过往之事,或为先朝典制,或是旧日成例,法司断事频繁引据,以为后比。在唐代,除一部分令式规定被视为故事外,多数

---

① (后晋)刘昫:《旧唐书》卷9《玄宗纪下》,中华书局1975年版,第208页。

② (宋)司马光:《资治通鉴》卷211"玄宗开元三年(715年)十二月",中华书局1956年版,第6714页。

③ (唐)刘肃:《大唐新语》卷3《公直第五》,许德楠、李鼎霞点校,中华书局1984年版,第43页。

④ (宋)司马光:《资治通鉴》卷210"睿宗景云元年(710年)十二月",中华书局1956年版,第6660页。

⑤ (后晋)刘昫:《旧唐书》卷11《代宗纪》,中华书局1975年版,第286页。

⑥ (后晋)刘昫:《旧唐书》卷17下《文宗纪下》,中华书局1975年版,第566页。

故事是敕、律、令、格、式之成法之外之惯常性规则。在弹劾式诉讼领域，形成了诸多诉事惯例。部分惯例内容确定，且长期行用。伴随唐代政治因素影响及社会变迁，多数弹劾惯例均在实践中发生变化，诉讼惯例本身亦呈现兴替更迭、不断演进之发展态势。

在惯例演进方面，唐代弹劾式告诉沿袭魏晋以来"风闻"奏事惯例，至开元中期，逐步确立御史受事制度，此为诉讼惯例向律典规定转化之例证。为确保台司依法弹劾，朝廷多次降敕改革旧制，创制或确认司法惯例。如贞元元年（785年）三月，因李齐运弹劾案确立御史不得群署章疏惯例；元和十五年（820年）三月，御史中丞崔直奏请遵行知弹侍御史责任豁免惯例。终唐之世，御史台纠弹制度始终处于厘革状态，而弹劾惯例的存在与运行，则是促成上述变革的重要力量。

在弹劾程序方面，唐代弹劾主要特征可概括为专奏御前、豸冠朱衣、对仗弹劾三个方面。晚至则天末年，御史弹劾一直沿袭独立奏事惯例，无须事先报请长官。伴随唐代政治因素影响及社会变迁，多数弹劾式诉讼惯例均在实践中发生变化，诉讼惯例本身亦呈现出不断演进的发展态势。自景龙三年（709年）三月，御史不再拥有自行弹事之权，纠弹您当先具奏状，方得弹劾。开元末，弹奏先白中丞大夫，复通状中书门下，然后始得奏。伴随御史弹事"通状关白"惯例的确立，御史纠弹权力之行使可谓举步维艰。肃宗至德宗时欲复贞观旧制，明令所有弹奏依准贞观故事，这就在实质上否定了开元末年以来形成御史弹劾事先关白进状的惯常性做法。在案件处置层面，唐代弹劾案件成立后若转入司法程序，对于嫌犯之处置方式仍与一般刑事案件存在显著差异。

附　录

(唐)元稹：《弹奏剑南东川节度使状》

剑南东川详覆使

故剑南东川节度观察处置等使严砺在任日，擅没管内将士、官吏、百姓及前资寄住等庄宅、奴婢，今于两税外加配钱、米及草等，谨件如后：

　　严砺擅籍没管内将士、官吏、百姓及前资寄住涂山甫等八十八户，庄宅共一百二十二所，奴婢共二十七人，并在诸州项内分析。

　　右，臣伏准前后制敕，令出使御史，所在访察不法，具状奏闻。臣昨奉三月一日敕，令往剑南东川详覆泸川监官任敬仲赃犯，于彼访闻严砺在任日，擅籍没前件庄宅奴婢等，至今月十七日详覆事毕，追得所没庄宅、奴婢。文案及执行案典耿琚、马元亮等检勘得实。据严砺元和二年正月十八日举牒称："管内诸州，应经逆贼刘闢重围内并贼军到处，所有应接，及投事西川军将州县官所由典正前资寄住等，所犯虽经霈泽，庄田须有所归，其有庄宅、奴婢、桑柘、钱物、斛斗、邸店、碾硙等，悉皆搜检。得涂山甫等八十八户，案内并不经验问虚实，亦不具事职名，便收家产没官，其时都不闻奏。所收资财奴婢，悉皆货卖破用，及配充作坊驱使。其庄宅、桑田，元和二年、三年租课，严砺并已征收支用讫。臣伏准元和元年十月五日制：西川诸州诸镇刺史大将及参佐官吏将健百姓等，应被胁从补署职掌，一切不问。又准元和二年正月三日赦文，自今日已前，反逆缘坐，并与洗涤。况前件人等，悉是东川将吏百姓及寄住衣冠，与逆党素无管属。贼军奄至，暂被胁从。狂寇既平，再蒙恩荡。严砺公违诏命，苟利资财，擅破八十余家，曾无一字闻奏。岂惟剥下，实谓欺天。其庄宅等至今被使司收管。臣访闻本主并在侧近，控告无路，渐至流亡。伏乞圣慈勒本道长吏及诸州刺史，招缉疲人，一切却还产业，庶使孤穷有托，编户再安。其本判官及所管刺史，仍乞重加贬责，以惩奸欺。

　　严砺又于管内诸州，元和二年两税钱外，加配百姓草共四十一万四千八百六十七束，每束重一十一斤。

　　右，臣伏准前后制敕及每岁旨条："两税留州留使钱外，加率一钱一物，州府长吏并同在法计赃，仍令出使御史访察闻奏。"又准元和三年赦文："大辟罪已下，蒙恩涤荡。惟官典犯赃，不在此限。"臣访闻严砺加配前件草，准前月日追得文案，及执行案典姚孚检勘得实。据严砺元和二年七月二十一日举牒称："管内邮驿要草，于诸州秋税钱上，每贯加配一束。至三年秋税，又准前加配，计当上件草。"臣伏准每年旨条，馆驿自有正科，不合于两税钱外，擅有加征。况严砺元和三年举牒，已云准二年旧例征收，必恐自此相承，永使疲人重困。伏乞勒本道长吏，严加禁断，本判官及刺史等，伏乞准前科责，以息诛求。

严砺又于梓、遂两州，元和二年两税外，加征钱共七千贯文，米共五千石。

右，臣准前月日追得文案，及执行案典赵明之检勘得实。据严砺元和二年六月举牒称："绵、剑两州供元和元年北军顿递，费用倍多。量于梓、遂两州秋税外，加配上件钱米，添填绵、剑两州顿递费用者。"臣又牒勘绵州，得报称："元和二年军资钱米，悉准旧额征收，尽送使讫，并不曾交领得梓、遂等州钱米添填顿递，亦无克折当州钱米处者。"臣又牒勘剑州，得报称："元和元年所供顿递，侵用百姓腹内两年夏税钱四千二十三贯三文，使司令于其年军资钱内克下讫。其米即用元和元年米充，并不侵用二年军资米数。使司亦不曾支梓、遂州钱米充填者。"臣伏念绵、剑两州供顿，自合准敕优矜。梓、遂百姓何辜，擅令倍出租赋。况所征钱米数内，惟克下剑州军资钱四千二十三贯三文。其馀钱米，并是严砺加征，别有支用。其本判官及梓州、遂州刺史，悉合科处，以例将来。擅收没涂山甫等庄宅、奴婢，及于两税外加配钱、米草等，本判官及诸州刺史名衔，并所收色目，谨具如后：

擅收没奴婢庄宅等。

元举牒判官、度支副使、检校尚书刑部员外郎兼侍御史、赐绯鱼袋崔廷：

都计诸州擅没庄共六十三所，宅四十八所，奴一十人，婢一十七人。于管内诸州元和二年、三年秋税钱外随贯加配草。

元举牒判官、观察判官、殿中侍御史内供奉卢诩：

都计诸州共加配草四十一万四千八百六十七束。加征梓、遂两州元和二年秋税外钱及米。

元举牒判官摄节度判官监察御史里行裴诩：

计两州加征钱共七千贯文，米共五千石。

梓州刺史、检校尚书左仆射兼御史大夫严砺,元和四年三月八日身亡。

擅收涂山甫等庄二十九所,宅四十一所,奴九人,婢一十七人。加征钱三千贯文,米二千石,草七万五千九百五十二束(元和二年三万一千七百九十二束,元和三年四万四千一百六十束)。

遂州刺史柳蒙:

擅收没李简等庄八所,宅四所,奴一人。加征钱四千贯文,米三千石,草四万九千五百三十五束(元和二年二万四千五百三束,元和三年二万五千四百八十二束)。

绵州刺史陶锽:

擅收没文怀进等庄二十所,宅十三所。加征草八万八千六百八十八束(元和二年三万八千九十三束,元和三年五万五百九十五束)。

剑州刺史崔实成:(元和二年十一月五日,改授邛州刺史)

擅收没邓琮等庄六所。加征草二万一千八百一十七束(元和二年九千三十九束,元和三年一万二千七百七十八束)。

普州刺史李忿:

元和二年加征草六千束,三年加征草九千四百五十束。

合州刺史张平:

元和二年加配草三千四百六十二束,三年加征草五千六百五束。

荣州刺史陈当:

元和二年加征草九千四百三束,三年加征草五千四百二十七束。

渝州刺史邵膺:

元和二年加征草二千六百一十四束,三年加征草三千七百二十七束。

泸州刺史兼御史刘文翼:

元和二年加征草三千八百五十三束,三年加征草三千八百五十一束。

资州元和二年加征草一万五千七百九十八束,三年一万六千二百二十五束。

简州元和二年加征草二万四千一百四束,三年二万三千一百一十八束。

陵州元和二年加征草二万四千六百六束,三年二万三千八百六十一束。

龙州元和二年加征草八百九十一束，三年八百一十一束。

右，已上本判官及刺史等名衔，并所征收名目，谨具如前。其资、简等四州刺史，或缘割属西川，或缘停替迁授，伏乞委本道长吏，各据征收年月，具勘名衔闻奏。

以前件状如前。伏以圣慈轸念，切在苍生，临御五年，三布赦令。殷勤晓谕，优惠困穷，似涉扰人，频加禁断。况严砺本是梓州百姓，素无才行可称，久在兵间，过蒙奖拔。陛下录其微效，移镇东川，仗节还乡，宠光无比。固合抚绥黎庶，上副天心，蠲减征徭，内荣乡里。而乃横征暴赋，不奉典常，擅破人家，自丰私室。访闻管内产业，阡陌相连，童仆资财，动以万计。虽即没身谢咎，而犹遗患在人。谓宜谥以丑名，削其褒赠，用惩不法，以警将来。其本判官及诸州刺史等，或苟务容躯，竞谋侵削；或分忧列郡，莫顾诏条。但受节将指挥，不惧朝廷典宪，共为蒙蔽，皆合痛绳。臣职在触邪，不胜其愤。谨录奏闻，伏候敕旨。

中书门下牒御史台

牒：奉敕："籍没资财，不明罪犯，税外科配，岂顾章程。致使衔冤，无由仰诉，不有察视，孰当举明。所没庄宅奴婢，一物已上，并委观察使据元没数，一一分付本主。纵有已货卖破除者，亦收赎却还。其加征钱、米、草等，亦委观察使严加禁断，仍晓示村乡，使百姓知委。判官崔廷等，名叨参佐，非道容身。刺史柳蒙等，任窃藩条，无心守职。成此弊政，害及平人，抚事论刑，岂宜免戾。但以罪非首坐，法合会恩，亦以恩后加征，又已去官停职，俾从宽宥，重此典常。其恩后加征草，及柳蒙、陶锽、李岱、张平、邵膺、陈当、刘文翼等，宜各罚两月俸料，仍书下考。余并释放。"牒至，准敕故牒。

第 七 章

诣 台 诉 事

在传统意义上，唐御史台是司法监察机关，御史台在奉旨承办诏狱案件的同时，有权受理词讼、推鞫案件。唐代御史台受案推事权力的获得与扩张，与诉事人"诣台诉事惯例"的践行存在直接关联。台司管辖的案件或属诏狱性质，或属普通刑事、民事案件，关于御史台审理制狱案件问题，胡沧泽《唐代御史台司法审判权的获得》一文已有详尽论述①。胡文从推鞫狱讼、创制台狱；御史台参与三司推事；三司受事等角度全面论述了唐代御史台审判权的获得和行使，但胡文"推鞫狱讼，创制台狱"一节列举御史推案资料均属于诏狱性质，对于当事人诣台诉事惯例对于御史台审判权力和诉讼审级的影响却未加阐释，学界于此亦无相关论述。因此，有必要立足典籍文献和出土资料，就诣台诉事惯例对唐御史台司法权限的影响略作解说，以期全面认识唐代御史台的司法权限和审级位阶。

第一节 御史台受理词讼权力的获得

依旧制，御史台并无受词讼之例，仅行"闻风弹事"之职，如有告者向御史台投状，"御史径往门外收采。知可弹者，略其姓名，皆云'风闻访

---

① 胡沧泽：《唐代御史台司法审判权的获得》，《厦门大学学报》（哲学社会科学版）1989年第 3 期。

知'"①。自贞观末年始，御史台的诉讼职能即开始不断扩张，并成为影响唐代固有诉讼审级的重要因素。贞观二十二年(648年)二月，御史中丞李乾佑开御史台鞫禁囚徒之先例，"别置台狱，有所鞫讯，便辄系之。由是自中丞、侍御史已下，各自禁人，牢扉常满"②。后因"御史疾恶公方者少，递相推倚，通状人颇壅滞"③。永徽四年(653年)，御史大夫崔义玄"始定受事御史，人知一日，劾状题告人姓名或诉讼之事"④。御史台至此正式获得受理辞状权力，并由此成为中央司法机关之一。对于上述变化，唐人苏冕颇有微词：

> 御史台正朝廷纲纪，举百司紊失，有弹邪佞之文，无受词讼之例，今则重于此而忘于彼矣。⑤

① (唐)杜佑：《通典》卷24《职官六·御史台》注，王文锦等点校，中华书局1988年版，第660页。

② (后晋)刘昫：《旧唐书》卷185下《良吏下·崔隐甫等传》，中华书局1975年版，第4821页。

③ (宋)王溥：《唐会要》卷60《御史台上·御史台》注，上海古籍出版社2006年版，第1226页。

④ (唐)杜佑：《通典》卷24《职官六·御史台》注，王文锦等点校，中华书局1988年版，第660页。

按：杜佑已言明受事御史始设于永徽年间，"永徽中，崔义玄为大夫，始定受事御史，人知一日，劾状题告人姓名或诉讼之事。"据《册府元龟》记载："永徽四年(653年)，崔义玄为御史大夫。……及义玄为大夫，始定受事，御史人知一日，劾状题告人姓名。"[(宋)王钦若等编纂：《册府元龟》卷516《宪官部·振举》，凤凰出版社2006年版，第5856页]又据《旧唐书》崔义玄本传："显庆元年(656年)，出为蒲州刺史。寻卒。"[(后晋)刘昫：《旧唐书》卷77《崔义玄传》，中华书局1975年版，第2689页]而《唐会要》所载"至开元十四年，始定受事御史，人知一日劾状，遂题告事人名，乖自古风闻之义，至今不改。"(《唐会要》卷60《御史台上·御史台》，上海古籍出版社2006年版，第1226页)《唐会要》载开元十四年(726年)，崔义玄已卒七十载，"开元十四年始定受事御史"之说当误。关于受事御史设置的具体年代，刘陆民主张开元十四年说(刘陆民：《唐代司法组织系统考》，《法学月刊》1947年第3—4期，第27页)，胡宝华认为受事御史应当设立于永徽年间，开元十四年为恢复旧制(胡宝华：《唐代监察制度研究》，商务印书馆2005年版，第27页)，上述二说似有偏颇之嫌。综上所述，《册府元龟》及《通典》所言明设置"受事御史"的时间当在永徽四年崔义玄任御史大夫以后。

⑤ (宋)王溥：《唐会要》卷60《御史台上·御史台》，上海古籍出版社2006年版，第1226页。

可见，源于自我授权的台司受讼权力在当时即遭受质疑，从司法权力分配及诉讼审级设置角度而言，御史台受诉推案严重冲击了司法实践中由来已久的逐级申诉模式。至开元中，御史中丞及诸院御史均有权受理诉事词状，推鞫案件。"自监察御史已上，每日一人于本司当门直，以检察台中出入及令史领辞讼过大夫之事。若缘辞讼事须推勘者，大夫便委门直御史以推之"①。御史台获得的独立受诉权力，为其广泛参与诉讼审判奠定了基础。

作为唐代逐级上诉的一级审判机关，御史台可以受理刑事、民事等各类上诉案件。永徽年间获得受诉权力后，御史台随即成为地方州县和京城诸司案件的上诉审机关，其间亦不断有诉事人直接向台司投状诉冤。龙朔二年（662年）十一月，左相许圉师之子奉辇直长自然"游猎犯人田，田主怒，自然以鸣镝射之。圉师杖自然一百而不以闻。田主诣司宪讼之"②。天宝三载（744年），崔宽任户部尚书兼御史大夫，裴敦复下军将程藏曜、郎将曹鉴"皆有他事，与人诣台告诉，宽受其状，捕鉴等鞫之"③。可见，晚至高宗中期，御史台作为各类冤屈案件申诉机关的地位已经得到官方和民众认同。

值得注意的是，唐代前期御史台诉讼职能起初并未完全独立，台司直接受理案件审判完结后，仍须奏请皇帝裁决。由于"台司推事，多是制狱"④，而诏狱案件审判结果需报君主圣裁。直至德宗贞元初年，台司词讼案件仍须奏闻的程序性规定，显然受到台司承办诏狱案件奏闻听裁传统的影响。据《册府元龟》卷六百十九《刑法部·案鞫》：贞元三年（787年）六月，玄法寺僧法凑为寺众所诉，万年县尉卢伯达断还俗，后又复为僧，遂"披法服，诣台诉臣，御史崔芃、敬骞，曲受法凑状。"德宗诏"（中丞宇文）邈与刑部侍郎张彧、大理卿郑云逵为三司使，及功德使判官、衢州司马诸葛述，同于尚

---

① （唐）李林甫等：《唐六典》卷 13《御史台》"监察御史"条注，陈仲夫点校，中华书局1992 年版，第 382 页。

② （宋）司马光：《资治通鉴》卷 200"高宗龙朔二年（662 年）十一月"，中华书局 1956 年版，第 6331—6332 页。

③ （后晋）刘昫：《旧唐书》卷 100《裴潾附从祖弟宽传》，中华书局 1975 年版，第 3131 页。

④ （宋）王溥：《唐会要》卷 60《御史台上·御史台》，上海古籍出版社 2006 年版，第1227 页。

书省刑部推案"①。

值得注意的是，御史台受案范围应予以必要限定，据法以纠劾官吏违法乱纪为常务，民间琐细阴私依照惯例不在台司管辖之列。直至德宗贞元末，御史台与地方府县受理词讼的分工问题，仍为东都御史台官员所强调。据西安大唐西市博物馆藏《唐故衡王府长史致仕石府君墓志铭并序》：

> （贞元）十七年七月，除侍〔御〕史，留东都台。台有子来小吏百人，缘附为奸，发求民间阴事，投书削名行，风闻责牒，人多愁怨。公曰："御史司风俗之乖缪，察奸恶之冤淫。刑讼威狱，府尹之职也。"尽锄去不省。逾月，吏半引归。②

关于墓主石解所言"风俗乖缪"、"奸恶冤淫"与"刑讼威狱"的具体表现，并无具体标准可循。司法实践中，御史台受理词讼范围竟有不断扩大的趋势。此外，《唐律疏议》明文禁止投书告言人罪③，墓志言群吏"投书削名行，风闻责牒"，亦与律文规定相违。

第二节　御史台受事推案制度的完善

开元十四年(726 年)"受事御史"恢复制度以后，为应对日益繁重的词讼案件，推事御史的专职化问题开始受到朝廷关注。《唐会要》卷六十二《御史台下·推事》较为全面地记录了台司受事推案制度完善的历史进程。天宝四载(745 年)十二月十六日敕规定：推鞫狱讼官员应具备较高专业技术，并维持推事御史职务的相对稳定，从而保障御史台日常审判活动顺利进行：

①（宋）王钦若编纂：《册府元龟》卷 619《刑法部·案鞫》，周勋初等校订，凤凰出版社 2006 年版，第 7156 页。

② 胡戟、荣新江：《大唐西市博物馆藏墓志》，北京大学出版社 2012 年版，第 755 页。

③（唐）长孙无忌等：《唐律疏议》卷 24《斗讼》"投匿名书告人罪"，刘俊文点校，中华书局 1983 年版，第 439—440 页。

东西两推及左右巡使，皆台司重务，比来转差新人，数有改易，既不经久，颇紊章程。宜简择的然公正精练者，令始末专知，不得辄替换。若无缺失，至改转时迟速间，以为褒贬。①

安史乱后，御史台的诉讼审判职能继续向专门化、独立化方向发展。德宗兴元元年（784 年）十月四日，御史大夫崔纵以"（侍御史二人分知东、西推）款支证，或致淹延"②为由，奏请增设殿中侍御史两员，知东西推，分日受事，谓之"四推"：

兴元元年十月四日敕：知东推、西推侍御史各一人，台司以推鞫为重务，请令第一殿中同知东推，第二殿中同知西推，仍分日受事。一人有故，同推便知，先所置推官二员，请停。③

自此，御史台推事御史则"以东西推为名。又各分京城诸司及道州府，为东西之限。只日则台院受事，双日则殿院受事，其中一人有故，则同推便知者"④。两院御史分日受事，受理词讼遂成定制。由于殿院、台院御史受事，"以所分诸司及府州，为限已定，事若并至，无例均分。剧者则推鞫难精，闲者则吏能莫试。"元和五年（810 年）八月九日，依御史中丞薛存诚奏请，对承用已久的两院御史分日受事的制度进行改革，由两院御史逐日轮班受理词状：

"今请不以东西为限，亦不以取只日双日受事。但请依旧请四推，御史令轮环受事，周而复始。如此则才用俱展，劳逸必均。其余应缘

① （宋）王溥：《唐会要》卷 62《御史台下·推事》，上海古籍出版社 2006 年版，第 1273 页。

② （宋）晏殊：《晏元献公类要》卷 16《总载御史·六察》引《德宗实录》，《四库全书存目丛书》（子部第一六六册影印西安市文物管理委员会藏清钞本），齐鲁书社 1995 年版，第 646 页。

③ （宋）王溥：《唐会要》卷 62《御史台下·推事》，上海古籍出版社 2006 年版，第 1273 页。

④ （宋）王溥：《唐会要》卷 62《御史台下·推事》，上海古籍出版社 2006 年版，第 1274—1275 页。

推事，须有约勒，若一一闻奏，虑烦圣听。敕下后，请随事条流。"敕旨依奏。①

此次改革最为重要的成果是御史台获得案件终审权力，对于百姓诉至台司的一般案件，御史台无需逐件闻奏，即可随事条流裁断，御史台作为一级独立审判机关的司法职能趋于完备。至五代时期，台司俨然成为地方州府之法定上诉机关。后周广顺二年(952 年)在规定诉事人诣台诉事条件的同时，为防止滥行告诉，要求诉事人与案件具有直接利益关系。此为唐代诣台诉事惯例长期实践在立法层面之直接观照：

> 周广顺二年十月二十五日敕节文，起今后诸色词讼，及诉灾渗，并须先经本县，次诣本州、本府，仍是逐处不与申理，及断遣不平，方得次第陈状，及诣台省，经匦进状。其有蓦越词讼者，所由司不得与理，本犯人准律文科罪。应所论讼人，并须事实干己，证据分明，如或不干己事，及所论矫妄，并加深罪。②

第三节　台使外赴地方推案制度述略

与审理普通民事上诉案件有别，台司所受理的案件不乏州县百姓状告地方长吏或豪右势力者，基于公正理念和回避原则之考虑，此类案件无须经由地方法司逐级审判，御史台可直接差遣御史赴地方州县就地推问。因此，御

---

① (宋)王溥：《唐会要》卷 62《御史台下·推事》，上海古籍出版社 2006 年版，第 1275 页

② (宋)窦仪等：《宋刑统》卷 24《斗讼》"越诉"条引周广顺二年十月二十五日敕节文，吴翊如点校，中华书局 1984 年版，第 379—380 页。

按：《五代会要》记载此敕内容与《宋刑统》所引文字颇有异同："周广顺二年十月敕：'今后凡有百姓诉论及言灾渗，先诉于县。县如不治，即诉于州。州治不平，诉于观察使。观察使断遣不当，即可诣台省申诉。如或越次诉论，所司不得承接。如有诋犯，准律科惩。'"(宋)王溥：《五代会要》卷 17《御史台》，上海古籍出版社 1978 年版，第 286 页。

史台作为上诉机关推案的实际运行，又具有相当程度的地方监察色彩。对于州县百姓诣台告诉地方长官违法的案件，台司还可遣使赴地方就地办理。据《唐开元二十四年(736年)九月岐州郿县尉□勋牒判集》"朱本被诬牒上台使"牒(伯二九七九号)：里正朱本征发所部齐舜往幽州服役，齐舜不服遂诣御史台诉朱本征发无度，索要贿赂。御史台因诉事人举告，遣使赴地方州县办案，推事使在实地勘察和讯问证人后，断定齐舜所诉虚妄，朱本依敕征派赋役，无可指摘，而齐舜则因此承担诬告罪责。辞牒从实证角度说明了御史台差官赴地方问案的实际情况：

> 22 朱本被诬牒上台使第廿七：
> 23 初里正朱本据户通齐舜着幽州行。舜负恨至京，诣台讼朱
> 24 本隐强取弱，并或乞敛乡村。台使推研，追摄颇至。再三索上，
> 25 为作此申。牒使①曰：

> 26 此县破县，人是疲人，一役差科，群口已议，是何里正能作过
> 27 非。如前定行之时，所由简送之日，其人非长大不可，非久
> 28 行不堪。在朱本所差，与　　敕文相合。类皆壮健，悉是老
> 29 行，简中之初，十得其四。余所不送，例是尫羸，不病不贫，即伤
> 30 即荐役者准　　　　　　敕不取，交贫者于法亦原。其中唯吕万一人，
> 31 稍似强壮，不入过簿，为向陇州，且非高勋，又异取限。如齐舜
> 32 所讼，更有何非。或云遍历乡村，乞诸百姓。昨亦令人访问，兼
> 33 且追众推研，总无所凭，浑是虚说。至如州县发役，人间
> 34 难务。免者即无响无声，着者即称冤称讼。此摇动在乎

---

① 按：胡如雷认为：案卷25行"牒使"为临时差遣，即对案情进行调查的职务，最后将调查结果报御史台推事使。胡如雷：《两件敦煌出土的判牒文书所反映的社会经济状况》，收入史念海主编：《唐史论丛》第2辑，陕西人民出版社1987年版，第53—79页。

35 群小，政令何闲有司。众证即虚，朱本何罪。昨缘此事，追

36 摄亦勤，廿许人数旬劳顿，农不复理，身不得宁，忝是职

37 司，敢不衔恤，具状，牒上御史台推事使。[①]

由此，台司的司法监察职能和受案理事职能出现某种意义上的交叉与契合。直至晚唐，御史台遣使赴地方府县推劾狱讼案件的现象仍十分普遍。由于百姓论诉，台司多须遣使推案，事务繁杂，大中四年（850 年）八月，刑部侍郎御史中丞魏謩奏请完善台使外赴地方推案制度，充分发挥地方诸道、府县的审判作用，委令诸道观察使幕中判官带宪衔者推劾案件：

> 诸道州府百姓诣台诉事，多差御史推劾，臣恐烦劳州县，先请差度支、户部、盐铁院官带宪衔者推劾。……从之。[②]

诣台诉事的司法惯例对唐人诉讼观念产生深刻影响，百姓赴御史台申冤的事例被大量移植至唐人笔记之中。据《广异记》载："唐开元中，东光县令谢混之，以严酷强暴为政，河南著称。混之尝大猎于县东，杀狐狼甚众。其年冬，有（狐化）二人诣台，讼混之杀其父兄，兼他赃物狼藉，中书令张九龄令御史张晓往按之，兼锁系告事者同往。"[③]同书又载天宝初，长沙尉成珪部送河南桥木，"累遭风水，遗失差众"。遂遭扬州府司及潭府班景倩诬陷因系，珪因持《金刚经》获解，遂入京"于御史台申理"[④]。狐狸变幻人形论诉纯属虚妄，持经卷解脱之杜撰自不待言，但士人百姓诣台揭举长吏赃污枉法，却为当时法令允许。可见，至开天之际，台司受理告诉后差官推事已经成为御史台的一项常态公务行为。

---

① 唐耕耦、陆宏基编：《敦煌社会经济文献真迹释录》（第 2 辑），全国图书馆文献缩微复制中心 1990 年版，第 616—617 页。标点参考[日]池田温：《中国古代籍帐研究》，龚泽铣泽，中华书局 2007 年版，第 230 页。

② （后晋）刘昫：《旧唐书》卷 18 下《宣宗纪》，中华书局 1975 年版，第 627 页。

③ （唐）戴孚：《广异记》"谢混之"，方诗铭辑校，中华书局 1992 年版，第 207 页。

④ （唐）戴孚：《广异记》"成珪"，方诗铭辑校，中华书局 1992 年版，第 26 页。

第四节 唐御史台诉讼审级地位检讨

前述《唐六典》规定的诉讼审级分为县、州府、尚书省、三司、上表等五级，另有挝登闻鼓、立肺石等直诉方式，其中并未规定御史台的审级位阶。由于御史台长期受纳地方诉事人辞状文牒，理问冤滞，因此台司在事实上遂成为州府法司的上诉机关。实践中，对于地方法司不能申理的案件，当地人可以诣台诉事，寻求救济，台司可据惯例受案理问。贞元九年（793 年）二月，御史台奏：

> 今后府县、诸司公事，有推问未毕，辄挝鼓进状者，请却付本司推问。断讫，犹称抑屈，便任诣台司案覆。若实抑屈，所由官录奏推典，量罪决责，如告事人所诉不实，亦准法处分。①

可见，诉事人诣台诉事，须以原审机关先行裁判为前提，御史台作为地方府县之上级诉讼机关的地位，通过诏敕得到官方确认。若原判有误，主审法官须受惩治；如诉事人诬告，亦于法有罚。

至于司法实践中台司受理地方上诉案件之事例，于史籍、墓志之中亦可拣得数例：睿宗景云中，僧惠范恃权势逼夺生人妻，州县不能理，"其夫诣台诉冤"②。台司作为州府上级机关审理刑事案件的诉讼地位由此可证。贞元十年（794 年），穆赞任御史，分司东都，"时陕州观察使卢岳妾裴氏，以有子，岳妻分财不及，诉于官，赞鞫其事"③。时陕州隶河南道，裴氏当因资财分配纠纷在地方未获申理，遂就近向东都洛阳御史台申诉，由受事御史穆赞推按①。可见，东都御史台作为上诉审级，有权推问一般民事案件。据《唐故监察御

---

① （宋）王钦若编纂：《册府元龟》卷 516《宪官部·振举》，周勋初等校订，凤凰出版社 2006 年版，第 5857 页。

② （唐）刘肃：《大唐新语》卷 4《持法第七》，许德楠、李鼎霞点校，中华书局 1984 年版，第 61 页。

③ （后晋）刘昫《旧唐书》卷 155《穆宁子穆赞传》，中华书局 1975 年版，第 4115 页。

① 勾利军：《唐代东都分司官研究》，上海古籍出版社 2007 年版，第 152 页。

史陇西李公墓志铭》载：墓主李俊素会昌中任监察御史，曾受御史中丞选派审理明州百姓所诉田产纠纷案件，墓志明言此前地方长吏不能决断，当事人遂诣台论诉：

> 时明州百姓有争田者，结党潜构，欲行欺夺。牧宰禁之不可，威之不从，诣阙来诉。宪丞遴柬，以公为能。俾专按劾，乘驲而去。公持斧至止，穷其本根，周月得情，尽除凶害。①

大中元年（847年）四月，御史台奏请诉事人在向御史台投状之前，必须穷尽相关诉讼程序，先向府县、诸军、诸使起诉，不得越级诣台陈诉。对于未经本司处理的案件，退回原审单位处置。若原判确有冤屈，诉事人可依法向御史台上诉。该敕在重申贞元九年（793年）二月敕令规定的基础上，进一步明确了台司对于地方州府法官的审判监督和考课建议权力：

> 自今以后，伏请应有论理公私债负及婚田两竞，且令于本司及本军本州府论理，不得即诣台论诉。如有先进状及接宰相下状，送到台司勘当，审知先未经本司论理者，亦请且送本司。如已经本司论理，不平，即任经台司论讯。若台司推勘冤屈不虚，其本司本州府元推官典，并请追赴台推勘，量事情轻重科断。本推官若罪轻，即罚直书下考，稍重即停见任贬降，以此惩责，庶免旷官。②

唐代律令诏敕对于御史台和尚书省受纳词讼的分工和关系未作明确规定，实践中，地方进京告诉者当有权在台、省之间进行选择：或经尚书省左右丞逐级申诉；或径直向御史台告诉，由此逐步形成百姓诣台诉事的司法惯例。从性质而言，诣台告诉仍应视为御史台监察权力之延伸。御史台诉讼权力的获得与行使，亦是唐代常规诉讼审级以外之非常救济途径。若从诉审层

---

① 吴钢主编：《全唐文补遗》（千唐志斋新藏专辑），三秦出版社2006年版，第376页。
② （宋）王钦若编纂：《册府元龟》卷516《宪官部·振举》，周勋初等校订，凤凰出版社2006年版，第5862页。

级考察，御史台应与尚书省左右丞居于并列地位。

御史台受状问案规则的确立，使得唐代诉讼审级因此发生微妙变化，台司与尚书省在事实上成为平行的上诉机关，但诉事人向不同机关投状申诉后的程序繁简却存在本质差异：若诉事人向尚书省上诉，则可能需要穷尽三司（受事）、上表等程序，仍不服方可挝登闻鼓、立肺石进行直诉。诉讼案件却可能"经历台省，往来州县。动淹年岁，曾无与夺"①，在无限增加诉讼成本的同时，冤滞获申的可能更是微乎其微。相比之下，御史台受理的案件无论奏闻处断还是直接审理，都可能因帝王的最终干预或台司"随事条流"而获得迅速解决。因此，诣台诉讼成为诉事人进京告诉的首选，相当数量的诉讼案件可能在上述因素的刺激之下迅速分流至御史台，御史台通过自我授权获得受理词讼权力，并逐渐取得与尚书省分庭抗礼的优越地位，而尚书省作为法定上诉机构的审判职能却逐渐变得寂寞无闻。

本 章 小 结

就实质而言，诣台诉事属告诉范畴，唯诉事机关与一般告诉有别。唐代律令诏敕对于御史台和尚书省受纳词讼的分工和关系未作明确规定，地方进京告诉者当有权在台、省之间进行选择：或经尚书省左右丞逐级申诉，或径直向御史台告诉，由此逐步形成百姓诣台诉事的司法惯例。由于台司受理的案件可能因帝王干预或台司"随事条流"而获得迅速解决，诣台诉讼遂成为诉事人进京告诉的首选，相当数量的诉讼案件由此迅速分流至御史台。御史台通过自我授权获得受理词讼权力，并逐渐取得与尚书省分庭抗礼的优越地位，而尚书省作为法定上诉机构的审判职能却逐渐变得寂寞无闻。

---

① （宋）宋敏求：《唐大诏令集》卷 82《政事·刑法·申理冤屈制》，中华书局 2008 年版，第 472 页。

第 八 章

举 告

举告是起诉的重要途径之一，指被害人及其家属以外的第三人向司法机关告发犯罪事实和犯罪人的告诉方式①。秦商鞅变法，兴告奸之科，举告之风自此大盛。徐朝阳认为"使一般人皆负告发犯罪之义务，且严定制裁，此种制度，盖自秦之商鞅始"②。据《韩非子》卷四《奸劫弑臣》：

商君说秦孝公以变法易俗而明公道，赏告奸，困末作而利本事。当此之时，秦民习故俗之有罪可以得免，无功可以得尊显也，故轻犯新法。于是犯之者其诛重而必，告之者其赏厚而信。故奸莫不得而被刑者众，民疾怨而众过日闻。孝公不听，遂行商君之法，民后知有罪之必诛，而私奸者众也，故民莫犯，其刑无所加。是以国治而兵强，地广而主尊。

---

① 李交发：《中国诉讼法史》，中国检察出版社 2003 年版，第 37 页。

按：学界关于案外第三人举告犯罪的概念描述大致趋同，陈光中将其称为"一般人告诉"（陈光中、沈国峰：《中国古代司法制度》，群众出版社 1984 年版，第 49 页）。张晋藩等认为举告是"被害人一方以外的知情人提请的控告，唐代称为'告言人罪'"（张晋藩：《中国司法制度史》，人民法院出版社 2004 年版，第 108 页）。陈涛认为"告发又称为首告，就是指第三人对官府告诉犯罪事实，属于公众诉追方式"陈涛：《中国法制史学》，中国政法大学出版社 2007 年版，第 193 页。

② 徐朝阳：《中国诉讼法溯源》，吴宏耀、童友美点校，中国政法大学出版社 2012 年版，第 143 页。

此其所以然者，匿罪之罚重，而告奸之赏厚也。此亦使天下必为己视听之道也。①

自汉魏晋以降，举告作为重要告诉方式，为历代律典所承用。汉《二年律令·具律》已对举告及自首程序有明确规定："诸欲告罪人，及有罪先自告而远其县廷者，皆得告所在乡，乡官谨听，书其告，上县道官。廷士吏亦得听告。"②北魏太武帝太延三年（437年）五月己丑诏："法之不用，自上犯之，其令天下吏民，得举告守令不如法者。"③献文帝时又诏："诸监临之官，所监治受羊一口、酒一斛者，罪至大辟，与者以从坐论。纠告得尚书已下罪状者，各随所纠官轻重而授之。"④作为司法机关获悉案件线索之重要途径，唐代"举告"规则散见于《唐律疏议》诸篇，对于危害封建国家安全及公私财产犯罪，实行强制告发原则，即要求凡知情者皆须履行告发义务。据《唐律疏议·斗讼》"知谋反大逆不告"条："诸知谋反及大逆者，密告随近官司，不告者，绞。知谋大逆、谋叛不告者，流二千里。知指斥乘舆及妖言不告者，各减本罪五等。"⑤《唐律疏议·贼盗》"知略和诱和同相卖而买"条甚至对禁止卑幼告发尊属原则予以修正："知祖父母、父母卖子孙及卖子孙之妾，若己妾而买者，各加卖者罪一等。（原注：展转知情而买，各与初买者同。虽买时不知，买后知而不言者，亦以知情论。）"⑥此处"知而不言"即指买受人明知尊属以暴力、欺骗、利诱等手段买卖人口，以及卖卑亲属，而未向官府举告，应以知情不告论。然唐代司法实践中，

---

① （清）王先慎：《韩非子集解》卷4《奸劫弑臣第十四》，钟哲点校，中华书局1998年版（新编诸子集成），第101—102页。

② 张家山二四七号汉墓竹简整理小组：《张家山汉墓竹简》（释文修订本），文物出版社2006年版，第22—23页。

③ （北齐）魏收：《魏书》卷4上《世祖纪上》，中华书局1974年版，第88页。

④ （北齐）魏收：《魏书》卷24《张衮传》，中华书局1974年版，第616页。

⑤ （唐）长孙无忌等：《唐律疏议》卷23《斗讼》"知谋反大逆不告"，刘俊文点校，中华书局1983年版，第427页。

⑥ （唐）长孙无忌等：《唐律疏议》卷20《贼盗》"知略和诱和同相卖而买"，刘俊文点校，中华书局1983年版，第374页。

对于第三人举告程序、处置流程乃至赏格制度，唐代律令皆无明确规定。司法实践多遵循惯例侦查、审判、处置此类刑事案件。

第一节 举 告 诉 因

一、检举

战国秦汉以来之告奸传统是促使案外第三人举告犯罪之重要动机。司法实践中遵循普遍管辖原则，凡举告者访闻他人非违言行，即有权向随近官府告发。此类告诉以与案件无利害关系为前提，涉及罪名较为广泛。桓谭《新论》记博士弟子谭生为人举告诅咒事："博士弟子谭生居东寺，连三夜有恶梦，以问人。人教使晨起厕中祝之三旦，而人告以为咒咀，捕治，数日死。"①《魏书》载世祖时，或告段晖欲南奔，置金于马鞯中"世祖密遣视之，果如告者之言，斩之于市，曝尸数日"②。唐代告事人检举的具体缘由因事而异。咸亨中，赵州祖珍俭以妖术惑众，卖卜于信都市，日取百钱。"后被人纠告，引向市斩之"③，此为举告妖妄犯罪之例。《广异记》云唐开元中，东京士人得官家排斗钱三百，"士人疑其精怪，不知何处得之，疑用恐非物理，因以告官，具言始末"④，此为告发精怪异闻之例。广明中，秦宗权差为细作令入黄州探事，"行者至黄州，未逾旬，为人告败"⑤，黄州刺史宋汶令于军门集众决杀。此为举告间谍犯罪之例。诉讼实践中，长吏赃贿是举告案件的重要诉因，此类诉请遍及唐代不同历史阶段。天宝九载(750年)，平原太守宋浑横征暴敛、违律

---

① (汉)桓谭：《新辑本桓谭新论》卷 5《见征篇》，朱谦之校辑，中华书局 2009 年版(新编诸子集成续编)，第 17 页。

② (北齐)魏收：《魏书》卷 52《段承根传》，中华书局 1974 年版，第 1158 页。

③ (唐)张鷟：《朝野佥载》卷 3，赵守俨点校，中华书局 1979 年版，第 64 页。

④ (唐)戴孚：《广异记》"谢二"，方诗铭辑校，中华书局 1992 年版，第 232 页。

⑤ (宋)李昉等：《太平广记》卷 108"蔡州行者"条引《报应记》，中华书局 1961 年版，第 736 页。

嫁娶兼阴养刺客，"并为人所发，赃私各数万贯"①。贞元中，李齐运荐李锜为浙西，受赂数十万，又荐李词为湖州刺史，"人告其赃"②。咸通八年（867年）七月，右拾遗韦保衡复言，杨收前为相，"除严譔江西节度使，受钱百万，又置造船务，人讼其侵隐"③。以上数例，皆为案外第三人举告之例证。

二、仇隙

宿怨仇嫌是揭举他人罪恶的重要动因之一，其举告目的在于借助司法权威，发泄或平复个人激愤。与一般案外人举告相比，因仇嫌告发者，其目的在于置被告于死地而后快，其中举报与诬陷可谓交杂并存。则天时，"怀州刺史李文暕以皇枝近属，为雠人所告"④，武后令监察御史杜承志推之。开元初，"嗣彭王子志谦坐雠人告变，考讯自诬，株蔓数十人"⑤，右散骑常侍元行冲察其枉，列奏见原。是时又有太常少卿卢崇道抵罪徙岭南，逃还东都，逢陆南金居母丧，崇道伪称吊客入而道其情，南金匿之。"为雠家所发"⑥，玄宗令侍御史王旭捕按。开元十三年（725年），仇人告陈州刺史李邕"赃贷枉法，下狱当死"⑦，为许昌男子孔璋上书营救，邕减死贬钦州遵化尉。

三、陷害

教唆案外人举告陷害，是封建时代政治斗争之惯用伎俩。《太平御览》引《陈书》记陈后主阴令人告长沙王叔坚厌魅事，言"刻木为偶人，衣以道士衣，施机关能拜跪，昼夜于星月下醮之，祝诅于上。又令上书告其事，案验令实，

---

① （后晋）刘昫：《旧唐书》卷 96《宋璟传》，中华书局 1975 年版，第 3036 页。

② （宋）欧阳修、宋祁：《新唐书》卷 167《李齐运传》，中华书局 1975 年版，第 5111 页。

③ （宋）司马光：《资治通鉴》卷 250"懿宗咸通八年（867 年）七月"，中华书局 1956 年版，第 8119 页。

④ （后晋）刘昫：《旧唐书》卷 98《杜暹传》，中华书局 1975 年版，第 3075 页。

⑤ （宋）欧阳修、宋祁：《新唐书》卷 200《儒学下·元澹传》，中华书局 1975 年版，第 5691 页。

⑥ （后晋）刘昫：《旧唐书》卷 70《王珪传》，中华书局 1975 年版，第 2531 页。

⑦ （宋）欧阳修、宋祁：《新唐书》卷 202《文艺中·李邕传》，中华书局 1975 年版，第 5755 页。

后主召叔坚因于西省，后赦之，免所居官"①。唐代司法实践中，谋主为排斥异己势力，时常指使他人以举告之名，行诬构之实。显庆三年(658 年)，杜正伦与李义府不谐，"中书侍郎李友益密与正伦共图议义府，更相伺察。义府知而密令人封奏其事。正伦与义府讼于上前，各有曲直"②。高宗出正伦为横州刺史，流友益于峰州。天宝十三载(754 年)十一月，右相杨国忠忌河东太守韦陟才望，恐践台衡。乃引河东人吴象之"告陟与御史中丞吉温结托，欲谋陷朝廷，又诱陟侄韦元志证之"③，陟坐贬为桂州桂岭尉，再贬昭州平乐尉。长庆二年(822 年)三月，元稹作相，"寻为李逢吉教人告稹阴事，稹罢相，出为同州刺史"④。《柳宗元外集》所记河间淫妇诱夫召巫祈祷，又"命邑人告其夫召鬼祝诅，上下吏讯验，笞杀之"⑤。此则为巷间旁人举告之例。

第二节 举 告 程 序

一、告诉

与一般告诉相同，举告人闻知案件线索，应由案发地法司管辖。州、

---

① (宋)李昉等：《太平御览》卷735《方术部·巫下·厌蛊》，中华书局1960年版，第3260页。

按：今本《陈书》记此事与《太平御览》所引略异："叔坚不自安，稍怨望，乃为左道厌魅以求福助，刻木为偶人，衣以道士之服，施机关，能拜跪，昼夜于日月下醮之，祝诅于上。其年冬，有人上书告其事，案验并实，后主召叔坚因于西省，将杀之。"(唐)姚思廉：《陈书》卷28《高宗二十九王·长沙王叔坚传》，中华书局1972年版，第367页。

② (后晋)刘昫：《旧唐书》卷82《李义府传》，中华书局1975年版，第2767页。

③ (后晋)刘昫：《旧唐书》卷92《韦安石子陟传》，中华书局1975年版，第2959页。

按：关于杨国忠构陷韦陟事，《资治通鉴》概言"杨国忠恐其入相，使人告陟赃污事，下御史按问"[(宋)司马光：《资治通鉴》卷217"玄宗天宝十三载(754 年)十一月"，中华书局1956年版，第6929页]。《旧唐书·吉温传》对于杨国忠指使他人告发的具体情节做了不同记载："国忠讽评事吴豸之使乡人告之，召付中书门下，对法官鞫之。"(后晋)刘昫：《旧唐书》卷186下《酷吏下·吉温传》，中华书局1975年版，第4857页。

④ (后晋)刘昫：《旧唐书》卷173《李绅传》，中华书局1975年版，第4497页。

⑤ (唐)柳宗元：《柳宗元集·外集》卷上《赋文志·河间传》，中华书局1979年版，第1343页。

县为受理地方举告案件机关。常规告诉理由已于"举告诉因"部分论明。唐代统治者结合国家政治经济情势变化的需要，形成以诏敕方式鼓励举告特定罪愆之诉讼惯例，其中尤以逃户、私铸、赃贿等经济犯罪为重点。与案发地管辖原则相适应，举告浮逃户、欠陌钱等犯罪，应由辖内官府受理。敦煌出《子年五月左二将百姓泛履倩等户口状》："右通新旧口并皆依实，如后有人纠告，求受重罪。"①吐鲁番阿斯塔那 35 号墓出《武周载初元年（690年）西州高昌县甯和才等户手实》[64TAM35：59(a)]多处以格式化行文表述户主申报制家口、田亩信息属实，如被纠告隐没人口，甘受责罚：

> 1 户主甯和才年拾肆岁
>
> 2 　母赵年伍拾贰岁
>
> 3 　妹和忍年拾叁岁
>
> 4 　右 件 人 见 有 籍
>
> 5 姊和贞年贰拾贰岁
>
> 6 姊罗胜年拾伍岁
>
> 7 　右 件 人 籍 后 死
>
> 8 合 受 常 部 田
>
> ……
>
> 14 牒件通当户新旧口田段亩数、四至，具状如前。如后有人纠
>
> 15 告，隐漏一口，求受违　敕之罪。谨牒。
>
> 16 载初元年壹月 日户主甯 和 才 牒。①

该文书后续户主王隆海、史苟仁、翟急生、（大女）杨支香、（大女）曹多富、康才宝、王具尼、康才义等手实 10 件，其中有 9 件提及如有人纠告隐漏人口，

---

① 唐耕耦、陆宏基编：《敦煌社会经济文献真迹释录》（第 2 辑），社会科学文献出版社 1990 年版，第 377 页。

① 国家文物局古文献研究室等编：《吐鲁番出土文书》（第 7 册），文物出版社 1986 年版，第 414—416 页。

愿承担法律责任，而纠告隐漏则应依法向高昌县司提出。据《旧唐书·职官志》："每一岁一造计帐，三年一造户籍。县以籍成于州，州成于省，户部总而领焉。"[1]而户主申报的手实信息是官府编制籍帐、户口的凭证，亦为征收赋税、征摊差科之依据。因此，唐代专列"脱漏户口增减年状"条予以规范："诸脱户者，家长徒三年；无课役者，减二等；女户，又减三等。（原注：谓一户俱不附贯。若不由家长，罪其所由。即见在役任者，虽脱户及计口多者，各从漏口法。）"[2]此外，唐代手实末尾还多见户主据实申报之承诺，吐鲁番阿斯塔那七八号墓出《唐贞观十四年(640年)西周高昌县李石往等户手实》(67TAM78：16a、67TAM78：29a、67TAM78：32、67TAM78：30)有"具注如前，更(无)加减。若后虚妄，求受罪"[3]数条，其效力与"纠告隐漏，求受重罪"等同。开元二十一年(733年)四月一日，朝廷责成地方长吏查禁浮逃户口，鼓励百姓举告：

> 顷以天下浮逃，先有处分，所在括附，便入差科，辄相容隐，亦令纠告。如闻长吏不甚存心，致令流庸更滋，前弊未革，自行此法，即有奸生。逃者租庸，类多干没；长吏明察，岂其然乎？此色每年别须申省，比类多少，以为殿最。[1]

金融犯罪是唐代举告的又一重点内容。旧时百钱谓之"陌"，不足者称"短陌"。早在魏晋时期，即有所谓"短陌"、"欠陌"现象。清儒顾炎武据《抱朴子》"取人长钱，还人短陌"，认为"短陌"晋时已有之[2]。"欠陌钱"扰乱社

---

① (后晋)刘昫：《旧唐书》卷43《职官二》，中华书局1975年版，第1825页。

② (唐)长孙无忌等：《唐律疏议》卷12《户婚》"脱漏户口增减年状"，刘俊文点校，中华书局1983年版，第231页。

③ 国家文物局古文献研究室等编：《吐鲁番出土文书》(第4册)，文物出版社1983年版，第72—74页。

① (唐)张九龄：《张九龄集校注》卷7《敕处分朝集使》，熊飞校注，中华书局2008年版，第474页。

② (清)顾炎武：《日知录校注》卷11"短陌"条，陈垣校注，安徽大学出版社2007年版，第659页。

会经济秩序，并直接导致卖方利益受损。贞元九年(793年)三月二十六日，敕禁欠陌钱交易，在重申本行头及居停主人、牙人等依法检察的同时，赋予货主举告监督权利，以保证行头等依法履职：

> 陌内欠钱，法当禁断，虑因捉搦，或亦生奸，使人易从，切于不扰。自今以后，有因交关用欠陌钱者，宜但令本行头及居停主人、牙人等检察送官。如有容隐，兼许卖物领钱人纠告，其行头主人、牙人，重加科罪。府县所由祇承人等，并不须干扰。若非因买卖，自将钱于街衢行者，一切勿问。①

二、羁押

唐人封演《封氏闻见记·解纷》详述临清尉熊曜开脱平原太守宋浑事，对于查明唐代举告案件的处理流程有重要参考意义，值得全引：

> 熊曜为临清尉，以干蛊闻，平原太守宋浑被人告，经采访使论。使司差官领告事人就郡按之。行至临清，曜欲解其事，乃令曹官请假而权判司法。及告事人至，置之县狱。曜就加抚慰，供其酒馔。夜深屏人与语，告以情事，欲令逃匿。其人初致前却，见曜有必取之色，虑不免，遂许之。曜令狱卒与脱锁，厚资给送出城，并狱卒亦令逃窜。天明，吏白失囚，曜驰赴郡，具陈"权判司法，邂逅失囚"。太守李憕不之罪也；为申采访。奉帖牒，但令切加捕访而已。既失告者，浑竟得无事。①

---

① (宋)王溥：《唐会要》卷89《疏凿利人》，上海古籍出版社2006年版，第1933页。

按：短陌钱在唐末得到官方认可，清人赵翼云"唐盛时用足钱，天祐中，以兵乱窘乏，始令以八十为百"。(清)赵翼：《陔馀丛考》卷30"短钱"，商务印书馆1957年版，第625页。

① (唐)封演：《封氏闻见记校注》卷9"解纷"，赵贞信校注，中华书局2005年版，第89页。

林宝《元和姓纂》记"开元临清尉熊曜"[①]，可知《封氏闻见记》所记当为唐代开元年间举告程序。唐采访使掌监察地方长吏，巡省刑狱。"（开元）二十一年，分天下州郡为十五道，置采访使以检察非法"[②]。吏民举告地方长吏非违，本道采访使为法定受理机关。因审理须两造具备，故差官领原告就郡按问。告事人行至贝州临清县，暂羁于县狱。县尉熊曜权判司法，纵囚逃逸，后熊曜以邂逅失囚申报于太守及采访使，遂使举告宋浑一案因无从对质而不了了之。

诉讼实践中，被告须收禁候审。载初元年(689 年)，武承嗣使酷吏周兴诬告上金、素节谋反，"召至都，系于御史台"。至神龙昭雪，追复上金官爵，封庶子义珣为嗣泽王。嗣后，"有人告义珣非上金子，假冒袭爵，义珣不能自明，复流于岭外"[③]。天宝十一载(752 年)棣王琰孺人厌魅，为仇人举告。玄宗"乃囚于鹰狗坊，以忧薨"[④]。安史乱后，禁军跋扈，北军狱亦成为羁押嫌犯场所。大历五年(770 年)正月，刘希暹说鱼朝恩于北军置狱，"使坊市恶少年罗告富室，诬以罪恶，捕系地牢，讯掠取服，籍没其家赀入军，并分赏告捕者"[①]。综上，唐代因举告启动之诉讼处置流程大致包括告诉、受理、收禁、庭审等环节，而收禁原被告以便当庭对质是查明案情的先决要件(图 8-1)。

<hr>

① (唐)林宝：《元和姓纂》卷 1，岑仲勉校记，中华书局 1994 年版，第 20 页。

② (唐)李吉甫：《元和郡县图志》卷 13《河东道二》，贺次君点校，中华书局 1983 年版，第 361 页。

按：开元二十九年七月敕对采访使职责有明确规定："采访使等所资按部，恤隐求瘼。巡抚处多，事须周细，不可匆遽，徒有往来。宜准刺史例入奏。"(宋)王溥：《唐会要》卷 78《诸使中·采访处置使》，上海古籍出版社 2006 年版，第 1681 页。

③ (后晋)刘昫：《旧唐书》卷 86《高宗诸子·泽王上金传》，中华书局 1975 年版，第 2826 页。

④ (宋)欧阳修、宋祁：《新唐书》卷 82《十一宗诸子·棣王琰传》，中华书局 1975 年版，第 3608 页。

① (宋)司马光：《资治通鉴》卷 224"代宗大历五年(770 年)正月"，中华书局 1956 年版，第 7210 页。

图 8-1　牢狱图

资料来源：谭蝉雪主编：《敦煌石窟全集·民俗画卷》，商务印书馆（香港）有限公司 1990 年版，第 30 页

三、审判

受地域管辖与级别管辖原则限制，对于常规举告案件，当由地方州、县法司受理。会昌中，韦温为宣歙观察使，"池州人讼郡守，温按之无状，杖杀之"①。从纵向而言，唐代民、刑案件的诉讼审级分为县、州府、尚书省（左右丞）、三司（受事）、上表等五级，并另设挝登闻鼓、立肺石等直诉方式。当然，并非每宗诉案均需穷尽上述程序，诉请理由或申告冤情在某个环节得到解决，整个诉讼程序即应宣告终结。

对于因举告提起的重大案件，可以诏狱形式审理。则天时，"梁州都督李行褒为部人诬告"①，诏凤阁舍人韩大敏就州推究。大和五年（831 年）二月戊戌，"神策中尉王守澄奏得军虞候豆卢著状，告宰相宋申锡与漳王谋反。即令

---

① （后晋）刘昫：《旧唐书》卷 168《韦温传》，中华书局 1975 年版，第 4380 页。

① （后晋）刘昫：《旧唐书》卷 98《韩休传》，中华书局 1975 年版，第 3077 页。

追捕"①。是时惮于王守澄、郑注威权,虽宰相重臣无敢言其事。大理卿王正雅与京兆尹崔琯上疏,"请出造事者,付外考验其事,别具状闻。由是狱情稍缓,申锡止于贬官,中外翕然推重之"②。对于特别重大案件,可由中央法司主持,宰臣参与杂治。调露二年(680年),正议大夫明崇俨为盗所杀,则天疑太子贤所为,"俄使人发其阴谋事,诏令中书侍郎薛元超、黄门侍郎裴炎、御史大夫高智周与法官推鞫之,于东宫马坊搜得皂甲数百领,乃废贤为庶人,幽于别所"③。开元十一年(723年)十二月,"许州刺史王乔家奴告乔与晙潜谋构逆"④,玄宗敕侍中源乾曜、中书令张说鞫其状。王晙既无反状,乃以违诏追不到,左迁蕲州刺史。对于地方州郡发生的重要举告案件,还可差遣使臣按问。贞元十一年(795年)二月,黔中监察御史崔穆为部人告赃二十七万贯及他犯,"遣监察御史李直方往黔州覆按"⑤。

第三节 举 告 赏 格

作为案外第三人,举告人与案件并无直接利害关系。历代统治者在设定连带告奸机制强制告发的同时,为防法外遗奸,时常在诏敕中设定赏额,刺激民间举告非违。战国时期,奖励告奸的刑事政策得到墨翟、商鞅等人推崇。《墨子·号令》已有举告谋杀伤赏格之记载:"诸吏卒民有谋杀伤其将长者,

---

① (后晋)刘昫:《旧唐书》卷17下《文宗纪下》,中华书局1975年版,第540页。

按:《逸史》云郑注等"乃伪作申锡之罪状,令人告之云,以文字结于诸王,图谋不轨。以衣物金宝奇玉为质,且令人效其手疏,皆至逼似,狱成于内,公卿众庶无不知其冤也。"(宋)李昉等:《太平广记》卷122"宋申锡"条引《逸史》,中华书局1961年版,第864页。

② (后晋)刘昫:《旧唐书》卷165《王正雅传》,中华书局1975年版,第4298页。

③ (后晋)刘昫:《旧唐书》卷86《高宗诸子·章怀太子贤传》,中华书局1975年版,第2832页。

④ (后晋)刘昫:《旧唐书》卷93《王晙传》,中华书局1975年版,第2989页。

⑤ (宋)王溥:《唐会要》卷60《御史台上·监察御史》,上海古籍出版社2006年版,第1243页。

与谋反同罪，有能捕告，赐黄金二十斤，谨罪。"①《商君书·开塞》又云"王者刑用于将过，则大邪不生；赏施于告奸，则细过不失"②。司法实践中，悬赏告示也可由私人发布，吐鲁番哈拉和卓九六号墓出北凉真兴七年(425 年)至义和二年(432 年)间《悬募追捕逃奴赏格班示》(75TKM96：21)对于了解中古时期赏格样式具有一定参考价值：

　　　　　　　　　　　□□□□□

　1 还奴妇□隗参 军 □□□□□

　2 浮游不出也去九 日 □□□□

　3 得者募毯十张。得者将诣唐司马祠收擽。

　4 受募，不负言誓也。

　　　　　　五月十日 僧 □ 渊 班③

目前所见唐代举告赏格多由官方发布，有"常法"与"别敕"两种表现形式，"常法"主要指律令规范，唐令具有"设范立制"的功能，是举告赏格的基本表达形式，令文明确规定了涉案赃额五分之二、三分之二等举告赏格标准。《唐律疏议·斗讼》"教令人告事虚"条云："'教令人告，事虚应反坐'，谓诬告人者，各反坐；'得实应赏'，谓告赍禁物度关及博戏、盗贼之类令有赏文，或告反、逆临时有加赏者：皆以告者为首，教令者为从。"①据开元《捕亡令》：

---

　　①（清）孙诒让：《墨子间诂》卷15《号令第七十》，孙启治点校，中华书局 2001 年版（新编诸子集成），第 599 页。

　　② 蒋礼鸿：《商君书锥指》卷2《开塞第七》，中华书局1986年版（新编诸子集成），第57页。

　　③ 国家文物局古文献研究室等编：《吐鲁番出土文书》（第 1 册），文物出版社 1981 年版，第 76 页。

　　①（唐）长孙无忌等：《唐律疏议》卷 24《斗讼》"教令人告事虚"，刘俊文点校，中华书局 1983 年版，第 445 页。

　　纠捉贼盗者，所征倍赃，皆赏纠捉之人。家贫无财可征及依法不合征倍赃者，并计所得正赃准为五分，以二分赏纠捉人。若正赃费尽者，官出一分以赏捉人。即官人非因检校而别纠捉，并共盗及知情主人首告者，亦依赏例。[①]

又据《关市令》：锦、绫、罗、縠、绣、织成、紬、丝绢、丝布、牦牛尾、真珠、金、银、铁，并不得与诸蕃互市及将入蕃。所禁之物，亦不得将度西边、北边诸关及至缘边诸州兴易。"若已度关及越度被人纠获，三分其物，二分赏捉人，一分入官"[②]。

　　唐代军法中亦有关于举告赏格的规定，作为军事专门法规，《李卫公兵法》中揭举数条罪责，其处断与《唐律》迥异，且明确规定纠告军士犯罪的赏格标准。《唐律疏议·杂律》"得阑遗物不送官"条："诸得阑遗物，满五日不送官者，各以亡失罪论；赃重者，坐赃论。私物，坐赃论减二等。"[③]其中并无举告赏格，《李卫公兵法》则规定："有人拾得阑物隐不送虞候，旁人能纠告者，赏物二十段，知而不纠告者，杖六十。其隐物人斩。"《唐律疏议·贼盗》"谋叛"条："诸谋叛者，绞。已上道者皆斩。妻、子流二千里；若率部众百人以上，父母、妻、子流三千里；所率虽不满百人，以故为害者，以百人以上论。"[①]《李卫公兵法》规定："有告得与敌通情者，其家妻妾、仆马资产悉以赏之。"《李卫公兵法》行于唐初，其中采取绢帛段疋计算赏格的做法，

---

　　① 天一阁博物馆、中国社会科学院历史研究所天圣令整理课题组校正：《天一阁藏明钞本天圣令校正》附《唐开元捕亡令复原清本》第 7 条，中华书局 2006 年版，第 550 页。

　　② （唐）长孙无忌等：《唐律疏议》卷 8《卫禁》"赍禁私物度关"，刘俊文点校，中华书局 1983 年版，第 177 页。

　　按：北宋《天圣令》亦有禁物"已度关及越度为人纠获者，三分其物，二分赏捉人，一分入官"的规定（天一阁博物馆、中国社会科学院历史研究所天圣令整理课题组校正：《天一阁藏明钞本天圣令校正》，《关市令》第 7 条，中华书局 2006 年版，第 404 页），此乃宋《关市令》承袭唐令之确证。

　　③ （唐）长孙无忌等：《唐律疏议》卷 27《杂律》"得阑遗物不送官"，刘俊文点校，中华书局 1983 年版，第 521 页。

　　① （唐）长孙无忌等：《唐律疏议》卷 17《贼盗》"谋叛"，刘俊文点校，中华书局 1983 年版，第 325 页。

与《唐律疏议》计赃方式完全一致。此外,《李卫公兵法》对于"纠告违教令"及"纠告主者欺隐应所给"者,皆言"比常赏倍之"①。可见,对于举告将帅吏卒违反教令与欺隐者,当时应有明确赏额,惜相关文献亡佚,故无从对质。

除律令、军法规定举告赏额以外,唐代统治者还依据国家政治、经济形势需要,发布诏敕,对于特殊法律问题予以规范,在查禁惩治各类犯罪中,时常颁布赏格,鼓励告发,并由此形成重赏举告金融、财税犯罪之诉讼惯例。具体而言,唐代"别敕"中举告赏格主要集中于以下三类犯罪:

一、金融犯罪

自汉代以降,官府时常在经济犯罪领域明定赏格,鼓励举告。北齐武定六年(548年),文襄王以钱文五铢,名须称实,诏"凡有私铸,悉不禁断,但重五铢,然后听用。若入市之钱,不重五铢,或虽重五铢而多杂铅镴,并不听用。若辄以小薄杂钱入市,有人纠获,其钱悉入告者"②。群臣以时谷颇贵,请待有年,是议遂罢。

唐代金融犯罪设定赏额主要集中于盗铸钱和持有铸币过限两类。武德七年(624年)四月,行用开元通宝钱。后盗铸渐起,用钱滥恶。"以至神龙、先天之际,两京用钱尤滥。其郴、衡私铸小钱,才有轮郭,及铁锡五铢之属,亦堪行用。乃有买锡镕销,以钱模夹之,斯须则盈千百,便费用之"①。高宗永淳元年(682年)五月敕以涉案铸钱铜物赏赐纠举人,同犯自首亦可依例受赏。此敕后纂为《刑部格》,为《宋刑统》所援引②:

> 私铸钱造意人及勾合头首者,并处绞,仍先决杖一百。从及居停主人加役流,各决杖六十。若家人共犯,坐其家长;老疾不坐者,则罪归其以

---

① (唐)李靖,(清)汪宗沂辑:《卫公兵法辑本》卷上《将务兵谋》,刘发、王纯盛:《中国兵书集成》(第2册),解放军出版社1988年版,第327—332页。

② (唐)杜佑:《通典》卷9《食货九·钱币下》,王文锦等点校,中华书局1988年版,第197页。

① (后晋)刘昫:《旧唐书》卷48《食货上》,中华书局1975年版,第2096页。

② (宋)窦仪等:《宋刑统》卷27《杂律》"私铸钱"条引《刑部格敕》,吴翊如点校,中华书局1984年版,第407页。

次家长。其铸钱处，邻保配徒一年；里正、坊正、村正各决六十。若有纠告者，即以所铸钱毁破并铜物等赏纠人。同犯自首免罪，依例酬赏。①

与《唐律疏议》依绢疋定赃不同，在奖励告发经济犯罪领域，中唐以后长期行用以铜钱支付赏金之惯例。元和四年(809 年)闰三月敕缴民间铅锡恶钱，同时设定举告赏额高达百倍："应有铅锡钱，并合纳官，如有人纠得一钱，赏百钱者。"②至大和三年(829 年)六月壬申，中书门下奏：以元和四年赏额宽滥，执此而行，事无畔际。遂将纠告铅锡钱赏格确定为每贯五十文，不足一贯者亦准此给赏，累计至三百贯者，以当地官钱支付。罪不至死者，没收家财充赏。调整后的纠告赏额更趋合理，且赏钱来源有所保障：

"今请以铅锡钱交易者，一贯已下，以州府常行决脊杖二十；十贯已下，决六十，徒三年；过十贯已上，所在集众决杀。其受铅锡钱交易者，亦准此处分。其用铅锡钱，仍纳官。其能纠告者，每一贯赏五千文，不满贯者，准此计赏，累至三百千，仍且取当处官钱给付。其所犯人罪不死者，征纳家资，充填赏钱。"可之。①

"泉货之设，故有常规，将使重轻得宜，是资敛散有节，必通其变，以利于人"。若私家过量持有货币，势必加剧通货紧缩。中晚唐时期，举告非法持有货币赏金支付方面，形成罪犯赃物、家赀为主，官府官钱为辅的赏金支付原则。对举告巨额金融犯罪者，遵循赏金最高限额惯例。元和十二年(817 年)正月，宪宗颁《禁私贮见钱敕》，规定诸色人等官私贮钱以五十贯为限，羡余

① (唐)杜佑：《通典》卷 9《食货九·钱币下》，王文锦等点校，中华书局 1988 年版，第200 页。
② (宋)《唐会要》卷 89《泉货》，上海古籍出版社 2006 年版，第 1936 页。
① (后晋)刘昫：《旧唐书》卷 48《食货上》，中华书局 1975 年版，第 2105 页。
按：《旧唐书·文宗纪上》记此敕赏额有大幅节略："此后以铅锡钱交易者，一贯以下，州府常行杖决脊杖二十；十贯以下决六十，徒三年；过十贯已上，集众决杀。能纠告者，一贯赏钱五十文。"[(后晋)刘昫：《旧唐书》卷 17 上《文宗纪上》，中华书局 1975 年版，第531—532 页]今从《旧志》。

者原则上应于一月内处置，最长期限不超过两月。限内处置不尽者一律纳官，并以其中五分之一作为赏钱奖励举告人，赏额止于五千贯：

> 近日布帛转轻，见钱渐少，皆缘所在拥塞，不得通流。宜令京城内自文武官寮，不问品秩高下，并公、郡、县主，中使等已下，至士庶商旅等，寺观坊市，所有私贮见钱，并不得过五十贯。如有过此，许从敕出后，限一月内任将别物收贮。如钱数校多，处置未了，其任便于限内于地界州县陈状，更请限。纵有此色，亦不得过两月。若一家内别有宅舍店铺等，所贮钱并须计同此数。其兄弟本来异居曾经分析者，不在此限。如限满后有违犯者，白身人等，宜付所司，痛杖一顿处死；其文武官及公主等，并委有司闻奏，当重科贬；戚属中使，亦具名衔闻奏。其剩贮钱不限多少，并勒纳官。数内五分取一分充赏钱，其赏钱止于五千贯。此外察获，及有人论告，亦重科处，并量给告者。①

然而元和十二年敕的施行效果欠佳，是时"京师区肆所积，皆方镇钱，少亦五十万缗，乃争市第宅。然富贾倚左右神策军官钱为名，府县不敢劾问"①。至大和四年（830 年）十一月，重新确定了私贮钱的处置时限，在重申元和十二年举告赏额的同时，规定地方官府纠获者，亦量赏一半，惜事亦不行：

> 应私贮见钱家，除合贮数外，一万贯至十万贯，限一周年内处置毕；十万贯至二十万贯已下者，限二周年处置毕。如有不守期限，安然蓄积，过本限，即任人纠告，及所由觉察。其所犯家钱，并准元和十二年敕纳官。据数五分取一分充赏纠告人，赏钱数止于五千贯。应犯钱法人色目决断，科贬，并准元和十二年敕处分。其所由觉察，亦量赏一半。②

---

① （宋）王溥：《唐会要》卷 89《泉货》，上海古籍出版社 2006 年版，第 1935 页。

① （宋）欧阳修、宋祁：《新唐书》卷 54《食货志》，中华书局 1975 年版，第 1389—1390 页。

② （宋）王钦若等编纂：《册府元龟》卷 501《邦计部·钱币第三》，周勋初等校订，凤凰出版社 2006 年版，第 5692 页。

二、财税犯罪

天宝后期，违法买卖口分、永业田，及兼借荒废地、妄请牧田现象频发，土地兼并严重。天宝十一载（752 年）十一月乙丑，重设京畿土地占限，纠告兼并者，地入告人，并以两京出纳使杨国忠充使勾当处置：

> 又两京去城五百里内，不合置牧地。地内熟田，仍不得过五顷已上，十顷已下。其有余者，仰官收。应缘括检，共给授田地等，并委郡县长官及本判官、录事相知勾当，并特给复业。并无籍贯浮逃人，仍据丁口量地好恶，均平给授，便与编附，仍放当载租庸。如给未尽，明立簿帐，且官收租佃，不得辄给。官人亲识、工、商、富豪兼并之家，如有妄请受者，先决一顿，然后准法科罪。不在官当荫赎。有能纠告者，地入纠人，各令采访使按覆，具状闻奏。使司不纠察，与郡县官同罪。①

中唐以后，因战乱频仍、藩镇割据等客观原因，中央政府财用捉襟见肘。自讨伐叛藩以来，月增费钱百三十余万缗，常赋不能供。为增殖中央财政，德宗、武宗等朝诏敕频发，鼓励举告偷漏税及兴贩私茶犯罪。为保障国家政令推行，形成重赏告发偷税、私茶犯罪之惯例。建中四年（783 年）六月庚戌，因判度支赵赞奏行请，开征"税间架"与"除陌钱"两项新税。所谓"税间架"即征收房屋税，每屋两架为间，一间上屋税钱二千，中屋税一千，下屋税五百。吏执笔入室算其数。"敢匿一间，杖六十，赏告者钱五十缗。"所谓"除陌钱"即开征交易税，无论公私给与抑或买卖，每缗官留五十钱（百分之五）；以物相贸易者，折钱计算。"敢隐钱百，杖六十，罚钱二千，赏告者钱十缗，其赏钱皆出坐事之家"①。于是愁怨之声，盈于远近。因藩镇、州县多违法聚敛，国家财政状况并未因此得到彻底好

---

① （宋）王钦若等编纂：《册府元龟》卷 495《邦计部·田制》，周勋初等校订，凤凰出版社 2006 年版，第 5623 页。

① （宋）司马光：《资治通鉴》卷 228"德宗建中四年（783 年）六月庚戌"，中华书局 1956 年版，第 7346 页。

转。贞元三年（787 年）七月，李泌奏请遣使稽核地方税赋，建议重立赏格，告者依格给赏而罪隐没者："非于法应留使、留州之外，悉输京师。其官典逋负，可征者征之，难征者释之，以示宽大；敢有隐没者，重设告赏之科而罪之"①，德宗遂以度支员外郎元友直为河南、江、淮南勾勘两税钱帛使。

建中元年（780 年），德宗应户部侍郎赵赞奏请始征茶税，充朝廷常年之用。此后屡有因革兴废。武宗即位后，于开成五年（840 年）十月诏复茶税。对于地方长吏怠于职守，姑息私茶交易为人举告者，准私盐例处分。私茶及嫌犯随身财物没官后赏与纠告人即当地官府：

> 其园户私卖茶犯十斤至一百斤，征钱一百文，决脊杖二十。至三百斤，决脊杖二十，钱亦如上。累犯累科，三犯已后，委本州上历收管，重加徭役，以戒乡闾。此则法不虚施，人安本业，既惧当辜之苦，自无犯法之心。条令既行，公私皆泰。若州县不加把捉，纵令私卖园茶，其有被人告论，则又砍园失业，当司察访，别具奏闻，请准放私盐例处分。……自今后应轻行，贩私茶无得杖伴侣者，从十斤至一百斤，决脊杖十五，其茶并随身物并没纳，给纠告及捕捉所繇。①

三、其他犯罪

在其他领域，唐代统治者亦时常明具赏额，鼓励纠举，以此确保令行禁止。与前述举告金融、财税犯罪相同，此类举告政策性、时效性、针对性较强，赏额标准因时、因事而异。诉讼实践中主要涉及以下几类犯罪。

其一，门荫伪滥。开元四年（716 年）十二月，敕定门荫出身者授官品秩，同时，设定纠告妄冒伪滥者赏钱五十千。

---

① （宋）司马光：《资治通鉴》卷 232"德宗贞元三年（787 年）七月"，中华书局 1956 年版，第 7492 页。

① （宋）王钦若等编纂：《册府元龟》卷 494《邦计部·山泽》，周勋初等校订，凤凰出版社 2006 年版，第 5603 页。

如申送入色有假滥者，州县长官、上佐、判官、录事参军并与下考，仍听人纠告。每告一家，赏钱五十千，钱出荫人及与荫家。①

其二，私藏占验器具。玄象器物、天文图书、谶书、兵书、《七曜历》、《太一雷公式》等，为卜筮占验所必须，私家不得蓄藏，违者当依律徒二年②。载初元年(689年)六月敕："相书及朔计家书多妄论祸福，并宜禁断。"③大历二年(767年)正月癸酉敕明确规定私藏天文图籍之赏赐标准，有官者破格任用，无官者赏钱五百贯：

> 玄象器局、天文图书、《七曜历》、《太一雷公式》等，私家不合辄有。今后天下诸州府，切宜禁断，本处分明榜示，严加捉搦。先藏蓄此等书者，敕到十日内送官，本处长吏集众焚毁。限外隐藏为人所告者，先决一百，留禁奏闻。所告人有官即与超资注拟，无官者给赏钱五百贯。①

其三，隐藏奴婢。会昌五年(845年)四月，武宗敕祠部检括天下寺及僧尼人数，"大凡寺四千六百，兰若四万，僧尼二十六万五百"。因佛寺广占良田，免纳捐税，对中央财政构成严重威胁。是月，中书门下奏请拣括天下诸寺奴婢，对于官吏或富户隐藏奴婢者，许人纠告，径以奴婢估价充赏：

> "臣等商量，且望各委本道观察使，差清强官与本州刺史县令同点检，具见在口数及老弱婴孩，并须一一分析闻奏。如先自营生，及已输纳者，亦别项分析。深恐无良吏，及富豪、商人、百姓、纲维潜计会藏隐，事须稍峻法令，如有犯者，便以奴婢计估，当二十千已上，并处极法，官人及衣冠，奏听进止。如有人纠告，便以奴婢充赏。待

---

① (宋)王溥：《唐会要》卷81《用荫》，上海古籍出版社2006年版，第1775页。

② (唐)长孙无忌等：《唐律疏议》卷9《职制》"私有玄象器物"，刘俊文点校，中华书局1983年版，第196页。

③ (宋)王溥：《唐会要》卷44《杂录》，上海古籍出版社2006年版，第934页。

① (后晋)刘昫：《旧唐书》卷11《代宗纪》，中华书局1975年版，第285—286页。

勘知人数，续具条流。其京城委功德，亦准此条流，仍具数奏闻。"敕旨依奏。[①]

会昌五年(845年)八月，"天下所拆寺四千六百余所，还俗僧尼二十六万五千人，收充两税户。拆招提兰若四万余所，收膏腴上田数千万顷，收奴婢为两税户十五万人"[②]。同月，中书门下奏请纠告民间隐匿奴婢者，依告发奴婢人数，每口以一百千计价，赏金由官府垫付，追征犯人家资补偿。

> 中书门下奏："应天下废寺，放奴婢从良百姓者。今闻有细口，恐刺史以下官人，及富豪、衣冠、商人、百姓计会藏隐，及量与钱物索取。敕下后，如有此色，并仰首出，却还父母。如有依前隐蔽，有人纠告，官人已下远贩，商人百姓，并处极法，其告事人，每一口赏钱一百千，便以官钱充给，续征所犯人填纳。"敕旨："宜依。"[①]

检括奴婢只是武宗会昌灭佛运动的组成部分之一，此次检括措施严厉，赏格丰厚，亦直接反映出当时佛寺经济对封建国家利益的巨大影响。厚赏隐藏放免奴婢的目的在于保障佛寺财产的重新分配，最终达到增殖人口和聚敛资财的政治目的。

本 章 小 结

举告是私人追诉的重要途径之一，具体指被害人及其家属以外的其他人向司法机关告发犯罪事实和犯罪人的告诉方式。举告虽不能必然引发刑事诉

---

① （宋）王溥：《唐会要》卷86《奴婢》，上海古籍出版社2006年版，第1863页。
② （宋）宋敏求：《唐大诏令集》卷113《政事·道释·拆寺制》，中华书局2008年版，第591页。
① （宋）王溥：《唐会要》卷86《奴婢》，上海古籍出版社2006年版，第1863页。

讼程序，却是法司侦缉非违的重要信息来源。战国秦汉以降之告奸传统是促使案外第三人举告犯罪之重要因素。司法实践中遵循普遍管辖惯例，凡举告者访闻他人非违言行，即有权向随近官府告发。唐代举告案件的处置流程与其他刑事案件审判并无二致，具体包括告诉、受理、收禁、庭审等环节。

作为案外第三人，举告人与案件并无直接利害关系。历代统治者在设定连带告奸机制强制告发的同时，为防法外遗奸，时常在敕令中重设赏额，刺激民间举告非违。目前所见唐代举告赏格多由官方发布，唐代举告赏格有"常法"与"别敕"两种表现形式，"常法"主要指律令规范，唐令具有"设范立制"的功能，是举告赏格的基本表达形式，令文明确规定了举告数额之 2/5、2/3 等举告赏格标准。唐代统治者结合国家政治经济情势变化的需要，形成以诏敕方式鼓励举告特定罪愆之诉讼惯例，其中尤以逃户、私铸、赃贿等经济犯罪为重点。与《唐律疏议》依绢疋定赃不同，在奖励告发经济犯罪领域，实行以铜钱支付赏金之惯例。中晚唐时期，举告非法持有货币赏金支付方面，形成罪犯赃物、家赀为主，官府官钱为辅的赏金支付原则。对举告巨额金融犯罪者，遵循赏金最高限额惯例。中晚唐时期因战乱频仍、藩镇割据等客观原因，中央政府财用拮据。为增殖中央财政，德宗、武宗等朝诏敕频发，鼓励举告偷漏税及兴贩私茶犯罪。为保障国家政令推行，形成重赏告发偷税、私茶犯罪之惯例。

第　九　章

告　密

　　告密是向司法机关告诘他人隐私罪恶的告诉行为。广义而言，告密虽属"举告"范畴，却又在告诉受理、逮捕、审讯等方面呈现出鲜明特色。在中国漫长的历史时期，告密事件不胜枚举。告密逐渐成为封建君主驾驭臣下、施展权术的重要途径，并进而形成独具特色的"告密文化"[①]。学界对于告密问题已从诸多角度予以深入阐释[②]，唐代作为告密盛行的重要历史时期，告密之诉讼功能与司法价值并未得到充分展示。因此，有必要以唐代为历史剖面，在诉讼法制运行与发展层面，深入分析独具特色的唐代告密现象。

第一节　告密制度之流变

　　告密是战国时期法家君主集权与"以法为教"思想的直接产物，而商鞅

---

　　① 按：郭莹指出："告密的现象并非中国所独有，……然而，以立法的形式公然制定告密制度，并辅之以严刑峻法，推行全国，使之成为民间恶俗、社会痼疾，则是中国特有的历史景观。"郭莹：《中国古代的"告密"文化》，《江汉论坛》1998 年第 4 期，第 24 页。

　　② 代表性研究成果有：郭莹：《中国古代的"告密"文化》，《江汉论坛》1998 年第 4 期；李辉：《中国传统"告密文化"之政治学考量》，《内蒙古社会科学》2006 年 5 期；何木风：《隔墙有耳：中国历史中的告密往事》，凤凰出版社 2009 年版；何木风：《把告密写进法律的第一人》，《中外文摘》2011 年第 17 期。

则是中国封建时期告密制度之始作俑者。商鞅认为："有奸必告之，则民断于心。"①韩非甚至将告奸视为国家理乱兴衰的重要因素之一：

> 夫国事务先而一民心，专举公而私不从，赏告而奸不生，明法而治不烦。能用四者强，不能用四者弱。②

嗣后，"告奸"与"告密"相伴终始，相互检举揭发犯罪逐渐成为统治者进行社会控制的重要手段之一，并为历代立法所沿袭。汉代完善了秦朝告密之制，并由此开创了挝鼓讼事的直诉途径。郑司农释西周路鼓之制云"穷冤失职，则来击此鼓，以达于王，若今时上变事击鼓矣"③。所谓告密，乃"非常之事，故谓之变也"④。汉代以后，"告密"逐渐从普通告奸案件中分离出来，成为案外第三人采取秘密方式向官府告发要事之特殊方式，实践中多称为"告变"、"上变"等。高祖六年(前201年)十二月，人有上变事告楚王信谋反，后"用陈平计，乃伪游云梦，会诸侯于陈，楚王信迎，即因执之"⑤。景帝时"亚夫子为父买工官尚方甲楯五百被可以葬者，取庸苦之，不与钱。庸知其盗买县官器，怨而上变告子，事连污亚夫"⑥，下廷尉责问。灵帝建宁元年(168年)，中常侍郑飒、中黄门董腾并与刘悝交通，"王甫司察，以为有奸，密告司隶校尉段颎。熹平元年，遂收飒送北寺狱"⑦。隋大业中，皇甫孝谐以桂州总管令狐熙谋反，兼与左卫大将军元旻、右卫大将军元胄、左仆射高颎交通等事"微

① 蒋礼鸿：《商君书锥指》卷 2《说民第五》，中华书局 1986 年版(新编诸子集成)，第 40 页。

② (清)王先慎：《韩非子集解》卷 20《心度第五十四》，钟哲点校，中华书局 1998 年版(新编诸子集成)，第 474 页。

③ (汉)郑玄注，(唐)贾公彦疏：《周礼注疏》卷 31《夏官·太仆》，十三经注疏整理委员会，北京大学出版社 2000 年版，第 973 页。

④ (汉)班固：《汉书》卷 36《楚元王传》颜师古注，中华书局 1962 年版，第 1930 页。

⑤ (汉)司马迁：《史记》卷 8《高祖本纪》，(宋)裴骃集解，(唐)司马贞索隐，(唐)张守节正义，中华书局 1959 年版，第 382 页。

⑥ (汉)班固：《汉书》卷 40《周亚夫传》，(唐)颜师古注，中华书局 1962 年版，第 2062 页。

⑦ (宋)范晔：《后汉书》卷 55《章帝八王传》，(唐)李贤注，中华书局 1965 年版，第 1798 页。

幸上变"①，世积竟坐诛，旻、胄等免官，拜孝谐为上大将军。

作为封建统治正统思想的儒家学说对告密行为的排斥，使其在现实中常令普通民众甚至统治者侧目②。由此，应将告密严格限定于告发反逆重罪，其他刑事犯罪不应在可诉之列。鉴于实践中诬告成风，陷人于罪责的现象频发，秦汉魏晋时期制订了关于告密不实的相关罚则。除适用"诬告反坐"原则以外，《晋律》专门规定"若复上闻入殿门上变事，漏露泄选举事，误发密事，殴兄姊之属，并四岁刑"③。上述司法实践与法律创制为隋唐时期告密规则的完善奠定了基础。唐代在继受历代告密规则的基础上多有变通，多种法律形式并存，在告诉、受理、逮捕、审讯等环节形成了一系列诉讼惯例，并在不同历史阶段彰显出特有之时代特色。

第二节　告密案件之管辖

永徽四年(653年)《唐律疏议》确立了告密案件由随近官府管辖的基本原则，即案发地管辖原则。据《斗讼》"密告谋反大逆"条：闻知谋反、大逆犯罪，应密告所辖官司，不告者绞；官府当在受理告密后立即逮捕嫌犯，若迁延经半日者，长官亦断绞。其知谋反以下，虽不密告随近官司，能自捕送者，亦视同密告：

> 诸知谋反及大逆者，密告随近官司，不告者，绞。……官司承告，不即掩捕，经半日者，各与不告罪同；若事须经略，而违时限者，不坐。①

---

① (唐)魏徵等：《隋书》卷40《王世积传》，中华书局1973年版，第1173页。

② 李辉：《中国传统"告密文化"之政治学考量》，《内蒙古社会科学》2006年5期，第16页。

③ (宋)李昉等：《太平御览》卷642《刑法部八·徒·徒作年数》，中华书局1960年版，第2877页。

① (唐)长孙无忌等：《唐律疏议》卷23《斗讼》"知谋反逆叛不告"，刘俊文点校，中华书局1983年版，第427页。

在案件管辖层面，武周时期一度废除唐律随近告密的规定，赋予告密者直诉天听之特权。凡告密案件，皆不受诉讼审级限制，在告密领域形成直诉密事之诉讼惯例。即无须穷尽县、州、尚书省左右丞相、上表、三司等诸多程序，且豁免告密者越诉责任。《新唐书·刑法志》：

> 武后已称制，惧天下不服，欲制以威，乃修后周告密之法，诏官司受讯，有言密事者，驰驿奏之。①

光宅元年(684年)二月，"有飞骑十余人饮于坊曲，一人言：'向知别无勋赏，不若奉庐陵。'一人起，出诣北门告之。座未散，皆捕得，系羽林狱。言者斩，余以知反不告皆绞；告者除五品官。告密之端自此兴矣"②。武周时期告密罗织现象泛滥是以恶例废弃成法的必然结果，告密直诉惯例的形成，使得地方法司告密管辖权丧失殆尽，为营造人人自危、递相攻讦的恐怖气氛创造条件。在剥夺地方法司受理告密案权力的同时，垂拱二年(686年)以后强调地方法司应充分保障告密者进京告诉权利的实现，无论告密者身份高低贵贱，皆不得问诘、稽误，并须提供驿马、食宿等便利。凡迁延怠慢者，以所告治罪问责。据《新唐书·则天后武氏传》：

> 又畏天下有谋反逆者，诏许上变，在所给轻传，供五品食，送京师，即日召见，厚饵爵赏歆动之。凡言变，吏不得何诘，虽耘夫荛子必亲延见，禀之客馆。敢稽若不送者，以所告罪之。故上变者遍天下，人人屏息，无敢议。①

载初元年(689年)十月，左台御史周矩上疏谏曰："顷者小人告讦，习以为常，

---

① (宋)欧阳修、宋祁：《新唐书》卷56《刑法志》，中华书局1975年版，第1414页。
② (宋)司马光：《资治通鉴》卷203"则天后光宅元年(684年)二月"，中华书局1956年版，第6418页。
① (宋)欧阳修、宋祁：《新唐书》卷76《后妃上·则天后武氏传》，中华书局1975年版，第3479页。

内外诸司，人怀苟免，姑息台吏，承接强梁，非故欲，规避诬构耳。"①告密阴霾笼罩下的武周朝人人自危，朝夕不保，民间告密风行，道路以目。

中宗反正后，对武周时期近乎失控的告密规则予以规范。与《唐律疏议》相比，《神龙散颁刑部格》中关于告密案件管辖的规定显得更加细致，其拨乱反正之意涵尤为突出：

> （前略）
> 52 但有告密，一准令条，受告官司尽理推鞫。如
> 53 先有合决笞杖者，先决本笞杖，然后推逐。状
> 54 内不当密条者，不须堪当。密条灼然，有逗
> ···（纸缝）
> 55 留者，即准律掩捕，驰驿闻奏。如无指的，不须
> 56 浪追及奏。若推勘事虚，先决杖一百，然后依
> 57 法科罪，仍不当减赎。②

《神龙散颁刑部格》在恢复《唐律疏议》、《狱官令》③告密案件随近管辖原则的基础上，依据告密虚实分别处置：告密属实者即行追捕，驰驿闻奏，

---

① （后晋）刘昫：《旧唐书》卷 186 上《酷吏上·索元礼传》，中华书局 1975 年版，第 4843 页。

② 唐耕耦、陆宏基编：《敦煌社会经济文献真迹释录》（第 2 辑），全国图书馆文献微缩复制中心 1990 年版，第 565—566 页。

按：王宏治引《刑部格》第 52 行作"但有告密，一准《令条》"（张晋藩：《中国司法制度史》，人民法院出版社 2004 年版，第 111 页）。"令条"意为《狱官令》之规定，似不宜作著作名标注。

③ 按：据《狱官令》第 30 "告密人皆经当处长官告"："诸告密人，皆经当处长官告；长官有事，经佐官告；长官、佐官俱有密者，经比界论告。若须有掩捕，应与余州相知者，所在准法收捕。事当谋叛已上，驰驿奏闻。且称告谋叛已上，不肯言事意者，给驿部领送京。其犯死罪囚及缘边诸州镇防人等，若犯流人告密，并不在送限"（[日]仁井田陞：《唐令拾遗》公式令第 21 "马驴江河行程"，栗劲等译，长春出版社 1989 年版，第 711—712 页）。仁井田陞依据《唐六典》复原此条，并将本条定为《开元七年令》。但据《神龙散颁刑部格》"但有告密，一准令条"云云，并参阅《唐律疏议》律文可知，《唐令》规定随近告密制度者显非始于开元七年令，或为承用《永徽令》、甚至《武德令》、《贞观令》旧文。

从而再次确认告密案件直达天听的诉讼惯例；若告密事虚，先附加杖刑一百，随后按照诬告反坐原则论断，并不得减刑论赎。上述规定既有对旧律的回归，亦有结合司法实践的修订，为告密规则的完善奠定了基础。

开元二十七年(739 年)《唐六典》在总结永徽、武周及神龙时期告密管辖原则的基础上，对于案件告发与逮捕管辖作出原则性规定：

> 告密有不于所由，掩捕则从近也(原注：谓告密人皆经当处长官告；长官有事，经佐官告；长官、佐官俱有事者，经比界论告。若须有掩捕应与余州相知者，所在准法收捕。事当谋叛已上，驰驿奏闻。且称告谋叛已上不肯言事意者，给驿部送京。其犯死罪囚及缘边诸州镇防人等若犯流人告密，并不在送限)[①]。

开元《狱官令》对于告密管辖问题有更为翔实、确凿的记载，其中可与《唐六典》相互参证之处甚夥：

> 诸告密人，皆经当处长官告。长官有事，经次官告。若长官、次官俱有密者，任经比界论告。受告官司准法示语，确言有实，即禁身，据状检校。若须掩捕者，即掩捕。应与余州相知者，所在官司准状收掩。事当谋叛以上，虽检校，仍驰驿奏闻。(原注：其大将临戎、出师在外及本处留守，并边要州都督、刺史，虽被告，不得即禁。)指斥乘舆及妖言惑众者，检校讫总奏。承告掩捕者，若无别状，不须别奏。其有虽称告密，示语确不肯道，仍云须面奏者，受告官司更分明示语虚得无密反坐之罪，又不肯道事状者，禁身，驰驿奏闻。若直称是谋叛以上不吐事状者，给驿，差使部领送京。(原注：若勘问不道事状，因失罪人者，与知而不告者同。)其犯死罪囚，及缘边诸州镇防人，若配流人告密者，并不在送限。应须检校及奏闻者，准前例。[①]

① (唐)李林甫等：《唐六典》卷 6《尚书刑部》"刑部郎中员外郎"条，陈仲夫点校，中华书局 1992 年版，第 190 页。

① 天一阁博物馆、中国社会科学院历史研究所天圣令整理课题组校正：《天一阁藏明钞本天圣令校正》附《唐开元狱官令复原清本》第 36 条，中华书局 2006 年版，第 647 页。

显而易见,《唐六典》引据《狱官令》时,对"告密"条款予以大幅节略,以致凭借今本《唐六典》几乎无法准确窥知开元时期告密管辖规则之原貌。两相对照可知,开元《狱官令》对于告密案件的管辖、受理及处置规则大致如下:其一,案件管辖。仍以案发地法司受理(所在地长官受理,特殊情况下,由佐官负责)为原则,相邻法司管辖辅助原则。受案法司负有向告密人宣示诬告责任的义务;其二,逮捕权限。仍由受案法司负责,临近州府协助。但对于承担军事任务者及边要长官,不得因告密即行拘禁。其三,原告羁押。谋叛以上案件须向中央奏报,告密但未说明案情者,解送京师。但死因及驻防军人及流犯告密者,则无须解送。唐代告密规则几经嬗变,至此臻于完备。

第三节　告密方式之演进

一、书状告密

唐代告密亦可表述为"上变"、"急变"、"密事"等,与私人追诉及举告、弹劾相类,遵循具状诉事之一般惯例,告事密表之内容格式当与一般诉牒相似。若涉及反逆等机密事宜,则不予外界知悉。唐代最早的告密事件发生于武德二年(619 年)八月,刘文静因家中妖怪数见,遂召巫者于星下被发衔刀,为厌胜之法。"时文静有爱妾失宠,以状告其兄,妾兄上变"[①]。此案之具体告密方式未可详知。高宗、武后时期的告密案件,多以封书、密奏形式进行。显庆四年(659 年),"洛阳人李奉节上封,告太子洗马韦季方、监察御史季巢

---

① (后晋)刘昫:《旧唐书》卷 57《刘文静传》,中华书局 1975 年版,第 2293 页。

按:看似平常的告密案件,其背景却与武德年间李渊、李世民父子权力派系斗争直接相关。黄永年引《旧唐书·刘文静传》述高祖遣萧瑀、裴寂杂治及文静被杀事,认为"诛杀刘文静是李渊、裴寂剪除李世民的羽翼。"黄永年:《六至九世纪中国政治史》,上海书店出版社 2004 年版,第 126 页。

交通朝贵，有朋党之事"①。神功中，朱待辟坐赃至死，逮捕系狱。待辟素善沙门理中，阴结诸不逞，因待辟以杀璹为名，拟据巴蜀为乱。"人密表告之者，制令璹按其狱"②。发生于则天末之张易之托名他人诬告崔贞慎谋反案，对于查明唐代告密书状之诉讼功能具有重要参考价值。长安三年（703 年）九月，太子仆崔贞慎等八人与魏元忠于郊外饯行，张易之诈为告密人柴明状，称贞慎等与元忠谋反，太后使监察御史马怀素鞠问。"怀素请柴明对质，太后曰：'我自不知柴明处，但据状鞠之，安用告者'"③？由此，告密案件当与一般诉讼案件在据状诉事、当庭对质等方面存在诸多共性。在告密者向官府诉事时，其身份为举报人；进入国家追诉程序后，其身份则转化为质证人，须对告发事实承担证明责任。

武周时期，武后为稳固统治，剪除贵胄，对告密方式进行重大改革，其中，酷吏编修《告密罗织经》是告密书状的畸形发展样态。据《旧唐书·刑法志》："《告密罗织经》一卷，其意旨皆网罗前人，织成反状。"④两《唐书》对于《罗织经》有相关记述，《旧唐书·来俊臣传》言其"皆有条贯支节，布置事状由绪"⑤。《新唐书》则云"具为支脉纲由，咸有首末，按以从事"⑥。元人徐元瑞认为"罗织"是"本罪之外非理凌虐"①，多数罗织告密案件纯属捕风捉影、恶意陷害，并不以相关罪责为前提。由此，所谓告密罗织经实乃酷吏告密邀赏、构陷人罪的经验总结与罪证记录而已。"罗织"属特殊告发方式，告密者上急变，"每摘一事，千里同时辄发，契验不差，时号为'罗织'，

① （宋）王钦若等编纂：《册府元龟》卷 339《宰辅部·忌害》，周勋初等校订，凤凰出版社 2006 年版，第 3819 页。

② （后晋）刘昫：《旧唐书》卷 89《姚璹传》，中华书局 1975 年版，第 2904 页。

③ （宋）司马光：《资治通鉴》卷 207"则天后长安三年（703 年）九月"，中华书局 1956 年版，第 6567 页。

④ （后晋）刘昫：《旧唐书》卷 50《刑法志》，中华书局 1975 年版，第 2144 页。

⑤ （后晋）刘昫：《旧唐书》卷 186 上《酷吏上·来俊臣传》，中华书局 1975 年版，第 4838 页。

⑥ （宋）欧阳修、宋祁：《新唐书》卷 209《酷吏·来俊臣传》，中华书局 1975 年版，第 5906 页。

① （元）徐元瑞：《吏学指南》，浙江古籍出版社 1988 年版，第 83 页。

牒左署曰：'请付来俊臣或侯思止推实必得'"①。唐人对当时罗织告密事例多有著录，张鷟《朝野金载》记周补阙乔知之有婢碧玉，为魏王武承嗣强纳。知之乃作《绿珠怨》以寄之。碧玉读诗饮泣不食，三日投井而死。承嗣撩出尸，于裙带上得诗，大怒。"乃讽罗织人告之。遂斩知之于南市，破家籍没"②。酷吏告密陷害忠良的罗织伎俩即为异地同时告发，同步提出专属管辖诉请，在剥夺所由法司审判权力的同时，扩大由酷吏掌控之御史台的管辖权力。

孝和皇帝反正后，始系统纠正武周时期告密滥行，冤狱恒生之恶劣状况。《神龙散颁刑部格》坚持告密书状主义，要求告密署状，或由法官代署，并将是否有告密书状视为告诉案件能否成立的前置条件：

> （前略）
> 57 若责状不吐，确称有密
> 58 者，即令自抄状自封，长官重封。如不解书，推
> 59 勘官人为抄，长官封印署，驰驿进奏，仍禁身
> 60 待进止。有不肯抄状，并不受推勘者，即与无
> 61 密，宜便准前决杖及科本罪。③

同时，《神龙散颁刑部格》还废止了风行一时的罗织告密："其有相知，遣人数头分告，及取人文状，或称闻人传说，或称疑有如此，或云恐如此，即告或重告他人，所告之密，勘当事虚，其杖及反坐无密等罪，一准告人科决。"

二、言词告密

诉讼实践中，亦常见直接以言词形式上变之例，武德七年（624 年）六月，

---

①（宋）欧阳修、宋祁：《新唐书》卷 209《酷吏·来俊臣传》，中华书局 1975 年版，第 5905 页。

②（唐）张鷟：《朝野金载》卷 2，赵守俨点校，中华书局 1979 年版，第 31 页。

③ 唐耕耦、陆宏基编：《敦煌社会经济文献真迹释录》（第 2 辑），全国图书馆文献微缩复制中心 1990 年版，第 566 页。唐耕耦主编《敦煌法制文书》将本件文书第 58 行释读为"即令自抄状自对，长官重对"［唐耕耦主编：《敦煌法制文书》，刘海年、杨一凡主编：《中国珍稀法律典籍集成》（甲编，第 3 册），科学出版社 1994 年版，第 145 页］。语义未恰，今从《真迹释录》。

太子建成指使郎将尔朱焕、校尉桥公山赍甲遗杨文干兴兵谋反。"二人至豳州，上变，告太子使文干举兵，使表里相应；又有宁州人杜凤举亦诣宫言状"①。此案发生于玄武门兵变前夕，是隐太子与秦王两大集团政治博弈的具体体现。而大多数案件则未言明告密形式，如贞观十七年(643年)刺客纥干承基上变告太子谋反事②、永徽四年(653年)房遗直告诘胞弟遗爱与高阳公主谋反事③、神龙元年(705年)韦月将上变告武三思谋逆④，此类案件的具体告密形式当不外诉状与言词两种。司法实践中，还存在门客里通外人，以言词方式罗告家主之例，刘肃《大唐新语》记则天朝，或罗告驸马崔宣谋反者，告者先诱藏宣家妾，云妾将发其谋，为宣所杀，投尸洛水。御史张行岌按之无状，则天又令重推。行岌逼宣家访妾。崔家每议事多有外泄，崔宣再从弟思竞乃设计查得馆客舒某通谋举告人事：

> 宣再从弟思竞，乃于中桥南北，多致钱帛，募匿妾者，数日略无所闻。而其家每窃议事，则告者辄知之。思竞揣家中有同谋者，乃佯谓宣妻曰："须绢三百疋，雇刺客杀此告者。"而侵晨微服俟于台侧。宣家有馆客姓舒，婺州人，言行无缺，为宣家所信，委之如子弟。须臾，见其人至台侧门入，以通于告者。遽密称云："崔家雇人刺我，请以闻。"台中惊扰。思竞素重馆客，馆客不之疑，密随之行，到天津桥，料其无由至台，乃骂之曰："无赖险獠，崔宣破家，必引汝同谋，汝何路自雪？汝幸能出崔家妾，我遗汝五百缣，归乡足成百年之业；不然，杀汝必矣。"其人悔谢，乃引思竞于告者之党，搜获其妾，宣乃得免。①

① (宋)司马光：《资治通鉴》卷191"高祖武德七年(624年)六月"，中华书局1956年版，第5986页。

② (宋)司马光：《资治通鉴》卷197"太宗贞观十七年(643年)四月乙酉"，中华书局1956年版，第6193页。

③ (宋)王钦若等编纂：《册府元龟》卷934《总录部·告讦》，周勋初等校订，凤凰出版社2006年版，第10824页。

④ (后晋)刘昫：《旧唐书》卷100《尹思贞传》，中华书局1975年版，第3110页。

① (唐)刘肃：《大唐新语》卷4《持法第七》，许德楠、李鼎霞点校，中华书局1984年版，第60页。

第四节　告密案件之审理

一、羁押与刑讯

逮捕与讯问是彻查告密案件的前置程序。法司承旨缉捕嫌犯后，羁押于御史台狱或内仗等处候审，密告反逆案件以诏狱方式初审之惯例得以长期行用。禁中、内仗皆指宫廷，蔡邕《独断》曰："禁中者，门户有禁，非侍御者不得入，故曰禁中。"①《新唐书·仪卫志》："每月以四十六人立内廊阁外，号曰内仗。以左右金吾将军当上，中郎将一人押之。"②前述于仗内羁押嫌犯，即差内殿侍卫收禁。光宅元年(684 年)九月，雍州人韦超诣监察御史薛仲璋告变，云扬州长史陈敬之谋反，仲璋"收敬之系狱"③。长寿元年(692 年)，宰臣狄仁杰"为来俊臣所构，捕送制狱"④。中晚唐时期，禁中、内仗时常作为羁押涉密案件嫌犯的重要场所。贞元三年(787 年)，神策将魏修、李偘上变言李广弘、董昌逆谋，"乃禽广弘及支党鞠仗内，付三司讯实，皆殊死"⑤。元和九年(814 年)，信州刺史李位为州将韦岳谗谮于本使监军高重谦，言位结聚术士，以图不轨。"追位至京师，鞠于禁中"①。长庆四年(824 年)左神策军吏史志忠告妖贼马文忠谋逆，"捕获之。有诏并执其党品官李文德等七人，同鞠于内仗"②。

告密案件除须羁押嫌犯以外，对于告密人也须实施控制，告密人暂于金吾收禁，据宝应元年(762 年)六月敕："如有告密人，登时进状，分付金吾，

---

① (汉)蔡邕：《独断》卷上，商务印书馆(丛书集成初编本)1939 年版，第 3 页。

② (宋)欧阳修、宋祁：《新唐书》卷 23 上《仪卫志》，中华书局 1975 年版，第 482 页。

③ (宋)司马光：《资治通鉴》卷 203 "则天后光宅元年(684 年)九月"，中华书局 1956 年版，第 6423 页。

④ (宋)欧阳修、宋祁：《新唐书》卷 115《狄仁杰传》，中华书局 1975 年版，第 4209 页。

⑤ (宋)欧阳修、宋祁：《新唐书》卷 156《韩游瑰传》，中华书局 1975 年版，第 4907 页。

① (后晋)刘昫：《旧唐书》卷 154《孔巢父从子戣传》，中华书局 1975 年版，第 4097 页。

② (宋)王钦若等编纂：《册府元龟》卷 934《总录部·告讦》，周勋初等校订，凤凰出版社 2006 年版，第 10824—10825 页。

留身待进止。"①至长庆四年(824 年),因甋院无械系之具,忽虑凶暴之徒难以理制,金吾暂禁原告后,即转送诸司,以供庭审问对。理甋使李渤"请勒安福门司领付金吾仗留身,然后牒送御史台、京兆府。冀绝凶人喧竞。从之"②。

《唐律》对于掠治人犯有严格限制,在翻异的情况下方可用刑,且拷囚不得过三度,总数不得过二百,即使审判反逆案件亦莫能外。武周酷史讯囚,来俊臣、索元礼等竞为酷法,"每得囚,辄先陈其械具以示之,皆战栗流汗,望风自诬。每有赦令,俊臣辄令狱卒先杀重囚,然后宣示。太后以为忠,益宠任之。中外畏此数人,甚于虎狼"③。神功元年(697 年)正月,吉顼以刘思礼谋反事上变,"后命武懿宗杂讯,因讽囚引近臣高阀生平所恨者凡三十六姓,捕系诏狱,榜楚百惨,以成其狱,同日论死,天下冤之"④。对于上述虐待嫌犯的相关记载,应当置于武周时期告密盛行的特定历史背景之下进行考察,按照以情断狱、五声听讼等基本原则,刑讯逼供当视为正常诉讼活动之例外情形。

二、鞫问与杂按

从一般意义而言,密告反逆等重大案件,当由大理寺、刑部、御史台等中央司法机关依法审判。其中,大理寺作为最高司法机关,在审判告密案件中承担主导角色。神龙元年(705 年)正月,韦月将上变告武三思谋逆,中宗欲乘怒斩月将。大理卿尹思贞以发生之月,固执奏以为不可行刑,竟有敕决杖配流岭南。"三思令所司因此非法害之,思贞又固争之"①。神龙三年(707 年),节愍太子诛武三思,事变之后,其诖误守门者并配流,未行,有韦氏党密奏请尽诛

① (宋)王钦若等编纂:《册府元龟》卷 474《台省部·奏议第五》,周勋初等校订,凤凰出版社 2006 年版,第 5368 页。

② (宋)王钦若等编纂:《册府元龟》卷 474《台省部·奏议第五》,周勋初等校订,凤凰出版社 2006 年版,第 5368 页。

③ (宋)司马光:《资治通鉴》卷 203"则天后垂拱二年(686 年)三月",中华书局 1956 年版,第 6440 页。

④ (宋)欧阳修、宋祁:《新唐书》卷 117《吉顼传》,中华书局 1975 年版,第 4257 页。

① (后晋)刘昫:《旧唐书》卷 100《尹思贞传》,中华书局 1975 年版,第 3110 页。

之，上令鞫断。"大理卿郑惟忠奏曰：'今大狱始决，人心未宁，若更改推，必递相惊恐，则反侧之子无由自安。'遂依旧断"①。

告密作为君主所掌握的一种博弈资源，除了主要发挥其监视百官言行，有效加强控制的功能，某些时候在君主眼里还可作为剪灭异己的手段，具有政治斗争的工具价值②。司法实践中，唐御史台乃天子耳目之司，时常成为鞫问告密案件的首选机关。天宝五载(746年)十一月，李林甫上变事，告杜有邻妄称图谶、交构东宫、指斥乘舆，事涉裴敦复、王曾等。林甫令京兆士曹吉温与御史鞫之，"十二月，甲戌，有邻、勣及曾等皆杖死，积尸大理，妻子流远方；中外震栗"③。元和十五年(820年)，太子宾客孟简以土囊杀腹心吏陆翰灭口，翰子弟上变，诣阙进状诉冤，且告简赃状。"御史台按验，获简赂吐突承璀钱帛等共计七千余贯匹，事状明白"④，孟简贬吉州司马员外同正。

唐代司法"三司"是由大理寺、刑部、御史台官员组成，是承旨审断重大案件的临时机构。司法实践中，"三司推事"也是审判告密案件的重要机构，与台司断狱相比，显得更为郑重规范。元和十五年(820年)，部将韦岳告信州刺史李位集方士图不轨，监军高重谦上急变，"诏还御史台。戣与三司杂治，无反状。岳坐诬罔诛，贬位建州司马"①。宝历元年(825年)九月丁丑，卫尉卿刘遵古役人安再荣告前袁王府长史武昭谋害右仆射平章事李逢吉。"庚辰，诏侍御史温造、刑部郎中李行修、大理正元从质充三司按武昭狱"。至十一月

① (宋)王溥：《唐会要》卷40《臣下守法》，上海古籍出版社2006年版，第847页。

② 李辉：《中国传统"告密文化"之政治学考量》，《内蒙古社会科学》2006年第5期，第20页。

③ (宋)司马光：《资治通鉴》卷215"玄宗天宝五载(746年)十一月"，中华书局1956年版，第6874—6875页。

④ (后晋)刘昫：《旧唐书》卷163《孟简传》，中华书局1975年版，第4258页。

① (宋)欧阳修、宋祁：《新唐书》卷163《孔巢父从子戣传》，中华书局1975年版，第5009页。

按：《邕州刺史李公墓志铭并序》言李位"刺岳、信二州，得刘向秘书，以能卒化黄白，日召徒试术，为仇家上变。就鞫无事，敕笞杀告者，犹降建州司马。"[(唐)柳宗元：《柳宗元集》卷10《志·唐故邕管经略招讨等使朝散大夫持节都督邕州诸军事守邕州刺史兼御史中丞赐紫金鱼袋李公墓志铭并序》，中华书局1979年版，第246—247页]此处告者即为部将韦岳。此案亦可作为惩治诬告密事之例证。

甲子，三司奏报案情原委并拟断意见："准敕推勘安再荣所告张少腾等三人，拟潜害宰臣李逢吉事关连人，并按问得实。"敕曰："前袁王府长史武昭及茅汇役人张少腾宜付京兆府各决痛杖一顿处死。前水部郎中李仍叔，可道州司马，待服阕赴任。河阳节度掌书记李仲言流象州。左金吾卫兵曹参军茅汇流崖州。太学博士李涉流康州。大理卿刘遵古役人安再荣、山人刘审等二人，续议优奖。"①

第五节　告密规则之特征

告密作为唐代举告方式之一，直接服务于君主集权与政治博弈的现实需要。在立法形式方面，唐代告密制度涉及律、格、典、敕等诸多法律渊源，并于不同历史时期各有侧重；在告诉原则方面，告密案件呈现出诸多不同于《唐律》规定的特殊样态；在告诉形式方面，告密案件之告诉、羁押、审讯等均呈现出更多皇权干预的特质。与一般举告不同，对于地方法司查证属实的告密案件，若涉及反逆等重大隐情，即须驰驿奏闻，案件随即转化为诏狱性质。以对社会实施有效监控为目的，《唐律》规定的越诉、奴婢告主、罪囚告事等诸多原则在告密领域均有所变通。

一、默许越级直诉

垂拱二年（686 年）三月戊申，太后命铸铜为匦，分设四窍，分掌延恩、招谏、伸冤、通玄之任。又命"正谏、补阙、拾遗一人掌之，先责识官，乃听投表疏"①。《唐律疏议》规定"诸越诉及受者，各笞四十"②。告诉应

---

① （宋）王钦若等编纂：《册府元龟》卷 153《帝王部·明罚第二》，周勋初等校订，凤凰出版社 2006 年版，第 1713 页。

① （宋）司马光：《资治通鉴》卷 203 "则天后垂拱二年（686 年）三月戊申"，中华书局 1956 年版，第 6438 页。

② （唐）长孙无忌等：《唐律疏议》卷 24《斗讼》"越诉"，刘俊文点校，中华书局 1983 年版，第 447 页。

穷尽县、州、尚书省左右丞、三司、上表等程序，仍有冤屈未申，方可直诉。投匦言事不但是告密书状主义直接的产物，不受法定诉讼层级限制，也是唐代直诉形式的重要发展。神龙初年武周政权覆灭，投匦告密之制却得以长期延续，并在中晚唐时期得以完善。元和中，吐突承璀以赃贿外出监淮南军，"纤人太子通事舍人李涉投匦言承璀等冤状，于是孔戣知匦事，阅其副，不受，即表其奸"①，理匦使孔戣审阅李涉诉状副本，以为诉求无理，在驳回告诉的同时，贬李逐为峡州司仓参军。长庆四年(824 年)，谏议大夫理匦使李渤奏"事之大者闻奏，次申中书门下，次移诸司。诸司处理不当，再来投匦，即具事奏闻。如妄诉无理，本罪外加一等"②。

二、受理奴婢告主

因告密行为发人隐私、告讦攻讦等行为与传统儒家仁政思想熏陶下形成的君子之风相去甚远，故多为清流士人所不齿。实践中多为贩夫走卒，奴仆佣保之流为之。贞观三年(629 年)，狂人信行常谓裴寂有天分，后裴寂监奴恭命上变，太宗论以"妖人言其有天分，匿而不奏"③等四宗死罪，徙裴寂于交州，竟流静州。元和八年(813 年)二月，宰相之子太常丞于敏，肢解梁正言奴，弃于溷中"家童上变，诏捕顿吏沈璧及它奴送御史狱"①等皆可为证。奴仆告主，律有禁条。若上变言事，举告属实，则奴婢告诉责任即可能豁免，实质上突破《唐律》奴婢部曲告主之禁令。可见，在告密领域，法司受理奴婢、部曲告讦主人阴私之惯例遂被长期践行。

三、特许逾制告密

罪囚告诉之禁令，乃历代相沿之定制。武周时期，法纪浊乱，罪囚上变言事，即可面圣自陈，甚至免罪开释。光宅元年(684 年)，岭南流人裴伷先"上

---

① (宋)欧阳修、宋祁：《新唐书》卷 207《宦者上·吐突承璀传》，中华书局 1975 年版，第 5870 页。

② (后晋)刘昫：《旧唐书》卷 171《李渤传》，中华书局 1975 年版，第 4441 页。

③ (后晋)刘昫：《旧唐书》卷 57《裴寂传》，中华书局 1975 年版，第 2289 页。

① (宋)欧阳修、宋祁：《新唐书》卷 172《于顿传》，中华书局 1975 年版，第 5200 页。

变求面陈得失"①。永昌元年(689 年)九月，周兴奏诬魏玄同言涉不顺，监刑御史房济遂语玄同曰"丈人盍上变？冀召见。得自陈"②。长寿元年(692 年)，凤阁侍郎乐思晦男年八九岁，其家已族，隶于司农，亦"上变，得召见"③，言来俊臣苛毒之状。裴伷先身系流犯，魏玄同赐死在即，思晦男尚在髫龄，依律皆无权告事。然武周时期君主为驭使臣下，掌控司法，罪囚、幼童上变告言皆不禁止。此虽为非常时期人主变乱法度之特例，却对唐代司法实践构成负面影响。

本 章 小 结

告密是向司法机关秘密告诘他人隐私罪恶的告诉行为。就广义而言，仍属于举告范畴。唐代告密规则在继受历代告密规则的基础上多有变通，多种法律形式并存，在告诉、受理、逮捕、审讯等环节形成了一系列诉讼惯例，并在不同历史阶段彰显出特有之时代特色。

就案件管辖层面，武周时期一度废除唐律随近告密的规定，赋予告密者直诉天听之特权。凡告密案件，皆不受诉讼审级限制，在告密领域形成直诉密事之诉讼惯例，豁免告密者越诉责任。武周时期开创告密直诉惯例，使地方法司告密管辖权丧失殆尽。经神龙初年《散颁刑部格》规范，至开元《狱官令》、《唐六典》基本定型，唐代告密规则完成了自惯例向成法的根本性转变。在告密方式层面，书面方式告密遵循具状诉事之一般惯例，告事密表之内容格式当与一般诉牒相似。法司承旨缉捕嫌犯后，羁押于御史台狱或内仗等处候审，密告反逆案件以诏狱方式初审等惯例长期行用。

---

① (宋)欧阳修、宋祁：《新唐书》卷 117《裴炎从子伷先传》，中华书局 1975 年版，第4249 页。

② (宋)欧阳修、宋祁：《新唐书》卷 117《魏玄同传》，中华书局 1975 年版，第4254 页。

③ (后晋)刘昫：《旧唐书》卷 186 上《酷吏上·来俊臣传》，中华书局 1975 年版，第4839 页。

告密作为唐代举告方式之一，直接服务于君主集权与政治斗争的现实需要。为对社会实施有效监控，《唐律》规定的越诉、奴婢告主、罪囚告事等诸多原则在告密领域均有所变通。诉讼实践中形成默许告密者越级直诉之惯例；法司受理奴婢、部曲告讦主人阴私之惯例被长期践行；一度违背告诉禁令，出现罪囚、幼童告密之个案情形，对唐代司法实践构成负面影响。

第 十 章

上 诉

　　唐代上诉规则在继承和发展前代旧制的基础上损益而成，在实现事主诉求及防止刑狱冤滥方面发挥了重要作用。高宗仪凤二年(677 年)《申理冤屈制》即已初步确立上诉制度，至开元二十年《唐六典》，又对上诉与直诉规则作出明确规定。为防止诉事人越级诉讼，又于《唐律疏议》明确规定越诉情形及其法律责任[①]。以上关于直诉及越诉诸问题，相关论著业已论明，故此处仅讨论上诉规则中"逐级上诉"、"临刑称冤"与"亲识代诉"三个问题。学界对唐代上诉制度已进行了深入研究，并取得部分重要成果[②]。然对于上诉与越诉关系、临刑称冤、亲识代诉，以及上诉制度与司法实践之间的诸多差异尚未予以特别关注。因此，有必要在甄别相关概念和全面占有史料的基础上，对唐代上诉规则予以重新考量。

第一节 逐 级 上 诉

　　上诉制度渊源甚古，秦汉时期将上诉称为"乞鞫"。秦朝规定，罪囚本人

[①] 陈玺：《唐代诉讼制度研究》，商务印书馆 2012 年版，第 135—140、153—168 页。

[②] 关于唐代上诉主要研究成果有：陈光中：《中国古代的上诉、复审和复核制度》，《法学评论》1983 年第 3 期；巩富文：《中国古代的直诉制度》，《文史知识》1992 年第 12 期；杨一凡、刘笃才：《中国古代瓯函制度考略》，《法学研究》1998 年第 1 期；冯辉：《唐代司法制度述论》，《史学集刊》1998 年第 1 期；巩富文：《唐代的直诉制度》，《法学杂志》1993 年第 5 期。

或他人乞鞫者，须待判决作出后提起。《睡虎地秦墓竹简·法律答问》："以乞鞫及为人乞鞫者，狱已断乃听，且未断犹听殹（也）？狱断乃听之。"①《汉律》规定，上诉应在为判决送达后三月以内提出："徒论决，满三月，不得乞鞫。"②三国魏晋时期在沿袭秦汉乞鞫制度的同时，为防止滥诉及审判延迟，对汉代上诉制度予以调整。曹魏《新律》："二岁刑以上，除以家人乞鞫之制，省所烦狱也。"③司马贞《索隐》引《晋令》："狱结竟，呼囚鞫语罪状，囚若称枉欲乞鞫者，许之也。"④《北魏律》规定："狱已成及决竟，经所绾，而疑有奸欺，不直于法，及诉冤枉者，得摄讯覆治之。"⑤隋唐时期，"乞鞫"之谓虽不复行用，但允许针对徒罪以上判决上诉。《唐律》明确了唐代上诉范围、上诉主体以及阻碍上诉之法律责任。罪囚及其家属对徒罪以上判决不服，可申诉自理，受案法司应予以复审：

> 诸狱结竟，徒以上，各呼囚及其家属，具告罪名，仍取囚服辩。若不服者，听其自理，更为审详。违者，答五十；死罪，杖一百。⑥

"下人上诉，在屈必伸"⑦。与前代相比，唐代上诉制度具有以下特点：首先，上诉针对于原审判决提出，"唯止告示罪名，不须问其服否"。即实行无条件上诉制度，此与现代上诉之旨趣相合。至于上诉期限，《唐律》则无明确规定。其次，与现代一般刑事案件两审终审制度相异，唐代上诉无严格次数限制，

---

① 睡虎地秦墓竹简整理小组：《睡虎地秦墓竹简》，文物出版社 2001 年版，第 120 页。

② （汉）郑玄注，（唐）贾公彦疏：《周礼注疏》卷 35《秋官·朝士》郑司农云，十三经注疏整理委员会，北京大学出版社 2000 年版，第 1102 页。

③ （唐）房玄龄等：《晋书》卷 30《刑法志》，中华书局 1974 年版，第 926 页。

④ （汉）司马迁：《史记》卷 95《樊郦滕灌列传》，（宋）裴骃集解，（唐）司马贞索隐，（唐）张守节正义，中华书局 1959 年版，第 2664 页。

⑤ （北齐）魏收：《魏书》卷 111《刑罚志》，中华书局 1974 年版，第 2884 页。

⑥ （唐）长孙无忌等：《唐律疏议》卷 30《断狱》"狱结竟取服辩"，刘俊文点校，中华书局 1983 年版，第 568 页。

⑦ （宋）李昉等编：《文苑英华》卷 464《诏敕六·条理·申理冤屈制》，中华书局 1966 年版，第 2370 页。

只要当事人认为冤滞未申，即有权穷尽所有诉讼程序，直至直诉阙下①。再次，除非君主敕裁或法司停决，判决作出后，一旦完成相关复核程序，即转入执行阶段。当事人或家属上诉申冤，并不具备延缓或停止判决执行之效力。

不服原审判决是罪囚或家属提出申诉的必要前提，此为上诉（申诉）与告诉的根本差别。就概念内涵而言，"申诉"可与"上诉"制度直接对应（下文凡言申诉者，其内涵与"上诉"同）。东汉王符《爱日篇》："冤民仰希申诉，而令长以神自畜。"②梁天监二年（503 年）正月甲寅诏亦有"牢犴沉壅，申诉靡从"③的记载。至隋文帝开皇元年（581 年），初步形成当事人逐级上诉的审理模式："有枉屈县不理者，令以次经郡及州至省，仍不理，乃诣阙申诉。"④上述不同历史时期形成和延续的上诉规则，唐代司法产生了直接而深远的影响。

司法实践中，若原告冤滞未申，可由下而上，逐级上诉，从而形成基于当事人上诉申冤的纵向逐级申诉制度。通过当事人上诉须经历县、州（府）、尚书省左右丞、三司（受事）、上表、挝登闻鼓（或立肺石）等程序。若在上述某一环节诉请获得申理，上诉程序即告终结；若其诉讼请求未能实现，则可直诉天听，甚至有事主就同一事件多次直诉之"非常上诉"⑤事例发生。

---

① 按：陈光中指出："正由于申诉可理可不理，因此，可按审判机关的等级逐级向上申诉至最高级，以至皇帝。不像现代有二审终审或三审终审，不得上诉的限制。实际上这种逐级上诉，既近似现代的上诉程序，又近似依审判监督程序的申诉。"（陈光中：《中国古代的上诉、复审和复核制度》，《法学评论》1983 年第 3 期，第 78 页）依据《唐六典》诉讼皆自下逐级告诉，以及《唐律》禁止越诉的规定，上诉并无终审限制。《唐六典》："凡告言人罪，非谋叛以上，皆三审之。"[（唐）李林甫等：《唐六典》卷 6《尚书刑部》"刑部郎中员外郎"条，陈仲夫点校，中华书局 1992 年版，第 190 页]钱大群以秦律"三环"为唐代"三审"之先例（钱大群：《秦律"三环"注文质疑与试证》，《中国法律史论考》，南京师范大学出版社 2001 年版，第 164 页）。陈灵海亦认为"三审"乃多次审理、认真审理之意（陈灵海：《唐代刑部研究》，法律出版社 2010 年版，第 32 页）。此处"三审"并非为三级终审之意，而是法司审理谋叛以下案件需要三次开庭盘诘被告，此制可于吐鲁番出《宝应元年（762 年）六月高昌县勘问康失芬行车伤人案卷》获得印证。

② （宋）范晔：《后汉书》卷 49《王符传》，（唐）李贤注，中华书局 1965 年版，第 1640 页。

③ （唐）姚思廉：《梁书》卷 2《武帝纪中》，中华书局 1973 年版，第 39 页。

④ （宋）王钦若编纂，周勋初等校订：《册府元龟》卷 611《刑法部·定律令第三》，凤凰出版社 2006 年版，第 7061 页。

⑤ 岳纯之：《唐代中央对地方司法活动的监督与控制》，《学习与探索》2010 年第 1 期，第 97 页。

据《唐六典》："凡有冤滞不申欲诉理者，先由本司、本贯。"①案件初审由案发地所属县司管辖。当事人家属若不伏原审，可上诉于州司。作为地方上诉机关，州府承担申理与沟通双重功能，其审判结论或将成为事主向中央法司申诉之直接依据。诉讼实践中，地方府县狱讼淹滞的现象较为普遍。仪凤二年(677年)十一月十三日《申理冤屈制》："其在外州县，所有诉讼冤滞文案，见未断绝者，并令当处速为尽理勘断，务使甘伏，勿使淹滞。若处断不平，所司纠察得实者，所由官人，随即科付。"②《咸通七年(866年)大赦文》："如藩方不谨察廉，或致下人上诉，推覆得实，观察使别候敕旨，本判官远加谴罚。"③州府受理上诉平反县司冤案者，可于史籍拣得数例：高彦休《唐阙史》记咸通中，邑民王可久初审蒙冤，向所属河南尹崔碣申诉卜者杨乾夫侵夺家资事：

> (前略)可久不胜其冤，诉于公府。及法司按劾，杨皆厚贿以行，取证于妻，遂诬其妄。时属尹正长厚，不能辩奸，于是以诬人之罪加之，痛绳其背肩校强。可久冤楚相萦，殆将溘尽。命禄未绝，洛尹更任，则衔血赍冤，诉于新政。新政亦不能辩，其所鞫吏，得以肆蛊毒于簧言，且曰："以具狱讼旧政者，有汉律在。"则又列蠡配邑之遐者，隶执重役，可久双眦洒血而目枯焉。时博陵公伊水燕居，备聆始卒，天启良便，再领三川，狱吏屏息，覆盆举矣。揽辔观风化之三日，潜命就役所出可久以至，仍敕吏掩乾夫一家，并素鞫吏同桎其颈。且命可久暗籍其家服玩物，所存尚伙，而鞫吏贿赂丑迹昭焉。既捶其胁，复血其背，然后擢发折足，同弃一坎，收录家产，手授可久。时离毕作沴，黲云复郁，断狱之日，阳轮洞开，通逵相庆，有至出涕者。沉冤积愤，大亨畅于是日。古之循吏，孰能拟诸！④

---

　　①(唐)李林甫等：《唐六典》卷6《尚书刑部》"刑部郎中员外郎"条，陈仲夫点校，中华书局1992年版，第192页。

　　②(宋)宋敏求：《唐大诏令集》卷82《政事·刑法·申理冤屈制》，中华书局2008年版，第490页。

　　③(宋)宋敏求：《唐大诏令集》卷86《政事·恩宥四·咸通七年大赦文》，中华书局2008年版，第490页。

　　④(五代)高彦休：《唐阙史》卷上，《唐五代笔记小说大观》，上海古籍出版社2000年版，第1349—1350页。

刘崇远《金华子》记柴某酒醉殴杀县民张氏，张父向州司上诉，获得申理事：

> 王师範性甚孝友，而执法不渝。其舅柴某，酒醉殴杀美人张氏，为
> 其父诣州诉冤。师範以舅氏之故，不以部民目之，呼之为父，冀其可厚
> 赂和解，勉谕重叠。其父确然曰："骨肉至冤，唯在相公裁断尔。"曰：
> "若必如是，即国法，予安敢乱之！"柴竟伏法。其母恚之，然亦不敢少
> 责。至今青州犹印卖王公判事。①

本案因法官王师範刑不避亲，公正裁决，上诉人冤滞获得申理，相关诉讼程
序即告终结。诉事人若不伏州府判决，即可向中央法司上诉。

尚书省左右丞是受理地方州县上诉案件之法定机关，上诉事务一般由左
右丞主管，重大案件则需申报仆射裁断，即所谓"左、右丞，徒以下不勾；
左右、相，流以上乃判"②。据贞观三年（629 年）敕："尚书，细务属于左右丞，
惟枉屈大事合闻奏者，关于仆射。"③《旧唐书·戴至德传》记高宗上元中，
至德迁尚书右仆射，时刘仁轨为左仆射，"每遇申诉冤滞者，辄美言许之，而
至德先据理难诘，未尝与夺，若有理者，密为奏之，终不显已之断决，由是
时誉归于仁轨"④。若当事人对尚书省判决仍不服，可上诉至"三司"。值得
注意的是，由于《唐六典》设计的逐级申诉模式过于繁苛，逐级上诉迁延时
日，且成本过高，诉讼实践中遂逐步形成了事主诣台诉事的诉讼惯例，大量
州县上诉案件分流至御史台，以诏狱形式审理。因此，与台司受理的上诉案
件相比，直接由尚书省左右丞承办的诉讼案件相对较少，并由此直接导致尚
书省在上诉事务中地位下降。

---

① （五代）刘崇远：《金华子》卷下，《唐五代笔记小说大观》，上海古籍出版社 2000 年版，
第 1764 页。

② （宋）司马光：《资治通鉴》卷 204 "则天后天授二年（691 年）九月"，中华书局 1956 年
版，第 6476 页。

③ （宋）王溥：《唐会要》卷 57《尚书省诸司上·左右仆射》，上海古籍出版社 2006 年版，
第 1161 页。

④ （后晋）刘昫：《旧唐书》卷 70《戴胄附戴至德传》，中华书局 1975 年版，中华书局 1975
年版，第 2535 页。

　　唐代中央实际受理上诉案件的机构较为分散，除御史台以外，宰臣直接受案亦是值得注意的诉讼惯例。贞观二十二年(648 年)，崔仁师以中书侍郎参知机务，"会有伏阁上诉者，仁师不奏，太宗以仁师罔上，遂配龚州"①。按照唐代审级规定，伏阁上诉当属上表性质，即向朝堂呈送诉牒，若诉请事由及程序合法，即当转达君主裁断。然法律并未明确规定中书侍郎有受表职责，仁师不奏，太宗竟以罔上问罪，可见宰臣受理上诉案件并无越俎代庖之嫌。神龙初，户部尚书苏瓌拜侍中、京师留守，敕"兼理冤滞"②。咸通中，前翰林学士刘允章《直谏书》云："百姓有冤，诉于州县；州县不理，诉于宰相；宰相不理，诉于陛下。陛下不理，何以归哉？"③此言州县之上受案宰相，依《唐六典》规定，起初当为尚书省左右仆射。《近事会元》云："唐高祖武德初，

---

　　① (后晋)刘昫：《旧唐书》卷 74《崔仁师传》，中华书局 1975 年版，第 2622 页。

　　按：相关史料均记崔仁师流配连州，《旧唐书·太宗纪下》言"中书侍郎崔仁师除名，配流连州"[(后晋)刘昫：《旧唐书》卷 3《太宗纪下》，中华书局 1975 年版，第 60 页]。《新唐书·太宗纪》：贞观二十二年二月，"流崔仁师于连州。"[(宋)欧阳修、宋祁：《新唐书》卷 2《太宗纪》，中华书局 1975 年版，第 47 页]《新唐书·崔仁师传》作"流连州"[(宋)欧阳修、宋祁：《新唐书》卷 99《崔仁师传》，中华书局 1975 年版，第 3921 页]。《资治通鉴》亦记"中书侍郎崔仁师坐有伏阁自诉者，仁师不奏，除名，流连州"[(宋)司马光：《资治通鉴》卷 198"太宗贞观二十二年(648 年)二月"，中华书局 1956 年版，第 6253 页]。《旧唐书》本传所记配龚州事误，当据上述资料改。

　　② (唐)卢藏用：《唐故司空文贞公苏府君之碑》，(清)方履篯：《金石萃编补正》，中国东方文化研究会历史文化分会编：《历代碑志丛书》(第 8 册)，南京江苏古籍出版社 1998 年版(影印光绪二十年上海醉六堂石印本)，第 314 页。

　　③ (宋)李昉等编：《文苑英华》卷 676《书十·谏诤下·直谏书》，中华书局 1966 年版，第 3482 页。

　　按：敦煌出《前郑滑节度兼右丞相贾耽直谏表》(伯三六〇八号)与此文字相似，可资佐证[唐耕耦、陆宏基编：《敦煌社会经济文献真迹释录》(第 4 辑)，全国图书馆文献微缩复制中心 1990 年版，第 327 页]。又据《翰林学士壁记补注》："刘允章咸通三年九月二十七日自起居郎入。允章，《旧唐书》一五三、《新唐书》一六〇均附见。入下可补充字。其年十一月二十七日，三殿召对，赐绯。四年三月二十四日，授歙州刺史。……咸通五年十一月二十七日自仓部员外郎守本官再入。……六年正月九日，加户部郎中知制诰。……八年十一月四日，迁工部侍郎知制诰，依前充。其年十一月十六日，改礼部侍郎出院。"由此，刘允章谏表或上呈于咸通八年十一月以后。岑仲勉：《郎官石柱题名新考订》(外三种)，中华书局 2004 年版，第 356—357、359 页。

至长安四年已前，仆射并是真宰相。"①贞观十七年(643 年)"同中书门下三品"的出现，表明中书、门下两省的长官已经成为宰相的核心，隋朝一度出现的以尚书仆射为核心的局面不复存在。此后，尚书仆射地位不断下降，并非当然宰相。至龙朔三年(663 年)二月"制废尚书令"，从法律上正式肯定侍中、中书令的宰相正官地位，尚书省作为宰相机构的地位正式结束②，此后接受诉冤之宰相人选，则当以中书、门下长官为主。同时，尚书省之上，又有三司、上表、直诉等环节，并非皆由尚书省径直奏报。至宣宗大中时，仍有宰相受理上诉案件之例，《唐摭言》载李回牧建州，某衙官决杖勒停，衙官后因亡命京师诉冤。宰臣魏謩与李回有隙，闻建州百姓诉冤，乃"倒持麈尾，敲檐子门令止。及览状所论事二十余件，第一件取同姓子女入宅，于是为魏相极力锻成大狱。时李相已量移邓州刺史，行次九江，遇御史鞫。却回建阳，竟坐贬抚州司马，终于贬所"③。宰臣受理上诉以后之审判程序，因史料阙载，未可详知。依据唐代律令规定，魏謩当将诉状转致尚书都省，或奏闻听裁。

第二节 临 刑 诉 冤

唐代有死囚临刑称冤之制，就其本质，亦应纳入上诉范畴。长庆元年(821年)十一月，御史台以死囚临刑称冤意图迁延时日，奏请凡依法三审完结服罪

① (宋)李上交：《近事会元》卷 1 "真宰相"，中华书局 1991 年版(丛书集成初编)，第 8 页。

② 雷闻：《隋与唐前期的尚书省》，收入吴宗国：《盛唐政治制度研究》，上海辞书出版社 2003 年版，第 79、80 页。

③ (五代)王定保：《唐摭言》卷 2《恚恨》，商务印书馆 1936 年版(丛书集成初编)，第 17 页。

按：《新唐书·宰相世系表二中》："(魏)謩，字申之，相宣宗。"[(宋)欧阳修、宋祁：《新唐书》卷 72 中《宰相世系表二中》，中华书局 1975 年版，第 2658 页]《旧唐书·宣宗纪》：大中五年五月"以户部侍郎、判户部事魏謩本官同平章事……(十二年)十二月，太子少保魏謩卒。"[(后晋)刘昫：《旧唐书》卷 18 下《宣宗纪》，中华书局 1975 年版，第 628、644 页]由此，魏謩以宰相身份受理受理建州衙官上诉，应不早于大中十二年。

者，依律不再推问，并追究死囚妄诉及法官枉法责任。若涉及法官赃污枉法，则应重审①：

> 长庆元年十一月，御史台奏："应十恶及杀人斗殴、官典犯赃，并伪造计银、劫盗窃盗，及府县推断讫重论诉人等，皆是奸恶之徒，推鞫之时，尽皆伏罪，临刑之次，即又称冤。每度称冤，皆须重推。与证平常，被其追扰，若无惩革，为弊实深。伏请今后有此色贼，台及府县并外州，但计三度推问，不同人皆有伏款。及三度断结讫，更有论诉，一切不重推问。限其中纵有进状，敕下，如是己经三度结断者，亦请受敕处闻奏执论。如本推官典受贿赂，推断不平及有冤滥词状，言讫便可立验者，即请以重推。如所告及称冤推勘又虚，除本犯是死刑外，余罪于本条更加一等。如官典取受有实，亦请本罪更加一等。如所诉冤屈不虚，其经第三度推官典，请于本法外更加一等贬责。其第三度官典，亦请节级科处。"从之。②

大和八年(834 年)二月中书门下奏请，凡临刑称冤重推者，诉事人收禁闻奏，其余无关人犯依律科决，毋得延缓：

> "又鞫谳已具，便合就刑，皆近岁时颙望恩泽，或缘一人称冤，即十数人停决，囚系淹久，奸吏用情。自今后，同罪人并伏，虽一两人称冤，不相连者并先科决，称冤者依前收禁闻奏。"从之。③

　　虽然唐代设计了死囚临刑称冤之上诉途径，然蒙冤受戮者亦不在少数。

---

① 按：民国学者朱方对唐代上诉之实质有如是论断："盖古代法制，如上诉而准者，原诉之官，须受惩罚。或降职，或罚俸，甚至除名。故上诉一事，非常重视。名虽诉对造，实即诉原审官。"(朱方：《中国法制史》，上海法政学社 1932 年版，第 133 页)其说甚是。

② (宋)王溥：《唐会要》卷 60《御史台上·御史台》，上海古籍出版社 2006 年版，第 1228—1229 页。

③ (宋)王钦若等编纂：《册府元龟》卷 613《刑法部·定律令第五》，周勋初等校订，凤凰出版社 2006 年版，第 7077 页。

此类案件若不能经复审监督程序获得昭雪，则势必冤沉幽滞，无从申理。受鬼神信仰及冥报观念影响，中古时期尤其是唐代，以死囚上诉冥司理冤为主题的传奇故事一时大行其道(图 10-1)[①]，中古社会对于鬼神冤报之普遍信赖，是对抗人间各类不公现象的最后寄托[②]。由此达到慰藉苦主愤懑情绪，并对法吏构成心理震慑。《还冤记》载：北齐阳翟太守张善反诬御史魏辉俦私纳民财，又经尚书左丞卢斐希旨复验，成辉俦罪状，于州斩决。辉俦临刑之际，嘱托令史置办纸笔上诉冥司：

图 10-1　冥司审判

资料来源：段文杰主编：《中国敦煌壁画全集·敦煌初唐》，天津人民美术出版社 2006 年版，第 89 页

---

① 陈玺、宋志军认为：所谓"冥司审判"是唐人笔记小说中描述之阴曹法庭审理各类案件的程序规定及实际运行状况。为增强故事的可信性，大量唐人传奇小说描述的入冥故事大多选择入冥者生还述说冥府狱讼审判的叙事手段，行文遵循"亡故—复苏—言入冥—观地狱—放还"的情节模式。此类著作在描述阴司断案情形后，还多交代故事来源及叙述人的相关情况。……冥司审判虽非实例，但唐代诉讼的庭审程式已经深刻影响到时人的诉讼观念，唐代文人在创作阴司判案之际，多将现实生活中的审判程序移植到阴曹地府，且此类文字在叙述程序方面具有极大共性。通过考察冥界庭审官吏之分工职守，亦可在一定程度上探明唐代审判制度的实施状况。陈玺、宋志军：《唐代刑事证据制度考略》，《证据科学》2009 年第 5 期，第 605 页。

② 霍存福：《复仇·报复刑·报应说：中国人法律观念的文化解说》，吉林人民出版社 2005 年版，第 210 页。

辉儁遗语令史曰："我之情理，是君所见，今日之事，可复如之。当办纸百番，笔二管，墨一锭，以随吾尸，若有灵祇，必望报卢。"令史哀悼，为之殡敛，并备纸笔。十五日，善得病，唯云叩头，未旬日而死。才两月，卢斐坐讥驳魏史，为魏收奏，文宣帝鸩杀之。①

唐人对冥界法司的公正无私持较高期望，若生前冤屈于阳世官司无法申理，死后多选择向阴司神明告诉。笔记小说中屡见含冤者发誓死后向上帝、地府申诉的记载，诉事者临刑前多嘱托家人多置纸笔，以备阴曹具状诉事之用。在唐人观念中，阳世官府与阴司法曹均承担着申理冤屈的审判功能，在一定意义上，冥界法司甚至成为阳世冤案的上级申诉机关②。唐人稗史传奇中关于死囚人宣称上诉冥府事例甚夥，此类故事情节梗概颇为相似，多记事主蒙受诬告陷害或枉法裁判、其后临刑称冤及冤报应验等事。兹撷取三宗有本事可查者为证。其一，牛肃《纪闻》所载杨慎矜为李林甫、王鉷构陷蒙冤受戮上诉冥司事：

> （唐监察御史王抡）至冥司，与冥吏语，冥吏悦之，立于房内。吏出，抡试开其案牍，乃杨慎矜于帝所讼李林甫、王鉷也，已断王鉷族灭矣。于是不敢开，置于旧处而谒王。王庭前东西廊下皆垂帘，坐抡帘下，慎矜兄弟入，见王称冤。王曰："已族王鉷，即当到矣。"须臾，锁鉷至。兼其子弟数人，皆械系面缚，七窍流血，王令送讯所。于是与慎矜同出，乃引抡既苏。月余，有邢璹之事，王鉷死之。③

《旧唐书·杨慎矜传》详记王鉷、李林甫合谋陷害杨慎矜之主要罪名："鉷于林甫构成其罪，云慎矜是隋家子孙，心规克复隋室，故蓄异书，与凶人来往，而说国家休咎。"并由此直接导致杨慎矜兄弟蒙冤受刑。《旧唐书·玄宗纪下》：

---

① （宋）李昉等：《太平广记》卷第 119 "魏辉儁"条引《还冤记》，中华书局 1961 年版，第 838—839 页。

② 陈玺：《唐代诉讼制度研究》，商务印书馆 2012 年版，第 27 页。

③ （宋）李昉等：《太平广记》卷 121 "王抡"条引《纪闻》，中华书局 1961 年版，第 855 页。

天宝六载(747 年)"十一月乙亥,户部侍郎杨慎矜及兄少府少监慎余与弟洛阳令慎名,并为李林甫及御史中丞王鉷所构,下狱死。"①而关于王鉷死亡时间,却与《纪闻》所述有所出入。《新唐书·玄宗纪》:天宝十一载(752 年)四月乙酉,"户部郎中王銲、京兆人邢縡谋反,伏诛。丙戌,杀御史大夫王鉷"②。可见,王鉷在杨慎矜死后五年被诛,《纪闻》言"月余"云云,目的或在于凸显冤报之语灵验不虚而已。

其二,卢肇《逸史》又记押衙乐生奉命传诏贼帅,随行副将诬告其潜通西原山贼,为裴郎收禁州狱断死。中丞杜式方后遣使按问,亦未能明雪冤枉。乐生临刑前告诫妻子购置纸笔,死后上诉于帝。次年裴郎中、杜式方皆卒,时人以为冤报所致:

> 唐中丞杜式方,为桂州观察使,会西原山贼反版,奉诏讨捕。续令郎中裴某,承命招抚,及过桂州,式方遣押衙乐某,并副将二人当直。至宾州,裴命乐生与副将二人,至贼中传诏命,并以书遗其贼帅,招令归复。乐生素儒士也,有心义。既至,贼帅黄少卿大喜,留宴数日。悦乐生之佩刀,恳请与之,少卿以小婢二人酬其直。既复命,副将与生不相得,遂告于裴云:"乐某以官军虚实露于贼帅,昵之,故赠女口。"裴大怒,遣人搜检,果得。乐生具言本末,云:"某此刀价直数万,意颇宝惜,以方奉使,贼帅求之,不得不与,彼归其直,二口之价,尚未及半,某有何过!"生使气者,辞色颇厉,裴君愈怒,乃禁于宾州狱。以书与式方,并牒诬为大过,请必杀之。式方以远镇,制使言其下受赂于贼,方将诛剪,不得不置之于法,然亦心知其冤。乐生亦有状具言,式方遂令持牒追之,面约其使曰:"彼欲逃避,汝慎勿禁,兼以吾意语之。"使者至,传式方意,乐生曰:"我无罪,宁死;若逃亡,是有罪也。"既至,式方乃召入,问之,生具述根本,式方乃此制使书牒示之曰:"今日之事,非不知公之冤,然无路以相救矣,如何?"遂令推讯,乐生问推者曰:"中丞意如何?"曰:"中

---

① (后晋)刘昫:《旧唐书》卷 9《玄宗纪下》,中华书局 1975 年版,第 221 页。
② (宋)欧阳修、宋祁:《新唐书》卷 5《玄宗纪》,中华书局 1975 年版,第 148 页。

丞以制使之意，押衙不得免矣。"曰："中丞意如此，某以奚诉！"遂索笔通款，言受贼帅赃物之状。式方颇甚悯恻，将刑，引入曰："知公至屈，有何事相托？"生曰："无之。"式方曰："公有男否？"曰："一人。""何职？"曰："得衙前虞侯足矣。"式方便授牒，兼赠钱百千文，用为葬具。又问所欲，曰："某自诬死，必无逃逸，请去桎梏，沐浴，见妻子，嘱付家事。"公皆许。至时，式方乃登州南门，令引出，与之诀别。乐生沐浴巾栉，楼前拜启曰："某今死矣，虽死不已。"式方曰："子怨我乎？"曰："无，中丞为制使所迫耳。"式方洒泣，遂令领至球场内，厚致酒馔。餐讫，召妻子别，问曰："买得棺未？可速买，兼取纸一千张，笔十管，置棺中。吾死，当上诉于帝前。"问监刑者曰："今何时？"曰："日中。"生曰："吾日中死，至黄昏时，便往宾州，取副将某乙。及明年四月，杀制使裴郎中。"举头见执捉者一人，乃虞侯所由，乐曾摄都虞侯，语之："汝是我故吏，我今分死矣，尔慎忽折吾颈，若如此，我亦死即当杀汝。"所由至此时，亦不暇听信，遂以常法，拉其头杀之，然后笞，笞毕，拽之于外。拉者忽惊躩，面仆于地死矣。数日，宾州报，副将以其日黄昏，暴心痛终。制使裴君，以明年四月卒。其年十月，式方方于球场宴敕使次，饮酒正洽，忽举首瞪目曰："乐某，汝今何来也？我亦无过。"索酒沥地祝之，良久又曰："我知汝屈，而竟杀汝，亦我之罪。"遂喑不语，舁到州，及夜而殒。至今桂州城南门，乐生死所，方圆丈余，竟无草生。后有从事于桂者，视之信然。自古冤死者亦多，乐生一何神异也。[1]

据《旧唐书·穆宗纪》：元和十五年（820 年）二月"乙未，以太仆卿杜式方为桂州刺史，充桂管观察使"[2]。杜式方乃宰臣京兆杜佑子，歙州长史陇西李则次婿[3]，长庆二年（822 年）三月卒官，赠礼部尚书。《白氏长庆集》卷五十一《杜

---

[1] （宋）李昉等：《太平广记》卷 122 "乐生" 条引《逸史》，中华书局 1961 年版，第 862—864 页。

[2] （后晋）刘昫：《旧唐书》卷 16《穆宗纪》，中华书局 1975 年版，第 476 页。

[3] （清）董诰等：《全唐文》卷 639《故歙州长史陇西李府君墓志铭》，上海古籍出版社 1990 年版，第 2859 页。

式方可赠礼部尚书制》可证①。《逸史》所记杜式方官职与史相合，乐生或因职卑言轻，史籍无载。然结合两《唐书》等资料，大致可以判定乐生临刑上诉故事时间约在长庆元年（821 年）。《逸史》所述乐生临刑诉事及施刑人、裴郎中、杜式方三人冤报而卒事之细致描摹，其中称道灵异，劝善惩恶之深意可谓明矣。

其三，尉迟枢《南楚新闻》载咸通十四年（873 年），太傅杜悰以黔南廉使秦匡谋不敬，指使宰相韦保衡劾奏秦匡谋擅离职守。匡谋临刑盟誓，上诉泉下。一月后，杜悰果薨，且尸身短狭，长子继之离世：

> （前略）敕既降，悰乃亲临都市监戮。匡谋将就法，谓其子曰："今日之死，实冤枉无状，奈申诉非及，但多烧纸墨，当于泉下理之耳。"行刑，观者驾肩接踵，挥刃之际，悰大惊，骤得疾，遂舆而返。俄有旋风暴作，飞卷尘埃，直入府署乃散。是夕，狱吏发狂，自呼姓名叱责曰："吾已惠若钱帛非少，奚复隐吾受用诸物？"举体自扑而殒。其年六月十三日杀秦匡谋，七月十三日，悰乃薨。将归葬洛阳，为束身楸函而即路。欲敛之夕，主吏觉函短，忧惧甚，又难于改易。遂厚赂阴阳者，给杜氏诸子曰："太傅薨时甚凶，就木之际，若临近，必有大祸。"诸子信然，于是尽率家人，待于别室。及举尸就敛，楸函果短，遂陷胸折项骨而入焉，无有知者。及抵东洛，长子无逸，相次而逝。岁月既久，其事稍闻于世，议者以悰恃权贵，枉刑戮，获兹报焉。②

---

① 按：《白居易集》载："故桂州本管都防御观察等使、正议大夫、使持节都督桂州诸军事、守桂州刺史、兼御史中丞、上柱国、南阳县开国男、赐紫金鱼袋杜式方：庆袭台庭，任当垣翰。服名教乃保家之子，树风声为守土之臣。尽礼事君，劳心奉职。奄忽沦逝，念之恻然。况近属连姻，远藩捐馆。闻讣之命，实悼心中。赠饰之恩，宜加常等。俾趋荣于八座，用贲宠于九原。可赠礼部尚书。仍赙布帛二百段，米粟二百石，委度支逐便支遣。"（唐）白居易：《白居易集笺校》卷 51《中书制诰四·杜式方可赠礼部尚书制》，朱金城笺校，上海古籍出版社 1988 年版，第 2996 页。

② （宋）李昉等：《太平广记》卷 123 "秦匡谋" 条引《南楚新闻》，中华书局 1961 年版，第 867 页。

据《资治通鉴》:"南诏寇西川,又寇黔南,黔中经略使秦匡谋兵少不敌,弃城奔荆南;荆南节度使杜悰囚而奏之。六月,乙未,敕斩匡谋,籍没其家赀,亲族应缘坐者,令有司搜捕以闻。匡谋,凤翔人也。"①上述信息与《纪闻》所言完全吻合,唯讳言秦匡谋临刑诉冤一节。关于杜悰拘禁审讯与秦匡谋被斩之间的关系,《唐大诏令集》卷一百二十七《诛黔州刺史秦匡谋敕》有所交代:"(秦匡谋)自携金帛,抛弃城池。报奏之间,谬妄非一。况统戎失律,负国深恩。……宜夺在身官爵,委荆南节度使集众处斩。其家口田宅资财并籍没,仍令御史台、及诸道长吏、检责以闻,其亲属合当连坐者、委御史台及诸道搜获,具名闻奏。如待奏到,指挥处分。"②而此时检校凤翔、荆南节度使者,正为司徒杜悰。匡谋上诉幽冥事或荒诞,然杜悰之死却与秦匡谋直接关联。据《新唐书·杜悰传》:"会黔南观察使秦匡谋讨蛮,兵败,奔于悰,悰因之,劾不能伏节,有诏斩之。悰不意其死,骇愕得疾卒。"③所谓"不意其死,骇愕得疾"显然是极力推脱辩解之词,可谓欲盖弥彰,也恰从反面印证杜悰奏请是导致匡谋殒命之直接原因。因此,《南楚新闻》所记秦匡谋临刑誓诅云云,当可信从。上述三例临刑诉冤性质的冥报故事从侧面反映了唐代司法实际运行与律令规定之间的差距,亦深刻昭示了唐人希冀神明鉴照,雪洗冤滞之强烈心理期待。

临刑称冤规则在后世仍长期存续,北宋太宗淳化三年(992年):"令诸州决死刑,有号呼不伏,及亲属称冤者,即以白长吏移司推鞫。"④真宗大中祥符二年(1009年)秋七月辛巳诏:"自今大辟案具,临刑称冤者,并委不干碍官覆推之。如阙官,即白转运、提点刑狱使者,就邻州遣官按之。"⑤辽道宗清宁四年(1058年)二月丙午诏夷离毕:"诸路鞫死罪,狱虽具,仍令别

① (宋)司马光:《资治通鉴》卷252"懿宗咸通十四年(873年)六月乙未,中华书局1956年版,第8166页。

② (宋)宋敏求:《唐大诏令集》卷127《政事·诛戮下·诛黔州刺史秦匡谋敕》,中华书局2008年版,第686页。

③ (宋)欧阳修、宋祁:《新唐书》卷166《杜佑附杜悰传》,中华书局1975年版,第5092页。

④ (元)马端临:《文献通考》卷166《刑考五·刑制》,中华书局1986年版,第1445页。

⑤ (宋)李焘:《续资治通鉴长编》卷72"真宗大中祥符二年(1009年)秋七月辛巳",上海师范大学古籍整理研究所、华东师范大学古籍研究所点校,中华书局1995年版,第1626页。

州县覆按，无冤，然后决之；称冤者，即具奏。"①上引数条皆可与唐制相互印证。

第三节 亲 识 代 诉

亲属等向官府代为诉请，是中国封建时期历代相沿之诉讼传统。受儒家"亲属一体"观念熏染，若尊属妻孥涉诉，亲属故旧理当代为申理。《后汉书·虞诩传》云："小人有怨，不远千里，断发刻肌，诣阙告诉。"②《魏书·杨播传》：华州刺史杨播借州民田，为御史王基所劾，削除官爵。延昌二年(513 年)，卒于家。"子侃等停枢不葬，披诉积年"③。魏晋时期，垢辱自刑、代讼冤滞竟成孝子贤孙之风操，为时所尚：

> 梁世被系劾者，子孙弟侄，皆诣阙三日，露跣陈谢；子孙有官，自陈解职。子则草屩粗衣，蓬头垢面，周章道路，要候执事，叩头流血，申诉冤枉。若配徒隶，诸子并立草庵于所署门，不敢宁宅，动经旬日，官司驱遣，然后始退。④

唐代将亲识代诉纳入上诉规则，案件审结之际，法司应将判决结果告知罪囚及家属。《唐六典》亦有"若身在禁系者，亲、识代立焉"⑤的规定。亲属代诉现象深刻反映了唐代律典所秉承之礼法观念，并在司法实践中成为平反冤案和监督司法的重要途径之一。可以认为：儒家宗法亲伦观念是封建时代各

① （元）脱脱等：《辽史》卷 21《道宗纪一》，中华书局 1974 年版，第 256 页。

② （宋）范晔：《后汉书》卷 58《虞诩传》，（唐）李贤注，中华书局 1965 年版，第 1873 页。

③ （北齐）魏收：《魏书》卷 58《杨播传》，中华书局 1974 年版，第 1280 页。

④ 王利器：《颜氏家训集解》卷 2《风操第六》（新编诸子集成本），中华书局 1993 年版，第 120 页。

⑤ （唐）李林甫等：《唐六典》卷 6《尚书刑部》"刑部郎中员外郎"条，陈仲夫点校，中华书局 1992 年版，第 192 页。

类行为规则和制度规范的思想根源,亲属代诉现象则正是这一理念在唐代诉讼领域的具体彰显①。就性质而言,亲识代诉是唐代上诉制度的重要组成部分,其法律效力与罪因上诉大致相同。诉讼实践中,因罪因拘系流配或执行死刑而无法申诉,亲属故人遂成为重要的上诉主体。需要指出的是,"代诉"一词最早见于《元史》:"诸致仕得代官,不得已与齐民讼,许其亲属家人代诉,所司毋侵挠之。"②《大清律例》规定:"若犯人(自行)反异(原招),(或)家属(代诉)称冤,(审录官)即便(再与)推鞫,事果违枉,(即公)同将原问、原审官吏通问改正。若(囚犯)明称冤抑,(审录官)不为申理(改正)者,以入人罪故(或受赃挟私)失论。"③唐代关于代诉的法律规定甚为略省,司法实践中代诉之样态却异常复杂,并客观存在诸多惯例性规则,对唐代诉讼制度之运行产生深刻影响。

一、代诉案件管辖权诸司分掌

依《唐六典》规定,无论罪囚本人或亲属上诉,均须自州县始,依次向尚书省、三司等机构逐级陈诉。司法实践中却呈现出上诉案件管辖权诸司分掌之实际样态,而相关机构受理和处分上诉案件之权力依据亦有所差异。

首先,尚书省是受理地方上诉案件之法定机关。东汉时期,尚书台成为总理国家政务的中枢机构,天下诣阙上诉者,必先通过尚书,而且尚书还常代皇帝处理上诉案件④,此当为唐代尚书省主理地方上诉案件之直接渊源。《唐故曹州离狐县丞盖府君(蕃)墓志铭》记贞观中,盖蕃兄伯文任洋州洋源县令,"坐事幽絷,将置严刑,府君泣血申冤,辞令恳恻,见者莫不歔欷。……左仆射房玄龄特为奏请,得减死配流高昌"⑤。此案审理中尚书省即依据法定上诉

---

① 陈玺:《唐代亲属代诉现象考论》,《西北大学学报》(哲学社会科学版)2009年第6期,第147页。

② (明)宋濂等:《元史》卷105《刑法四·诉讼》,中华书局1976年版,第2671页。

③ 田涛、郑秦点校:《大清律例》卷37《刑律·断狱下》"有司决囚等第",法律出版社1999年版,第588页。

④ 赵光怀:《"告御状":汉代诣阙上诉制度》,《山东大学学报》2002年第1期,第89页。

⑤ 周绍良、赵超:《唐代墓志汇编》,上海古籍出版社1992年版,第519页。

按:据《唐仆尚丞郎表》:贞观三年二月六日,房玄龄自中令迁尚书左仆射,贞观十六年七月五日迁司空,仍综朝政(严耕望:《唐仆尚丞郎表》卷2《通表上·仆丞》,中华书局1986年版,第23—24页)。由此,盖蕃代诉事当于贞观三年至十六年之间。

管辖权受理案件。值得指出的是，依照律典规定，尚书省应是唐代中央受理上诉之主导机关，据开元二年(714 年)四月敕："在京有诉冤者，并于尚书省陈牒，所司为理。若稽延致有屈滞者，委左右丞及御史台访察闻奏。如未经尚书省，不得辄于三司越诉。"①开元十年(722 年)闰三月又敕："自今已后，诉事人等，先经县及府州，并尚书省。若所由延滞，不为断决，委御史采访奏闻，长官已下，节级量贬。"②因受理上诉权限诸司分掌现实制约，尤其是御史台强势介入，高宗朝以后，尚书省上诉案件管辖竞争方面渐趋守势。仪凤四年，韦仁约除尚书左丞③。据《大唐故纳言上轻车都尉博昌县开国男韦府君墓志铭》：韦仁约"常奉别敕，于朝堂理冤屈，天下士庶为府君所决遣者，曲直咸得其理，人皆惬伏，退无后言。迁御史大夫"④。尚书省次长理问冤滞竟须别敕加以强调。可见，此时尚书左丞理问上诉案件似乎已非常态。

其次，对县司裁决不服，除依法向州府上诉外，亦可向巡察使臣陈情。《旧唐书·岑文本传》：岑文本父之象隋末为邯郸令，尝被人讼，理不得申，文本"诣司隶称冤"⑤，辞情慨切，召对明辩，其父冤雪。据《隋书·百官志》：隋置司隶台大夫一人，掌诸巡察。又有别驾、刺史、从事若干，仿汉代"六条问事"之制，巡察地方，其中有"察官人贪残害政"⑥之职。《隋书·李德饶传》记李德饶"大业三年，迁司隶从事，每巡四方，理雪冤枉，褒扬孝悌"⑦。岑之象以邯郸县令身份涉诉，当于武安郡上诉申理。此处由其子文本代诉于巡察司隶，其申诉效力位阶与赴州郡上诉相同，司隶则依据司法监察权管辖地方上诉案件。若朝廷派遣中使推按，代诉人亦可向其上诉。《旧唐

① (唐)杜佑：《通典》卷 22《职官四·尚书上·尚书省仆射》注，王文锦等点校，中华书局 1988 年版，第 597 页。

② (宋)宋敏求：《唐大诏令集》卷 82《政事·刑法·诉事人先经州县敕》，中华书局 2008 年版，第 473 页。

③ (宋)王溥：《唐会要》卷 58《尚书省诸司中·左右丞》，上海古籍出版社 2006 年版，第 1172 页。

④ 吴钢主编：《全唐文补遗》(第 2 辑)，三秦出版社 1995 年版，第 7 页。

⑤ (后晋)刘昫：《旧唐书》卷 70《岑文本传》，中华书局 1975 年版，第 2535 页。

⑥ (唐)魏徵等：《隋书》卷 28《百官下》，中华书局 1973 年版，第 797 页。

⑦ (唐)魏徵等：《隋书》卷 72《孝义·李德饶传》，中华书局 1973 年版，第 1670 页。

书·崔宁传》崔旰初事裴冕，后冕遭流谤，朝廷将遣使推按，"旰(崔宁本名
旰)部下截耳称冤，中使奏之"①。

　　再次，御史台依据司法监察权受理上诉案件。唐代御史台作为各类冤屈
案件申诉机关的地位已经得到官方和民众认同，并逐步形成了诣台诉事之诉
讼惯例。台司御史通过行使审判监督权力，管辖代诉案件。长寿二年(693 年)，
奴告润州刺史窦孝谌妻庞氏夜醮断死，"将就刑，庞男希瑊诉冤于侍御史徐有
功"②，经奏请，庞氏减死流岭表。景云中，僧惠範恃权势逼夺生人妻，州县
不能理，"其夫诣台诉冤"③，为中丞薛登、侍御史慕容珣所奏。元和初，监
察御史卢则出按连州刺史崔简得实，其下吏受观察使李众赂绫六百疋。敕"简
弟计诉推吏，决杖配流"④，卢则亦停见任。

　　最后，君主以最高司法者身份受理上诉案件。传统诉讼观念认为，邀车
驾、挝登闻鼓等直诉，"必有大不得已之情而官司不能为之断理者，故不实乃
坐罪，而得实乃免罪"⑤。与其他申诉途径相比，伏阙直诉是最为常见亦是最
为有效的代诉方式。杨廷福认为："古代行政和司法分别不严，这也是用行政
以救济司法审判的错失，而上达民间冤苦无所申诉的一种权宜措施。"⑥长寿
元年(692 年)正月，狄仁杰等被来俊臣诬告谋反下狱，"既承反，所司但待日
刑，不复严备。仁杰求守者得笔砚，拆破头帛，书之叙冤，匿置于绵衣中。……
仁杰子光远得衣中书，持以称变，得召见"⑦。狄仁杰得免死，贬彭泽令。开
元十四年(726 年)夏四月壬子，崔隐甫及御史中丞李林甫共奏弹张说私占贿赂

---

　　① (后晋)刘昫:《旧唐书》卷 117《崔宁传》，中华书局 1975 年版，第 3398 页。
　　② (唐)刘肃:《大唐新语》卷 4《持法第七》，许德楠、李鼎霞点校，中华书局 1984 年版，
第 57 页。
　　③ (唐)刘肃:《大唐新语》卷 4《持法第七》，许德楠、李鼎霞点校，中华书局 1984 年版，
第 61 页。
　　④ (宋)王钦若等编纂:《册府元龟》卷 522《宪官部·谴让》，周勋初等校订，凤凰出版
社 2006 年版，第 5929 页。
　　⑤ (清)沈之奇:《大清律辑注》卷 22《刑律·诉讼》，怀效锋、李俊点校，法律出版社
2000 年版，第 798 页。
　　⑥ 杨廷福:《唐律研究》，上海古籍出版社 2012 年版，第 194—195 页。
　　⑦ (唐)刘肃:《大唐新语》卷 12《酷忍第二十七》，许德楠、李鼎霞点校，中华书局 1984
年版，第 183 页。

等事，玄宗敕于御史台鞠问。张说兄左庶子光"诣朝堂割耳称冤"①。张说得致仕，仍令在家修史。洛阳近出《唐故中书舍人集贤院学士安陆郡太守苑(咸)公墓志铭并序》记开元末，中书舍人苑咸诸弟犯法，"公素服诣阙，请以身代，由是贬汉东司户"②。元和十五年(820年)，孟简因曾委腹心陆翰关通中贵，孟简恐阴事败露，追至州以土囊杀陆翰灭口，"翰子弟诣阙，进状诉冤，且告简赃状"③，经御史台按验得理。会昌四年(844年)，扬州江都县尉吴湘坐赃下狱，扬州节度使李绅准法断死，湘竟伏法。大中元年(847年)九月，"湘兄进士汝纳，诣阙诉冤，言绅在淮南恃德裕之势，枉杀臣弟。德裕既贬，绅亦追削三任官告"④。除前述亲属外，故旧属吏亦有权向君主申诉。据西安大唐西市博物馆藏《大唐陈氏先君元从宝应功臣奉天定难功臣开府仪同三司试太子宾客前左龙武军大将军知军事淮阳郡开国公墓志铭并序》：德宗初，特进云麾将军陈守礼为吏陷害，"本军元从将军王罗军等一千余人，诣阙自刭，理大将军功，乃出于泾陲"⑤。可见，诣阙直诉是启动平反冤滞程序之中重要途径之一。

二、代诉者实质拥有越诉特权

陈登武认为：广义的越诉，应该包括"越境而诉"和"越级而诉"。前者是就审判管辖权而言；后者是就诉讼程序而论⑥。本文所言越诉者，则仅局限于越级告诉领域。罪囚亲识若对地方州县长吏裁判结论持有异议，则时常在

① (后晋)刘昫：《旧唐书》卷97《张说传》，中华书局1975年版，第3055页。

② 杨作龙、赵水森：《洛阳新出土墓志释录》，北京图书馆出版社2004年版，第156页。

按：《新唐书·艺文志》："苑咸集。卷亡。京兆人，开元末上书，拜司经校书、中书舍人，贬汉东郡司户参军，复起为舍人、永阳太守。"[(宋)欧阳修、宋祁：《新唐书》卷60《艺文志》，中华书局1975年版，第1602页]与墓志所述相合。宋计有功《唐诗纪事》："咸，成都人。开元末上书，拜司经校书、中书舍人。"唯籍贯与《新唐书》异，余皆同。王仲镛：《唐诗纪事笺校》，巴蜀书社1989年版，第463页。

③ (后晋)刘昫：《旧唐书》卷163《孟简传》，中华书局1975年版，第4258页。

④ (后晋)刘昫：《旧唐书》卷173《李绅传》，中华书局1975年版，第4500页。

⑤ 胡戟、荣新江：《大唐西市博物馆藏墓志》，北京大学出版社2012年版，第668页。

⑥ 陈登武：《从人间世到幽冥界：唐代的法制、社会与国家》，五南图书出版股份有限公司2006年版，第19页。

法官与被告之间形成严重对立情绪。罪因及家属认为判决不公，往往首先怀疑长官贪赃枉法、挟私陷害。因此，原本针对原审判决的诉请，逐渐演化为针对法官个人的指控。因此，在罪因亲识代诉在陈述诉请的同时，往往附带告发原判法官罪责，由此出现司法监察与上诉程序之交叉。由于控诉官吏违法并无严格层级限制，代诉人遂借揭发长吏之名，附带提出上诉理由，并以原审结论不公作为证明长吏违法之证据。至此，逐级上诉的法定限制往往形同虚设，诉事人越诉的法律责任亦随之豁免，并由此形成与揭举竞合之越级诉事惯例。

神龙二年(706年)，敬晖贬崖州司马，武三思恐其再用，使侍御史周利贞往杀之。睿宗即位，"追复五王官爵，赠晖秦州都督，谥曰肃愍"[1]。至此，武三思被诛，敬晖追谥封赠，案件本已了结，但朝廷并未追究元凶周利贞之刑事责任。开元七年(719年)正月二十一日，玄宗御紫宸殿朝入使。敬晖子让为魏州长史，利贞为辰州长史，俱欲奏事。敬让利用入朝奏事机会，不待左台侍御史翟璋监引，越次奏事，旧案重提，诉请惩办周利贞：

> (开元)七年正月二十一日，上御紫宸殿，朝集使魏州长史敬让、辰州长史周利贞俱欲奏事。左台御史翟璋监殿廷，揖利贞先进。让以父晖为利贞所毙，不胜愤恨，遂越次而奏："利贞受武三思使，枉害臣父。"璋劾让不待监引，请付法。上曰："让诉父枉，不可不矜，朝仪亦不可不肃，可夺一季禄而已。"贬利贞为邕州长史。[2]

敬让假职务之便，申诉其父冤屈，本身有越诉嫌疑。然玄宗哀其诉冤，仅追究其违反朝仪之责，并将周利贞贬黜荒远，敬让的诉讼目的业已实现。为提

---

① (后晋)刘昫：《旧唐书》卷91《敬晖传》，中华书局1975年版，第2934页。

② (宋)王溥：《唐会要》卷62《御史台下·知班》，上海古籍出版社2006年版，第1279页。

按：《册府元龟》："翟璋为左台侍御史。大和七年，帝御紫宸殿，朝集使魏州长史敬让、辰州长史周利贞俱欲奏事。"[(宋)王钦若等编纂：《册府元龟》卷520下《宪官部·弹劾第三下》，周勋初等校订，凤凰出版社2006年版，第5911页]此条系年显误，当据两《唐书》、《唐会要》等更正。

高诉讼效率，与前述上诉管辖诸司分掌事实相适应，代诉者时常选择更为直接的途径上诉。贞元元年(785 年)，京兆尹李齐运捽辱万年丞源邃，竟死于廷。源邃妻郑氏认为京兆府不服判决，逾越尚书省、三司等环节，径直告冤阙下。御史大夫崔纵请穷治，更兼御史连署弹劾，事竟不行：

> 贞元元年三月，宰相召谏官御史宣谕上旨，曰："自今上封弹劾，宜入自陈论，不得群署章奏，若涉朋党(原注：初，京兆尹李齐运以公事诟万年县丞源邃，左右抑捽不已，邃竟死于廷。京师不直，其妻郑氏告冤不已，崔纵执奏如初，御史中丞张或继论，御史连章弹齐运。齐运乃奏云："臣孤立，为朋党所挤。"故命宰臣宣谕焉)。"①

李齐运名列宗籍，乃太宗第七子蒋王恽孙②。齐运捽死属官，据法当问擅杀之罪。关于源邃案件初审情况，《新唐书·李齐运传》有如是记载："时李晟壁渭桥，齐运发民筑城保，督刍粟以饷晟。贼平，颇有助。万年丞源邃不事，齐运怒，捽辱之，死于廷"③。可见，左右捽死源邃当在京兆尹李齐运审判之际。按照上诉层级规定，本案当由京兆府管辖，因涉府尹，事须回避，亲属遂向御史台上诉。然自御史大夫崔纵初次劾奏，德宗即行搁置，至中丞张或继论，御史连章弹劾，齐运竟以朋党陷害自陈。源邃妻郑氏投诉宪司无可指责，德宗袒护宗室实为苦主败诉之根本原因。代诉人伏阙上诉，在孝义观念与舆论压力双重制约之下，若案情属实，获得申理的几率遂大幅增加，而极少追究其越诉责任。退而言之，即使判定代诉人越诉，其法定刑仅为笞责四十，从诉讼成本角度而言，代诉人冒险越诉可能博得丰厚回报。贞元中，夏州节度使韩潭朝京师，监军贾英秀挟诬捕州人冯翊。节度推官王游、顺典、李缙朝以枷拉杀翊。"翊子琪以冤上诉，兼告英秀赃状"④。下御史台按之，

---

① (宋)王溥：《唐会要》卷 61《御史台中·弹劾》，上海古籍出版社 2006 年版，第 1262—1263 页。

② (后晋)刘昫：《旧唐书》卷 135《李齐运传》，中华书局 1975 年版，第 3729 页。

③ (宋)欧阳修、宋祁：《新唐书》卷 167《李齐运传》，中华书局 1975 年版，第 5111 页。

④ (宋)王钦若等编纂：《册府元龟》卷 521《宪官部·希旨》，周勋初等校订，凤凰出版社 2006 年版，第 5919 页。

御史中丞贾全希旨以附中人，奏请留免英秀于内侍省，余党于台推得实，游、顺等坐死，英秀独削一阶。此案结论虽因宦官干预有所差池，但冯翊子琪通过上诉使本案转化为诏狱性质，相当程度满足了代诉人之诉讼期待。大和中，邕州都督府招讨使董昌龄枉杀录事参军衡方厚。方厚妻程氏"徒行诣阙，截耳于右银台门，告夫被杀之冤"①。后经御史台鞫问得实，董昌龄遂受谴逐。程氏自刑上诉不但洗雪夫冤，更于开成元年（836 年）获封武昌县君，一子获赠九品正员官。更为重要的是，本案结论还对被告董昌龄仕途产生制约。开成元年正月，以叙州司户参军董昌龄为硖州刺史。遭遇谏官魏謩抵制，据《册府元龟》：

> "臣闻王者涣汗之恩，凡罪宽宥，唯故杀人者死，乃王者不易之典也。其董昌龄比者录以微效，任之方隅，不能祇慎宠光，恣其狂暴，无辜杀戮，事迹显彰。妻孥衔冤，万里来诉。伏蒙陛下睿圣慈悯，念其狂横，特令鞠劾，寻得贳原，尚以微绩，曲全性命，中外言议，窃为未当。今授之牧守，以理疲人，则杀人者遭拔擢，冤苦者何申诉，此则法理所紊，交为不可。……"疏奏数日，昌龄复改为洪州别驾。二月辛未，宰臣又奏："谏官所论董昌龄不合为郡守，陛下遽即听从，臣下无不感说。"②

冯翊因夏州监军贾英秀诬害，衡方厚因邕州都督府董昌龄枉杀，若从上诉机关而言，代诉人应至尚书省左右丞申诉。然冯琪、程氏皆逾越繁琐上诉程序，选择直诉天听，并成功获得申理。

---

① （后晋）刘昫：《旧唐书》卷 193《列女·衡方厚妻程氏传》，中华书局 1975 年版，第 5150 页。

② （宋）王钦若等编纂：《册府元龟》卷 101《帝王部·纳谏》，周勋初等校订，凤凰出版社 2006 年版，第 1110 页。

按：关于衡芳厚妻上诉事，《旧唐书·魏謩传》作"妻孥衔冤，万里披诉"[（后晋）刘昫：《旧唐书》卷 176《魏謩传》，中华书局 1975 年版，第 4567 页]。此处"披诉"为"直诉"之意。而吐鲁番出《唐辨辞为妇人阿刀博换事》（65TAM341：78）云"博换已经四年，今来披诉"云云，则显系初审起诉之意（荣新江、李肖、孟宪实：《新获吐鲁番出土文献》，中华书局 2008 年版，第 55 页）。史籍文献关于披诉、申诉、告诉、诉事等概念之使用，与现代诉讼中起诉、上诉、申诉概念并不能逐一对接，其含义须结合案例具体分析。

三、代诉时效及终审尚无限制

代诉人多在政治环境发生重大变迁之际上诉申冤，其诉讼目标侧重于恢复被告名誉，以及追究原审法官个人责任。与现代上诉规则有别，唐代罪囚及亲识上诉，并无严格追诉时效限制。贞观末年，坊间秘记云唐三世后女主武王，代有天下。左武卫将军李君羡小名应谶，且官称封邑皆有武字。深为太宗所恶，出为华州刺史。御史奏君羡与妖人员道信交通谋不轨，贞观二十二年（648 年）七月"壬辰，君羡坐诛，籍没其家"①。天授二年（691 年）二月，"家属诣阙诉冤，武后亦欲自诧，诏复其官爵，以礼改葬"②。家属上诉距事发已有四十三年。神龙二年（706 年）敬晖为周利贞所杀，至开元七年（719 年）其子敬让申诉，亦时隔十四年。司法实践中，代诉案件受理及审判时间，亦可能因案情不同，而存在天壤之别。德宗建中时，和州刺史穆宁以刚直不屈获罪于廉使，遂被诬奏贬泉州司户。子济源主簿穆赞"奔赴阙庭，号泣上诉，诏使御史覆问，宁方得雪"③。实际上，穆赞上诉雪冤颇为不顺，《旧唐书》记子穆赞"守阙三年告冤，诏遣御史按覆"④。柳宗元《送崔子符罢举诗序》言元和初，博陵崔策"家有冤连，伏阙下者累月不解"⑤。相比之下，贞元十一年（795 年）张忠妻母上诉案件之受理与审判，经一宿狱具，可谓神速异常：

> （裴延龄）乃掩捕李充腹心吏张忠，捶掠楚痛，令为之词，云"前后隐没官钱五十余万贯，米麦称是，其钱物多结托权势，充妻常于犊车中将金

① （宋）司马光：《资治通鉴》卷 199 "太宗贞观二十二年（648 年）七月壬辰"，中华书局 1956 年版，第 6259 页。

② （宋）欧阳修、宋祁：《新唐书》卷 94 《薛万钧附李君羡传》，中华书局 1975 年版，第 3837 页。

③ （宋）王钦若编纂：《册府元龟》卷 875 《总录部·讼冤第四》，周勋初等校订，凤凰出版社 2006 年版，第 10180 页。

④ （后晋）刘昫：《旧唐书》卷 155 《穆宁子赞传》，中华书局 1975 年版，第 4114—4115 页。

⑤ （唐）柳宗元：《柳宗元集》卷 23 《序别·送崔子符罢举诗序》，中华书局 1979 年版，第 625 页。

宝缯帛遗陆贽妻。"忠不胜楚毒,并依延龄教抑之辞,具于款占。忠妻、母于光顺门投匦诉冤,诏御史台推问,一宿得其实状,事皆虚,乃释忠。[①]

就终审体制而言,古今诉讼制度亦存在重大差异。中国现代刑事诉讼为两审终审制,即案件经两次审判即为终审判决,在完成相关程序后即发生法律效力,当事人不得再就同一诉请上诉。若对终审判决仍存异议,则需启动审判监督程序,通过再审满足诉求。唐代刑事诉讼并未对直诉性质(上诉或申诉)予以明确界定[②],且无严格终审限制,当事人经逐级上诉后若有异议,可就同一诉请反复申诉[③]。由此,唐代诉讼中长期存在就同一诉请反复申告之惯例,此亦为当代信访诉事制度之滥觞。乾元二年(759年)四月,凤翔七马坊押官为天兴县令谢夷甫擒获决杀,其妻讼冤。本案历经监察御史二审、三司使再审、侍御史覆审等四次审判,最终以初审法官谢夷甫蒙冤贬黜告终。法律缺漏、宦官乱法与刁民缠诉共同作用,导致事主滥诉及审判淹滞现象发生:

> 凤翔七马坊押官,先颇为盗,劫掠平人,州县不能制,天兴县令知捕贼谢夷甫擒获决杀之。其妻进状诉夫冤。辅国先为飞龙使,党其人,为之上诉,诏监察御史孙蓥推之。蓥初直其事。其妻又诉,诏令御史中丞崔伯阳、刑部侍郎李晔、大理卿权献三司讯之,三司与蓥同。妻论诉不已,诏令侍御史毛若虚覆之,若虚归罪于夷甫,又言伯阳等有情,不能质定刑狱。伯阳怒,使人召若虚,词气不顺。伯阳欲上言之,若虚先驰谒,告急于肃宗,云:"已知,卿出去。"若虚奏曰:"臣出即死。"上因留在帘内。有顷,伯阳至,上问之,伯阳颇言若虚顺旨,附会中人。上怒,叱出之。伯阳贬端州高要尉,权献郴州桂阳尉,凤翔尹严向及李晔皆贬岭下一尉,蓥除名长流播州。岘以数人咸非其罪,所责太重,欲

---

① (后晋)刘昫:《旧唐书》卷135《裴延龄传》,中华书局1975年版,第3727—3728页。

② 李胜渝:《汉唐时期直诉制度探析》,载《求索》2008年第4期,第214页。

③ 按:春扬指出:"几级几审终审制,是近、现代诉讼制度的产物。显然,在包括宋代在内的中国古代法制中,从来没有明确地规定过几级几审终审制。但如果任何一种案件,只要当事人不服,都可以无限制上诉或申诉的话,必然使审判活动无法正常进行。"春扬:《宋代对司法的监督制度和惯例研究》,《中西法律传统》(第1卷),中国政法大学出版社2001年版,第234页。

理之，遂奏："若虚希旨用刑，不守国法，陛下若信之重轻，是无御史台。"
上怒岘言，出岘为蜀州刺史。时右散骑常侍韩择木入对，上谓之曰："岘
欲专权耶？何乃云任毛若虚是无御史台也？令贬蜀州刺史，朕自觉用法
太宽。"择木对曰："岘言直，非专权。陛下宽之，祇益圣德尔。"①

此外，唐代还有连环上诉事例，即因一宗代诉案件引发其他代诉案件之特例。
神功元年（697 年），司刑府史樊惎因来俊臣党人罗告谋反被诛，"惎子讼冤于
朝堂，无敢理者，乃援刀自刳其腹"②。事发后，秋官侍郎刘如璿不觉言唧唧
而泪下，俊臣奏如璿党恶人下狱断绞。则天宥之，流于瀼州。刘如璿"子景
宪诉冤，得征还，复本官"③。可见，亲属代诉在唐代诉讼实践中发挥了申理
冤滞，甚至直接推翻原判结论的重要作用。

本 章 小 结

上诉是"告诉"之高级阶段，广义上包含逐级上诉与直诉程序。唐代赋予
罪囚及家属上诉权利，又在诏敕、律令中强调逐级上诉，并对直诉方式及禁忌
予以明确规定。与现代上诉制度相比，唐代上诉规则设计侧重于实现事主诉求
与禁止越诉行为。太宗、高宗时期，地方至地方逐级上诉制度得到一定程度之
贯彻，地方州府、尚书省、三司（受事）等上诉机构有效履行其法定职责。由于
《唐六典》设计的逐级申诉模式过于繁苛，成本过高，诉讼实践中遂逐步形成
诸多惯例性规则，在司法实践中中长期行用，并为官方与民间所认同。

第一，《唐律》明确了唐代上诉范围、上诉主体以及阻碍上诉之法律责任。
罪囚及其家属对徒罪以上判决不服，可申诉自理，受案法司应予以复审。作为

---

① （后晋）刘昫：《旧唐书》卷 112《李峘弟岘传》，中华书局 1975 年版，第 3344—3345 页。
② （宋）司马光：《资治通鉴》卷 206"则天后神功元年（697 年）正月"，中华书局 1956 年版，第 6513—6514 页。
③ （唐）刘肃：《大唐新语》卷 12《酷忍第二十七》，许德楠、李鼎霞点校，中华书局 1984 年版，第 185 页。

地方上诉机关，州府承担申理与沟通双重功能，其审判结论或将成为事主向中央法司申诉之直接依据。诉讼实践中，地方府县狱讼淹滞的现象较为普遍。除尚书省以外，唐代中央上诉案件管辖较为分散，御史台与当朝宰辅均可受理上诉案件。自贞观以降，除法定尚书省左右仆射以外，以三省官员参知机务或平章国事者，多有受理上诉案件之事例，遂形成地方上诉人不经尚书省而诉于宰辅之惯例。此类案件一旦受理，即可转为诏狱审理，或获得法司重视。此二者皆为皇权主导之下，行政与司法权力尚未彻底分野之必然产物。

第二，死刑罪囚临刑称冤属于特殊上诉形态，是人犯对审判结论提出异议的重要方式，并往往具有阻断刑罚执行进程的直接作用。基于矜恤慎刑思想，凡死囚临刑称冤，一般须差官重推。由此，临刑称冤实质成为人犯之终极申诉途径。穆宗、文宗朝对临刑称冤制度予以规范，强调"三审"断结制度之落实，侧重追究法官赃贿与解决滥行停决问题。罪囚若通过临刑称冤获得平反，则势必追究原审法官个人责任。受鬼神信仰及冥报观念影响，中古时期，以死囚上诉冥司理冤为主题的传奇故事一时大行其道，由此达到慰藉苦主愤懑情绪，并对法吏构成心理震慑。唐稗传奇多以现实冤案为切入，详述法官冤报征应，以警戒世人哀矜折狱，唯刑是恤。此可为传统诉讼观念与诉讼制度、诉讼惯例交融渗透之典型例证。

第三，亲识故旧代诉是上诉的重要方式之一，罪囚若因刑罚执行无法审理冤屈，亲识即成为重要的上诉主体。首先，代诉案件管辖权呈现诸司分掌惯例。罪囚亲识在上诉之际有多重选择，或逐级申理，或诣台诉事，或伏阙直诉，由此，尚书省之法定上诉受案职能，受到严重冲击。其次，代诉者实质拥有越诉特权。罪囚亲识代诉在陈述诉请的同时，往往附带告发原判法官罪责，由此出现司法监察与上诉程序之交叉。因控诉官吏违法并无严格层级限制，代诉人遂借揭发长吏之名，附带提出上诉理由，并以原审结论不公作为证明长吏违法之证据。逐级上诉的法定限制即形同虚设，诉事人越诉的法律责任亦随之豁免，并由此形成与揭举竞合之越级告诉惯例。再次，代诉时效并未受到严格限制，亦未形成终审制度。上诉人对审判结论不服，可在适当时间，以最为有效之方式上诉。唐代诉讼中长期存在就同一诉请反复申告之惯例，此为当代信访诉事与刑事申诉制度之滥觞。上述诉讼惯例的存在说明唐代上诉尚处于发展阶段，亦为后世上诉制度之完善开辟了道路。

第四篇

审判惯例研究

第 十 一 章

杂 治

第一节 杂治规则演进历程

　　杂治是中国传统会审形式之一，亦称杂案、杂问、杂考或杂理。有学者指出：杂治是皇帝对谋反不道或犯有其他不赦重罪的王侯后主、公卿大臣及罪涉不道的吏民要犯，指派公卿大臣或其副贰和重要属官以及相关邻近的州郡长吏进行会审的司法制度①，关于杂治之属性，似仍有商榷之余地。杂治为"交杂共治"之意，唐人颜师古释"杂治"曰："杂谓以他官共治之也。"②从历史渊源考察，自汉代以降，"杂治"即以诉讼惯例样态长期存续。在漫长的历史时期，杂治多应君主临时差遣进行，其运行模式并无定制可循。参与杂治者人数不恒，来源各异，上至宰臣，下及宦官，凡两个以上机构派员共同劾治案件的审理模式，即可谓之"杂治"。其程序选择与实际运作，均适应司法环境现实需要，厘革损益而成。

　　公卿大臣会同审理重大诏狱案件司法传统，是中国古代慎刑思想的重要体现，疑狱杂议之司法实践可谓源远流长。西周以"三刺"断庶民狱讼，"一曰讯群臣，二曰讯群吏，三曰讯万民"③。秦汉时期，众官合治或曰杂治狱讼是司法审判的基本要求。《睡虎地秦墓竹简·语书》有"一

---

① 虞云国：《汉代杂治考》，《史学集刊》1987 年第 3 期，第 71 页。

② （汉）班固：《汉书》卷 36《楚元王传》颜师古注，中华书局 1962 年版，第 1927 页。

③ （汉）郑玄注，（唐）贾公彦疏：《周礼注疏》卷 35《秋官·小司寇》，十三经注疏整理委员会，北京大学出版社 2000 年版，第 1076 页。

曹事不足独治殴（也），故有公心"①的记载。汉代是唐前杂治的繁盛时期，针对宗室贵胄犯罪或重大案件，由皇帝委派官吏，组成会审机构进行审判（表11-1），其中又有中央诸司官员杂治与中央地方官员合治之分②。在诉讼实践层面，唐代杂治无论在制度渊源，人员遴选抑或具体运作方面，无一不受汉代杂治之直接影响。

表 11-1　两汉杂治案例简表

案发时间	被告人及罪状	杂治人员	资料来源
本始三年	广川惠王刘去及王后昭信滥杀无辜	大鸿胪、丞相、长史、御史丞、廷尉正杂治巨鹿诏狱	《汉书》卷 53
元朔六年	衡山王及子孝涉嫌谋反	宗正、中尉安大行与沛郡杂治	《史记》卷 118
太始三年	赵太子丹涉嫌与同产姊及至后宫奸乱等	魏郡诏狱，与廷尉杂治	《汉书》卷 45
元凤元年	桑弘羊子迁逃亡，过父故吏侯史吴	廷尉王平、少府徐仁杂治反事	《汉书》卷 30
初元二年	刘向涉嫌上书诉事	太傅韦玄成、谏大夫贡禹与廷尉杂劾	《汉书》卷 36
永光元年	贾捐之漏泄省中语罔上不道	阳平侯王禁、京兆尹石显杂治	《汉书》卷 64 下
永始二年	丞相宣事与方进相连	五二千石杂问	《汉书》卷 84
建平二年	贺良等反道惑众	光禄勋平当、光禄大夫毛莫如与御史中丞、廷尉杂治	《汉书》卷 75
建平二年	太后素常怨喜疑丞相朱博、御史大夫赵玄承傅	诏左将军彭宣与中朝者杂问	《汉书》卷 83
建平中	济川王明杀人	遣廷尉、大鸿胪杂问	《汉书》卷 47
元寿元年	东平王刘云狱	廷尉梁相与丞相长史、御史中丞及五二千石杂治	《汉书》卷 86
元寿元年	王嘉罔上不道	将军以下与五二千石杂治	《汉书》卷 86
建平元年十月	中山王及傅太后祝诅	使中谒者令史立与丞相、长史、大鸿胪丞杂治	《汉书》卷 97 下
永平九年	广陵王荆使巫祭祀祝诅	诏长水校尉樊鯈、羽林监任隗杂治	《后汉书》卷 62
延熹元年	勃海王悝、长乐尚书郑飒反逆	黄门山冰与尹勋、侍御史祝瑨杂考	《后汉书》卷 99
熹平二年	憨王宠、嗣陈王国相师迁追奏前相魏愔与宠不道	使中常侍王酺与尚书令、侍御史杂考	《后汉书》卷 80

① 睡虎地秦墓竹简整理小组：《睡虎地秦墓竹简》，文物出版社 2001 年版，第 15 页。
② 程政举：《先秦和秦汉的集体审判制度考论》，《法学》2011 年第 9 期，第 76—77 页。

隋朝继承汉代诸司杂治的诏狱审判模式，是唐代"杂治"乃至"三司推事"制度的直接渊源。开皇十八年(598年)二月，迁州刺史独孤陁以猫鬼巫蛊及怨言获罪，文帝令"左仆射高颎、纳言苏威、大理杨远、皇甫孝绪杂按之"①。炀帝亲征辽东，常山赞治王文同与晋阳留守郎茂有隙，奏茂朋党，附下罔上，"诏遣纳言苏威、御史大夫裴蕴杂治之"②。大业十二年(616年)二月，方士安伽陀自言当有李氏应为天子，劝尽诛海内凡姓李者。宇文述遣武贲郎将裴仁基表告李浑反，"遣左丞元文都、御史大夫裴蕴杂治之"③。

纵观唐前杂治发展历程，大致可以发现以下规律：其一，杂治虽在古代司法中长期行用，但其适用范围、人员组成、诉讼程序等均无定制，就其法律性质及运行状态而言，基本属诉讼惯例范畴；其二，作为诏狱案件的审判形式之一，杂治之官员遴选和程序启动均由皇帝直接控制；其三，若涉案人员包含宗室贵胄，时常委派宗正参与审判；其四，丞相、御史是参与杂治的常见人选，有效强化审判监督职能；其五，京师附近诏狱案件，多由中央诸司官员会审；地方诏狱案件，则多由地方长吏参与审判。

唐初多差遣御史审判诏狱案件，或遴选公卿大臣杂鞫。高宗永徽年间，形成了规范化"杂治"模式——"三司推事"，即临时由大理寺、刑部、御史台官员组成，接受差遣推鞫大案的审判活动。据《新唐书·刑法志》，三司推事制度产生于永徽年间：

> 自永徽以后，武氏已得志，而刑滥矣。当时大狱，以尚书刑部、御史台、大理寺杂按，谓之"三司"。④

合署杂按是三司执法方式之一⑤，永徽时期将传统杂治主体范围相对缩小，限于大理寺、刑部和御史台，此"三司"承旨审判诏狱，仍谓之"杂按"。客观而言，"三司推事"是传统杂治趋于规范的重要标志，此与武后干政及刑罚酷滥并无必然联系。

---

① (唐)李延寿：《北史》卷61《独孤信子罗传》，中华书局1974年版，第2172页。
② (唐)魏徵等：《隋书》卷66《郎茂传》，中华书局1973年版，第1555—1556页。
③ (唐)魏徵等：《隋书》卷37《李穆子浑传》，中华书局1973年版，第1121页。
④ (宋)欧阳修、宋祁：《新唐书》卷56《刑法志》，中华书局1975年版，第1414页。
⑤ 李治安：《唐代执法三司初探》，《天津社会科学》1985年第3期，第90、91页。

唐代"三司（使）"的内涵异常复杂①，仅就司法"三司"而言，又有"三司受事"、"三司推事"及大、小"三司使"等。其中，"三司受事"是由中书舍人、给事中、御史组成的常设上诉机构；"三司推事"则为刑部、御史台、大理寺组成接受差遣推鞫大案的临时组织。"三司受事"是唐代常设的最高上诉机构，其产生时间当不晚于贞观时期。必要时，"受事三司"亦可奉诏理问要案。"三司推事"出现于高宗初年，自始至终是接受差遣审断重大案件的临时机构，终唐之世并未有承担上诉审职能的明确授权②。"三司使"是三司推事制度进一步发展的产物，是由大理寺、刑部、御史台官员组成的"派出"审判机构。按照参鞫官员位阶高下，分别称为大、小"三司使"。据《唐会要·诸使杂录上》：

> （建中二年十月后）有大狱即命中丞、刑部侍郎、大理卿鞫之，谓之大三司使；又以刑部员外郎、御史、大理寺官为之，以决疑狱，谓之三司使，皆事毕日罢。③

从"杂治"到"三司"，以至"三司使"的出现，唐代会审制度经历了漫长的嬗变过程。本节将在厘清上述基本概念前提下，讨论传统杂治的运行状态、"三司"与"杂治"的关系，以及唐代"杂治"的特点等问题。

第二节　杂治三省地位变迁

以"三司"形成为界，唐代参与杂治诸司之地位时有升降：唐初至开元

---

① 按："唐三司使有三：凡鞫狱以尚书侍郎与御史中丞、大理卿为三司使；中叶以后，有三司使，总户部、盐铁、度支；皇太子监国，则詹事、左右庶子，亦号三司使。"（宋）赵彦卫：《云麓漫钞》卷7，傅根清点校，中华书局2000年版，第120页。

② 陈玺：《唐代司法"三司"制度考论》，《云南大学学报》（社会科学报）2007年第4期，第56—62页。

③ （宋）王溥：《唐会要》卷78《诸使中·诸使杂录上》，上海古籍出版社2006年版，第1703页。

末年，尚书、中书、门下"三省"官员尤其是宰辅重臣是参鞫的重要力量。至开元末期，渐趋成熟的"三司推事"名正言顺地成为审判诏狱之主流方式，三省及诸司影响逐步淡出杂治领域。

汉代宰辅勋贵时常参与杂治诏狱，元帝初元二年（前47年），谏议大夫刘向涉嫌上书诉事，"下太傅韦玄成、谏大夫贡禹，与廷尉杂考"①。灵帝熹平二年（173年），陈王国相师迁追奏前相魏愔与愍王宠共祭天神，希幸非冀，罪至不道，有司奏遣使者案验。"使中常侍王酺与尚书令、侍御史杂考"②。唐初杂治沿袭了前代重臣参鞫的司法传统，三公、宰臣是这一阶段参与杂治的重要主体。唐初置太尉、司徒、司空，是为三公，尚书左右仆射、门下侍中、中书令皆为宰相。宰相因"品位既崇，不欲轻以授人，故常以他官居宰相职，而假以他名"。遂有以他官"参议朝政"、"参与朝政"、"参议得失"、"参知政事"之类，其名非一，皆宰相之职。贞观中又有中书门下平章事、同中书门下三品等。高宗以后，"为宰相者必加'同中书门下三品'，虽品高者亦然；惟三公、三师、中书令则否"③。贞观十七年（643年）太子承乾谋反案，是宰辅元勋承旨参鞫要案最为著名的案例：

> 夏，四月，庚辰朔，承基上变，告太子谋反。敕长孙无忌、房玄龄、萧瑀、李世勣与大理、中书、门下参鞫之。④

据《新唐书·常山愍王承乾传》记载，此次审判人员不少于八人："帝诏长孙无忌、房玄龄、萧瑀、李勣、孙伏伽、岑文本、马周、褚遂良杂

① （汉）班固：《汉书》卷36《楚元王传》，（唐）颜师古注，中华书局1962年版，第1932页。
② （宋）范晔：《后汉书》卷50《孝明八王列传》，（唐）李贤注，中华书局1965年版，第1669页。
③ （宋）欧阳修、宋祁：《新唐书》卷46《百官志》，中华书局1975年版，第1182页。
④ （宋）司马光：《资治通鉴》卷197"太宗贞观十七年（643年）四月庚辰"，中华书局1956年版，第6259、6193页。

治。"①检阅凌烟阁二十四功臣名录官衔及两《唐书》本传可知，参与太子承乾案审判人员身份信息如下：司徒长孙无忌、司空房玄龄、特进宋国公萧瑀、兵部尚书李勣②、大理卿孙伏伽、中书侍郎岑文本、治书侍御史马周③、谏议大夫褚遂良。其实，这也并非杂治此案的全部人员名单。《新唐书·杨师道传》载师道贞观十三年(639年)"迁中书令。太子承乾得罪，诏与长孙无忌等杂治其狱"④。由此，《资治通鉴》所指中书省参与杂治者还应包括杨师道。或因师道妻异姓子赵节与承乾通谋，乃微讽帝欲就免，罢为吏部尚书，故《新唐书》隐而不书。此次有唐以来最大规模的杂治因涉及储君反逆，牵涉众多，故而遴选德高位重之人，其规模与档次可谓空前绝后。可以认为，直至贞观中期，唐代会审仍以传统杂治方式进行，在法官遴选和诉讼程序层面，与前代并无本质差异。而长孙无忌、房玄龄、萧瑀、李勣皆以元老身份备位参与，其主审者当为大理卿孙伏伽及中书、门下官员。同时，本案审理又是中书、门下行使司法监察权力的重要表现，《旧唐书·职官二》"给事中"条："凡国之大狱，三司详决，若刑名不当，轻重或失，则援法例退而裁之。"又据《唐六典》卷十三"侍御史"条：

凡三司理事，则与给事中、中书舍人更直于朝堂受表(原注：三司

① (宋)欧阳修、宋祁：《新唐书》卷 80《太宗诸子·常山愍王承乾传》，中华书局 1975 年版，第 3565 页。

② 按：李勣参加审判承乾谋反案后，于贞观十七年四月乙丑，为詹事，并同中书门下三品，同中书门下三品自此始。

③ 按：《旧唐书·太宗纪下》：贞观十七年四月"丙戌，立晋王治为皇太子。……(十八年八月丁卯)中书侍郎江陵子岑文本、中书侍郎马周并为中书令。"[(后晋)刘昫：《旧唐书》卷 3《太宗纪下》，中华书局 1975 年版，第 55、56 页]《旧唐书·马周传》："十五年，迁治书侍御史，兼知谏议大夫，又兼检校晋王府长史。王为皇太子，拜中书侍郎，兼太子右庶子。十八年，迁中书令，依旧兼太子右庶子。"[(后晋)刘昫：《旧唐书》卷 74《马周传》，中华书局 1975 年版，第 2619 页]马周在晋王李治立为太子后方拜中书侍郎，故参鞫太子承乾时，当在治书侍御史任上。

④ (宋)欧阳修、宋祁：《新唐书》卷 100《杨恭仁弟师道传》，中华书局 1975 年版，第 3927—3928 页。

更直，每日一司正受，两司副押，更递如此。其鞫听亦同)①。

可见，在贞观时期，三省官员参与杂治乃司法常态，其中中书、门下在杂鞫事务中承担更为重要的角色。

高宗、武后时期继承了宰辅元老参鞫要案的诉讼惯例。显庆四年（659年），许敬宗诬陷太尉长孙无忌谋反，高宗于同年四月戊辰，"下诏削无忌太尉及封邑，以为扬州都督，于黔州安置，准一品供给"②。至七月壬寅，"命李勣、许敬宗、辛茂将与任雅相、卢承庆更共覆按无忌事"③。此时李勣位居司空，许敬宗为中书令，辛茂将为侍中，兵部尚书任雅相、度支尚书卢承庆并参知政事。此为三省要员杂治重臣之明证。龙朔三年（663年）四月乙丑，宰臣李林甫获罪下狱，高宗遣"司刑太常伯刘祥道与三司杂讯，李勣监按，有状，诏除名，流巂州"④。值得注意的是，本案虽由刑部、大理寺、御史台主审，仍委派司空监领⑤。调露二年（680年），正谏大夫明崇俨为盗所杀，则

---

① （唐）李林甫等：《唐六典》卷 13《御史台》"侍御史"条注，陈仲夫点校，中华书局 1992 年版，第 380 页。

按：《资治通鉴》卷 197"太宗贞观十七年夏四月庚辰"胡三省注云："唐制：凡国之大狱，三司详决。三司，谓给事中、中书舍人与御史参鞫也。今令三省与大理参鞫，重其事。"[（宋）司马光：《资治通鉴》卷 197"太宗贞观十七年（643 年）四月庚辰"，中华书局 1956 年版，第 6193 页] 但就其本质而言，遴选众臣参鞫太子承乾是唐代杂治适用之实例，与"三司受事"关系较为疏远。

② （宋）司马光：《资治通鉴》卷 200"高宗显庆四年（659 年）四月戊辰"，中华书局 1956 年版，第 6314 页。

③ （宋）司马光：《资治通鉴》卷 200"高宗显庆四年（659 年）七月壬寅"，中华书局 1956 年版，第 6316 页。

④ （宋）欧阳修、宋祁：《新唐书》卷 223 上《奸臣·李义府传》，中华书局 1975 年版，第 6342 页。

⑤ 李治安指出："三司执法还受宰相的严重干涉。屡次出现宰相支配三司、左右词讼的现象。这一切表明，唐代三司执法虽然是封建司法逐渐成熟的标志，但它依然是皇帝专制国家机器的隶属品。从本质上看，它是绝不能与近代司法的三权分立同日而语的。"（李治安：《唐代执法三司初探》，《天津社会科学》1985 年第 3 期，第 90 页）石冬梅认为："由于三司所推问的多是大案，所以有时皇帝会派宰相等重臣来监领三司，以保证审判的效率和公正性。"（石冬梅：《唐代"司法三司"新论》，《唐都学刊》2009 年第 5 期，第 4—5 页）上述观点虽有分歧，但均承认宰臣长期参与三司审判的事实。若对照汉代以来杂治惯例发展脉络，则不难发现唐代宰臣监领"三司"的原因所在。

天疑贤所为，"命御史中丞崔谧等杂治，诬服者甚众"①。俄使人发其阴谋事，"诏令中书侍郎薛元超、黄门侍郎裴炎、御史大夫高智周与法官推鞫之"②。可见，为查清明崇俨死因，朝廷曾两次启动杂治程序，其间仍有中书、门下郎官参与审判。天授二年(691年)，来子询诬雅州刺史刘行实兄弟反，"诏(纳言史)务滋与来俊臣杂治"③。长安四年(704年)十二月，张昌宗坐遣术人李弘泰占己有天分，御史中丞宋璟请收付制狱穷理其罪，则天不许。司刑少卿桓彦範又上疏，"请付鸾台凤阁三司考竟其罪"④，疏奏不报。辛未，太后乃敕"(凤阁侍郎)韦承庆及司刑卿崔神庆、御史中丞宋璟鞫之"⑤。凤阁即中书省，鸾台即门下省，纳言即门下侍中，皆武后光宅元年(684年)九月所改⑥。可见，直至武周末年，中书、门下官员参与司法的传统仍根深蒂固，桓彦範将中书门下置于三司之先，亦有暗示杂治程序中两省地位高于"三司"之意涵。

　　开元初，仍不乏中书、门下官员杂治之例。开元二年(714年)，"薛王业之舅王仙童，侵暴百姓，御史弹奏；业为之请，敕紫微、黄门(中书、门下)覆按"⑦。开元十一年(723年)，发生两位宰相杂讯另一位宰臣王晙的事例。《新唐书·王晙传》："有人告许州刺史王乔谋反，辞逮晙，诏源

　　① (宋)欧阳修、宋祁：《新唐书》卷 204《方技·明崇俨传》，中华书局 1975 年版，第 5806 页。

　　按：《册府元龟》记"崔谧为御史中丞，以推明崇俨事失实，贬为虔州长史"[(宋)王钦若等编纂：《册府元龟》卷 522《宪官部·谴让》，周勋初等校订，凤凰出版社 2006 年版，第 5928 页]。可与两《唐书》记载相互印证。

　　② (后晋)刘昫：《旧唐书》卷 86《高宗诸子·章怀太子贤传》，中华书局 1975 年版，第 2832 页。

　　③ (宋)欧阳修、宋祁：《新唐书》卷 114《豆卢钦望附史务滋传》，中华书局 1975 年版，第 4204 页。

　　④ (后晋)刘昫：《旧唐书》卷 91《桓彦範传》，中华书局 1975 年版，第 2928 页。

　　⑤ (宋)司马光：《资治通鉴》卷二百七"则天后长安四年(704 年)十二月辛未"，中华书局 1956 年版，第 6575 页。

　　⑥ (后晋)刘昫：《旧唐书》卷 42《职官一》，中华书局 1975 年版，第 1788 页。

　　⑦ (宋)司马光：《资治通鉴》卷 211"玄宗开元二年(714 年)正月"，中华书局 1956 年版，第 6696 页。

乾耀、张说杂讯，无状，以党与贬蕲州刺史。"①《旧唐书·玄宗纪上》记开元十一年夏四月癸亥，"张说正除中书令，吏部尚书、中山公王晙为兵部尚书、同中书门下三品。……（十二月）庚申，王晙授蕲州刺史"②。又据两《唐书》本传知源乾曜时任侍中，故张、源二人当以中书门下长官身份审理案件。开元十四年（726 年），宰相张说被弹劾，四月壬子，"敕（侍中）源乾曜及刑部尚书韦抗、大理少卿明珪与（御史大夫崔）隐甫等同于御史台鞫之"③。那么，唐初至开元长达一百余年中大量存在的中书、门下官员参鞫诏狱，是否属于"三司受事"制度之具体体现？答案是否定的。如前所述，三司受事是中书舍人、给事中与御史组成的常设上诉机关，其主要职能是更直受案，虽可能奉命推案，却非其常守。上述案例中大量宰辅元老亲自参与，未见中书舍人、给事中参鞫，亦足以说明这些案件适用之程序与"三司受事"有别。可以认为，在三司制度创立后，杂治仍是安史之乱以前审理诏狱案件的重要方式。

开元中期以后，伴随"三司（使）"地位上升，三省官员参与会审事例开始趋减，除长庆元年（821年）元稹案（参鞫者为尚书左仆射韩皋、给事中郑覃与兵部尚书李逢吉）与大和二年（828年）南曹伪官案（参鞫者中书舍人高锴、给事中严休复、尚书左丞韦景休）以外，鲜见三省官员参与诏狱杂治之记载。

第三节 杂治与三司之关系

如前所述，高宗永徽时期出现"三司推事"制度，最早明确提及"三司

---

① （宋）欧阳修、宋祁：《新唐书》卷 111《王晙传》，中华书局 1975 年版，第 4156 页。

② （后晋）刘昫：《旧唐书》卷 8《玄宗纪下》，中华书局 1975 年版，第 185、186 页。

③ （宋）司马光：《资治通鉴》卷 213"玄宗开元十四年（726 年）四月壬子"，中华书局 1956 年版，第 6771 页。

推事"这一概念的是中唐宰相杜佑。据《通典》卷二十四《职官六·侍御史》：

> 其事有大者，则诏下尚书刑部、御史台、大理寺同按之，亦谓此为
> "三司推事"。武太后时，刑狱滋彰，凡二台御史，多苛刻无恩，以诛暴
> 为事，猜阻倾夺，更相陵构，此其为弊也。①

北宋晏殊《类要》对于"三司按狱"之组成有更为具体的描述：

> 御史中丞、刑部侍郎、大理卿。又侍御史、刑部员外、大理司直。②

与传统杂治相比，"三司推事"参鞫人员来源明确，是聚合司法权力的新型会审方式。因此会审"作为一种制度，始于唐朝的三司推事"③。最早由"三司"审判的两宗案件均发生于高宗龙朔三年（663 年），《新唐书·高宗纪》："（龙朔三年二月）乙亥，杀驸马都尉韦正矩。"④《新唐书·新城公主传》详述案件缘由：

> 新城公主，晋阳母弟也。下嫁长孙诠，诠以罪徙巂州。更嫁韦正矩，
> 为奉冕大夫，遇主不以礼。俄而主暴薨，高宗诏三司杂治，正矩不能辩，
> 伏诛。以皇后礼葬昭陵旁。⑤

此次"三司"人员配置与审判程序均无从获悉，故其史料价值远不及次月发生的李义府案，因此，学界多将李义府案作为"三司推事"制度的首次

---

① （唐）杜佑：《通典》卷 24《职官六·侍御史》，王文锦等点校，中华书局 1988 年版，第 672 页。

② （宋）晏殊：《晏元献公类要》卷 16《总载御史·六察》，《四库全书存目丛书》（子部第一六六册，影印西安市文物管理委员会藏清钞本），齐鲁书社 1995 年版，第 682 页。

③ 陈光中、沈国峰：《中国古代司法制度》，群众出版社 1984 年版，第 111 页。

④ （宋）欧阳修、宋祁：《新唐书》卷 3《高宗纪》，中华书局 1975 年版，第 63 页。

⑤ （宋）欧阳修、宋祁：《新唐书》卷 83《诸帝公主·太宗新城公主传》，中华书局 1975 年版，第 3649 页。

实践。龙朔三年(663年)夏四月乙丑，右相李义府因厌诅、赃贿等下狱，高宗诏刑部、大理寺、御史官员三司推问：

> 遣司刑太常伯刘祥道与御史、详刑共鞫之，(胡三省注：司刑太常伯，即刑部尚书。详刑，大理也。唐自永徽以后，大狱以尚书刑部、御史台、大理寺官杂按，谓之三司。)仍命司空李勣监焉。[①]

首先，就其实质而言，三司推事是杂治发展的产物，二者具有直接的源流关系。杂治规则源远流长，唐代中央司法权力由传统意义上的诸司分掌，向司法"三司"集中。三司推事制度的出现，是"杂治"日趋规范的重要标志。其次，杂治与三司推事均为诏狱审理模式，皆须承受皇命方可施行。司法实践中，杂治与三司推事既可以作为初审形式，亦可以作为案件复审形式。至于程序选择抑或人员遴选，均由君主临机决断，唐代律典亦未对"三司"之管辖范围有明确规定。再次，从审判方式角度考察，杂治与三司推事都采取众官会审模式，是明清时期秋审、朝审等会审制度之直接渊源。

但是，永徽以后，杂治并未被三司推事所彻底取代，反而对"三司"制度形成相当冲击与影响，所谓三司推事常有名实不符之尴尬。两《唐书》、《通典》、《资治通鉴》等皆以大理寺、刑部、御史台为三司推事法定成员，"三司推事"的实际运作模式却与两《唐书》及《通典》等记载颇有出入，所谓"三司推事"人员选择及配置仅属于原则规定，司法实践中存在较大变数。一方面，推事官员并非必须来自大理寺、刑部、御史台，其他诸司杂鞫者仍可谓之"三司"。实践中常可见"三司杂按"、"三司参鞫"、"三司杂理"等表述，作为诏狱的审理模式，杂治与"三司"并无本质区别。绝大多数案件均以杂治形式审判，即使名曰"三司"，亦不可望文生义，将其直接断定为大理寺、刑部、御史台差员问案。天宝六载(747年)，刑部尚书萧隐之、大理卿李道邃、少卿杨璹、侍御史杨钊、殿中侍御史卢铉同鞫杨慎矜，法官确实出自司

---

① (宋)司马光：《资治通鉴》卷201"高宗龙朔二年(662年)夏四月乙丑"胡注，中华书局1956年版，第6334—6335页。

法"三司",史籍却并未赋予其"三司"名号,究其原因,可能是人数超编[①],以至本案审判反与杂治更为接近。另一方面,名曰"三司"杂问者,亦未必人员整齐如一。肃宗至德二载(757年)春,拾遗杜甫上表,论房琯有大臣度,真宰相器,圣朝不容,辞旨迂诞。"帝怒,诏三司杂问"[②]。《旧唐书·韦陟传》记此次"三司"组成为"(御史大夫兼京兆尹)崔光远与(御史大夫韦)陟及宪部尚书颜真卿同讯之"[③]。对照三司推事要素,此次审判大理寺官员竟至阙如。名为"三司",其实难副。同理,至德二载冬,审理伪官之"三司使"之实质亦有待商榷。据《旧唐书·刑法志》:

> (前略)两京衣冠,多被胁从,至是相率待罪阙下。而执事者务欲峻刑以取威,尽诛其族,以令天下。议久不定,竟置三司使,以御史大夫兼京兆尹李岘、兵部侍郎吕諲、户部侍郎兼御史中丞崔器、刑部侍郎兼御史中丞韩择木、大理卿严向等五人为之。[④]

上述五人如何组成三司使审理案件,《新唐书·吕諲传》做了交代:"以御史中丞崔器、宪部侍郎韩择木、大理卿严向为三司使处其罪,又诏御史大夫李岘及(兵部侍郎吕)諲领使。"[⑤]此处李岘、吕諲"领使"的做法与李勣监审李义府案效用相同。可见,设置"三司(使)"未能彻底颠覆固有诸司杂鞠之历史传统,"三司"作为独立机构履职仍受到诸多限制。

---

① 按:刘后滨指对审判杨慎矜案件司法机构名称有如下质疑:"审理杨慎矜是御史台、刑部和大理寺三个机构的官员,却为何不称'三司'呢?有可能,在玄宗以前,'三司'是指三个具体负责的官员而不指司法机构,这里有五个人同鞠案,当然不称之'三司'了。"[刘后滨:《唐代司法"三司"考析》,《北京大学学报》(哲学社会科学版)1991年第2期,第39—40页]其实,若从杂治角度考察,问题即迎刃而解,因为杂治在人员差遣方面非常灵活,不受法定人数限制。与之相适应,即使法官完全来自大理寺、刑部、御史台三司,若人数与律典相违,亦不可称为"三司推事"。

② (宋)欧阳修、宋祁:《新唐书》卷201《文艺上·杜甫传》,中华书局1975年版,第5737页。

③ (后晋)刘昫:《旧唐书》卷92《韦安石子陟传》,中华书局1975年版,第2961页。

④ (后晋)刘昫:《旧唐书》卷50《刑法志》,中华书局1975年版,第2151页。

⑤ (宋)欧阳修、宋祁:《新唐书》卷140《吕諲传》,中华书局1975年版,第4649页。

更为极端的例子是，所有参加审判成员无一人出自大理寺、刑部、御史台竟可谓之"三司"！据《资治通鉴》卷二百四十二"穆宗长庆二年（822 年）五月"：

> 王庭凑之围牛元翼也，和王傅于方欲以奇策干进，言于元稹，请"遣客王昭、于友明间说贼党，使出元翼。仍赂兵、吏部令史伪出告身二十通，令以便宜给赐。"稹皆然之。有李赏者，知其谋，乃告裴度，云方为稹结客刺度，度隐而不发。赏诣左神策告其事。丁巳，诏左仆射韩皋等鞫之。……三司按于方刺裴度事，皆无验。六月，甲子，度及元稹皆罢相，度为右仆射，稹为同州刺史；以兵部尚书李逢吉为门下侍郎、同平章事。①

上述以"三司"名义审判宰相元稹结客行刺裴度事，在相关资料中皆有记载。《册府元龟》云："诏三司按鞫，无验，而前事尽露，于是度、稹皆罢。"②两《唐书》对此次"三司"人员的组成有明确记载，《新唐书·李逢吉传》："帝命尚书左仆射韩皋、给事中郑覃与逢吉参鞫方，无状，稹、度坐是皆罢。"③《旧唐书·裴度传》记："诏左仆射韩皋、给事中郑覃与李逢吉三人鞫于方之狱。"④《新唐书·元稹传》作："诏韩皋、郑覃及逢吉杂治。"⑤李逢吉时任兵部尚书，由此，主持本案审判之"三司"为尚书左仆射韩皋、给事中郑覃与兵部尚书李逢吉，与所谓"三司"之法定组成毫无关联。大和二年（828 年），发生南曹伪官案，文宗"诏给事中严休复、中书舍人高钺、左丞韦景休充三司推按"⑥，此亦不合"三司"典制。可见，在史官看来，由大理寺等法司之

① （宋）司马光：《资治通鉴》卷 242 "穆宗长庆二年（822 年）五月"，中华书局 1956 年版，第 7817—7818 页。

② （宋）王钦若等编纂：《册府元龟》卷 934《总录部·告讦》，周勋初等校订，凤凰出版社 2006 年版，第 10824 页。

③ （宋）欧阳修、宋祁：《新唐书》卷 174《李逢吉传》，中华书局 1975 年版，第 5222 页。

④ （后晋）刘昫：《旧唐书》卷 170《裴度传》，中华书局 1975 年版，第 4426 页。

⑤ （宋）欧阳修、宋祁：《新唐书》卷 174《元稹传》，中华书局 1975 年版，第 5228 页。

⑥ （后晋）刘昫：《旧唐书》卷 176《杨虞卿传》，中华书局 1975 年版，第 4563 页。

外三家机构组成的审判机构，亦可名曰"三司"，此"三司"进行了审判活动亦称为"杂治"、"参鞫"、"按鞫"等。可以认为，严格由大理寺、刑部、御史台各派一名官员组成的临时会审机构，是"三司推事"最为规范的标准配备模式，若诸司杂官代行推事谓之"三司"者，其涵义与功能则与"杂治"相近。换而言之，三司推事从永徽创立到开元定制，也同样经历了由诉讼惯例蜕变为律典规定的过程①。在长期运行中，由于"三司"与杂治之间存在概念交叉，故而对"三司推事"之人员组成不可泥于文字，更不可将文献中以"三司"名义进行的审判活动，一概认定为由大理寺、刑部、御史台三名官员进行之会审。唐代不同历史阶段诸司人员参鞫要案的现象，更不应简单归结于政治腐败导致的司法乱象，也不宜以法律规定与司法实践脱节敷衍搪塞。究其根本，乃是"杂治"惯例持续起效之表征。

第四节　杂治程序运行特点

一、群臣杂治主导唐代会审

作为首宗以三司推事形式审判的要案，龙朔二年(662年)李义府案即存在司空李勣监领的前提制约。唐代司空为论道之官，无所不统。李勣虽未必躬亲狱讼，但以勋旧元老临视狱讼，自然对案件最终审判进程与结果产生不容忽视之影响。纵观唐代诉讼实践，严格意义上由大理寺、刑部、御史台三名官员组成的推事"三司"(且无论大、小三司使)可谓稀见，目前仅见乾元二年(759年)凤翔马坊押官劫再审案(审判人员为御史中丞崔伯阳、刑部侍郎李晔、大理卿权献)、贞元十二年(796年)员外司马卢南史赃犯案(审判人员为大理寺评事陈正仪、刑部员外郎裴澥、监察御史郑楚相)以及开成四年(839

---

① 按：杨翱宇、刘俊杰认为虽然三司推事在此后的司法实践中被越来越多的运用，但其一直未被正式纳入唐代的律令体系当中。直至唐玄宗开元年间编纂《唐六典》时，才将三司推事纳入其中形成定制。杨翱宇、刘俊杰：《唐代司法"三司"研析》，《兰台世界》2013年第23期，第26页。

年)伪萧太后弟案(审判人员为大理卿崔郇、刑部侍郎孙简、御史中丞高元裕)。在会审诏狱领域,"受事三司"的逐步淡出与"推事三司"之尴尬境遇,均源自传统杂治惯例的持续起效。贞观至武周时期,新规旧制交替磨合,杂治事例仍大量存在。开元时期,"三司"制度渐趋成熟,其运行相对平稳,但实践中却大量存在名实不副的问题。唐代会审呈现出更多旧时杂治遗风。实践中,中书、门下及元老重臣时常监临、参与审判。若推鞫权臣贵胄,更须便宜行事,突破"三司"限制,奉杂治惯例为圭臬。大历十二年(777年),代宗诏吏部尚书刘晏审理宰臣元载,"晏畏载党盛,不敢独讯,更敕李涵等五人与晏杂治"①。《旧唐书·刘晏传》开列参鞫元载人员名单如下:"御史大夫李涵、右散骑常侍萧昕、兵部侍郎袁傪、礼部侍郎常衮、谏议大夫杜亚同推。"②《旧唐书·杜亚传》则言审理元载"亚与刘晏、李涵等七人同鞫讯之"③。《旧唐书·元载传》所列举的审判人员名单大致同于《刘晏传》,后又云"仍遣中使诘以阴事,载、缙皆伏罪"④。即在众臣杂治后,又由宦官诘问。可见,审判元载者确有七人(吏部尚书刘晏、御史大夫李涵、右散骑常侍萧昕、兵部侍郎袁傪、礼部侍郎常衮、谏议大夫杜亚,及中使一名),《杜亚传》所言不误。无论如何,此案审判与三司推事规定相去甚远。若审理对象为特殊主体,皇帝还可指派相关主管机构官员杂治。贞元十三年(797年),前万年尉卢伯達上表云玄法寺僧法凑诣台告诉,御史崔芄、敬骞曲受状,陷害良善事,德宗"令(御史中丞宇文)邈与刑部侍郎张彧、大理卿郑云逵为三司使,及功德使判官、衢州司马诸葛述、同于尚书省刑部推案"⑤。功德使为唐代僧尼管理机构,总僧尼之名籍及功役。判官为其副。《唐会要》:"元和二年二月,诏僧、尼、道士同隶左右街功德使,自是祠部、司封不复关奏。"⑥本案因涉及僧

---

① (宋)欧阳修、宋祁:《新唐书》卷149《刘晏传》,中华书局1975年版,第4795页。

② (后晋)刘昫:《旧唐书》卷123《刘晏传》,中华书局1975年版,第3514页。

③ (后晋)刘昫:《旧唐书》卷146《杜亚传》,中华书局1975年版,第3963页。

④ (后晋)刘昫:《旧唐书》卷118《元载传》,中华书局1975年版,第3413页。

⑤ (宋)王钦若等编纂:《册府元龟》卷619《刑法部·案鞫》,周勋初等校订,凤凰出版社2006年版,第7156页。

⑥ (宋)王溥:《唐会要》卷50《御史台中·杂记》,上海古籍出版社2006年版,第1031页。

侣，故拣择所司官员参鞫。

二、御史台杂治地位优越

永徽以后，"三司"日益权重，但御史台地位显赫，参与杂鞫大案几为定制。但凡审理重大案件，御史台必有官员参推，此传统一直延续至"安史之乱"以后①。究其根本，"杂治"与"三司推事"皆因诏狱而起，诏狱承天子之命而行，御史为天子耳目，以耳目之司察钦定刑狱，沟通畅达，程序简易，诚可谓珠联璧合，在最大效用上体现了皇权对司法的直接控制。前述高宗时审理李义府等要案，均有御史参与。另一方面，作为参与杂治之常员，御史台官员有时承受王命或权贵指使，甚至扮演深致其文、锻炼成狱的反面角色。天宝四载(745年)五月，李林甫与李适之、张垍有隙，"使人发兵部铨曹奸利事，收吏六十余人付京兆与御史对鞫之"②。天宝六载(747年)十一月，李林甫又诬构户部侍郎杨慎矜心怀异志、妄说休咎，玄宗震怒，"系之于尚书省，诏刑部尚书萧隐之、大理卿李道邃、少卿杨璿、侍御史杨钊、殿中侍御史卢铉同鞫之"③。参加本案审理的宪官增至二员。安史乱后，仍时常可见数名御史台官员参与杂治事例。乾元二年(759年)四月，凤翔七马坊押官妻上诉案，朝廷先后三次差官推按，"诏监察御史孙鎣鞫之，直夷甫。其妻又诉，诏御史中丞崔伯阳、刑部侍郎李晔、大理卿权献为三司讯之，无异辞。妻不臣，辅国助之，乃令侍御史毛若虚覆按"④。若虚归罪于夷甫，其诉乃止。建中元年(780年)十月，尚书左丞薛邕坐赃，诏礼部侍郎于邵"与御史中丞袁高、给事中蒋镇杂理"⑤，其中唯有法官一人，仍出自台司。中晚唐时期，御史台还在抵制禁军侵夺司法权斗争中发挥了重要作用，元和九年(814年)四月，信州部将韦岳告刺史李位集方士，阴图不轨。

① 陈玺：《唐代司法"三司"制度考论》，《云南大学学报》(社会科学版)2007年第4期，第58页。

② (宋)司马光：《资治通鉴》卷215"玄宗天宝四载(745年)五月"，中华书局1956年版，第6864页。

③ (后晋)刘昫：《旧唐书》卷105《杨慎矜传》，中华书局1975年版，第3227页。

④ (宋)欧阳修、宋祁：《新唐书》卷131《宗室宰相·李岘传》，中华书局1975年版，第4505页。

⑤ (后晋)刘昫：《旧唐书》卷137《于邵传》，中华书局1975年版，第3766页。

监军高重谦上急变，捕位劾于禁中。尚书左丞孔戣奏"刺史有罪，不容系仗内，请付有司"，诏送御史台。"戣与三司杂治，无反状。岳坐诬罔诛，贬位建州司马"①。

三、中晚唐杂治地位渐衰

唐代"三司推事"是众官"杂治"长期发展的直接产物，是司法权力渐趋集中的必然选择。开元天宝以后，"三司推事"制度渐趋成熟，自乾元二年(759 年)复审凤翔七马坊押官妻上诉案，确有数宗严格依据三司推事标准配备法官进行审理的案件发生。元和四年(809 年)七月，御史中丞李夷简劾奏京兆尹杨凭前为江西观察使赃罪等事，"敕付御史台覆按，刑部尚书李墉、大理卿赵昌同鞫问台中"。杨凭下狱因台官纠弹，众官又于御史台审理，其中当有御史参与。元和五年(810 年)，东都留守杜亚诬大将令狐运所部盗劫输绢，宪宗"诏(侍御史李)元素与刑部员外郎崔从质、大理司直卢士瞻驰按"②。元和八年(813 年)二月，于顿子敏肢解梁正言家奴事发，宪宗"命中丞薛存诚、刑部侍郎王播、大理卿武少仪杂问之"③。宝历元年(825 年)四月，京兆尹崔元略贷钱万七千缗，为侍御史萧澈弹劾。"有诏刑部郎中赵元亮、大理正元从质、侍御史温造充三司覆理"④。闽人萧本、泉州晋江县令萧弘先后罔冒萧皇后弟，开成四年(839 年)七月，文宗"诏御史中丞高元裕、刑部侍郎孙简、大理卿崔郇三司按弘、本之狱，具，并伪"⑤。中晚唐时期，大理寺、刑部、御史台以"三司"名义承审诏狱已成常态。与日益完善的"三司"制度相比，杂治惯例虽被长期适用，却存在性质暧昧、委员随意之症结。因此，在"三司"制度渐趋发

①（宋）欧阳修、宋祁：《新唐书》卷 163《孔巢父从子戣传》，中华书局 1975 年版，第5009 页。

②（宋）欧阳修、宋祁：《新唐书》卷 147《李元素传》，中华书局 1975 年版，第 762 页。

③（宋）欧阳修、宋祁：《新唐书》卷 172《于顿传》，中华书局 1975 年版，第 5200 页。

④（后晋）刘昫：《旧唐书》卷 163《崔元略传》，中华书局 1975 年版，第 4261 页。

⑤（后晋）刘昫：《旧唐书》卷 52《后妃下·穆宗贞献皇后萧氏传》，中华书局 1975 年版，第 2202 页。

达的条件下，在选择会审机构时，逐渐出现了"三司"先于"杂治"的倾向。最为突出的例证是"甘露之变"中审判宰臣之程序选择问题。《新唐书·令狐楚传》：

> 会李训乱，将相皆系神策军。文宗夜召楚与郑覃入禁中，楚建言："外有三司御史，不则大臣杂治，内仗非宰相系所也。"帝颔之。既草诏，以王涯、贾𫗧冤，指其罪不切，仇士良等怨之。①

令狐楚认为，依据律典规定，审判宰辅重臣，应首选三司推事或台狱方式，退而言之，也应依照惯例，交付群臣杂治，而内仗军司无权羁押朝官。当时禁军骄横，情势紧迫，南衙北司已刀兵相向，令狐楚尚能以此言力挽狂澜，可见三司推事地位确已深入人心。在"三司"制度日益完善的条件下，长期以杂治方式审断诏狱的司法传统，正在发生悄然变化（表 11-2）。

表 11-2　唐代杂治案例简表

时间	案由	审判人员	资料来源
贞观十七年四月	太子承乾谋反	长孙无忌、房玄龄、萧瑀、李勣、孙伏伽、岑文本、马周、褚遂良、杨师道	《旧唐书》卷 62；《新唐书》卷 80；《新唐书》卷 100；《资治通鉴》卷 197
龙朔三年二月乙亥	韦正矩杀妻新城公主	三司	《新唐书》卷 3；《新唐书》卷 83
龙朔三年四月	李义府赃贿等	司刑太常伯刘祥道与三司杂治，李勣监按	《旧唐书》卷 82；《新唐书》卷 223；《资治通鉴》卷 201
调露二年	正谏大夫明崇俨为盗所杀	御史中丞崔谧等杂治，诬服者甚众。中书侍郎薛元超、黄门侍郎裴炎、御史大夫高智周与法官推鞫	《旧唐书》卷 86；《新唐书》卷 204；《资治通鉴》卷 202；《唐会要》卷 4；《册府元龟》卷 522
天授二年	雅州刺史刘行实被诬谋反	纳言史务滋与来俊臣杂治	《旧唐书》卷 90；《新唐书》卷 114
神功元年	箕州刺史刘思礼被诬谋反	龙马监吉顼、右金吾卫大将军武懿宗杂问	《旧唐书》卷 117；《新唐书》卷 4

---

① （宋）欧阳修、宋祁：《新唐书》卷 166《令狐楚传》，中华书局 1975 年版，第 5100 页。

续表

时间	案由	审判人员	资料来源
长安四年十二月	张昌宗坐遣术人李弘泰占己有天分	司刑少卿桓彦範上疏请付鸾台凤阁三司，考竟其罪	《旧唐书》卷91；《新唐书》卷204；《资治通鉴》卷207；《册府元龟》卷515
开元十一年十二月	许州刺史王乔谋反，辞逮宰臣王晙	中书令张说、侍中源乾曜杂鞠	《旧唐书》卷8；《新唐书》卷111
天宝四载五月	兵部铨曹奸利事吏六十余人	命京兆与御史杂治	《新唐书》卷209；《资治通鉴》卷215
天宝六载十一月	户部侍郎杨慎矜	刑部尚书萧隐之、大理卿李道邃、少卿杨璹、侍御史杨钊、殿中侍御史卢铉同鞠之	《旧唐书》卷105；《新唐书》卷134
至德二载	右拾遗杜甫上书论宰相房琯事	御史大夫兼京兆尹崔光远、御史大夫韦陟及宪部尚书颜真卿三司杂问	《旧唐书》卷92；《旧唐书》卷201
至德二载	两京安史伪官	御史中丞崔器、宪部侍郎韩择木、大理卿严向为三司使处其罪，御史大夫李岘及兵部侍郎吕諲领使	《旧唐书》卷50；《新唐书》卷140
乾元二年四月，	凤翔七马坊押官妻上诉	诏监察御史孙蓥鞫之。其妻又诉，诏御史中丞崔伯阳、刑部侍郎李晔、大理卿权献为三司讯之，无异辞。妻不承，辅国助之，乃令侍御史毛若虚覆按	《旧唐书》卷112；《旧唐书》卷186下；《新唐书》卷131；《资治通鉴》卷221
乾元二年	道士申泰芝妖妄	令中使与江陵府尹吕諲同验	《新唐书》卷140；《新唐书》卷145；《册府元龟》卷515
大历十二年	宰臣元载得罪	吏部尚书刘晏、御史大夫李涵、右散骑常侍萧昕、兵部侍郎袁傪、礼部侍郎常衮、谏议大夫杜亚，及中使一名	《旧唐书》卷118；《旧唐书》卷123；《旧唐书》卷146；《新唐书》卷149
建中元年十月	左丞薛邕诏狱	礼部侍郎于邵与御史中丞袁高、给事中蒋镇杂理	《旧唐书》卷12；《旧唐书》卷137
贞元十二年	员外司马卢南史犯赃	审判为大理寺评事陈正仪、刑部员外郎裴澥、监察御史郑楚相	《旧唐书》卷137；《唐会要》卷59；《册府元龟》卷100
贞元十三年	玄法寺僧法凑诣台告诉前万年尉卢伯达	御史中丞宇文邈与刑部侍郎张彧、大理卿郑云逵为三司使，及功德使判官衢州司马诸葛述杂治	《旧唐书》卷158；《新唐书》卷165；《册府元龟》卷481；《册府元龟》卷619
元和四年七月	京兆尹杨凭前为江西观察使受赃罪及他不法事	敕付御史台覆按，御史中丞李夷简、刑部尚书李鄘、大理卿赵昌同鞠问台中	《旧唐书》卷146；《新唐书》卷160；《唐会要》卷60；《册府元龟》卷619
	杨凭前江南判官杨瑗系于台	命大理少卿胡珦、左司员外郎胡证、侍御史韦颛同推鞫之	《旧唐书》卷146；《唐会要》卷60；《册府元龟》卷520下；《册府元龟》卷619
元和五年四月	大将令狐运盗案	侍御史李元素与刑部员外郎崔从质、大理司直卢士瞻驰按	《旧唐书》卷129；《新唐书》卷147；《唐会要》卷62

续表

时间	案由	审判人员	资料来源
元 和 八 年二月	于頔子敏肢解梁正言家奴	中丞薛存诚、刑部侍郎王播、大理卿武少仪杂问之	《旧唐书》卷156；《新唐书》卷172；《册府元龟》卷934
元 和 九 年四月	信州部将韦岳告刺史李位集方士，图不轨	御史中丞孔戣与三司杂治	《旧唐书》卷154；《新唐书》卷163
长 庆 二 年五月	宰臣元稹、于方等行刺裴度	尚书左仆射韩皋、给事中郑覃与兵部侍郎逢吉参鞫	《新唐书》卷174；《资治通鉴》卷242；《册府元龟》卷934
宝 历 元 年四月	京兆尹崔元略贷钱万七千缗	刑部郎中赵元亮、大理正元从质、侍御史温造以三司杂治	《旧唐书》卷163；《新唐书》卷160；《册府元龟》卷520下；《册府元龟》卷699
大和二年	南曹伪官案	中书舍人高钺、给事中严休复、尚书左丞韦景休参鞫	《旧唐书》卷176；《新唐书》卷175
开 成 四 年七月	闽人萧本、晋江县令萧弘冒萧皇后弟	御史中丞高元裕、刑部侍郎孙简、大理卿崔郇三司按问	《旧唐书》卷52；《新唐书》卷77；《册府元龟》卷924；《资治通鉴》卷246

　　值得注意的是，唐亡以后，杂治惯例在后世司法审判中仍得以长期行用，显德六年(959年)十一月，南汉内侍监许彦真诬告钟允章谋反，玉清宫使龚澄枢、内侍监李托等共证之，后主"乃收允章，系含章楼下，命宦者与礼部尚书薛用丕杂治之"①。宋神宗熙宁八年(1075年)闰四月壬子，沂州民朱唐告前余姚县主簿李逢谋反，辞连右羽林大将军世居及河中府观察推官徐革。"命御史中丞邓绾、知谏院范百禄、御史徐禧杂治之。狱具，世居赐死，逢、革等伏诛"②。元武宗至大二年(1309年)十二月，武昌妇人刘氏诣御史台诉三宝奴夺其所进亡宋玉玺一、金椅一、夜明珠二，"奉旨，令尚书省臣及御史中丞冀德方、也可札鲁忽赤别铁木儿、中政使搠只等杂问"③。《明史》亦有郑士利书奏获罪"下丞相御史杂问"④的记载。纵观后世历朝杂治事例，其法官遴选与审判流程与唐代并无二致，杂治惯例在漫长历史时期独立存在之客观事实，由此亦可证明。

---

①　(宋)司马光：《资治通鉴》卷294"世宗显德六年(959年)十一月"，中华书局1956年版，第9605页。

②　(元)脱脱等：《宋史》卷15《神宗纪二》，中华书局1977年版，第288页。

③　(明)宋濂等：《元史》卷23《武宗纪二》，中华书局1976年版，第520页。

④　(清)张廷玉等：《明史》卷139《郑士利传》，中华书局1974年版，第3997页。

本 章 小 结

　　杂治是中国传统会审形式之一，从历史渊源考察，自汉代以降，"杂治"即以诉讼惯例样态长期存续。在漫长的历史时期，杂治多应君主临时差遣进行，其运行模式基本遵循累朝惯例，并无定制可循。群臣杂治的会审方式在贞观时期得以沿袭，三公、宰辅是这一阶段参与杂治的重要主体。高宗永徽年间形成的"三司推事"是杂治趋于规范的重要标志。与传统杂治相比，"三司推事"参鞫人员来源明确，是聚合司法权力的新型会审方式。大小"三司使"则又是三司推事制度进一步发展嬗变的产物。

　　以"三司"形成为界，唐代参与杂治诸司之地位时有升降：唐初至开元末年，尚书、中书、门下"三省"官员尤其是宰辅重臣是参加参鞫的重要力量。至开元末期，渐趋成熟的"三司推事"名正言顺地成为审判诏狱之主流方式，三省及诸司影响逐步淡出杂治领域。

　　永徽以后，杂治惯例并未被"三司推事"所彻底取代，反而对"三司"制度形成相当冲击与影响，所谓三司推事常有名实不副之尴尬。严格由大理寺、刑部、御史台各派一名官员组成的临时会审机构，是"三司推事"最为规范的人员配备模式。若诸司杂官代行推事谓之"三司"者，其涵义与功能则与"杂治"更为接近。换而言之，"三司推事"从永徽创立到开元定制，也同样经历了由诉讼惯例蜕变为律典规定的过程。

　　完全意义上由大理寺、刑部、御史台三名官员组成的推事"三司"可谓稀见。在会审诏狱领域，"受事三司"的逐步淡出与"推事三司"之龃龉境遇，均源自传统杂治惯例的客观存在。永徽以后，"三司"日益权重，但御史台地位显赫，参与杂鞫大案几为定制。与日益完善的"三司"制度相比，杂治惯例虽被长期适用，却存在性质暧昧、委员随意之症结。因此，在"三司"制度渐趋发达的条件下，在选择会审机构时，逐渐出现了三司先于杂治的倾向。大量证据表明，唐亡以后，杂治惯例仍长期行用，在古代会审制度中占据一席之地。杂治惯例在漫长历史时期独立存在之客观事实，由此亦可证明。

第 十 二 章

集 议

　　司法集议是唐代诉讼中针对重大、疑难案件，由皇帝召集百僚杂议辩驳，以求准确定罪量刑的特殊诉讼程序。在辨析疑难、融通礼法的基础上，发挥弥补律典缺失，推动司法进程的效用。唐代百僚集议事务广泛涉及典礼、祭祀、武备、征伐、谥号、释道、钱货、财税、赋役、赏罚、科举、学校等朝廷大政。其中，疑狱要案亦是群臣集议的重要议程之一①。从历史渊源考察，众官议狱源自西周，至两汉始成规模：

　　　　《周官》议狱，群士各丽其法；汉制疑罪，天下各谳所属，盖虑夫文法之失实，而人心之不厌也。故议事以制，先民所述，有司请谳，礼经攸载，则听讼之职，斯为重矣。汉承秦弊，禁网渐阔，一成之典，思求大中。于是原其本心，与众定罪，魏晋以下，其论弥著。若夫律令之设，科条实繁，世有轻重之殊，法有贪凉之变，事苟涉于疑似，罪宁失于不经，惟君子之尽心，虽濡首而求济。非夫操心如秤，不私于物，昭

---

　　① 学界关于集议的主要研究成果有：荣远大：《汉晋集议制度初探》，《西华师院学报》(哲学社会科学版) 1989 年第 1 期；魏向东：《试论唐代政事堂宰相集议制度》，《苏州大学学报》(哲学社会科学版) 1989 年第 2、3 期合刊；吴以宁：《宋代朝省集议制度述论》，《学术月刊》1996 年第 10 期；张仁玺：《宋代集议制度考略》，《山东师大学报》(社会科学版) 1998 年第 2 期；李都都：《南北朝集议制度考述》，2009 年郑州大学硕士学位论文；张春海：《论隋唐时期的司法集议》，《南开学报》(哲学社会科学版) 2011 年第 1 期；刘海晴、耿雪：《秦集议制度探析》，《黑龙江史志》2013 年第 11 期。

然独见，无畏强御，则何能激发正论，折中群惑，简孚厥罪，澄清庶狱者哉？①

徐道邻曾言："唐律狱有所疑，法官执见不同者，得为异议请裁。即按法无罪，依礼应罚者，亦可上请听裁。此乃以人类情理智慧之可恃，济法律成文字句之有穷。"②唐代集议广泛适用于议罪量刑、礼法冲突、造法修律等领域，是司法实践中集中群体智慧处置刑狱的重要途径。针对疑难案件，群臣集议当重民命所悬，尽心求情；本乎经义，原心论罪。通过案件讨论，在查明事实的基础上，依据经义礼法，准确裁判。此外，百僚议狱具有司法先例创制功能，且会对此后同类案件的审判产生直接约束效力。因此，集议的价值并非局限于个案裁判，而时常通过经典判例形成司法惯例，并对诉讼实践产生持续影响。

第一节 疑 罪 集 议

"定罪者必原其情，议事者宜究其本"③。辨析疑狱是集议程序的重要功能，西周时期即已形成司法民主之原始样态，主张采取集众讨论方式审判疑难案件。孔颖达指出："疑狱，谓事可疑难断者也。……己若疑彼罪，而不能断决，当广与众庶共论决之也。……若众人疑惑，则当放赦之。"④简而言之，疑难案件主要集中于定罪与量刑两个方面。伴随社会经济发展，司

---

① （宋）王钦若等编纂：《册府元龟》卷 614《刑法部·议谳》，周勋初等校订，凤凰出版社 2006 年版，第 7089 页。

② 徐道邻：《唐律通论》，中华书局 1945 年版，第 55 页。

③ （宋）王钦若等编纂：《册府元龟》卷 474《台省部·奏议第五》，周勋初等校订，凤凰出版社 2006 年版，第 5370 页。

④ （汉）郑玄注，（唐）孔颖达疏：《礼记正义》卷 13《王制》，十三经注疏整理委员会整理，北京大学出版社 2000 年版，第 481、484 页。

法事务日益繁钜。仅就疑罪层面而言，即包括以下三种类型①。

一、罪与非罪

贞观时期是唐代司法环境较为清明的阶段，曾采取群臣集议方式，对数宗重大疑难案件进行准确定性，为后续之法律适用提供了参照。武德九年(626年)八月，吏部尚书检校左武卫大将军长孙无忌被召，不解佩刀，入东上阁门。尚书右仆射封德彝议以"监门校尉不觉，罪当死；无忌误带入，罚铜二十斤"。长孙无忌带刀入阁与监门校尉监管失职相互牵连，二者主观方面是否存在差异，是本案认定的焦点所在。据《唐律疏议·职制》"阑入宫殿门及上阁"条："入上阁内者，绞；若持仗及至御在所者，斩。（原注：迷误者，上请。）"②大理少卿戴胄驳议以为无忌与校尉主观方面均为过误，皆应依法论罪：

> 校尉不觉与无忌带入，同为误耳。臣子之于尊极，不得称误，准律云："供御汤药、饮食、舟船，误不如法者，皆死。"陛下若录其功，非宪司所决；若当据法，罚铜未为得衷。③

太宗赞同戴胄意见，敕令议罪。封德彝执议如初，胄又以为校尉缘无忌致死，于法当轻。若论其误，则为情一也，太宗竟免校尉之死。此案整体审判过程虽不可详知，经尚书省、大理寺长官两次驳议辩诘，方得以准确认定本案之犯罪构成。长孙无忌带刀入阁案主要涉及法律问题，其性质认定相对较为简单。大和五年(831年)宰相宋申锡与漳王"谋反"案因涉及南衙北司政治博弈，其处置异常艰难。但亦因集议程序之保障，使得宋申锡等免遭腰领之祸。安史乱后，宦官因把持禁军，骄横难治。文宗患宦者强盛，宪宗、敬宗弑逆之党犹在左右，故有剪除宦竖之志，遂谋诸翰林学士宋申锡，竟为京兆尹王璠泄于神策中尉王守澄。大和五年二月戊戌，"王守澄奏得军虞候豆卢著状，

---

① 按：张春海从司法集议主体角度，将其分为指定集议、法定集议和申请集议三种类型[张春海：《论隋唐时期的司法集议》，《南开学报》(哲学社会科学版)2011年第1期，第72—76页]。本文以集议事务内容，将其划分为疑罪集议、量刑集议、礼法集议和造法集议四类。

② (唐)长孙无忌等：《唐律疏议》卷7《职制》"阑入宫殿门及上阁"，刘俊文点校，中华书局1983年版，第151页。

③ (后晋)刘昫：《旧唐书》卷70《戴胄传》，中华书局1975年版，第2532页。

告宰相宋申锡与漳王谋反。即令追捕"①。事发后，守澄实时于市肆追捕，又欲以二百骑就靖恭里屠申锡之家。飞龙使马存亮建议召开南司会议，遂降中人召宰相入赴延英，路随、李宗闵、牛僧儒至中书。惮于北司淫威，此次宰相集议并未扭转申锡冤狱：

> 宰相至延英，上示以守澄所奏，相顾愕眙。上命守澄捕豆卢著所告十六宅宫市品官晏敬则及申锡亲事王师文等，于禁中鞫之；师文亡命。三月，庚子，申锡罢为右庶子。自宰相大臣无敢显言其冤者，独京兆尹崔琯、大理卿王正雅连上疏请出内狱付外廷覆实，由是狱稍缓。②

宋申锡"谋反"本属子虚乌有，自事发之日，先有文宗召三相廷英议事，复经法司疏奏，召集师保以下及台、省、府、寺十四人集议，有效防止事态恶化，株连无辜，在一定程度上维护了纲纪伦常。适逢末世，乱象丛生，百僚集议仍在平反冤狱，救免非罪方面发挥了重要作用。大和九年（835 年）三月，都省奏湖州百姓韩巨川及庾威男道彰进状，称庾威缘定户左降，及录事参军县令等黜责事，敕付尚书省四品已上官集议。议者以为"庾威改张税额，赋不加征，联绵歉灾，人悉安业。……郡人远诉，益表事情。幸遇圣明，合从昭雪"③。文宗降敕肯定庾威政绩，属官杜膺及县令等六人并复本资官。

二、此罪与彼罪

反逆是封建时期最为严重的罪行，司法实践中，因事主采取的行为方式千差万别，故而时常出现反逆与"造祅书祅言"、"指斥乘舆"等犯罪的混淆。基于慎刑理念，唐代刑事诉讼中，多次启动集议程序，以正确区分关联反逆的疑似行为。

贞观十八年（644年）九月，茂州童子张仲文忽自称天子，口署其流辈数

---

① （后晋）刘昫：《旧唐书》卷 17 下《文宗纪下》，中华书局 1975 年版，第 540 页。

② （宋）司马光：《资治通鉴》卷 244 "文宗大和五年（831 年）二月"，中华书局 1956 年版，第 7875—7876 页。

③ （宋）王钦若等编纂：《册府元龟》卷 474《台省部·奏议第五》，周勋初等校订，凤凰出版社 2006 年版，第 5370 页。

人为官司，大理以为指斥乘舆，虽会赦犹斩。太常卿摄刑部尚书韦挺奏："仲文所犯，止当妖言，今既会赦，准法免死"①。太宗援引贞观十五年（641年）怀州吴至浪案旧例，认为仲文当以指斥乘舆论斩。后刑部尚书张亮复奏，仲文终以妖言论。据《唐律疏议》："指斥乘舆，情理切害者，斩（原注：言议政事乖失而涉乘舆者，上请）；非切害者，徒二年。"疏议进一步解释说"言议政事乖失而涉乘舆者，上请，谓论国家法式，言议是非，而因涉乘舆者"②。指斥乘舆乃人臣议论讽谏言语过当行为，因与鬼神妖妄无关，故与妖言存在根本差异。就其本质而言，自称天子当属"妄说体有休征"，进而署置官司乃据妖言行为演绎而成，依律宜断以妖法。此外，由于仲文尚在髫龄，故依唐律"老小及疾有犯"条③，予以赦宥。

贞观二十年（646年）三月，刑部尚书张亮有异志，术士程公颖言亮名应图箓，卧似龙形，为陕人常德玄告发。太宗"命百寮议其狱，多言亮当诛，唯将作少匠李道裕言亮反形未具，明其无罪"④。据《唐律疏议·贼

---

① （宋）王溥：《唐会要》卷39《议刑轻重》，上海古籍出版社2006年版，第827页。

② （唐）长孙无忌等：《唐律疏议》卷10《职制》"指斥乘舆及对捍制使"，刘俊文点校，中华书局1983年版，第207页。

③ （唐）长孙无忌等：《唐律疏议》卷4《名例四》"老小及疾有犯"，刘俊文点校，中华书局1983年版，第80—84页。

④ （后晋）刘昫：《旧唐书》卷69《张亮传》，中华书局1975年版，第2516页。

按：相关文献多言李道裕为将作少匠：《新唐书·李大亮传》云"兄子道裕，贞观末为将作匠"〔（宋）欧阳修、宋祁：《新唐书》卷99《李大亮兄子道裕传》，中华书局1975年版，第3913页〕；《资治通鉴》记道裕官衔为"将作少匠"〔（宋）司马光：《资治通鉴》卷198"太宗贞观二十年（646年）三月"，中华书局1956年版，第6236页〕；《册府元龟》作"将作少监"〔（宋）王钦若等编纂：《册府元龟》卷487部·选任，周勋初等校订，凤凰出版社2006年版，第5149页〕。唯《贞观政要》作"殿中少监"〔（唐）吴兢：《贞观政要》卷5《公平第十六》，上海古籍出版社1978年版，第167页〕。据《旧唐书·职官三》：将作监掌管国家土木营造，置大匠一员，少匠二员。"大匠掌供邦国修建土木工匠之政令，总四署三监百工之官属，以供其职事。凡两京宫殿宗庙城郭诸台省监寺廨宇楼台桥道，谓之内外作，皆委焉"〔（后晋）刘昫：《旧唐书》卷四十四《职官三》，中华书局1975年版，第1896页〕。《旧唐书》同卷记殿中省为皇室总务机构，设监一员，少监二员，"掌天子服御，总领尚食、尚药、尚衣、尚舍、尚乘、尚辇六局之官属，备其礼物，供其职事。少监为之贰"〔（后晋）刘昫：《旧唐书》卷44《职官三》，中华书局1975年版，第1892页〕。殿中少监与将作少匠职守有殊，《贞观政要》或误，当从两《唐书》等改。

盗》"谋反大逆"条："即虽谋反，词理不能动众，威力不足率人者，亦皆斩。（原注：谓结谋真实，而不能为害者。若自述休征，假托灵异，妄称兵马，虚说反由，传惑众人而无真状可验者，自从袄法。）"①所谓"体有休征"者，即妄言己身或他人有王气，其意或与"天分"相类，张亮行为当为妖言，时以蓄养五百义子牵强定罪反逆，竟以谋反斩于市，籍没其家。

上述二例疑似反逆行为，其实质均为妖言犯罪。张仲文因韦挺执奏，罚当其罪。张亮虽蒙冤被戮，但李道裕正确意见亦得到太宗事后追认。两宗案件均由百僚公卿集议得以正确定性，从而体现了集议制度避免刑狱冤滥的程序价值。

第二节 量 刑 集 议

一、死刑

刑名至要者，莫过于大辟。贞观时期，确立了死刑集议与死刑覆奏制度，前者主要讨论是否适用死刑问题；后者侧重死刑监督问题。死刑集议是唐代慎刑观念的重要体现，为"用刑宽平"政策之落实提供了保障。司法实践中，初拟死刑案件经由集议后，在严格执法的前提下，多有减等流配之例。贞观时期，死刑集议规则得到较好贯彻，多宗死刑案件均经过群臣集议程序。贞观三年(629 年)，狂人信行常谓裴寂有天分，后裴寂监奴恭命上变，论以死罪四宗，太宗以"杀之非无辞矣。议者多言流配"②，徙裴寂于交州，竟流静州。贞观十七年(643 年)四月，侯君集参与太子承乾谋反事发，太宗亲自鞠问，侯君集辞穷乃伏。"上谓侍臣曰：'君集有功，欲乞其生，可乎？'群臣以为不可。上乃谓君集曰：'与公长诀矣！'因泣下。

---

① (唐)长孙无忌等：《唐律疏议》卷 17《贼盗》"谋反大逆"，刘俊文点校，中华书局 1983 年版，第 322 页。

② (后晋)刘昫：《旧唐书》卷 57《裴寂传》，中华书局 1975 年版，第 2289 页。

君集亦自投于地，遂斩之于市"①（图12-1）。贞观二十二年（648年）九月，齐州人段志冲上封事，请上致政于皇太子。长孙无忌等请诛志冲，上手诏答曰："今卿等皆欲致以极刑，意所不忍，可更详议，任流远方。"②神龙二年（706年），武三思阴令人疏皇后秽行牓于天津桥请加废黜，授意御史大夫李承嘉构陷桓彦范等，大理丞李朝隐以敬晖等既未经鞫问，不可即肆诛夷，请差御史按罪。大理卿裴谈则奏请敬晖等合据敕断罪，不可别俟推鞫，请并处斩籍没。"中宗纳其议，仍以彦范等五人尝赐铁券，许以不死"③，"五王"皆长流远恶州郡。

图 12-1　行刑图

资料来源：段文杰主编：《中国敦煌壁画全集·敦煌初唐》，天津人民美术出版社2006年版，第89页

唐代最大规模死刑集议事例发生于肃宗至德二载（757年），"安史伪官案"因事关重大，遂在审判程序方面异常慎重。是年十二月，陈希烈、达奚珣等

---

① （宋）司马光：《资治通鉴》卷197"太宗贞观十七年（643年）四月"，中华书局1956年版，第6194页。

② （宋）王钦若等编纂：《册府元龟》卷150《帝王部·宽刑》，周勋初等校订，凤凰出版社2006年版，第1673页。

③ （后晋）刘昫：《旧唐书》卷91《桓彦范传》，中华书局1975年版，第2931页。

二百余人并系杨国忠宅，置三司使推鞫①。此次审判中崔器、吕諲希旨深刻，奏皆处死。幸赖李岘力争，形成六等定罪之初步意见，交付百僚集议：

> 乃定所推之罪为六等，集百僚尚书省议之。肃宗方用刑名，公卿但唯唯署名而已。于是河南尹达奚珣等三十九人，以为罪重，与众共弃。珣等十一人，于子城西伏诛。陈希烈、张垍、郭纳、独孤朗等七人，于大理寺狱赐自尽。达奚挚、张岯、李有孚、刘子英、冉大华二十一人，于京兆府门决重杖死。大理卿张均引至独柳树下刑人处，免死配流合浦郡。而达奚珣、韦恒乃至腰斩。②

此次三司使形成六等定罪审判意见，相关文献中多有记述，《册府元龟》："三司所推受贼伪官陈希烈等定六等罪，于尚书省集议。"③《旧唐书·李岘传》："廷议数日，方从岘奏，全活甚众。"④审判伪官的三司使由御史中丞崔器、宪部侍郎韩择木、大理卿严向组成，御史大夫李岘及兵部侍郎吕諲领使。由此可见，初审伪官之际，即采取合议模式。六等定罪原则确定后，又交由百僚

---

① 按：至德二载（757年）十二月，太子太师陈希烈掌安禄山机衡，肃宗以明皇素所遇，"于大理寺狱赐自尽"〔(后晋)刘昫：《旧唐书》卷50《刑法志》，中华书局1975年版，第2152页〕。两《唐书》本传皆言陈希烈赐死于家，然据两《唐书·刑法志》及《资治通鉴》载，陈希烈等与张垍、达奚珣同掌贼之机衡，六等定罪，陈希烈、张垍、郭纳、独孤朗等七人于大理寺狱赐自尽。至德二年受审伪官，当时皆系于狱，当无赐死于家之理，当从《刑法志》与《通鉴》所述。又据《大唐故左相兼兵部尚书集贤院弘文馆学士崇玄馆大学士上柱国许国公陈府君（希烈）墓志》，讳言陈希烈赐死事，唯记永泰二年秋七月廿三日与妻王氏合祔（周绍良、赵超主编：《唐代墓志汇编续集》，上海古籍出版社2001年版，第691页）。《全唐文补遗》误为永泰三年〔吴钢主编：《全唐文补遗》（第7辑）三秦出版社2000年版，第393页〕。永泰二年十一月甲子，即改元大历，当据《唐代墓志汇编续集》改。关于达奚珣收禁事，洛阳近出《大唐故京兆府云阳县令卢（巽）府君墓志铭并序》有所交代："公弱冠明经及第，因随常调，侍郎达奚珣特赏书判，授汝阳县主簿。……旋河洛寇覆，逃名山林；及攙抢涤除，胁从比屋。时达奚珣伪授宰相，寘于徽缧，人惧法网，莫敢谒问。公感一言之重，径造圆扉，叙之以艰厄，赠之以缟纻。"毛阳光、余扶危主编：《洛阳流散唐代墓志汇编》，国家图书馆出版社2013年版，第462页。

② （后晋）刘昫：《旧唐书》卷50《刑法志》，中华书局1975年版，第2151—2152页。

③ （宋）王钦若等编纂：《册府元龟》卷152《帝王部·明罚》，周勋初等校订，凤凰出版社2006年版，第1703页。

④ （后晋）刘昫：《旧唐书》卷112《李峘弟岘传》，中华书局1975年版，第3345页。

会议复决，集议程序在诉讼中承担了议刑与复决双重功能。

唐代司法实践亦有通过集议程序重惩罪囚之例。会昌三年（843 年）四月昭义节度使刘从谏卒，三军以从谏侄稹为兵马留后，上表请授节钺。朝廷遣使赍诏潞府，令稹护从谏之丧归洛阳，刘稹抗拒朝旨，武宗召集中央百僚集议扩大会议，"诏中书门下两省尚书御史台四品己上、武官三品己上，会议刘稹可诛可宥之状以闻"①。刘稹统治期间，其母裴氏私会将校妻子，固其逆节。同年十二月泽潞平，欲定其母裴氏罪，又令百僚议之。刑部郎中陈商等对裴氏罪责有如下评议：

> "《周礼》司寇之职'男子入于罪隶，女子入于舂槀。'《汉律》云：'妻子没为奴婢。'钟繇曰：'自古帝王，罪及妻子。'又晋朝议'在室之女，从父母之诛；既适之妇，从夫家之罚。'谨按奴婢舂槀，罪罚之类，名则为重，而非罪刑。然事出一时，法由情断。裴氏为恶有素，为奸已成，分衣固其人心，申令安其逆志。臣等参议，宜从重典。"从之。②

欲依法处置藩镇逆节问题，首先应以军事优势及政治强势为基本前提。因此，通过集议确认藩镇逆节，在性质上与一般百僚议罪并无不同。但受特定时期政治环境制约，集议程序的适用及效力却与常规司法存在显著差异。

二、从坐

《尚书·汤誓》孔传："古之用刑，父子兄弟罪不相及。"③然旧时律令反逆等严重犯罪多有株连之科。因此，唐代司法实践中，时常通过集议确定个案从坐范围，在大狱屡兴之际，严格限定从坐范围的做法为稳定政权、安抚人心发挥了重要作用。武德九年（626年）六月玄武门兵变，隐太子等伏诛。时议者以建成等左右百余人，并合从坐籍没。太子左卫率尉迟敬德以为"为罪者二凶，今已诛讫，若更及支党，非取安之策"④。由是获免。神龙二年（706

① （后晋）刘昫：《旧唐书》卷18上《武宗纪》，中华书局1975年版，第595页。
② （宋）王溥：《唐会要》卷39《议刑轻重》，上海古籍出版社2006年版，第835页。
③ （汉）孔安国传，（唐）孔颖达疏：《尚书正义》卷8《汤誓第一》，十三经注疏整理委员会整理，北京大学出版社2000年版，第228页。
④ （后晋）刘昫：《旧唐书》卷68《尉迟敬德传》，中华书局1975年版，第2499页。

年)七月，节愍太子与将军李多祚等举兵诛武三思，事觉伏诛，其诖误守门者
并配流。后有韦氏党密奏请尽诛之。黄门侍郎郑惟忠以为大狱始决，人心未
宁。若更改推，必递相惊恐。中宗"敕令百司议，遂依旧断，所全者甚多"[1]。
可见，集议程序有效捍卫了传统诉讼中罪止一身原则，在保障社会安定和司
法公正方面发挥了重要作用。诉讼实践中，集议者还可通过解释相关概念，
有效限制株连范围。元和二年(807年)，镇海李锜伏诛，诏削锜属籍，罪及一
房。宰臣郑绹、李吉甫等议其所坐亲疏未定，乃召兵部郎中蒋武议定。蒋武
严格限定从坐房亲概念外延，在避免殃及无辜的同时，通过司法解释方式创
制先例，为同类案件的处置提供参考依据：

> 宰相郑绹等议锜所坐，亲疏未定，乃召兵部郎中蒋武问曰："诏罪李
> 锜一房，当是大功内耶？"武曰："大功是锜堂兄弟，即淮安王神通之下，
> 淮安有大功于国，不可以孽孙而上累。"又问："锜亲兄弟从坐否？"武曰：
> "锜亲兄弟是若幽之子，若幽有死王事之功，如令锜兄弟从坐，若幽即宜
> 削籍，亦所未安。"宰相颇以为然，故诛锜诏下，唯止元恶一房而已。[2]

---

① (后晋)刘昫：《旧唐书》卷 100《郑惟忠传》，中华书局 1975 年版，第 3118 页。
② (后晋)刘昫：《旧唐书》卷 112《李国贞子锜传》，中华书局 1975 年版，第 3342 页。
  按：关于房亲从坐范围认定，常须结合个案情形具体分析。西安大唐西市博物馆藏《隋
万年县(令)苍山县开国公杨君墓志铭并序》记隋杨玄感谋反，叔父杨岳一房蒙敕获免事："公
每以谦逊为言，卑恭是诚，而玄感自门着勋庸，材兼文武，知进而不知退，知存而不知亡，
但识随氏之数钟百六，不知天命有归……及玄感之作逆也，公时在关中，随炀方旋辽左，以
公尝有忠谅之言，是以特有别敕，一房获免。"(胡戟、荣新江：《大唐西市博物馆藏墓志》，
北京大学出版社 2012 年版，第 113 页)墓志对杨岳系狱及死因等讳而不书，据《册府元龟》：
"唐杨岳，隋尚书令素之弟。岳大业中为万年令，与素子玄感不叶，尝密上表称玄感必为逆
乱。及玄感被诛，岳在长安系狱，炀帝遽使赦之。比使至，岳已为留守所杀。子弘礼等遂免
从坐。"[(宋)王钦若等编纂：《册府元龟》卷 819《总录部·知子第二》，周勋初等校订，凤凰
出版社 2006 年版，第 9537 页]墓志又记杨岳"以大业九年六月廿四日薨于京师……大子弘礼，
故金紫光禄大夫，兵部尚书；第二子弘义，鲁玉府司马，隆州长史；第三子弘文，祠部、屯
田郎中；第四子弘武，吏部郎中，太子中舍人；嫡孙元嗣等。"可见，本案中据别敕豁免者，
当为杨岳子弘礼等兄弟及杨岳孙元嗣等。杨岳薨于隋炀末年，并未入唐，《册府元龟》所记有
误，当据墓志改。

据《册府元龟》："宰相尽用其言，故锜之罪唯及息男室女而已。"① 可见，因蒋武参议，使李锜案从坐范围大幅缩减。此举不但维护了哀矜折狱之古训，更从法律角度有效配合了宪宗重振王纲、削平藩镇的治国策略。

三、赦宥

《易》曰："雷雨作，解。君子以赦过宥罪。"② 放免刑徒，赦宥罪责自古被视为彰显德政之举。然滥宥罪人，即成徼幸之弊。因此，应将赦宥罪责严格限制于律令许可范围之内。唐代集议程序多次发挥维护法律权威，杜绝奸恶侥幸的作用，其中参议臣僚之少数意见亦得到充分尊重。贞元初，"婺州刺史邓琬坐赃八千贯，琬与执政有旧，以会赦，欲免赃。诏百僚于尚书省杂议，多希执政意"③。大理司直窦参独坚执正之于法，竟征赃。据《唐六典》：大理寺置"司直六人，从六品上。"④ 窦参以司直身份独立发表意见，说明参与司法集议人员范围、定员与品秩皆属原则性规定，司法实践中可依据审判需要予以适当调整。长庆四年 (824年)，东川观察使奏遂宁县令庞骥犯赃，事下大理寺以法论。中书舍人杨嗣复等参酌，以为"庞骥赃货之数，为钱四百余千，其间大半是枉法。据赃定罪，合处极刑，虽经恩赦，不在原免"⑤。庞骥除名溪州，其赃付所司准法。在集议过程中，若最终裁断有违常典，滥行赦宥议刑者尤可反复参对，据理力争。大和六年 (832年) 五月己未，兴平县人上官兴因醉杀人亡窜，官捕其父因之，兴乃归罪有司。"京兆尹杜悰、中丞宇文鼎以兴自首免父之囚，其孝可奖，请免死。诏两省参议"⑥。议者皆言杀

---

① （宋）王钦若等编纂：《册府元龟》卷 616《刑法部·议谳第三》，周勋初等校订，凤凰出版社 2006 年版，第 7125 页。

② （魏）王弼注，（唐）孔颖达疏：《周易正义》卷 4《解》，十三经注疏整理委员会整理，北京大学出版社 2000 年版，第 198 页。

③ （后晋）刘昫：《旧唐书》卷 136《窦参传》，中华书局 1975 年版，第 3746 页。

④ （唐）李林甫等：《唐六典》卷 18《大理寺》"司直"条，陈仲夫点校，中华书局 1992 年版，第 503 页。

⑤ （宋）王钦若等编纂：《册府元龟》卷 707《令长部·贪黩》，周勋初等校订，凤凰出版社 2006 年版，第 8156 页。

⑥ （后晋）刘昫：《旧唐书》卷 17 下《文宗纪下》，中华书局 1975 年版，第 545 页。

人者死，古今共守。兴不可免，上竟从惊等议，免死，决杖八十，配流灵州。赦宥上官兴颇费周折，《唐会要》载文宗"诏两省官参议，皆言杀人者死，古今共守，兴不可免，久不决"①。谏议大夫王彦威进言"'杀人者死，百王共守。原而不杀，是教杀人。'有诏贷死，彦威诣宰相据法争论，下迁河南少尹"②。上官兴虽因赦宥获全，但百僚集议对于赦宥的制约作用亦可由此窥其一斑。

此外，有司集议又有申明律意、避免滥赦之功能。大和五年(831年)，张璃、刘常建、胡伯忠等伪造出身文书卖官并造伪印行用，刑部、大理寺详断，悉处极刑，后遇赦赦宥。据《唐律疏议·断狱》"赦前断罪不当"条："诸赦前断罪不当者，若处轻为重，宜改从轻；处重为轻，即依轻法。"③御史中丞宇文鼎议请"赦书以前所犯者，特许减论；赦书以后所犯者，不得援例。庶使后无侥幸，令绝披陈"。敕曰："张璃、胡伯忠、刘常建等宜准元赦处分。"④宇文鼎依据律文规定，结合个案实际，请以赦文发布时间为界，准确认定嫌犯刑责，惟免赦前罪责，遂使本案得以依法处断。

四、八议

《周礼·秋官·小司寇》："以八辟丽邦法。"⑤自明帝制刑，八议入律，历代皆有议、请、减、赎之条。八议制度是封建时期关照官僚贵族的重要法律原则，《唐律疏议》对其设置目的有如下评述：

> 其应议之人，或分液天潢，或宿侍旒扆，或多才多艺，或立事立功，简在帝心，勋书王府。若犯死罪，议定奏裁，皆须取决宸衷，曹司不敢与夺。此谓重亲贤、敦故旧，尊宾贵，尚功能也。以此八议之人犯死罪，

① （宋）王溥：《唐会要》卷39《议刑轻重》，上海古籍出版社2006年版，第833页。

② （宋）欧阳修、宋祁：《新唐书》卷164《王彦威传》，中华书局1975年版，第5057页。

③ （唐）长孙无忌等：《唐律疏议》卷30《断狱》"赦前断罪不当"，刘俊文点校，中华书局1983年版，第566页。

④ （宋）王钦若等编纂：《册府元龟》卷153《帝王部·明罚第二》，周勋初等校订，凤凰出版社2006年版，第1715页。

⑤ （汉）郑玄注，（唐）贾公彦疏：《周礼注疏》卷35《秋官·小司寇》，十三经注疏整理委员会，北京大学出版社2000年版，第1073页。

皆先奏请，议其所犯，故曰"八议"。①

尚书省主持的议罪活动，是唐代司法集议日常活动之一。若涉案人犯属于应议请者，应由刑部上呈人犯罪行及身份，尚书省召集有司议罪。对于尚书刑部议罪之程序，唐《狱官令》有如下规定：

> 诸犯罪应入议请者，皆申刑部。应议者，诸司七品以上，并于都座议定。虽非八议，但本罪应奏、处断有疑及经断不伏者，亦众议，量定其罪。虽非此官司，令别敕参议者，亦在集限。凡议事，皆牒御史台，令御史一人监议，仍令司别各为议文，其意见有别者，人别自申其议，所司科简，以状奏闻。若违式及不委议意而署者，御史纠弹。②

《唐律》规定，"八议人犯死罪者，皆条录所犯应死之坐及录亲、故、贤、能、功、勤、宾、贵等应议之状，先奏请议。依令，都堂集议，议定奏裁"③。"议亲"者谓皇亲国戚，包括皇帝袒免以上亲，及太皇太后、皇太后缌麻以上亲，皇后小功以上亲。皇亲贵胄地位显赫，其量刑结果中对其他应议者具有直接影响。法司议刑在关照贵族的同时，亦尽量避免妄开恶例。大历四年（769年）正月，宗室颖州刺史李岵专杀，"询于群议，颇屈常典"④，法司以议亲，赐死。大历四年七月，皇姨弟薛华因酒色忿怒，手刃三人，弃尸井中。"事发，系于京兆府，虑前一日赐自尽"⑤。大和四年（830年）十二月，刑部员外郎张讽、大理少卿崔珏等议太皇太后亲绛州刺史裴锐赃罪事，对于认知唐代法司

---

① （唐）长孙无忌等：《唐律疏议》卷1《名例》"八议"，刘俊文点校，中华书局1983年版，第17页。

② 天一阁博物馆、中国社会科学院历史研究所天圣令整理课题组校正：《天一阁藏明钞本天圣令校正》附《唐开元狱官令复原清本》第43条，中华书局2006年版，第647页。

③ （唐）长孙无忌等：《唐律疏议》卷2《名例》"八议者（议章）"，刘俊文点校，中华书局1983年版，第32页。

④ （宋）宋敏求：《唐大诏令集》卷126《政事·诛戮上·李岵赐自尽制》，中华书局2008年版，第680页。

⑤ （宋）王钦若等编纂：《册府元龟》卷58《帝王部·守法》，周勋初等校订，凤凰出版社2006年版，第618页。

议亲具有重要参考价值：

其一议亲曰："皇帝至太皇太后、皇后亲，有内外服同者，皆在议条。伏以亲疏之序，既有等衰，即雨露之恩，皆宜沾洽，此实皇王大猷，自家刑国，亲九族协万邦之旨也。近者，绛州刺史裴锐所犯赃罪至深，陛下以太皇太后之亲，下尚书省集议。此乃陛下知刑赏之理重，与众共之。伏请今后亲有任刺史、监临、主守，犯赃罪得蒙减死者，必重其过，直以赃罪为污累，定刑流决外，其后子孙，并不得任理人官及为监临、主守，庶得家知其耻，人革非心。"……敕："官必任贤亲，贵无宜轻授，罚不及嗣，经训具有明文，若坐子孙，虑伤事理。此一节且仍旧，余依。"①

"议贵"谓近于君者，包括职事官三品以上、散官二品以上，及爵一品者。永徽二年(651年)七月二十五日，华州刺史萧龄之前任广州都督，受左智远及冯盎妻金银、奴婢等，"诏付群臣议奏。上怒，令于朝廷处尽"。御史大夫唐临奏"律有八议，并依《周礼》旧文，矜其异于众臣，所以特制议法。礼王族刑于僻处，所以议亲；刑不上大夫，所以议贵。明知重其亲贵，议欲缓刑，非为嫉其贤能，谋致深法。今议官必于常法之外，议令入重，正与尧舜相反，不可为万代法。臣既处法官，不敢以闻"②，诏龄之配流岭南。开元十年(722年)十月，前广州都督裴伷先下狱，中书令张嘉贞奏请决杖。兵部尚书张说以为"律有八议，勋贵在焉。……伷先祗宜据状流贬，不可轻又决罚"③。此外，唐代议刑应请者，尚包括诸皇太子妃大功以上亲、应议者期以上亲及孙，及官爵五品以上犯死罪者。皆应"条其所犯及应请之状，正其刑名，别奏请"④。开元十年(722年)八月，故司空裴寂曾孙武彊令裴景仙犯乞取赃积五千匹，

① (宋)王溥：《唐会要》卷39《议刑轻重》，上海古籍出版社2006年版，第833页。

② (宋)王溥：《唐会要》卷39《议刑轻重》，上海古籍出版社2006年版，第828—829页。

③ (后晋)刘昫：《旧唐书》卷99《张嘉贞传》，中华书局1975年版，第3091—3092页。

④ (唐)长孙无忌等：《唐律疏议》卷2《名例》"皇太子妃(请章)"，刘俊文点校，中华书局1983年版，第33页。

事发逃走，玄宗令集众杀。大理卿李朝隐执奏，以为景仙赃皆乞取，罪止流坐。"今为承嫡，宜宥其死，投之荒远"①。裴景仙竟决杖一百，流岭南恶处。

　　唐代司法实践中又有议能、议故之例，德宗在春宫之际，曾受经于国子博士张涉，即位后恩礼甚重。后涉贿赂交通，以议故之法，放归田里②。至德二载（757年）六月，将军王去荣以私怨，杀本县令当死。上以其善用炮免死，以白衣于陕郡效力。王去荣擅杀监临主守，依律当以"不义"论罪，依律不在议请之列。中书舍人贾至以为"不可以一士小材，废祖宗大法"③。御史大夫韦陟亦言"杀人者生，恐非所宜"④。肃宗乃诏群臣议，太子太师韦见素、文部郎中崔器等以为"去荣末技，陕郡不以之存亡；王法有无，国家乃为之轻重。此臣等所以区区愿陛下守贞观之法"⑤。然虽经贾至上表，韦见素、崔器等驳议，肃宗竟舍其罪。八议之设，意在宥刑；亲贵论刑，律有常科。君上慎恤，臣下守法，二者互为表里，不可偏废。

第三节　礼　法　集　议

一、改谥

　　唐代诉讼实践中，部分案件存在礼法冲突问题，因案件性质特殊，律典阙文，遂召百僚集议。武德、贞观两朝，尚书右仆射封德彝拟迹庙堂，持衡宰府。薨后册赠司空，议谥曰明。法司殁后查证其潜持两端，阴附隐太子，曾谏阻高祖易储之意。贞观十七年（643年），为治书侍御史唐临追劾。时封德彝已卒十余年，太宗令百官详议，民部尚书唐俭等议：德彝罪暴身后，恩

---

　　① （宋）司马光：《资治通鉴》卷212"玄宗开元十年（722年）八月癸未"，中华书局1956年版，第6750页。

　　② （后晋）刘昫：《旧唐书》卷127《张涉传》，中华书局1975年版，第3577—3578页。

　　③ （宋）欧阳修、宋祁：《新唐书》卷119《贾至传》，中华书局1975年版，第4299页。

　　④ （宋）欧阳修、宋祁：《新唐书》卷122《韦安石子陟传》，中华书局1975年版，第4352页。

　　⑤ （宋）司马光：《资治通鉴》卷219"肃宗至德二载（757年）六月壬辰"，中华书局1956年版，第7027页。

结生前，所历众官不可追夺，请降赠改谥。"诏从之，于是改谥缪，黜其赠官，削所食实封"①。关于生前犯罪死后发露情形之处断，律无明文。坚持不溯既往原则，唯追改谥号，以求名实相副；削夺实封，使其子孙毋得享其荫庇。此议恰当平衡礼法关系，获得群僚赞同，在成功处理封德彝个案的同时，创制死囚罪责评判先例，为后续处置类似案件提供参考。景云元年（710年）重议李重俊、李多祚谥号，太府少卿万年韦凑以为谥号名实不符，"恐后之乱臣贼子，得引以为比，开悖逆之原，非所以彰善瘅恶也，请改其谥"②，竟停多祚等赠官。

二、禁婚

唐代素重纲常礼教，于婚姻一事，尤多禁忌。唐律设立"违律为婚"、"嫁娶违律"者数条，意在禁绝无效婚姻。其中禁婚范围一项，有亲属为婚之禁止。《唐律疏议·户婚》"同姓为婚"条："若外姻有服属而尊卑共为婚姻，及娶同母异父姊妹，若妻前夫之女者，亦各以奸论。"③永徽元年（650 年），郑州人郑宣道先聘少府监主簿李玄义妹为妇，即宣道堂姨。玄义先许其姻媾，后以情礼不合，请与罢婚，宣道以法无此禁，经省陈诉。郑宣道欲与堂姨婚媾，二者虽属无服外亲，然长幼有序，尊卑有别。御史大夫李乾祐奏请付群官详议可否。左卫大将军纪王慎等议：依据此案，明确设定禁婚无服外亲范围，以补律令之不足：

"父之姨及堂姨，母之姑、姨及堂姑、姨，父母之姑舅姊妹、女婿姊妹、堂外甥，虽并外姻无服，请不为婚。"诏从之，仍令著于律令。④

---

① （后晋）刘昫：《旧唐书》卷 63《封伦传》，中华书局 1975 年版，第 2398 页。

② （宋）司马光：《资治通鉴》卷 210 "睿宗景云元年（710 年）十月"，中华书局 1956 年版，第 6657—6658 页。

③ （唐）长孙无忌等：《唐律疏议》卷 14《户婚》"同姓为婚"，刘俊文点校，中华书局 1983 年版，第 263 页。

④ （宋）王钦若等编纂：《册府元龟》卷 616《刑法部·议谳第三》，周勋初等校订，凤凰出版社 2006 年版，第 7122 页。

"礼之所去，刑之所取，失礼则入刑，相为表里者也"①。经由集议，不仅本件特殊婚姻问题得以解决，并据此对类似状况予以规范，充分体现出唐代诉讼实践对法制进步的巨大推动作用。《通典》载大唐永徽元年制："堂外甥，虽外姻无服，不得为婚姻耳。"②因此前《贞观律》对于外姻无服婚无明文禁令，遂致尊卑通婚事件无法准确定性裁断。此时，经有司奏请，君主往往诏群僚集议，依据典礼成法，拟定处理意见。今本《唐律疏议》"同姓为婚"条："其父母之姑、舅、两姨姊妹及姨、若堂姨，母之姑、堂姑，己之堂姨及再从姨、堂外甥女，女婿姊妹，并不得为婚姻，违者各杖一百。并离之。"③即当据郑道宣案群臣拟议修改后之文本。

三、私忌

贞元八年（792 年）七月，将作监元亘当摄太尉荐祭，享昭德皇后庙。以其私忌日，不受誓诫，为御史劾奏。本案实质是官员公私双重身份在礼法层面之冲突，德宗令尚书与礼官、法官集议。尚书左丞相卢迈等援引礼经诠释典制，断定元亘失职，遂使此案集议颇具"春秋决狱"遗风：

按：李乾祐《外属无服尊卑不通婚议》详述禁止外姻五服婚之依据，援引于兹，以备参考："大唐永徽元年，御史大夫李乾祐奏言：'郑州人郑宣道先聘少府监主簿李玄义妹为妇，即宣道堂姨。玄义先虽执迷，许其姻媾，后以情礼不合，请与罢婚。宣道经省陈诉，省以法无此禁，判许成亲。何则？同堂姨甥，虽则无服，既称从母，何得为婚？又母与堂姨，本是大功之服，大功以上，礼实同财，况九月为服，亲亦至矣。子而不子，辱以为妻，名教所悲，人伦是弃。且堂姑堂姨，内外之族，虽别而父党母党，骨肉之恩是同，爱敬本自天性。禽兽亦犹知母，岂可令母之堂妹降以为妻？从母之名，将何所寄。古人正名远别，后代违道任情，恐寖以成俗。然外属无服而尊卑不可为婚者，非止一条，请付群官详议，永为后法。'左卫大将军纪王慎等：'父之姨及堂姨母，父母之姑舅姊妹，堂外甥，并外姻无服，请不为婚。'诏可"（唐）杜佑：《通典》卷 60《礼二十·沿革二十·嘉礼五·外属无服尊卑不通婚议》，王文锦等点校，中华书局 1988 年版，第 1703—1704 页。

① （宋）范晔：《后汉书》卷 46《陈宠传》，（唐）李贤等注，中华书局 1965 年版，第 1554 页。

② （唐）杜佑：《通典》卷 95《礼五十五·凶十七·娶同堂姊之女为妻姊亡服议》，王文锦等点校，中华书局 1988 年版，第 2567 页。

③ （唐）长孙无忌等：《唐律疏议》卷 14《户婚》"同姓为婚"，刘俊文点校，中华书局 1983 年版，第 263 页。

"臣按《礼记》，大夫士将祭于公，既视濯而父母死，犹奉祭。又按唐礼，散斋有大功之丧，致斋有周亲丧，斋中疾病，即还家不奉祭事，皆无忌日不受誓诫之文。虽假宁令忌日给假一日，《春秋》之义，不以家事辞王事。今亘以假宁常式，而违摄祭新命，酌其轻重，誓诫则祀事之严，校其礼式，忌日乃寻常之制，详求典据，事缘荐献，不宜以忌日为辞。"由是亘坐罚俸。①

魏晋以降，礼法并称，"政治社会一切公私行动，莫不与法典相关，而法与为儒家学说具体之实现"②。然二者之融合并非自发而成，其间必由礼官法吏辩驳议定。封德彝改谥夺封，郑宣道外姻禁婚，元亘违礼罚俸，三案均因涉及礼法关系且无明确法律规定，乃下有司集议。在上述案件的处理程序中，集议主要承担评议疑案、沟通礼法、诠释律意以及创制先例的司法功能。其中，创制先例的主要手段是引据礼典与参酌风俗，达到国法与人情之融通。

四、复仇

复仇集议是唐代礼法矛盾最为集中的领域之一，复仇与禁止复仇所反映的，实际是礼与法的尖锐冲突③。基于血亲团体本位观念及私力救济习俗，复仇观念长期为世人所推崇。汉儒郑玄认为："父者子之天，杀己之天，与共戴天，非孝子也。行求杀之，乃止。"④先秦典籍中肯定复仇的教诲对后世产生直接影响，复仇者长期谋划，夙夜以求，唯以手刃仇人而后快。隋唐时期，原则上禁止复仇。《大唐新语》记贞观初，王君操手刃杀父仇人李君则，"刳其心肝，咀之立尽"，后诣刺史自陈。州司以其擅杀，问之曰："杀人偿死，

---

① （后晋）刘昫：《旧唐书》卷 136《卢迈传》，中华书局 1975 年版，第 3753—3754 页。
② 陈寅恪：《金明馆丛稿二编》，生活·读书·新知三联书店 2001 年版，第 283 页。
③ 张建国：《中国法系的形成与发达》，北京大学出版社 1997 年版，第 74 页。
④ （汉）郑玄注，（唐）孔颖达疏：《礼记正义》卷 3《曲礼上》，十三经注疏整理委员会整理，北京大学出版社 2000 年版，第 98 页。

律有明文，何方自理，以求生路？"①可见，隋唐律令对复仇均持否定态度。然复仇历来为传统礼教所推崇，对复仇孝子之处断具有教化宣扬和舆论引导的重要作用，故不可草率从事。对于影响较大的复仇案件，时常须启动集议程序，交付百僚公议。这种做法渐成惯例，为唐代司法实践所长期恪守。

　　武后时，下邽人徐元庆父爽为县尉赵师韫所杀，元庆变姓名为驿家保，后手刃师韫，自囚诣官。武后欲赦死，左拾遗陈子昂调和礼法矛盾，主张"宜正国之法，置之以刑，然后旌其闾墓，嘉其徽烈，可使天下直道而行，编之于令，永为国典。谨议"②。此案虽未明言启动集议程序，然从"如臣等所见"

---

　　① （唐）刘肃：《大唐新语》卷5《孝行第十一》，许德楠、李鼎霞点校，中华书局1984年版，第79页。

　　② （唐）陈子昂：《陈子昂集》卷7《杂著·复雠议状》，徐鹏校点，中华书局1960年版，第153页。

　　按：陈子昂此议后遭柳宗元驳难，建议将受戮者是否违法作为判断复仇的参考标准，凡据法当死者，家属不得复仇。"臣伏见天后时，有同州下邽人徐元庆者，父爽为县吏赵师韫所杀，卒能手刃父雠，束身归罪。当时谏臣陈子昂建议诛之而旌其闾，且请编之于令，永为国典。臣窃独过之。臣闻礼之大本，以防乱也，若曰无为贼虐，凡为子者杀无赦；刑之大本，亦以防乱也，若曰无为贼虐，凡为理者杀无赦。其本则合，其用则异，旌与诛莫得而并焉。诛其可旌，兹谓滥，黩刑甚矣；旌其可诛，兹谓僭，坏礼甚矣。果以是示于天下，传于后代，趋义者不知所以向，违害者不知所以立，以是为典可乎？盖圣人之制，穷理以定赏罚，本情以正褒贬，统于一而已矣。向使刺谳其诚伪，考正其曲直，原始而求其端，则刑礼之用，判然离矣。何者？若元庆之父，不陷于公罪，师韫之诛，独以其私怨，奋其吏气，虐于非辜，州牧不知罪，刑官不知问，上下蒙冒，吁号不闻；而元庆能以戴天为大耻，枕戈为得礼，处心积虑，以冲雠人之胸，介然自克，即死无憾，是守礼而行义也。执事者宜有惭色，将谢之不暇，而又何诛焉？其或元庆之父，不免于罪，师韫之诛，不愆于法，是非死于吏也，是死于法也。法其可雠乎？雠天子之法，而戕奉法之吏，是悖骜而凌上也。执而诛之，所以正邦典，而又何旌焉？且其议曰：'人必有子，子必有亲，亲亲相雠，其乱谁救？'是惑于礼也甚矣。礼之所谓雠者，盖以冤抑沉痛，而号无告也；非谓抵罪触法，陷于大戮。而曰'彼杀之，我乃杀之'，不议曲直，暴寡胁弱而已。其非经背圣，不亦甚哉！《周礼》：'调人掌司万人之雠。''凡杀人而义者，令勿雠，雠之则死。''有反杀者，邦国交雠之。'又安得亲亲相雠也？《春秋公羊传》曰：'父不受诛，子复雠可也。父受诛，子复雠，此推刃之道。复雠不除害。'今若取此以断两下相杀，则合于礼矣。且夫不忘雠，孝也；不爱死，义也。元庆能不越于礼，服孝死义，是必达理而闻道者也。夫达理闻道之人，岂其以王法为敌雠者哉？议者反以为戮，黩刑坏礼，其不可以为典，明矣。请下臣议，附于令，有断斯狱者，不宜以前议从事。谨议"（唐）柳宗元：《柳宗元集》卷4《议辩·驳复雠议》，中华书局1979年版，第102—104页。

云云，此议当为子昂参议案件之奏文。徐元庆案件的集议意见并未从根本上解决因复仇引发的立法矛盾现象，反而在诉讼实践中引发新的争议，武后朝亦有复仇案件未经集议，径直论死之例。《新唐书·杜审言传》记审言子杜并手刃仇人，旋被诛杀事：

> （杜审言）累迁洛阳丞，坐事贬吉州司户参军。司马周季重、司户郭若讷构其罪，系狱，将杀之。季重等酒酣，审言子并年十三，袖刃刺季重于坐，左右杀并。季重将死，曰："审言有孝子，吾不知，若讷故误我。"审言免官，还东都。苏颋伤并孝烈，志其墓，刘允济祭以文。[①]

杜并因父蒙冤贬黜，刺杀事主。杜并亦为左右所杀，故无司法问题存在[②]，亦无法启动集议程序。关于本案详情，相关文献记载与《新唐书》颇有出入。据洛阳出《大周故京兆男子杜并墓志铭并序》：

> 男子讳并，字惟兼，京兆杜陵人也……圣历中，杜君公事左迁为吉州司户，子亦随赴官。联者阿党比周，惑邪丑正。兰芳则败，木秀而摧。遂构君于司马周季童，妄陷于法。君幽系之日，子盐酱俱断，形积于毁，口无所言。因公府宴集，手刃季童于座，期杀身以请代，故视死以如归。仇怨果复，神情无挠。呜呼，彼奚弗仁，子毙之以鞭挞，我则非罪，父超然于尉罗。为谳之理莫申，丧明之痛宁甚。以圣历二年七月十二日终

---

① （宋）欧阳修、宋祁：《新唐书》卷201《文艺上·杜审言传》，中华书局1975年版，第5735页。

按：《大唐新语》记杜并复仇事与新书略同："杜审言雅善五言，尤工书翰，恃才謇傲，为时辈所嫉。自洛阳县丞贬吉州司户，又与群寮不叶。司马周季重与员外司户郭若讷共构之，审言系狱，将因事杀之。审言子并，年十三，伺季重等酬宴，密怀刃以刺季重。季重中刃而死，并亦见害。季重临死，叹曰：'吾不知杜审言有孝子，郭若讷误我至此！'审言由是免官归东都，自为祭文以祭并。士友咸哀并孝烈，苏颋为墓志，刘允济为祭文。则天召见审言，甚加叹异，累迁膳部员外"（唐）刘肃：《大唐新语》卷5《孝行第十一》，许德楠、李鼎霞点校，中华书局1984年版，第79页。

② 陈登武：《从人间世到幽冥界：唐代的法制、社会与国家》，五南图书出版股份有限公司2006年版，第244页。

于吉州之厅馆，春秋一十有六。①

将《杜并墓志》与《新唐书·杜审言传》对勘，可知以下信息：第一，诬陷杜审言者为吉州司马周季童，《新书》误为周季重，而《新书》所记另一事主司户郭若讷，则为墓志所未及；第二，杜并死时年方十六，《新书》误为十三；第三，杜并复仇后即于吉州厅馆当场杖死。杜并虽死，然当时名士多旌其忠烈，苏颋所撰墓志乃有"安亲扬名，奋不顾命，行全志立，殁而犹生"之叹。可见，奉亲复仇、死不旋踵的观念在唐初可谓根深蒂固。

玄宗时，监察御史杨汪诬奏巂州都督张审素谋反，构成其罪，籍没其家。子瑝、琇以年幼，坐徙岭外。开元二十三年(735 年)，瑝、琇杀万顷于都城，系表斧刃，自言报雠之状，逃奔江南，将杀构父罪者，然后诣有司，行至汜水，吏捕以闻。事下百僚集议，"中书令张九龄等皆称其孝烈，宜贷死，侍中裴耀卿等陈不可"②。玄宗最终采纳裴耀卿等人意见，认为私相复仇在减损律典威严的同时，必将导致冤冤相报，不可成复雠之志，亏律格之条，敕河南府对张氏兄弟执行死刑：

> 张瑝等兄弟同杀，推问款承。律有正条，俱各至死。近闻士庶，颇有谊词，矜其为父复雠，或言本罪冤滥。但国家设法，事在经久，盖以济人，期于止杀。各申为子之志，谁非徇孝之夫，展转相继，相杀何限。咎繇作士，法在必行；曾参杀人，亦不可恕。不能加以刑戮，肆诸市朝，宜付河南府告示决杀。③

显而易见，复仇案件争议焦点主要表现在三个方面：其一，复仇前提条件如何？其二，复仇是否合于礼法？其三，如何处置复仇者？此三者归结为一点，即表现为国家治理模式选择层面，礼教与法律之位次先后与相互关系。徐元

---

① 李献奇、郭引强：《洛阳新获墓志》，文物出版社 1996 年版，第 225—226 页。
② (宋)欧阳修、宋祁：《新唐书》卷 195《孝友·张琇传》，中华书局 1975 年版，第 5584 页。
③ (后晋)刘昫：《旧唐书》卷 188《孝友·张琇传》，中华书局 1975 年版，第 4933 页。

庆、张琇两宗复仇案件之集议结论遵循了律令效力高于典礼的基本原则，唐代将传统"原心论罪"原则之适用，严格限制于法无明文范围之内。量刑裁断中，若对相关问题处理标准律有明文者，首先考虑依据法律规定；遇律令阙载而礼典明著者，可参考相关规则执行。毕竟，复仇之义，见诸礼经，未可轻言废斥，而复仇行为又不可为律典所容。主张赦宥复仇者多据经义，并有强大的传统力量与舆论支持；反对豁免复仇者常依律典，以为不可以孝子之情乱国家大法。《唐律》对复仇这一棘手难题采取了回避态度[①]，唯设"杀人移乡"制度，规定"杀人应死会赦免者，移乡千里外"[②]以避仇家，企图通过地理隔绝阻断复仇发生。对司法实践中出现的复仇案件或特赦免死，或集议减等，或执行死刑。张建国认为："在复仇问题上，与其说是礼法逐渐融合，不如说是礼挟带着强大的社会舆论向传统法律实施一次次的单方面冲击，二者从来就没有很好地融合过。可能复仇是唯一严重触犯法律而不受社会舆论谴责的行为，人情与法律的冲突在这件事上也比任何其他事情上反映的更强烈。"[③]总之，基于"德本刑用"之法律观念，在封建法制运行框架之内，尚无法寻得彻底解决复仇困局的根本对策。

中晚唐时期，数宗复仇案件通过集议方式解决，其中经集议处死者，往往备受时议诟病。其中，以李肇《唐国史补》载元和初余长安复仇经集议断死事最为典型：

> 衢州余氏子名长安，父叔二人，为同郡方全所杀。长安八岁自誓，十七乃复雠，大理断死。刺史元锡奏言："臣伏见余氏一家遭横祸死者实

---

① [日]西田太一郎：《中国刑法史研究》，段秋关译，北京大学出版社 1985 年版，第 81 页。

② (唐)长孙无忌等：《唐律疏议》卷 18《贼盗》"杀人移乡"，刘俊文点校，中华书局 1983 年版，第 341 页。

按：霍存福指出，法律默许之复仇权利主体为期亲以上亲属，具体范围基本采取了《周礼》、《礼记》所肯定的范围，即"父母之仇"、"兄弟之仇"的范围，这两个正属于期亲或期亲以上的范畴。霍存福：《复仇·报复刑·报应说：中国人法律观念的文化解说》，吉林人民出版社 2005 年版，第 111 页。

③ 张建国：《中国法系的形成与发达》，北京大学出版社 1997 年版，第 79—80 页。

二平人，蒙显戮者乃一孝子。"又引《公羊传》"父不受诛，子得雠"之义，请下百僚集议其可否。词甚哀切。时裴中书垍当国，李刑部鄘司刑，事竟不行。有老儒薛伯高遗锡书曰："大司寇是俗吏，执政柄乃小生，余氏子宜其死矣！"①

可见，因千年经典熏陶与实践印证，唐代复仇观念可谓深入人心。社会舆论于褒贬之间，对民众行为予以暗示，"进而引导人们以社会舆论与预设前提，从事与社会价值观念相符的活动"②。张琇、张瑝兄弟死后，"士庶咸伤愍之，为作哀诔，榜于衢路。市人敛钱，于死所造义井，并葬瑝、琇于北邙，又恐万顷家人发之，并作疑塚数所。其为时人所伤如此"③。两《唐书》又将大量复仇事例纂入《孝友传》，以复仇为彰显孝道之义举，言"唯孝与悌，亦为人瑞"④云云。正是由于当时正统思想追捧与社会舆论干预，法司依法处断复仇案件需承受巨大压力，为此，需要在程序层面寻找解决上述难题的途径。元和六年（811年）九月，"富平县人梁悦为父复仇，杀秦杲，投狱请罪。特敕免死，决杖一百，配流循州"⑤。对于梁悦复仇案的审判选择了群臣集议程序，宪宗诏"在礼父雠不同天，而法杀人必死。礼、法，王教大端也，二说异焉。下尚书省议"⑥。职方员外郎韩愈针对此案的奏议回答了《唐律》回避复仇的原因，主张凡复仇案件，先经尚书都省集议，后区别对待，以使复仇案件的处理趋于规范统一：

①（唐）李肇：《唐国史补》卷中"余长安复仇"，上海古籍出版社1979年版，第41—42页。

按：《册府元龟》记此事略同，唯事主姓名作"余常安"，言余氏初制依法处死，刺史元锡义之，累上表，"请下百僚详议，复诏常安死。时叹其冤"（宋）王钦若等编纂：《册府元龟》卷896《总录部·复雠》，周勋初等校订，凤凰出版社2006年版，第10411页。

② 孙家洲主编：《秦汉法律文化研究》，中国人民大学出版社2007年版，第171页。

③（后晋）刘昫：《旧唐书》卷188《孝友·张琇传》，中华书局1975年版，第4933—4934页。

④（后晋）刘昫：《旧唐书》卷188《孝友传》论赞，中华书局1975年版，第4938页。

⑤（后晋）刘昫：《旧唐书》卷14《宪宗纪上》，中华书局1975年版，第437页。

⑥（宋）欧阳修、宋祁：《新唐书》卷195《孝友·梁悦传》，中华书局1975年版，第5587页。

右伏奉今月五日敕："复雠：据《礼经》，则义不同天；征法令，则杀人者死。礼法二事，皆王教之端，有此异同，必资论辩。宜令都省集议闻奏者。"朝议郎行尚书职方员外郎上骑都尉韩愈议曰：

伏以子复父雠，见于《春秋》，见于《礼记》，又见《周官》，又见诸子史，不可胜数，未有非而罪之者也，最宜详于律，而律无其条，非阙文也；盖以为不许复雠，则伤孝子之心，而乖先王之训；许复雠，则人将倚法专杀，无以禁止其端矣。……臣愚以为复雠之名虽同，而其事各异：或百姓相雠，如《周官》所称，可议于今者；或为官所诛，如《公羊》所称，不可行于今者；又《周官》所称，将复雠，先告于士则无罪者；若孤稚羸弱，抱微志而伺敌人之便，恐不能自言于官，未可以为断于今也。然则杀之与赦，不可一例；宜定其制曰："凡有复父雠者，事发，具其事申尚书省，尚书省集议奏闻，酌其宜而处之，则经律无失其指矣。"谨议。①

职方员外郎隶兵部，秩从六品上，依例不在五品通贵之列，韩愈参议正说明当时在百僚范围讨论梁悦复仇案。此后，事涉亲伦关系案件须经集议裁断的诉讼惯例仍被长期沿袭。长庆二年（822年）四月，少年康买得救父杀人案。本案虽非复仇，但亦与传统孝亲观念直接相关。经京兆府申报刑部，员外郎孙革"先具事由陈奏，伏冀赐下中书门下商量。敕旨：'康买德尚在童年，得知子道，虽杀人当死，而为父可哀。从沉命之科，失原情之义。宜付法司，减死罪一等处分。'"②可见，通过完善司法程序，提高议刑等级，可在防止疑谳的同时，减缓社会舆论的抵制情绪，最终为复仇案件的成功解决提供了有效途径。另一方面，中国古代，当礼、法发生冲突时，历代朝廷多半采取缘情屈法而从礼，康买得案的处置结论并未完全依据唐律规范

---

① （唐）韩愈：《韩昌黎文集校注》卷8《状·复仇状》，马其昶校注，上海古籍出版社1986年版，第593—594页。

② （宋）王钦若等编纂：《册府元龟》卷616《刑法部·议谳第三》，周勋初等校订，凤凰出版社2006年版，第7125页。

定罪①。

第四节　造 法 集 议

尚书省为总理天下疑难要案都会之所，《新唐书·刑法志》："天下疑狱谳大理寺不能决，尚书省众议之，录可为法者送秘书省。"②尚书省集议意见可能上升为一般法律，"因一时之疑，立百世之法，本一人之事，为众人之则"③，尚书省会商疑狱遂成有司法律创制之肇端。除定罪量刑、调和礼法以外，唐代集议尚有造法功能，与常规群僚参与定律有别，所谓造法集议是群臣通过政策议定、律文辩驳、个案讨论等方式，发现、甄别、拟定司法规则，并对后续司法审判产生效力。

一、政策议定

除集议律令修订以外，唐代时常依据司法实践情况变化，召集群臣商讨刑事政策的调整。贞观十六年（642年），"刑部以《贼盗律》反逆缘坐兄弟没官为轻，请改从死，奏请八座详议"。右仆射高士廉、吏部尚书侯君集、兵部尚书李勣等议请从重。民部尚书唐俭、礼部尚书江夏王道宗、工部尚书杜楚客等议请依旧不改。时议者以汉及魏晋谋反皆夷三族，咸欲依士廉等议。给事中崔仁师以为："父子天属，昆季同气，诛其父子，足累其心，此而不顾，何爱兄弟。既欲改法，请更审量。"④后竟从仁师驳议。至贞观二十一年（647年），刑部又奏反逆者兄弟改重之议，复遣百僚详议。司议郎敬播议以为兄弟

---

① 桂齐逊：《国法与家礼之间——唐律有关家族伦理的立法规范》，龙文出版股份有限公司 2007 年版，第 177 页。

② （宋）欧阳修、宋祁：《新唐书》卷 56《刑法志》，中华书局 1975 年版，第 1411 页。

③ （明）邱濬：《大学衍义补》卷 108《治国平天下之要·慎刑宪》，林冠群、周济夫点校，京华出版社 1999 年版，第 930 页。

④ （后晋）刘昫：《旧唐书》卷 74《崔仁师传》，中华书局 1975 年版，第 2621 页。

"不沾其荫，辄受其辜？背理违情，恐为太甚"①，太宗诏从其议。长寿二年（693年），敕公坐流、私坐徒以上，会赦应免死罪者，皆限赦后百日内自首。如其不首，依法科罪，付群臣集议。侍御史徐有功以为犯罪未发，许首而原，岂有未发之罪，要令百日自首，不首依法科罪，深以为不便。太后复"令五品以上议奏"②。上述加重兄弟连坐量刑及敕令原免者自首政策拟定的原因尚不明朗，当是特定时期立法机构针对司法实践需要的调整。贞元十年（794年）四月，陆贽等以左降官及流人量移事，须俟州府录申盘勘检。奏请"除迁改亡殁之外，具名衔及贬责事由年月，速报中书门下，不须更待州府申请。臣等据所司报到，则便进拟，不出岁内，冀悉沾恩"③。会昌元年（841年）十二月，都省以各地窃盗标准不一，奏请天下州府窃盗贼计赃几贯，须处极法者，"望委中书门下五品以上，尚书省四品以上，御史台五品已上，与京兆尹同议奏闻，仍编入格令"④。通过百僚集议调整刑事政策，不但对诉讼实践产生直接影响，更可能成为后续律令修订之先声。

二、律文疏解

历代律典修订，多有群僚参与，除领衔重臣以外，朝廷往往延请明习律令、赅详坟典之士参知其事。因此，多数律典均成于众人之手，闻名于世的《永徽律疏》即为修律臣僚集议之作。今本《唐律疏议》所谓"疏议"者，实为群臣对于律文解释部分之会商意见。故律疏部分皆以"议曰"方式表述。据《旧唐书·刑法志》：

---

① （宋）王溥：《唐会要》卷39《议刑轻重》，上海古籍出版社2006年版，第828页。

② （唐）杜佑：《通典》卷169《刑法七·守正》，王文锦等点校，中华书局1988年版，第4382页。

③ （唐）陆贽：《陆贽集》卷20《中书奏议四·论左降官准赦合量移事状》，王素点校，中华书局2006年版，第658页。

按：《资治通鉴》详述陆贽进状原委："陆贽上言：'郊礼赦下已近半年，而窜谪者尚未沾恩。'乃为三状拟进"（宋）司马光：《资治通鉴》卷234"德宗贞元十年（794年）四月"，中华书局1956年版，第7554页。

④ （宋）王溥：《唐会要》卷39《议刑轻重》，上海古籍出版社2006年版，第834页。

　　（永徽）三年，诏曰："律学未有定疏，每年所举明法，遂无凭准。宜广召解律人条义疏奏闻，仍使中书、门下监定。"于是太尉赵国公无忌、司空英国公勣、尚书左仆射兼太子少师监修国史燕国公志宁、银青光禄大夫刑部尚书唐临、太中大夫守大理卿段宝玄、朝议大夫守尚书右丞刘燕客、朝议大夫守御史中丞贾敏行等，参撰律疏，成三十卷，四年十月奏之，颁于天下。自是断狱者皆引疏分析之。①

此后，朝廷时常采取集议方式修订法律。开元五年（717 年）二月，敕"令式格敕有不便者，先令尚书省集议刑律刊定、宜详厥衷，合于大体"②。大和元年（827 年）六月癸卯诏："元和、长庆中，皆因用兵，权以济事，所下制敕，难以通行。宜令尚书省取元和以来制敕，参详删定讫，送中书门下议定闻奏。"③

三、个案辩驳

　　律令修订往往以有效处理个案为前提，《贞观律》规定："兄弟分后，荫不相及，连坐俱死，祖孙配流。"贞观三年（629 年），有同州人房强弟任统军于岷州，以谋反伏诛，强从坐。太宗令百僚详议。房玄龄等复定，以为祖孙亲重，兄弟属轻。应重反流，合轻反死，据理论情，深为未惬。"'请定律，祖孙与兄弟缘坐，俱配流。其以恶言犯法不能为害者，情状稍轻，兄弟免死，配流为允。'从之"④。《册府元龟》对于集议房强案之原委记述更详：

　　有同州人房强弟任统军于岷州，以谋反伏诛，强当从坐。帝尝录囚徒，悯其将死，为之动容，顾侍臣曰："刑典仍用，盖风化未洽之咎；愚

---

　　① （后晋）刘昫：《旧唐书》卷 50《刑法志》，中华书局 1975 年版，第 2141 页。

　　② （宋）宋敏求：《唐大诏令集》卷 79《典礼·巡幸·至东都大赦天下制》，中华书局 2008 年版，第 452 页。

　　③ （宋）王溥：《唐会要》卷 57《尚书省诸司上·尚书省》，上海古籍出版社 2006 年版，第 1158 页。

　　④ （宋）王溥：《唐会要》卷 39《议刑轻重》，上海古籍出版社 2006 年版，第 827 页。

人何罪，而肆重刑乎！更彰朕之不德也。用刑之道，当审事理之轻重，然后加之以刑罚，何有不察其本，而一概加诛。非所以恤刑，重人命也。然则反逆有二，一为兴师动众，一为恶言犯法。轻重有差，而连坐皆死，岂朕情之所安哉？更令百寮详议。"①

此案集议之价值已不局限于赦宥房强，而是通过讨论个案触及立法瑕疵，进而革除旧制，议定新律。集议程序在司法与立法之间发挥了重要沟通媒介作用，前述郑宣道婚媾案引发《永徽律》修订一事，实质上亦属于由个案辩驳引发律令修订之例证。

第五节 集 议 程 序

一、启动途径

就其诉讼地位而言，集议当为君主亲鞫以下最高级别之审判方式。无论定罪量刑或议断礼法，集议多是针对法司初拟判决的复议活动。在召集百寮集议之前，法司往往已对相关案件形成初步意见。因案情复杂、干系重大或情状疑难等原因，由君主指令或应有司奏请，召集大臣共同商议。君主指令集议的传统可溯至西汉。文帝前元六年(前174年)十一月，淮南王长谋反，召至长安。文帝不忍致法于王，其与列侯二千石议。《史记·淮南衡山列传》有"臣苍、臣敬、臣逸、臣福、臣贺昧死言：臣谨与列侯吏二千石臣婴等四十三人议，皆曰'长不奉法度，不听天子诏，乃阴聚徒党及谋反者，厚养亡命，欲以有为。'臣等议论如法"②的记载。文帝赦刘长死罪，废而勿王。北魏明元帝时，或告安同筑城聚众，欲图大事，"太宗以同擅征发于外，槛车征

---

① （宋）王钦若等编纂：《册府元龟》卷612《刑法部·定律令第四》，周勋初等校订，凤凰出版社2006年版，第7066页。
② （汉）司马迁：《史记》卷118《淮南衡山列传》，（宋）裴骃集解，（唐）司马贞索隐，（唐）张守节正义，中华书局1959年版，第3079页。

还，召群官议其罪"①。隋仁寿中，番州刺史陆让聚敛赃货狼藉，为司马所奏，"上遣使按之皆验，于是囚诣长安，亲临问。让称冤，上复令治书侍御史抚按之，状不易前。乃命公卿百僚议之。"②

唐代继承前代敕裁集议司法传统，时常召集百僚议狱，前述永徽二年(651年)敕集议华州刺史萧龄之赃事，贞元初集议赦免婺州刺史邓珽赃事等皆可为证。诉讼实践中，集议者多应刑部、大理寺或御史台机构奏请，由君主裁断，尚书都省主持。据会昌五年(845年)六月丙子敕：

> 汉、魏已来，朝廷大政，必下公卿详议，博求理道，以尽群情。所以政必有经，人皆向道。此后事关礼法，群情有疑者，令本司申尚书都省，下礼官参议。如是刑狱，亦先令法官详议，然后申刑部参覆。如郎官、御史有能驳难，或据经史故事，议论精当，即擢授迁改以奖之。如言涉浮华，都无经据，不在申闻。③

唐代刑部、大理寺、御史台等司法机关直接掌控刑事要案，对于死刑、疑狱、议请等事关重大者，皆须依法奏闻。又据《唐六典》卷八《门下省》："朝之疑事，下公卿议，理有异同，奏而裁之。"④因此，门下省亦有权就疑难事务提请集议。景云元年(710年)，大理寺奏右散骑常侍严善思与逆人重福通谋，合从极法。给事中韩思复奏请"付刑部集群官议定奏裁，以符慎狱"。时议者多云善思合从原宥，有司仍执前议请诛。"思复又剥奏恳直，睿宗纳其奏，竟免善思死，配流静州"⑤。集议虽不属于唐代司法必经程序，但一旦启动，却往往形成终审判决，议讫奏闻后，即具备直接执行效力。无论有司奏请或君主裁断，召集百僚集议要案是君主独享之司法权力，亦是体现慎矜恤刑思想的重要体现。

---

① (北齐)魏收：《魏书》卷30《安同传》，中华书局1974年版，第713页。

② (唐)魏徵等：《隋书》卷80《列女·陆让母传》，中华书局1973年版，第1807页。

③ (后晋)刘昫：《旧唐书》卷18上《武宗纪》，中华书局1975年版，第604页。

④ (唐)李林甫等：《唐六典》卷8《门下省》"侍中"条注，陈仲夫点校，中华书局1992年版，第242页。

⑤ (后晋)刘昫：《旧唐书》卷191《方技·严善思传》，中华书局1975年版，第5104页。

二、参议人员

首先，唐代尚书省是集议的法定机关，主要负责召集和主持司法集议，尚书省已成为司法程序的归结点①。《唐六典》："尚书令掌总领百官，仪刑端揆。其属有六尚书，法周之六卿，一曰吏部，二曰户部，三曰礼部，四曰兵部，五曰刑部，六曰工部，凡庶务皆会而决之。"②刑部为尚书省所辖六部之一，故多数集议事宜由尚书省长官主持。至德二载(757年)审理伪官，"乃定所推之罪为六等，集百僚尚书省议之"③。贞元初婺州刺史邓珽坐赃，以会赦欲免赃，"诏百僚于尚书省杂议"④。贞元八年(792年)七月，将作监元亘以其私忌日不受誓戒，为御史劾奏，"令尚书省与礼官、法官集议"⑤。元和六年(811年)八月，梁悦为父复仇杀人，宪宗诏"下尚书省议"⑥。大和二年(828年)，吏部员外郎杨虞卿以公事为下吏所讪，狱未能辨，"诏下(尚书左丞韦)弘景与宪司就尚书省详谳"⑦。大和九年(835年)三月，御史台所奏湖州刺史庾威为郡日自立条制等事，"敕付尚书省四品已上官集议"⑧。可见，终唐之世，尚书省始终是司法集议之召集与主持机关。

---

① 张春海：《论隋唐时期的司法集议》，《南开学报》2011 年第 1 期，第 76 页。

② (唐)李林甫等：《唐六典》卷 1《尚书都省》"尚书令"条，陈仲夫点校，中华书局 1992 年版，第 6 页。

③ (后晋)刘昫：《旧唐书》卷 50《刑法志》，中华书局 1975 年版，第 2151 页。

④ (后晋)刘昫：《旧唐书》卷 136《窦参传》，中华书局 1975 年版，第 3746 页。

⑤ (宋)王溥：《唐会要》卷 23《缘祀裁制》，上海古籍出版社 2006 年版，第 519 页。

⑥ (宋)欧阳修、宋祁：《新唐书》卷 195《孝友·梁悦传》，中华书局 1975 年版，第 5587 页。

⑦ (后晋)刘昫：《旧唐书》卷 157《韦弘景传》，中华书局 1975 年版，第 4154 页。

按：据《唐仆尚丞郎表》：韦弘景于大和二年二月一日丁亥由陕虢观察入迁，次年九月二十一日戊戌，迁礼尚，元稹同日自浙东观察使入迁(严耕望：《唐仆尚丞郎表》卷 2《通表上·仆丞》，中华书局 1986 年版，第 63 页)。又据《旧唐书·杨虞卿传》，此次审判采取杂治模式，"大和二年，南曹令史李赏等六人，伪出告身签符，卖凿空伪官，令赴任者六十五人，取受钱一万六千七百三十贯。虞卿按得伪状，捕赏等移御史台鞫劾。赏称六人共率钱二千贯，与虞卿厅典温亮，求不发举以滥事迹。乃诏给事中严休复、中书舍人高钺、左丞韦景休充三司推案，而温亮逃窜。"(后晋)刘昫：《旧唐书》卷 176《杨虞卿传》，中华书局 1975 年版，第 4563 页。

⑧ (宋)王钦若等编纂：《册府元龟》卷 474《台省部·奏议第五》，周勋初等校订，凤凰出版社 2006 年版，第 5370 页。

其次，司法集议人员范围相对确定。唐制："五品以上之官，是为'通贵'。"①贞观二年（628年）三月壬子，太宗以古者断狱，必讯于三槐九棘之官。乃命"中书门下五品以上及尚书议决死罪"②。此敕虽是关于集议死刑的人员遴选标准，却为后世集议程序的发展奠定了基础。参议人员不限职务分工与官阶高低，皆有权表达自己意见。遇重大案件，君主可适当扩大参议人员范围，大和五年（831年）宋申锡案，文宗悉召师保以下及台、省、府、寺大臣面询。参加此次廷英会议者有左常侍崔元亮、给事中李固言、谏议大夫王质、补阙卢钧、舒元褒、罗泰、蒋系、裴休、窦宗直、韦温、拾遗李群、韦端符、丁居晦、袁都等一十四人。群臣请以申锡狱付外，不于禁中讯鞫。此次集议仍未能避免宋申锡等蒙冤贬黜，却促使文宗再次就本案谋于宰臣。后因牛僧孺谏议，贬漳王凑为巢县公，宋申锡为开州司马。总之，参议人员范围一般限于中书门下五品以上，尚书省四品以上官（表12-1）。如遇特殊情形，可以适当调整参议人员。事涉机密者，可拣择宰辅重臣会商；事关重大者，则可增选臣僚参议。

表 12-1　三省五品以上集议官员一览表

参议职官		官职	定员	品秩
尚书省	尚书都省	左、右仆射	2	从二品
		尚书左丞	1	正四品上
		尚书右丞	1	正四品下
		左司郎中	1	从五品上
		右司郎中	1	从五品上
	尚书吏部	吏部尚书	1	正三品
		吏部侍郎	2	正四品上
		吏部郎中	2	从五品上
		司封郎中	1	从五品上
		司勋郎中	1	从五品上
		考功郎中	1	从五品上

---

① （唐）长孙无忌等：《唐律疏议》卷2《名例》"五品以上妾有犯"，刘俊文点校，中华书局1983年版，第39页。

② （宋）欧阳修、宋祁：《新唐书》卷2《太宗纪》，中华书局1975年版，第29页。

续表

参议职官		官职	定员	品秩
尚书省	尚书户部	户部尚书	1	从五品上
		户部侍郎	2	从五品上
		户部郎中	2	从五品上
		度支郎中	1	从五品
		金部郎中	1	从五品上
		仓部郎中	1	从五品上
	尚书礼部	礼部尚书	1	正三品
		礼部侍郎	1	正四品下
		礼部郎中	1	从五品上
		祠部郎中	1	从五品上
		膳部郎中	1	从五品上
		主客郎中	1	从五品上
	尚书兵部	兵部尚书	1	正三品
		兵部侍郎	2	正四品下
		兵部郎中	2	从五品上
		职方郎中	1	从五品上
		驾部郎中	1	从五品上
		库部郎中	1	从五品上
	尚书刑部	刑部尚书	1	正三品
		刑部侍郎	1	正四品下
		刑部郎中	2	从五品上
		都官郎中	1	从五品上
		比部郎中	1	从五品上
		司门郎中	1	从五品上
	尚书工部	工部尚书	1	正三品
		工部侍郎	1	正四品下
		工部郎中	1	从五品上
		屯田郎中	1	从五品上
		虞部郎中	1	从五品上
		水部郎中	1	从五品上
中书省		中书令	2	正三品
		中书侍郎	2	正四品上
		中书舍人	6	正五品上
门下省		侍中	2	正三品
		门下侍郎	2	正四品上
		左散骑常侍	2	从三品
		左谏议大夫	4	正五品上
		给事中	4	正五品上

注：唐代官员品秩时有升降，今据《唐六典》拟定此表，主要反映开元时期情况。其他不同时期职官具体品秩，可详参《旧唐书·职官志》、《新唐书·百官志》、《唐会要》、《通典》等资料

最后，中书舍人参详。中书舍人是参与司法集议的重要力量，参与集议的依据与方式与其他臣僚有别。中书舍人掌"掌侍奉进奏，参议表章。凡诏旨、制敕及玺书、册命，皆按典故起草进画；既下，则署而行之。……制敕既行，有误则奏而改正之"①。疑难要案的最终处置结果常以诏敕形式发布，中书舍人在草拟审查诏敕之际，若对诏书内容持有异议，即可上奏参议。至德二载王去荣以私怨杀本县令，当死，肃宗敕免，"中书舍人贾至不即行下"②，上表论去荣罪。会昌五年（845 年）十二月，给事中韦弘质建议恢复中书舍人参与讨论刑狱的惯例，"臣等商量，今后除机密公事外，诸侯表疏、百僚奏事、钱谷刑狱等事，望令中书舍人六人，依故事先参详可否，臣等议而奏闻"。从之③。

三、集议方式

唐代集议采取言词与书面两种方式。若君主主持群僚议狱，参议人员临时发表意见，则为言词形式。贞观十八年（644 年）九月，集议茂州童子张仲文案，太常卿摄刑部尚书韦挺奏"仲文所犯，止当妖言，今既会赦，准法免死"④。开元二十三年（735 年）集议张琇复仇案，"中书令张九龄等皆称其孝烈，宜贷死，侍中裴耀卿等陈不可"。上述二例即为臣僚集议时之个人意见。相比之下，书面奏状是更为正式的集议方式，参议臣僚可在奏状中详述参议意见及相关依据，在为君主提供完整确切的参考依据的同时，也能起到固定证据的作用。《文苑英华》保留了贾至、崔器参议至德二载王去荣擅杀案论奏两道，为查明唐代集议方式提供了直接佐证。贾至《论王去荣打杀本部县令表》曰：

> 臣某言：伏见宰臣奉宣圣旨，将军王去荣擅打杀富平县令杜徽，其罪状合实殊死。缘新收陕郡，防遏要人，特宜免死，削除在身官爵，白

---

① （唐）李林甫等：《唐六典》卷 9《中书省》"中书舍人"条，陈仲夫点校，中华书局 1992 年版，第 276 页。

② （宋）司马光：《资治通鉴》卷 219"肃宗至德二载（757 年）六月壬辰"，中华书局 1956 年版，第 7026 页。

③ （后晋）刘昫：《旧唐书》卷 18 上《武宗纪》，中华书局 1975 年版，第 608 页。

④ （宋）王溥：《唐会要》卷 39《议刑轻重》，上海古籍出版社 2006 年版，第 827 页。

身配陕郡展效者。臣等既忝职司，主在行下，伏以圣人诛暴乱，定王业，必先明法令，崇礼义。于是百姓戮力，贤愚悦随。是以汉祖之始入关，约法三章，杀人者死，不易其则。然后能戡定秦项，而帝天下。今陛下将欲清云雨之屯，扫挽抢之寇。不自约其法，恐异汉祖向时之事，将何以成功业哉？谨按：王去荣是富平县百姓，朔方偏裨，无专杀之权，有犯上之逆。且拥数千之众，不能整齐行列，外攻强寇，翻乃无状，挟怨内杀县尹。易曰：臣弑其君，子弑其父，非一朝一夕之故。其所由来者，渐矣。若纵去荣，可以生渐。臣闻去荣善放抛石，能守城邑。曩者陕郡初复，非其人不可守之。李光弼太原、程千里上党、许兼灵昌、鲁炅南阳、贾贲雍丘、张巡睢阳无去荣抛石之能，未闻贼能下之也。其粮不足者自拔矣，何独陕郡非去荣不可哉？陛下若以抛石一能，所犯上者，复何止之。若曰上答去荣，而诛将来之犯者，则是法令不一，而招罪人也。今惜一去荣之才，而杀十倍去荣之才者，不亦其伤盖多乎？夫去荣乱逆之人也，焉有逆于此顺于彼，乱富平而治陕郊，悖于县尹，而不悖于君乎？况今之律令，太宗之律令也。陛下不可惜小才，而废祖宗之法也。伏惟明主弃琐琐之能，全其远者大者，则祸乱不日而定，师旅因兹整齐矣，天下幸甚，臣等不胜云云。①

两《唐书》等相关文献未明言御史中丞崔器参与本案集议，《文苑英华》录《将军王去荣杀人议并序》一则，详细记述了崔器参与集议王去荣案之梗概，其意见与贾至等基本相同：

　　右件官打杀本部富平县令杜徽，恩旨以其能放抛石，免死夺官，自身配陕郡效力。中书舍人贾至等未即行下，奏请奉进，敕旨议者。臣等伏以法者天地之大典，帝王守之，犹不敢专也。若王去荣者乃敢擅杀，是臣下之权过于人主。开元已前无者，尊朝廷也。当今为天下主，爱无

---

① （宋）李昉等编：《文苑英华》卷 619《表六十七·刑法三·论王去荣打杀本部县令表》，中华书局 1966 年版，第 3211 页。

亲疏，得一去荣而失万姓，何利之有？又八议名例，都无此名。十恶科条，乃居其一。杀本部县令，而陛下宽之，王法不行，人伦道屈，臣等奉诏，不知所从。夫国以法胜，有恩无威，慈母不能使其子。养由基射穿七札，楚王以为辱国。林虑公主男犯法，汉君不为减罪。贱技则去荣何有，受去则林虑可征。晋文弃原取信，以信大于原也。今陕虽要郡，不急疑于法，则海内无处不克，况陕郡乎无法也。贾至等皆朝之忠良，见克在近，谨议。①

另据《新唐书·韦陟传》："王去荣杀其县令，帝将宥之，陟曰：'昔汉高帝约法，杀人者死。今陛下杀人者生，恐非所宜。'"②则御史大夫韦陟亦参议本案，至于是否曾呈交奏议，因史料阙载，不得而知。可见，唐代司法实践中，选择何种集议方式，应结合具体案情确定。

在表决方式方面，唐代集议允许参议者充分表达意见，即不受即有意见束缚③，亦不以票数多寡定论。则天时，奴羊羔告丘神勣弟神鼎并男晙谋反，司刑司直刘志素推案，奏称神鼎身居文职，黑袄子即是武夫之衣，若不夙怀叛心，拟投豫州，无故不合辄造文烧却，反状分明，请付法者。曹断神鼎处斩，家口籍没。大理徐有功以为"丘神鼎，丘神勣之弟。兄反，弟合没官。凭状以推，事迹可验，在于断结，理固难踰"。请更详审，务令允当者。后刘志素两次维持原判，"请申秋官及台，集众官议"。最终表决结论却与刘志素、徐有功二人观点相左。案件最终采纳杨执柔等主张的第三种意见，以嫌犯无罪释放告终：

　　得春官员外郎杨思雅等一百十七人依有功议，以缘坐为允；又得夏官尚书杨执柔等百二十二人等议，并无反状，更差明使推。准议状，奏请差五品

---

① (宋)李昉等编：《文苑英华》卷768《议八·刑法·将军王去荣杀人议并序》，中华书局1966年版，第4040—4041页。

② (宋)欧阳修、宋祁：《新唐书》卷122《韦安石子陟传》，中华书局1975年版，第4352页。

③ 张春海：《论隋唐时期的司法集议》，《南开学报》2011年第1期，第74页。

使。推事使杜无二奏无反状，准赦例处分释放。①

参议官员针对案件可提出自己意见，少数意见亦可保留。即在集议时若有不同意见，往往采取多数意见。贞观二十年(646年)群臣集议张亮谋反案，即采取时后追认方式认可正确意见：

> 命百僚议其狱，多言亮当诛，唯将作少匠李道裕言亮反形未具，明其无罪。太宗既盛怒，竟斩于市，籍没其家。岁余，刑部侍郎有阙，令执政者妙择其人，累奏皆不可。太宗曰："朕得其人也。往者李道裕议张亮云'反形未具'，此言当矣。虽不即从，至今追悔。"遂授道裕刑部侍郎。②

另一方面，司法实践中，部分案件即使形成正确集议意见，最终却未必得到君主采纳。至德二载(757年)六月，王去荣以私怨打杀富平县令杜徽，贾至、崔器、韦见素等群臣皆言去荣当以不义论死，然肃宗"竟舍之"③。而个别臣僚即使位卑言轻，其个人意见往往却成为扭转案件走向之关键因素。大历时，婺州刺史邓珽坐赃八十贯，珽与执政有旧，以会赦欲免征赃。"诏百寮于尚书省杂议。议者多希执政意，(大理司直窦)参独坚执，正之于法。竟征赃"④。本案集议若无窦参执奏，集议程序必将沦为臣僚附随众议，开脱嫌犯罪责之合法手段。因此，百僚参决从程序层面维护了律典权威与司法公正，并通过臣僚充分发表意见，通过查明事实，明辨律令，创制先例，最终形成一般法律规则，从而完成司法实践与规则创制之良性互动。

---

① (唐)杜佑：《通典》卷169《刑法七·守正》，王文锦等点校，中华书局1988年版，第4377—4378页。

② (后晋)刘昫：《旧唐书》卷69《张亮传》，中华书局1975年版，第2516页。

③ (宋)司马光：《资治通鉴》卷219"肃宗至德二载(757年)六月壬辰"，中华书局1956年版，第7027页。

④ (宋)王钦若等编纂：《册府元龟》卷617《刑法部·守法》，周勋初等校订，凤凰出版社2006年版，第7137页。

本 章 小 结

　　司法集议是唐代百僚议事的重要组成部分，法司若遇重大、疑难案件，即呈请君主召集群臣会商，妥为拟议。唐代律令对于集议缺乏系统规定，其适用之范围、程序、效力等问题多由诉讼惯例加以支配。

　　第一，在议罪集议领域，参议者主要从法律技术层面，依据律令，结合经义研讨罪名认定。除大理寺、刑部官员以外，参议者得各陈己见，不受职守与官阶限制。若遇重大案件，君主可多次召集百僚商议，参议人员范围亦可随机调整。

　　第二，刑罚裁量是司法集议适用最为集中之领域，经由集议程序，最大限度维护了"慎刑矜恤"之司法理念。贞观二年（628年）即确立死刑案件尚书省集议之基本司法原则，嗣后经百僚集议，死刑执行更趋规范，从坐范围相对缩小，赦宥限制相对严格，议请适用力免妄滥。其中，集议程序开创了参议者解释礼法规则的诉讼惯例，通过明释律意，阐发幽微，不但使个案裁决更趋合理，通过创制先例，对后续司法产生影响。

　　第三，唐律秉承经义决狱传统，奉行德本刑用理念，时常以集议方式解决礼法抵触问题，集议主要承担评议疑案、诠释律意以及创制先例的司法功能。判例反复行用，遂成诉讼惯例；集议结论若载诸律典，即为百司共守之常法。如与不溯既往原则相适应，确立死后事发改谥夺封先例；经由集议郑宣道婚媾个案，确立无服外亲禁婚先例，并直接促成律文修订；法司试图调和礼法冲突，创制并长期践行复仇案件集议裁量惯例。凡此诸端，均体现出唐代集议之礼法沟通功能，在弥合律令缺漏方面进行了有益尝试。

　　第四，集议适用于重大疑难案件之复审，群臣通过政策议定、律文辩驳、个案讨论等方式，发现、甄别、拟定司法规则，并对后续司法审判产生效力。法司据情势变更，拟请修订刑事政策或律文条目，事关重大者，皆由尚书省召集众官杂议，此为唐代法律创制之重要途径之一。

　　第五，唐代典制中，死刑执行、大理寺疑案，以及"八议"论罪等领域明确规定适用集议，但唯有通过剖析大量案例，方可查明集议之运作状态。诉讼实践中，集议程序多应法司奏请，由君主裁断，尚书都省主持。参议人员范围可依据案情予以调整。在参议狱案之际，颇具原始司法民主意涵。臣僚可以书面或言词方式充分发表意见，参议者个别意见亦可保留。集议程序通过查明事实，明辨律令，创制先例，最终形成一般法律规则，从而完成司法实践与规则创制之良性互动。

第 十 三 章

复　审

第一节　复审程序之历史源流

　　申报复审是传统诉讼中上级司法机关监督、复核下级法司成案，断决疑难，疏理冤滞的制度。晚至西周，我国诉讼中已形成较为完备的申报复审规则，此为学界不争之事实①。《礼记·王制》对于上古申报复审有如是记述：

　　　　成狱辞，史以狱成告于正，正听之。正以狱成告于大司寇，大司寇听之棘木之下。大司寇以狱之成告于王，王命三公参听之。三公以狱之成告于王，王三又(宥)，然后制刑。②

可见，原审机关之初审意见是上级法司进行复审之基本依据，该意见即《礼

---

　　① 代表性研究成果有：陈光中：《中国古代的上诉、复审和复核制度》，《法学评论》1983年第3—4期；胡之芳：《我国古代刑事救济程序考评》，《法学杂志》2011年第10期；郭东旭、陈玉忠：《宋代刑事复审制度考评》，《河北大学学报》(哲学社会科学版)2009年第2期；王建峰：《唐后期刑部尚书职权衰落探因》，《史学月刊》2009年第5期；陈灵海：《唐代刑部研究》，法律出版社2010年版；薄新娜：《唐代刑部的司法职能》，吉林大学硕士学位论文，2010年5月。

　　② (汉)郑玄注，(唐)孔颖达疏：《礼记正义》卷13《王制》，十三经注疏整理委员会整理，北京大学出版社2000年版，第481—482页。

记》所谓"狱成"。《吕刑》云:"狱成而孚,输而孚。"孔传曰:"断狱成辞而信,当输汝信于王。谓上其鞫劾文辞。"①由此,上古时期复审是在原判法司形成初审意见后,将狱辞、判决等案卷材料奏报上级法司详覆的法定程序。案件审判完结后形成之判决即谓之"成"。《周礼·秋官·大司寇》:"凡庶民之狱讼,以邦成弊之。"郑司农云:"邦成,谓若今时决事比也。弊之,断其狱讼也。"由此,"狱成"之"成"意在确定,即初审判决;"邦成"之"成"则为判例,作为将来审判之参照②。判例之形成以判决为基础,但并非所有判决最终均能获得判例地位。

汉代形成奏谳制度,明确规定各级法司对于无权判定及疑难案件,须依法逐级申报。汉高祖七年(前 200 年)制诏御史:

> 自今以来,县道官狱疑者,各谳所属二千石官,二千石官以其罪名当报之。所不能决者,皆移廷尉,廷尉亦当报之。廷尉所不能决,谨具为奏,傅所当比律令以闻。③

奏谳仍皆以法司初审判决意见为前提,秦汉魏晋之际,法司初审结论谓之"具狱"。《汉书·张汤传》记张汤劾鼠事云:"劾鼠掠治,传爰书,讯鞫论报,并取鼠与肉,具狱磔堂下。"唐人颜师古注:"具为治狱之文,处正其罪而磔鼠也。"④又云:"具狱者,狱案已成,其文备具也。"⑤可见"具狱"为案件审判完结,与"狱成"之意相通。汉代已经有"具狱"的明确标准,《急就篇》"辞穷情得具狱坚"条颜师古注曰:

---

① (汉)孔安国传,(唐)孔颖达疏:《尚书正义》卷 19《吕刑第二十九》,十三经注疏整理委员会整理,北京大学出版社 2000 年版,第 649 页。

② 程政举:《新资料和先秦及秦汉判例制度考论》,《华东政法大学学报》2009 年第 6 期,第 104 页。

③ (汉)班固:《汉书》卷 23《刑法志》,(唐)颜师古注,中华书局 1962 年版,第 1106 页。

④ (汉)班固:《汉书》卷 59《张汤传》,(唐)颜师古注,中华书局 1962 年版,第 2637 页。

⑤ (汉)班固:《汉书》卷 71《于定国传》颜师古注,中华书局 1962 年版,第 3042 页。

　　　　既穷其辞，又得其情，则鞫讯之吏，具成其狱。锻炼周密，文致坚牢，不可反动也。①

若司法机关讯问罪囚，获得伏辩，案件事实确已查明，即告狱成。初审机关申报的原始资料是上级法司复审的基本依据，当以文案整密，周详确信为基本要件。就复审案件类型而言，这一历史时期，立法者对于死刑案件的申报复审予以特别关注，《后汉书·孟尝传》中记载了东汉县司向会稽郡申报死刑案件的情形：

　　　　上虞有寡妇至孝养姑。姑年老寿终，夫女弟先怀嫌忌，乃诬妇厌苦供养，加鸩其母，列讼县庭。郡不加寻察，遂结竟其罪。(会稽郡户曹史孟)尝先知枉状，备言之于太守，太守不为理。尝哀泣外门，因谢病去，妇竟冤死。②

值得注意的是，申报复审是法司对已决案件的监督复核程序，即与行政官署级别相适应，该程序以法律对于案件管辖及量刑权限之预设为基础，下级法司依据职权主动进行，不以案件当事人申诉为前提。

　　魏晋南北朝时期，狱成标准更为细致，《魏书·刑法志》云："'狱成'谓处罪案成者。寺谓犯罪径弹后，使覆检鞫证定刑，罪状彰露，案署分晰，狱理是成。若使案虽成，虽已申省，事下廷尉，或寺以情状未尽，或邀驾挝鼓，或门下立疑，更付别使者，可从未成之条。"③可见，除原判事实清楚、证据充分以外，如事主直诉，或复审机关存疑者，则不可谓"狱成"。这一时期，死刑核准权利上移，犯死刑案件审理竟结者，均须奏报皇帝批准。魏明帝青龙四年(236年)六月壬申诏："其令廷尉及天下狱官，诸有死罪具狱以定，非谋反及手杀人，亟语其亲治，有乞恩者，使与奏当文书俱上，朕将思所以

---

　　① (汉)史游：《急就篇》卷4，(唐)颜师古注，岳麓书社1989年版，第304页。
　　② (宋)范晔：《后汉书》卷76《循吏列传·孟尝传》，(唐)李贤等注，中华书局1965年版，第2472—2473页。
　　③ (北齐)魏收：《魏书》卷111《刑罚志》，中华书局1974年版，第2883—2884页。

全之。"①北魏太武帝神䴥中敕"诸州国之大辟，皆先谳报乃施行"②。除死刑案件以外，申报复审案件的具体范围尚不清晰。

第二节　唐代复审程序之完善

"覆，重审查也"③。申报复审制度经长期演进，至隋唐时期，形成了完备的申报复审制度，州府长官在复核属县判决活动的地位至关重要。西安大唐西市博物馆藏《大隋上开府三州刺史雍州长史湖陂公库狄士文墓志》记开皇二年(582 年)，贝州刺史库狄士文清理辖内滞狱事："两河风土，闻之旧令，二境滞讼，会待披图。公乃俭己约躬，正绳直笔，不踰七日，望司寇以行威；徒悦两天，踵冀州而按事。"④《太平御览》引《隋书》又记开皇十二年(592年)，光州刺史韦鼎平反属县奸盗事：

> 韦鼎为光州刺史，有人客遊通主人家之妾。及其还去，妾盗物于夜逃亡。寻于草中为人所杀。主家知与妾通，因告客杀之。县司鞫问，具得奸状，因断客辜，狱成，上于鼎。览之曰：此客实奸，而非杀也。乃某寺僧眩妾盗物，令奴杀之，赃在某处，即放此客，遣掩僧，并获赃物。⑤

本案由案发地县司初审，因涉及人命，遂申报州府断决。县司将案卷材料上呈州府，刺史韦鼎览状断事，采取书面审查方式复审此案，分析原委，查明

---

① (晋)陈寿：《三国志》卷 3《魏书·明帝纪》，(宋)裴松之注，中华书局 1959 年版，第107 页。

② (北齐)魏收：《魏书》卷 111《刑罚志》，中华书局 1974 年版，第 2874 页。

③ (清)沈家本：《历代刑法考·汉律摭遗卷六·囚律》"传覆"，邓经元、骈宇骞点校，中华书局 1985 年版，第 1480 页。

④ 胡戟、荣新江：《大唐西市博物馆藏墓志》，北京大学出版社 2012 年版，第 33 页。

⑤ (宋)李昉等：《太平御览》卷 639《刑法部五·听讼》，中华书局 1960 年版，第2862 页。

真凶。对于诏狱案件，法司因承旨鞫问，狱成后则须奏闻圣裁。

作为呈报复审的前提要件，唐代狱成的标准更趋完备。《唐律疏议》言"狱成者，虽会赦，犹除名。（原注：狱成，谓赃状露验及尚书省断讫未奏者。）"疏议进一步解释说："赃状露验者，赃谓所犯之赃，见获本物；状谓杀人之类，得状为验。虽在州县，并名狱成。'及尚书省断讫未奏者'，谓刑部覆断讫，虽未经奏者，亦为狱成。"①由此，对于一般刑事案件，地方州县法司依据《唐六典》规定的审判管辖职权，案件事实清楚证据充分者即告狱成；依法申报刑部复审完毕，虽未奏报者，亦为狱成。此为唐代狱成之基本标准，亦是进行复审程序之必备要素。李百药言贞观时"宪司谳罪，尚书奏狱"②，宪司谳罪即泛指法司审判，尚书奏狱则指刑部断讫奏闻，此正与《唐律》规定相合。

唐代司法实践中，伴随政治、经济形势变化，关于"狱成"的认定标准多有更易，天宝七载（748年）七月二十八日敕节文：

> 追夺官告，但刑部覆讫，即是狱成，便附簿进画，注毁官甲。如违限不纳，纵会非常之恩，亦不在原免之限。所由官如有宽容，并准法科罪。③

肃宗上元元年（760年）十二月十四日，依据刑部奏请，对狱成认定标准进行扩张解释：

> 刑部奏："准《名例律》注云：'狱成，谓赃状露验及尚书省断讫未奏。'疏云：'赃，谓所犯之赃，见获本物；状，谓杀人之类，得状为验。虽在州县，并为狱成。尚书省断讫未奏者，谓刑部覆讫未奏，亦为狱成。'今法官商量，若款自承伏，已经闻奏，及有敕付法，刑名更无可移者，

---

① （唐）长孙无忌等：《唐律疏议》卷2《名例》"除名"，刘俊文点校，中华书局1983年版，第48页。

② （唐）吴兢：《贞观政要》卷3《封建第八》，上海古籍出版社1978年版，第108页。

③ （宋）窦仪等：《宋刑统》卷2《名例》"以官当徒除名免官免所居官"条准天宝七载七月二十八日敕节文，吴翊如点校，中华书局1984年版，第33页。

谓同狱成。臣今与法官审加详议，仍永为恒式。"敕旨依。①

由此，除《唐律疏议》规定的两类狱成情形以外，对于罪囚主动认罪伏法且经闻奏，以及诏狱案件罪行确证者，皆可认定为狱成。无论法司闻奏抑或奉敕断讫，均凸显了皇权因素干预案件进程的特别效力：

唐代申报复核程序甚为繁杂，《唐六典》对中央、地方各级法司的管辖权限及奏报流程均有详细规定：

> 犯罪者，徒已上县断定，送州覆审讫，徒罪及流应决杖、笞若应赎者，即决配、征赎其大理及京兆、河南断徒及官人罪，并后有雪减，并申省司审详无失，乃覆下之；如有不当者，亦随事驳正。若大理及诸州断流已上若除、免、官当者，皆连写案状申省案覆，理尽申奏；若按覆事有不尽，在外者遣使就覆，在京者追就刑部覆以定之。②

与前代相比，唐代申报复核程序有以下特征：第一，明确划分地方与中央案件管辖范围。唐代严格限制地方法司量刑权限，县司仅能决断笞、杖刑案件，徒罪以上即须报州复审。流罪与死罪案件，须逐级申报至刑部复审，再上奏皇帝裁决。第二，强化刑部在复审程序中的主导地位。刑部复审地方流刑、死刑案件以及京师徒罪以上案件，对于案覆后事有不尽者，还可遣使案覆或追至刑部案覆。第三，设定违反复审程序之法律责任。据《唐律疏议·断狱》"应言上待报而辄自决断"条："诸断罪应言上而不言上，应待报而不待报，辄自决断者，各减故失三等。"③

县司向州府申报复审，以及州府、大理寺、京兆府、河南府向刑部申报复审，均须对案件形成确定初审意见，此程序即前述"狱成"者。初审法司

---

① （唐）杜佑：《通典》卷 165《刑法三·刑制下》，王文锦等点校，中华书局 1988 年版，第 4261 页。

② （唐）李林甫等：《唐六典》卷 6《尚书刑部》"刑部郎中员外郎"条注，陈仲夫点校，中华书局 1992 年版，第 189 页。

③ （唐）长孙无忌等：《唐律疏议》卷 30《断狱》"应言上待报而辄自决断"，刘俊文点校，中华书局 1983 年版，第 561 页。

在判决之前，应遵循以"五声听狱讼"的基本原则，其诉讼环节亦可能涉及拘捕、鞫讯、验问、奏报等具体环节。案件形成初审意见后，尚须验囚无异词，方可申报复审。天宝四载(745年)三月，李林甫使人发兵部铨曹奸利事，收吏六十余人，付京兆与御史对鞫之，数日竟不得其情，京兆尹萧炅使法曹吉温鞫之。吉温取二重囚榜掠恐吓，兵部吏慑其酷虐，无不诬服。"顷刻而狱成，验囚无榜掠之迹"①。闫晓君指出：秦汉鞫狱程序中有所谓"覆"，《奏谳书》中称为"验问"。即对犯罪的口供或犯罪事实进行调查核实，对审讯的结果进行最后一次调查检验②。此处所谓验囚，当即于申报复审前对嫌犯进行检验。对于重大案件或死刑案件，法司初审，刑部复审后，还应报中书门下商议，履行宰相署名程序。天宝十一载(752年)四月，户部郎中王銲、京兆人邢縡谋反伏诛。丙戌，御史大夫王鉷赐自尽。据《新唐书·李林甫传》："及鉷败，诏宰相治状，林甫大惧，不敢面鉷，狱具署名，亦无所申救。"③

第三节　刑部复审之主导地位

《新唐书·百官志》："凡罪抵流、死，皆上刑部，覆于中书、门下。"④据前引《唐六典》规定，唐代刑部在常规复审程序之中，始终居于主导地位。大理、京兆所审徒罪案件，及官人罪并后有雪减者，皆应申报尚书刑部复审。大理寺所断流罪以下案件，须经尚书省刑部复审后报皇帝裁决。

有唐一代，刑部的复审职能被反复强调。开元八年(720年)，敕内外官犯赃贿及私罪枉法为人所控，及赴阙陈诉合雪及减罪者，"并令大理审详犯状，申刑部详覆。如实冤滥，仍录名送中书门下"⑤。广德元年(763年)七月十一

---

　　① (宋)司马光：《资治通鉴》卷215"玄宗天宝四载(745年)三月"，中华书局1956年版，第6864页。

　　② 闫晓君：《秦汉法律研究》，法律出版社2012年版，第86页。

　　③ (宋)欧阳修、宋祁：《新唐书》卷223上《奸臣·李林甫传》，中华书局1975年版，第6347页。

　　④ (宋)欧阳修、宋祁：《新唐书》卷48《百官三》，中华书局1975年版，第1256页。

　　⑤ (宋)王溥：《唐会要》卷66《大理寺》，上海古籍出版社2006年版，第1357页。

日敕节文:"应天下刑狱,大理正断,刑部详覆,下中书门下处分。"①安史乱后,朝廷敕令频发,设定刑部案覆期限及其监督事宜。元和四年(809年)九月,因敕刑部、大理决断罪囚,过为淹迟,明确设定刑部案覆、重覆时限,以及起算标准:

> 自今已后,大理寺检断,不得过二十日,刑部覆下,不得过十日。如刑部覆有异同,寺司重加不得过十五日,省司量覆不得过七日。如有牒外州府节目及于京城内勘,本推即日以报。牒到后计日数,被勘司却报不得过五日。仍令刑部具遣牒及报牒月日,牒报都省及分察使,各准敕文勾举纠访。②

若在上述期限内未能完结者,"即别状分析。寺司每月具已断、未断囚姓名事日闻奏,并申报中书门下"③。长庆元年(821年)五月,御史中丞牛僧孺以刑狱淹滞,奏请设立程限,依据狱情大小,将刑部覆审时间分别延长至三十日、二十五日和二十日。"其或所抵罪状并所结刑名并同者,则虽人数甚多,亦同一人之例。违者,罪有差"④。依据案情轻重缓急,大和四年(830年)十月二十五日敕将刑部案覆时限缩减为"大事限十五日,中事十日,小事八日奏毕"⑤。上述时限在大和七年(833年)七月得以再次重申。此外,大和四年十月二十二日敕又规定由中书舍人监督刑部案覆事宜:"今后大理寺结断,行文不当,刑部详覆;于事不精,即委中书舍人举书其轻重出入所失之事,然后出。"⑥然大理详断及刑部覆奏迁延时日的状况似乎并未彻底改观,至开成初,刑部员外郎房直温以台省法司,应缘详覆,须行文牒,"请付本道急递,以免稽迟。

---

① (宋)王溥:《唐会要》卷41《杂记》,上海古籍出版社2006年版,第874页。

② (后晋)刘昫:《旧唐书》卷50《刑法志》,中华书局1975年版,第2153页。

③ (宋)王溥:《唐会要》卷66《大理寺》,上海古籍出版社2006年版,第1358页。

④ (后晋)刘昫:《旧唐书》卷50《刑法志》,中华书局1975年版,第2155页。

⑤ (宋)王钦若等编纂:《册府元龟》卷613《刑法部·定律令第五》,周勋初等校订,凤凰出版社2006年版,第7076页。

⑥ (宋)王溥:《唐会要》卷55《省号下·中书舍人》,上海古籍出版社2006年版,第1112页。

从之"①。

刑部作为中央复审机关，其主导作用主要体现于死刑案件、疑难案件及争议案件的复审方面。与安史之乱以后朝廷频繁调整刑部复审规则的现象相适应，中晚唐时期刑部职官行使复审的记载显得更为集中。基于"情、理、法"等传统司法观念，各类杀人案件往往成为当时社会舆论关注的焦点。刑部复审依据最新诏敕律令，对原判结论进行依法考虑，以谋求"天理、国法、人情"之融通。

一、依律复审

长庆中，前率府仓曹曲元衡杖杀百姓柏公成母，法官以公成母死在辜外，元衡父任军，便以父荫赎罪征铜，公成私受元衡资货，母死不闻，公府法官等以经恩免罪。复审程序中，刑部否定了原判对于当事人身份关系的界定，郎中裴潾认为，曲元衡与柏公成母之间不存在监临关系，因此，元衡不应纳赎；公成母为人杀害而私和，悖逆天性，犯则必诛，遂"奏下，元衡杖六十，配流。公成以法论至死。公议称之"②。会昌四年（844年）泽潞平，刘稹母阿裴以酒食会潞州将校妻子，泣告以固逆谋。朝议以刘从谏妻裴氏是裴问之妹，欲原之。刑部郎中陈商与刑部侍郎刘三复参加本案集议。针对阿裴罪行，刑部认为不合将功折罪，坚持裴氏依法论死，现具刘三复、陈商奏议如下：

> （刑部侍郎刘三复奏）"刘稹年既幼小，逆节未深，裴为母氏，固宜诫诱，若广说忠孝之道，深陈祸福之源，必冀虺毒不施，枭音全革。而乃激厉凶党，胶固叛心，广招将校之妻，适有酒食之宴，号哭激其众意，赠遗结其群情。遂使叛党稽不舍之诛，孽童延必死之命，以至周岁，方就诛夷，此阿裴之罪也。虽以裴问之功，或希减等，而国家有法，

① （宋）王钦若等编纂：《册府元龟》卷 467《台省部·举职》，周勋初等校订，凤凰出版社 2006 年版，第 5277 页。

② （宋）王钦若等编纂：《册府元龟》卷 616《刑法部·议谳第三》，周勋初等校订，凤凰出版社 2006 年版，第 7125 页。

难议从轻。……阿裴请准法。"从之。①

（刑部郎中陈商奏）"裴氏为恶有素，为奸已成，分衣以固其人心，申令以安其逆志。在于国典，情实难容。臣等参议，宜从重典。"从之。②

依据群臣奏议，会昌四年九月，刘稹、稹母阿裴等"并处斩于独柳"③。在曲元衡案与阿裴案复审之中，刑部坚持严据律典，依法论罪，限制罪囚随意减免刑责，是为刑部依法论刑之典范。

二、原情复审

除依律严格执奏以外，唐代刑部复审意见更加倾向于彰显《唐律》"德本刑用"思想精髓，通过复审议罪，表彰孝悌，寻找法律与伦理之间的平衡关系，并在复审领域长期施行屈法申恩惯例。元和十四年（819年）七月，盐铁福建院官权长孺坐赃一万三百余贯，有司上其狱，诏付京兆府杖杀。后因长孺母刘氏年老，兼系权相德舆族子，免死杖一百，长流康州④。宝历三年（827年），京兆人有姑以小过鞭其妇至死，府上其狱。对于这宗涉及尊卑亲伦关系的特殊杀人案件，刑部郎中窦某断以偿死，刑部尚书柳公绰认为："尊殴卑，非斗也。"

---

① （后晋）刘昫：《旧唐书》卷177《刘邺传》，中华书局1975年版，第4617页。

② （宋）王钦若等编纂：《册府元龟》卷616《刑法部·议谳第三》，周勋初等校订，凤凰出版社2006年版，第7126页。

③ （后晋）刘昫：《旧唐书》卷18上《武宗纪》，中华书局1975年版，第602页。

按：清人徐松《唐两京城坊考》认为长安东西两市刑人之地有东市北侧胜业坊狗脊岭、东市资胜寺侧及东市西北街三处[（清）徐松：《唐两京城坊考》，李建超增订，三秦出版社1996年版，第122、124页]。辛德勇认为刑人当有定所，如此猥滥，于理自当难允。狗脊岭上的刑人之所不应在胜业坊中，"东市西北角外春明门大街之中即为狗脊岭之'脊顶'，这里地势高敞，通衢四望，所以把东市的刑人之所选在这里是十分合理的。正如清代北京刑人菜市口上而不在市肆之中一样，唐代所谓刑人于东市实际上也应当是指东市西北角外十字街口的高地'狗脊岭'。……《旧唐书》云刑人之独柳树在子城西南隅，当是以此树本不在西市之内，而在其东北角外的街口上。这一位置正当子城之西南隅外，又与东市刑人之所东西对应于皇城"。辛德勇：《隋唐两京丛考》，三秦出版社2006年版，第56—57页。

④ （唐）赵璘：《因话录》卷1《宫部》，上海古籍出版社1979年版，第72页。

据《唐律疏议》："相争为斗，相击为殴。"①姑鞭妇至死，不存在"相争"情形，由此不成立"斗杀"之条，由此，柳公绰否定了窦郎中意见，进而认为"其子在，以妻而戮其母，非教也"②。后从公绰所议，其母以减死论。显然，尚书柳公绰将本案性质认定伤害行为(结果加重)，贯彻"原心论罪"思想，在排除嫌犯斗殴杀人动机的同时，贯彻了维护尊长利益及封建伦理关系的目的。

长庆二年(822年)四月，发生幼童康买德救父致死人命案，"云阳县角抵力人张莅负羽林官骑康宪钱，宪往征之。莅乘醉打宪将殒，宪男买德年十四，持木锤击莅首破，三日而卒"。据《唐律疏议》："诸祖父母、父母为人所殴击，子孙即殴击之，非折伤者，勿论；折伤者，减凡斗折伤三等；至死者，依常律。"疏议又云："'至死者'，谓殴前人致死，合绞；以刃杀者，合斩。故云'依常律'。"③对照律文规定，康买德救父，以木锤殴击张莅致死，依律当绞。《礼记·王制》曰："凡听五刑之讼，必原父子之亲，立君臣之义，以权之。"④传统诉讼审判中，当事人身份与动机是必须考虑的因素，本案中康买德尚在髫龀之岁，依律享受收赎权利⑤。买德求父，彰父子之亲，明纯孝之义，刑部员外郎孙革以为"买德生被皇风，幼符至孝，哀矜之宥，伏在圣慈。职当谳刑，合分善恶，先具事由陈奏，伏冀赐下中书门下商量"⑥。后穆

---

① （唐）长孙无忌等：《唐律疏议》卷 21《斗讼》"斗殴以手足他物伤"，刘俊文点校，中华书局 1983 年版，第 383 页。

② （宋）王钦若等编纂：《册府元龟》卷 616《刑法部·议谳第三》，周勋初等校订，凤凰出版社 2006 年版，第 7125 页。

③ （唐）长孙无忌等：《唐律疏议》卷 23《斗讼》"祖父母为人殴击子孙即殴击之"，刘俊文点校，中华书局 1983 年版，第 422 页。

④ （汉）郑玄注，（唐）孔颖达疏：《礼记正义》卷 13《王制》，十三经注疏整理委员会整理，北京大学出版社 2000 年版，第 481 页。

⑤ 按：《唐律疏议》："诸年七十以上、十五以下及废疾，犯流罪以下，收赎"（唐）长孙无忌等：《唐律疏议》卷 4《名例》"老小及疾有犯"，刘俊文点校，中华书局 1983 年版，第 80 页。

⑥ （宋）王钦若等编纂：《册府元龟》卷 616《刑法部·议谳第三》，周勋初等校订，凤凰出版社 2006 年版，第 7125 页。

　　按：刑部员外郎是具体参与刑部复审庶务的重要职官，据西安大唐西市博物馆藏《唐故正议大夫守河南尹柱国赐紫金鱼袋赠礼部尚书武阳李公墓志铭并序》：刑部员外郎李朋"详奏刑狱凡数百道，辨冤谪恶，曲尽法情"（胡戟、荣新江：《大唐西市博物馆藏墓志》，北京大学出版社 2012 年版，第 969 页）。由此亦可见刑部复审狱讼之繁钜。

宗降敕，以"买德尚在童年，能知子道。虽杀人当死，为父可哀。若从沉命之科，恐失原情之意。可减死罪一等"①。康买德案的复审结论在后世产生了深远影响，以至后唐年间刑部仍援引此例复审命案。天成二年(927年)七月，洛州平恩县百姓高弘超其父晖为乡人王感所杀，后挟刃以报之，遂携其首自陈大理寺，以故杀论。就性质而言，本案应属于复仇杀人无疑，然刑部员外郎李殷梦引据长庆二年(822年)康买德案及元和六年(811年)富平人梁悦复仇案，以为高弘超复仇杀人，当因彰显孝慈，降罪贷命：

> 奉敕："忠孝之道，乃治国之大柄，典刑之要在，诛意之深文。差若毫厘，系之理道。昔纪信替主赴难，何青史之永刊。今高弘超为报父冤，即丹书之不尚，人伦至孝，法网宜矜，减死一等。"②

上述三案经有司奏报后，刑部皆据亲伦孝义观念减等论断，复审程序在维护封建伦理道德标准，引导社会舆论走向，以及传承经义决狱、慎刑恤狱等诉讼理念方面发挥了重要作用。

三、疑狱复审

"哀矜折狱，义光吕训。明慎用刑，事昭姬象"③。唐代刑部复审秉承的上述司法理念，在剖析疑难、杜绝冤滥等方面发挥了重要作用。郑克言"折狱之道，必先鞫情而后议罪"④。唐代刑部复审疑难案件，在审查书状材料基础上，更侧重于查明案件枝节原委，以求准确定罪量刑。大和初，安南经略使韩约奏爱州刺史张丹犯赃并欲谋恶事，敕付大理寺详论。后断讫申刑部复审，以为律无欲谋恶事之科，"先勒张丹通款，估纳家资，然后就刑。虑涉情

---

①　(后晋)刘昫：《旧唐书》卷16《穆宗纪》，中华书局1975年版，第497页。

②　(宋)王钦若等编纂：《册府元龟》卷616《刑法部·议谳第三》，周勋初等校订，凤凰出版社2006年版，第7128页。

③　(宋)宋敏求：《唐大诏令集》卷82《政事·刑法·恤刑诏》，中华书局2008年版，第471页。

④　(宋)郑克：《折狱龟鉴校释》卷4《议罪》，杨奉琨校释，复旦大学出版社1988年版，第205页。

故"。且张丹男宗礼、宗智等年皆幼弱，挂系稽留，有失允当。文宗采纳刑部复审意见，敕曰："详覆格律，既在疑文其张丹男宗礼、宗智等并释放，赃钱已别有处分，其江陵庄宅等，勒却还张宗礼等。"①

若刑部复审意见与大理判决结论发生冲突，允许臣下论奏。大和九年（835年），濮州录事参军崔元武于五县人吏率敛及县官料钱，以私马抬估纳官，计绢一百二十匹。大理寺断三犯俱发，以重者论，祗以中私马为重，止令削三任官。而刑部覆奏令决杖配流，狱未决。殷侑以为"三犯不同，坐所重。律，频赃者累论。元武犯皆枉法，当死"。②诏用覆讯，流元武贺州。值得注意的是，殷侑所论与大理寺刑部意见皆有异同，崔元武最终虽依刑部复审意见量刑，但文宗授侑刑部尚书，或可视为朝廷对其论奏的肯定。总之，刑部的复核职能减少冤假错案，使案件的判决更加公平正义。另一方面，由于受到当时政治和实际状况的影响，其又不可避免地受到各种因素的干扰③。

五代时期，刑部监督地方审判，昭雪冤狱，断决疑难的职能仍有突出体现。后周太祖时，宿州民以刃杀妻，妻族受赂，伪言风狂病瘵。州司法吏引律，不加拷掠，具狱上报请覆。刑部郎中高防以为"其人风不能言，无医验状，以何为证？且禁系踰旬，亦当须索饮食。愿再劾，必得其情"④。周祖然之，卒寘于法。

第四节　州司复审之监督职能

唐代县司是主管地方司法之基本单元，并在乡与州（府）之间承担上传下达之重要职责。日本宁乐美术馆藏吐鲁番出土《唐开元二年（714年）七月蒲昌县牒为勘白谇庆身死事》[宁乐二一（1）号]文书记载了蒲昌县就白谇庆牒

① （宋）王钦若等编纂：《册府元龟》卷616《刑法部·议谳第三》，周勋初等校订，凤凰出版社2006年版，第7126页。

② （宋）欧阳修、宋祁：《新唐书》卷164《殷侑传》，中华书局1975年版，第5054页。

③ 薄新娜：《唐代刑部的司法职能》，吉林大学硕士学位论文，2010年5月，第14页。

④ （元）脱脱等：《宋史》卷270《高防传》，中华书局1977年版，第9260页。

报蒲昌府，并下达案发乡之基本流程：

1 　警　款 ，保知上件人父身死事实， 如 　　　　　

2 　　　　　 白诨庆身死不虚。牒上州 　　　　　

3 　　　　　 已上州，并下乡讫。牒 至 　　　　　

4 　　　　　 二年七月 　　　　　 ①

据《唐六典》，县司所断徒罪案件，要送所属州府复审。流罪和死罪案件，必须申报至尚书刑部复审。唐代采取案发地管辖原则，"凡有犯罪者，皆从所发州、县推而断之；在京诸司，则徒以上送大理，杖以下当司断之；若金吾纠获，亦送大理"②。由此，地方徒罪以上案件均须经州府复核。值得注意的是，若地方申报至州司断讫者，多限于徒罪以下案件，此类案件往往因事实较为简单，且属州司常规事务，故而于传世史籍中记载较少，但于敦煌文书、唐人墓志及稗乘笔记中可拣得数宗史料。《唐安西判集残卷》(P. 2754) 第 2 道判文"伊州镇人元孝仁、魏大师造伪印事"，据法当流。县司无权判决，依律报州复审，遂判曰"印事事重，私狱极难。牒报伊州，请允不责"③。州府在复审事务中上呈下达之枢纽地位，由此可见一斑。《唐故朝散大夫京兆府三原县令余姚开国男徐公(顼)墓志铭》又记贞元中，徐顼履职京兆法曹。"有属县按盗，妄意良人，榜棰折骨，诬伏凶首。□公承命覆视，独密冤之，盘验根株，细索丝发。不俟兼对，折于片言。□必死之魂，获已漏之党，俾全活者六人。时府主韩公皋上其状，□儗三辅县令"④。出土文献所言州府佐理按覆属县刑狱事，虽不乏谀墓成分，但《唐六典》关于州府复审属县狱案之规定，却得

---

① 陈国灿、刘永增编：《日本宁乐美术馆藏吐鲁番出土文书》，文物出版社 1997 年版，第 73 页。

② (唐)李林甫等：《唐六典》卷 6《尚书刑部》"刑部郎中员外郎"条注，陈仲夫点校，中华书局 1992 年版，第 189 页。

③ 唐耕耦、陆宏基编：《敦煌社会经济文献真迹释录》(第 2 辑)，全国图书馆文献微缩复制中心 1990 年版，第 611 页。

④ 赵文成、赵君平：《新出唐墓志百种》，西泠印社出版社 2010 年版，第 262 页。

以清晰印证。下列两则见于唐代笔记稗史的案例，则以更为鲜活的笔法描摹了唐代地方州府复审的主要流程。康骈《剧谈录》"袁相雪换金县令"条：凤翔府属县获马蹄金一瓮，递送之间，遭人调换，遂断县令侵吞。后经府司复审昭雪事：

> 李汧公镇凤翔，有属邑编甿，因耨田得马蹄金一瓮。里民送于县署，沿牒将至府庭。宰邑者喜于获宝，欲以自为殊绩，虑公藏主守不严，因使置于私室。信宿，与官吏重开视之，则皆为土块矣。瓮金出土之际，乡社悉来观验；遽为变更，靡不惊骇。以状闻于府主，议者佥云奸计换之，遂遣理曹掾与军吏数人就鞠案其事，获金之社，咸共证焉。宰邑者为众所挤，摧沮莫能自白；既而诎辱滋甚，遂以为易金伏罪。词款具存，未穷隐用之所，遂令拘系仆隶，胁以刑辟。或云藏于粪壤，或云投于水中，纷纭枉挠，结成狱具，备以词案上闻。汧公览之愈怒。俄而，因有筵席，停杯语及斯事，列坐宾客，咸共惊叹。或云效齐人之攫，或云有杨震之癖。谈笑移时，以为肤箧穿窬，无足讶也。时袁相公滋亦在幕中，俯首略无词对。李公目之数四，曰："宰邑非判官亲懿乎？"袁相曰："与之无素。"李曰："闻彼之罪，何不乐之甚？"袁相曰："某疑此事未了，更请相国详之！"汧公曰："换金之状极明，若言未了，当别有见。非判官莫探情伪。"袁相曰："诺。"因俾移狱府中按问，乃令阅瓮间，得三十五块；诘其初获者，即本质在焉。遂于列肆索金熔写，与块形相等。既成，始秤其半，已及三百斤矣。询其负担人力二农工，讵中异至县境，计其负金大数，非二人以竹担可举；明其即路之时，金已化为土矣。于是群情大豁，宰邑者遂获清雪。汧公叹伏无已，每言才智不如。其后履历清途，至德宗朝，皆为宰相。[1]

据《旧唐书·地理志》：凤翔府隋为扶风郡，武德元年(618 年)改为岐州。至德二载(757 年)"十月，克复两京。十二月，置凤翔府，号为西京，与成都、京兆、河南、太原为五京"①，领岐山、郿县、宝鸡等八县。凤翔府闻知失金以后，差遣法吏军人赴县推事，县令为众所证，兼有仆隶枉挠，遂结成狱具，备以词案上闻府司。本案复审中，州官袁滋在查阅案卷的同时，通过侦查实验，模金称重，以明县令之冤。

严子休《桂苑丛谈》复记李德裕复审甘露寺主事僧隐没黄金案，其具体情节虽与袁滋昭雪县令事略有差异，然文中涉及州府法司提审嫌犯、勘察取证直至雪洗冤狱等情节，唐代地方复审程序得以清晰展示：

> 太尉朱崖出镇浙右，有甘露知主事者诉交代得常住什物，被前主事隐用却常住金若干两。引证前数辈皆有递相交割文字分明，众词皆指以新得替者隐用之。但初上之时交领既分明，及交割之日不见其金，鞫成具狱，伏罪昭昭，然未穷破用之所由。或以僧人不拘僧细行而费之，以是以无理可伸，甘之死地。一旦引虑之际，公疑其未尽，微以意揣之，髡人乃具实以闻曰："居寺者乐于知事，前后主之者，积年已来空交分两文书，其实无金。郡众以某孤立，不杂辈流，欲乘此挤排之。"因流涕不胜其冤。公乃悯而恻之曰："此固非难也。"俯仰之间，曰："吾得之矣。"乃立召兜子数乘，命关连僧入对事，咸遣坐兜子。下帘子毕，令门不相对，命取黄泥各令模前后交付下次金样，以凭证据。僧既不知形段，竟模不成。公怒，令鞫前数辈，皆一一伏罪，其所排者遂获清雪。②

《旧唐书·李德裕传》：长庆二年(822 年)九月，"出德裕为浙西观察使"③。上述太尉朱崖辩狱事，当于此间。文中提及甘露寺主事僧被"鞫成其狱，伏罪昭然"，显系案发地县司初审结论。李德裕通过录问罪囚，主事僧乃以实情相告。德裕以物证勘验为基本线索，令关联僧人以黄泥模拟涉案黄金，竟不能得，主事僧冤屈乃申。除县司依法申报以外，州府长官还可仿照汉代刺史巡行部内之惯例，亲至辖内属县巡检狱讼。长庆三年（823年），柳公绰检校户部尚书、襄州刺史之际，行部至邓县处置舞文县吏事[①]，即可为证。可见，地方州府复审在监督县司审判、平反冤狱方面发挥着重要作用，与此同时，州司又是向刑部上达流刑死刑案件之必经环节，其复审意见对于案件最后判决具有举足轻重的影响。

第五节　遣使复审之再覆职能

差遣使臣复审案件是刑部复审的延伸。在狱案初审完结后，对案情重大或存疑者，朝廷多差遣使臣详覆。使臣详覆结论对于案件最终审判结果多具有决定意义。《唐六典》关于遣使复审程序规定简略，实践中，按照奉敕推按使臣身份不同，唐代遣使复审可划分为御史复审、三司复审及特使复审三种类型。

一、御史复审

唐代御史乃天子耳目之司，在诉讼审判中承担重要角色。三院御史不但是司法监察机构，更可直接审理诏狱案件，或以"三司"成员身份推鞫要案。同时，御史时常受命复审各地案件，其中尤以监察御史复审狱案者居多。唐监察御史掌"分察百僚，巡按郡县"[②]，是复审各地已决案件之核心力量。长安二年（702年）十一月辛未，监察御史魏靖上疏乞详覆酷吏所推大狱，伸其枉滥。武后乃命"监察御史苏颋按覆俊臣等旧狱，由是雪冤者甚众"[③]。实践

①　（后晋）刘昫：《旧唐书》卷165《柳公绰传》，中华书局1975年版，第4303页。

②　（唐）李林甫等：《唐六典》卷13《御史台》"监察御史"条，陈仲夫点校，中华书局1992年版，第381页。

③　（宋）司马光：《资治通鉴》卷207"则天后长安二年（702年）十一月辛未"，中华书局1956年版，第6560页。

中，朝廷可针对案件多次遣使复审，其中亦多有御史参与。乾元二年(759年)，道士申泰芝托使鬼物却老之术，得幸于肃宗。因使往湖南宣慰，受奸赃巨万。又以讹言惑众，潭州刺史庞承鼎按其事以闻。肃宗召泰芝赴京师，下承鼎于江陵狱。诏监察御史严郢穷理之，"郢具以泰芝奸状闻，帝又令中使与观察使吕諲同验理。諲亦执奏泰芝奸状"①。然本案处置结果却差强人意，肃宗竟杖杀承鼎，流郢于建州。后泰芝妖妄不道伏诛，乃追还承鼎本官，召郢复为监察御史②。元和五年(810年)四月，东都留守杜亚诬陷大将令狐运为盗，遂执讯之，逮系者四十余人。宪宗命监察御史杨宁往东都，按大将令狐运事。"宁既按其事，亚以为不直，密表陈之，宁遂得罪"③。宰臣以狱大宜审，奏请覆之，复命侍御史李玄素就覆，令狐运冤状乃明。

二、三司复审

唐代"三司"内涵繁杂，其承受差遣处理相关事务者，谓之"三司使"。在诉讼领域，"三司"主要指由大理寺、刑部、御史台官员组成的临时司法组织及其派出机构。清人钱大昕曾言："盖三司鞫狱，出于临时遣使，故六典不著为令，而于刑部篇言。"④除审理诏狱案件以外，唐代"三司"亦有奉敕复审大狱之权。建中二年(781年)，有飞语言曲江有王气，宰相杨炎心存异志，故于其地建私庙。杨炎因此获罪下狱。《新唐书·杨炎传》："会狱具，诏三司同覆，贬崖州司马同正。未至百里，赐死。"⑤寥寥数语，却清

---

① (宋)王钦若等编纂：《册府元龟》卷515《宪官部·刚正第二》，周勋初等校订，凤凰出版社2006年版，第5850页。

② 按：在严郢平反案中，吕諲节度判官元结发挥了重要作用，据《容州都督兼御史中丞本管经略使元君表墓碑铭》"属道士申泰芝诬湖南防御使庞承鼎谋反，并判官吴□宜等皆被决杀，推官严郢坐流，俾君(注：吕諲节度判官元结)按覆，君建明承鼎，获免者百余家"。(唐)颜真卿：《颜鲁公集》卷5《碑·容州都督兼御史中丞本管经略使元君表墓碑铭》，上海古籍出版社1992年版，第36页。

③ (宋)王溥：《唐会要》卷62《御史台下·推事》，上海古籍出版社2006年版，第1274页。

④ (清)钱大昕：《廿二史考异》卷44《唐书四》，方诗铭、周殿杰点校，上海古籍出版社2004年版，第692页。

⑤ (宋)欧阳修、宋祁：《新唐书》卷145《杨炎传》，中华书局1975年版，第4726页。

晰描述了杨炎案之审理流程。对照《旧唐书·杨炎传》："及台司上具狱，诏三司使同覆之。"①比较两《唐书》关于杨炎案的审理程序可知，自告发成立之时，杨炎私庙案即属诏狱性质，案件初审由御史台承旨办理，结案后，德宗又差三司使复审，或因事关宰臣影响巨大，故由三司使再行复审。贞元四年（788年），穆赞迁侍御史分司东都，审理陕州观察使卢岳妻妾财产纠纷案，御史中丞卢佋佐之令深绳妾裴氏罪，赞持平不许，为宰臣窦参与卢佋构陷下狱。对于穆赞的审理程序，《旧唐书·穆宁子赞传》有如是描述："参、佋俱持权，怒赞以小事不受指使，遂下赞狱。侍御史杜伦希其意，诬赞受裴之金，鞭其使以成其狱，甚急。赞弟赏，驰诣阙，挝登闻鼓。诏三司使覆理无验，出为郴州刺史。"②可见，窦参等诬陷穆赞受贿，由侍御史杜伦受命审理。穆赞弟穆员挝鼓直诉，德宗复遣三司使复审，此处三司使具体组成情况却不得详知，幸赖柳宗元《先侍御史府君神道表》透露出其中隐情："会宰相与宪府比周，诬陷正士，以校私雠。有击登闻鼓以闻于上，上命先君总三司以听理，至则平反之（柳镇时为殿中侍御史，诏镇与刑部员外郎李巽、大理卿杨瑀为三司，覆治）"③。复审无验，穆赞出郴州刺史。

三、特使复审

唐代司法实践中，常有诸法司以外人员受命复审狱案现象发生。高宗时，"朔州刺史张玄受赃至巨万，累按不得情"。刑部郎中狄仁杰荐陕州河北县尉李正本按覆，"公鞫得事实。有敕褒美，加两阶，赐物五十段"④。则天时，新都丞朱待辟坐赃至死，待辟所厚浮屠理中谋据剑南，武后诏益州大都督府长史姚璹穷按。"狱具，后遣洛州长史宋玄爽、御史中丞霍献可覆视，无所翻，

---

① （后晋）刘昫：《旧唐书》卷118《杨炎传》，中华书局1975年版，第3425页。

② （后晋）刘昫：《旧唐书》卷155《穆宁子赞传》，中华书局1975年版，第4115—4116页。

③ （唐）柳宗元：《柳宗元集》卷12《表志·先侍御史府君神道表》，中华书局1979年版，第295—296页。

按：又据《先君石表阴先友记》："李巽，陇西人。行义甚修。至刑部郎中，卒。故与先君为三司者也。其大理者曰杨瑀。瑀无可言，犹以狱直为御史。"同上书，第302页。

④ 吴钢主编：《全唐文补遗》（第4辑），三秦出版社2000年版，第15页。

坐没入五十余族，知反流徙者什八以上，道路冤噪"①。宋玄爽、霍献可针对姚璹初审意见进行，而在之前，当有益州向刑部申报狱成之前置程序。开元名相张说、宋璟皆有奉命复审大狱的经历，景云元年(710年)秋，谯王重福于东都构逆而死，留守捕系枝党数百人，考讯结构之状，经时不决。睿宗令中书侍郎兼雍州长史张说往按其狱，"一宿捕获重福谋主张灵均、郑愔等，尽得其情状，自余枉被系禁者，一切释放"②。开元八年(720年)，京兆人权梁山谋逆，敕河南尹王怡驰传往按，深探其狱，玄宗乃诏宋璟赴京留守，并按覆其狱。"公以婚姻假借，天下大同，至于京城，其例尤众。知情即是同反，无罪不合论辜。凶渠之外，一切原免，天下欣服焉"③。上述宋玄爽、张说、宋璟复审者，均系株连众多之反逆案件，然宋玄爽复审者酿成冤狱，遭监察御史袁恕己劾奏；张说、宋璟复审者皆严惩主犯，不问胁从，故而为史称道。

案件狱具后，朝廷差遣御史、三司使或他官复审，往往不言及刑部，刑部复审与遣使复审二者关系如何？遣使复审是否具有替代刑部复审的优越地位？答案是否定的。如前所述，唐代刑部始终是要案复审之主导机关，地方州县或京城诸司狱成者，皆应申报刑部详覆，刑部再将结果奏闻。上述环节或因系唐代诉讼常规，故传世史籍无须赘述。《唐六典》言"若案覆事有不尽，在外者遣使就覆；在京者，追就刑部覆以定之"。上述规定更从制度层面证明遣使复审必以刑部复审存疑为前提，待刑部奏上，君主若认为需要再加详覆，即可启动遣使复审程序。从人员配置而言，朝廷对承旨复审官员的选择并非随机进行，司法实践中大致遵循以下诉讼惯例：地方府县初审案件，刑部复审不尽者，多遴选精强御史再覆；御史台初审案件，刑部复审不尽者，多差遣三司使再覆；京畿诸司初审案件，刑部复审不尽者，则优先择京兆、河南府官吏再覆。

① (宋)欧阳修、宋祁：《新唐书》卷102《姚思廉孙璹传》，中华书局1975年版，第3981页。

② (后晋)刘昫：《旧唐书》卷97《张说传》，中华书局1975年版，第3051页。

③ (唐)颜真卿：《颜鲁公集》卷4《碑·开府仪同三司行尚书右丞相上柱国赠太尉广平文贞公宋公神道碑铭》，上海古籍出版社1992年版，第22页。

本 章 小 结

　　与逐级上诉规则并行，申报复审是传统诉讼中上级司法机关监督、复核下级法司成案，断决疑难，疏理冤滞系列规则之总和。复审是在原判法司形成初审意见后，将狱辞、判决等案卷材料奏报上级法司详覆的法定程序。案件审判完结后形成之判决即谓之"成"。

　　长期沿袭的死刑复审程序，在隋唐之际得以继承发展。作为呈报复审的前提要件，唐代狱成的标准更趋完备。对于一般刑事案件，地方州县法司依据《唐六典》规定的审判管辖职权，案件事实清楚证据充分者即告狱成；依法申报刑部复审完毕，虽未奏报者，亦为狱成。此为唐代狱成之基本标准，亦是进行复审程序之必备要素。伴随政治、经济形势变化，关于"狱成"的认定标准多有更易。

　　唐代各级法司复审规则较为完备。县司向州府申报复审，以及州府、大理寺、京兆府、河南府向刑部申报复审，均须对案件形成确定初审意见，此程序即前述"狱成"者。初审法司在判决之前，应遵循以"五声听狱讼"的基本原则，其诉讼环节亦可能涉及拘捕、鞫讯、验问、奏报等具体环节。案件形成初审意见后，尚须验囚无异词，方可申报复审。对于重大案件或死刑案件，法司初审，刑部复审后，还应报中书门下商议，履行宰相署名程序。

　　唐代刑部在常规复审程序之中，始终居于主导地位。其作用主要体现于死刑案件、疑难案件及争议案件的复审方面。与"安史之乱"以后朝廷频繁调整刑部复审规则的现象相适应，中晚唐时期刑部职官行使复审的记载显得更为集中。基于人命关天的传统司法观念，杀人案件往往成为当时社会舆论关注的焦点。刑部复审依据最新诏敕律令，对原判结论进行依法考量，以谋求"天理、国法、人情"之融通。除依律严格执奏以外，唐代刑部复审意见更加倾向于彰显《唐律》"德本刑用"思想精髓，通过复审议罪，表彰孝悌，寻找法律与伦理之间的平衡关系，并在复审领域长期施行曲法申恩等诉讼惯例。

　　差遣使臣复审案件是刑部复审制度的延伸，在狱案初审完结后，对案情重大或存疑者，朝廷多差遣使臣详覆。使臣详覆结论对于案件最终审判结果多具有决定意义。唐代遣使复审形成了御史复审、三司复审及特使复审三种类型。而遣使复审程序之启动条件，多依惯例行事：遣使复审必以刑部复审存疑为前提，待刑部奏上，君主若认为需要再加详覆，即可启动遣使复审程序。从人员遴选而言，朝廷对承旨复审官员的选择并非随机进行，司法实践中大致遵循以下诉讼惯例：地方府县初审案件，刑部复审不尽者，多遴选精强御史再覆；御史台初审案件，刑部复审不尽者，多差遣三司使再覆；京畿诸司初审案件，刑部复审不尽者，则优先选择京兆、河南府官吏再覆。

第 十 四 章

昭　雪

第一节　昭雪之发展脉络

昭雪是中国古代平反冤狱之司法救济措施，史籍或称"雪免"、"舍雪"、"理雪"、"昭洗"等①。中央司法机关应事主诉请或有司奏报，针对已断结存疑案件予以重推复核，对确有定罪量刑错误者，予以宣告改判，并在恢复事主名誉的同时，对其家属予以抚慰。昭雪之历史渊源可追溯至商周之际②，《逸周书·克殷解》记周武王释放囚徒，旌表忠烈事迹：

> 立王子武庚，命管叔相。乃命召公，释箕子之囚；命毕公、卫叔出百姓之囚。乃命南官忽振鹿台之财、巨桥之粟。乃命南官百达、史佚迁九鼎三巫。乃命闳夭封比干之墓。乃命宗祝崇宾，飨祷之于军。乃班。③

---

① 学界代表性研究成果有：周宝珠：《岳飞冤狱及其平反昭雪前后的斗争》，《历史教学》1979 年第 12 期；史兵：《平反昭雪始于西周》，《益阳师专学报》1987 年第 1 期；王贵文：《邓艾之冤与昭雪》，《辽宁大学学报》（哲学社会科学版）1987 年第 3 期；张小峰：《卫太子冤狱昭雪与西汉武、昭、宣时期政治》，《南都学坛》2006 年第 3 期；姜锡东：《岳飞被害与昭雪问题再探》，《郑州大学学报》（哲学社会科学版）2007 年第 2 期。

② 史兵：《平反昭雪始于西周》，《益阳师专学报》1987 年第 1 期，第 65 页。

③ 黄怀信等：《逸周书汇校集注》卷 4《克殷解第三十六》，上海古籍出版社 1995 年版，第 376—380 页。

商纣无道，言圣人心有七窍，剖比干腹以观其心。武王克殷，命闳夭封比干之墓。张守节《正义》："封，谓益其土及画疆界。"①其目的在于昭示于天下，明贤臣冤枉。

"听讼惟明，持法惟平。二者或爽，人何以生？"②查明事实与依法裁量是保障司法公正之不二法门，唐代形成较为详备的昭雪规则，由大理寺与刑部执掌雪免事宜。据《唐六典》：大理寺卿掌邦国折狱详刑之事，以五听察其情，以三虑尽其理，"一曰明慎以谳疑狱，二曰哀矜以雪冤狱，三曰公平以鞫庶狱"③。其庶务由主簿二人负责，"凡官吏之负犯并雪冤者，则据所由文牒而立簿焉"④。尚书刑部下设四司，其中都官郎中、员外郎"以理诉竞、雪免"⑤。唐代昭雪规则历经损益，至开元末期基本定型。值得注意的是，律令诏敕规定适用雪免者多为犯官，"雪免"具有赦免罪责与纠正冤案双重意涵。永淳二年(683年)二月制，官员犯罪后减免，法司须申报尚书刑部详定，原判错误或违法减免者，刑部奏闻。此处言"雪"者，即为赦免之意：

> 官人犯决经断后得雪者，并申尚书省详定。前被枉断及有妄雪者，具状闻奏。⑥

神龙年间《散颁刑部格》扩大应议人员范围，将《永徽律疏》"官爵五品以上应请之状"修改为"九品以上官罪，皆录所犯状进内"⑦。同时规定若赦

---

① (汉)司马迁：《史记》卷4《周本纪》，(宋)裴骃集解，(唐)司马贞索隐，(唐)张守节正义，中华书局1959年版，第127页。

② (后晋)刘昫：《旧唐书》卷85《徐有功传》史臣赞，中华书局1975年版，第2821页。

③ (唐)李林甫等：《唐六典》卷18《大理寺》"大理寺卿"条，陈仲夫点校，中华书局1992年版，第502页。

④ (唐)李林甫等：《唐六典》卷18《大理寺》"主簿"条，陈仲夫点校，中华书局1992年版，第503页。

⑤ (唐)李林甫等：《唐六典》卷6《尚书刑部》"都官郎中员外郎"条注，陈仲夫点校，中华书局1992年版，第193页。

⑥ (宋)王溥：《唐会要》卷41《杂记》，上海古籍出版社2006年版，第873页。

⑦ (唐)长孙无忌等：《唐律疏议》卷2《名例》"皇太子妃(请章)"，刘俊文点校，中华书局1983年版，第33页。

免九品官以外人员，应将刑徒罪状、雪免事由、原判法官等信息一并奏闻；地方法司赦宥罪囚，应书面申报尚书刑部，由刑部奏报。本使应将犯官雪免情形牒报考选司。停选期间，牒报刑部、大理查验雪免，再牒中书省奏上，方可注官：

> 20　法司断九品以上官罪，皆录所犯状进内。其
> 21　外推断罪定，于后雪免者，皆得罪及合雪
> 22　所由并元断官同奏。若在外，以状申省。
> 23　司亦具出入状奏闻。若前人失错，纵去官
> 24　经赦，亦宜奏。若推断公坐者，不在奏限。应
> 25　雪景迹状，皆于本使勘检，如灼然合雪，具
> 26　状牒考选司。若使司已停，即于刑部大理
> ……………………………………………………（纸缝）
> 27　陈牒问取使人合雪之状，然后为雪。仍牒中
> 28　书省并录状进内讫，然后注。①

开元初年，朝廷又两次发布诏敕，规定犯官雪减及叙用事宜之申报处理程序。开元四年（716年）四月四日《洗涤官吏负犯制》规定：官员申理冤屈者，应向刑部申报。若原判错误，牒原判法官查明事实；原审法官阙任者，由刑部调阅原审案卷复审。对确应雪免者，刑部断后由尚书省左右丞再覆，牒吏部撤销处分，报中书门下备案：

> 官人负犯经洗涤赦免者，宜并除痕，选日量旧资，依选例处分。诸使通状，事或有枉，断岂无失。承前要须却累通状人，然始为雪。各惧罪及，致有冤人。其诉枉屈人，任申牒刑部。事状似枉者，为牒本使。

---

① 唐耕耦、陆宏基编：《敦煌社会经济文献真迹释录》（第 2 辑），全国图书馆文献微缩复制中心 1990 年版，第 564 页。

按：刘俊文将第 22—23 行点断为"若在外，以状申省司，亦具出入状奏闻。"并指出永淳二年二月制内容与格文此条雪免应奏之规定略同，当即格文所本。刘俊文：《敦煌吐鲁番唐代法制文书考释》，中华书局 1989 年版，第 248、260 页。

勘问尽其道理，无本使者，追本案为其寻究。应雪者，本司断后，委左右丞更审详覆。然后牒所由司除痕，并牒紫微黄门附簿。①

开元八年（720年）又敕：内外官赃贿、私罪及枉法等，经有司奏报或事主陈诉，符合减免条件者，由大理寺详审，申刑部复核，并报中书门下备案。

> 内外官犯赃贿，及私自侵渔入己，至解免已上，有诉合雪及减罪者，并令大理审详犯状，申刑部详覆。如实冤滥，仍录名送中书门下。其有远年断雪，近请除罪，亦准此。其余具《刑部格》。②

上述律令诏敕均针对雪减犯官发布，因涉及废员叙复，事关重大，故而增加左右丞详覆及中书门下备案制度。一般刑事案件之雪免，则仅需大理寺详断，刑部复核即可。开元《狱官令》又将雪免之运行程序描述为法司奏报、刑部覆审。若申报雪减适当，交由原判机关执行；若减免不当，申明理由后予以驳正：

> 其大理寺及京兆、河南府断徒及官人罪，并后有雪减，并申省。省司覆审无失，速即下知。如有不当者，亦随事驳正。③

从诏敕措辞不难发现，因事实依据与法律后果不同，"昭雪"与"减免"之间存在本质差异。所谓"雪罪"以复审机关认定原判错误为前提，是对案件定罪量刑之彻底颠覆；而"减免"则遵从原判对犯罪事实与适用法律之判断，参考法定或酌定情节，在原判基础上予以减轻或免除，此类"雪减"、"雪

---

① （宋）宋敏求：《唐大诏令集》卷100《政事·官制上·洗涤官吏负犯制》，中华书局2008年版，第507页。

② （宋）王溥：《唐会要》卷66《大理寺》，上海古籍出版社2006年版，第1357页。

③ 天一阁博物馆、中国社会科学院历史研究所天圣令整理课题组校正：《天一阁藏明钞本天圣令校正》附《唐开元狱官令复原清本》第2条，中华书局2006年版，第644页。

免"、"舍雪"等，其含义同于赦宥。

对于已决案件进行再审评判时，概念术语的选择必须慎重，否则即可能产生舆论误导或裁判错误，诚可谓"失之毫厘，谬以千里"，上述判断可以从睿宗时李重俊议谥及李多祚平反事之争议得到清晰印证。神龙三年（707年）七月辛丑，太子与左羽林大将军李多祚等策动兵变，"矫制发羽林千骑兵三百余人，杀三思、崇训于其第，并亲党十余人"①。其后，重俊等自肃章门斩关叩阁，后李崇俊、李多祚等皆为乱兵所杀。《旧唐书·睿宗纪》：景云元年（710年）七月丙辰，追谥庶人重俊曰节愍太子，复李多祚等官爵②。据《节愍太子谥册文》，正式确定李重俊谥号时间为景云元年十月二十九日：

> 维景云元年，岁次庚戌，十月戊寅朔，二十九日景午，皇帝若曰：
> 咨尔故皇太子重俊……宜加宠号，用旌不朽。今册谥尔曰节愍太子，魂
> 而有灵，嘉兹茂典，呜呼哀哉。③

---

①（宋）司马光：《资治通鉴》卷208"中宗神龙三年（707年）七月辛丑"，中华书局1956年版，第6611页。

按：神龙三年九月庚子，改元景龙。因节愍太子兵变事在当年七月，故仍当以神龙年号记之。又据洛阳出《大唐故镇军大将军行右羽林军大将军上柱国辽阳郡王食恒州实封八百五十户封王（李多祚）墓志铭》："王以神龙三年七月五日薨于长安，春秋五十有四。……以先天二年岁次癸丑九月壬戌朔二十四日乙酉迁葬于洛州河南县伊汭乡之平原。"（李献奇、郭引强：《洛阳新获墓志》，文物出版社1996年版，第232页）因李多祚儿子及婿野呼利皆死于兵乱，墓志言参与此次迁葬者为嗣侄承风及女尼意满等亲属。神龙三年二月闰，七月丙申朔（陈垣：《二十史朔闰表》，古籍出版社1956年版，第92页）。由此，李多祚薨时即为节愍太子兵败之日，恰为辛丑，正与《新唐书·中宗纪》、《资治通鉴》所记相合。有学者指出：参与李多祚葬事之女尼意满，当即为杨思勖挺杀的野呼利之夫人。张乃翥、张成渝：《洛阳龙门山出土的唐李多祚墓志》，《考古》1999年第12期，第79页。

②（后晋）刘昫：《旧唐书》卷7《睿宗纪》，中华书局1975年版，第154页。

③（宋）宋敏求：《唐大诏令集》卷32《皇太子·册赠·节愍太子谥册文》，中华书局2008年版，第127页。

按：关于李重俊复太子位及追谥事，已为唐节愍太子墓出土谥册内容所证。陕西省考古研究所：《唐节愍太子墓发掘简报》，《考古与文物》2004年第4期，第24页。

《白虎通义》云："谥者,何也?谥之为言引也,引列行之迹也。所以进劝成德,使上务节也。"[1]在中国传统理论体系之中,议定谥号不但与个人乃至家族名利直接关联,更承担着社会评价与价值导向的重要功能。对于议谥规则,《旧唐书·职官二》界定为"凡谥议之法,古之通典,皆审其事,以为旌别"[2]。即依据死者生前德行,客观评定。太府少卿韦凑上书对崇俊兵变性质以及议谥、昭雪等事提出异议,据《资治通鉴》卷二百十"睿宗景云元年(710年)十月"条:

> 故太子重俊,与李多祚等称兵入宫,中宗登玄武门以避之,太子据鞍督兵自若;及其徒倒戈,多祚等死,太子方逃窜。向使宿卫不守,其为祸也胡可忍言!明日,中宗雨泣,谓供奉官曰:"几不与卿等相见。"其危如此。今圣朝礼葬,谥为节愍,臣窃惑之。夫臣子之礼,过庙必下,过位必趋。汉成帝之为太子,不敢绝驰道。而重俊称兵宫内,跨马御前,无礼甚矣。若以其诛武三思父子而嘉之,则兴兵以诛奸臣而尊君父可也;今欲自取之,是与三思竞为逆也,又足嘉乎!若以其欲废韦氏而嘉之,则韦氏于时逆状未彰,大义未绝,苟无中宗之命而废之,是胁父废母也,庸可乎!汉戾太子困于江充之谮,发忿杀充,虽兴兵交战,非围逼君父也;兵败而死,及其孙为天子,始得改葬,犹谥曰戾。况重俊可谥之曰节愍乎!臣恐后之乱臣贼子,得引以为比,开悖逆之原,非所以彰善瘅恶也,请改其谥。多祚等从重俊兴兵,不为无罪。陛下今宥之可也,名之为雪,亦所未安。[3]

韦凑关于李崇俊、李多祚政变的论述又见于两《唐书》,与《资治通鉴》表述

---

① (清)陈立:《白虎通疏证》卷2《谥》"总论谥",吴则虞点校,中华书局1994年版,第67页。

② (后晋)刘昫:《旧唐书》卷43《职官二》,中华书局1975年版,第1824页。

③ (宋)司马光:《资治通鉴》卷210"睿宗景云元年(710年)十月",中华书局1956年版,第6657—6658页。

略异：《旧唐书·韦凑传》："太子实行悖逆，不可褒美，请称其行，改谥以一字。多祚等以兵犯君，非曰无罪，祗可云放，不可称雪。"①《新唐书·韦凑传》："宜易谥以合经礼，多祚等罪云'免'而不云'雪'。"②韦凑认为李重俊拥兵谋逆，主张"考行立谥，以褒贬之。"据《逸周书·谥法解》："好廉自克曰节。"关于"愍"的解释则有四种："在国逢难曰愍；使民折伤曰愍；在国连忧曰愍；祸乱方作曰愍。"③其中当以"在国逢难"最为接近李重俊事迹。韦凑认为李重俊谥号名实不符，请求改议。然当时执政以制令已行，难于改易，唯多祚等停赠官而已。可见，昭雪与放免之概念差异非常明显，其核心是原判事主罪状是否属实。若确属久沉冤滞者，当即启动"昭雪"程序；若罪行属实而意欲宽宥，则应称为"放免"之类。然从前述永淳至开元时期律令诏敕表述可知，史籍文献往往侧重于法律适用角度选择相关术语，遂造成"放免"与"昭雪"概念之混同。但凡罪囚原判刑罚得以免除，无论推翻原判，抑或赦其刑责，皆可概言为"雪免"。这种将昭雪与赦免并称互换的诉讼惯例，对唐代诉讼实践，尤其是中唐以后处置藩镇叛乱问题产生了直接影响。

---

① （后晋）刘昫：《旧唐书》卷101《韦凑传》，中华书局1975年版，第3145页。

② （宋）欧阳修、宋祁：《新唐书》卷118《韦凑传》，中华书局1975年版，第4265—4266页。

按：《旧唐书·成王千里传》："节愍太子诛武三思，千里与其子天水王禧率左右数十人斫右延明门，将杀三思党与宗楚客、纪处讷等。及太子兵败，千里与禧等坐诛，仍籍没其家，改姓蝮氏。睿宗即位，诏曰：'故左金吾卫大将军成王千里，保国安人，克成忠义，愿除凶丑，翻陷诛夷。永言沦没，良深痛悼。宜复旧班，用加新宠，可还旧官。'又令复姓。"[（后晋）刘昫：《旧唐书》卷76《太宗诸子·吴王恪子成王千里传》，中华书局1975年版，第2650—2651页]西安灞桥洪庆村出《大唐故左金吾卫大将军广益二州大都督上柱国成王墓志铭并序》言成王以景云元年岁次庚戌十一月戊申二十五日，葬于京兆之铜人原，礼也[中国科学院考古研究所编：《西安郊区隋唐墓》（中国田野考古报告集考古学专刊丁种十八号），科学出版社1966年版，第97页]。依韦凑所言，成王千里参与谋反，昭雪复官之举亦不妥当。

③ 黄怀信等：《逸周书汇校集注》卷6《谥法解第五十四》，上海古籍出版社1995年版，第749、729—730页。

第二节 昭雪之实际运行

就程序运行层面而言，昭雪大致须经历冤狱奏报（或事主申诉）、法司重推、刑部复核、具状闻奏等环节。若涉及官僚贵族或重大冤狱，则有恢复官爵、议定谥号、赙赠旌表，荫及子孙等程序。唐代昭雪以纠正错误判决为基础，构建了较为完备的司法救济途径，并初步形成国家赔偿制度之萌芽。

一、神龙昭雪

自永徽末，在武氏掌控权力中枢进程之中，褚遂良、韩瑗、王皇后、萧淑妃，及韩王元嘉等名臣、宗室先后蒙冤被祸。武周革命，罗织罪名陷害良善之风日炽，罹难流窜者遍及海内。直至长安后期，朝廷开始实施唐代历史上最大规模的平反昭雪运动，其中多数案件属于平反昭雪性质。

长安二年（702年）十一月辛未，监察御史魏靖上疏乞详覆来俊臣等所推大狱，伸其枉滥。"太后乃命监察御史苏颋按覆俊臣等旧狱，由是雪免者甚众"。神龙元年（705年）春正月壬午又敕："自文明以来得罪者，非扬、豫、博三州及诸反逆魁首，咸赦除之。"①这场昭雪运动一直延续至中宗、睿宗时期，至开元年间方正式结束，因其中尤以中宗即位之初平反者为多，故权且名曰"神龙昭雪"。《旧唐书•中宗纪》：神龙元年正月丙午，中宗即位，大赦天下，"唯易之党与不在原限。为周兴、来俊臣所枉陷者，咸令雪免。"②此次大规模雪免前朝罪臣之现实需要，当为编修《神龙散颁刑部格》"雪免条款"之直接动因。结合朝廷随时发布的平反政策，大量冤假错案得到系统纠正。如万岁通天二年（697年），宰臣李元素坐与洛州录事参军綦连耀交结，"为武懿宗所陷，被杀。神龙初雪免"③。天授中，许王素节与泽王上金同被诬告，于都城南龙门驿缢死。"中宗即位，追封许王，赠开府仪同三司、许州刺史，仍以礼改葬，

---

① （宋）司马光：《资治通鉴》卷 207 "中宗神龙元年（705年）正月壬午"，中华书局 1956 年版，第 6578 页。

② （后晋）刘昫：《旧唐书》卷 7《中宗纪》，中华书局 1975 年版，第 136 页。

③ （后晋）刘昫：《旧唐书》卷 81《李敬玄传》，中华书局 1975 年版，第 2756 页。

陪于乾陵"①。孝和反正后，在平反冤狱之同时，又采取诸多措施予以政策跟进，对遇难者"诏州县普加求访，祭以牲牢，复官爵，诸王皆陪葬昭、献二陵"②。通过昭洗冤狱、重续谱牒、议谥旌表、封赠优抚等多种方式，对高宗、武后时期冤案予以系统清算。睿宗践祚，继续昭雪屈抑含冤、未蒙洗涤者，对于重大集团犯罪，亦以宽宥为怀，采取严惩首恶，不问胁从的刑事政策。昭雪本身早已超越其常规诉讼功能，为凝聚人心、中兴唐室发挥了举足轻重的作用（表14-1）。

表 14-1　神龙年间昭雪案例简表

当事人	昭雪事迹	资料来源
荆王元景	高祖第六子。永徽二年，坐与房遗爱谋反，赐死。"神龙初，追复爵土，并封其孙遂为嗣荆王，寻薨，国除"	《旧唐书》卷64《荆王元景传》
韩王元嘉	高祖第十一子。与越王贞起兵事败坐诛。"神龙初，追复元嘉爵土，并封其第五子纳为嗣韩王，官至员外祭酒"	《旧唐书》卷64《韩王元嘉传》
霍王元轨	高祖第十四子。坐与越王贞连谋起兵，事觉，徙居黔州，仍令载以槛车，行至陈仓而死。神龙初，追复爵位	《旧唐书》卷64《霍王元轨传》
江都王绪	霍王元轨长子。垂拱中，坐与裴承光交通被杀。"神龙初，与元轨并追复爵位，仍封诸孙晖为嗣霍王"	《旧唐书》卷64《霍王元轨传》
舒王元名	高祖第十八子。永昌年，与子亶俱为丘神绩所陷被杀。"神龙初，赠司徒，复其官爵，仍令以礼改葬"	《旧唐书》卷64《舒王元名传》
鲁王灵夔	高祖第十九子。垂拱四年，谋欲起兵应接越王贞，事泄，配流振州，自缢而死。"神龙初，追复灵夔官爵，仍令以礼改葬"	《旧唐书》卷64《鲁王灵夔传》
范阳王蔼	鲁王灵夔次子。为酷吏所陷。神龙初，"封蔼子道坚为嗣鲁王"	《旧唐书》卷64《鲁王灵夔传》
长乐王循琦	滕王元婴子。兄弟六人，垂拱中并陷诏狱。"神龙初，以循琦弟循琚子涉嗣滕王"	《旧唐书》卷64《滕王元婴传》
吴王恪	太宗第三子。永徽中，会房遗爱谋反，遂因事诛恪，以绝众望，海内冤之。神龙初，追赠司空，备礼改葬	《旧唐书》卷76《吴王恪传》
嗣濮王欣	濮王泰（太宗第四子）长子。则天初陷酷吏狱，贬昭州别驾，卒。子峤，本名余庆，"中兴初封嗣濮王"	《旧唐书》卷76《濮王泰传》
嗣蜀王璠	蜀王愔（太宗第六子）子。"永昌年配流归诚州而死。神龙初，以吴王恪孙朗陵王玮子褕为嗣蜀王"	《旧唐书》卷76《蜀王愔传》

① （后晋）刘昫：《旧唐书》卷86《高宗诸子·许王素节传》，中华书局1975年版，第2827页。

② （宋）欧阳修、宋祁：《新唐书》卷80《太宗诸子·纪王慎附义阳王琮传》，中华书局1975年版，第3579页。

续表

当事人	昭雪事迹	资料来源
嗣蒋王炜	蒋王恽（太宗第七子）子。垂拱中，为则天所害。（恽）子铣早卒。"神龙初，封铣子绍宗为嗣蒋王"	《旧唐书》卷76《蒋王恽传》
越王贞	太宗第八子。垂拱四年，起事兵败，"神龙初，追复爵土与子冲俱复旧姓"	《旧唐书》卷76《越王贞传》
纪王慎	太宗第十子。牵连越王贞起兵事下狱，道卒蒲州。子琮、叡、秀、献、钦等五人，垂拱中并遇害，家属徙岭南。"中兴初，追复官爵，令以礼改葬，封慎（早卒）少子铁诚为嗣纪王"	《旧唐书》卷76《纪王慎传》
零陵王俊黎国公杰	曹王明（太宗第十子）子。垂拱中，并遇害。"中兴初，封杰子胤为嗣曹王。胤叔父备自南州还，又封备为嗣曹王、卫尉少卿同正员，胤遂停封。后备招慰忠州叛獠，没于贼，又封胤为王"	《旧唐书》卷76《曹王明传》
燕王忠	高宗长子。麟德元年，被诬与东台侍御上官仪、宦者王伏胜谋反，赐死于流所。"神龙初，追封燕王，赠太尉、扬州大都督"	《旧唐书》卷86《燕王忠传》
泽王上金	高宗第三子。载初元年，武承嗣使酷吏周兴诬告上金、素节谋反，自缢死。子义珍等七人并配流显州而死。"神龙初，追复上金官爵，封庶子义珣为嗣泽王"	《旧唐书》卷86《泽王上金传》
许王素节	高宗第四子。天授中，与上金同被诬告，于都城南龙门驿缢死。子瑛、琬、玑、瑒等九人并为则天所害。惟少子琳、瓘、璆、钦古以年小，特令长禁雷州。"中宗即位，追封许王，赠开府仪同三司、许州刺史。仍以礼改葬，陪于乾陵……神龙初，封瓘为嗣许王"	《旧唐书》卷86《许王素节传》
章怀太子贤	高宗第六子。文明元年，左金吾将军丘神绩逼令自杀。"神龙初，追赠司徒，仍遣使迎其丧枢，陪葬于乾陵。睿宗践祚，又追赠皇太子，谥曰章怀"	《旧唐书》卷86《章怀太子贤传》
懿德太子重润	大足元年，为人所构，与其妹永泰郡主、婿魏王武延基等窃议张易之兄弟何得恣入宫中，则天令杖杀之。"中宗即位，追赠皇太子，谥曰懿德，陪葬乾陵。仍为聘国子监丞裴粹亡女为冥婚，与之合葬"	《旧唐书》卷86《懿德太子重润传》
魏叔璘	魏徵子。官至礼部侍郎。则天时为酷吏所杀。"神龙初，继封叔玉子膺为郑国公"	《旧唐书》卷71《魏徵传》
韦方质	则天初，官至鸾台侍郎，地官尚书同凤阁鸾台平章事。为酷吏周兴、来子珣所构，配流儋州，仍籍没其家，寻卒。"神龙初雪免"	《旧唐书》卷75《韦云起孙方质传》
柳奭	官至中书令，监修国史。为许敬宗、李义府所构，高宗遣使就爱州杀之，籍没其家。"神龙初，则天遗制，与褚遂良、韩瑗等并还官爵，子孙亲属当时缘坐者，咸从旷荡"	《旧唐书》卷77《柳亨兄子奭传》
韩瑗	官至侍中兼太子宾客。李义府等希皇后旨，诬奏瑗与褚遂良通谋，贬振州刺史，卒官。后许敬宗等又奏瑗与长孙无忌通谋，遣使杀之，及使至，瑗已死，更发棺验尸，乃还籍没其家，孙配徙岭表。"神龙元年，则天遗制令复其官爵"	《旧唐书》卷80《韩瑗传》

续表

当事人	昭雪事迹	资料来源
李元素	官至凤阁侍郎凤阁鸾台平章事。万岁通天二年，坐与洛州录事参军綦连耀交结，为武懿宗所陷，被杀。"神龙初雪免"	《旧唐书》卷81《李敬玄附元素传》
窦孝谌	官至润州刺史。长寿二年，被酷吏所陷诬，左迁罗州司马而卒。子希瑊、希球、希瓘并流岭南。"神龙初，随例雪免。景云年，追赠孝谌太尉、邠国公。希瓘袭爵"	《旧唐书》卷183《外戚·窦德明族弟孝谌传》
欧阳通	官至司礼卿，判纳言事。天授二年，凤阁舍人张嘉福等请立武承嗣为皇太子，通与岑长倩固执以为不可，遂忤诸武意。为酷吏所陷，被诛。"神龙初，追复官爵"	《旧唐书》卷189上《儒学上·欧阳询子通传》
路敬淳	万岁通天二年，坐与綦连耀结交，下狱死。"神龙初，追赠秘书少监"	《旧唐书》卷189下《儒学下·路敬淳传》
王勔王勮	王勮官至弘文馆学士，兼知天官侍郎，王勔官至泾州刺史。万岁通天二年，綦连耀谋逆事泄，勮坐与耀善，并弟勔并伏诛。"神龙初，有诏追复勮、勔官位"	《旧唐书》卷旧190上《文苑上·王勃兄勔勮传》
王方翼	官至夏州都督。程务挺被杀，即并坐方翼，追入朝，捕送狱，流崖州，卒于道。"神龙初，复官爵"	《新唐书》卷111《王方翼传》
冯元常	官至广州都督。为酷吏周兴所陷，追赴都，下狱死。"神龙中，旌其家，大署曰'忠臣之门'。天下高其节，凡名族皆愿通婚"	《新唐书》卷112《冯元常传》

二、运行程序

除神龙初年大规模昭雪冤狱以外，雪洗冤滞一般针对个案形式进行。据《唐六典》，大理寺、刑部为昭雪主管机关。而启动昭雪程序者，又有事主申诉与法司奏谳两条基本路径。罪犯及家属有权就生效判决向司法机关申诉，请求重推，冀图平反冤案；大理寺、刑部及御史台通过复审已决案件，可依职权纠正错判。此外，其他官员也可通过谏议、奏对等方式，请求重审冤案。

因与审判结果存在直接利害关系，当事人及近亲属是最为活跃的昭雪申诉主体。则天朝，怀州录事参军路敬潜受綦连辉反逆案牵连，于新开狱推鞫，免死配流。"后诉雪，授睦州遂安县令"①。咸通中，温庭筠于扬州犯夜，为虞候所击至败面折齿，诉于令狐绹诉冤无果，遂"自至长安，致书公卿间雪

---

① （唐）张鹭：《朝野佥载》卷1，赵守俨点校，中华书局1979年版，第15页。

冤"①。值得注意的是，因在判决生效后，事主已属罪囚身份，因其与案件存在直接的利益纠葛，法律对其告诉予以严格限制。若罪囚遭遇拘禁流放甚至已经处死，则亲自申诉昭雪在现实中显然难于操作。中国传统司法讲求君臣之义，父子之情，子讼父冤被视为孝义精神的直接体现，在这一层面，昭雪申诉又与亲识代诉存在一定交叉关系。由此，通过亲属代诉获得昭雪者，远比事主直接诉事更为有效。唐代昭雪程序中，存在亲属反复申诉之惯例，即允许罪囚亲属就相同诉请多次主张。贞观十九年（645年）十二月，太宗圣躬不康，褚遂良诬奏侍中刘洎有异志，遂赐死。显庆元年（656年）十二月，"刘洎之子诣阙上言洎贞观末为褚遂良所谮枉死，称冤请雪"②。给事中乐彦玮以为"刘洎大臣，人主暂有不豫，岂得遽自比伊、霍！今雪洎之罪，谓先帝用刑不当乎"③？高宗然其言，其事遂寝。文明初（684年），"其子弘业上言洎被遂良谮而死，诏令复其官爵"。④可见，新君即位或王朝更迭之际，往往是罪囚亲属提起昭雪申诉之最佳时机。一旦申诉成功，不但可以洗刷先祖冤屈，又有袭封赐爵之现实利益。据《大唐故通议大夫沂州司马清苑县开国子刘府君（敦行）神道记》：刘洎孙敦行"弱冠，调补鲁王府仓曹参军，袭封清苑县开国男。"⑤而清苑县开国男正为刘洎封爵。显庆四年（659年）四月，许敬宗诬奏褚遂良、柳奭、韩瑷扇助长孙无忌谋逆，诏追削遂良官爵，除奭、瑷名。秋七月，"诏柳奭、韩瑷所至斩决。使者杀柳奭于象州"。⑥至开元初，中书舍人柳涣上表言堂伯祖柳奭与褚遂良等五家为许敬宗等诬构，同被谴戮。乞许柳奭还葬

---

① （后晋）刘昫：《旧唐书》卷190下《文苑下·温庭筠传》，中华书局1975年版，第5079页。

② （后晋）刘昫：《旧唐书》卷81《乐彦玮传》，中华书局1975年版，第2758页。

③ （宋）司马光：《资治通鉴》卷200"高宗显庆元年（656年）十二月"，中华书局1956年版，第6301页。

④ （后晋）刘昫：《旧唐书》卷74《刘洎传》，中华书局1975年版，第2612页。

⑤ 吴钢主编：《全唐文补遗》（第6辑），三秦出版社1999年版，第35页。

按：《刘敦行神道记》："祖洎，隋代以梁衣冠子拜奉信员外郎，皇朝御史中丞、黄门侍郎、侍中、清苑县开国男；献可替否，以公灭私。父胄，皇朝校书郎，名动当时，位不充量。公即校书府君之元子也。"由此，胄为刘洎子，两《唐书》言文明初，刘洎子弘业上书诉冤，弘业或为刘胄字，今且存疑。

⑥ （宋）司马光：《资治通鉴》卷200"高宗显庆四年（659年）七月"，中华书局1956年版，第6316页。

乡里，曾孙无忝放归本贯。玄宗敕"令舆归葬，官造灵舆递还"①，而此时距离柳奭遇害已五十余年。可见，唐代昭雪存在无限期申诉惯例，凡确有冤屈者，罪囚五服内亲即可向官府投告，法司对于诉事人与事主亲疏远近及事发时限之要求相对宽松。

值得注意的是，唐代实际存在案外人陈请昭雪之惯例。案外人虽与平反冤狱无任何利害关系，但事实上却被赋予昭雪申诉权利。在儒家"以德报德"伦理观念影响下，时有案外第三人以维护朝廷纲纪为目的，舍身犯险，仗义言事，为故旧同僚陈情请命。其主要情形包括以下两类：第一，守正之臣谏言雪冤。高宗上元初，中书舍人刘祎之坐事徙于越巂，"今上(相王李旦)抗表，雪府君无罪，特敕追还"②。神龙时，郑州刺史朱敬则被宗楚客、冉祖雍等诬构。景云初，吏部尚书刘幽求进言"敬则尚衔冤泉壤，未蒙昭雪。况复事符先觉，诚即可嘉"。睿宗然之，赠敬则秘书监，谥曰元③。第二，同僚旧部感恩诉事。元和末，吐突承璀因建议请立澧王宽为太子，与穆宗结怨被诛。"敬宗时，中尉马存亮论承璀之冤，诏雪之，仍令假子士晔以礼收葬"④。大和年间，刘三复曾蒙李德裕知遇之恩，三复子邺后"上表雪德裕，以朱崖神榇归葬洛中，报先恩也"⑤。建中四年(783年)，右仆射崔宁蒙冤赐死，贞元十二年(796年)五月甲辰，崔宁旧部银夏节度使韩潭"让所授礼部尚书，乞雪崔

---

①（后晋）刘昫：《旧唐书》卷77《柳亨孙浑传》，中华书局1975年版，第2682页。

② 毛阳光、余扶危主编：《洛阳流散唐代墓志汇编》，国家图书馆出版社2013年版，第151页。

按：关于刘祎之放逐及放还事，《旧唐书·刘祎之传》的记载与墓志所言大相径庭："祎之有姊在宫中为内职，天后令省荣国夫人之疾，祎之潜伺见之，坐是配流巂州。历数载，天后表请高宗召还，拜中书舍人。转相王府司马，复迁检校中书侍郎"[（后晋）刘昫：《旧唐书》卷87《刘祎之传》，中华书局1975年版，第2846页]。可见，刘祎之流贬、召还皆因武后而起，《刘祎之墓志》对于放逐原因隐而不书，又将昭雪返还之功归于相王。其具体情形或由李旦首倡其议，最终由武后奏请放还。

③（后晋）刘昫：《旧唐书》卷90《朱敬则传》，中华书局1975年版，第2918页。

④（后晋）刘昫：《旧唐书》卷184《宦官·吐突承璀传》，中华书局1975年版，第4769页。

⑤（五代）孙光宪：《北梦琐言》卷1"刘三复记三生事"，贾二强点校，中华书局2002年版，第27页。

宁，许其家收葬"①。

大理寺、刑部、御史台等司法机关在复查案件中，可依法定职权提起昭雪主张。长安四年（704年），司刑少卿彦範奏请"自文明元年以后得罪人，除扬、豫、博三州及诸谋逆魁首，一切赦之"②，其后雪免者甚众。僖宗时，刘邺子覃避黄巢祸乱，于金吾将军张直方之第被害。"恶覃者以托附逆党，死不以义，下三司详罪"。刑部尚书张祎上章申理，"其家竟获洗雪，覃亦赠官"③。此为大理寺、刑部官员奏请昭雪之例，而御史台通过重推错案亦在昭雪事务中发挥重要作用。先天中，睦州刺史冯昭泰诬奏桐庐令李师旦等二百余家妖蛊，监察御史李尚隐越次请往，"果推雪其冤"④。中和三年（883年）十二月，徐州从事李凝古与父右常侍李损被诬同谋鸩杀武宁节度使时溥。"内官田令孜受溥厚赂，曲奏请收损下狱。中丞卢渥附令孜，锻炼其狱"。后经御史王华执奏理雪，萧遘非时进状，"帝为之改容，（李）损得免，止于停任"⑤。需要指出的是，事主及亲识，以及案外人虽有权向法司申诉，却并不能当然引发复审。刑部、御史台或其他官员基于司法复核、监察或谏议等权力，仍是启动昭雪程序的关键力量。

经法司查证属实，确属原判错误者，朝廷对于蒙冤者及其家属采取诸多安抚慰藉措施，以此达到彰显公正和化解积怨的目的，并形成了累加封赠之司法惯例，其主要内容则集中于复赠官爵、议定谥号、恩荫后嗣三个方面。事主由此沉冤得雪，荣于身后；其家属亦由此赠官袭爵，福泽均沾。长寿二年（693年），酷吏诬陷窦孝谌妻庞氏咒诅不道，孝谌左迁罗州司马而卒，子希瑊、希球、希瓘并流岭南。神龙初，随例雪免。至景云年间，"追赠孝谌太尉、邠国公，希瑊袭爵。玄宗即位，加赠孝谌太保，希瑊等以舅氏，甚见优

① （后晋）刘昫：《旧唐书》卷 13《德宗纪下》，中华书局 1975 年版，第 383 页。
② （后晋）刘昫：《旧唐书》卷 91《桓彦範传》，中华书局 1975 年版，第 2928 页。
③ （后晋）刘昫：《旧唐书》卷 162《张正甫附毅夫子祎传》，中华书局 1975 年版，第 4253—4254 页。
④ （宋）欧阳修、宋祁：《新唐书》卷 130《李尚隐传》，中华书局 1975 年版，第 4499 页。
⑤ （后晋）刘昫：《旧唐书》卷 179《萧遘传》，中华书局 1975 年版，第 4646 页。

宠"①。实践中，对于蒙冤者在恢复名誉与官爵的同时，可能获得数次封赠。此类案例见于史籍者甚伙，其中尤以神龙二年（706年）"五王"案最为典型。神龙元年（705年），桓彦范、敬晖等除凶返正，再延唐祚。②次年，为武三思等构陷，"乃贬彦范为泷州司马、敬晖崖州司马、袁恕己窦州司马、崔玄晖白州司马、张柬之新州司马，并仍令长任，勋封并削"③。后桓彦范、敬晖皆为右台侍御史周利贞所杀。延和元年（712年），并追复其官爵，仍特还其子孙实封二百户。开元六年（718年），敕"五王"配享中宗孝和皇帝庙庭，其子弟咸加收擢。建中三年（782年），"复赠彦范为司徒，晖太尉，玄晖太子太师，柬之司徒，恕己太子太傅。"④元和三年（808年），张柬之曾孙曛以谥事诣中书陈诉，宰相上闻。"因令有司授曛官，仍定柬之等谥。柬之为文正，彦范为忠烈，敬晖为贞烈，崔玄晖为文忠，袁恕己为贞烈"⑤。"五王"昭雪事宜历睿宗、玄宗、德宗、宪宗四朝，先后完成复官爵、荫子孙、定谥号等内容，此案充分证明了唐代昭雪由法司主导、亲眷助成之运作模式。特定时期，雪免罪人还可达到重塑权威，延揽人心之政治效用。开元末，扬洄构太子瑛、鄂王瑶、光王琚与妃兄薛锈异谋，开元二十五年（737年）四月乙丑，玄宗诏"'太子瑛、鄂王瑶、光王琚同恶均罪，并废为庶人，锈赐死。'瑛、瑶、琚寻遇害，天下冤之，号'三庶人'"。⑥宝应元年（762年）五月丁酉制："故庶人太子瑛、鄂王瑶、光王琚宜并复封号。"⑦代宗此举意在通过肃清先朝冤案，彰显丧乱

---

① （后晋）刘昫：《旧唐书》卷183《外戚·窦德明族弟孝谌传》，中华书局1975年版，第4725页。

② 按：两《唐书》认为五王政变是忠于唐室之义举，然就政变目的而言，则是贪拥立之功。张柬之等人根基浅薄，政变之所以能成功是由于代表了李武政权的利益，后转而与李武政权为敌，后失败贬逐，以至见杀于武党周利贞自属必然。黄永年：《六至九世纪中国政治史》，上海书店出版社2004年版，第207—208页。

③ （后晋）刘昫：《旧唐书》卷91《桓彦范传》，中华书局1975年版，第2930—2931页。

④ （宋）欧阳修、宋祁：《新唐书》卷120《桓彦范传》，中华书局1975年版，第4312页。

⑤ （宋）王钦若等编纂：《册府元龟》卷595《掌礼部·谥法》，周勋初等校订，凤凰出版社2006年版，第6842页。

⑥ （宋）欧阳修、宋祁：《新唐书》卷82《玄宗诸子·太子瑛传》，中华书局1975年版，第3608页。

⑦ （宋）王钦若等编纂：《册府元龟》卷88《帝王部·赦宥第七》，周勋初等校订，凤凰出版社2006年版，第971页。

之后革故鼎新之气象。而中和五年（885年）三月，僖宗自蜀还京时发表《车驾还京大赦诏》（伯二六九六号）赦免黄巢伪署官员的举措，显然具有广收人望之企图："其有先为黄巢胁从，伪署官秩，已从贬降及旋赐昭洗者，即听守官。"①

当然，诉讼实践中也有盗用概念，滥行雪免之例。则天末，司刑卿崔神庆劾张昌宗狱，阔略不尽，竟宽其罪。神龙初，昌宗伏诛，坐流钦州而卒。处置崔神庆曲法裁判本无不妥，然至"五王得罪，缘昌宗被流者皆诏原雪，赠神庆幽州都督"②。天宝九载（750年）十月，张易之甥杨钊奏乞昭雪易之兄弟。二张逆竖，早已定论，且迎中宗非特二张倡其议。此时因杨妃得宠，玄宗竟依国忠所请。"庚辰，制引易之兄弟迎中宗于房陵之功，复其官爵，仍赐一子官"③。此皆非常时期刑罚失当之证。

与申请昭雪不受时效限制相适应，朝廷降敕昭雪冤案的时限亦无定律可循，间隔竟可至数十年之久。大和九年（835年），甘露之变，王涯等枉被诛杀。《资治通鉴》：天复元年（901年）四月丁丑，赦天下，改元，"雪王涯等十七家"④。《改元天复赦》对昭雪王涯等事有详细记载：

> 夫匡国之臣，殁身无悔。所祈后代，雪彼沉冤。大和七年故宰相王涯已下一十七家，并见陷逆名。本蒙密旨，遂令忠愤，终被冤诬。六十余年，幽枉无诉。宜沾恩霈，用慰泉扃。宜并与洗雪，各复官资。如有子孙在人家隐藏者，任自诣阙，及州府投状。如非虚谬，则与量

---

① 唐耕耦、陆宏基编：《敦煌社会经济文献真迹释录》（第 4 辑），全国图书馆文献微缩复制中心 1990 年版，第 265 页。

② （宋）欧阳修、宋祁：《新唐书》卷 109《崔义玄弟神庆传》，中华书局 1975 年版，第 4097 页。

③ （宋）司马光：《资治通鉴》卷 216"玄宗天宝九载（750 年）十月庚辰"，中华书局 1956 年版，第 6901 页。

按：赵翼亦持此论："是庐陵之复，仁杰与（吉）顼发其端，而成之者易之兄弟也。凶秽之朝，欲济大事，固有非正人所能为，而反借嬖倖以集事者。"（清）赵翼：《陔馀丛考》卷 41"唐中宗复位由张易之兄弟"，商务印书馆1957年版，第 908 页。

④ （宋）司马光：《资治通鉴》卷 262"昭宗天复元年（901 年）四月丁丑"，中华书局 1956 年版，第 8552 页。

材叙用。[①]

《旧唐书·宦官传》曰："自贞元之后，威权日炽，兰锜将臣，率皆子蓄，藩方戎帅，必以贿成，万机之与夺任情，九重之废立由己。"[②]甘露之变中，左神策军中尉仇士良是制造冤狱的罪魁祸首，"肆胁辱（王涯等），令自承反，示牒于朝。于时莫能辨其情，皆谓诚反"[③]。时隔六十余年后，朝廷为何突然降敕，昭雪王涯等人？《资治通鉴》胡注透露出其中缘由："崔胤将诛宦官，故先雪王涯等人。"[④]孙光宪《北梦琐言》亦将昭雪王涯沉冤事与崔胤诛杀宦官直接联系：

> 唐大和中，阉官恣横，因甘露事，王涯等皆罹其祸，竟未昭雪。宣宗即位，深抑其权，末年尝授旨于宰相令狐公，公欲尽诛之，虑其冤，乃密奏牓子曰："但有罪莫舍，有阙莫填，自然无遗类矣。"后为宦者所见，于是南北司益相水火。洎昭宗末，崔侍中得行其志，然而玉石俱焚也。[⑤]

天复三年（903 年）正月乙巳，"制内官第五可範已下七百人并赐死于内侍省，其诸道监军及小使，仰本道节度使处斩讫奏，从全忠、崔胤所奏也"[⑥]。昭雪程序的启动与运行，与唐代政治格局变化直接关联。天复元年（901 年）昭雪王涯等人，目的在于为诛杀宦竖积蓄力量。

---

① （宋）宋敏求：《唐大诏令集》卷 5《帝王·改元下·改元天复敕》，中华书局 2008 年版，第 32 页。

② （后晋）刘昫：《旧唐书》卷 184《宦官传》，中华书局 1975 年版，第 4754 页。

③ （宋）欧阳修、宋祁：《新唐书》卷 207《宦者上·仇士良传》，中华书局 1975 年版，第 5872 页。

④ （宋）司马光：《资治通鉴》卷 262 "昭宗天复元年（901 年）四月丁丑" 胡注，中华书局 1956 年版，第 8552 页。

⑤ （五代）孙光宪：《北梦琐言》卷 5 "令狐公密状"，贾二强点校，中华书局 2002 年版，第 95 页。

⑥ （后晋）刘昫：《旧唐书》卷 20 上《昭宗纪》，中华书局 1975 年版，第 775 页。

三、冤案问责

唐初建立了严格的法官责任制度，法官办理刑事案件中，应以情断狱，限制拷掠；严守时限，恤刑慎罚；严惩渎职，依律断罪①。见于《唐律疏议》且与错案追究有直接关联者如"监主受财枉法"条："诸监临主司受财而枉法者，一尺杖一百，一匹加一等，十五匹绞。"②"讯囚察辞理"条："诸应讯囚者，必先以情，审察辞理，反复参验；犹未能决，事须讯问者，立案同判，然后拷讯。违者，杖六十。"③又据"官司出入人罪"条："诸官司入人罪者，若入全罪，以全罪论。"④至武周时期，上述制度已被破坏殆尽。神龙年间昭雪运动在平反冤狱的同时，又进一步规范了法官责任制度。神龙元年(705年)三月八日制依照等级对武周酷吏逐一论罪：在世者流贬远恶，已殁者除名夺爵：

> 国之大纲，惟刑与政，刑之不中，其政乃亏。刘光业、王德寿、王处贞、屈贞筠、鲍思恭、刘景阳等，庸流贱职，奸吏险夫，以粗暴为能官，以凶残为奉法。往从按察，害虐在心，倏忽加刑，呼吸就戮，曝骨流血，其数甚多，冤滥之声，盈于海内。朕唯布新泽，恩被人祇，抚事长怀，尤深恻隐。光业等五人积恶成衅，并谢生涯，虽其人已殂，而其迹可贬，所有官爵，并宜追夺。其枉被杀人，各令州县以礼埋葬，还其官荫。刘景阳身今见在，情不可矜，特以会恩，免其严罚，宜从贬降，以雪冤情，可棣州乐单县员外尉。自今内外法官，咸宜敬慎。其文深刺骨，迹徇凝脂，高下任情，轻重随意。如酷吏丘神勣、来子珣、万国俊、周兴、来俊臣、鱼承晔、王景昭、索元礼、傅游艺、王弘义、张知默、

---

① 徐其萍：《略述唐代法官责任制》，《河北法学》1987年第4期，第48—49页。

② （唐）长孙无忌等：《唐律疏议》卷11《职制》"监主受财枉法"，刘俊文点校，中华书局1983年版，第220页。

③ （唐）长孙无忌等：《唐律疏议》卷29《断狱》"讯囚察辞理"，刘俊文点校，中华书局1983年版，第552页。

④ （唐）长孙无忌等：《唐律疏议》卷30《断狱》"官司出入人罪"，刘俊文点校，中华书局1983年版，第562页。

裴籍、焦仁亶、侯思止、郭霸、李仁敬、皇甫文备、陈嘉言等，其身已死，并遣除名。自垂拱已来，枉滥杀人，有官者并令削夺。唐奉一依前配流，李秦授、曹仁哲并与岭南恶处。①

昭雪程序以纠正原判错误为前提，在昭雪罪人冤屈并予以失当补偿的同时，应追究原审法官个人责任，此亦是罪囚及亲识累年苦诉甚至引发复仇的直接原因。因此，追究错案法官个人责任之心理平复功能，甚至可以与昭洗罪囚冤滞本身等量齐观。开元十三年(725 年)三月十二日，御史大夫程行谌奏请限制武周酷吏子孙入仕，来子珣等二十三人情节严重，子孙禁锢；陈嘉言等四人情状稍轻，子孙不得近任：

> 周朝酷吏来子珣、万国俊、王弘义、侯思止、郭霸、焦仁亶、张知默、李敬仁、唐奉一、来俊臣、周兴、丘神勣、索元礼、曹仁悊、王景昭、裴籍、李秦授、刘光业、王德寿、屈贞筠、鲍思恭、刘景阳、王处贞。右二十三人，残害宗支，毒陷良善，情状尤重，身在者宜长流岭南远处。纵身没，子孙亦不许仕宦。陈嘉言、鱼承晔、皇甫文备、傅游艺。右四人，残害宗支，毒陷良善，情状稍轻，身在者宜配岭南。纵身没，子孙亦不许近任。②

第三节　昭雪制度之异化

"安史之乱"是唐代由盛转衰的重要标志，也是直接导致中晚唐藩镇割据的直接动因。《新唐书》对唐代藩镇问题的形成及其影响有如是论断：

---

① (后晋)刘昫：《旧唐书》卷 186 上《酷吏上·来俊臣传》，中华书局 1975 年版，第4840—4841 页。

② (唐)杜佑：《通典》卷 170《刑法八·开元格》，王文锦等点校，中华书局 1988 年版，第 4431 页。

安、史乱天下，至肃宗大难略平，君臣皆幸安，故瓜分河北地，付授叛将，护养孽萌，以成祸根。乱人乘之，遂擅署吏，以赋税自私，不朝献于廷。效战国，肱髀相依，以土地传子孙，胁百姓，加锯其颈，利怵逆污，遂使其人自视由羌狄然。一寇死，一贼生，讫唐亡百余年，卒不为王土。①

广德元年(763年)，安史乱平，然朝廷此时已无力彻底剿灭各地残余势力，遂以功赏为名，授以节度使称号，原安、史所占之地分属卢龙李怀仙、成德李宝臣、魏博田承嗣、相卫薛嵩四镇分统。后相卫为田承嗣所并，历史上著名的"河北三镇"至此确立。陈寅恪曾言："安史之霸业虽俱失败，而其部将所统之民众依旧保持其势力，与中央政府相抗，以迄于唐室之灭亡。"②此外，雄踞一方者又有淄青李正己、淮西李希烈、朔方节度使李怀光等。王应麟《困学纪闻》曰："自唐肃宗之后，纪纲不正，叛兵逐帅，叛将胁君，习以为常；极于五季。"③各藩镇子孙相袭，各自为政，攻伐兼并，为祸一方。对唐代中央集权构成严重侵害，并直接酿成唐朝灭亡与五代混战④。

自唐德宗以降，历代君主多有削平藩镇，匡复纲纪之志，其中尤以宪宗平定淮西、淄青，武宗征讨泽潞等最为著名。在与各地藩镇势力进行政治、军事较量的同时，昭雪作为一项重要政治举措，经常适用于朝廷解决藩镇的努力之中。在平藩斗争之中，昭雪作为的内涵也由原先的平凡冤狱逐渐转化为赦宥罪恶，并在实践中发挥了重要作用。

---

① (宋)欧阳修、宋祁：《新唐书》卷210《藩镇魏博》，中华书局1975年版，第5921页。

② 陈寅恪：《唐代政治史述论稿》上篇《统治阶级之氏族及其升降》，生活·读书·新知三联书店2001年版，第203页。

③ (宋)王应麟：《困学纪闻》卷15《考史》，(清)翁元圻等注，栾保群、田松青、吕宗力校点，上海古籍出版社2008年版，第1677页。

④ 近人吴廷燮驳《新唐书·兵志》"唐亡于方镇"论断，以为导致唐亡之根本原因在于用人之失："失在于人，不在于制；失在于政，不在于制。综其终始，盖用人之得失，凡有七变……呜呼，使林甫不任黠虏，怀恩不树悍帅，则安史河朔之祸何自而生；德宗有章武之断，僖宗无令孜之专，则方镇何致于横，唐室何致于亡哉！……兹录备列用人得失，既以明唐亡非由于此，亦使后之驭方镇者，知所法戒也。"吴廷燮：《唐方镇年表》，中华书局1980年版(二十四史研究资料丛刊)，第1466—1469页。

在平定各地反叛势力的斗争中，为谋求藩镇归顺，朝廷时常发诏敕，承诺赦免罪臣，此类雪免完全背离昭雪冤狱原意，实质上是中央谋求政治利益的姑息妥协之策。藩臣叛将罪恶昭然，兵败投诚，以求自保；朝廷降敕昭雪，实为宥罪而已。因此，凡针对藩镇发布的昭雪制敕，其内涵往往于前述昭洗冤狱者存在本质差异。德宗建中三年(782 年)，幽州节度使朱滔反叛，后为王武俊击败，走还幽州，上章待罪。兴元元年(784 年)九月诏：

> 朱滔累献款疏，深效恳诚，省之恻然，良用悯叹！宜委武俊、抱真开示大信，深加晓谕。若诚心益固，善迹克彰，朕当掩衅录勋，与之昭雪。①

"始作俑者，其无后乎？"自开雪免朱滔罪行之恶例，后历德宗、宪宗、穆宗、文宗、武宗等朝，皆有委曲求全，特赦叛乱藩将之恶例。贞元十六年(800 年)，淮西吴少诚引兵归蔡州，上表待罪。十月戊子，"诏雪吴少诚，复其官爵"②。元和五年(810 年)七月庚子，承宗复遣使自陈，乞输贡赋，请许自新。"朝廷亦以师久无功，丁未，制洗雪承宗，以为成德军节度使，复以德、棣二州与之"③。穆宗初，成德王庭凑杀节度使田弘正，自称留后。王庭凑围深州，朝廷久讨无功，长庆二年(822 年)二月甲子，"诏雪王廷凑，仍授镇州大都督府长史、御史大夫，充成德军节度、镇冀深赵等州观察等使"④。雪免王庭凑实属无奈，《册府元龟》对此有如是评论：

> 是时，河朔复乱，庭凑实首其恶，残害长帅，及其友属僚佐从而歼

---

① (后晋)刘昫：《旧唐书》卷 143《朱滔传》，中华书局 1975 年版，第 3898 页。

② (后晋)刘昫：《旧唐书》卷 13《德宗纪下》，中华书局 1975 年版，第 393 页。

③ (宋)司马光：《资治通鉴》卷 238"宪宗元和五年(810 年)七月丁未"，中华书局 1956 年版，第 7677—7678 页。

按：朝廷迫于藩镇强悍，雪免成德王承宗确属权宜之举。《旧唐书·宪宗纪上》："时招讨非其人，诸军解体，而藩邻观望养寇，空为逗挠，以弊国赋。而李师道、刘济亟请昭雪，乃归罪卢从史而宥承宗，不得已而行之也。幽州刘济加中书令，魏博田季安加司徒，淄青李师道加仆射，并以罢兵加赏也。"(后晋)刘昫：《旧唐书》卷 14《宪宗纪上》，中华书局 1975 年版，第 431 页。

④ (后晋)刘昫：《旧唐书》卷 16《穆宗纪》，中华书局 1975 年版，第 494 页。

焉。其逆如此，而竟从舍雪，授以节制，盖兵不得息八年矣！爱人含垢，制时以宜。①

此外，各藩镇之间又时常互通声气，结成党羽，公然抵制朝廷判决执行。开成三年（838 年）六月，灵武节度使王晏平自盗赃七千余缗，免死长流康州。晏平密请于魏、镇、幽三节度使"上表救解，请从昭雪，改授抚州司马"②。因给事中韦温、薛廷老、卢弘宣封还制书，改永州司户。韦温等又执不下，文宗令中使宣谕方行。《册府元龟》又曰：

> 时晏平在缞麻之中，未至流所，广以金帛交结中外，既得免死，旋又除官，复假三镇之势，以迫朝廷。而执事者，但务姑息，河北不守法理，时论惜之。③

"安史之乱"以后，在处置藩镇问题层面，昭雪程序背离平反冤案之基本内涵，完全沦为朝廷赦免罪臣的政治举措，或者孤立分化割据势力的舆论宣传，但凡安抚节镇，即有雪免罪恶、加官封赠之惯例；凡藩镇叛逆，若朝廷无力平复，即以雪免罪责的方式，辅以复官爵赏等方式，维持割据现状，求得暂时安宁。藩将叛乱，逆节昭然，竟有何罪可雪哉？唯朝廷离乱播迁，国势日衰，遂屡有赦宥之命，谋苟安之策。上述现象充分说明法制运行势必以政治稳定为基本前提，若王纲失序，盗贼蜂起，良法或成具文，或畸形变异，中晚唐昭雪之滥，实乃政衰法亡之例证④。

---

① （宋）王钦若等编纂：《册府元龟》卷 177《帝王部·姑息第二》，周勋初等校订，凤凰出版社 2006 年版，第 1967 页。

② （后晋）刘昫：《旧唐书》卷 156《王智兴子晏平传》，中华书局 1975 年版，第 4140—4141 页。

③ （宋）王钦若等编纂：《册府元龟》卷 177《帝王部·姑息第二》，周勋初等校订，凤凰出版社 2006 年版，第 1970 页。

④ 按：唐人吕温认为："盖刑者，圣王所以佐道德而齐天下者也。功济乎物，不可以不赏；赏劝乎功，不可以不信。盖信者，圣王所以一号令而惇天下者也。然则恕死之典，弃信而废刑"［（唐）吕温：《吕衡州文集》卷 10《杂著·功臣恕死议》，商务印书馆 1935 年版（丛书集成初编），第 105 页］。由是观之，功臣恕死，尚受非议，况叛将逆臣者乎？

　　司法实践中，舍雪胁从即作为一项重要刑事政策，对中唐以后处理藩镇问题发挥了一定作用。大历十一年(776年)正月，魏博田承嗣乞束身归朝，淄青节度李正己上表乞许承嗣自新。承嗣乃上表。代宗以久劳师旅，姑务息人。敕魏博所管官吏、将士、僧道、耆老、百姓等"并与维新，一无所问"[①]。贞元元年(785年)七月甲戌，朔方大将牛名俊斩李怀光，传首阙下，德宗诏"陷贼将士，一切并与洗雪"[②]。同年八月《诛李怀光后原宥河中将吏并招谕淮西诏》曰："李希烈若能归降，待以不死，其余将士、官吏、百姓等，一切并与洗涤，与之更新。"[③]长庆元年(821年)二月《赦镇州德音》："应成德军将士官吏，一切依旧，待之如初。仍令兵部侍郎韩愈充宣慰使。"[④]会昌三年(843年)，武宗敕刘从谏旧部，"如能感喻刘稹束身归朝，必当待之如初，特与洗雪"[⑤]。朝廷由此在政策舆论方面占据主动，并能一定程度瓦解分化藩镇势力，同时对于其他藩镇也具有一定示范意义。

本 章 小 结

　　昭雪是中国古代平反冤狱制度之司法救济措施，史籍或称"雪免"、"舍雪"、"理雪"、"昭洗"等。中央司法机关应事主诉请或有司奏报，针对已断结存疑案件予以重推复核，对确实存在定罪量刑错误者，予以宣告改判，并

---

①　(宋)王钦若等编纂：《册府元龟》卷176《帝王部·姑息》，周勋初等校订，凤凰出版社2006年版，第1955页。

②　(后晋)刘昫：《旧唐书》卷12《德宗纪上》，中华书局1975年版，第350页。

按：关于李怀光叛乱原因，以往论者归咎于卢杞阻怀光入觐，遂启其疑怨。陈寅恪认为此于神策军与朔方军粮赐不均有关。陈寅恪：《金明馆丛稿二编》，生活·读书·新知三联书店2001年版，第317—319页。

③　(唐)陆贽：《陆贽集》卷3《制诰·赦宥下·诛李怀光后原宥河中将吏并招谕淮西诏》，王素点校，中华书局2006年版，第98页。

④　(宋)宋敏求：《唐大诏令集》卷122《政事·舍雪下·赦镇州德音》，中华书局2008年版，第652页。

⑤　(唐)李德裕：《会昌一品集》卷3《制·讨刘稹制》，商务印书馆1936年版(丛书集成初编)，第17页。

在恢复事主名誉的同时，对其家属予以抚慰。昭雪针对生效判决进行，类似现代再审或错案追究机制。

查明事实与依法裁量是保障司法公正之不二法门，唐代形成较为详备的昭雪规则，由大理寺与刑部执掌雪免事宜。唐代昭雪制度历经损益，至开元末期基本定型。值得注意的是，律令诏敕规定适用雪免者多为犯官，"雪免"具有赦免罪责与纠正冤案双重意涵。所谓"雪罪"以复审机关认定原判错误为前提，是对案件定罪量刑之彻底颠覆；而"减免"则遵从原判对犯罪事实与适用法律之判断，参考法定或酌定情节，在原判基础上予以减轻或免除。司法实践中将昭雪与赦免并称互换的诉讼惯例，对唐代诉讼实践，尤其是中唐以后处理藩镇叛乱问题产生了直接影响。

就程序运行层面而言，昭雪大致须经历冤狱奏报(或事主申诉)、法司重推、刑部复核，以及具状闻奏等环节。若涉及官僚贵族或重大冤狱，则有恢复官爵、议定谥号、赙赠旌表，恩荫子孙等程序。可见，唐代昭雪以纠正错误判决为基础，构建了较为完备的司法救济途径，并初步形成国家赔偿制度之萌芽。长安后期，朝廷开始了唐代历史上最大规模的平反昭雪运动，其中多数案件属于平反冤狱性质。此次大规模雪免前朝罪臣之现实需要，当为纂修《神龙散颁刑部格》"雪免条款"之直接动因。通过昭洗冤狱、重构谱牒、议谥旌表、封赠优抚等多种方式，对高宗、武后时期冤案予以系统清算。昭雪本身早已超越其常规诉讼功能，为凝聚人心、中兴唐室发挥了举足轻重的作用。

除神龙初年大规模昭雪冤狱以外，雪洗冤滞一般针对个案形式进行。唐代昭雪程序中，存在以下四则惯例：第一，亲属反复申诉惯例，即允许罪囚亲属就相同诉请多次主张。第二，无限期申诉惯例。凡确有冤屈者，罪囚五服内亲即可向官府投告，法司对于诉事人与事主亲疏远近及事发时限原则上不予限制。与此相适应，朝廷降敕昭雪冤案的时限亦无定律可循。第三，案外人陈请昭雪惯例。在儒家"以德报德"伦理观念影响下，时有中央法司以外第三人舍身犯险，仗义言事，为故旧同僚陈情请命。第四，累加封赠惯例。经法司查证属实，确属原判错误者，朝廷对于蒙冤者及其家属采取复赠官爵、议定谥号、恩荫后嗣等安抚慰藉措施，以此达到彰显公正和化解积怨的目的。

　　"安史之乱"以后，在处置藩镇问题层面，昭雪程序背离平反冤案之基本内涵，完全沦为朝廷赦免罪臣的政治举措，或者孤立分化割据势力的舆论宣传，但凡安抚节镇，即有雪免罪恶、加官封赠之惯例。凡藩镇叛逆，若朝廷无力平复，即以雪免罪责的方式，辅以复官赏爵等方式，维持割据现状，求得暂时安宁。

第五篇

执行惯例研究

引　言

开皇律成，五刑遂定，曰笞、杖、徒、流、死。据《唐律疏议》：笞刑五等：笞一十、笞二十、笞三十、笞四十、笞五十。杖刑五等：杖六十、杖七十、杖八十、杖九十、杖一百。笞、杖刑由县司执行。"诸犯罪，杖罪以下，县决之；徒以上，县断定送州，复审讫，徒罪及流应决杖、笞若应赎者，即决配征赎"①。行刑时分别以常行杖、笞杖决罚。徒刑五等：徒一年、徒一年半、徒二年、徒二年半、徒三年，皆须配役居作。"犯徒应配居作者，在京送将作监，妇人送少府监缝作，在外州者，供当处官役"②。唐代流刑以《北周律》及隋《开皇律》相关规定为基础，定为三等：流二千里、流二千五百里、流三千里。"三流"俱服役一年，此谓之"常流"。常流之外，又有加役流、反逆缘坐流、子孙犯过失流、不孝流、会赦犹流等"五流"③。高宗显庆年间，又增"长流"一类。法定死刑执行方式为绞、斩两种。德宗建中三年（782 年），敕十恶之中，谋叛以上四罪准律用刑，"其余犯别罪应合处斩刑。自今已后，并请决重杖一顿处死，以代极法"④。实践中，又有腰斩、笞杀诸条，皆为法外之刑。

刑罚执行属于诉讼法学的固有研究范畴之一，学界已对唐代杖刑、流刑、死刑等相关问题进行了研究，并取得一系列重要成果，为唐代刑罚执行规则的深

---

① 天一阁博物馆、中国社会科学院历史研究所天圣令整理课题组校正：《天一阁藏明钞本天圣令校正》附《唐开元狱官令复原清本》第 2 条，中华书局 2006 年版，第 644 页。

② 天一阁博物馆、中国社会科学院历史研究所天圣令整理课题组校正：《天一阁藏明钞本天圣令校正》附《唐开元狱官令复原清本》第 20 条，中华书局 2006 年版，第 645 页。

③ （唐）长孙无忌等：《唐律疏议》卷 2《名例二》"应议请减"，刘俊文点校，中华书局 1983 年版，第 35—36 页。

④ （宋）王溥：《唐会要》卷 39《议刑轻重》，上海古籍出版社 2006 年版，第 831 页。

入探讨提供了坚实基础。有唐三百年间，不但刑罚制度屡有更迭，刑罚执行状况亦与律令规定颇有出入。其中在笞刑、长流、赐死规则适用层面，司法机关以律令规定为基础，结合实践需要，创制并遵从了一系列诉讼惯例，并由此达到完善唐代诉讼法制，推动司法进程的目的。基于上述理由，本篇选择目前尚未深入开掘的若干刑种，关注司法实践中诉讼惯例生成践行之路径，达到全面、准确认识唐代刑事诉讼程序运行脉络的目的。

第 十 五 章

答　刑

　　答责作为官方与民间广泛适用的惩治措施，其渊源可溯至上古。至隋唐之际，与杖、徒、流、死并称封建五刑。学界对中国古代答刑之研究成果甚为宏富①，但作为封建国家正刑之一，答刑之执行状态目前仍较为模糊，关于唐代答刑之探讨目前更属空白。因此有必要经由诉讼程序角度，在刑罚适用层面对唐代答刑进行深入考察。

---

　　① 学界关于答刑适用问题之研究成果主要有：彭智：《"捶楚之下，何求而不得？"——对古代刑讯的几点考察》，《河南公安学刊》1994 年第 1 期；张保来：《"答刑"考》，《天中学刊》1997 年第 1 期；王立民：《有关中国古代刑讯制度的几点思考》，《华东政法学院学报》1999 年第 3 期；徐唐棠：《略论我国古代的刑讯制度》，《当代法学》2002 年第 9 期；赵春燕：《中国古代刑讯制度演变规律之研究》，《中国刑事法杂志》2003 年第 4 期；张晋藩：《中国司法制度史》，人民法院出版社 2004 年版，第 152 页；张维慎：《西汉社会生活中的"答"罚》，《咸阳师范学院学报》2005 年第 1 期；李露、王瑞平、饶晓敏：《中国古代刑讯制度的历史考察》，《理论月刊》2008 年第 6 期；姜小川：《中国古代刑讯制度及其评析》，《证据科学》2009 年第 5 期；尚绪芝、张志伟：《中国古代司法审判中"刑讯"现象的文化机理探究》，《历史教学》2010 年第 7 期；于凌、李焕青：《浅议秦汉时期的"答杀"》，《赤峰学院学报》（哲学社会科学版）2010 年第 12 期；杨莉、张音：《浅议汉代答刑》，收入中国汉画学会、河南博物院：《中国汉画学会第十三届年会论文集》，中州古籍出版社 2011 年版；初瑛：《唐代答刑、杖刑问题研究》，四川师范大学硕士学位论文，2013 年 5 月；蒋铁初：《中国古代刑讯的目的与代价分析》，《法制与社会发展》2014 年第 3 期。

第一节　笞罚施用范畴之界定

　　笞原为捶击之意，许慎《说文解字》释"笞"为"击"①。与笞之适用范围及施行方式相适应，笞又与"扑"、"挞"、"棰"、"榜"等相通。《唐律释文》释"捶挞"作"扑击"②。笞者，耻也。"凡过之小者，捶挞以耻之"③。其适用范围遍及宗族、官署与法司。其功能亦包含责罚、拷掠与刑罚三个层面④。笞最初为家族、学校训诫薄惩子弟之制（图 15-1），其功能在于整肃威仪、宣明教化。《礼记·内则》云"父母怒，不说，而挞之流血，不敢疾怨，起敬起孝"⑤。是为尊长施行家法，笞责卑幼之写照。颜之推则径直将笞罚家法之地位与邦国刑宪等量齐观，"笞怒废于家，则竖子之过立见；刑罚不中，则民无所措手足。治家之宽猛，亦犹国焉"⑥。《尚书·尧典》言"扑作教刑"。孔传曰：扑，榎楚也。不勤道业则挞之。"⑦则为师长责罚惰顽之

---

　　① （汉）许慎，（清）段玉裁注：《说文解字注》五篇上，上海古籍出版社 1981 年版，第 196 页。

　　② （元）王元亮重编：《唐律释文》卷 1 "释笞刑艰字"，杨一凡主编：《中国律学文献》（第 2 辑，第 1 册），黑龙江人民出版社 2005 年版，第 127 页。

　　③ （宋）欧阳修、宋祁：《新唐书》卷 56《刑法志》，中华书局 1975 年版，第 1408 页。

　　④ 按：黄晓明认为："中国封建社会后期，随着专制王权向极端方面发展，刑罚制度转趋严苛，刑罚更加注重发挥镇压、威吓的作用，司法日渐黑暗，这种刑罚要求是笞刑所不能胜任的，其也就随之失去往日的作用，很少成为司法审判的执行刑罚。尽管司法实践中常有笞打的记载，但此时的笞已大多异化为刑讯逼供的手段，从法制刑罚变为考囚之用，不再是五刑意义上的笞刑。"黄晓明：《笞刑论考》，《安徽大学学报》（哲学社会科学版)1997 年第 2 期，第 44 页。

　　⑤ （汉）郑玄注，（唐）孔颖达疏：《礼记正义》卷 27《内则第十二》，十三经注疏整理委员会整理，北京大学出版社 2000 年版，第 977 页。

　　⑥ 王利器：《颜氏家训集解》卷 1《治家第五》（新编诸子集成本），中华书局 1993 年版，第 41 页。

　　⑦ （汉）孔安国传，（唐）孔颖达疏：《尚书正义》卷 3《舜典第二》，十三经注疏整理委员会整理，北京大学出版社 2000 年版，第 77 页。

　　按：笞原不在五刑之列，唯学校典礼诸事用之，所谓教训之刑。黄展岳：《记凉台东汉画像石上的"髡笞图"》，《文物》1981 年第 10 期，第 23 页。

意。"刑罚不可弛于国，笞捶不得废于家"[①]。洎乎隋唐，尊属师长笞责子孙下属，使其羞恶知耻之意犹存。《新唐书·韦嗣立传》言嗣立少友悌，母笞弟承庆，韦嗣立解衣求代[②]。官学师长以荆楚之类责罚生员，"其有不率教者，则槚楚扑之"[③]。

图 15-1　体罚学生

资料来源：谭蝉雪主编：《敦煌石窟全集·民俗画卷》，商务印书馆(香港)有限公司 1999 年版

古代社会强调长幼有序，尊卑有别，身份因素是尊属师长笞责子弟的直接依据，而将这种社会关系推而广之，则在长官与属吏之间亦存在严格隶属关系。官府随衙胥吏因地位卑微，蒙受长官笞罚困辱之事例可谓司空见惯。晋《鞭杖令》规定："州都督得杖令史"、"州刺史得杖帐下都督"、"郡太守得鞭杖掾吏"[④]。杜牧之《寄小侄阿宜》有云："参军与县尉，尘土惊劻勷。一语不中治，笞箠身满疮。"[⑤]此诚可谓基层官吏忍辱含垢之真实写照。隋开皇末，幽州总管燕荣为政肆虐，属吏元弘嗣屡受笞辱，"一日之中，或至三

① （唐）长孙无忌等：《唐律疏议》卷1《名例》，刘俊文点校，中华书局1983年版，第1页。

② （宋）欧阳修、宋祁：《新唐书》卷 116《韦思谦子嗣立传》，中华书局 1975 年版，第4230 页。

③ （后晋）刘昫：《旧唐书》卷 149《归崇敬传》，中华书局1975 年版，第4018 页。

④ 张鹏一编著：《晋令辑存》，徐清廉校补，三秦出版社 1989 年版，第 174—175 页。

⑤ （唐）杜牧：《樊川文集》卷1，陈允吉校点，上海古籍出版社1978 年版，第10 页。

数"①。贞元中，元翰曲附裴延龄，劾治府史，"府史到者，虽无过犯，皆笞决以立威，时论喧然"②。唐代稗史传奇之中，胥吏因公事蒙受笞责的现象亦多有移录：《朝野佥载》记景龙末，济源县尉杜鹏举因姓名之误为冥司持符来召，碧衣官遂"笞使者，改符令去"③。《宣室志》言大和中，郭钊移镇西凉府。尝命阍者市纹缯丝帛百余段，"其价倍，且以为欺我，即囚于狱，用致其罪。狱既具，钊命笞于庭"④。而牛肃《纪闻》所记狱吏无端受辱之事，于长吏专恣跋扈之描摹可谓入木三分：

> 许诚言为琅邪太守，有囚缢死狱中，乃执去年修狱典鞭之，修狱典曰："小人主修狱耳，如墙垣不固，狴牢破坏，贼自中出，犹以修治日月久，可矜免。况囚自缢而终，修狱典何罪？"诚言犹怒曰："汝胥吏，举动自合笞，又何诉？"⑤

古者礼不及庶人，刑不至君子。自西周以降，刑不上大夫的观念早已深入人心，擅自笞辱贵胄佐吏的行为受到士大夫阶层的激烈抵制，士人近君知耻，故可杀不可辱。官吏有罪，当据律处置，不可"以皂隶待之"⑥。《唐律疏议》亦有禁止监临官因公事自以杖捶人之明文⑦。乾元元年（758 年）二月五日，肃宗敕"州县佐官以下，笞杖不得过十下；以上，须取长官处分"⑧，试图以此

① （唐）魏徵等：《隋书》卷 74《酷吏·元弘嗣传》，中华书局 1973 年版，第 1695 页。
② （后晋）刘昫：《旧唐书》卷 149《奚陟传》，中华书局 1975 年版，第 4022 页。
③ （唐）张鷟：《朝野佥载》卷 6，赵守俨点校，中华书局 1979 年版，第 136 页。
④ （唐）张读：《宣室志》卷 2 "犬报德（一）"，张永钦、侯志明点校，中华书局 1983 年版，第 28 页。
⑤ （宋）李昉等：《太平广记》卷 494 "许诚言"条引《纪闻》，中华书局 1961 年版，第 4055 页。
⑥ （宋）司马光：《资治通鉴》卷 212 "玄宗开元十年（722 年）十一月"，中华书局 1956 年版，第 6754 页。
⑦ 按：《唐律疏议》卷 30《断狱》："诸监临之官因公事，自以杖捶人致死及恐迫人致死者，各从过失杀人法；若以大杖及手足殴击，折伤以上，减斗杀伤罪二等。"（唐）长孙无忌等：《唐律疏议》卷 30《断狱》"监临自以杖捶人"，刘俊文点校，中华书局 1983 年版，第 560 页。
⑧ （宋）王溥：《唐会要》卷 41《杂记》，上海古籍出版社 2006 年版，第 874 页。

遏制地方长官笞辱属吏风气的蔓延。

除训诫卑幼明耻励志以外，笞又是中国古代刑讯的重要手段，并在日后逐步取得正刑地位①。可以认为，笞责、笞罚与笞刑的相通之处，正是古代中国家国一体思想的生动表彰。《睡虎地秦墓竹简·封诊式》"治狱"条主张法官以情治狱，不倡掠治，"能以书从迹其言，毋治（笞）谅（掠）而得人请（情）为上；治（笞）谅（掠）为下；有恐为败"②。以笞为刑讯械具自古有之，起初其规制不恒。至两汉之际，笞之规格渐趋规范。法司对逮捕在狱之系囚当以五声听狱讼，若嫌犯翻异不承，可据律掠治。史游《急救篇》："盗贼系囚榜笞臀"，颜师古释曰："榜笞，捶击之也。臀，脽也。获盗贼者，则拘絷而捶击其脽，考问其状也。"③由此，笞臀是汉时拷掠系囚的合法途径，然实践中违制刑讯之现象实乃传统司法之痼疾，受口供中心主义干扰，刑讯与逼供之间形成无法割裂之天然联系。宣帝地节四年（前66年）九月诏"今系者或以掠辜若饥寒瘐死狱中"④之描述，章帝元和元年（84年）七月丁未诏亦云"大狱已来，掠考多酷，钻钻之属，惨苦无极"⑤。牛希济《刑论》云"棰栲之下，易以强抑。人之支体，顽非木石。若加其残忍，取其必然。诚虽无罪，百不能免。盖不胜其楚掠之毒，宁甘心于一死。狡猾之吏，断成其狱。"⑥至唐代，拷掠失度、刑狱淹滞的问题仍长期存在，永徽以后，武氏得志，"法吏以惨酷为能，至不释枷而笞棰以死者，皆不禁"。⑦开元中，洛阳尉王钧、河南丞严安之"捶人畏不死，视肿溃，复笞之，至血流乃喜"⑧。大和九年（835年）"甘露之变"，宰臣王涯并其家属奴婢

① 按：陈登武认为："笞杖责怒对于家庭教育是必要的，就如同刑罚对于国家统治的重要一样。"陈登武：《地狱·法律·人间秩序——中古中国宗教、社会与国家》，五南图书出版股份有限公司 2009 年版，第 306 页。

② 睡虎地秦墓竹简整理小组：《睡虎地秦墓竹简》，文物出版社 2001 年版，第 147 页。

③ （汉）史游：《急就篇》卷 4，（唐）颜师古注，岳麓书社 1989 年版，第 303 页。

④ （汉）班固：《汉书》卷 8《宣帝纪》，（唐）颜师古注，中华书局 1962 年版，第 252—253 页。

⑤ （宋）范晔：《后汉书》卷 3《肃宗孝章帝纪》，（唐）李贤等注，中华书局 1965 年版，第 146 页。

⑥ （宋）李昉等编：《文苑英华》卷 749《论十一·刑赏·刑论》，中华书局 1966 年版，第 3918 页。

⑦ （宋）欧阳修、宋祁：《新唐书》卷 56《刑法志》，中华书局 1975 年版，第 1414 页。

⑧ （宋）欧阳修、宋祁：《新唐书》卷 209《酷吏·周利贞传》，中华书局 1975 年版，第 5913 页。

皆系于狱，因"械缚既急，榜笞不胜其酷"①，遂手书反状自诬。宪宗时沂海观察使王遂日肆残贼，民不堪命，"每有笞挞，其杖率过制"，元和十四年（819年）七月为众所杀。"监使封其杖来献，命中使出示于朝，以作诫焉"②。

综上，古代笞罚之适用日久年深，遍及师长与卑幼、长官与属吏，以及吏卒与系囚之间，其功能则包含训诫、惩罚与刑讯等含义③。其中，唯有笞刑之具体适用专属于刑罚执行领域。基于上述理由，应将笞刑适用的讨论聚焦于特定场域之内，即专注于刑罚适用状态的考察。

第二节　中古笞刑地位之升降

除作为惩戒及刑讯措施以外，早在上古三代，笞即作为刑罚制度得到普遍使用。《尚书·舜典》："象以典刑，流宥五刑，鞭作官刑，扑作教刑，金作赎刑。"④《汉书·刑法志》又云"薄刑用鞭扑"⑤。墨、劓、刖、宫、大辟之外，尚有鞭、扑、流、赎等辅之。秦汉以降，笞刑地位屡有起伏，其嬗变脉络大致可划分为以下三个阶段，并对隋唐时期笞刑之适用构成直接影响。

一、秦至汉初

秦汉之际，笞杖、劳役、赀赎等刑种日益发达，对相沿已久之奴隶制五刑体系构成强大冲击。肉刑断人肢体，刻人肌肤，终身不息。伴随生产

---

① （后晋）刘昫：《旧唐书》卷169《王涯传》，中华书局1975年版，第4404页。

② （宋）王溥：《唐会要》卷41《酷吏》，上海古籍出版社2006年版，第872页。

③ 富谷至认为："笞会作为家庭内之惩戒或训诫而被适用，也会针对官吏工作的不完备而获施行。以此观之，笞被期待的最初效果及作用或许可概括为叱责时的制裁行为。"［日］富谷至：《笞刑的变迁——从汉的督笞至唐的笞杖刑》，周东平、朱腾主编：《法律史译评》，北京大学出版社2013年版，第50—51页。

④ （汉）孔安国传，（唐）孔颖达疏：《尚书正义》卷3《舜典第二》，十三经注疏整理委员会整理，北京大学出版社2000年版，第77页。

⑤ （汉）班固：《汉书》卷23《刑法志》，（唐）颜师古注，中华书局1962年版，第1079—1080页。

力水平提高与社会进步，刑徒劳动能力之保全日益受到重视。笞刑保持上古训诫意涵，适用范围限于微罪细过，施以棰楚，以示薄惩，最终达到明刑与知耻的双重意涵。这一阶段，笞仍是肉刑之外之辅助刑罚。《睡虎地秦墓竹简》中笞刑之适用已较为普遍，如《司空律》规定刑徒毁损器物当计值笞罚："城旦舂毁折瓦器、铁器、木器，为大车折辕，辄治(笞)之。直(值)一钱，治(笞)十；直(值)廿钱以上，孰(熟)治(笞)之。"① 《厩苑律》规定考核官吏政绩："其以牛田，牛减絜，治(笞)主者寸十。有(又)里课之，最者，赐田典日旬殿，治(笞)卅。"② 汉《二年律令·亡律》规定："吏民亡，盈卒岁，耐；不盈卒岁，系城旦舂；公士、公士妻以上作官府，皆偿亡日。其自出殴(也)，笞五十。"③ 又据《行书律》：邮人行书一日一夜行二百里，邮传人稽误行程之罚则："不中程半日，笞五十；过半日至盈一日，笞百；过一日，罚金二两。"④

二、文景至魏初

这一阶段笞刑之地位之变化可谓天壤之别，汉文帝前元十三年(前167年)，诏以徒刑、笞刑和死刑代替黥、劓、斩左右趾三种肉刑，中国古代刑制开始向徒流刑中心时代迈进，笞刑亦因此改变既有闰刑地位，首次得以独立姿态位列正刑⑤：

> 当黥者，髡钳为城旦舂；当劓者，笞三百；当斩左止者，笞五百；当斩右止，及杀人先自告，及吏坐受赇枉法，守县官财物而即盗之，已论命复有笞罪者，皆弃市。⑥

① 睡虎地秦墓竹简整理小组：《睡虎地秦墓竹简》，文物出版社 2001 年版，第 53 页。

② 睡虎地秦墓竹简整理小组：《睡虎地秦墓竹简》，文物出版社 2001 年版，第 22 页。

③ 张家山二四七号汉墓竹简整理小组：《张家山汉墓竹简》(释文修订本)，文物出版社 2006 年版，第 30 页。

④ 张家山二四七号汉墓竹简整理小组：《张家山汉墓竹简》(释文修订本)，文物出版社 2006 年版，第 46 页。

⑤ 张保来：《"笞刑"考》，《天中学刊》1997 年第 1 期，第 78 页。

⑥ (汉)班固：《汉书》卷 23《刑法志》，(唐)颜师古注，中华书局 1962 年版，第 1099 页。

汉文帝刑制改革后，由死刑、徒刑、笞刑组成刑罚体系主干，又以宫刑、徙边、禁锢、罚金等辅之，轻重失当，刑罚不中。仲长统曾对此次刑制改革作如下评价：

> 肉刑之废，轻重无品，下死则得髡钳，下髡钳则得鞭笞。死者不可复生，而髡者无伤于人。髡笞不足以惩中罪，安得不至于死哉！①

其中笞刑因决罚过甚，其位阶仅次于死刑。后虽经调整，仍存在"死刑既重，而生刑又轻，民易犯之"的弊病，以至汉魏晋之际，班固、陈群、钟繇、夏侯玄、刘颂等屡有恢复肉刑之议。曹魏时期，立法者开始着手解决汉代刑制改革遗留的问题。明帝更依古义，制为五刑，"其死刑有三，髡刑有四，完刑、作刑各三，赎刑十一，罚金六，杂抵罪七，凡三十七名，以为律首"②。笞刑被打入另册，彻底排斥于正刑之外。

三、两晋至隋

西晋以降，南北诸律多以笞刑为徒、流刑之附加刑。《唐六典》载《晋律》刑名曰死、髡、赎、杂抵与罚金。此处"髡"实为劳役，其中五岁刑须附加髡笞，并着械具。《太平御览》引《晋律》曰："髡钳五岁刑，笞二百。（原注：若诸士、诈伪、将吏越武库垣、兵守逃归家、兄弟保人之属，并五岁刑也。）"③ 嗣后"宋及南齐律之篇目及刑名之制略同晋氏"④，萧梁制刑又以南齐为蓝本，刑有十五等之差，其中"髡钳五岁刑，笞二百"⑤的规定，则与《晋律》完全吻合，且笞杖之制已与隋唐时期五刑接近⑥。

---

① (宋) 范晔：《后汉书》卷 49《仲长统传》，(唐) 李贤等注，中华书局 1962 年版，第 1652 页。

② (唐) 房玄龄等：《晋书》卷 30《刑法志》，中华书局 1974 年版，第 925 页。

③ (宋) 李昉等：《太平御览》卷 642《刑法部八·徒·徒作年数》，中华书局 1960 年版，第 2877 页。

④ (唐) 李林甫等：《唐六典》卷 6《尚书刑部》"刑部郎中员外郎"条注，陈仲夫点校，中华书局 1992 年版，第 181 页。

⑤ (唐) 魏徵等：《隋书》卷 25《刑法志》，中华书局 1973 年版，第 698 页。

⑥ [日] 富谷至：《笞刑的变迁——从汉的督笞至唐的笞杖刑》，周东平、朱腾主编：《法律史译评》，北京大学出版社 2013 年版，第 56 页。

北齐以死、流、耐、鞭、杖为五刑，其中流刑与耐刑均附加笞刑。流刑"鞭笞各一百，髡之，投于边裔，以为兵卒。未有道里之差"。而耐罪实即徒刑，有五岁、四岁、三岁、二岁、一岁之差，每档各加鞭一百；加笞八十、六十、四十、二十不等，唯一岁者无笞[①]。北周五刑为杖、鞭、徒、流、死，合二十五等，其中徒、流刑皆附鞭、笞；徒刑有五，自徒一年至五年，以一年为等差，每档附加笞十至五十；流刑有五，自流二千五百里至四千五百里，以五百里为等差，每档附加笞六十至一百[②]。

至杨隋开皇定律，以北齐、北周五等刑罚体系为基础，封建五刑体系正式定型，其中"笞刑五，自十至于五十。而蠲除前代鞭刑及枭首轘裂之法。"[③]伴随笞、杖、徒、流、死封建五刑体系的正式确立，汉代废肉刑引发的刑制改革运动至此尘埃落定。此后历经唐、宋、元、明、清，笞刑决数虽略有微调，却一直以正刑身份载于历代律典。直至宣统二年（1910 年）《大清现行刑律》改笞杖刑改为罚金，笞刑方正式退出历史舞台。

第三节　唐代笞刑之实施类型

一、正刑

自开皇修律，笞刑作为法定正刑在实践中得到广泛适用。张鷟《龙筋凤髓判》载通事舍人崔暹奏事口误，御史弹付法，大理断笞三十，征铜四斤。崔暹以款奏事虽误，不失事意，不伏征铜。据《唐律疏议·职制》"上书奏事误"条："诸上书若奏事而误，杖六十；口误，减二等。（原注：口误不失事者，勿论。）"[④]由此奏事口误且不失事，当据律免责。判文言"过误被弹，

---

① 〔唐〕魏徵等：《隋书》卷 25《刑法志》，中华书局 1973 年版，第 705 页。

② 〔唐〕魏徵等：《隋书》卷 25《刑法志》，中华书局 1973 年版，第 707—708 页。

③ 〔唐〕魏徵等：《隋书》卷 25《刑法志》，中华书局 1973 年版，第 711 页。

④ 〔唐〕长孙无忌等：《唐律疏议》卷 10《职制》"上书奏事误"，刘俊文点校，中华书局 1983 年版，第 201 页。

止当笞罪。不失事意，自合无辜"①。张鷟判文多取州县案牍疑义者，其问目源自当时真实案例、奏状、史事者，昭昭可考②。崔暹之真实身份虽未可详知，然判文所据正与律意契合。

唐代执行笞刑具有"决具有定"、"决法有常"、"决时有禁"等基本特点③，司法实践中，又形成浮动量刑之笞刑适用惯例。据《唐律》规定，笞刑法定基准决数为十至五十。贞观七年(633年)，蜀王妃父杨誉在省竞婢，都官郎中薛仁方留身勘问，未及予夺。杨誉子于殿廷陈诉，"五品已上非反逆不合留身，以是国亲，故生节目，不肯决断，淹留岁月"④。《唐律疏议·名例》"皇太子妃(请章)"条规定："若官爵五品以上，犯死罪者，上请；流罪以下，减一等。"⑤法司若拒不奏报，辄自决断者，当依律减故失三等论断⑥。薛仁方竟以专擅，禁不奏闻，少加惩肃，"笞三十放之"⑦。元和十五年(820年)三月，度支使潘孟阳与太府少卿王遂互相奏论，孟阳除散骑常侍，遂为邓州刺史。王遂私属吏人韦行素、柳季常请课料于两池务属，遂罢务，季常等为吏诬以赃罪，据

① (唐)张鷟：《龙筋凤髓判》卷1《中书省》，(明)刘允鹏原注，陈春补正，商务印书馆1939年版，第3页。

② 霍存福：《〈龙筋凤髓判〉判目破译——张鷟判词问目源自真实案例、奏章、史事考》，《吉林大学社会科学学报》1998年第2期，第19页。

③ 刘俊文：《唐代法制研究》，文津出版社1999年版，第213—216页。

④ (唐)吴兢：《贞观政要》卷2《纳谏第五》，上海古籍出版社1978年版，第71页。

⑤ (唐)长孙无忌等：《唐律疏议》卷2《名例》"皇太子妃(请章)"，刘俊文点校，中华书局1983年版，第33页。

⑥ (唐)长孙无忌等：《唐律疏议》卷30《断狱》"应言上待报而辄自决断"，刘俊文点校，中华书局1983年版，第561页。

⑦ (唐)王方庆辑：《魏郑公谏录》卷2《谏解薛仁方官加杖》，商务印书馆1939年版(丛书集成初编)，第14页。

按：关于薛仁方的处罚措施，文献记载颇有异同，《贞观政要》作"杖二十而赦之"。《唐会要》将此事系于贞观八年，且不言罚则若何。[(宋)王溥：《唐会要》卷51《识量上》，上海古籍出版社2006年版，第1039页]。《新唐书·刑法志》言唐代杖有"讯杖"、"常行杖"与"笞杖"之分，又据开元《狱官令》："笞杖，大头二分，小头一分半。其决笞者，腿、臀分受"(天一阁博物馆、中国社会科学院历史研究所天圣令整理课题组校正：《天一阁藏明钞本天圣令校正》附《唐开元狱官令复原清本》第58条，中华书局2006年版，第648页)。而《魏郑公谏录》明言薛仁方"加杖"为笞。由此，《贞观政要》所言之杖责，当即为笞，今从《魏郑公谏录》。

《唐律疏议·杂律》"坐赃致罪"条:"诸坐赃致罪者,一尺笞二十,一疋加一等;十疋徒一年,十疋加一等,罪止徒三年。"①韦行素、柳季常"各笞四十"②,其所请钱物,委度支使准法据数征纳。上述薛仁方、韦行素、柳季常以笞责处断,以示薄惩,皆属从轻量刑之例。贞观十三年(639年)八月辛未,针对自刑诉事者,诏以"身体发肤,不敢毁伤。比来诉讼者或自毁耳目,自今有犯,先笞四十,然后依法"③。《唐律疏议》将自刑直诉行为的罚则依照所告虚实,划分为笞五十和杖一百两个档次。据《斗讼》"邀车驾挝鼓诉事不实"条:"自毁伤者,杖一百,虽得实,而自毁伤者,笞五十。即亲属相为诉者,与自诉同。"④由此,自刑诉事者当先笞四十,后当据所诉虚实,再科以笞刑五十或杖刑一百⑤,此处先笞四十的规定,则当视为法定刑之升格。

此外,对于新见罪行,君主常以殊旨别敕裁断,借此弥补律文之不足,其中不乏笞刑适用之先例。《唐律疏议》无民间私采白银之罚则,唯《杂律》

---

① (唐)长孙无忌等:《唐律疏议》卷26《杂律》"坐赃致罪",刘俊文点校,中华书局1983年版,第479页。

② (后晋)刘昫:《旧唐书》卷162《王遂传》,中华书局1975年版,第4241页。

③ (宋)司马光:《资治通鉴》卷195"太宗贞观十三年(639年)八月辛未",中华书局1956年版,第6149页。

按:《唐会要》记载此诏曰"身体发肤,受之父母,不合毁伤。比来诉竞之人,即自刑害耳目,今后犯者先决四十,然后依法。"(宋)王溥:《唐会要》卷41《杂记》,上海古籍出版社2006年版,第872页。

④ (唐)长孙无忌等:《唐律疏议》卷24《斗讼》"邀车驾挝鼓诉事不实",刘俊文点校,中华书局1983年版,第447页。

⑤ 按:贞观十三年针对自刑诉事先加笞责的规定,曾先后于开元十三年敕[(宋)王钦若等编纂:《册府元龟》卷612《刑法部·定律令第四》,周勋初等校订,凤凰出版社2006年版,第7069页]、大和五年三月敕[(宋)王钦若等编纂:《册府元龟》516《宪官部·振举》,周勋初等校订,凤凰出版社2006年版,第5860页]、大和八年二月敕[(宋)王钦若等编纂:《册府元龟》卷613《刑法部·定律令第五》,周勋初等校订,凤凰出版社2006年版,第7077页]。大中六年(852年)十二月敕[(宋)王钦若等编纂:《册府元龟》卷160《帝王部·革弊第二》,周勋初等校订,凤凰出版社2006年版,第1783页]四次申明。戴建国据《唐会要》,将敕文中"先决四十"理解为"先杖四十",与《资治通鉴》所记相违,故将自刑毁伤者之量刑界定为"先决四十,再决一百,共计一百四十杖"(戴建国:《唐宋变革时期的法律与社会》,上海古籍出版社2010年版,第224页)。语义恐未详尽,当据《通鉴》所引敕文订正。

"私铸钱"条规定:"若私铸金银等钱,不通时用者,不坐。"①元和三年(808年)十月乙亥,禁采银。"应辄采一两已上者,笞二十,递出本界,州县官吏节级科罚"②。

二、附加刑

唐代以笞刑作为附加刑的传统,可以追溯至汉代徙边加笞之制③。东汉始有减死徙边之制,基于充实边塞之客观现实,谪戍者肢体健全显得至关重要。明帝永平七年(64年)十月丙子,诏"募郡国中都官死罪系囚,减罪一等,勿笞,诣度辽将军营,屯朔方、五原之边县"④。是为汉代减死徙边之始。其后章、安、桓帝时向朔方、敦煌、金城、冯翊、扶风等地发遣死囚,均重申不得加笞。减死徙边罪囚附加笞刑当为汉代旧制,诏令所言"勿笞",均当以特例视之。而徙边附加笞刑的做法,在《后汉书·梁统传》可求得印证:冲帝永嘉元年(145年),梁冀讽州郡以他事陷南郡太守马融、江夏太守田明,"皆髡笞徙朔方"⑤。

《晋律》、《北齐律》、《北周律》中徒、流刑附加笞责的规定,是唐代笞刑作为附加刑适用的直接法源。中晚唐之际,司法实践中多次出现以笞刑作为流刑附加刑的实例,对照《唐律疏议》相关条款可知,上述案例之具体量刑存在轻重不一的同时,以笞刑为流刑附加刑之刑罚适用惯例却得以普遍适用,且多有律外求刑、加重处断之意涵,兹举四例为证:

---

① (唐)长孙无忌等:《唐律疏议》卷 26《杂律》"私铸钱",刘俊文点校,中华书局 1983 年版,第 480 页。

② (宋)王钦若等编纂:《册府元龟》卷 493《邦计部·山泽》,周勋初等校订,凤凰出版社 2006 年版,第 5592 页。

③ 按:杨莉、张睿指出:"笞刑既是私法又是国法,它通常以刑罚的附加方式出现,是一种重要的刑法种类。特别是汉文帝刑制改革以后,以笞刑代替肉刑,与劳役刑相结合,致使它的地位日益上升,适用范围更加广泛,也为后代'新五刑'奠定了坚实的基础。"杨莉、张睿:《浅议汉代笞刑》,收入中国汉画学会、河南博物院:《中国汉画学会第十三届年会论文集》,中州古籍出版社 2011 年版,第 201 页。

④ (宋)范晔:《后汉书》卷 2《显宗孝明帝纪》,(唐)李贤等注,中华书局 1962 年版,第 111 页。

⑤ (宋)范晔:《后汉书》卷 34《梁统传》,(唐)李贤等注,中华书局 1962 年版,第 1185 页。

贞元十七年（801年）三月，衢州刺史郑式瞻以"坐赃二千贯，笞四十，流崖州"①。诏未至死于州狱。郑式瞻赃额虽巨，加笞流窜，罪仅止于徒三年。然因"诏御史按问"②，遂加笞远谪，显有律外求刑之嫌。

贞元十九年（803年）十一月壬申，监察御史崔薳为吏所陷，违式入右神策军。又讽军中索酒食，意欲结欢。护军中尉窦文场具奏其状，"上怒，笞四十，配流崖州"③。据《资治通鉴》：建中初，敕京城诸使及府县系囚，每季终委御史巡按，有冤滥者以闻，近岁北军移牒而已。御史巡囚不至北军神策军之惯例后当纂入式文，"御史不敢复入北军按囚，但移文北司，牒取系囚姓名及事，因应故事而已，不问其有无冤滥"④。据《唐律疏议·杂律》"违令"条："诸违令者，笞五十；别式，减一等。"⑤崔薳违式巡囚，德宗惮于禁军威势，"立敕就台，鞭于直厅而流血"⑥，处罚与律文大致相合。

元和十二年（817年）四月辛丑，驸马都尉于季友居嫡母丧，与进士刘师服欢宴夜饮。"季友削官爵，笞四十，忠州安置；师服笞四十，配流连州；于頔不能训子，削阶"⑦。《唐律疏议·名例》"称期亲祖父母"条，庶子称父初娶正室为嫡母，"其嫡、继、慈母，若养者，与亲同。"⑧《唐律疏议·职制》"匿父母及夫等丧"条："诸闻父母若夫之丧，匿不举哀者，流二千里；丧制未终，释服从吉，若忘哀作乐，徒三年；杂戏，徒一年；即遇乐而听及参预吉席者，

①（宋）王钦若等编纂：《册府元龟》卷700《牧守部·贪黩》，周勋初等校订，凤凰出版社2006年版，第8089页。

②（后晋）刘昫：《旧唐书》卷13《德宗纪下》，中华书局1975年版，第394页。

③（后晋）刘昫：《旧唐书》卷13《德宗纪下》，中华书局1975年版，第399页。

④（宋）司马光：《资治通鉴》卷236"德宗贞元十九年（803年）十二月"胡注，中华书局1956年版，第7604页。

⑤（唐）长孙无忌等：《唐律疏议》卷27《杂律》"违令"，刘俊文点校，中华书局1983年版，第521页。

⑥（唐）李肇：《唐国史补》卷下"崔御史巡囚"，上海古籍出版社1979年版，第52页。

⑦（后晋）刘昫：《旧唐书》卷15《宪宗纪下》，中华书局1975年版，第459页。

⑧（唐）长孙无忌等：《唐律疏议》卷6《名例》"称期亲祖父母等"，刘俊文点校，中华书局1983年版，第136页。

各杖一百。"①于季友居丧期间作乐，罪当止徒三年。重惩于頔父子，显与宪宗削平藩镇之志相合。

宝历元年(825年)五月戊申，琼王府司马谢少莒奴沙橘告少莒为不轨，"诏委内侍省持鞫不实，沙橘各决流灵州"。《唐律疏议·斗讼》"部曲奴婢告主"条规定了部曲、奴婢告发主人及其亲属犯罪之罚则："诸部曲、奴婢告主，非谋反、逆、叛者，皆绞；(原注：被告者同首法。)告主之期亲及外祖父母者，流；大功以下亲，徒一年。诬告重者，缌麻，加凡人一等；小功、大功，递加一等。"②由此，家奴诬告其主，当依律断绞，然"沙橘止于笞责，仍窜近地，用刑失矣"③，处罚明显畸轻。

三、行政处罚

唐代笞刑时常作为惩治官吏之行政处罚措施。此类行为多属官吏专擅渎职之类，且律令无明确罚则，具体笞罚标准，多由君主、长官据惯例权断。贞元中，兵部员外郎裴郁征本曹厨利钱，苛细寡恕，令史凡四十人并曹而逃，信宿招绥。"乃复诏移郁闲官，乃左授太子洗马，罪令史之首恶者，笞四十"④。此案笞责即针对令史擅离行为之处分。

元和三年(808年)七月，五坊品官朱超晏、王志忠多纵鹰隼入富人家，广有求取。宪宗"立召二人，各笞二十，夺其职。自是贡鸷鸟略大者，皆斥之"⑤。长庆四年(824年)四月，染坊役夫张韶等百余人至清思殿，登御榻而食。"己亥，九仙门等监共三十五人，并笞之"⑥，仍不改职任。以

---

① (唐)长孙无忌等：《唐律疏议》卷10《职制》"匿父母及夫等丧"，刘俊文点校，中华书局1983年版，第204页。

② (唐)长孙无忌等：《唐律疏议》卷24《斗讼》"部曲奴婢告主"，刘俊文点校，中华书局1983年版，第438页。

③ (宋)王钦若等编纂：《册府元龟》卷933《总录部·诬构第二》，周勋初等校订，凤凰出版社2006年版，第10809页。

④ (宋)王钦若等编纂：《册府元龟》卷481《台省部·谴责》，周勋初等校订，凤凰出版社2006年版第5443页。

⑤ (宋)王溥：《唐会要》卷78《诸使中·五坊宫苑使》，上海古籍出版社2006年版，第1682页。

⑥ (后晋)刘昫：《旧唐书》卷17上《敬宗纪》，中华书局1975年版，第509页。

上二例皆君主针对内官实施之行政处罚措施。

此外,笞罚还是官员处罚辖内奸恶的基本手段,《唐故朝散大夫京兆少尹御史中丞苗府君墓志铭并序》记墓主苗绅任户部员外武昌节判时,所部有"严氏子寓于鄂,恃酒异服,连君于途,怒而笞之,为严属所诉,责授连州司马"[①]。

四、笞杀

秦朝即将笞与诸多肉刑合并,创制"具五刑",此为后世"笞杀"之滥觞。据《汉书·刑法志》:

> 汉兴之初,虽有约法三章,网漏吞舟之鱼,然其大辟,尚有夷三族之令。令曰:"当三族者,皆先黥,劓,斩左右止,笞杀之,枭其首,菹其骨肉于市。其诽谤詈诅者,又先断舌。"故谓之具五刑。[②]

历代笞杀之事,多属非常之刑。高后八年(前180年)八月辛酉,太尉周勃等"捕斩吕禄,而笞杀吕嬃"[③]。献帝初平中,董卓使人言卫尉张温与袁术交关,"遂笞杀之"[④]。至隋唐之际,笞刑已跻身正刑之列,且决罚止于五十。凡言笞杀,当不计笞数,以毙其命。元和中,僧鉴虚交结权幸,招怀赂遗,奸赃数十万,御史中丞薛存诚断鉴虚大辟,后"竟笞死。"[⑤]龙纪元年(889年)二月己丑,汴州行军司马李璠监送逆贼秦宗权并妻赵氏以献,

---

① 李献奇、郭引强:《洛阳新获墓志》,文物出版社 1996 年版,第 302—303 页。

② (汉)班固:《汉书》卷 23《刑法志》,(唐)颜师古注,中华书局 1962 年版,第 1104 页。

③ (汉)司马迁:《史记》卷 9《吕太后本纪》,(宋)裴骃集解,(唐)司马贞索隐,(唐)张守节正义,中华书局 1959 年版,第 410 页。

④ (晋)陈寿:《三国志》卷 6《魏书·董卓传》,(宋)裴松之注,中华书局 1959 年版,第 176 页。

按:于凌、李焕青认为:"在史书中,'笞杀'往往是官吏利用生杀特权,在特殊的情势下,采取的一种非正常的手段强行致人死亡。在史书中记载的个案中,被笞杀者既有死不足惜者,也不乏含冤被害者。因此,秦汉时期'笞杀'非刑名,也非肉刑,更不属于'具五刑'的范畴。"于凌、李焕青:《浅议秦汉时期的"笞杀"》,《赤峰学院学报》2010 年第 12 期,第 18 页。

⑤ (后晋)刘昫:《旧唐书》卷 153《薛存诚传》,中华书局 1975 年版,第 4090 页。

"上御延喜门受俘，百僚称贺，以之徇市，告庙社，斩于独柳，赵氏笞死"①。天复三年（903年）二月，"宫人宋柔等十一人，两街僧道与内官相善者二十余人，并笞死于京兆府"②。由此，笞刑在一定意义上成为死刑执行方式之一，此与德宗建中三年（782年）敕文杖杀之意相同③。

五刑之属，笞刑最轻，其执行状态却至为复杂。在唐代刑罚适用领域，笞刑除作为正刑适用以外，尚具备附加刑、行政处罚，以及死刑执行方式等诸多变相。流配附加笞杖、笞责失职违法官吏，乃至以笞杀方式以毙其命等，既无律令成法依据，又乏适用规范可循，其本质皆属司法惯例性质，此亦为"家国一体"观念之下，笞罚、笞责、笞刑三者交融渗透现象之反映。

第四节　笞刑施用规则

《礼记·月令》："仲春之月……有司，省囹圄，去桎梏，毋肆掠，止狱讼。"④然考囚之事始于何时，书传未详，疑周时即有之也⑤。其后拷掠之制兴替沿革，薪传不绝。作为中国刑制改革的重大转折，汉文帝废肉刑在获得盛誉的同时，因其"外有轻刑之名，内实杀人"而为时诟病。笞数过多，

---

① （后晋）刘昫：《旧唐书》卷 20 上《昭宗纪》，中华书局 1975 年版，第 737 页。

② （后晋）刘昫：《旧唐书》卷 184《宦官·杨复恭传》，中华书局 1975 年版，第 4779 页。

按：《资治通鉴》又记："宫人宋柔等十一人皆韩全诲所献，及僧、道士与宦官亲厚者二十余人，并送京兆杖杀。"（宋）司马光：《资治通鉴》卷 264"昭宗天复三年（903 年）二月甲戌"，中华书局 1956 年版，第 8602 页。

③ 按：据《通典》："建中三年八月，刑部侍郎班宏奏：'其十恶中，恶逆以上四等罪，请准律用刑；其余及犯别罪，应合处斩刑，自今以后，并请决重杖一顿处死，以代极法。重杖既是死刑，诸司使不在奏请决重杖限。'敕旨依"[（唐）杜佑：《通典》卷 165《刑法三·刑制下》，王文锦等点校，中华书局 1988 年版，第 4262 页]。重杖一顿处死后纂入《刑部式》，至《宋建隆重详定刑统》准用。

④ （汉）郑玄注，（唐）孔颖达疏：《礼记正义》卷 15《月令》，十三经注疏整理委员会整理，北京大学出版社 2000 年版，第 550—553 页。

⑤ （清）沈家本：《历代刑法考·刑法分考十七·考囚》，邓经元、骈宇骞点校，中华书局 1985 年版，第 502 页。

民率多死。景帝元年(前 156 年)下诏减笞,中元六年(前 144 年)始定《箠令》,笞之刑具规格及行刑规范至此确立:

> 丞相刘舍、御史大夫卫绾请:"笞者,箠长五尺,其本大一寸,其竹也,末薄半寸,皆平其节。当笞者笞臀。毋得更人,毕一罪乃更人。"自是笞者得全。[①]

《箠令》规定的笞刑制度应为拷掠及行刑之通用规则,法司在刑讯与施刑时,均应按照上述规定严格实施。《箠令》的颁布使笞刑之适用有章可循,其后纂为《令丙》,故《后汉书》引《令丙》言"棰长短有数"[②]。后世笞刑适用多损益循汉时旧制而成。如《北齐律》规定:"笞者笞臀,而不中易人。杖长三尺五寸,大头径二分半,小头径一分半。决三十已下杖者,长四尺,大头三分,小头二分。"[③]唐代在此基础上遵循约省之意,对笞杖规格予以规范,贞观十一年(637 年)正月,又定枷、杻、钳、镣、杖、笞,皆有长短广狭之制:

> 械其颈曰枷,械其手曰杻。钳,以铁劫束之也。镣,以铁琅当之也。杖,长三尺五寸,削去节目。讯杖,大头径三分二厘,小头二分二厘。常行杖,大头二分七厘,小头一分七厘。笞杖,大头二分,小头一分有半。[④]

开元《狱官令》规定笞刑施刑时,当腿、臀分受。只有在系囚自愿情况下,方可背、腿均受:

---

① (汉)班固:《汉书》卷 23《刑法志》,(唐)颜师古注,中华书局 1962 年版,第 1100 页。

② (宋)范晔:《后汉书》卷 3《肃宗孝章帝纪》,(唐)李贤等注,中华书局 1965 年版,第146 页。

按:考古资料为查明汉魏晋时期笞刑执行实况提供了直接证据,酒泉市西沟村魏晋墓葬彩绘砖《行刑图》左侧绘两人匍匐长跪,头戴进贤冠,身着黑色交领长衫,手持笏板;后面站立二人,头戴红帽,右手各持一杖。因为这是行刑的场面,两人手中所拿的棍棒,即是笞杖则是毫无疑问的。马建华:《甘肃酒泉西沟魏晋墓彩绘砖》,重庆出版社 2000 年版,第 35 页。

③ (唐)魏徵等:《隋书》卷 25《刑法志》,中华书局 1973 年版,第 706 页。

④ (宋)司马光:《资治通鉴》卷 194"太宗贞观十一年(637年)正月",中华书局1956年版,第6126页。

诸杖，皆削去节目，长三尺五寸……笞杖，大头二分，小头一分半。其决笞者，腿、臀分受；……笞以下愿背、腿均受者，听。①

无论笞责具体部位如何，刑徒受笞，皆须去衣匍匐，此刑施于妇人颇有不便。魏明帝时诏"妇人加笞还从鞭督之例，以其形体裸露故也"②。北周亦有"妇人当笞者，听以赎论"③的规定，皆为笞刑适用规则之变通。然对于一般罪囚而言，当依律"裸躬受笞"④。广德二年（764年），袁傪破袁晁，擒其伪公卿数十人。"州县大具桎梏，谓必生致阙下。傪曰：'此恶百姓，何足烦人！'乃各遣笞臀而释之"⑤。开成中，崔巡官因家仆与市人争竞抵法，"縻留服罪，笞股二十"⑥。

贞观四年（630年），太宗言"今律决笞者，皆云髀背分受"⑦。故唐代笞刑适用规则之确立不应晚于武德，甚至可能直接源自杨隋旧律。笞刑的捶击部位虽应以臀、股为主，实践中却长期存在笞背惯例。"人之有生，系于脏腑，

① 天一阁博物馆、中国社会科学院历史研究所天圣令整理课题组校正：《天一阁藏明钞本天圣令校正》附《唐开元狱官令复原清本》第 58 条，中华书局 2006 年版，第 648—649 页。

按：胡同庆依据敦煌莫高窟壁画（敦煌莫高窟第 154 窟东壁门北绘《金刚经变》、莫高窟第 468 窟北壁五代绘《药师经变》）等资料指出："唐五代时期的敦煌地区，并没有将'笞刑'与'杖刑'严格区别，而大多谓之'杖'……《戊子年十月一日净土寺试部帖》等文书所处罚的数词叁、七、十三、十五、卅，均以'杖'言之，而未以'笞'言之，反映了民间百姓对法律的灵活理解和运用，并未死搬硬套官府的法律条文"（胡同庆：《敦煌壁画中的杖具——笞杖、球杖考》，《敦煌研究》2009 年第 5 期，第 26—27 页）。其实，区分笞、杖二刑之关键，一曰决罚数额；二曰刑具规格，而不在于具体称谓。对照《狱官令》可知，执行笞刑时，须以笞杖行刑，民间径直曰"杖某数"，并无不妥。

② （唐）房玄龄等：《晋书》卷 30《刑法志》，中华书局 1974 年版，第 922 页。

③ （唐）魏徵等：《隋书》卷 25《刑法志》，中华书局 1973 年版，第 708 页。

④ （宋）欧阳修、宋祁：《新唐书》卷 127《裴耀卿传》，中华书局 1975 年版，第 4454 页。

⑤ （唐）李肇：《唐国史补》卷上"袁傪破贼事"，上海古籍出版社 1979 年版，第 22 页。

⑥ （唐）范摅：《云溪友议》卷上"江都事"，《唐五代笔记小说大观》，上海古籍出版社 2000 年版，第 1266 页。

⑦ （宋）王钦若等编纂：《册府元龟》卷 42《帝王部·仁慈》，周勋初等校订，凤凰出版社 2006 年版，第 453 页。

灸针失所，尚致夭伤，鞭扑苟施，能无枉横"①。背、臀、腿之中，背部下覆五脏，故至为脆弱。有鉴于此，贞观四年十一月戊寅诏："自今毋得笞囚背。"②大和八年（834 年）四月丙戌，文宗又诏"笞罪毋鞭背"。③对此，《唐大诏令集·禁罪人鞭背敕》有详细记载：

> 天下州府，应犯轻重罪人，除情关巨蠹，法所难原，其他过误罪愆，及寻常公事违犯，并准贞观四年十一月十七日制处分，不得鞭背。④

然唐代司法实践中笞背之风屡禁不止，笞背作为长吏扬威立信的重要手段被长期适用。贞元末，郑君知盐铁信州院，有顽夫每于人吏处恐胁茶酒，"郑君擒至笞脊"⑤。大和三年（829 年），左补阙李虞与御史中丞温造街中相逢，"造怒不回避，遂擒李虞仲祇奉人，笞其背者"⑥，为左拾遗舒元褒所劾，文宗诏"台官、供奉官共道路，听先后行，相值则揖。中丞传呼不得过三百步"⑦。开成初，韩佽为桂州观察使，有豪猾厚进赇使者求为县令，"使者请佽，佽许

---

① （宋）王钦若等编纂：《册府元龟》卷 151《帝王部·慎罚》，周勋初等校订，凤凰出版社 2006 年版，第 1686 页。

② （宋）司马光：《资治通鉴》卷 193"太宗贞观四年（630 年）十一月戊寅"，中华书局 1956 年版，第 6083 页。

③ （宋）欧阳修、宋祁：《新唐书》卷 8《文宗纪》，中华书局 1975 年版，第 235 页。

④ （宋）宋敏求：《唐大诏令集》卷 82《政事·刑法·禁罪人鞭背敕》，中华书局 2008 年版，第 475 页。

按：《册府元龟》大和八年四月丙午诏曰："其他过误罪愆及寻常公事违法，并宜准贞观四年四月十七日制处分，不得鞭背。"[（宋）王钦若等编纂：《册府元龟》卷 151《帝王部·慎罚》，周勋初等校订，凤凰出版社 2006 年版，第 1686 页]。《资治通鉴》卷一百九十三将唐太宗禁笞背事系于贞观四年十一月戊寅，据《廿二史朔闰表》，贞观四年十一月朔，戊寅正为十七日（陈垣：《二十史朔闰表》，古籍出版社 1956 年版，第 84 页）。《册府元龟》将"十一月"误为"四月"，当据改。

⑤ （宋）李昉等：《太平广记》卷 73"郑君"条引《逸史》，中华书局 1961 年版，第 457 页。

⑥ （宋）王谠：《唐语林校证》卷 6《补遗》，周勋初校证，中华书局 1987 年版，第 597 页。

⑦ （宋）欧阳修、宋祁：《新唐书》卷 91《温大雅附温造传》，中华书局 1975 年版，第 3785 页。

之。既去，召乡豪责以桡法，笞其背，以令部中，自是豪右畏戢"①。正是由于司法实践中笞背之风屡禁不止，遂至诏敕履降申严律令恤刑初衷。

此外，唐代笞责在实践中还承担易科功能，宣宗大中七年（853年）四月六日敕规定臀杖与笞杖之间的折算标准："法司断罪，每脊杖一下，折法杖十下，臀杖一下，折笞杖五下，则吏无逾制，法守常规。"②至五代之际，为防止法司滥刑，又创设笞刑监决之制。后晋开运三年（946年）十二月十三日详定院奏："'今后在京及诸道州府，如有准敕决笞杖者，差一员公干清强官监视。'从之。"③上述举措为北宋初年"折杖法"之创立提供了基础，也是笞刑执行渐趋规范的重要标志。

本 章 小 结

中国古代笞罚适用范围遍及宗族、官署与法司，除训诫卑幼、明耻励志以外，笞又是中国古代刑讯的重要手段，其功能包含责罚、拷掠与刑罚三个层面。以笞为刑讯械具自古有之，起初其规制不恒。至两汉之际，笞之规格渐趋规范。法司对在狱系囚当以五声听狱讼，若嫌犯翻异不承，可据律掠治。自秦汉以降，笞刑地位屡有起伏，并对隋唐时期笞刑之适用构成直接影响。

唐代笞刑适用方式甚为多样，可以作为正刑、附加刑、行政处罚以及笞杀执行方式。五刑之属，笞刑最轻，其执行状态却至为复杂。在唐代刑罚适用领域，笞刑除作为正刑适用以外，尚呈现附加刑、行政处罚、笞杀等诸多变相。流配附加笞杖、笞责失职违法官吏，乃至以笞杀方式毙其命等，既无律令成法依据，又乏适用规范可循，其本质皆属司法惯例性质，此亦为"家国一体"观念之下，笞罚、笞责、笞刑三者交融渗透现象之反映。

---

① （宋）欧阳修、宋祁：《新唐书》卷 118《韩思复附韩佽传》，中华书局 1975 年版，第4274 页。

② （宋）王溥：《唐会要》卷 41《杂记》，上海古籍出版社 2006 年版，第 874—875 页。

③ （宋）王溥：《五代会要》卷 10《刑法杂录》，上海古籍出版社 1978 年版，第 163 页。

　　汉景帝中元六年《箠令》是对笞刑适用的首次规范，后世笞刑适用多损益循汉时旧制而成。笞刑的捶击部位虽应以臀、股为主，实践中却长期存在笞背惯例。唐代司法实践中笞背之风屡禁不止，笞背作为长吏扬威立信的重要手段被长期适用。此外，唐代笞责在实践中还承担易科功能，为北宋初年"折杖法"之创立提供了基础，也是笞刑执行渐趋规范的重要标志。

第 十 六 章

加 役 流

第一节 唐代加役流之确立

流刑是中国古代仅次于死刑的严酷刑罚，其适用可溯至上古，《舜典》即有"流宥五刑"的记载。唐人孔颖达言："据状合刑，而情差可恕，全赦则太轻，致刑则太重，不忍依例刑杀，故完全其体，宥之远方。应刑不刑，是宽纵之也。"[①]据《唐律疏议》卷二《名例二》：

> 加役流者，旧是死刑，武德年中改为断趾。国家惟刑是恤，恩弘博爱，以刑者不可复属，死者务欲生之，情轸向隅，恩覃祝网，以贞观六年奉制改为加役流。[②]

对于贞观时期加役流的设立过程，《唐六典》也有类似记载："常流之外，更有加役流者，本死刑，武德中改为断趾，贞观六年(633年)改为加役流。谓

---

① (汉)孔安国传，(唐)孔颖达疏：《尚书正义》卷 3《舜典第二》，十三经注疏整理委员会整理，北京大学出版社 2000 年版，第 80 页。

② (唐)长孙无忌等：《唐律疏议》卷 2《名例二》"应议请减"，刘俊文点校，中华书局 1983 年版，第 35 页。

常流唯役一年，此流役三年，故以加役名焉。"①唐初贞观君臣秉承德本刑用、明德慎罚的立法理念，加役流的设置主要出于恤刑慎杀之司法考虑。太宗即位之初，令群臣"议绞刑之属五十条，免死罪，断其右趾。应死者多蒙全活"②。《旧唐书》言太宗于武德九年(626年)八月癸亥"即位于东宫显德殿"③，次年春正月乙酉改元，是为贞观元年(627年)，由此，断趾代绞之议当在此期间④。贞观时期何以议复断趾？断趾与死刑有何渊源？与加役流又有何联系？为廓清上述迷惑，首先应对断趾之制进行讨论。

断趾又曰刖、兀、膑、趾、止、剕等，春秋时期，形成初犯刖左足，再犯刖右足的左轻右重刖刑适用惯例。纵观历代刑制改革，时常以刖代死，即以断趾替代死刑。汉文帝以弃市代替斩右趾，则为以刖代死之反证⑤。"(断)右趾，谓刖其右足"⑥，太宗朝以断趾代绞之初衷，亦当与此相仿。

中国传统法制讲求天理、国法、人情之融通，时常将自然规律与社会现象两相比附。自两汉已降，阴阳五行观念强力渗透至国家制度之诸多层面，刑罚体系亦莫能外，五刑体系遂成为最为天经地义之刑

---

① (唐)李林甫等：《唐六典》卷6《尚书刑部》"刑部郎中员外郎"条，陈仲夫点校，中华书局1992年版，第186页。

按：学界与之相关的研究成果主要有：刘启贵：《我国唐朝流放制度初探》，《青海社会科学》1998年第1期；李文凯：《北宋加役流新探》，《中国史研究》2001年第1期；戴建国：《宋代加役流刑辨析》，《中国史研究》2003年第3期；袁昆仑：《唐代加役流制度研究——以〈唐律疏议〉为中心》，《周口师范学院学报》2014年第4期。

② (后晋)刘昫：《旧唐书》卷50《刑法志》，中华书局1975年版，第2135页。

③ (后晋)刘昫：《旧唐书》卷2《太宗纪上》，中华书局1975年版，第30页。

④ 按：《十驾斋养新录》云："是则改绞刑为断趾，即在太宗即位之岁，故犹称武德也。"(清)钱大昕：《十驾斋养新录》卷13"唐律疏议"，上海书店出版社1983年版，第302页。

⑤ 胡留元、冯卓慧：《长安文物与古代法制》，法律出版社1989年版，第36—38页。

⑥ (宋)王钦若等编纂：《册府元龟》卷509《邦计部·鬻爵赎罪》，周勋初等校订，凤凰出版社2006年版，第5790页。

罚架构①。《汉书·刑法志》开篇即对上述观念有所疏解：

> 夫人宵天地之貌，怀五常之性……圣人取类以正名，而谓君为父母，明仁爱德让，王道之本也。爱待敬而不败，德须威而久立，故制礼以崇敬，作刑以明威也。圣人既躬明悊之性，必通天地之心，制礼作教，立法设刑，动缘民情，而则天象地。故曰先王立礼，"则天之明，因地之性"也。刑罚威狱，以类天之震曜杀戮也；温慈惠和，以效天之生殖长育也。书云："天秩有礼"，"天讨有罪"。故圣人因天秩而制五礼，因天讨而作五刑。②

"刑所以五何？法五行也"③。正刑有五的观念已经成为古人制刑的基本准则，至孝文易肉刑（黥、劓、刖）为笞、徒、弃市三刑，然"生刑太轻，死刑太重"，终因刑差悬殊，轻重失衡而为世诟病。其后魏晋南北朝之际多有匡正，刑罚规模渐向五刑体系回归。至隋《开皇律》有确立笞、杖、徒、流、死，其后唐、宋、元、明、清均奉此圭臬，五刑观念遂成累朝不易之常法。

据《唐会要》："贞观元年三月，蜀王府法曹参军裴弘献，驳律令不便于时者四十事。"④裴弘献又与房玄龄专司删改律令之职，"'以笞、杖、

---

① 按：汪进、胡旭晟认为："废除断右趾又与传统五刑理论直接相关，早在《尚书·甘誓》即有'有扈氏威侮五行，怠弃三正，天用剿绝其命'的记载，《吕刑》中更是将众多法律术语与'五'相联系，五辞、五刑、五罚、五过都各有五项具体内容，显然是周代五行说流行的结果。它表明，五行说的影响程度与法五行而以五归类的应用程度是成正比的，由此也证明了五辞、五罚、五过的确定与五刑的确定出于同一渊源"（汪进、胡旭晟：《五刑与五行：中国刑制的文化内涵》，《比较法研究》1989 年第 1 辑，第 3 页）。在西方社会，数字也同样蕴含着特殊的法理意涵。何柏生指出："毕达哥拉斯学派认为从 1 到 10 各个数字包含着不同的哲学含义。……在 1 至 9 中，数字 5 居中，是唯一一把从 1 到 9 分为均等两半的数，从而成为公正的象征。"何柏生：《数学对法律文化的影响》，《法律科学》2000 年第 6 期，第 9—10 页。

② （汉）班固：《汉书》卷 23《刑法志》，（唐）颜师古注，中华书局 1962 年版，第 1079 页。

③ （清）陈立：《白虎通疏证》卷 9《五刑》"刑法科条"，吴则虞点校，中华书局 1994 年版，第 438 页。

④ （宋）王溥：《唐会要》卷 39《议刑轻重》，上海古籍出版社 2006 年版，第 826 页。

徒、流、死为五刑，而又刖足，是六刑也。'于是除断趾法，为加役流三千里，居作二年"①。贞观十一年（637年），房玄龄等与法司定律五百条，是为《贞观律》，其后永徽四年（653年）《唐律疏议》又以此律为蓝本，贞观时期确立的加役流制度由此得以承用。崔永东指出："唐律的刑罚种类和刑罚等级制度都体现了一种自然主义的观念，这就是律疏所谓'圣人制五刑，以法五行'的意思。"②此正可与贞观中裴弘献所论相互参证。

关于加役流的服役年限，不同文献的记载略有差异：两《唐书》、《通典》③、《册府元龟》④、《玉海》⑤等均记"居作二年"，而《资治通鉴》却言加役流居作期限为三年：

> （贞观元年正月）蜀王法曹参军裴弘献请改为加役流，徒三千里，居作三年；诏从之（《考异》曰：新、旧《刑法志》皆云居作二年。今从王溥《会要》）。⑥

值得注意的是，司马光在《资治通鉴考异》中虽然选择《唐会要》记载作为直接依据，却并未言明其中缘由。是否可以据此认为新、旧志、《通典》、《册府元龟》、《玉海》等典籍记载皆误？答案是否定的。据标点本《唐会要》卷三十九《议刑轻重》："除断趾法，改为加役流三千里，居作二年。" ⑦由此，司马光所据《唐会要》文字或已有舛误。由此，加役流创立于贞观元年（627年），时为流三千里，居作二年。因"六年"与"元年"形近而讹，《唐

---

① （宋）欧阳修、宋祁：《新唐书》卷56《刑法志》，中华书局1975年版，第1409页。

② 崔永东：《中国传统司法思想史论》，人民出版社2012年版，第142页。

③ （唐）杜佑：《通典》卷165《刑法三·刑制下》，王文锦等点校，中华书局1988年版，第4243页。

④ （宋）王钦若等编纂：《册府元龟》卷612《刑法部·定律令第四》，周勋初等校订，凤凰出版社2006年版，第7066页。

⑤ （宋）王应麟：《玉海》卷66《诏令·律令》"唐贞观律"，华文书局1964年版，第1296页。

⑥ （宋）司马光：《资治通鉴》卷192"太宗贞观元年（627年）正月"，中华书局1956年版，第6031页。

⑦ （宋）王溥：《唐会要》卷39《议刑轻重》，上海古籍出版社2006年版，第826页。

律疏议》与《唐六典》贞观六年（632年）设立加役流的记载，当据两《唐书》、《通典》等改为贞观元年，而《资治通鉴》依据《唐会要》作出"居作三年"的判断，亦应订误。

然而，关于加役流服役年限的矛盾并未就此终结，《唐律疏议》关于加役流的规定又为准确认识该制度带来新的困难。"加役流者，本法既重，与常流理别，故流三千里，居役三年"①。《唐律疏议》为《永徽律疏》在当今学界几成定论，然诸多事实证明，伴随唐代社会变迁，该法典确于开元年间进行过修订②。由此，若上引律文不误，则"居作三年"当为永徽或开元时期的制度，已与贞观旧律有所差异③。

第二节　本罪直接以加役流量刑

《唐律》分则中加役流的适用范围涉及卫禁、职制、户婚、厩库、擅兴、贼盗、斗讼、诈伪、杂律、捕亡、断狱各篇，涉及危害皇帝人身安全犯罪、侵害他人人身安全犯罪、侵犯公私财产犯罪、职务犯罪等五类罪行④。其归罪原则又可划分为两大类：其一，本罪直接以加役流量刑；其二，比照他罪减死科加役流。

据《唐律疏议》，本罪可直接以加役流量刑者，计十二条，涉及卫禁、职

---

① （唐）长孙无忌等：《唐律疏议》卷 3《名例三》"犯流应配"条，刘俊文点校，中华书局 1983 年版，第 67 页。

② 任士英：《隋唐帝国政治体制》，三秦出版社 2011 年版，第 61 页。

③ 按：已有学者指出：加役流者要流三千里，居役三年。可能是唐高宗李治永徽年间立改（刘启贵：《我国唐朝流放制度初探》，《青海社会科学》1998 年第 1 期，第 86 页）。据《唐会要》：僖宗乾符五年五月二十六日，刑部侍郎李景庄奏："'准律，诸犯流应配者，二流俱役一年，称加役；流三千里，役三年。役满及会赦免役者，即于配所从户口例。今后望请诸流人应配者，依所配里数，无要重城镇之处，仍逐罪配之，准得就近。'敕旨从之"［（宋）王溥：《唐会要》卷 41《左降官及流人》，上海古籍出版社 2006 年版，第 866 页］。此亦可为加役流之里数、役年规定之佐证。

④ 王立民：《唐律新探》，北京大学出版社 2007 年版，第 71—72 页。

制、厩库、贼盗、斗讼、诈伪、捕亡诸篇。此十二条犯罪凡符合律文规定的构成要件，即可科罪。各罪均属行为犯，即嫌犯实施某种法律禁止的行为，符合特定客观方面要求，即可构成本罪。具体认定标准又可分为以下两类。

一、依据特定行为方式直接量刑

(1)《职制》"驿使稽程"条：诸驿使稽程者，一日杖八十，二日加一等，罪止徒二年。若驿使传递紧急军务迁延行程，"有所废阙者，违一日，加役流。"① 疏议对所谓"有所废阙者"进行了说明："谓稽迟废阙经略、掩袭、告报之类。'违一日加役流'，称日者，须满百刻。"

(2)《贼盗》"盗毁天尊佛像"条："即道士、女官盗毁天尊像，僧、尼盗毁佛像者，加役流。"②

(3)《贼盗》"发冢"条："诸发冢者，加役流（发彻即坐。招魂而葬，亦是）。"③

(4)《斗讼》"妻妾殴詈故夫父母"条："诸妻妾殴、詈故夫之祖父母、父母者，各减殴、詈舅姑二等；折伤者，加役流；死者，斩；过失杀伤者，依凡论。"④ 即夫亡改嫁者殴、詈故夫之祖父母、父母致折伤者，科加役流。

(5)《诈伪》"诈乘驿马"条：本非驿使而"诈乘驿马，加役流；驿关等知情与同罪，不知情减二等，有符券者不坐。"疏议进一步说："但是诈乘，无问马数及已行远近，即合加役流。给马之驿及所由之关，知其诈乘之情者，

① (唐)长孙无忌等：《唐律疏议》卷10《职制》"驿使稽程"，刘俊文点校，中华书局1983年版，第208页。

② (唐)长孙无忌等：《唐律疏议》卷19《贼盗》"盗毁天尊佛像"，刘俊文点校，中华书局1983年版，第353页。

③ (唐)长孙无忌等：《唐律疏议》卷19《贼盗》"发冢"，刘俊文点校，中华书局1983年版，第354页。

④ (唐)长孙无忌等：《唐律疏议》卷22《斗讼》"妻妾殴詈故夫父母"，刘俊文点校，中华书局1983年版，第416页。

亦加役流。"①

（6）《捕亡》"罪人持杖拒捕"条："罪人本犯应死而杀者，加役流。"疏议又曰："谓罪人本犯合死，已就拘执及不拒捍而捕杀之者，加役流。"②

（7）《捕亡》"被殴击奸盗捕法"条：非殴击人折伤以上若盗及强奸，或和奸同籍内，"若余犯，不言请而辄捕系者，笞三十；杀伤人者，以故杀伤论；本犯应死而杀者，加役流"③。

（8）《捕亡》"被囚禁拒捍走"条：囚犯越狱逃亡，抗拒官府追捕伤人者，科加役流。"诸被囚禁，拒捍官司而走者，流二千里；伤人者，加役流；杀人者斩，从者绞"④。

上述八条罪名的认定标准较为单一，在行为主体方面，除"驿使稽程"、"诈乘驿马"、"不言请辄捕"须由特定身份主体构成以外，其他五类犯罪为除老幼废疾以外之一般主体；主观方面均为直接故意；客观方面直接对照律文规定之特定情节即可认定。

二、特定主体结合行为方式量刑

（1）《卫禁》"越度缘边关塞"条："诸越度缘边关塞者，徒二年。共化外人私相交易，若取与者，一尺徒二年半，三疋加一等，十五疋加役流。"⑤

（2）《职制》"监主受财枉法"条：不枉法者"三十疋加役流"。无禄者"不

---

① （唐）长孙无忌等：《唐律疏议》卷25《诈伪》"诈乘驿马"，刘俊文点校，中华书局1983年版，第470页。

② （唐）长孙无忌等：《唐律疏议》卷28《捕亡》"罪人持杖拒捕"，刘俊文点校，中华书局1983年版，第528页。

③ （唐）长孙无忌等：《唐律疏议》卷28《捕亡》"被殴击奸盗捕法"，刘俊文点校，中华书局1983年版，第529页。

④ （唐）长孙无忌等：《唐律疏议》卷28《捕亡》"被囚禁拒捍走"，刘俊文点校，中华书局1983年版，第537页。

⑤ （唐）长孙无忌等：《唐律疏议》卷8《卫禁》"越度缘边关塞"，刘俊文点校，中华书局1983年版，第177页。

枉法者四十疋加役流"①。

（3）《厩库》"库藏主司不搜检"条：库藏防卫主司知情容盗，"故纵赃满五十疋加役流"②，除名、配流如法。

（4）《贼盗》"窃盗"条："诸窃盗，不得财笞五十；一尺杖六十，一疋加一等，五疋徒一年，五疋加一等，五十疋加役流。"③

---

① （唐）长孙无忌等：《唐律疏议》卷 11《职制下》"监主受财枉法"，刘俊文点校，中华书局 1983 年版，第 220—221 页。

按：《唐律》："官吏受财不枉法，三十疋加役流"的规定沿袭甚为久远，《册府元龟》载后唐末帝清泰三年(936 年)五月御史台刑部大理议云'旧律，枉法赃十五疋，绞。天宝元年，加至二十疋。请今后犯枉法赃十五疋，准律绞。不枉法赃，旧律三十疋加役流。受所监临五十疋，流二千里。今请依《统类》，不枉法赃过三十疋，受所监赃过五十疋。'从之"[（宋）王钦若等编纂：《册府元龟》卷 613《刑法部·定律令第五》，周勋初等校订，凤凰出版社 2006 年版，第 7082 页]。此言旧律而为《统类》承继者，当为《永徽律疏》。而唐宣宗朝曰《统类》者有二，且二者名称颇为混杂：(1)据《旧唐书·刑法志》：大中"七年五月，左卫率仓曹参军张戣进《大中刑法统类》一十二卷，敕刑部详定奏行之"[（后晋）刘昫：《旧唐书》卷 50《刑法志》，中华书局 1975 年版，第 2156 页]。《新唐书·艺文志》记"《大中刑法总要格后敕》六十卷(刑部侍郎刘瑑等纂)；张戣《大中刑律统类》十二卷"[（宋）欧阳修、宋祁：《新唐书》卷 58《艺文二》，中华书局 1975 年版，第 1497 页]。《宋史·艺文志》作"张戣《大中统类》十二卷；《大中刑法总要》六十卷"[（元）脱脱等：《宋史》卷 204《艺文三》，中华书局 1977 年版，第 5138 页]。(2)《旧唐书·刘瑑传》又记瑑"精于法律，选大中以前二百四十四年制敕可行用者二千八百六十五条，分为六百四十六门，议其轻重，别成一家法书，号《大中统类》，奏行用之"[（后晋）刘昫：《旧唐书》卷 177《刘瑑传》，中华书局 1975 年版，第 4607 页]。《新唐书》本传则曰"衰汇敕令可用者，由武德讫大中，凡二千八百六十五事，类而析之，参订重轻，号《大中刑律统类》以闻，法家推其详"[（宋）欧阳修、宋祁：《新唐书》卷 182《刘瑑传》，中华书局 1975 年版，第 5372—5373 页]。《旧五代史·明宗纪十》言长兴四年六月癸亥，"诏御史中丞龙敏等详定《大中统类》"[（宋）薛居正等：《旧五代史》卷 44《明宗纪十》，中华书局 1976 年版，第 605 页]。由此推断，清泰三年所依《统类》，当为张戣《大中刑律统类》(省称《大中统类》)。

② （唐）长孙无忌等：《唐律疏议》卷 15《厩库》"库藏主司不搜检"，刘俊文点校，中华书局 1983 年版，第 289 页。

③ （唐）长孙无忌等：《唐律疏议》卷 19《贼盗》"窃盗"，刘俊文点校，中华书局 1983 年版，第 358 页。

按：《唐会要》卷 39《议刑轻重》"都省奏：准开成五年十二月十四日中书门下奏：'准律，窃盗五匹以上，加役流。'"[（宋）王溥：《唐会要》卷 39《议刑轻重》，上海古籍出版社 2006 年版，第 834 页]对照律文可知，当为"窃盗五十匹以上，加役流"。标点本《唐会要》"五"下脱"十"字，当据《唐律疏议》增。

可见，《唐律》在科处加役流时，按照行为危害性设定的量刑标准亦有所不同，其中"越度缘边关塞"条中私与蕃人交易者，因"缘边关塞，以隔华夏"，直接涉及国家安全，故认定标准最为严格，赃至十五匹即科加役流。而"监主受财不枉法"与"库藏失盗"两类职务犯罪的量刑标准则相对较轻。至于"窃盗"不得断死，故赃至五十匹以上者，罪止加役流[①]（表16-1）。

表16-1　本罪直接以加役流量刑简表

罪　名	情　形	刑　名	来源
越度缘边关塞	私与化外人交易，市买博易，或取蕃人之物及将物与蕃人，十五匹	加役流	《唐律疏议》卷8卫禁88条
驿使稽程	致使军务废阙，违一日	加役流	《唐律疏议》卷10职制123条
监主受财枉法	不枉法者，三十匹；无禄者不枉法者，四十匹	加役流	《唐律疏议》卷11职制138条

① 按：安史乱后，关于窃盗之量刑标准日趋严苛，德宗建中三年三月敕节文规定：窃盗赃满三匹以上者断死。"当府界内捉获强盗，不论有赃无赃，及窃盗赃满三匹以上者，并准敕集众决杀；不满匹者，量事科决补充所由。犯盗人虽有官及属军等，一切并依此例处分"[（宋）王钦若等编纂：《册府元龟》卷612《刑法部·定律令第四》，周勋初等校订，凤凰出版社2006年版，第7071页]。武宗时又将"窃盗赃满三匹断死"改为"计赃至钱一贯以上即处极法"，据《唐会要·议刑轻重》载会昌元年十二月敕改为赃满一贯者处死："朝廷施令，所贵必行，合于事情，方可经久。自今已后，窃盗计赃至钱一贯以上，处极法。抵犯者便准法处分，不得以收禁为名。其奴婢本主及亲戚同居行盗，并许减等，任长使酌度轻重处分。如再四抵犯，及有徒党须惩，不在此例"[（宋）王溥：《唐会要》卷39《议刑轻重》，上海古籍出版社2006年版，第835页]。至宣宗大中四年，又恢复建中三年旧制：据《旧唐书·宣宗纪》：大中四年五月刑部奏："'准今年正月一日敕节文，据会昌元年三月二十六日敕，窃盗赃至一贯文处死，宜委所司重详定条目奏闻。臣等检校，并请准建中三年三月二十四日敕，窃盗赃满三匹已上决杀，如赃数不充，量请科放。'从之"[（后晋）刘昫：《旧唐书》卷18下《宣宗纪》，中华书局1975年版，第627页]。由此，窃盗无死刑之法律规定在中唐以后徒成具文。窃盗三匹决杀的规定延及五代，后唐明宗长兴四年五月有司言"天下府州，凡窃盗赃满三匹，皆处极法，并不以律内十五匹加役流定罪，亦不减死配流"。此可谓明证矣。（宋）王钦若等编纂：《册府元龟》卷613《刑法部·定律令第五》，周勋初等校订，凤凰出版社2006年版，第7080页。

续表

罪 名	情 形	刑 名	来 源
库藏失盗	故纵赃满五十疋	加役流	《唐律疏议》卷 15 厩库 210 条
盗毁天尊佛像	道士、女官盗毁天尊像，僧、尼盗毁佛像	加役流	《唐律疏议》卷 19 贼盗 276 条
发冢	发冢（发彻即坐，招魂而葬亦是）	加役流	《唐律疏议》卷 19 贼盗 277 条
窃盗	五十疋	加役流	《唐律疏议》卷 19 贼盗 282 条
妻妾殴詈故夫父母	诸妻妾殴、詈故夫之祖父母、父母折伤者	加役流	《唐律疏议》卷 22 斗讼 331 条
诈乘驿马	本非驿使而诈乘驿马，及给马之驿及所由之关知其诈乘之情者	加役流	《唐律疏议》卷 25 诈伪 379 条
罪人拒捕	罪人本犯合死，已就拘执及不拒捍而捕杀之者	加役流	《唐律疏议》卷 28 捕亡 452 条
不言请辄捕	非殴击人折伤以上若盗及强奸，或和奸同籍内余犯，不言请而辄捕系，本犯应死而杀者	加役流	《唐律疏议》卷 28 捕亡 453 条
被囚禁拒捍走	诸被囚禁拒捍官司而走，伤人者	加役流	《唐律疏议》卷 28 捕亡 465 条

第三节　比照他罪减死科加役流

《唐律疏议》充分重视加役流之减死易科价值，《唐律》诸篇比照他罪减死科加役流者，计二十条（表 16-2），涉及卫禁、职制、户婚、擅兴、贼盗、斗讼、杂律、断狱诸篇。各条涉及比照的罪名共计八类，兹据各篇顺序分述之。

一、以阑入论，减死科加役流

王明德《读律佩觿》："以者，非真犯也。非真犯，而情与真犯同，一如真犯之罪罪之，故曰以。"[①]《卫禁》"因事入宫辄宿"条："将领人入宫殿内，

---

① （清）王明德：《读律佩觿》卷 1 "以"，何勤华等点校，法律出版社 2001 年版，第 4 页。

有所迎输、造作，门司未受文牒而听入及人数有剩者，各以阑入论；至死者加役流。"①由此，凡将领人入宫殿内迎输造作，门司未受文牒而允许进入，或虽受文牒而未加详查，致使所入人数有剩者，门司以阑入罪论。据《卫禁律》"阑入宫殿门及上阁"条："入上阁内者，绞；若持杖及至御在所者，斩。"②《唐六典》记太极殿"有东上、西上二阁门"③。《雍录》又言"其曰阁者，即内殿也，非真有阁也"④，即皇帝居所。天子"所进曰御"⑤，律文所言"御在所"即皇帝所在之处，"太皇太后、皇太后、皇后并同"⑥。上合及御在所皆直接关乎皇帝人身安危，"卫禁律"事涉警卫关禁，"敬上防非，于事尤重"⑦。因此，门司未受文牒听人进入及人数有剩者，若入上阁及御在所者，减死以加役流论断。

二、以斗杀伤论，减死科加役流

此为最常见之比罪方式。所谓"斗杀伤"属类罪名，具体当各依杀伤之状，当从《斗讼》"斗殴伤人"（图 16-1）、"斗殴折齿毁耳鼻"、"兵刃斫射人"、

---

①（唐）长孙无忌等：《唐律疏议》卷 7《卫禁》"因事入宫辄宿"，刘俊文点校，中华书局 1983 年版，第 154 页。

②（唐）长孙无忌等：《唐律疏议》卷 7《卫禁》"阑入宫殿门及上阁"，刘俊文点校，中华书局 1983 年版，第 151 页。

按：据《资治通鉴》卷 192 武德九年九月"丁未，上引诸卫将卒习射于显德殿庭。……于是日引数百人教射于殿庭，上亲临试，中多者赏以弓、刀、帛，其将师亦加上考。群臣多谏曰：'于律：以兵刃至御在所者绞'"［（宋）司马光：《资治通鉴》卷 192"高祖武德九年（626年）九月丁未"，中华书局 1956 年版，第 6021—6022 页］。是时所言之律当为《武德律》，而《唐律疏议》规定"持杖及至御在所者，斩。"由此，晚至永徽之际，持兵械至御在所之量刑明显加重，而此变化是否沿袭贞观律而来，亦未可知。

③（唐）李林甫等：《唐六典》卷 7《尚书工部》"工部郎中员外郎"条注，陈仲夫点校，中华书局 1992 年版，第 217 页。

④（宋）程大昌：《雍录》卷 3"西内两阁"，黄永年点校，中华书局 2002 年版，第 62 页。

⑤（汉）蔡邕：《独断》卷上，商务印书馆（丛书集成初编本）1939 年版，第 1 页。

⑥（唐）长孙无忌等：《唐律疏议》卷 6《名例》"称乘舆车驾及制敕"，刘俊文点校，中华书局 1983 年版，第 135 页。

⑦（唐）长孙无忌等：《唐律疏议》卷 7《卫禁》，刘俊文点校，中华书局 1983 年版，第 149 页。

"殴人折跌支体瞎目"、"斗故杀人"诸条论断，至死者科加役流。《唐律疏议》中比照此类科加役流者，计八项。

图 16-1　斗殴图

资料来源：谭蝉雪主编：《敦煌石窟全集·民俗画卷》，商务印书馆(香港)有限公司，1999 年版，第 67 页

　　(1)《卫禁》"犯庙社禁苑罪名"条："向庙、社、禁苑射及放弹、投瓦石杀伤人者，各以斗杀伤论，至死者加役流。"疏议进一步解释说："若有辄向射及放弹、投瓦石杀伤人者，各依斗杀伤人罪法：若箭伤，徒二年；瞎一目，徒三年之类。至死者，唯处加役流。"[1]庙社禁苑为皇帝祭祀、巡幸之所，于此放弹、投射致死者，当据律严惩。向庙、社、禁苑射及放弹、投瓦石杀伤人致死者，减等以加役流论断。

　　(2)《贼盗》"劫囚"条：窃囚中过失杀伤他人，比照"因盗过失杀伤人"[2]条论断，至死者，加役流。"其因窃囚过失杀伤他人者，下条云'因盗而过失杀伤他人者，以斗杀伤论。至死者，加役流。'既窃囚之事类因盗之罪，其有过失，彼此不殊，杀伤人者，亦依斗杀伤人论，应至死者从

────────────

　　① (唐)长孙无忌等：《唐律疏议》卷 8《卫禁》"犯庙社禁苑罪名"，刘俊文点校，中华书局 1983 年版，第 168 页。

　　② (唐)长孙无忌等：《唐律疏议》卷 20《贼盗》"因盗过失杀伤人"，刘俊文点校，中华书局 1983 年版，第 367 页。

加役流坐"①。

(3)《贼盗》"夜无故入人家"条：夜入人家者若"已被擒获，拘留执缚，无能相拒……主人若有杀伤，各依斗法科罪，至死者加役流"②。即对于事后防卫，应依据具体情形，比照《斗讼律》相关条款处断，至死者改加役流。

(4)《贼盗》"因盗过失杀伤人"条："诸因盗而过失杀伤人者，以斗杀伤论，至死者加役流。"③

(5)《杂律》"向城官私宅射"条："若故令入城及宅中，杀伤人者，各以斗杀伤论；至死者，加役流。"④

(6)《断狱》"死罪囚辞穷竟雇倩人杀"条：犯死罪囚，辞状穷竟，其死囚亲故为囚所遣或雇请他人杀死罪囚的行为。若"囚若不遣雇倩，及辞未穷竟而杀，各以斗杀罪论，至死者加役流。"疏议又云："囚若不遣亲故雇倩人杀，及囚虽遣雇倩人杀，而辞状未穷竟而杀者，其所遣之人及受雇倩者，各依尊卑、贵贱，以斗杀罪论，至死者加役流。"⑤

(7)《断狱》"监临自以杖捶人"条："虽是监临主司，于法不合行罚及前人不合捶拷，而捶拷者，以斗杀伤论，至死者加役流。即用刃者，各从斗杀伤法。"⑥

(8)《断狱》"拷决孕妇"条："诸妇人怀孕，犯罪应拷及决杖笞，若未产而拷、决者，杖一百；伤重者，依前人不合捶拷法；产后未满百日而拷决者，减一等。失者，各减二等。"疏议又云："'依前人不合捶拷法'，谓

---

① （唐）长孙无忌等：《唐律疏议》卷 17《贼盗》"劫囚"，刘俊文点校，中华书局 1983 年版，第 331 页。

② （唐）长孙无忌等：《唐律疏议》卷 18《贼盗》"夜无故入人家"，刘俊文点校，中华书局 1983 年版，第 346 页。

③ （唐）长孙无忌等：《唐律疏议》卷 20《贼盗》"因盗过失杀伤人"，刘俊文点校，中华书局 1983 年版，第 367 页。

④ （唐）长孙无忌等：《唐律疏议》卷 26《杂律》"向城官私宅射"，刘俊文点校，中华书局 1983 年版，第 482 页。

⑤ （唐）长孙无忌等：《唐律疏议》卷 29《断狱》"死罪囚辞穷竟雇倩人杀"，刘俊文点校，中华书局 1983 年版，第 547 页。

⑥ （唐）长孙无忌等：《唐律疏议》卷 30《断狱》"监临自以杖捶人"，刘俊文点校，中华书局 1983 年版，第 560 页。

依上条：'监临之官，前人不合捶拷而捶拷者，以斗杀伤论。'若堕胎者，合徒二年。妇人因而致死者，加役流。"[①]据《斗讼律》"斗殴杀人"条，故杀人者当断死，"诸斗殴杀人者，绞。以刃及故杀人者，斩"。[②]该条为上述诸罪之主要参照依据。上述八类犯罪至死者，均应比照"斗殴杀人"，减死科加役流。

三、以驿使稽程论，减死科加役流

《职制律》"驿使以书寄人"条："驿使无故，以书寄人行之及受寄者，徒一年……即为军事警急而稽留者，以驿使为首，行者为从（注云：有所废阙者，从前条）。"[③] 由此，驿使擅自委托他人代为传递军务紧急文书有所废阙者，依前"驿使稽程"条处罚，而造成废阙者，"谓是征讨、掩袭、报告外境消息及告贼之类"[④]。此时，驿使科加役流，受寄者流三千里。

四、以枉法论，减死科加役流

据《职制》"监主受财枉法"条："诸监临主司受财而枉法者，一尺杖一百，一疋加一等，十五疋绞；……无禄者，各减一等：枉法者二十疋绞，不枉法者四十疋加役流。"[⑤]《唐律疏议》中比照此类科加役流者，共计 5 类。

（1）《户婚律》"里正及官司妄脱漏增减"条："诸里正及官司，妄脱漏增减以出入课役，一口徒一年，二口加一等。赃重，入己者以枉法论，至死者

---

① （唐）长孙无忌等：《唐律疏议》卷 30《断狱》"拷决孕妇"，刘俊文点校，中华书局 1983 年版，第 570—571 页。

② （唐）长孙无忌等：《唐律疏议》卷 21《斗讼律》"斗殴杀人"，刘俊文点校，中华书局 1983 年版，第 387 页。

③ （唐）长孙无忌等：《唐律疏议》卷 10《职制》"驿使以书寄人"，刘俊文点校，中华书局 1983 年版，第 208 页。

④ （唐）长孙无忌等：《唐律疏议》卷 10《职制》"驿使稽程"，刘俊文点校，中华书局 1983 年版，第 208 页。

⑤ （唐）长孙无忌等：《唐律疏议》卷 11《职制》"监主受财枉法"，刘俊文点校，中华书局 1983 年版，第 220—221 页。

加役流。"①里正及州、县官司各于所部之内妄为脱漏户口，或增减年状，以出入课役，赃重而入己者，以"监主受财枉法"条科刑，即计赃十五匹，不依枉受财法断绞，而以加役流科刑。

（2）《户婚律》"不言及妄言部内旱涝霜虫"条："问曰：有应得损免，不与损免，以枉征之物，或将入己，或用入官，各合何罪？答曰：应得损、免而妄征，亦准上条'妄脱漏增减'之罪：入官者，坐赃论；入私者，以枉法论，至死者加役流。"②由此，里正以上主司以妄征之物入己者，应比照"里正及官司妄脱漏增减"条处罚原则，以"监主受财枉法"条，科加役流。

（3）《户婚律》"应复除不给"条："其妄给复除及应给不给，准赃重于徒二年者，依上条'妄脱漏增减以出入课役'，一口徒一年，二口加一等，赃重入己者，以枉法论，至死者加役流；入官者，坐赃论。"③据此，主司违法课征或免除赋役，计赃处罚超过徒二年者，应比照"里正及官司妄脱漏增减"条处罚原则，以"监主受财枉法"条，科加役流。

（4）《户婚律》"差科赋役违法"条："诸差科赋役违法及不均平，杖六十。……若非法而擅赋敛，及以法赋敛而擅加益，赃重入官者，计所擅坐赃论；入私者，以枉法论，至死者加役流。"④主司违法科差赋役，计赃科刑。有禄官人入私计赃十五匹，无禄官人入私计赃二十匹者，科加役流。

（5）《断狱》"主守导令囚翻异"条：掌囚、典狱等主守"受囚财物，导令翻异；及与通传言语，有所增减者：以枉法论，十五匹加役流，三十匹绞。"⑤

---

① （唐）长孙无忌等：《唐律疏议》卷 12《户婚》"里正官司妄脱漏增减"，刘俊文点校，中华书局 1983 年版，第 235 页。

② （唐）长孙无忌等：《唐律疏议》卷 12《户婚》"不言及妄言部内旱涝霜虫"，刘俊文点校，中华书局 1983 年版，第 248 页。

③ （唐）长孙无忌等：《唐律疏议》卷 13《户婚》"应复除不给"，刘俊文点校，中华书局 1983 年版，第 251 页。

④ （唐）长孙无忌等：《唐律疏议》卷 13《户婚》"差科赋役违法"，刘俊文点校，中华书局 1983 年版，第 251 页。

⑤ （唐）长孙无忌等：《唐律疏议》卷 30《断狱》"主守导令囚翻异"，刘俊文点校，中华书局 1983 年版，第 548 页。

五、以乏军兴论，减死科加役流

《擅兴》"征人巧诈避役"条："若有校试，以能为不能，以故有所稽乏者，以'乏军兴'论；未废事者，减一等。主司不加穷覆而承诈者，减罪二等；知情者与同罪，至死者加役流。"①同卷"乏军兴"条规定"诸乏军兴者斩，故、失等。"②《名例》"称加减"云："惟二死、三流，各同为一减。"③自斩上减二等合徒三年。知巧诈之情而故意承诈依信者，与犯者同罪，至死者改科加役流，即于事稽违及致阙乏废事者，科以加役流。

六、以窃盗论，减死科加役流

（1）《贼盗》"盗大祀神御物"条："'若盗釜、甑、刀、匕之属'，谓并不用供神，故从常盗之法，一尺杖六十，一疋加一等；五疋徒一年，五疋加一等，罪止加役流。"④常盗之法之量刑，依"窃盗"条："诸窃盗，不得财笞五十；一尺杖六十，一疋加一等；五疋徒一年，五疋加一等，五十疋加役流。"⑤ 由此，若盗釜、甑、刀、匕之属，计赃至五十匹加役流。

（2）《贼盗》"以私财奴婢贸易官物"条："以私财物、奴婢、畜产之类，贸易官物者，计其等准盗论，计所利以盗论。"⑥贸易官物之处罚原则上比于窃盗，具体处罚则视是否获利有所区别：低价或等价贸易，私家未获利者，计价准盗论；高价贸易，私家获利者，先计价准盗论，再计利以

---

① （唐）长孙无忌等：《唐律疏议》卷 16《擅兴》"征人巧诈避役"，刘俊文点校，中华书局 1983 年版，第 310 页。

② （唐）长孙无忌等：《唐律疏议》卷 16《擅兴》"乏军兴"，刘俊文点校，中华书局 1983 年版，第 305 页。

③ （唐）长孙无忌等：《唐律疏议》卷 6《名例》"称加减"，刘俊文点校，中华书局 1983 年版，第 142 页。

④ （唐）长孙无忌等：《唐律疏议》卷 19《贼盗》"盗大祀神御物"，刘俊文点校，中华书局 1983 年版，第 349 页。

⑤ （唐）长孙无忌等：《唐律疏议》卷 19《贼盗》"窃盗"，刘俊文点校，中华书局 1983 年版，第 358 页。

⑥ （唐）长孙无忌等：《唐律疏议》卷 20《贼盗》"以私财奴婢贸易官物"，刘俊文点校，中华书局 1983 年版，第 367 页。

盗论，而后合并论罪①。若"贸易奴婢，计赃重于和诱者，同和诱法"，即按照略诱奴婢罪科刑。若凡人贸易奴婢，计利五十疋，准窃盗论，即合加役流。

七、以强盗论，减死科加役流

《贼盗》"本以他故殴人因而夺物"条："诸本以他故殴击人，因而夺其财物者，计赃以强盗论，至死者加役流。"②依"强盗"条："不得财徒二年；一尺徒三年，二疋加一等；十疋及伤人者，绞；杀人者，斩。"③由此，以他故殴人因而夺物，计赃至十匹加役流（图16-2）。

图 16-2　商人遇盗图

资料来源：段文杰主编：《中国敦煌壁画全集·敦煌盛唐》，天津人民美术出版社 1989 年，第 67 页

八、以故入人罪论，减死科加役流

《斗讼》"以赦前事相告言"条："诸以赦前事相告言者，以其罪罪之。官

---

① 刘俊文：《唐律疏议笺解》，中华书局 1996 年版，第 1417 页。

② （唐）长孙无忌等：《唐律疏议》卷 19《贼盗》"本以他故殴人因而夺物"，刘俊文点校，中华书局 1983 年版，第 361 页。

③ （唐）长孙无忌等：《唐律疏议》卷 19《贼盗》"强盗"，刘俊文点校，中华书局 1983 年版，第 357 页。

司受而为理者，以故入人罪论。至死者，各加役流。"①疏议进一步解释说："官司违法，受而为理，'以故入人罪论'。谓若告赦前死罪，前人虽复未决，告者免死处加役流，官司受而为理，至死者亦得此罪，故称'各加役流'。"据《断狱》"官司出入人罪"条："诸官司入人罪者，若入全罪，以全罪论；从轻入重，以所剩论；刑名易者：从笞入杖、从徒入流亦以所剩论，从笞杖入徒流、从徒流入死罪亦以全罪论。"②

表 16-2　比照他罪减死科加役流简表

罪　名	情　形	刑　名	来源
因事入宫辄宿	将领人入宫殿内，有所迎输、造作，门司未受文牒而听入及人数有剩者	各以阑入论，至死者加役流	《唐律疏议》卷 7 卫禁 63 条
犯庙社禁苑罪名	向庙、社、禁苑射及放弹、投瓦石，杀伤人者	以斗杀伤论，至死者加役流	《唐律疏议》卷 8 卫禁 79 条
驿使以书寄人	即为军事警急而稽留者，以驿使为首，行者为从	以驿使稽程论，驿使加役流，受寄者流三千里	《唐律疏议》卷 10 职制 124 条
里正及官司妄脱漏增减	赃重(计赃至十五疋)入己者	以枉法论，至死者，加役流	《唐律疏议》卷 12 户婚 153 条
不言及妄言旱涝霜虫	应得损、免而妄征，亦准上条"妄脱漏增减"之罪	入私者以枉法论，至死者加役流	《唐律疏议》卷 13 户婚 169 条
应复除不给	其妄给复除及应给不给，准赃重于徒二年者，依上条"妄脱漏增减以出入课役"	赃重入己者，以枉法论，至死者加役流	《唐律疏议》卷 13 户婚 172 条
差科赋役违法	非法而擅赋敛，及以法赋敛而擅加益	入私者，以枉法论，至死者加役流	《唐律疏议》卷 13 户婚 173 条
征人巧诈避役	主司知巧诈之情而故意承诈依信者，与犯者同罪	以乏军兴论，至死者改科加役流	《唐律疏议》卷 16 擅兴 236 条
劫囚	因窃囚过失杀伤他人者，比照"因盗过失杀伤人"条	亦依斗杀伤人论，应至死者从加役流坐	《唐律疏议》卷 18 贼盗 257 条
夜无故入人家	其已就拘执而杀伤者	各以斗杀伤论，至死者加役流	《唐律疏议》卷 18 贼盗 269 条
盗大祀神御物	若盗釜、甑、刀、匕之属	从常盗之法，罪止加役流	《唐律疏议》卷 19 贼盗 270 条

① (唐)长孙无忌等：《唐律疏议》卷 24《贼盗》"以赦前事相告言"，刘俊文点校，中华书局 1983 年版，第 442—443 页。

② (唐)长孙无忌等：《唐律疏议》卷 30《断狱》"官司出入人罪"，刘俊文点校，中华书局 1983 年版，第 562—563 页。

罪　名	情　形	刑　名	来源
以他故殴人因而夺物	诸本以他故殴击人，因而夺其财物者	计赃以强盗论，至死者加役流	《唐律疏议》卷19贼盗286条
因盗过失杀伤人	诸因盗而过失杀伤人者	以斗杀伤论，至死者加役流	《唐律疏议》卷20贼盗289条
以私财奴婢贸易官物	以私财物、奴婢、畜产之类，贸易官物者，计其等准盗论，计所利以盗论。若凡人贸易奴婢，计利五十疋	准窃盗论，即合加役流	《唐律疏议》卷20贼盗290条
以赦前事相告言	诸以赦前事相告言者，以其罪罪之。官司受而为理者	以故入人罪论，至死者，各加役流	《唐律疏议》卷24斗讼354条
向城官私宅射	若故令入城及宅中杀伤人者	各以斗杀伤论，至死者，加役流	《唐律疏议》卷26杂律393条
雇倩人杀死囚	犯死罪囚不遣亲故雇倩人杀，及囚虽遣雇倩人杀，而辞状未穷竟而杀者，所遣之人及受雇倩者	以斗杀罪论，至死者加役流	《唐律疏议》卷29断狱471条
主守导令囚翻异	主守受囚财物，导令翻异；及与通传言语，有所增减者	以枉法论，十五疋加役流	《唐律疏议》卷29断狱472条
监临自以杖捶人	虽是监临主司，于法不合行罚及前人不合捶拷，而捶者	以斗杀伤论，至死者加役流	《唐律疏议》卷30断狱483条
拷决孕妇	妇人怀孕，伤重者，依前人不合捶拷法	以斗杀伤论，妇人致死者加役流	《唐律疏议》卷30断狱495条

第四节　加役流适用规则之变迁

《唐律疏议》加役流犯之役期、减赎，及其身份限制等进行了系统规定。上述规则构成《唐律》分则诸篇加役流具体适用之直接依据。

《唐律》规定加役流依律流三千里，居作三年，此为唐律加役流施行之一般原则。又据"更犯累科"原则，"犯罪已发及已配而更为罪者，各重其事。"诸流累加，应役以四年为限，此为加役流施行之特殊规范："若前犯常流，后犯加役流者，亦止总役四年。……元犯加役流，后又犯加役流，前后累徒虽多，役以四年为限。若役未讫，更犯流、徒罪者，准加杖例。"①

---

① （唐）长孙无忌等：《唐律疏议》卷4《名例》"犯罪已发已配更为罪"，刘俊文点校，中华书局1983年版，第79—80页。

工、乐、杂户、太常音声人及妇女等特定身份犯加役流者，依法享有易科、免配、免役等权利，工、乐、杂户、太常音声人等特殊职业者犯加役流，"决杖一百六十；俱留住，役四年"①；妇人犯加役流者，决杖一百，留住役四年。但上述人等若因造畜蛊毒应流者，则配流如法。加役流犯役满及会赦免役者，"即于配处从户口例"②。

犯"加役流"等"五流"者，原则上"各不得减赎，除名、配流如法"③。若"五流"会降，加役流、反逆缘坐流、不孝流等三流罪犯"并听收赎"④。因加役流除名者，若会赦及降，"入十恶者，虽会赦、降，仍合除名；称'以枉法论'、'监守内以盗论'者，会赦免所居官，会降同免官之法；自余杂犯，会赦从原，会降依当、赎法。"⑤对于年七十以上，十五以下及废疾者，刑事责任有减无免，犯加役流者不得收赎。但"矜其老小，不堪役身"，至配所免居作⑥。

《唐律疏议》中的上述规则，是司法实践中关于加役流适用的直接依据。伴随社会变迁与法制演进，加役流的适用规则亦发生重大变化。加役流之适用范围渐成扩张趋势，其中尤以经济犯罪领域为重点。在律文之外，加役流之适用规则又常以诏敕形式创制先例，并为后世立法所遵行。

首先，"私铸钱"犯罪量刑之调整。据《杂律》"私铸钱"条："诸私铸钱者，流三千里；作具已备，未铸者，徒二年；作具未备者，杖一百。若磨错

① （唐）长孙无忌等：《唐律疏议》卷3《名例》"工乐杂户及妇人犯流决杖"，刘俊文点校，中华书局1983年版，第74页。

② （唐）长孙无忌等：《唐律疏议》卷3《名例》"犯流应配"，刘俊文点校，中华书局1983年版，第67页。

③ （唐）长孙无忌等：《唐律疏议》卷2《名例》"应议请减（赎章）"，刘俊文点校，中华书局1983年版，第36页。

④ （唐）长孙无忌等：《唐律疏议》卷2《名例》"应议请减（赎章）"，刘俊文点校，中华书局1983年版，第37页。

⑤ （唐）长孙无忌等：《唐律疏议》卷2《名例》"除名"，刘俊文点校，中华书局1983年版，第51页。

⑥ （唐）长孙无忌等：《唐律疏议》卷4《名例》"老小及疾有犯"，刘俊文点校，中华书局1983年版，第81页。

成钱，令薄小，取铜以求利者，徒一年。"①高宗永淳元年(682年)五月敕则区分主从，连带问责，并升格重罚：

> 私铸钱造意人及勾合头首者，并处绞，仍先决杖一百。从及居停主人加役流，各决杖六十。②

永淳元年五月惩治私铸钱敕具有创制先例性质，敦煌出《神龙散颁刑部格》格文概言私铸钱从犯配流，似与前敕略异，然永淳元年敕当为格文所本，③此处"配流"即与敕文"加役流"含义相同：

> 40 私铸钱人，勘当得实，先决杖一百，头首处尽，
> 41 家资没官；从者配流。不得官当荫赎。有官
> 42 者，乃除名。勾合头首及居停主人，虽不自铸，
> 43 亦处尽，家资亦没官。若家人共犯罪，其家
> 44 长资财并没；家长不知，坐其所由者一房资财。
> 45 其铸钱处，邻保处徒一年，里正、坊正各决杖一百。
> 46 若有人纠告，应没家资，并赏纠人。同犯自首
> 47 告者，免罪，依例酬赏。④

又据《宋刑统》准"唐刑部格"："私铸钱及造意人，及勾合头首者，并处绞，仍先决杖一百。从及居停主人加役流，仍各先决杖六十。"⑤文句与永淳元年

---

①（唐）长孙无忌等：《唐律疏议》卷26《杂律》"私铸钱"，刘俊文点校，中华书局1983年版，第480页。

②（唐）杜佑：《通典》卷9《食货九·钱币下》，王文锦等点校，中华书局1988年版，第200页。

③ 刘俊文：《敦煌吐鲁番唐代法律文书考释》，中华书局1989年版，第262页。

④ 唐耕耦、陆宏基编：《敦煌社会经济文献真迹释录》（第2册），全国图书馆文献微缩复制中心1990年版，第565页。

⑤（宋）窦仪等：《宋刑统》卷27《杂律》"私铸钱"条引《刑部格敕》，吴翊如点校，中华书局1984年版，第407页。

五月敕基本一致。由此，作为唐代加役流适用规则的重要变化之一，永淳元年敕、《神龙散颁刑部格》，以及唐"刑部格敕"中关于"私铸钱从犯及居停主人处加役流，附加决杖六十"的规定可谓一脉相承，此亦为唐代敕、律、格各类法律形式之间嬗变更替之明证。

其次，肃宗上元元年(760年)十月敕规定：对于两京县令触途侵夺干没京官职田物资者，计赃以枉法论，至死者加役流。据《唐律疏议·贼盗》"监临主守自盗"条："诸监临主守自盗及盗所监临财物者，加凡盗二等，三十疋绞。"①此敕当据律改订而成：

> 上元元年十月，敕："京官职田准式，并合佃人输送至京。中间杨国忠奏：去城五十里外贮纳，县仓本官，自差人请受。缘是暂时寄贮，所縣触途干没，就中闲司，尤被抑屈。公私不便，因循累年。自今已后，京兆河南府诸县，并令依旧送京输纳。本官如邀颉停留，并辄受加耗，请准所费及剩数计赃，以枉法论，至死者加役流。"②

再次，至武宗初，加役流始在榷茶领域之适用。汉代以来，盐铁之利即为官府专享，禁止民间染指。唐德宗时应宰臣王涯奏请，设立榷茶制度。《续资治通鉴长编》追述了唐代武宗朝茶法之具体罚则：

> 自唐武宗始禁民私卖茶，自十斤至三百斤，定纳钱决杖之法。于是令民茶折税外悉官买，民敢藏匿而不送官及私贩鬻者，没入之。计其直百钱以上者，杖七十，八贯加役流。主吏以官茶贸易者，计其直五百钱，流二千里，一贯五百及持仗贩易私茶为官司擒捕者，皆死。③

---

① (唐)长孙无忌等：《唐律疏议》卷 19《贼盗》"监临主守自盗"，刘俊文点校，中华书局 1983 年版，第 358 页。

② (宋)王钦若等编纂：《册府元龟》卷 506《邦计部·俸禄第二》，周勋初等校订，凤凰出版社 2006 年版，第 5755 页。

③ (宋)李焘：《续资治通鉴长编》卷5"太祖乾德二年(964年)八月辛酉"，上海师范大学古籍整理研究所、华东师范大学古籍研究所点校，中华书局1995年版，第131页。

李焘注云"自唐武宗以下至皆死，并据本志，当在此年，今附见榷茶后"。则民间兴贩私茶计赃至八贯者科加役流，此当为武宗茶法原文。武宗朝以私茶数额定纳钱决杖之法，《册府元龟》有证可查。据开成五年（840年）十月诏："自今后应轻行，贩私茶，无得杖伴侣者，从十斤至一百斤，决脊杖十五，其茶并随身物并没纳，给纠告及捕捉所由。其囚牒送本州县置历收管，使别营生，再犯不问多少，准法处分。三百斤已上，即是恣行凶狡，不惧败亡，诱扇愚人，悉皆屏绝，并准法处分，其所没纳，亦如上例。"①其中斤两、杖数或有更易，然民间私藏或兴贩私茶者，计赃值八贯当科加役流。

第五节　两宋加役流之变化

如前所述，加役流是唐贞观时期刑制改革的重要成果之一，并伴随数次律令修订及诏敕损益而为后世所继受。宋初刑律概依唐旧，《宋建隆重详定刑统》律文及疏议全盘袭用唐律，加役流遂得以于两宋沿用。宋建隆四年（963年），应吏部尚书张昭奏请，始立折杖之制②，即以相应脊杖或臀杖替换笞、杖、徒、流等正刑。据《宋刑统·名例》"折杖门"："加役流决脊杖二十，配役三年。"③是为宋代加役流适用之基本依据。宋代加役流在沿袭唐代旧制的同时，适用呈现出鲜明之时代特征。首先，进一步扩充加役流适用的罪名，《宋刑统》沿袭《唐律疏议》旧文，对御膳制呈不如法者于律有罚："诸造御膳误犯食禁者，主食绞。若秽恶之物在食饮中，徒二年。拣择不精及进御不时，减二等。不品尝者杖一百。"④绍圣三年（1096年）五月二十三日诏规定官吏擅自开合御膳者，科加役流："使臣管勾常膳等，

---

① （宋）王钦若等编纂：《册府元龟》卷494《邦计部·山泽》，周勋初等校订，凤凰出版社2006年版，第5603页。

② （宋）高承：《事物纪原》卷10《律令刑罚部五十二》，（明）李果订，金圆、许沛藻点校，中华书局1989年版，第531页。

③ （宋）窦仪等：《宋刑统》卷1《名例》"五刑"，吴翊如点校，中华书局1984年版，第3页。

④ （宋）窦仪等：《宋刑统》卷9《职制》"合和御药误（御膳、御幸舟船、乘舆服御物、外膳）"，吴翊如点校，中华书局1984年版，第152页。

辄开合见御膳者，并加役流。"①其次，更加侧重于经济犯罪与职务犯罪的打击力度。同时，对于可断加役流之犯官，时常以降贬、勒停、除名、纳赎等方式替代正刑之施行。因此，有宋一代官吏施行加役流者可谓屈指可数。

一、加役流在经济犯罪领域之适用

（一）赃贿

因公事受财曲法至死者，据律当科加役流。景德四年（1007年）九月戊子，据知审刑院朱巽上言，"'官吏因公事受财，证左明白，望论以枉法。其罪至死者，加役流。'从之"②。然司法实践中，对于赃官多以免官、除名、纳赎等方式替代真刑加役流之实施。天圣七年（1029年）七月辛酉，左领军卫大将军、知光州石普受所部赃，估绢四百八十疋，法应加役流除名，"责授左监门卫率府副率，滁州安置"③。天圣十年（1032年）四月十八日，虞部郎中、知棣州王涉坐冒请官职田，估赃绢百七十匹，法应死，用赦原罪外，有不容佃户诉灾，输物估赃五十匹，法应加役流、除名，"特免黥面，配广南本城，永不录用"④。同年六月四日，秘书丞、知永兴军兴平县王衮特免除名，授广南文学。"坐受银估赃绢三十匹，法应加役流，特矜之"⑤。熙宁四年（1071年）四月，太原太谷县尉王育权本县，断高福行奸，因谋合人白雅并妻阿程隐庇不通，捶拷至死。法司断"王育合于加役流上定断。会降徒三年追一官，更罚铜十二斤，勒停"⑥。对于一般罪囚科加役流者若蒙赦宥，亦可奉诏疏

①　（清）徐松辑：《宋会要辑稿》第 72 册《职官二一·光禄寺》，中华书局 1957 年版，第2854—2855 页。

②　（元）脱脱等：《宋史》卷 199《刑法一》，中华书局 1977 年版，第 4973 页。

③　（宋）李焘：《续资治通鉴长编》卷 108 "仁宗天圣七年（1029 年）四月辛酉"，上海师范大学古籍整理研究所、华东师范大学古籍研究所点校，中华书局 1995 年版，第 2518 页。

④　（清）徐松辑：《宋会要辑稿》第 170 册《刑法六之十四·矜贷》，中华书局 1957 年版，第 6700 页。

⑤　（清）徐松辑：《宋会要辑稿》第 170 册《刑法六之十四·矜贷》，中华书局 1957 年版，第 6700 页。

⑥　（清）徐松辑：《宋会要辑稿》第 168 册《刑法四之七六·断狱》，中华书局 1957 年版，第 6659 页。

决原减。景祐二年（1035年）八月五日，淮南转运使言："准诏往辖下州军疏理见禁罪人，其加役流已下徒役人，乞许依德音例疏放。诏应系今年五月二十五日以前配到者，并放逐便。"①

（二）专卖

自中唐以降，官府榷禁日趋严格，除承袭前代盐铁专卖政策之外，榷沽、榷茶之制日善。对于私盐罪囚科加役流后，少壮者配隶附近州军。太祖乾德四年（966年）十一月诏重宽盐曲法，"蚕盐入城市及商人阑入至三百斤以上，加役、流、杖、徒之等，亦从厘减"②，是为北宋在榷盐管制领域适用加役流之始。天圣八年（1030年）四月，泾原、环庆、鄜延诸路奏请"今犯盐百姓皆游惰之辈，既加徒罪，岂惜行止，不惟亵渎军法，兼虑间变蕃情。欲乞自今罪至加役流决讫，取少壮堪披带配近里州军牢城……奏可"③。景祐元年（1034年）四月五日以犯法者众，稍宽其禁，诏"诸色犯私盐兴贩入禁地……四百斤加役流"④。

二、加役流在职务犯罪领域之适用

（一）专杀

北宋因地方长吏骄横，辖内属吏百姓死于非命。真宗大中祥符七年（1014年）六月丙辰，知长安县王文龟醉出，"回顾市民有踞坐者，即其所杖之三十，诘朝而卒。法寺准罪当加役流，特命除名，配隶海州"⑤。《汉书·张

---

① （清）徐松辑：《宋会要辑稿》第169册《刑法五之二二·省狱》，中华书局1957年版，第6680页。

② （宋）李焘：《续资治通鉴长编》卷7"太祖乾德四年（966年）十一月"，上海师范大学古籍整理研究所、华东师范大学古籍研究所点校，中华书局1995年版，第182页。

③ （清）徐松辑：《宋会要辑稿》第168册《刑法四之一六·配隶》，中华书局1957年版，第6629页。

④ （清）徐松辑：《宋会要辑稿》第132册《食货二三之三八·盐法》，中华书局1957年版，第5193页。

⑤ （宋）李焘：《续资治通鉴长编》卷82"真宗大中祥符七年（1014年）六月丙辰"，上海师范大学古籍整理研究所、华东师范大学古籍研究所点校，中华书局1995年版，第1878—1879页。

耳传》颜师古注曰:"箕踞者,谓申两脚其形如箕",①意指傲慢不逊之态。市民踞坐罪不至死,且为文龟回顾所见。滥施苛政获刑,可谓善恶有报。《宋刑统》卷十七《贼盗》"谋杀"条:"诸谋杀人者徒三年,已伤者绞,已杀者斩。"②法寺当据此条及"应议请减"减死科加役流。神宗熙宁四年(1071年)秋七月丙戌,指使傅勍夜被酒误随入州宅。盐铁副使拜天章阁待制知秦州韩缜令军校以铁裹头杖,杖勍脊百余致死。勍妻持血衣挝登闻鼓上诉,诏劾之。大理寺当缜罪加役流。据《宋刑统》卷十八《贼盗》"夜入人家"条:"诸夜无故入人家者……其已就拘执而杀伤者,各以斗杀伤论,至死者加役流",③此律原文袭用《唐律疏议》。傅勍夜酒醉误入韩缜官宅,与律文规定相合。但据大理寺所断,当时勍被吏卒控制后棰杀毙命,主司韩缜依律合断加役流。"勍妻持血衣,挝登闻鼓院,以诉,落职。分司南京"④。

(二)出入人罪

绍兴二十八年(1158年),乌江县尉王公衮母冢为盗秘泗德所发。据《宋刑统》卷十九《贼盗》"发冢"条:"诸发冢者,加役流,已开棺椁者绞。"⑤绍兴府法官当泗德按问,欲举减等。"又以其妄引平人,加役流"⑥。后公衮手杀盗,给事中杨椿等言公衮杀掘冢法应死之人为无罪,绍兴府官吏皆坐失出之罪。据"官司出入人罪"条:"官司入人罪者,谓或虚立证据,或

① (汉)班固:《汉书》卷32《张耳传》,(唐)颜师古注,中华书局1962年版,第1840页。

② (宋)窦仪等:《宋刑统》卷17《贼盗》"谋杀",吴翊如点校,中华书局1984年版,第275页。

③ (宋)窦仪等:《宋刑统》卷18《贼盗》"夜入人家",吴翊如点校,中华书局1984年版,第290页。

④ (宋)王称:《东都事略》卷58《韩缜》,孙言诚、崔国光点校,齐鲁书社2000年版,第463页。

⑤ (宋)窦仪等:《宋刑统》卷19《贼盗》"发冢",吴翊如点校,中华书局1984年版,第297页。

⑥ (宋)李心传:《建炎以来系年要录》卷180"绍兴二十八年十月乙亥",中华书局1956年版,第2990页。

妄构异端，舍法用情，锻炼成罪。"①本案绍兴府舞弊乱法，失出人罪，合据此拟罪。

总之，与唐代相较，宋代加役流之适用罪名除继承《唐律疏议》相关条款之外，更注重惩治经济犯罪与职务犯罪，并在司法实践中对加役流制度进行了完善，进一步强调加役流的减死易科功能，并逐渐成为宋代配役制度的重要组成部分。

本 章 小 结

唐初贞观君臣秉承德本刑用、明德慎罚的立法理念，创设加役流制度。伴随唐代社会变迁，该法典确于开元年间进行过修订。《唐律》规定加役流"居作三年"当为永徽或开元时期之制，与贞观旧律已有所差异。

《唐律》分则中加役流的适用范围涉及卫禁、职制、户婚、厩库、擅兴、贼盗、斗讼、诈伪、杂律、捕亡、断狱各篇，其归罪原则又可划分为两大类：其一，本罪直接以加役流量刑；其二，比照他罪减死科加役流。同时，《唐律疏议》充分重视加役流之减死易科价值，《唐律》诸篇比照他罪减死科加役流者，计二十条，涉及卫禁、职制、户婚、擅兴、贼盗、斗讼、杂律、断狱诸篇，包括以阑入论；以斗杀伤论；以驿使稽程论；以枉法论；以乏军兴论；以窃盗论；以强盗论；以故入人罪论，皆减死科加役流。

《唐律疏议》对加役流犯之役期、减赎，及其身份限制等进行了系统规定。上述规则构成《唐律》分则诸篇加役流具体适用之直接依据。伴随社会变迁与法制演进，加役流的适用规则亦发生重大变化。加役流之适用范围渐成扩张趋势，其中尤以经济犯罪领域为重点。朝廷常以诏敕形式创制加役流适用先例，并为后世立法所遵行。囿于文献记载匮乏，就目力所限，尚无法拣得唐代加役流适用之实例。相比之下，两宋时期加役流具体适用之资

---

① （宋）窦仪等：《宋刑统》卷30《断狱》"官司出入人罪"，吴翊如点校，中华书局1984年版，第487页。

料大幅增加。这一时期加役流之适用罪名除继承《唐律疏议》相关条款之外，更注重惩治经济犯罪与职务犯罪，并在司法实践中对加役流制度进行了完善，进一步强调加役流的减死易科功能，并逐渐成为宋代配役制度的重要组成部分。

第 十 七 章

长 流

　　流刑萌于上古，立于秦汉，北魏、北周之际正式成型。隋《开皇律》始定流刑三等里数，唐律以此为基础，确立了完备的流放制度，并为后世宋、元、明、清历代沿用，直至清宣统二年（1910 年）《大清新刑律》颁布，沿用两千余年的流刑方正式退出历史舞台。唐代是中国古代流刑制度发展最为重要的阶段，学界关于唐代流刑的研究已经取得了重要的研究成果，如齐涛对唐代流放的种类、执行与特点进行了分析；王雪玲讨论了唐代流人分布地域及其特征[①]；郝黎则就唐代流刑执行、流人放还等问题提出新的见解[②]；张春海考察了唐代流刑与国家政策、社会分层的关系[③]。关于唐代流刑的研究，必然涉及一项重要规则——长流。现有论著于此虽多有涉及，但迄今为止，关于唐代长流问题的专门研究成果仍较为匮乏[④]。作为一种不见于律典明确规定，却又在唐代长期行用的流放规则，其发展演进与具体施行均对唐代政治与法制构成重要影响。因此，有必要对此进行专文阐释，以期全面认识唐代刑罚之实际执行状态，以及唐律对于后世立法之影响。

---

　　① 王雪玲：《两〈唐书〉所见流人的地域分布及其特征》，《中国历史地理论丛》第 17 卷第 4 辑，2002 年 12 月，第 79—85 页。

　　② 郝黎：《唐代流刑新辨》，《厦门大学学报》（哲学社会科学版）2004 年第 3 期，第 34—39 页。

　　③ 张春海：《试论唐代流刑与国家政策、社会分层之关系》，《复旦学报》（社会科学版）2008 年第 2 期，第 116—122 页。

　　④ 王春霞：《唐代长流制度研究》，《黑龙江史志》2010 年第 23 期；钟昊：《唐代长流补阙》，韩国中国学会：《中国学报》2015 年，第 72 辑。

第一节　唐代长流之创制

关于长流之创制，史籍文献记载较为简略。据《太平广记》卷一百二十一"长孙无忌"条引《朝野佥载》，"长流"由宰臣长孙无忌奏请设立：

> 唐赵公长孙无忌奏别敕长流，以为永例。后赵公犯事，敕长流岭南，至死不复回，此亦为法之弊。①

戴建国据长孙无忌案，将唐代长流创立时间确定为贞观时期②，此说或可商榷。唐代流刑源自杨隋，其刑罚位阶仅次于死刑。《开皇律》规定流刑分为一千里，一千五百里，二千里三等。贞观修律，一遵隋旧，"流刑三条，自流二千里，递加五百里，至三千里"③，是为"常流"④。又因唐律规定"诸犯流应配者，三流俱役一年"⑤。流犯一般需于配所服役，因而唐代流刑又有"配流"之称。贞观元年（627年）三月，蜀王府法曹参军裴弘献驳律令不便于时者四十事，后经八座集议，改断右趾为加役流，流三

---

① （宋）李昉等：《太平广记》卷121"长孙无忌"条引《朝野佥载》，中华书局1961年版，第850页。

按：今本《朝野佥载》又记"赵公长孙无忌以乌羊毛为浑脱毡帽，天下慕之，其帽为'赵公浑脱'。后坐事长流岭南，浑脱之言，于是效焉"［（唐）张鹭：《朝野佥载》卷1，赵守俨点校，中华书局1979年版，第11页］。可见长孙无忌长流事，在唐代颇为时人关注。

② 戴建国：《唐代流刑的演变》，载《法史学刊》（第1卷），社会科学文献出版社2006年版，第119页。

③ （后晋）刘昫：《旧唐书》卷50《刑法志》，中华书局1975年版，第2137页。

④ 唐律规定之三流，概称"常流"。据《唐六典》："流刑三（原注：自流二千里、二千五百里、三千里，三流皆役一年，然后编所在为户。而常流之外，更有加役流者，本死刑，武德中改为断趾，贞观六年改为加役流。谓常流唯役一年，此流役三年，故以加役名焉）。"（唐）李林甫等：《唐六典》卷6《尚书刑部》"刑部郎中员外郎"条注，陈仲夫点校，中华书局1992年版，第185—186页。

⑤ （唐）长孙无忌等：《唐律疏议》卷3《名例》"流犯应配"，刘俊文点校，中华书局1983年版，第66页。

千里，居作二年①。贞观十四年（640年）正月二十三日又制："流罪三等，不限以里数，量配边要之州。"②永徽四年（653年）《永徽律疏》全盘继受贞观修律成果，在规定三等"常流"的同时，又增列加役流、反逆缘坐流、子孙犯过失流、不孝流、会赦犹流等条目。而《永徽律疏》之领衔修订者，即为太尉赵国公长孙无忌③，若"长流"为无忌于贞观时奏请设置，则永徽修律之际，理当将其与加役流等一并纂入律典，然今本《唐律疏议》之中，并无"长流"之条，由此，"长流"规则的设立时间，当在高宗永徽四年之后。

上述推断还可于史籍文献中求得印证，目前可见最早关于长流的案例，为前述显庆四年（659年）长孙无忌流黔州事。龙朔三年（663年）四月壬辰，右史董思恭以知考功贡举事，因预卖策问受赃断死，"临刑告变，免死，长

---

① （宋）王溥：《唐会要》卷39《议刑轻重》，上海古籍出版社2006年版，第826页。

② （宋）王溥：《唐会要》卷41《左降官及流人》，上海古籍出版社2006年版，第859页。

③ 按：据《旧唐书》卷65《长孙无忌传》，长孙无忌于贞观元年（627年）以功第一，始封齐国公。贞观十一年（637年）官赵州刺史，改封赵国公。因许敬宗诬构谋反，于高宗显庆四年（659年）四月戊辰，流于黔州。关于长孙无忌流放黔州，两《唐书》、《资治通鉴》及《册府元龟》等文献记载颇有出入。《旧唐书·高宗纪》言："太尉、扬州都督、赵国公无忌带扬州都督于黔州安置，依旧准一品供给。"［（后晋）刘昫：《旧唐书》卷4《高宗纪上》，中华书局1975年版，第79页］而《旧唐书》本传又言"遂去其官爵，流黔州，仍遣使发次州府兵援送至流所"［（后晋）刘昫：《旧唐书》卷65《长孙无忌传》，中华书局1975年版，第2456页］。《新唐书·高宗纪》亦作"流长孙无忌于黔州"［（宋）欧阳修、宋祁：《新唐书》卷3《高宗纪》，中华书局1975年版，第59页］。刘肃《大唐新语》又作"配流黔州"［（唐）刘肃：《大唐新语》卷12《酷忍第二十七》，许德楠、李鼎霞点校，中华书局1984年版，第182页］。《册府元龟》记为："帝竟不引问无忌，便下诏廷斥之，仍发道次州府兵援送于黔州。"［（宋）王钦若等编纂：《册府元龟》卷339《宰辅部·忌害》，周勋初等校订，凤凰出版社2006年版，第3820页］《资治通鉴》又作"戊辰，下诏削无忌太尉及封邑，以为扬州都督，于黔州安置，准一品供给"［（宋）司马光：《资治通鉴》卷200"高宗显庆四年（659年）四月乙丑"，中华书局1965年版，第6314页］。清人沈家本认为"安置"即流刑［（清）沈家本：《历代刑法考·刑法分考十·安置》，邓经元、骈宇骞点校，中华书局1985年版，第278页］。张春海则以此案作为唐代"安置刑"之始（张春海：《论唐代的安置刑》，《史学集刊》2011年第4期，第56页）。其实，"安置"与"长流"在适用主体、施行程序、执行方式等方面颇为相似，长孙无忌案即是唐代"安置"之肇端，亦为"长流"之滥觞。两种刑罚在其后互相交织，并存不悖。

流岭表"①。同月,右相李义府因厌胜、赃贿等事下狱,三司杂讯有状。戊子,义府"除名长流嶲州"②。此二例为唐代有确切记载之"长流"案例之始。

长流人犯因逐至边裔,谪于蛮荒,就其刑罚性质而言,无疑属于广义流刑范畴。然与"常流"相比,"长流"不受律令里数限制,刑期不可预见,应有终身不返之意,甚至为赦令所不原,上述诸端,因无直接法律依据,故属于诉讼惯例性质。同时,史籍文献中关于唐代"长流"之具体表述并无定制,往往与"流"、"配流"、"流贬"、"安置"等互文通用,兹举数例为证:长安三年(703年),张易之诬奏魏元忠与司礼丞高戬谋反,引凤阁舍人张说指证未果,说因忤旨,"长流钦州"③。对此,《旧唐书·张说传》记张说"配流钦州"④。《新唐书·张说传》则概言"流钦州"⑤。《册府元龟》卷四百六十《台省部·正直》又记"配岭南"⑥。上元元年(760年)秋七月,高力士与内官王承恩魏悦等因侍玄宗登长庆楼,为李辅国所诬,"除籍,长流巫州"⑦。关于高力士长流一事,相关资料之记载略异,《旧唐书·高力士传》言"配流黔中道"⑧。《资治通鉴》记上元元年(760年)秋七月"丙辰,高力士流巫州"⑨。郭湜《高力士外传》则云力士"除名,长流巫州"⑩。柳珵《常侍言旨》又作"于岭南安置力士"⑪。天祐三年(906年)闰十二月乙亥,兴唐府少尹孙秘因兄孙乘赐死,《旧唐

① (宋)王钦若等编纂:《册府元龟》卷 152《帝王部·明罚》,周勋初等校订,凤凰出版社 2006 年版,第 1699 页。

② (后晋)刘昫:《旧唐书》卷 82《李义府传》,中华书局 1975 年版,第 2770 页。

③ (后晋)刘昫:《旧唐书》卷 78《张行成族孙易之昌宗传》,中华书局 1975 年版,第 2707 页。

④ (后晋)刘昫:《旧唐书》卷 97《张说传》,中华书局 1975 年版,第 3051 页。

⑤ (宋)欧阳修、宋祁:《新唐书》卷 125《张说传》,中华书局 1975 年版,第 4406 页。

⑥ (宋)王钦若等编纂:《册府元龟》卷 460《台省部·正直》,周勋初等校订,凤凰出版社 2006 年版,第 5198 页。

⑦ (宋)欧阳修、宋祁:《新唐书》卷 207《宦者上·高力士传》,中华书局 1975 年版,第 5860 页。

⑧ (后晋)刘昫:《旧唐书》卷 184《宦官·高力士传》,中华书局 1975 年版,第 4759 页。

⑨ (宋)司马光:《资治通鉴》卷 221"肃宗上元元年(760 年)七月丙辰",中华书局 1965 年版,第 7095 页。

⑩ (唐)郭湜:《高力士外传》,丁如明辑校:《开元天宝遗事十种》,上海古籍出版社 1985 年版,第 120 页。

⑪ (明)陶宗仪等编:《说郛三种》卷 5《常侍言旨》,上海古籍出版社 1988 年版,第 97 页。

书·哀帝纪》言"长流爱州"①。《册府元龟》则云"宜除名，配流爱州，充长流百姓"②。

作为唐代法制研究的基本资料，两《唐书》关于长流案例的记载也存在重大差异。《旧唐书》中本纪、列传对于长流事例均有记载，仅本纪部分就记述崔湜、第五琦、杨收等长流事例二十宗，其他散见与列传者亦不下三十余件。《新唐书》修订时因遵循"文省而事增"原则，对原始资料进行大幅删削，本纪部分长流事例或径行略去，或省称为"流"（如李义府、敬晖、崔湜等）；列传部分明确记述的长流事例也仅见十余例。《资治通鉴》、《唐大诏令集》、《册府元龟》等资料中也以长流、配流、流贬等不同方式记述多宗案例。据史籍文献综合统计，共拣得可确证之长流案例六十四宗。基于典籍文献著录之现状，对于唐代长流案例的搜集与认定，必须予以严格限定，非有文献记载明确记载为长流者，概不收录，以免将"长流"与"常流"等混同（表 17-1）。

表 17-1　唐代长流案例统计简表

时代	事主	罪名	州郡	里数
龙朔三年四月壬辰	右史董思恭	预卖策问受赃	梧州	4335
龙朔三年夏四月戊子	右相行殷王府长史李义府	厌胜、赃贿	巂州（剑南）	3230
	太子右司议郎李津	赃贿	振州	8606
	义府次子率府长史洽、千牛备身洋、子婿少府主簿柳元贞	皆凭恃受赃	庭州（陇右）	5270
龙朔三年	道士郭行真	妄作威福，交结选曹等	爱州	6475
麟德二年十二月	左肃机郑钦泰	与上官仪结托	岭南	——
	西台舍人高正业		岭南	——
	司虞大夫魏玄同、张希乘		岭南	——
	长安尉崔道默		岭南	——
	简州刺史薛元超	与上官仪交通	巂州（剑南）	3230

----

① （后晋）刘昫：《旧唐书》卷 20 下《哀帝纪》，中华书局 1975 年版，第 809 页。

② （宋）王钦若等编纂：《册府元龟》卷 925《总录部·谴累》，周勋初等校订，凤凰出版社 2006 年版，第 10735 页。

续表

时代	事主	罪名	州郡	里数
咸亨二年六月	尚书右丞兼检校沛王府长史皇甫公义	以托附敏之	横州	4755
	太子中允刘懿之、弟右史刘祎之	知情贺兰敏之	巂州（剑南）	3230
	蕲州司马徐齐聃	与敏之交往，左道	钦州	5055
	前泾城令李善	曾教敏之读书，专为左道	巂州（剑南）	3230
光宅元年九月	太仆寺丞裴仙先	面诘太后	瀼州	6192
长安三年	凤阁舍人张说	则天尚以二张之故	钦州	5055
神龙元年	考功员外郎沈佺期	坐赃	驩州	12452
景龙二年秋七月	桓彦範	武三思阴令人疏皇后秽行，牓于天津桥，请加废黜，诬奏五王为之	瀼州	6192
	敬晖		崖州	7460
	张柬之		泷州	——
	袁恕己		环州	——
	崔玄暐		古州	——
先天二年七月	崔湜	附太平公主	岭表	——
	卢藏用		驩州	12452
开元十三年三月十二日	酷吏来子珣、万国俊等二十三人	残害宗支，毒陷良善，情状尤重	岭南远处	——
开元十五年	瀚海大都督回纥承宗	右羽林军大将军判凉州都督王君㚟诬奏	瀼州	6192
	浑大得		吉州（江南西道）	3605
	贺兰都督契苾承明		藤州	5596
	卢山都督思结归国		琼州	7460
开元十七年七月丁巳	都水监丞齐敷	麻察党羽	崖州	7460
	灵州都督府兵曹参军郭禀		白州	6715
开元二十四年四月	河南府福昌县主簿魏萱、前睦州桐庐县尉王延祐	与武温眘相为党与，朝夕谈议	窦州	6102
开元二十五年四月	驸马都尉薛绣	李林甫、武惠妃诬奏离间骨肉、惑乱君亲、潜通宫禁、引进朋党	瀼州	6192
开元二十七年五月	尚衣奉御薛谂	杀人事泄	瀼州	6192
开元二十九年	魏州刺史卢晖	坐赃	富州	4905

续表

时代	事主	罪名	州郡	里数
天宝五载七月	括苍太守韦坚	为李林甫诬构私见太子意图不轨	临封郡(封州)	4385
	女婿巴陵太守卢幼临		合浦郡(廉州,剑南道)	6547
天宝六载二月丁酉	岭南五府经略采访使彭果	坐赃	溱溪郡(溱州,黔中道)	3480
天宝六载十一月二十五日	鲜于贲	诈称敬忠当王,附会凶人	岭南	——
	范滔	妄说妖言,与之昵狎	临江郡(龚州)	5720
	太府少卿张瑄	潜为党援,况犯赃私	临封郡(封州)	4385
天宝九载二月壬午	御史中丞宋浑	坐赃及奸	高要郡(端州)	4335
天宝十一载	王准	父王鉷与故鸿胪少卿邢璹子缳情密累年,缳潜构逆谋,株连	承化郡(峰州)	6150
	王备		珠崖郡(崖州)	7460
天宝中	吏部侍郎李彭年	赃污	临贺郡(贺州)	3855
天宝末	永王璘从事李白	璘谋乱兵败	夜郎郡(珍州,黔中道)	5550
至德二载十二月	前大理卿张均	禄山之乱受伪命,为中书令,掌贼枢衡	合浦郡(廉州,剑南道)	6547
上元元年秋七月	齐国公高力士	与内官王承恩魏悦等因侍上皇登长庆楼,为李辅国所诬	巫州(黔中道)	4197
上元元年九月	司农卿李逢年	贪冒黩货	瀼州	6192
上元二年六月丙子	浙西节度使侯令仪	江淮都统李峘畏失守之罪归咎于侯令仪	康州	4525
乾元二年四月	监察御史孙鑋	鞫问凤翔马坊押官为劫天兴尉谢夷甫捕杀桵,为李辅国、毛若虚诬奏	播州(黔中道)	4355
乾元三年二月庚戌	宰臣第五琦	有告琦纳金,御史刘期光即奏琦已服罪	夷州(黔中道)	4387
广德二年春正月壬寅	前右监门卫大将军程元振	变服潜行将图不轨	溱州(黔中道)	3480
宝应元年七月	前襄州刺史裴茙	诬构忠良,妄兴兵甲,擅为费用	费州(黔中道)	4335
宝应二年正月壬寅	上柱国、颍国公、兵部尚书来瑱	程元振诬告言涉不顺,及王仲升证与贼合	播州(黔中道)	4355

续表

时代	事主	罪名	州郡	里数
大历十四年闰五月丙申	兵部侍郎黎干、宦者特进刘忠翼	阴谋东宫事觉	不明	——
贞元三年八月戊戌	蜀州别驾萧鼎、商州丰阳令韦恪、前彭州司马李万、太子詹事李升等	出入郜国公主第，秽声流闻	岭表	——
贞元三年八月	郜国公主子位、佩、儒、偲及异父兄驸马都尉裴液	公主行厌祷，其子位为祷文	岭南远州	——
贞元十一年秋七月	监军王定远	逐河东节度使李说未遂	崖州	7460
贞元十六年冬十月辛未	流人通州别驾崔河图	严砺希监军旨，诬奏使奴诋抑良人，诉疾妄求出界	崖州	7460
元和六年九月	前连州刺史崔简	前任赃罪	骥州	12452
元和八年二月	太常丞于敏	贿赂梁正言及肢解其家僮	雷州	6547
元和十二年九月	万年县曹官韦正晤	鞫县尉韩晤狱得赃不实	昭州	4436
元和十四年正月	前沧州刺史李宗奭弟宗爽	李宗奭以悖慢之罪，斩于独柳之下	汀州（江南东道）	6295
元和十四年七月	盐铁福建院官权长孺	坐赃一万三百余贯	康州	4525
长庆二年六月	和王傅于方	欲以奇策干进，赂兵吏部令史伪出告身二十通	端州	4335
	李赏	有李赏者知其谋乃告裴度云方为積结客刺度，无状	潮州	5625
	郭玄览		封州	4385
	于启明	为从减论	新州	5052
	王昭		雷州	6547
长庆四年八月	京兆府参军李元本	通于襄阳公主	象州	4225
	薛浑、薛枢		崖州	7460
长庆四年	前寿州刺史唐庆	正入己赃四千七百余贯	崖州	7460
宝历元年十月	李训	与茅彙等欲中伤李程及武昭	象州	4225
大和三年夏四月庚午	徐州牙校石雄	王智兴奏雄摇动军情，请诛之	白州	6715
大和三年六月癸酉	德州行营诸军计会使柏耆	平李同捷，诸将嫉奢功，比奏攒诬，兼内官马国亮参奏	爱州	6475

续表

时代	事主	罪名	州郡	里数
开成元年八月甲辰	前鄜坊节度使萧洪	诈称太后弟	骥州	12452
开成三年五月辛酉	前江西观察使吴士规	坐赃	端州	4335
开成三年六月	灵武节度使王晏平	自盗赃七千余缗(擅将征马四百余匹及兵仗七千事自卫)	康州(未赴)	4255
开成四年十一月	闽人萧本	伪太后弟	骥州	12452
会昌三年	桂管观察使李珏	武宗之立非宰相意	骥州	12452
会昌四年十一月	湖州刺史李宗闵	得交通刘稹状	封州	4385
咸通二年六月夏六月	安南都护李鄠	朝廷以杜氏强盛，务在姑息	崖州	7460
咸通十年二月	端州司马杨收	诬告其纳赂	骥州	6875
咸通九年十月	江南西道观察处置等使严譔	广补卒，擅纳缣縑	岭南	——
乾符元年正月	新州刺史路岩	纳贿树私	儋州	7442
光启三年二月戊辰	三川都监田令孜	令孜自署剑南监军使，阅拱宸奉銮军自卫，昼夜驰入成都，表解官，求医药	端州(未行)	4335
光化三年六月戊辰	枢密使宋道弼	崔胤所诬，言与王抟中外相结	骥州	6875
	枢密使景务修		爱州	6475
天祐元年冬十月	崖州司户同正李彦威	主典禁兵，妄为扇动	崖州	7460
天祐二年十二月	登州刺史柳璨	全忠授九锡，宣徽北院使王殷者构璨等言其有贰，故礼不至	崖州	7460
天祐三年闰十二月乙亥	兴唐府少尹孙秘	其兄既处极典，其弟难贷余生	爱州	6475

第二节　长流之放逐区域

唐代流人之地域分布主要集中在南方的岭南、安南、黔中、剑南、越、江南等六大地区和北方的西州、庭州、天德等边城重镇①。兹以两《唐书》为主要依据，兼及《资治通鉴》、《册府元龟》、《唐会要》等相关资料综合统计，共拣得长流案例64宗，长流者126人，可查明具体长流州郡者87人，其余多称长流岭南、岭表或远恶州郡。对于这些资料进行分析后，可以大致得出唐代长流实施之时空特征。以"安史之乱"为界，前期共发生长流案件23宗，后期则为41宗，长流作为常规刑罚得到日益普遍的适用。就长流地点而言，唐代长流区域主要集中于剑南、黔中、岭南三道，而这三个区域接纳长流人的具体情况又存在重大差异。

首先，长流剑南道者凡6例，配流地点相对集中，其中流巂州者4例（李义府、薛元超、刘懿之、刘祎之②、李善），流廉州者2例（卢幼临、张均）。同时，长流剑南的事例主要集中在唐前期，流巂州者4例皆发生在高宗时，流廉州者则玄宗、肃宗朝各1例。安史乱后，则鲜有长流剑南事例见诸史书。其次，长流黔中道者凡8例，分布较为地域分散，其中溱州2例（彭果、程元振），夜郎郡1例（李白），巫州1例（高力士），播州2例（孙鋈、来瑱），夷州1例（第五琦），费州1例（裴茂），从时间层面考察可知，黔中道是中唐时

① 王雪玲：《两〈唐书〉所见流人的地域分布及其特征》，《中国历史地理论丛》，第17卷第4辑，第83页。

② 按：据《旧唐书·刘祎之传》：垂拱三年（687年）刘祎之以"拒捍制使，乃赐死于家"[（后晋）刘昫：《旧唐书》卷87《刘祎之传》，中华书局1975年版，第2848页]。按：《旧唐书》刘祎之以宰臣身份赐死于家的记载可与洛阳近出刘氏墓志相互印证。据《大唐故中书侍郎同中书门下三品昭文馆学士临淮县开国男赠中书令刘氏先府君墓志铭》："奄罹冤酷，上诉无因。以垂拱二年八月十二日薨于河南崇业里之私第，春秋五十七。……以今景云二年岁次辛亥九月癸酉朔廿五日葬于洛阳县金鄘乡之原，礼也"（毛阳光、余扶危主编：《洛阳流散唐代墓志汇编》，国家图书馆出版社2013年版，第151页）。毛阳光指出赐死的时间与墓志记载差异较大，"刘祎之的死亡时间就出现了两个记载，墓志记载的垂拱二年八月十二日和两《唐书》等记载的垂拱三年五月七日。两个记载时间上差异甚大，年、月、日乃至干支都不相同，排除传抄致误的可能。两《唐书》等文献关于刘祎之赐死时间的记载比较一致，似乎出自同一史源，按理说不容轻易否定。但墓志为其子刘扬名所撰，距离刘祎之被祸仅20余年，且对于父亲的死亡时间，作为其子误记的可能性不大。因此，刘祎之赐死时间应当以墓志为准，即垂拱二年八月十二日"（毛阳光：《洛阳新出土唐〈刘祎之墓志〉及其史料价值》，《史学史研究》2012年第3期，第42页）。然目前尚不能以充分证据判定两《唐书》、《资治通鉴》所记刘祎之赐死时间有误，墓志所述亦不可彻底排除讹误或曲笔之嫌。因此，不应径直采信墓志所记，似当两说并存之。

期长流的热点区域，除天宝六载(747年)三月戊戌，南海太守彭果坐赃"决杖，长流溱溪郡(溱州)"①以外，其他7宗案例均集中在肃、代两朝。最后需要讨论的是岭南道，始于龙朔，讫至天祐，这一区域一直是唐代长流人犯最为集中的区域，涉及梧、振、横、钦、瀼、崖、泷、环、古、藤、琼、崖、白、窦、富、封(临封郡)、龚(临江郡)、端(高要郡)、峰(承化郡)、贺(临贺郡)、康、雷、昭、潮、新、象、爱、辩②等28州，其中尤以配流瀼州、驩州、崖州三地者居多。唐代对于配流剑南、岭表者之隶属管制有明确规定。《狱官令》规定，流人押解至诸道后，应由当地都督府统一编配，发遣所辖诸州配所安置服役：

> 江北人配岭以南者，送付桂、广二都督府。其非剑南诸州人而配南宁以南及嶲州界者，皆送付益州大都督府，取领即还。③

据《旧唐书·地理志》：贞观十二年(638年)，"清平公李弘节遣钦州首领宁师京，寻刘方故道，行达交趾，开拓夷獠，置瀼州。天宝元年(742年)，改为临潭郡，乾元元年，复为瀼州"④。领临江、波零、鹄山、弘远四县，距离京师约六千二百里，是岭南地区长流罪囚的重要区域之一。开元二十五年(737年)四月，驸马都尉薛锈因李林甫、武惠妃诬奏，"长流瀼州，至蓝田驿赐死"⑤。开元二十八年(740年)，又有尚衣奉御薛谂因杀人事泄，"长流瀼州，

---

①（后晋）刘昫：《旧唐书》卷9《玄帝纪下》，中华书局1975年版，第221页。

② 按：西安大唐西市博物馆藏《大唐故左千牛将军赠左金吾大将军清河郡开国公房(先忠)公墓志铭并序》记雍王妃父房先忠在因章怀太子李贤失位，于文明之始，流配辩州，载初元年病逝事："属文明之始，淮肥多故。夏刑罕赎，楚狱相连。坐为奸吏所陷，未及之任(睦州刺史)。流配辩州。越五岭之阳，从三居之窜。……以载初元年六月廿日，遘疾弥留，奄然薨逝世，春秋六十有三"(胡戟、荣新江：《大唐西市博物馆藏墓志》，北京大学出版社2012年版，第343—344页)。据《旧唐书》卷41《地理四》：辩州属岭南道，贞观九年，改石南州为辩州。至京师五千七百一十八里，至东都五千三百七十里。观其位置及里数，当为长流之地。

③ 天一阁博物馆、中国社会科学院历史研究所天圣令整理课题组校正：《天一阁藏明钞本天圣令校正》附《唐开元狱官令复原清本》第15条，中华书局2006年版，第645页。

④（后晋）刘昫：《旧唐书》卷41《地理四》，中华书局1975年版，第1748页。

⑤（后晋）刘昫：《旧唐书》卷9《玄宗纪下》，中华书局1975年版，第208页。

死于路，其党十人并杖"①。

崖州，隋称珠崖郡，武德四年(621年)平萧铣置，领舍城、平昌、澄迈、颜罗、临机五县。天宝元年(742年)改为珠崖郡，乾元元年(758年)复旧，至京师七千四百六十里。贞元十六年(800年)冬十月辛未，兴元严砺希监军旨，诬奏流人通州别驾崔河图，"长流崖州，赐死"②。长庆四年(824年)，前为寿州刺史唐庆因违赦敕科配百姓税钱，及破用官库钱物等事，"除名，长流崖州"③。

驩州，隋为日南郡。"(武德)八年，改为德州。贞观初，以旧驩州为演州。二年，置驩州都督府，领驩、演、明、智、林、源、景、海八州"④。天宝元年(742年)改为日南郡，乾元元年(758年)复旧。至京师陆路一万二千四百五十二里，水路一万七千里，是岭南道最为僻远蛮荒的流放地之一，中宗朝即有长流于此者，神龙元年(705年)，考功员外郎沈佺期坐赃，"长流驩州"⑤。开成元年(836年)八月甲辰，前郦坊节度使萧洪诈称太后弟，"事觉……流驩州，于道赐死"⑥。至晚唐，仍可见长流驩州之事例，光化三年(900年)六月乙巳，因遭宰臣崔胤诬告，枢密使宋道弼配流于兹，行至城东灞桥驿赐死⑦。

司法实践中，为打击家族势力或官僚交结，依据保安处分原则⑧，形成长流亲属或同僚采取异地安置惯例。依托地理隔绝之天然障碍，切断利益集团

---

① (宋)王钦若等编纂：《册府元龟》卷 306《外戚部·专恣》，周勋初等校订，凤凰出版社 2006 年版，第 3461 页。

② (后晋)刘昫：《旧唐书》卷 13《德宗纪下》，中华书局 1975 年版，第 393 页。

③ (宋)王钦若等编纂：《册府元龟》卷 700《牧守部·贪黩》，周勋初等校订，凤凰出版社 2006 年版，第 8090 页。

④ (后晋)刘昫：《旧唐书》卷 41《地理四》，中华书局 1975 年版，第 1754 页。

⑤ (宋)欧阳修、宋祁：《新唐书》卷 202《文艺中·沈佺期传》，中华书局 1975 年版，第5749 页。

⑥ (宋)司马光：《资治通鉴》卷245"文宗开成元年(836年)八月甲辰"，中华书局1965年版，第7926页。

⑦ (宋)司马光：《资治通鉴》卷262"昭宗光化三年(900年)六月乙巳"，中华书局1965年版，第8531页。

⑧ 齐涛：《论唐代的流放制度》，《人文杂志》1990 年第 3 期，第 96 页。

之间的联系，最终达到预防与惩戒并重的刑罚目的。咸亨二年(671年)六月丙子，兰台左侍贺兰敏之获罪流雷州，"朝士坐与敏之交游，流岭南者甚众"①。尚书右丞兼检校沛王府长史皇甫公义以托附敏之，长流横州。太子中允刘懿之"私托敏之，共母相见，配流康州……弟右史祎之知情，配巂州。蕲州司马徐齐聃前任王府椽，与敏之交往左道，除名，长流岭外。前泾城令李善，曾教敏之读书，专为左道，长流巂州。"②巂州属剑南道，距京师三千二百三十里；横州隶岭南道，距京师四千七百五十五里；康州亦隶岭南道，至京师四千五百二十五里。玄宗时，凉州都督王君㚟诬奏回纥部落难制，潜有叛谋，"瀚海大都督、回纥承宗长流瀼水，浑大得长流吉州，贺兰都督契苾承明长流藤州，卢山都督思结归国长流琼州"③。瀼州隶属道里如前所述，吉州隶江南西道，距京师三千六百五里；滕州隶岭南道，据京师五千五百九十六里；琼州亦隶岭南道，据京师七千四百六十里。天宝六载(747年)，李林甫等诬告御史中丞杨慎矜心存异谋，克复隋室，妄说休咎，十一月二十五日，赐杨慎矜兄弟自尽，其党范滔决杖六十，长流岭南临江郡；太府少卿张瑄决杖六十，长流岭南临封郡④。临江郡即龚州，距京师五千二百七十里；临封郡即封州，距京师四千三百八十五里。流犯身陷绝域，天各一方，在当时交通运输与通讯联络极为不便的条件下，各个政治集团之瓦解遂成必然。

---

① (宋)司马光：《资治通鉴》卷202"高宗咸亨二年(671年)六月丙子"，中华书局1956年版，第6367页。

② (宋)王钦若等编纂：《册府元龟》卷 925《总录部·谴累》，周勋初等校订，凤凰出版社 2006 年版，第 10732 页。

按：据《大唐故前西台舍人徐府君墓志铭并序》："出为丹州司马，旋改授蕲州司马。鞍仁之室，以太傅而招愆；班固之门，以车骑而延咎，因徙于钦州……以咸亨四年六月二日薨于配所"(胡戟、荣新江：《大唐西市博物馆藏墓志》，北京大学出版社 2012 年版，第 198 页)。此可补两《唐书·徐齐聃传》之阙。

③ (宋)王钦若等编纂：《册府元龟》446《将帅部·生事》，周勋初等校订，凤凰出版社2006 年版，第 5032 页。

④ (宋)宋敏求：《唐大诏令集》卷 126《政事·诛戮上·杨慎矜自尽诏》，中华书局 2008年版，第 678 页。

第三节 长流之施行程序

唐代长流具有"不忍刑杀，宥之于远"①的意涵，作为死刑之减等，其具体施行具有较为严格的程序，司法实践中多循惯例行事，大致包括除名、发遣、安置等基本环节，其间又涉及决杖、粮程等相关问题。现存文献中缺少唐代长流规则的完整规定，纪传、诏敕中处置长流人的相关记述则成为研究该规则的基本依据，而《唐律疏议》与《狱官令》令中关于流犯与左降官的原则规定，也应成为长流的直接法律渊源之一。

一、除名

除名是唐代拟断长流之先决程序。甘怀真指出："就字面上而言，除名之名是指君臣之名。故除名是指官员之名从名籍中去除，其意义是解除君臣的名分。"②由于长流人多为官僚贵族，配流之前须先褫夺犯官出仕以来所有官爵，以流犯身份投诸远恶州郡。据《唐律疏议》："诸除名者，官爵悉除，课役从本色。"③麟德二年(665年)，许敬宗希武后旨，构陷上官仪与梁王忠通谋，仪下狱死，家口籍没。十二月丙戌，上官仪下狱，与其子庭芝、王伏胜皆死，籍没其家。左肃机郑钦泰、西台舍人高正业、司虞大夫魏玄同、张希乘、长安尉崔道默等因与仪结托故，"并除名，长流岭南远界"④。上元二年(761年)六月，江淮都统李峘畏失守之罪，归咎于浙西节度使侯令仪，"丙子，令仪坐除名，长流康州"⑤。乾符元年(874年)正月，新州刺史路岩行至江陵，"敕削

---

① (宋)欧阳修、宋祁：《新唐书》卷56《刑法志》，中华书局1975年版，第1408页。

② 甘怀真：《皇权、礼仪与经典诠释：中国古代政治史研究》，台湾大学出版社2004年版，第115页。

③ (唐)长孙无忌等：《唐律疏议》卷3《名例》"除免官当叙法"，刘俊文点校，中华书局1983年版，第58页。

④ (宋)王钦若等编纂：《册府元龟》卷933《总录部·诬构第二》，周勋初等校订，凤凰出版社2006年版，第10806页。

⑤ (宋)司马光：《资治通鉴》卷222"肃宗上元二年(761年)六月丙子"，中华书局1965年版，第7114页。

官爵，长流儋州"①。罪臣免官长流后，其身份即同庶民，"长流某州百姓"的表述时常见诸唐代敕令之中。开元二十九年(741年)，魏州刺史卢晖坐赃，玄宗诏"特宽斧锧之诛，俾从流放之典，可长流富州百姓"②。开成元年(836年)，前鄜坊节度使萧洪诈称太后弟，洪"长流骦州百姓"，洪男恪、女婿万缜等决杖流岭南崖、象等州③。天祐元年(904年)冬十月，朱全忠以主典禁兵，妄为扇动等罪名，将崖州司户李彦威"配充本州长流百姓，仍令所在赐自尽"④。长流缙绅士族在完成向庶民身份转化的同时，其既有之议、请、减、赎、当等法定特权至此均告丧失。

二、决杖

自武后朝始，罪臣长流开始附加杖刑，惟其决数虽时有更易，然基本未突破律文规定之上限，此可于唐代不同时期附加决杖之长流案例中得到证明。光宅元年(684年)九月，太仆寺丞裴伷先因谏言忤旨，"于朝堂杖之一百，长流瀼州。"⑤开元二十四年(736年)四月，河南府福昌县主簿魏萱、前睦州桐庐县尉王延祐与武温眷相为党与，朝夕谈议，"宜各决一顿，长流窦州"⑥。天宝九载(750年)九月十六日敕：选人"冒名接脚"者，"量决六十，长流岭南远恶处"⑦。中晚唐时期刑罚多有更易，但长流所附决杖基本沿袭旧例。元和十四年(819年)七月，盐铁福建院官权长孺坐赃一万三百余贯断死，宪宗愍其

---

① (宋)司马光：《资治通鉴》卷252"僖宗乾符元年(874年)正月"，中华书局1965年版，第8169页。

② (宋)王钦若等编纂：《册府元龟》卷700《牧守部·贪黩》，周勋初等校订，凤凰出版社2006年版，第8087页。

③ (宋)王钦若等编纂：《册府元龟》卷924《总录部·诈伪》，周勋初等校订，凤凰出版社2006年版，第10718页。

④ (后晋)刘昫：《旧唐书》卷20下《哀帝纪》，中华书局1975年版，第788页。

⑤ (宋)司马光：《资治通鉴》卷203"则天后光宅元年(684年)九月丙申"，中华书局1965年版，第6428页。

⑥ (宋)王钦若等编纂：《册府元龟》卷152《帝王部·明罚》，周勋初等校订，凤凰出版社2006年版，第1702页。

⑦ (宋)窦仪等：《宋刑统》卷25《诈伪》"诈假官"条引天宝九载九月十六日敕，吴翊如点校，中华书局1984年版，第392页。

母毫年，长孺"杖八十，长流康州"①。长庆四年(824年)八月，李元本为京兆府参军，与士族子薛枢、薛浑俱得幸于襄阳公主，驸马张克礼上表陈闻，穆宗"乃召主幽于禁中。以元本功臣之后，得减死，杖六十，流象州。枢、浑以元本之故，亦从轻杖八十，长流崖州"②。值得注意的是，决杖并非长流之必备要件，是否附加决杖，均由法司秉承圣意权断施行。

三、发遣

唐开元《狱官令》对于递送流人设置了差使防援制度，派遣专人押解流人："诸流移人……具录所随家口、及被符告若发遣日月，便移配处，递差防援。(原注：其援人皆取壮者充，余应防援者，皆准此。)专使部领，送达配所。"③负责押解递送流犯者，"皆令道次州县量罪轻重、强弱，遣人防援，明相付领"④。对于"稽留不送者"，唐律规定"一日笞三十，三日加一等；过杖一百，十日加一等，罪止徒二年"⑤。龙朔三年(663年)，道士郭行真因交结选曹等事，"除名长配流爱州，仍即发遣，令长纲送至彼官司检校"⑥。开元十七年(729年)，兴州别驾麻察漏泄禁语，贬浔州皇化县尉，其党齐敷量决一百，长流崖州；郭禀量决一百，长流白州，"仍并差使驰驿领送"⑦。

唐代押解长流人犯实行"长解"与"递解"⑧相互配合，即原判法司差人押解，沿途州县协助完成辖内押解任务。司法实践中，长解事务多由两京诸

---

① (宋)王钦若等编纂：《册府元龟》卷 150《帝王部·宽刑》，周勋初等校订，凤凰出版社 2006 年版，第 1675 页。

② (后晋)刘昫：《旧唐书》卷 142《李宝臣附元本传》，中华书局 1975 年版，第 3871 页。

③ 天一阁博物馆、中国社会科学院历史研究所天圣令整理课题组校正：《天一阁藏明钞本天圣令校正》附《唐开元狱官令复原清本》第 15 条，中华书局 2006 年版，第 645 页。

④ 天一阁博物馆、中国社会科学院历史研究所天圣令整理课题组校正：《天一阁藏明钞本天圣令校正》附《唐开元狱官令复原清本》第 16 条，中华书局 2006 年版，第 645 页。

⑤ (唐)长孙无忌等：《唐律疏议》卷 30《断狱》"徒流送配稽留"，刘俊文点校，中华书局 1983 年版，第 569 页。

⑥ 陈尚君：《全唐文补编》卷 6《郭行真流爱州敕》，中华书局 2005 年版，第 66 页。

⑦ (宋)王钦若等编纂：《册府元龟》卷 152《帝王部·明罚》，周勋初等校订，凤凰出版社 2006 年版，第 1702 页。

⑧ 陈光中、沈国锋：《中国古代司法制度》，群众出版社 1984 年版，第 185 页。

司派员施行。广德二年(764年)春正月壬寅,前右监门卫大将军程元振变服潜行将图不轨,"长流溱州百姓,委京兆府差纲递送,路次州县,差人防援,至彼捉搦,勿许东西。纵有非常之赦,不在会恩之限"①。

四、锢身

部分长流要犯在长流之际,须着械具,锢身遣送。据宋人高承《事物纪原》:

> 《春秋左传》曰:会于商任,锢栾氏也。则禁锢之事,已见于春秋之时。故汉末有党锢。今以盘枷锢其身,谓之锢身,盖出于此。②

唐时实施锢身之械具当不限于盘枷一种,白居易诗即有"锢身锁"③之谓。枷、锁当均为押解流犯之法定械具。《资治通鉴》载唐贞观十一年(637年)正月,始定械具规格。法司采取强制措施时使用之械具,如枷、杻、钳、锁等,皆有长短广狭之制,"量罪轻重,节级用之"④:"械其颈曰枷,械其手曰杻。钳,以铁劫束之也。锁,以铁琅当之也。"⑤开元《狱官令》还规定徒流人犯服刑期间,"皆着钳,若无钳者着盘枷,病及有保者听脱"⑥。由此锢身押解长流人之具体法则,当据此施行。

锢身递送在唐代配流中得到广泛适用,元和八年二月,太常丞于敏肢解梁正言家僮,弃于溷中。事发,敏"长流雷州,锢身发遣"⑦。大和四年(830年)三月己丑,又诏"兴元监军使杨叔元宜配流康州百姓,锢身递于配

① (后晋)刘昫:《旧唐书》卷184《宦官·程元振传》,中华书局1975年版,第4763页。

② (宋)高承:《事物纪原》10《律令刑罚部第五十二》,(明)李果订,金圆、许沛藻点校,中华书局1989年版,第533页。

③ (唐)白居易:《白居易集笺校》卷36《半格诗·闲坐看书贻诸少年》,朱金城笺校,上海古籍出版社1988年版,第2487页。

④ (后晋)刘昫:《旧唐书》卷50《刑法志》,中华书局1975年版,第2139页。

⑤ (宋)司马光:《资治通鉴》卷194"太宗贞观十一年(637年)正月"胡注,中华书局1956年版,第6126页。

⑥ 天一阁博物馆、中国社会科学院历史研究所天圣令整理课题组校正:《天一阁藏明钞本天圣令校正》附《唐开元狱官令复原清本》第21条,中华书局2006年版,第645页。

⑦ (后晋)刘昫:《旧唐书》卷15《宪宗纪下》,中华书局1975年版,第445页。

所"①。据诏敕中除籍为民的表述和康州地理位置推断，本案所谓配流之性质，当属长流无疑。

五、程粮

流人起程后，应驰驿前往流所，不得无故稽留②。依开元《公式令》："诸行程，马日七十里，步及驴五十里，车卅里。"③流人食物应由沿途州县提供，"每请粮，停留不得过二日，其传马给不，临时处分"④。天宝五载（746年）秋七月六日，又敕流贬人不得在道逗留，左降官日驰十驿以上赴任，"流人押领，纲典画时，递相分付，如更因循，所由官当别有处分"⑤。咸通十年（869年）二月端州司马杨收除名配驩州，充长流百姓。敕言"纵逢恩赦，不在量移之限。仍锢身，所在防押，递送至彼。具到日申闻，仍路次县给递驴一头并熟食"⑥。依旧制，流人不得乘马⑦，此处特谕递给脚力、熟食，当属

---

① （后晋）刘昫：《旧唐书》卷17下《文宗纪下》，中华书局1975年版，第536页。

② 按：在唐代有关交通的记载中，往往驿传并举。……大要而言，认为驿马主要用于传递紧急公文，故要求快；传马则供长途的、非紧急的公文传递，故速度不必像驿马那么快。实践中，官员赴任、进京奏事及左降流贬等，均可驰驿。黄正建主编：《〈天圣令〉与唐宋制度研究》，中国社会科学出版社2011年版，第150—151页。

③ ［日］仁井田陞：《唐令拾遗》公式令第21"马驴江河行程"，栗劲等译，长春出版社1989年版，第535页。

按：《唐律疏议》录此令文字略异："马，日七十里；驴及步人，五十里；车，三十里。"（唐）长孙无忌等：《唐律疏议》卷3《名例》"流配人在道会赦"，刘俊文点校，中华书局1983年版，第68页。

④ 天一阁博物馆、中国社会科学院历史研究所天圣令整理课题组校正：《天一阁藏明钞本天圣令校正》附《唐开元狱官令复原清本》第17条，中华书局2006年版，第645页。

⑤ （宋）王溥：《唐会要》卷41《左降官及流人》，上海古籍出版社2006年版，第860页。

⑥ （宋）宋敏求：《唐大诏令集》卷58《大臣·宰相·贬降下·杨收长流驩州制》，中华书局2008年版，第309页。

按：咸通九年（868年）二月，端州司马杨收流驩州，三月十五日，懿宗"令内养郭全穆，于其所在赐自尽"［（宋）宋敏求：《唐大诏令集》卷127《政事·诛戮下·杨收赐自尽敕》，中华书局2008年版，第685页］。洛阳近出《唐故特进门下侍郎兼尚书右仆射同中书门下平章事弘文馆大学士太清太微宫使晋阳县开国男食邑三百户冯翊杨公墓志铭并序》讳言杨收赐死事，唯记"徙于驩州。方理舟抵日南，三月望薨于端溪，享年五十有五"毛阳光、余扶危主编：《洛阳流散唐代墓志汇编》，国家图书馆出版社2013年版，第637页。

⑦ （宋）欧阳修、宋祁：《新唐书》卷98《薛收子元超传》，中华书局1975年版，第3892页。

法外开恩，而一般长流人犯只得步行跋涉，奔赴流所，且在途交通、饮食均无从保障，其处境之悲苦自可想而知。此外，《狱官令》中关于流犯沿途之生育、婚丧等事项之规定，长流人犯亦当一体遵行。

六、著籍

一般流犯在外州者，"供当处官役。当处无官作者，听留当州修理城隍、仓库及公廨杂使"[1]。当地官府应将配役流人之籍贯、体貌特征、配流州郡等基本信息登载簿册。"籍书一定，则常从户口例，课役同百姓"[2]。据日本龙谷书院藏哈拉和卓出《唐(武周)配流人关系文书》(大谷八〇四五号)：

1 ＿＿＿＿＿　逃走。贯大州下邽县。次形赤黑色、无髭。　笔长面。　　配流儋州。

2 ＿＿＿＿＿　儋州。和合雇仇泰人杨度

3 ＿＿＿＿　彦之夫罗 ＿＿＿＿＿＿＿＿ [3]

(后缺)

《唐律疏议》规定，凡有官、爵之流犯，除名至配所，均免居作："除名者，免居作。即本罪不应配流而特配者，虽无官品，亦免居作。"[4]由此，长流犯官虽已除籍为民，并于当地著籍，仍享有免除居作劳役之特权。然长流人须接受当地政府严格管束，无故不得擅离配所。天宝六载(747年)二月丁酉，南海太守彭果坐赃，长流溱溪郡。"仍即差使驰驿领送，至彼捉搦，勿许东西"[5]。乾元三年(760年)二月庚戌，或告宰臣第五琦受金，琦坐除名

① 天一阁博物馆、中国社会科学院历史研究所天圣令整理课题组校正：《天一阁藏明钞本天圣令校正》附《唐开元狱官令复原清本》第20条，中华书局2006年版，第645页。

② (清)薛允升：《唐明律合编》卷3《名例三》"流囚家属"，怀效锋、李鸣点校，法律出版社1998年版，第37页。

③ [日]小田义久编：《大谷文书集成》(3)，法藏馆2003年版，第220页。

④ (唐)长孙无忌等：《唐律疏议》卷2《名例》"应议请减"，刘俊文点校，中华书局1983年版，第36页。

⑤ (宋)王钦若等编纂：《册府元龟》卷152《帝王部·明罚》，周勋初等校订，凤凰出版社2006年版，第1703页。

长流夷州，肃宗即诏"驰驿发遣，仍差纲领，送至彼所，勿许东西"①。至元和十二年（817年）四月，敕左降官流人"不得补职及留连宴会，如擅离州县，具名闻奏。"同年十月又规定"流人不得因事差使离本处"②。当然，因当时岭表、剑南等地烟瘴寒苦，流犯逃归乡里的现象时有发生，光宅元年裴仙先流瀼州后，"自岭南逃归"③，后复杖一百，徙于北庭④。景云元年（710年）十一月甲寅，追复裴炎官爵，"求炎后，独仙先在，拜詹事丞"。

第四节　长流人犯之处置

一、长流政策之变迁

长流创立之初衷，欲使流犯至死不回。由此，长流人非经特赦，勿得放免。乾封元年（666年）春正月戊辰朔，高宗祀昊天上帝于泰山南，"时大赦，惟长流人不听还"⑤。长流不赦的原则在武后《改元载初赦》仍有所体现：

> 亡官失爵，量加叙录。长流人、别敕流人、移贯人、降授官人及役缘逆人用当特，及造罪过特处分者，虽未至前所，并不在赦限。⑥

---

① （宋）宋敏求：《唐大诏令集》卷57《大臣·宰相·贬降上·第五琦长流夷州制》，中华书局2008年版，第303页。

② （宋）王溥：《唐会要》卷41《左降官及流人》，上海古籍出版社2006年版，第862—863页。

③ （宋）司马光：《资治通鉴》卷210"睿宗景云元年（710年）十一月甲寅"，中华书局1956年版，第6658页。

④ 按：西安东南郊1998年出《裴仙先墓志》概言裴仙先两次流放事，云"伯父仓促受祸，于是公坐流于安西。"葛承雍、李颖科：《西安新发现唐裴仙先墓志考述》，收入荣新江主编：《唐研究》（第5卷），北京大学出版社1999年版，第453页。

⑤ （宋）司马光：《资治通鉴》卷201"高宗乾封元年（666年）春正月戊辰"，中华书局1956年版，第6347页。

⑥ （宋）李昉等编：《文苑英华》卷463《翰林制诏四十四·诏赦五·改革》，中华书局1966年版，第2360页。

　　开元天宝之际，朝廷还多次发布诏敕，将长流作为减死一等的易科措施，在岭南等地大量安置长流人。据开元十九年（731年）四月二十日《孟夏疏决天下囚徒敕》："其天下囚徒即令疏决。其妖讹盗贼造伪头首，既深蠹时政，须量加惩罚，刊名至死者各决重杖一百，长流岭南，自余支党被其诖误，矜其至愚，量事科罚，使示其惩创"①。开元二十年（732年）二月敕曰"其犯十恶及伪造头首，量决一百，长流远恶处"②。开元二十四年（736年）四月丁丑又敕"天下见禁囚犯，十恶死罪及造伪头首劫杀人先决六十，长流岭南远恶处"③。上述流人非逢特赦，不得量移叙复。

　　此外，唐代诏敕中又时常包含宽宥长流人罪责之意涵，这些诏敕因具有普遍意义，成为量移或放免长流人的直接依据，长流人终身不返的司法惯例被逐渐废弃。高宗上元元年（674年）八月壬辰，改元大赦，首次规定"长流人并放还"④，李义府妻、子即在当年放归⑤。景龙四年（710年）六月甲申，韦后临朝，改元唐隆，敕"长流任放归田里，负犯痕瘕咸从洗涤"⑥。同月甲辰，相王李旦即位，大赦天下，诏"流人长流、长任未还者并放还"⑦。开元十七年（729年）十一月丙申谒桥陵，又敕"反逆缘坐长流及城奴量移近处编附为百姓"⑧。

　　长流规则经过长期运行，终身不返的旧制因赦令频发而渐成具文。元和八年（813 年）正月王播为刑部侍郎奏请"流人及先流人等，准长流格例，

　　① （宋）王钦若等编纂：《册府元龟》卷85《帝王部·赦宥第四》，周勋初等校订，凤凰出版社 2006 年版，第 940—941 页。

　　② （宋）宋敏求：《唐大诏令集》82《政事·恩宥一·以春令减降天下囚徒敕》，中华书局 2008 年版，第 479 页。

　　③ （宋）王钦若等编纂：《册府元龟》卷85《帝王部·赦宥第四》，周勋初等校订，凤凰出版社 2006 年版，第 943 页。

　　④ （宋）王钦若等编纂：《册府元龟》卷84《帝王部·赦宥第三》，周勋初等校订，凤凰出版社 2006 年版，第 929 页。

　　⑤ （后晋）刘昫：《旧唐书》卷 82《李义府传》，中华书局 1975 年版，第 2770 页。

　　⑥ （后晋）刘昫：《旧唐书》卷 7《中宗纪》，中华书局 1975 年版，第 150 页。

　　⑦ （后晋）刘昫：《旧唐书》卷 7《睿宗纪》，中华书局 1975 年版，第 154 页。

　　⑧ （宋）王钦若等编纂：《册府元龟》卷85《帝王部·赦宥第四》，周勋初等校订，凤凰出版社 2006 年版，第 939 页。

满六年后，并许放还"①。这里提到的"长流格例"值得特别重视，其中规定流人满六年放还，正与《狱官令》"六载后听仕"的时限一致②。唐代法司或在此前编修格例，对长流人之放还问题进行过专门规定。至晚唐，对于长流人的诸多限制进一步松动，长流犯官资量移与叙用被提上议事日程。咸通七年(866年)大赦文规定"左降官并流人，元敕令终身勿齿，及长流远恶，并云纵逢恩赦不任量移者，并与量移"③。大中十三年(859年)十月九日懿宗《嗣登宝位赦》亦言"流贬人中从元敕云虽逢恩赦不在量移之限，或长流及充百姓，终身勿齿者，并与中书门下量与收叙处分，及量移近处"④。

二、长流人叙用转迁

唐代一般流刑以六年为限，流人至配所"六载以后听仕。即本犯不应流而特配流者，三载以后听仕"⑤。然长流多在常流三千里上限以外，其配流时间不恒，则为无期刑罚，非有赦令豁免，终身不得返乡、叙复。肃宗上元元年(760年)九月，司农卿李逢年以贪冒黩货，"除名，长流岭南瀼州，百姓终

---

① (宋)王钦若等编纂：《册府元龟》卷616《刑法部·议谳第三》，凤凰出版社2006年版，第7124页。

按：元和八年(813年)王播奏请内容相关史料记载颇有出入：《唐会要》作"流人及先流人等，准格例，满六年后并许放还"[(宋)王溥：《唐会要》卷41《左降官及流人》，上海古籍出版社2006年版，第862页]。宋本《册府元龟》、点校本《册府元龟》、《全唐文》[(清)董诰等：《全唐文》卷615《请放还配流人奏》，上海古籍出版社1990年版，第2755页]均作"流人及先流人等，准长流格例，满六年后并许放还。"

② 按：据《宋刑统》引开成四年(839年)十月五日敕节文："从今以后，应是流人六载满日放归。"(宋)窦仪等：《宋刑统》卷3《名例律》"犯流徒罪"，吴翊如点校，中华书局1984年版，第49页。

③ (宋)宋敏求：《唐大诏令集》卷86《政事·恩宥四·咸通七年大赦》，中华书局2008年版，第489页。

④ (宋)李昉等编：《文苑英华》卷420《翰林制诏一·赦书一·登极赦书》，中华书局1966年版，第2125页。

⑤ 天一阁博物馆、中国社会科学院历史研究所天圣令整理课题组校正：《天一阁藏明钞本天圣令校正》附《唐开元狱官令复原清本》第19条，中华书局2006年版，第645页。

身勿齿"①，即永不叙复之意。同时，禁锢诏敕之效力往往还及于犯官子嗣，景龙二年(708 年)秋七月，武三思阴令人疏韦后秽行，榜于天津桥，请加废黜。御史大夫李承嘉诬奏桓彦范等人所为，中宗以彦范等五人因拥立之功，尝赐铁券，许以不死，"乃长流彦范于瀼州，敬晖于崖州，张柬之于泷州，袁恕己于环州，崔玄暐于古州，并终身禁锢，子弟年十六已上者亦配流岭外。"②禁锢者，"勿令仕也。"唐孔颖达言"禁人使不得仕官者，……谓之禁锢。今世犹然"③。可见，至唐代，禁绝人犯入仕之意犹存。开元十三年(725 年)十二日《开元格》规定：周朝酷吏来子珣、万国俊、王弘义、侯思止、郭霸、焦仁亶、张知默、李敬仁、唐奉一、来俊臣、周兴、丘神勣、索元礼、曹仁悊、王景昭、裴籍、李秦授、刘光业、王德寿、屈贞筠、鲍思恭、刘景阳、王处贞等二十三人，因残害宗支，毒陷良善，情状尤重，"身在者宜长流岭南远处。纵身没，子孙亦不许仕宦"④。

唐代司法实践中，"比年边城犯流者，多是胥徒小吏"⑤。与之形成鲜明对比的是，长流人犯几乎皆属衣冠士族阶层，与一般流人相比，长流人并无戍守边塞或居作役使之法定义务。移居远恶州郡后，伴随国家政治形势变化以及个人身份因素影响，特赦放还或起复叙用者皆不乏其例。麟德二年(665 年)，因上官仪案长流远恶者甚众，简州刺史薛元超于"上元初，赦还，拜正谏大夫"⑥。司虞大夫魏玄同亦于上元初赦还，"工部尚书刘审礼荐玄同有时务之才，拜岐州长史。累迁至吏部侍郎"⑦。先天二年(713年)，尚书右丞

①　(宋)王钦若等编纂：《册府元龟》卷 625《卿监部·贪冒》，周勋初等校订，凤凰出版社 2006 年版，第 7234 页。

按：点校本《册府元龟》点断为："(敕宜)除名，长流岭南瀼州，百姓终身勿齿。"语义未恰，当改。

②　(后晋)刘昫：《旧唐书》卷 91《桓彦范传》，中华书局 1975 年版，第 2931 页。

③　(周)左丘明传，(晋)杜预注，(唐)孔颖达疏：《春秋左传正义》卷 25 "成公十八年" 疏，十三经注疏整理委员会整理，北京大学出版社 2000 年版，第 811 页。

④　(唐)杜佑：《通典》卷 170《刑八·开元格》，王文锦等点校，中华书局 1988 年版，第 4431 页。

⑤　(宋)王溥：《唐会要》卷 41《左降官及流人》，上海古籍出版社 2006 年版，第 861—862 页。

⑥　(宋)欧阳修、宋祁：《新唐书》卷 98《薛收子元超传》，中华书局 1975 年版，第 3892 页。

⑦　(后晋)刘昫：《旧唐书》卷 87《魏玄同传》，中华书局 1975 年版，第 2849 页。

卢藏用坐托附太平公主，长流岭表。"开元初，起为黔州都督府长史，兼判都督事"①。前述元和十四年(819年)盐铁福建院官权长孺以坐赃杖八十长流康州，"后以故礼部相国德舆之近宗，遇恩复资"②。武宗初立，宰臣李珏出为桂管观察使。会昌三年(843年)长流驩州。至宣宗大中二年(848年)，"崔铉、白敏中逐李德裕，征入朝为户部尚书"③。此外，亦有长流人赦免后返乡定居，不再入仕。咸亨二年(671年)六月，泾城令李善坐与贺兰敏之周密，配流姚州，后遇赦得还，"以教授为业"④。

三、流人滞留与赐死

"丹心江北死，白发岭南生"⑤。中国农耕文明条件下形成的离土重迁思想，对长流人的精神与生活产生了重要影响。长流人由于苦闷失意、疾病老衰，以及水土不服等原因，若未能及时获得赦宥，长期滞留贬所，甚至客死异乡之流人不在少数。长流人李义府《在巂州遥叙封禅诗》曾云：

> 触网沦幽裔，
> 乘徽限明时。
> 周南昔已叹，
> 邛西今复悲。⑥

乾封元年(666年)大赦，唯不及长流之人，义府忧愤发疾而卒⑦。唐律规定："诸犯流应配者，妻妾从之，父祖子孙同欲随者，听之"，随流家属

---

① (后晋)刘昫：《旧唐书》卷94《卢藏用传》，中华书局1975年版，第3004页。

② (宋)李昉等：《太平广记》卷201 "权长孺"条引《干𬤇子》，中华书局1961年版，第1517页。

③ (后晋)刘昫：《旧唐书》卷173《李珏传》，中华书局1975年版，第4505页。

④ (后晋)刘昫：《旧唐书》卷189上《儒学上·曹宪附李善》，中华书局1975年版，第4946页。

⑤ (唐)宋之问：《宋之问集校注》卷3《诗·发藤州》，陶敏、易淑琼校注，中华书局2001年版，第556页。

⑥ (清)彭定求等编：《全唐诗》卷35，中华书局1999年版，第471页。

⑦ (后晋)刘昫：《旧唐书》卷82《李义府传》，中华书局1975年版，第2770页。

须于当地附籍，但"不须居作"。"若流、移人身丧，家口虽经附籍，三年内愿还者，放还"①。为保障人犯妻妾随行，《狱官令》专门规定"流人科断已定……皆不得弃放妻妾"②。据大中五年（851年）十一月中书门下奏："今后有配长流及本罪合死遇恩得减等者，并勒将妻同去，有儿女情愿者亦听，如流人所在身死，其妻等并许东西，州县不任勾留。情愿住者亦听。"③吐鲁番阿斯塔那一九号墓出《唐上元三年西州都督府上尚书都省状为勘放还流人贯属事》（64TAM19：48）有"解并目上尚书省，都省。放还流人贯属具状上事"④云云，即为地方州府向尚书省奏报放还流人家眷之明证。由于受到地理环境与经济条件等客观因素制约，仍有大量长流人及家眷长期滞留贬所，甚至终身不返，客死异乡。西安大唐西市博物馆藏《大唐故宗正寺丞武府君墓志铭并序》记武周建昌王武攸宁第三子武子瑛流放康州，灵柩回迁事：

> （前略）无何，属亲累，播迁于康州。闽越遐荒，炎氛是暄。为瘴疠所侵，以开元九年七月三日遘疾，终于康州。十年八月，神柩至自康州。以十一月戊辰，权殡于东都龙门乡之平原。⑤

武子瑛先前曾任宗正寺丞，后遁入沙门，"晚以上命见逼，遂返归初服"。当在武周王朝覆灭后，遭受打压，放逐边远，最终死于流所。洛阳近出《唐故蜀州司户参军豆卢府君墓志铭并序》又记蜀州司户参军豆卢轨长流后终老配所事，亦为长流人滞留远恶州郡之例证：

> 初，公充李孝逸判官，为其所待。孝逸后图不轨，寻而伏诛。佞人丑正，

---

① （唐）长孙无忌等：《唐律疏议》卷3《名例》"流犯应配"，刘俊文点校，中华书局1983年版，第68页。

② 天一阁博物馆、中国社会科学院历史研究所天圣令整理课题组校正：《天一阁藏明钞本天圣令校正》附《唐开元狱官令复原清本》第13条，中华书局2006年版，第645页。

③ （宋）王溥：《唐会要》卷41《左降官及流人》，上海古籍出版社2006年版，第865页。

④ 国家文物局古文献研究室等编：《吐鲁番出土文书》（第6册），文物出版社1985年版，第529页。

⑤ 胡戟、荣新江：《大唐西市博物馆藏墓志》，北京大学出版社2012年版，第411页。

苍蝇点白。梧囚未察，瓜履成嫌。以天授元年九月十二日主司配流振州，非其罪也。以明年二月十七日终于振州之旅馆，春秋五十有七。①

中古时期，"归葬故乡不仅临死者之所欲，也被他们后人视作头等人生大事。归葬故乡墓园是死后追寻幸福的一种向往。"②安史乱后，朝廷曾十余次发布诏敕，责令地方官长协助流人归葬。肃宗元年（761年）建辰月己未诏："流贬人所在身亡者，任其亲故收以归葬，仍州县量给棺椁发遣。"③长庆二年（822年）十二月册皇太子，敕"左降官及流人，并与量移，亡殁者任归葬"④。咸通七年（866年）又敕"如已亡殁者，并许归葬，如缘葬事困穷，不能自济者，委所在官吏量给棺椁，优恤发遣"⑤。

先天至天宝时期是唐代长流发展的重要时期，长流时常作为死刑减等之处置措施。与此同时，中路赐死途长流人之惯例逐步形成。部分流人名义上被流于边裔，实际上却在未达流所之前，于沿途驿站实施死刑，而长安东郊通往岭表之蓝田、灞桥等驿⑥，往往成为诛杀流人的首选场所。先天二年（713年）七月丁卯，崔湜附太平公主，除名，长流岭表。所司奏宫人元氏款称与湜曾密谋进酖，乃追湜赐死，缢于驿中⑦。天宝十一载（752年），王焊与故鸿胪少卿邢璹子縡潜构逆谋，侄王铣男"准除名，长流岭南承化郡，备长流珠崖

---

① 毛阳光、余扶危主编：《洛阳流散唐代墓志汇编》，国家图书馆出版社 2013 年版，第121 页。

② 卢建荣：《北魏唐宋死亡文化史》，麦田出版社 2006 年版，第 124 页。

③ （宋）王钦若等编纂：《册府元龟》卷 87《帝王部·赦宥第六》，周勋初等校订，凤凰出版社 2006 年版，第 970 页。

④ （宋）宋敏求：《唐大诏令集》卷 29《皇太子·册太子敕·长庆二年册皇太子德音》，中华书局 2008 年版，第 106 页。

⑤ （宋）宋敏求：《唐大诏令集》卷 86《政事·恩宥四·咸通七年大赦》，中华书局 2008 年版，第 489 页。

⑥ 按：灞桥驿旧名滋水驿，"见史颇早，为京师东出必经之道"。长安城东又有故驿，在蓝田境内，"京师蓝田相距不过数十里，则此故驿即开元时代之故驿可知矣。"严耕望：《严耕望唐史研究丛稿》第 5 篇《唐两京馆驿考》，新亚研究所 1969 年版，第 289、293 页。

⑦ （后晋）刘昫：《旧唐书》卷 74《崔仁师孙湜传》，中华书局 1975 年版，第 2623 页。

郡，至故驿杀之；妻薛氏及在室女并流"①。宝应元年(762年)秋七月乙酉，
襄州刺史裴茙"长流费州，赐死于蓝田驿"②。此外，亦有长流人行至贬所后
赐死之例，天宝五载(746年)七月，括苍太守韦坚为李林甫所陷，"长流岭南，
杀之。坚弟将作少匠兰、鄠县令冰、兵部员外郎芝，及男河南府户曹谅，皆
贬远郡。寻又分遣御史，并赐死。诸子悉配隶边都"③。咸通九年(868年)十
月，江南西道观察处置等使严譔因广补卒，擅纳缣廪长流岭南，次年二月，
赐死于流所④。

第五节　唐代长流之影响

　　五代、两宋时期沿袭唐代长流政策，时常将犯官除籍为民，放逐荒远地界。长
流人非经特赦，不在量移放免之限。后唐庄宗天成元年(926年)秋八月丁亥，诏"陵
州、合州长流百姓豆卢革、韦说等，可并自长流后，纵逢恩赦，不在原宥之限"⑤。
天成四年(929年)十一月癸未，秘书少监于峤为宰臣赵凤诬奏，"配振武长流百姓，
永不齿任"⑥。这一时期，朝廷发布特赦诏敕的原因也基本与唐代相同。后梁末

---

　　① (后晋)刘昫：《旧唐书》卷105《王铁传》，中华书局1975年版，第3232页。

　　② (后晋)刘昫：《旧唐书》卷11《代宗纪》，中华书局1975年版，第270页。

　　③ (宋)王钦若等编纂：《册府元龟》卷925《总录部·谴累》，周勋初等校订，凤凰出版
社2006年版，第10732页。

　　此条史料点校本《册府元龟》误断为："坚弟将作少匠、兰鄠县令冰，兵部员外郎芝，及
男河南府尹曹谅，皆贬远郡"，据《旧唐书·韦坚传》"坚弟将作少匠兰、鄠县令冰、兵部员
外郎芝、坚男河南府户曹谅并远贬"[(后晋)刘昫：《旧唐书》卷105《韦坚传》，中华书局1975
年版，第3224页]。韦兰、韦冰名讳、官制皆误，且所谓"尹曹"当为"户曹"之讹，皆当
据改。

　　④ (宋)宋敏求：《唐大诏令集》卷127《政事·诛戮下·严譔赐自尽敕》，中华书局2008
年版，第685页。

　　⑤ (宋)薛居正等：《旧五代史》卷37《唐书十三·明宗纪三》，中华书局1976年版，第
507页。

　　⑥ (宋)薛居正等：《旧五代史》卷40《唐书十六·明宗纪六》，中华书局1976年版，第
555页。

帝龙德元年(921年)五月丙戌，改元。敕"长流人各移近地，已经移者许归乡里"①。后唐明宗长兴四年(933年)八月戊申，册尊号礼毕，制"长流人并诸色徒流人，不计年月远近，已到配所，并放还。或有亡命山泽及为事关连逃避人等，并放归乡，一切不问"②。南唐元宗时，贾崇弃垒奔溃，"以怍旨释罪，长流抚州"③。司法实践中，特赦放免长流人旧制在五代仍得到相当程度的贯彻，如天成中，秘书监兼秦王傅刘赞因秦王得罪，长流岚州。"清泰二年，诏归田里，行至石会关，病卒"④。

　　唐开元时期形成的赐死长流人犯的司法惯例，亦为五代长期继受。后唐庄宗同光三年(925年)八月癸未，河南县令罗贯坐部内桥道不修，"长流崖州，寻委河南府决痛杖一顿，处死"⑤。明宗天成三年(928年)秋七月，曹州刺史成景宏坐受本州仓吏钱百缗，贬绥州司户参军，"续敕长流宥州，寻赐自尽"⑥。后周广顺四年(954年)十二月辛未，邺都留守侍卫亲军都指挥使王殷削夺在身官爵，"长流登州，寻赐死于北郊"⑦。

　　宋代在继受唐《狱官令》的同时，尤其关注长流刑之易科功能⑧。判定长流者，多为原免减罪之例，长流作为死刑贷命措施被广泛适用。真宗咸平二年(999年)，镇定高阳关三路行营都部署傅潜因贻误战机，减死，削夺在身官

---

① (宋)薛居正等：《旧五代史》卷10《梁书十·末帝纪下》，中华书局1976年版，第148页。

② (宋)王钦若等编纂：《册府元龟》卷93《帝王部·赦宥第十二》，周勋初等校订，凤凰出版社2006年版，第1025页。

③ (宋)郑文宝：《南唐近事》，《宋元笔记小说大观》，上海古籍出版社2001年版，第270页。

④ (宋)欧阳修：《新五代史》卷28《唐臣传十六·刘赞传》，(宋)徐无党注，中华书局1974年版，第317页。

⑤ (宋)薛居正等：《旧五代史》卷33《唐书九·庄宗纪七》，中华书局1976年版，第454页。

⑥ (宋)薛居正等：《旧五代史》卷39《唐书十五·明宗纪五》，中华书局1976年版，第540页。

⑦ (宋)薛居正等：《旧五代史》卷113《周书四·太祖纪四》，中华书局1976年版，第1500页。

⑧ 按：对照天圣《狱官令》与开元《狱官令》可知，宋代流刑皆以唐令为蓝本损益而成。如宋令仍禁流人放妻妾，然"如两情愿离者，听之"(宋第10条)；北宋递送流人"其临时有旨，遣官部送者，从别敕"(宋第12条)；流移人在路"每请粮，无故不得停留"(宋第13条)。凡此诸条，皆与唐令有所异同。天一阁博物馆、中国社会科学院历史研究所天圣令整理课题组校正：《天一阁藏明钞本天圣令校正》，狱官令卷27，中华书局2006年版，第415—416页。

爵，"并其家属长流房州"①。大中祥符七年（1014年）十月已未，殿中丞童静专坐赃，"削籍，长流郴州，不得叙用"②。徽宗末，户部尚书刘昺坐与王寀交通，"开封尹盛章议以死，刑部尚书卢致虚为请，乃长流琼州"③。建炎元年（1127年）八月戊午，朝散大夫洪刍等三人因奸赃等事"贷死，长流沙门岛"④。宋辽之际，长流刑又渐具军戍意涵，《辽史》有兴宗重熙年间，永兴宫使耶律裹履减死"长流边戍"的记载⑤。

长流属封建闰刑性质，其刑罚位阶恰介于流、死之间，承担减死贷命之重要功能。清儒沈家本曾考唐宋以降流配、充军诸刑嬗变历程：

> 宋沿五代之制，于流罪配役之外，其罪重者刺配充军，始区分军、流为二。元制，诸盗罪合流者有出军之例……明制颇有沿于元者，充军即仿出军而变通之。⑥

配役、充军等皆为死刑降等，据律不在正刑之列。与长流相比，其内涵与适用更为复杂。两宋配役源于唐五代流配刑，多附加黥刺与决杖；配役有军役、劳役之分，且刑期不恒；放逐区域有沙门岛、远恶州军、广南、邻州、本州牢城等十余等。充军则始于宋元，至明清方为常刑⑦。刑期分终身与永远两类；

---

① （元）脱脱等：《宋史》卷 279《傅潜传》，中华书局 1977 年版，第 9474 页。

② （宋）李焘：《续资治通鉴长编》卷 83 "真宗大中祥符七年（1014 年）十月己未"，上海师范大学古籍整理研究所、华东师范大学古籍研究所点校，中华书局 1995 年版，第 1898 页。

③ （元）脱脱等：《宋史》卷 356《刘昺传》，中华书局 1977 年版，第 11207 页。

④ （宋）李心传：《建炎以来系年要录》卷 8 "建炎元年（1127 年）八月戊午"，中华书局 1956 年版，第 195 页。

⑤ （元）脱脱等：《辽史》卷 86《耶律裹履传》，中华书局 1974 年版，第 1324 页。

⑥ （清）沈家本：《历代刑法考·充军考上》，邓经元、骈宇骞点校，中华书局 1985 年版，第 1272 页。

⑦ 按：常刑即常法、常典，泛指常规刑制。此说起源甚古，《周礼·小宰》曰："国有常刑"［（汉）郑玄注，（唐）贾公彦疏《周礼注疏》卷 3《天官·小宰》，十三经注疏整理委员会整理，北京大学出版社 2000 年版，第 76 页］。近出清华简《祭公之顾命》："维我周又（有）（尝）型（刑）。"李学勤主编：《清华大学藏战国竹简》（1），上海文艺出版有限公司 2010 年版，第 175 页。

放逐区域分极远、烟瘴、边远、边卫、沿海和附近，合称"五军"。因后世配役、充军之法日善，至宋元之交，长流刑渐趋衰微。总之，唐代长流刑之演进与适用，既是对传统"三流"制度的完善，更促进了死刑易科制度的发展，并在一定意义上成为宋元明清配役、充军等同类刑制之历史渊源。

本 章 小 结

与"常流"相比，"长流"不受律令里数限制，刑期不可预见，应有终身不返之意，甚至为赦令所不原。上述诸端，皆不见于律令明文，故属于诉讼惯例性质。司法实践中，为打击家族势力或官僚交结，依据保安处分原则，形成长流亲属或同僚采取异地安置惯例。依托地理隔绝之天然障碍，切断利益集团之间的联系，最终达到预防与惩戒并重的刑罚目的。

唐代长流具有"不忍刑杀，宥之于远"的意涵，作为死刑之减等，其具体施行有较为严格的程序，司法实践中多循惯例行事，大致包括除名、发遣、安置等基本环节，其间又涉及决杖、程粮等问题。

自高宗朝始，诏敕中时常包含宽宥长流人罪责之意涵，这些诏敕因具有普遍意义，成为量移或放免长流人的直接依据，长流人终身不返的司法惯例被逐渐废弃。至晚唐，对于长流人的诸多限制进一步松动，长流犯官之量移与叙用被提上议事日程。玄宗朝是唐代长流发展的重要时期，长流时常作为死刑减等之处置措施。同时，中途赐死长流人之惯例逐步形成。部分流人名义上被流于边裔，实际上却在未达流所之前，于沿途驿站实施死刑，而长安东郊通往岭表之蓝田、灞桥等驿，往往成为诛杀流人的首选场所。

五代、两宋时期沿袭唐代长流政策，时常将犯官除籍为民，放逐荒远地界。长流人非经特赦，不在量移放免之限。唐开元时期形成的赐死长流人犯的司法惯例，亦为五代长期继受。唐代长流刑之演进与适用，既是对传统"三流"制度的完善，更促进了死刑易科制度的发展，并在一定意义上成为宋元明清配役、充军等同类刑制之历史渊源。

第十八章

赐　死

　　赐死是封建时代适用于官僚贵族的死刑执行方式。与绞、斩等处断方式相比，唐代赐死规则内容繁杂，执行程序严格，牵涉罪名广泛，且与众多政治事件密切关联。在具体执行中，又对律令规定之行刑时限、死刑覆奏、左降流贬等制度有所变通。学界关于唐代死刑的讨论由来已久，并取得了一系列重要成果①。然关于赐死的专门研究，迄今惜未见及。面对纷繁芜杂的唐代赐死案例，下列问题尚需诠释：其一，赐死是否构成制度，或皆由君主权断？其二，赐死执行程序如何？其三，与绞、斩相比，赐死有何特性？因此，有必要博稽史料、类比分析，从实证角度探究唐代赐死规则，以期客观认知古代刑罚兴替践行的历史进程。

引　言

　　自上古已降，常规死刑执行皆公开实施，商周时死刑统称"大辟"，

---

　　① 目前主要研究成果有：王元军：《刘洎之死真相考索》，《人文杂志》1992 年第 5 期；许仲毅：《赐死制度考论》，《学术月刊》2003 年第 7 期；赵旭：《唐宋死刑制度流变考论》，《东北师大学报》（哲学社会科学版）2005 年第 4 期；胡兴东：《中国古代死刑行刑种类考》，《云南大学学报》（社会科学版）2009 年第 1 期；王平原：《死刑诸思——以唐代死刑为素材的探讨》，《山东警察学院学报》2010 年第 3 期。

执行时须于街市公开实施。"凡杀人者，踣诸市，肆之三日。刑盗于市"。^①秦汉之际，则将死刑概称"弃市"，"市死曰弃市，市众所聚，言与众人共弃之也"^②。隋唐律典法定死刑皆为绞、斩二刑，"凡决大辟罪皆于市"。^③可见，唐代死刑公开执行制度与上古、秦汉一脉相承，其中涵盖昭示罪恶、明正典刑、辅弼教化三重社会目的。

"王族刑于隐者，所以议亲；刑不上大夫，所以议贵"^④。商周之际，以"亲亲"、"尊尊"为精髓的宗法等级制度逐步确立，血缘亲疏与身份差异成为刑罚执行的决定性因素。西周时期，形成专门适用于官员贵族"八辟"原则^⑤，大夫以上贵族"其犯法则在八议轻重，不在刑书"^⑥。贵族阶层犯死罪当依法议减，即使身犯死罪，仍应享受秘密处决的优待。《周礼》记载："凡有爵者与王之同族，奉而适甸师氏，以待刑杀。"^⑦相比之下，自尽最能保全贵族体面及尊严，不令众庶见之，与受戮于吏完全不同^⑧。由此，赐死遂逐渐成为君主宽宥死罪臣僚的重要措施，并对秦汉已降历代的死刑执行方式产生直接影响。唐代在尊奉古礼，优崇衣冠原则指引之下，对赐死制度进行了完善，据开元《狱官令》："五品以上犯非恶逆以上，听自尽于家。"^⑨此为唐代赐死之基本规定。开元二十七年（739 年）《唐六典》又以此为基础，对唐代死刑执行制度予以规范：

---

① （汉）郑玄注，（唐）贾公彦疏：《周礼注疏》卷 36《秋官·掌戮》，十三经注疏整理委员会整理，北京大学出版社 2000 年版，第 1127 页。

② （汉）刘熙：《释名》卷 8《释丧制》，中华书局 1985 年版（丛书集成初编本），第 131 页。

③ （唐）李林甫等：《唐六典》卷 6"刑部郎中员外郎"，陈仲夫点校，中华书局 1992 年版，第 189 页。

④ （后晋）刘昫：《旧唐书》卷 85《唐临传》，中华书局 1975 年版，第 2812—2813 页。

⑤ （汉）郑玄注，（唐）贾公彦疏：《周礼注疏》卷 35《秋官·小司寇》，十三经注疏整理委员会整理，北京大学出版社 2000 年版，第 1073 页。

⑥ （汉）郑玄注，（唐）孔颖达疏：《礼记正义》卷 3《曲礼上》，十三经注疏整理委员会整理，北京大学出版社 2000 年版，第 91—92 页。

⑦ （汉）郑玄注，（唐）贾公彦疏：《周礼注疏》卷 36《秋官·掌囚》，十三经注疏整理委员会整理，北京大学出版社 2000 年版，第 1125 页。

⑧ 瞿同祖：《中国法律与中国社会》，中华书局 1981 年版，第 206 页。

⑨ 天一阁博物馆、中国社会科学院历史研究所天圣令整理课题组校正：《天一阁藏明钞本天圣令校正》附《唐开元狱官令复原清本》第 9 条，中华书局 2006 年版，第 644 页。

凡决大辟罪皆于市。五品已上犯非恶逆已上，听自尽于家。七品已上及皇族、若妇人犯非斩者，皆绞于隐处（原注：古者，决大辟罪皆于市。自今上临御以来无其刑，但存其文耳。决大辟罪，官爵五品已上在京者，大理正监决；在外者，上佐监决；余并判官监决，在京决者，亦皆有御史、金吾监决。若因有冤滥灼然者，听停决奏闻）。[①]

至武宗会昌元年（841年）九月，库部郎中知制诰纥干泉等奏请，又将五品以上官赃罪抵死者明确纳入赐死范围："犯赃官五品以上，合抵死刑，请准狱官令赐死于家者。伏请永为定式。"[②]然从令典文本层面，仅可知唐代赐死官员品秩与赐死场所之大致规定，如从司法实践角度切入，依托史籍文献与墓志材料，则赐死规则之主要内容、执行程序、涉案罪名等重要问题即可厘清。

第一节　唐代赐死执行程序

一、发布敕令

发布诏敕为赐死之首要程序，唐代诏敕发布甚为严格，大致遵循中书草拟，天子画敕、门下封驳、有司施行的程序，而赐死诏敕亦应严格遵循上述规则。垂拱三年（687年）四月庚午，或告凤阁侍郎刘祎之受归州都督孙万荣金，兼与许敬宗妾有私。则天令肃州刺史王本立推鞫其事，"本立宣敕示祎之，祎之曰：'不经凤阁鸾台，何名为敕'"[③]？此处祎之所言，即为经由中书、门下之"正敕"。唐代凡出宣命，"有底在中书，可以检覆，谓之正宣"[④]。然据

---

①　（唐）李林甫等：《唐六典》卷6"刑部郎中员外郎"，陈仲夫点校，中华书局1992年版，第189页。

②　（宋）王溥：《唐会要》卷39《定格令》，上海古籍出版社2006年版，第825页。

③　（后晋）刘昫：《旧唐书》卷87《刘祎之传》，中华书局1975年版，第2848页。

④　（宋）司马光：《资治通鉴》卷221"肃宗乾元二年（759年）夏四月"胡三省注，中华书局1956年版，第7074页。

《唐六典》："凡律法之外有殊旨、别敕，则有死、流、徒、杖、除、免之差。"①永淳元年(682年)七月，则天赐曹王明自尽，黔州都督谢祐仅凭口谕，"更无别敕"②，其违法刑决的做法却为时诟病。同时，发布赐死诏敕应为处决人犯之先决条件，断不得事后追补。建中元年(780年)七月己丑，赐忠州刺史刘晏自尽，"后十九日，赐死诏书乃下，且暴其罪。家属徙岭表，坐累者数十人，天下以为冤。"刘晏为杨炎、庾准诬陷罹难，且"先诛后诏，天下骇惋"③。然至晚唐，依凭口谕赐死者仍于史可见，据《资治通鉴考异》引《续宝运录》：广明元年(880年)左拾遗侯昌业上疏极谏，僖宗遣内养刘季远宣达口敕：

> 侯昌业出自寒门，擢居清近，不能修慎，妄奏闲词，讪谤万乘君王，毁斥百辟卿士，在我彝典，是不能容！其侯昌业宜赐自尽。④

口敕赐死不经中书门下之临时处分措施，且事后无从质证，律令规定之死刑覆奏、秋冬行刑等刑罚执行规则即被废置。

"赐自尽"是唐代诏敕中关于"赐死"之官方称谓，见于两《唐书》、《资治通鉴》、《唐大诏令集》及《册府元龟》之赐死诏敕在罗列事主罪状的同时，包含君主矜恤官僚贵族身份特权的特殊意涵。《说文解字》言"赐，予也"⑤。与一般死刑相比，赐死的微妙之处可谓在"赐"而非"死"。大历四年(769年)正月处置颍州刺史李岵，诏敕即言法司以议亲，"宽其斧锧之诛，降从盘水之礼，宜赐自尽"⑥。次年武将刘希暹赐死，诏敕仍言"鬐缨盘水，尚许归全。特从

---

①　(唐)李林甫等：《唐六典》卷6"刑部郎中员外郎"，陈仲夫点校，中华书局1992年版，第188页。

②　(唐)张鹭：《朝野佥载》卷2，赵守俨点校，中华书局1979年版，第35页。

③　(宋)欧阳修、宋祁：《新唐书》卷149《刘晏传》，中华书局1975年版，第4797页。

④　(宋)司马光：《资治通鉴考异》卷24"广明元年(880年)正月侯昌业上疏极谏赐死"，商务印书馆1937年版(四部丛刊本)。

⑤　(汉)许慎，(清)段玉裁注：《说文解字注》卷6下，上海古籍出版社1981年版，第280页。

⑥　(宋)王钦若等编纂：《册府元龟》卷152《帝王部·明罚》，周勋初等校订，凤凰出版社2006年版，第1704页。

宽典，宜赐自尽"①。唐代诏敕屡次提及之"髦缨盘水"乃衣冠罪臣自尽之古礼。据汉儒贾谊言，古制赐死程序至为郑重，受刑人"白冠髦缨，盘水加剑，造请室而请其罪耳，上弗使执缚系引而行也"②。所谓"白冠髦缨"，乃"以毛作缨，白冠，丧服"；"盘水加剑"者，据《汉书》引如淳曰："水性平，若己有正罪，君以平法治之也。加剑，当以自刎也。或曰，杀牲者以盘水取颈血，故示若此也"③。而"请室"则为请罪之室。唐代赐死程序正是在承继古礼精神的基础上，结合当时典章制度损益而成。

二、宣诏监刑

唐代立法者基于慎刑初衷，设立御史监刑制度，赐死诏敕依法由御史宣达，同时履行监刑职责，"若囚有冤枉灼然者，停决奏闻"④。贞观元年(627年)夏四月癸巳，长乐郡王幼良阴养死士，交通境外，谋为反逆，太宗诏遣中书令宇文士及代为都督，并按其事。后复遣"侍御史孙伏伽鞫视，无异辞，遂赐死"⑤。此为唐代御史赐死监刑之首例记载。在此后漫长的历史时期，该制度得到相当程度的贯彻。值得注意的是，御史宣敕监刑无法承担平反冤狱职责，究其根本，宪司御史乃天子耳目，宣达赐死诏敕之际，并未赋予昭雪冤滥之明确授权。因皇权直接干预，御史台司法监察之实际效力大为减损。永昌元年(689年)闰九月甲午，周兴诬纳言魏玄同言太后老，宜复皇嗣，赐死。监察御史监刑房济明玄同之枉，

①（宋）宋敏求：《唐大诏令集》卷126《政事·诛戮上·刘希暹赐自尽制》，中华书局2008年版，第681页。

②（汉）贾谊：《新书》卷2《阶级》，阎振益、钟夏校注，中华书局2000年版，第81—82页。

③（汉）班固：《汉书》卷48《贾谊传》，（唐）颜师古注，中华书局1962年版，第2259页。

④ 天一阁博物馆、中国社会科学院历史研究所天圣令整理课题组校正：《天一阁藏明钞本天圣令校正》附《唐开元狱官令复原清本》第10条，中华书局2006年版，第644页。

⑤（宋）欧阳修、宋祁：《新唐书》卷78《宗室·长乐郡王幼良传》，中华书局1975年版，第3521页。

唯劝其告事，"冀召见，得自陈"①而已。天宝六载（747年）春正月，李林甫诬构韦坚私见太子，意图不轨，韦坚长流岭南，"坚弟将作少匠兰、鄠县令冰、兵部员外郎芝、及男河南府尹曹谅，皆贬远郡。寻又分遣御史，并赐死"②。至哀帝天祐中，朱全忠以旧朝达官尚在班列，将谋篡夺，先俾剪除，凡在周行，次第贬降③，御史监决制度至此完全流于形式，天祐二年（905年）六月戊子，陇州司户裴枢等，"委御史台差人所在州县各赐自尽"④。同年十二月甲寅，又敕北海尉裴碻、临淄尉温廍、博昌尉张茂枢"并除名，委于御史台所在赐自尽"⑤。

中唐以后，君主对于死刑裁量权力掌控日趋强化，中使宣达赐死诏敕现象频繁出现。德宗时宦官权威日炽，"万机之与夺任情，九重之废立由己"⑥。建中元年（780年）刘晏赐死，德宗"密遣中使，就忠州缢杀之"。此为唐代差遣宦官赐死宣敕之始。此后，中使宣诏赐死臣僚之事屡见史籍，元和六年（811年）五月，前行营粮料使于皋謩、董谿坐赃数千缗，敕贷其死。皋謩流春州，谿流封州。"行至潭州，并专遣中使赐死"⑦。大和九年（835年）十月辛巳，文宗疾观军容使王守澄元和逆罪，"遣中使李好古就第，赐酖杀之"⑧。咸通十年（869年）二月，端州司马杨收流驩州，懿宗"令内养郭全穆，于其所在赐自尽"⑨。内廷宦官并无平反之责，宣诏赐死完全奉命行事而已。

① （宋）欧阳修、宋祁：《新唐书》卷117《魏玄同传》，中华书局1975年版，第4254页。
② （宋）王钦若等编纂：《册府元龟》卷925《总录部·谴累》，周勋初等校订，凤凰出版社2006年版，第10732页。
③ （五代）孙光宪：《北梦琐言》卷15"谋害衣冠"，贾二强点校，中华书局2002年版，第297页。
④ （后晋）刘昫：《旧唐书》卷20下《哀帝纪》，中华书局1975年版，第796页。
⑤ （后晋）刘昫：《旧唐书》卷20下《哀帝纪》，中华书局1975年版，第805页。
⑥ （后晋）刘昫：《旧唐书》卷184《宦官传》，中华书局1975年版，第4754页。
⑦ （宋）王钦若等编纂：《册府元龟》卷511《邦计部·贪污》，周勋初等校订，凤凰出版社2006年版，第5811页。
⑧ （宋）司马光：《资治通鉴》卷245"文宗大和九年（835年）十月辛巳"，中华书局1956年版，第7909页。
⑨ （宋）宋敏求：《唐大诏令集》卷127《政事·诛戮下·杨收赐自尽制》，中华书局2008年版，第685页。

三、行刑方式

赐死是封建时期君主对臣下之最终礼遇，御史或宦官宣达赐死诏敕后，人犯当荷奉圣慈，领旨谢恩，此为赐死之必经程序之一。据《御史大夫王公墓志》：王铁赐死时，"奉氅缨盘水，北面拜跪而自裁"①。兴元元年（784年）八月壬寅，李希烈使阉奴与景臻等谋害颜真卿，诈云有敕赐死，"真卿再拜"②，自言无状，罪当死。

结合律令规定与司法实践，唐代官僚贵族赐死之施刑，人犯有权自尽其命。《唐律疏议》规定："若应自尽而绞、斩，应绞、斩而令自尽，亦合徒一年。"③实践中，常见自尽方式为自缢与服毒。天宝六载（747年）十一月丁酉，李林甫诬构御史中丞杨慎矜欲复兴隋室、妄说休咎，慎矜兄弟皆赐自尽。慎名"遂缢而死"，慎余"合掌指天而缢"④。光启三年（887年）三月，太子少师致仕萧遘受朱玫伪命，"赐死于永乐县"⑤。《北梦琐言》对萧遘服毒就刑的过程有详尽描摹：

> 萧遘相就河中赐毒，握之在手，自以主上旧恩，希贬降。久而毒烂其手，竟饮之而终。⑥

然而通过对百余宗唐代赐死案例的统计分析，多数情况下赐死之施

---

① （宋）李昉等编：《文苑英华》卷942《志八·职官四·御史大夫王公墓志》，中华书局1966年版，第4954页。

② （宋）司马光：《资治通鉴》卷231"德宗兴元元年（784年）八月壬寅"，中华书局1956年版，第7443页。

③ （唐）长孙无忌等：《唐律疏议》卷30《断狱》"断罪应斩而绞"，刘俊文点校，中华书局1983年版，第573—574页。

④ （后晋）刘昫：《旧唐书》卷105《杨慎矜传》，中华书局1975年版，第3228页。

⑤ （后晋）刘昫：《旧唐书》卷19下《僖宗纪》，中华书局1975年版，第727页。

⑥ （五代）孙光宪：《北梦琐言》卷6"裴郑立襄王事"，贾二强点校，中华书局2002年版，第130页。
萧遘具体处死方式《资治通鉴》与《唐大诏令集》记为集众斩杀；两《唐书》记为赐死河中永乐县，盖此案史料有不同来源，故存两说。然《北梦琐言》详述僖皇反正后，赐鸩于萧遘事，萧遘、裴澈、郑匡图处断方式有别。由此，两《唐书》言及萧遘赐死事或可信从。

行，均非人犯自尽，而由使臣或法司处决，其具体措施包括缢死、杖决、斩杀等。天宝十五载（756年）六月玄宗幸蜀，至马嵬驿诸卫顿军不进，赐杨妃自尽，《资治通鉴》明言"上乃命力士引贵妃於佛堂，缢杀之"[①]。建中四年（783年）十月，卢杞诬告检校司空崔宁与朱泚通谋，《旧唐书·德宗纪》言"赐检校司空崔宁死"[②]，实则由"中人引宁于幕后，二力士自后缢杀之"[③]。元和十三年（818年）十月，五坊使杨朝汶妄捕系人，责其息钱，转相诬引，系近千人。为中丞萧俛劾奏，朝汶赐死，"遂杖杀之。即日原免坐系者"[④]。乾宁三年（896年）五月辛巳，责授梧州司马崔昭纬赐自尽，"时昭纬行次至荆南，中使至，斩之"[⑤]。至宣宗朝，赐死制度更趋严苛，开始出现剔取人犯喉结复命的现象[⑥]。该制度经僖宗时宰臣路岩奏请，更定为"三品以上得罪诛殛，剔取喉验其已死"[⑦]，路岩本人亦于乾符元年（874年）正月自罹其祸。[⑧]

赐死人犯行刑时，不乏蒙受屈辱之例。遂使律令优崇士族之立法初衷丧失殆尽。大历十二年（777年）三月辛巳，宰臣元载赐自尽于万年县，"载请主者：'愿得快死！'主者曰：'相公须受少污辱，勿怪！'乃脱秽韈塞其口而杀之"[⑨]。天祐二年（905年）六月，朱全忠谋行篡夺，裴枢、独孤损等赐死于滑州白马驿。谋主李振累试不第，尤愤朝贵。谓朱全忠曰："此清流辈，宜

① （宋）司马光：《资治通鉴》卷218"肃宗至德元载（756年）六月丙申"条，中华书局1956年版，第6974页。

② （后晋）刘昫：《旧唐书》卷12《德宗纪上》，中华书局1975年版，第337页。

③ （后晋）刘昫：《旧唐书》卷117《崔宁传》，中华书局1975年版，第3402页。

④ （宋）王溥：《唐会要》卷52《忠谏》，上海古籍出版社2006年版，第1066—1067页。

⑤ （后晋）刘昫：《旧唐书》卷179《崔昭纬传》，中华书局1975年版，第4655页。

⑥ 大中时，京兆府参军卢谌与左补阙崔瑄争厅，下狱，言涉大不敬。谌除籍为民，投之岭表，"谌行及长乐坡，赐自尽。中使适回，遇瑄，囊出其喉曰：'补阙，此卢谌喉也。'"（宋）李昉等编：《太平广记》卷499"崔铉"条引《玉泉子》，中华书局1961年版，第4091页。

⑦ （宋）欧阳修、宋祁：《新唐书》卷184《路岩传》，中华书局1975年版，第5397页。

⑧ （宋）司马光：《资治通鉴》卷252"僖宗乾符元年（874年）正月"，中华书局1956年版，第8169页。

⑨ （宋）司马光：《资治通鉴》卷225"代宗大历十二年（777年）三月辛巳"，中华书局1956年版，第7242页。

投于黄河，永为浊流"①。全忠笑而从之。元载秽毈塞口，裴枢等投尸黄河虽属偶然现象，却从中深刻反映出唐代缙绅贵胄与吏卒士民之间不可逾越的身份隔阂。

第二节　赐死规则实质要件

一、赐死场所

赐死依令当于私宅实施，然考诸史籍，有唐一代赐死人犯得以自尽于家者，仅寥寥六例（汉王元昌、刘祎之、魏玄同、韩大敏、太平公主、杜师仁）。其他百余宗赐死案件多数并未按照律令规定施行于家。涉案人犯或因罪下狱，赐死诏敕遂直接于狱所施行。武德二年（619年），因刘武周陷太原，都水监赵文恪弃城逃遁，"赐死狱中"②。大和三年（829年）十一月，舒元舆诬奏前亳州刺史李繁擅兴捕贼，滥杀无辜，敕"于京兆府赐死"③。司法实践中，赐死内廷的现象亦较为常见。与赐死于家或狱中赐死相比，这类案件往往对审判程序大幅删削，律典尊严与缙绅礼遇皆丧失殆尽。天宝十一载（752年）四月，御史大夫王铁坐弟銲与凶人邢縡谋逆，"赐死三卫厨"④。天复三年（903年）正月，崔胤、朱全忠诛杀内官，"第五可範已下七百人并赐死于内侍省"⑤。此外，流所亦是唐代赐死人犯时常选择的地点之一。唐代流贬宗室官僚于边远安置，在人犯到达后，流所之性质即同私宅，可依律令规定赐死于兹。

---

①（五代）孙光宪：《北梦琐言》卷 15 "谋害衣冠"，贾二强点校，中华书局 2002 年版，第 297 页。

按：陆扬认为："白马驿事件本身是朱温取唐而代之的重要政治步骤，但其中也透露了中晚唐以来朝野政治文化风气所造成的权力和观念的冲突"。陆扬：《清流文化与唐帝国》，北京大学出版社 2016 年版，第 216 页。

②（后晋）刘昫：《旧唐书》卷 57《刘文静附赵文恪传》，中华书局 1975 年版，第 2297 页。

③（后晋）刘昫：《旧唐书》卷 17 上《文宗纪上》，中华书局 1975 年版，第 533 页。

④（宋）欧阳修、宋祁：《新唐书》卷 134《王铁传》，中华书局 1975 年版，第 4566 页。

⑤（后晋）刘昫：《旧唐书》卷 20 上《昭宗纪》，中华书局 1975 年版，第 775 页。

麟德元年(664年)十二月戊子,庶人忠坐与上官仪交通,赐死黔州流所。①贞元二年(786年)十二月,尚书右丞度支元琇"贬雷州司户参军。坐私入广州,赐死"②。

　　值得注意的是,自玄宗朝,左降官中路赐死现象开始大量涌现③。先天二年(713年),中书令崔湜因坐私侍太平公主,配流窦州。会有司鞫宫人元氏,元氏引湜同谋进毒,乃赐死,"其日追使至,缢于驿中"④。此后,流贬罪臣赐死于道的记载即不绝于史。开元十九年(731年)春正月壬戌,霍国公王毛仲"贬为瀼州别驾,中路赐死,党与贬黜者十数人"⑤。大历中,伎术待诏贾道冲漏泄禁中事,"赐酖于路"⑥。元和五年(810年)夏四月,昭义军节度副大使卢从史因与王承宗通谋"贬骥州司马,赐死。子继宗等并徙岭南"⑦。天宝以后,赐死犯官往往先流贬瀼州、骥州、崖州、雷州等远恶州郡,赐死作为重惩流人之升格措施,多于犯官发遣途中,选择沿途驿站施刑。开元二十五年(737年)四月乙丑,驸马都尉薛锈"长流瀼州,至蓝田驿赐死"⑧。宝应二年(763年)正月,兵部尚书来瑱"贬播州县尉员外置。翌日,赐死于鄠县,籍没其家"⑨。贞元八年(792年)四月,谏议大夫知制诰吴通玄贬泉州司马,"至华州长城驿,赐死"⑩。光化三年(900年)六月乙巳,门下侍郎平章事王抟贬崖州司户,寻赐死于蓝田驿;枢密使宋道弼流骥州、景务修流爱州,并死于灞桥驿⑪。唐代长安近郊之灞桥、蓝田等地是通往岭表荒僻区域的必经之

　　①　(宋)司马光:《资治通鉴》卷201"高宗麟德元年(664年)十二月戊子",中华书局1956年版,第6342页。

　　②　(宋)欧阳修、宋祁:《新唐书》卷149《刘晏附元琇传》,中华书局1975年版,第4798页。

　　③　陈玺:《唐代长流刑之演进与适用》,《华东政法大学学报》2013年第3期,第131—312页。

　　④　(后晋)刘昫:《旧唐书》卷74《崔仁师孙湜传》,中华书局1975年版,第2624页。

　　⑤　(后晋)刘昫:《旧唐书》卷8《玄宗纪上》,中华书局1975年版,第196页。

　　⑥　(后晋)刘昫:《旧唐书》卷187下《忠义下·贾直言传》,中华书局1975年版,第4912页。

　　⑦　(宋)欧阳修、宋祁:《新唐书》卷141《卢从史传》,中华书局1975年版,第4661页。

　　⑧　(后晋)刘昫:《旧唐书》卷9《玄宗纪下》,中华书局1975年版,第208页。

　　⑨　(后晋)刘昫:《旧唐书》卷114《来瑱传》,中华书局1975年版,第3368页。

　　⑩　(后晋)刘昫:《旧唐书》卷190下《文苑下·吴通玄传》,中华书局1975年版,第5058页。

　　⑪　(宋)司马光:《资治通鉴》卷262"昭宗光化三年(900年)六月乙巳",中华书局1956年版,第8531页。

路，由此，城东驿馆时常成为赐死犯官之首选场所。赐死方式的运行，形成了人犯量刑在文本层面与实际运行中的重大差异。官方诏敕公开宣称将人犯流贬荒远，降职安置，仍保留其士族身份。其后遣使奉诏，于驿路秘密处决。驿路赐死惯例在最大程度保全受刑人的体面与尊崇的同时，达到贯彻朝廷严惩犯官决策的真实意图。

二、临刑优崇

开元《狱官令》从人道悲悯以及优崇士族之司法理念出发，五品以上官决大辟者，"听乘车，并官给酒食，听亲故辞决，宣告犯状，皆日未后乃行刑"①。唐代司法实践则以此为基础，为赐死之宗室官僚设定诸多特权，且多有变通令文规定之处。首先，许可人犯临决饮食洗沐、料理后事。先天中，宋之问赐死于桂州驿，得诏震汗，东西步，不引决。临刑与妻子诀别，"荒悸不能处家事……饮食洗沐就死"②。天宝六载（747年）杨慎矜兄弟赐死，杨慎名"以寡姊老年，请作数行书以别之"，监刑御史颜真卿许之。后又书数条事，宅中板池鱼一皆放生③。其次，允许临刑人犯上表陈奏。贞观十九年（645年），刘洎临决"请纸笔欲有所奏，宪司不与。洎死，太宗知宪司不与纸笔，怒之，并令属吏"④。垂拱三年（687年），刘祎之"及临终，既洗沐，而神色自若，命其子执笔草谢表，其子将绝，殆不能书。监刑者促之，祎之乃自操数纸，援笔立成，词理恳至，见者无不伤痛"⑤。天宝十四载（755年）封常清赐死前亦"自草表待罪。是日临刑，讬令诚上之"⑥。咸通十年（869年）端州司马杨收临刑以弟兄沦丧将尽，上表

---

① 天一阁博物馆、中国社会科学院历史研究所天圣令整理课题组校正：《天一阁藏明钞本天圣令校正》附《唐开元狱官令复原清本》第8条，中华书局2006年版，第644页。

② （宋）欧阳修、宋祁：《新唐书》卷202《文艺中·宋之问传》，中华书局1975年版，第5751页。

③ （后晋）刘昫：《旧唐书》卷105《杨慎矜传》，中华书局1975年版，第3228页。

④ （后晋）刘昫：《旧唐书》卷74《刘洎传》，中华书局1975年版，第2612页。

⑤ （后晋）刘昫：《旧唐书》卷87《刘祎之传》，中华书局1975年版，第2848页。

⑥ （后晋）刘昫：《旧唐书》104《封常清传》，中华书局1975年版，第3210页。

请弟严奉先人之祀，监刑中使郭全穆复奏，"懿宗愍然宥严"①。再次，允许人犯书写家传墓志。前述大和三年（829年）李繁下狱，"知且死，恐先人功业泯灭，从吏求废纸掘笔，著家传十篇，传于世"②。此即后世屡见著录之《邺侯家传》，其名士风骨清楚分明。开成初，泽潞刘从谏子稹上表斥损时政，或言欧阳秬为之。秬流崖州，赐死，"临刑，色不挠，为书遍谢故人，自志墓，人皆怜之"③。汉儒贾谊曾言："廉耻礼节以治君子，故有赐死而无僇辱。是以系、缚、榜、笞、髡、刖、黥、劓之罪，不及士大夫，以其离主上不远也。"④唐代矜恤衣冠的礼遇措施虽未见于律令明确规定，然经由封建时代君臣荣辱一体精神指引，经长期司法实践运行与经验总结，获得官方与民间的普遍认同，此或可作为唐代诉讼惯例之一端。

三、奉敕安葬

据开元《狱官令》，罪囚处决后，皆许家人安葬。无人收葬者，有司于官地内给棺殡葬，上述规定对于各地死囚当一体行用。

> 诸囚死，无亲戚者，皆给棺，于官地内权殡（原注：其棺并用官物造给。若犯恶逆以上，不给棺。其官地去京七里外，量给一顷以下，拟埋诸司死囚，大理检校）。置砖铭于圹内，立牓于上，书其姓名，仍下本属，告家人令取。即流移人在路，及流、徒在役死者，亦准此。⑤

① （后晋）刘昫：《旧唐书》卷177《杨收传》，中华书局1975年版，第4600页。
② （宋）欧阳修、宋祁：《新唐书》卷139《李泌子繁传》，中华书局1975年版，第4639页。按：《郡斋读书志》又言："《相国邺侯家传》十卷。右唐李繁撰。繁，邺侯泌之子也。大和中，以罪系狱当死，恐先人功业不传，乞废纸掘笔于狱吏，以成传藁。戒其家求世闻人润色之，后竟不果。宋子京谓其辞浮侈云。"（宋）晁公武：《郡斋读书志校证》卷9《传记类》，孙猛校证，上海古籍出版社1990年版，第372页。
③ （宋）欧阳修、宋祁：《新唐书》卷203《文艺下·欧阳詹从子秬传》，中华书局1975年版，第5787页。
④ （汉）贾谊：《新书》卷2《阶级》，阎振益、钟夏校注，中华书局2000年版，第80页。
⑤ 天一阁博物馆、中国社会科学院历史研究所天圣令整理课题组校正：《天一阁藏明钞本天圣令校正》附《唐开元狱官令复原清本》第11条，中华书局2006年版，第645页。

　　凡于私宅或狱所赐死者，当据令文规定安葬。然与一般罪囚相比，唐代关于赐死人犯葬事之规定却异常严苛，犯官赐死后仅许暂厝尸骨，待朝廷恩宥或特赦后，方可正式依礼安葬。唐代收葬犯官尸骨需要承担一定政治风险，部分官员赐死后籍没其家，亲戚故旧唯恐牵连，避之尤不能及。天宝十一载（752年）王铣赐死，妻子配流，宾佐莫敢窥其门，"独采访判官裴冕收其尸葬之"①。杨国忠为裴冕眷恋故主之义举所感，特令归宅权敛之，又请令妻女送墓所，铣判官齐奇营护②，在当时皆为法外施恩之举。宝应二年（763年）正月，兵部尚书来瑱赐自尽后，籍其家，"门下客散去，掩尸于坎，校书郎殷亮独后至，哭尸侧，为备棺衾以葬"③。

　　凡赐死于监所或驿路者，只得就近权殡，非逢大赦或奉诏敕，不得随意迁葬。实践中，赐死人犯安葬之时限并无定数可言。建中四年（783年），缢杀尚书右仆射崔宁于朝堂，至贞元十二年（796年）六月，经宁故将夏绥银节度使韩潭奏请，方雪崔宁之罪，任其家收葬④，葬事竟迁延十四年。窦参于贞元九年（793年）赐死于邕州武经镇，至十二年六月壬戌，方许其家收葬⑤。大和九年（835年）八月，内官杨承和等赐死远州，至开成元年（836年）正月丁未，即敕复官爵，听其归葬⑥。由此，赐死人犯之归葬时限，受时局、政策及人事等因素影响，完全处于人主操控之下。

　　"左降官死，亦必遇赦而后归葬"⑦。安史乱后，朝廷曾十余次发布诏敕，允许左降官身亡者归葬，并责令州县量给棺椁优赏发遣。肃宗元年（761年）建辰月己未诏："流贬人所在身亡者，任其亲故收以归葬，仍州县量给棺椁发遣。"⑧长庆二年（822年）十二月册皇太子，敕"左降官及流人，并与量移，亡

　　① （宋）司马光：《资治通鉴》卷216 "玄宗天宝十一载（752年）四月"，中华书局1956年版，6912页。

　　② （后晋）刘昫：《旧唐书》卷105《王铣传》，中华书局1975年版，第3232页。

　　③ （宋）欧阳修、宋祁：《新唐书》卷144《来瑱传》，中华书局1975年版，第4701页。

　　④ （后晋）刘昫：《旧唐书》卷117《崔宁传》，中华书局1975年版，第3402页。

　　⑤ （后晋）刘昫：《旧唐书》卷13《德宗纪下》，中华书局1975年版，第383页。

　　⑥ （后晋）刘昫：《旧唐书》卷17下《文宗纪下》，中华书局1975年版，第564页。

　　⑦ （清）何焯：《义门读书记》卷33《昌黎集碑志杂文》，崔高维点校，中华书局1987年版，第580页。

　　⑧ （宋）王钦若等编纂：《册府元龟》卷87《帝王部·赦宥第六》，周勋初等校订，凤凰出版社2006年版，第970页。

殁者任归葬。"①天祐元年(904年)闰四月甲辰又敕左降官"如所在亡殁者,便许归葬"②。上述诏敕并未对流贬犯官的死亡原因作出具体规定,在特定时限内,对自然亡故或奉旨赐死者当一体适用。上述举措对于化解政治积怨、安抚丧属、延揽人心具有重要意义。实践中,确有于敕文发布后归葬赐死犯官之例证:据《唐故朝散大夫商州刺史除名徙封州董府君墓志铭》元和六年(811年)五月,董溪因赃贿赐死潭州,次年七月立遂王宥为太子大赦天下③,"许归葬,其子居中始奉丧归,元和八年(813年)十一月甲寅,葬于河南河南县万安山下太师墓左,夫人郑氏祔"④。

第三节　唐代赐死涉案罪名

一、十恶重罪

(一)谋反

谋反谓"危谋社稷",宗室因此罪赐死者,多作为绞、斩之减等。贞观十七年(643年)夏四月,汉王元昌阴附太子承乾欲图反逆,帝弗忍诛,欲免其死。"高士廉、李勣等固争不奉诏,乃赐死,国除"⑤。上元二年(761年)四月乙卯,宗

---

①　(宋)宋敏求:《唐大诏令集》卷29《皇太子·册太子敕·长庆二年册皇太子德音》,中华书局2008年版,第106页。

②　(宋)王钦若等编纂:《册府元龟》卷91《帝王部·赦宥第十》,周勋初等校订,凤凰出版社2006年版,第1009页。

③　(宋)宋敏求:《唐大诏令集》卷29《皇太子·册太子敕·元和七年册皇太子敕》,中华书局2008年版,第105页。

④　(唐)韩愈:《韩昌黎文集校注》卷6《碑志·唐故朝散大夫商州刺史除名徙封州董府君墓志铭》,马其昶校注,上海古籍出版社1986年版,第443页。

⑤　(宋)欧阳修、宋祁:《新唐书》卷79《高祖诸子·汉王元昌传》,中华书局1975年版,第3549页。

据西安碑林博物馆藏《唐故元昌墓志》:"贞观十七年四月六日赐死于私第,春秋廿有五。诏以国公礼葬焉。粤以其年岁次癸卯十月丁未朔十五日辛酉窆于雍州之高阳原。"录文见樊波、举纲:《新见唐〈李元昌墓志〉考略》,《考古与文物》2006年第1期。

正员外卿嗣岐王珍"与蔚州镇将朱融善，融尝言珍似上皇，因有阴谋"，肃宗"以其可讳，不忍加刑"①，免为庶人，于溱州安置，后赐死。臣僚谋反赐死者，若先天二年(713年)七月，太子少保薛稷预知窦怀贞逆谋，"赐死于万年狱"②。大历十四年(779年)五月丙申，兵部侍郎黎幹、宦者特进刘忠翼阴谋东宫事觉，"幹、忠翼并除名长流，至蓝田，赐死"③。建中二年(781年)冬十月乙未，尚书左仆射杨炎于曲江南立私庙，飞语云地有王气，"贬崖州司马同正。未至百里，赐死"④。

(二)谋叛

据《唐律疏议》："诸谋叛者，绞。已上道者皆斩。"⑤安史乱后，朝廷数度离乱播迁，官僚没陷贼廷署授伪职者，均以谋叛已行论处。然基于身份因素之考量，谋叛官僚之行刑多存宽宥。至德二载(757年)十二月，太子太师陈希烈掌安禄山机衡，肃宗以明皇素所遇，"于大理寺狱赐自尽"⑥。臣

---

① (宋)宋敏求：《唐大诏令集》卷39《诸王·降黜·嗣岐王珍免为庶人制》，中华书局2008年版，第180页。《唐大诏令集》言李珍"宜免为庶人，仍于溱州安置。"则《新唐书》所言赐死事，必在贬斥后。《旧唐书》卷10《肃宗纪》言嗣岐王得罪安置事在肃宗上元二年(761年)四月乙亥朔，武秀成据《资治通鉴》订正为四月乙卯朔。见詹宗祐：《点校本两唐书校勘汇释》，中华书局2012年版，第81—82页。

② (宋)司马光：《资治通鉴》卷210"玄宗先天二年(713年)七月甲子"，中华书局1956年版，第6684页。

③ (宋)司马光：《资治通鉴》卷225"代宗大历十四年(779年)五月丙申"，中华书局1956年版，第7260页。

④ (宋)欧阳修、宋祁：《新唐书》卷145《杨炎传》，中华书局1975年版，第4726页。

⑤ (唐)长孙无忌等：《唐律疏议》卷17《贼盗》"谋叛"，刘俊文点校，中华书局1983年版，第325页。

⑥ (后晋)刘昫：《旧唐书》卷50《刑法志》，中华书局1975年版，第2152页。

两《唐书》本传皆言陈希烈赐死于家，然据两《唐书·刑法志》及《资治通鉴》载，陈希烈等与张垍、达奚珣同掌贼之机衡，六等定罪，陈希烈、张垍、郭纳、独孤朗等七人于大理寺狱赐自尽。至德二年受审伪官，时皆系于狱，无赐死于家之理，当从《刑法志》与《通鉴》所述。又据《大唐故左相兼兵部尚书集贤院弘文馆学士崇玄馆大学士上柱国许国公陈府君(希烈)墓志》，陈希烈尸骸至永泰三年七月与妻王氏合祔[吴钢主编：《全唐文补遗》(第7辑)，三秦出版社1998年版，第393页]。然永泰二年十一月甲子，即改元大历，墓志纪时或误。

僚背国从伪，叛逃番邦者，以谋叛拟断。如贞元七年（791年）十月，汾阳王郭子仪孙丰州刺史郭钢叛走吐蕃，德宗感念尚父"翼载肆勤，安固邦国"[①]，召至京赐自尽。

（三）大不敬

据《唐律疏议》：指斥乘舆情理切害、对捍制使而无人臣之礼等情形皆属"大不敬"。前述垂拱三年（687年）刘祎之以"拒捍制使，乃赐死于家"[②]。大历二年（767年）八月壬寅，太常卿驸马都尉姜庆初等修植建陵误坏连冈，比照"御幸舟船误不牢固"条，"下吏论不恭，赐死"[③]。因言辞不逊赐死者，史籍之中可拣得数条：贞观十九年（645年）十二月庚申，侍中刘洎因谋执朝衡，猜忌大臣，言涉不顺，赐自尽[④]。垂拱二年（686年）十月，给事中魏叔璘"窃语庆山"[⑤]，赐死。开元十九年（731年）正月，霍国公王毛仲以不忠怨望，中路赐死[⑥]。广德元年（763年）九月，丰王珙"有不逊语；群臣奏请诛之，乃赐死"[⑦]。大历五年（770年）九月辛未刘希暹以鱼朝恩死常自疑，恶言不逊，赐死[⑧]。大中时，京兆府参军卢谌与左补阙崔瑄争厅下狱，以"言

① （宋）王钦若等编纂：《册府元龟》卷134《帝王部·念功》，周勋初等校订，凤凰出版社2006年版，第1485页。

② （后晋）刘昫：《旧唐书》卷87《刘祎之传》，中华书局1975年版，第2848页。

③ （宋）欧阳修、宋祁：《新唐书》卷91《姜皎子庆初传》，中华书局1975年版，第3794页。

④ （宋）宋敏求：《唐大诏令集》卷126《政事·诛戮上·刘洎赐自尽诏》，中华书局2008年版，第678页。

⑤ （宋）宋敏求：《长安志》卷15《县五·临潼》，（清）毕沅校正，成文出版有限公司1970年版（中国地方志丛书本），第355页。《新唐书》卷4《则天皇后本纪》云垂拱二年（686年）"十月己巳，有山出于新丰县，改新丰为庆山"。《新唐书》卷58《艺文志》："韦述《两京新记》五卷，《两京道里记》三卷。"《雍录》卷4"兴庆池"条引作《两京道里志》。见程大昌：《雍录》，黄永年点校，中华书局2002年版，第81页。

⑥ （宋）司马光：《资治通鉴》卷213"玄宗开元十九年（731年）正月壬午"，中华书局1956年版，第6793页。

⑦ （宋）司马光：《资治通鉴》卷223"代宗广德元年（763年）九月"，中华书局1956年版，第7151页。

⑧ （宋）司马光：《资治通鉴》卷224"代宗大历五年（770年）九月辛未"，中华书局1956年版，第7215页。

涉大不敬，除籍为民，投之岭表。行至洛源驿，赐死"①。因进谏语失赐死者，如广明元年(880年)二月左拾遗侯昌业上疏极言时病，"上大怒，召昌业至内侍省，赐死"②。光启元年(885年)七月乙巳，又有右补阙常濬以僖宗姑息藩镇上疏极谏，"贬濬万州司户，寻赐死"③。

(四)不道

"杀一家非死罪三人，及支解人、造畜蛊毒厌魅"者，因安忍残贼背违正道，故谓"不道"。唐代因此三款"不道"行为赐死者皆有证可查，大历四年(769年)七月癸未，皇姨弟薛华因酒色忿怒，手刃三人。弃尸井中，"事发系狱，赐自尽"④。此为杀非死罪三人之例。元和八年(813年)二月，太常丞于敏因贿赂梁正言以求出镇未果，肢解其家僮弃溷中，事发"敏窜雷州，至商山赐死"⑤。此为肢解人之例。开元十二年(724年)秋七月，王皇后兄太子少保守一以后无子为厌胜事，后废为庶人，移别室安置。"贬守一潭州别驾，中路赐死"⑥。此则为造畜蛊毒厌魅之例。

二、经济犯罪

"在律，'正赃'唯有六色"⑦。唐律将强盗、窃盗、枉法、不枉法、受所监临，及坐赃界定为"六赃"。据《名例律》"平赃及平功庸"条规定：

①（唐）裴庭裕：《东观奏记》卷中"卢谌与崔瑄长亭争厅"，田廷柱点校，中华书局1994年版，第111页。

②（宋）司马光：《资治通鉴》卷253"僖宗广明元年(880年)二月"，中华书局1956年版，第8220页。

③（宋）司马光：《资治通鉴》卷256"僖宗光启元年(885年)七月乙巳"，中华书局1956年版，第8323页。

④（后晋）刘昫：《旧唐书》卷11《代宗纪》，中华书局1975年版，第294页。

⑤（宋）欧阳修、宋祁：《新唐书》卷172《于頔传》，中华书局1975年版，第5200页。

⑥（宋）司马光：《资治通鉴》卷212"玄宗开元十二年(724年)秋七月"，中华书局1956年版，第6761页。

⑦（唐）长孙无忌等：《唐律疏议》卷4《名例》"以赃入罪"，刘俊文点校，中华书局1983年版，第88页。

"诸平赃者，皆据犯处当时物价及上绢估"①。即犯罪赃物依照犯罪所在地当时的上等绢折价计算其数额。唐代司法实践中因赃赐死者，主要集中于下述四类。

（一）监临主司因事受财

"监临主司，谓统摄案验及行案主典之类"，即负有统领、主管职责之官吏利用职务之便，接受当事人的财物的行为，即今所言受贿行为。贞元八年（792年），窦参以中书侍郎同中书门下平章事，任族子窦申为给事中，窦参选拔官吏多咨于窦申，申遂得以漏禁密语，延揽贿赂。九年（793年）三月赃秽事发，参初贬彬州别驾，再贬郴州司马，"未至郴州，赐死于邕州武经镇"②。元和元年（806年）九月辛丑，中书史滑涣通于内枢密刘光琦，通四方赂，"贬涣雷州司户，寻赐死；籍没，家财凡数千万"③。元和六年（811年）十一月，"弓箭库使刘希光受羽林大将军孙璹钱二万缗，为求方镇，事觉，赐死"④。

（二）监临主守盗

《唐律疏议·贼盗律》"诸监临主守自盗及盗所监临财物者，加凡盗二等，三十匹绞"。疏议又云："假如左藏库物，则太府卿、丞为监临，左藏令、丞为监事，见守库者为主守，而自盗库物者，为'监临主守自盗'。"由此，坚守盗即仅利用职务之便，将公共财产据为己有之贪污行为。开元二十年（732年）六月庚寅，幽州长史赵含章坐盗用库物，左监门员外将军杨元方受含章馈饷，"并于朝堂决杖，流瀼州，皆赐死于路"⑤。赵含

①　（唐）长孙无忌等：《唐律疏议》卷4《名例》"平赃及平功庸"，刘俊文点校，中华书局1983年版，第91页。

②　（后晋）刘昫：《旧唐书》卷136《窦参传》，中华书局1975年版，第3748页。

③　（宋）司马光：《资治通鉴》卷237"宪宗元和元年（806年）九月辛丑"，中华书局1956年版，第7635页。

④　（宋）司马光：《资治通鉴》卷238"宪宗元和六年（811年）十一月"，中华书局1956年版，第7686页。

⑤　（宋）王钦若等编纂：《册府元龟》卷152《帝王部·明罚》，周勋初等校订，凤凰出版社2006年版，第1702页。

章盗用官物，属监守自盗；复私馈于杨元方，当依"有事以财行求"条^①。以行贿处置。含章二赃罪并发，当依《唐律》"以赃致罪，频犯者并累科"^②原则，累赃倍论。此外，亦有监临主司"盗所监临财物"赐死之例，开成元年(836年)二月丙申，"泾原节度使朱叔夜坐侵牟士卒，赃数万，家畜兵器，罢为左武卫大将军"^③，后赐死于蓝田关。

(三) 坐赃

"坐赃者，谓非监临主司，因事受财，而罪由此赃，故名'坐赃致罪'"^④。人犯贪赃数额巨万者，当处极刑。麟德元年(664年)四月丙午，"魏州刺史郇公孝协坐赃，赐死"^⑤。宝应元年(762年)，思州长史李鼎坐赃，贬为思州长史，"赐死于路"^⑥。李孝协与李鼎坐赃数额、情节因史料阙载，未可详知。元和六年(811年)前行营粮料使于皋蕡，董谿坐赃赐死案，为厘清唐代坐赃赐死制度提供了重要参考。据《册府元龟》卷五百十一《邦计部·贪污》：于皋蕡"坐犯诸色赃计钱四千二百贯，并前粮料使董谿犯诸色赃计四千三百贯，又于正额供军市籴钱物数内抽充羡余，公廨诸色给用计钱四万一千三百贯"^⑦。于董二犯除坐赃外，又有侵吞官物行为，当依前述坚守盗处置。

---

① (唐)长孙无忌等：《唐律疏议》卷 11《职制》"有事以赃行求"，刘俊文点校，中华书局 1983 年版，第 220 页。

② (唐)长孙无忌等：《唐律疏议》卷 6《名例》"二罪从重"，刘俊文点校，中华书局 1983 年版，第 124 页。

③ (宋)欧阳修、宋祁：《新唐书》卷164《殷侑传》，中华书局 1975 年版，第 5054 页。

④ (唐)长孙无忌等：《唐律疏议》卷 26《杂律》"坐赃致罪"，刘俊文点校，中华书局 1983 年版，第 479 页。

⑤ (宋)司马光：《资治通鉴》卷 201"高宗麟德元年(664 年)四月丙午"，中华书局 1956 年版，第 6339 页。

⑥ (宋)王钦若等编纂：《册府元龟》卷 700《牧守部·贪黩》，周勋初等校订，凤凰出版社 2006 年版，第 8088 页。中华书局影印明本《册府元龟》原作宝庆六年，据《宋本册府元龟》更正为"宝应"(见《宋本册府元龟》卷 700《牧守部·贪黩》，中华书局 1989 年版，第 2474 页)。然宝应年号仅二年，周勋初校订本《册府元龟》疑"六年"为"元年"之误。见校订本《册府元龟》卷 700《牧守部·贪黩》，凤凰出版社 2008 年版，第 8092 页。

⑦ (宋)王钦若等编纂：《册府元龟》卷 511《邦计部·贪污》，周勋初等校订，凤凰出版社 2006 年版，第 5811 页。

因其"尝列班行，皆承门序"，皋薈、谿行至潭州，并专遣中使赐死。至大和八年（834年）九月已未，又有随州刺史杜师仁"坐赃计绢三万匹，赐死于家"[1]。

三、其他犯罪

（一）交通

中唐以后，内外朋比，蠹害甚深。广德元年（763年）九月甲午，秘书监韩颖、中书舍人刘烜坐狎昵李辅国，"配流岭表，寻赐死"[2]。永贞元年（805年）八月壬寅，王叔文因擅权专制，交接朋党，贬渝州司户，"明年，赐叔文死"[3]。元和五年（810年）夏四月，泽潞节度使卢从史坐与镇州王承宗通谋，"贬骧州，赐死于康州"[4]。上述三例皆为朝廷清算旧恶，抑制结党之举。而对于内外交接者，亦常以赐死处置。大和九年（835年）八月丙子，李宗闵托驸马都尉沈仪厚赂女学士宋若宪求执政，事发，"幽若宪外第，赐死，家属徙岭南"[5]。此案又因涉及内廷宦官杨承和、韦元素、王践言，三人分于权州、象州、恩州安置，寻遣使追赐死[6]。乾宁三年（896年）五月辛巳，责授梧州司马崔昭纬亦因"内结中人，外连藩阃"[7]，赐自尽。

---

① （后晋）刘昫：《旧唐书》卷17下《文宗纪下》，中华书局1975年版，第555页。

② （后晋）刘昫：《旧唐书》卷11《代宗纪》，中华书局1975年版，第270页。

③ （宋）司马光：《资治通鉴》卷236"顺宗永贞元年（805年）八月壬寅"，中华书局1956年版，第7619页。

④ （宋）李昉等编：《太平广记》卷346"李湘"条引《续玄怪录》，中华书局1961年版，第2740页。

今本《续玄怪录》文字略异："卢公元和初以左仆射节制泽潞，因镇阳拒命，迹涉不臣，为中官骠骑将军吐突承璀所构，缚送京师。以反状未明，左迁骧州司马。既而逆迹尽露，赐死于康州。"（唐）李复言编：《续玄怪录》卷2"卢仆射从史"，程毅中点校，中华书局1982年版，第148页。

⑤ （宋）欧阳修、宋祁：《新唐书》卷77《后妃下·尚宫宋若昭传》，中华书局1975年版，第3508—3509页。

⑥ （宋）司马光：《资治通鉴》卷245"文宗大和九年（835年）八月丙申"，中华书局1956年版，第7906—7907页。

⑦ （后晋）刘昫：《旧唐书》卷179《崔昭纬传》，中华书局1975年版，第4654页。

（二）杀人

"诸谋杀人者，徒三年；已伤者，绞；已杀者，斩"[①]。郧国公主子尚衣奉御薛诹与其党李谈、崔洽、石如山"同于京城杀人，或利其财，或违其志，即白日椎杀，煮而食之"[②]。开元二十七年（739 年）夏事发，诹以国亲流瀼州，赐死于城东驿。大历四年（769 年）正月，宗室颍州刺史李岵杀本道节度判官姚奭。据《唐六典》：刺史掌清肃邦畿，考覈官吏。"善恶殊尤者，随即奏闻"[③]。然于辖内官吏并无专杀之权，"法司以议亲，宜赐自尽"[④]。德宗朝，有刘士幹、乐士朝二人皆为宣武节度刘玄佐养子，玄佐薨，或云为士朝所酖。贞元八年（792 年）五月癸未，士幹以奴持刀伏于丧位，诱而杀之，士幹坐是赐死[⑤]。《唐律》规定："元谋屠杀，其计已成，身虽不行，仍为首罪，合斩。"[⑥]此案刘士幹首谋杀人，依律当斩，因曾官太仆少卿例减，故赐自尽。

（三）军事犯罪

"大事在于军戎，设法须为重防"。据《唐律疏议·擅兴律》"主将守城弃去"条："诸主将守城，为贼所攻，不固守而弃去及守备不设，为贼所掩覆者，斩。若连接寇贼，被遣斥候，不觉贼来者，徒三年；以故致有覆败者，亦斩。"[⑦]武德二年（619 年），太原为刘武周所陷，新兴郡公文恪因弃城遁去，"赐死狱中"[⑧]。天宝十四载（公元 755 年）十二月封常清、高仙芝败绩，玄宗

---

① （唐）长孙无忌等：《唐律疏议》卷 17《贼盗》"谋杀人"，刘俊文点校，中华书局 1983 年版，第 329 页。

② （后晋）刘昫：《旧唐书》卷 9《玄宗纪下》，中华书局 1975 年版，第 211 页。

③ （宋）李林甫等：《唐六典》卷 30《三府都护州县官吏》，陈仲夫点校，中华书局 1992 年版，第 747 页。

④ （后晋）刘昫：《旧唐书》卷 11《代宗纪》，中华书局 1975 年版，第 291 页。

⑤ （宋）王钦若等编纂：《册府元龟》卷 896《总录部·复仇》，周勋初等校订，凤凰出版社 2006 年版，第 10411 页。

⑥ （唐）长孙无忌等：《唐律疏议》卷 17《贼盗》"谋杀人"，刘俊文点校，中华书局 1983 年版，第 329 页。

⑦ （唐）长孙无忌等：《唐律疏议》卷 16《擅兴》"主将守城弃去"条，刘俊文点校，中华书局 1983 年版，第 307 页。

⑧ （后晋）刘昫：《旧唐书》卷 57《刘文静附赵文恪传》，中华书局 1975 年版，第 2297 页。

遣内宦边令诚赍敕至军，"赐死于陕州"①。咸通十年(869 年)十月庞勋以兵劫乌江，和州刺史崔雍不能抗，遣人持牛酒劳之，雍以"开门延贼"②获罪，懿宗"差内养孟公度专往宣州，赐自尽"③。

此外，尚有禽兽行(永嘉王晫)④、妖妄(申大芝)⑤、漏泄(贾道冲)⑥、诬告(吴通玄)⑦、矫诏(顾师邕)⑧、诈伪(萧洪、萧本)⑨、苛政(蔡京)⑩诸多罪名与赐死相涉，因篇幅所限，概不逐一论及(表 18-1)。

表 18-1　唐代赐死案例简表

	案发时间	事主	罪名	处置	资料来源
高祖	武德二年	都水监封新兴郡公赵文恪	太原为刘武周所陷，文恪遂弃城遁去	赐死狱中	《旧唐书》卷 57；《新唐书》卷 88
	武德五年三月	葛国公拜武卫将军盛彦师	朝廷以义满之死为彦师罪	赐死	《资治通鉴》卷 190；《旧唐书》卷 69；《新唐书》卷 94
太宗	贞观元年夏四月癸巳	长乐郡王幼良	阴养死士，交通境外，恐谋为反	遣侍御史孙伏伽鞫视，无异辞，遂赐死(缢杀)	《新唐书》卷 78；《旧唐书》卷 60；《资治通鉴》卷 192

① (唐)殷亮：《颜鲁公行状》，(唐)颜真卿：《颜鲁公集》，上海古籍出版社 1992 年版，第 124 页。

② (宋)司马光：《资治通鉴》卷251"懿宗咸通十年(869年)十月"，中华书局1956年版，第8150页。

③ (后晋)刘昫：《旧唐书》卷 19 上《懿宗纪》，中华书局 1975 年版，第 669 页。

④ (后晋)刘昫：《旧唐书》卷 64《高祖诸子·江王元祥传》，中华书局 1975 年版，第 2436 页。

⑤ (后晋)刘昫：《旧唐书》卷 52《后妃下·肃宗张皇后传》，中华书局 1975 年版，第 2186 页。

⑥ (宋)李昉等：《太平御览》卷 414《人事部·孝下》，中华书局 1960 年版，第 1912 页。

⑦ (后晋)刘昫：《旧唐书》卷 190 下《文苑下·吴通玄传》，中华书局 1975 年版，第 5058 页。

⑧ (宋)欧阳修、宋祁：《新唐书》卷 179《王璠附顾师邕传》，中华书局 1975 年版，第 5325 页。

⑨ (后晋)刘昫：《旧唐书》卷 52《后妃下·穆宗贞献皇后萧氏》，中华书局 1975 年版，第 2201 页。

⑩ (宋)司马光：《资治通鉴》卷 250"懿宗咸通三年(862 年)八月"，中华书局 1956 年版，第 8100—8101 页。

续表

	案发时间	事主	罪名	处置	资料来源
太宗	贞观十七年三月乙丑	齐州都督齐王祐	据齐州自守谋反	赐死于内侍省	《旧唐书》卷 3；《新唐书》卷 2；《资治通鉴》卷 196
	贞观十七年夏四月	梁州都督汉王元昌	阴附太子承乾，欲图反逆	赐元昌自尽于家	《旧唐书》卷 64；《旧唐书》卷 76；《新唐书》卷 79；《资治通鉴》卷 197
	贞观十九年十二月庚申	侍中清苑男刘洎	褚遂良诬告其言涉不顺	赐死	《旧唐书》卷 3；《旧唐书》卷 74；《新唐书》卷 99；《唐大诏令集》卷 126；《唐会要》卷 43；《资治通鉴》卷 198
高宗	永徽四年二月乙酉	秦州刺史荆王元景、安州刺史吴王恪、巴陵、高阳公主	谋反	并赐死	《旧唐书》卷 4；《旧唐书》卷 53；《旧唐书》卷 64；《新唐书》卷 83；《资治通鉴》卷 199；《册府元龟》卷 152；《册府元龟》卷 284
	麟德元年四月丙午	魏州刺史郇公孝协	坐赃	赐死	《旧唐书》卷 60；《新唐书》卷 78；《资治通鉴》卷 201；《册府元龟》卷 58
	麟德元年十二月戊子	庶人忠	坐与上官仪交通	赐死	《旧唐书》卷 4；《旧唐书》卷 86；《新唐书》卷 81；《资治通鉴》卷 201
	永隆中	永嘉王晔	禽兽行	赐死	《旧唐书》卷 64；《新唐书》卷 79
	永淳元年七月	曹王明	不明	黔州都督谢祐吓云则天赐自尽，更无别敕，王怖而缢死。景云中，方迁葬昭陵	《朝野佥载》卷 2；《旧唐书》卷 76；《新唐书》卷 80；《资治通鉴》卷 203
武后	垂拱二年十月	给事中魏叔璘	窃语庆山	赐死	《长安志》卷 15；《雍录》卷 4 引《两京道里记》

续表

案发时间		事主	罪名	处置	资料来源
武后	垂拱三年四月庚午	凤阁侍郎同凤阁鸾台三品刘祎之	拒捍制使	赐死于家	《旧唐书》卷6；《旧唐书》卷87；《新唐书》卷117；《资治通鉴》卷204
	永昌元年闰九月甲午	纳言魏玄同	周兴诬玄同言太后老，宜复皇嗣	赐死于家	《旧唐书》卷6；《旧唐书》卷87；《新唐书》卷117；《资治通鉴》卷204
	载初二年十月己酉	文昌左相岑长倩五子	来俊臣诬告与格辅元等谋反	岑长倩斩于市，五子同赐死	《旧唐书》卷6；《新唐书》卷4；《新唐书》卷102；《资治通鉴》卷204
	长寿二年	广州三百余流人	万国俊诬奏有怨望	赐死	《旧唐书》卷86上；《资治通鉴》卷205
	则天初	凤阁舍人韩大敏	坐推梁州都督李行褒反失情	赐死于家	《旧唐书》卷89；《新唐书》卷126
	则天朝	广州都督冯元常	周兴所陷	赐自尽于狱	《朝野佥载》卷6；《旧唐书》卷185上；《新唐书》卷112
玄宗	先天二年七月	太子少保薛稷	窦怀贞构逆，稷以知其谋	赐死万年狱	《旧唐书》卷73；《新唐书》卷98；《资治通鉴》卷210
	先天二年七月	太平公主	反逆	赐死于家	《旧唐书》卷183；《新唐书》卷83；《资治通鉴》卷210
	先天二年	中书令崔湜	宫人元氏款称与湜曾密谋进酖	敕使追及荆州赐死(缢于驿中)	《旧唐书》卷74；《新唐书》卷99；《资治通鉴》卷210；《朝野佥载》卷3
	先天中	周利贞①、薛季昶、宋之问	不明	同赐死于桂州驿	《旧唐书》卷186下；《旧唐书》卷190中；《新唐书》卷202
	开元十二年秋七月	后兄太子少保王守一	厌诅左道	贬守一潭州别驾，中路赐死	《旧唐书》卷8；《旧唐书》卷183；《新唐书》卷76；《新唐书》卷206；《资治通鉴》卷212；《册府元龟》卷307

① 《唐故正议大夫上柱国巢县开国男邑府长史周府君(利贞)墓志铭并序》言周利贞死于开元七年(719年)闰七月廿六日，于次年十月十八安葬。与史籍记载相差较远。对于赐死一事亦讳之不言。见吴钢主编：《全唐文补遗》(第1辑)，三秦出版社1995年版，第103页。

	案发时间	事主	罪名	处置	资料来源
玄宗	开元十九年春正月壬戌	开府仪同三司霍国公王毛仲	不忠怨望	贬为瀼州别驾，中路赐死	《旧唐书》卷8；《旧唐书》卷99；《资治通鉴》卷213
	开元二十年六月庚寅	幽州长史赵含章、左监门员外将军杨元方	赵含章坐盗用库物，杨元方受含章馈饷	并于朝堂决杖，流瀼州，皆赐死于路	《旧唐书》卷8；《资治通鉴》卷213；《册府元龟》卷152
	开元二十五年四月	驸马都尉薛锈	杨洄诬奏潜构异谋	长流瀼州，至蓝田驿赐死	《旧唐书》卷9；《旧唐书》卷107
	开元二十五年四月	太子瑛、鄂王瑶、光王琚	杨洄诬奏潜构异谋	废为庶人，寻赐死城东驿	《新唐书》卷82；《资治通鉴》卷214
	开元二十七年五月	尚衣奉御薛诶	杀人事泄	长流瀼州，赐死于城东驿	《旧唐书》卷9；《册府元龟》卷306；《册府元龟》卷307
	天宝元年	侍御史姚闳	逼牛仙客作遗表荐官	赐死	《旧唐书》卷103；《册府元龟》卷922
	天宝五载十二月	赞善大夫杜有邻	柳勣飞书告有邻妄称图谶交构东宫指斥乘舆	捕送诏狱，赐死（杖死）	《旧唐书》卷9；《旧唐书》卷106；《新唐书》卷223上
	天宝六载春正月	播川太守皇甫惟明、括苍太守韦坚及弟兰、芝	为李林甫诬构私见太子，意图不轨	分遣御史分即贬所，并赐死	《旧唐书》卷9；《旧唐书》卷52；《旧唐书》卷106；《资治通鉴》卷215；《册府元龟》卷925；《册府元龟》卷339
	天宝六载十一月丁酉	御史中丞杨慎矜及兄少府少监慎余、洛阳令慎名	李林甫诬构其欲复兴隋室、妄说休咎等	赐自尽	《旧唐书》卷105；《旧唐书》卷286下；《新唐书》卷209；《资治通鉴》卷215；《册府元龟》卷951
	天宝十一载四月	御史大夫兼京兆尹王鉷	坐弟铦与凶人邢縡谋逆	赐死于三卫厨	《旧唐书》卷9；《旧唐书》卷105；《新唐书》卷134；《资治通鉴》卷216
	天宝十四载十一月丙子	太仆卿安庆宗妻康氏、荣义郡主	安禄山谋反	赐自尽	《新唐书》卷225上；《资治通鉴》卷217；《册府元龟》卷616
	天宝十四载十二月	封常清、高仙芝	败绩及监军边令诚诬奏	赐死（斩杀）	《旧唐书》卷9；《旧唐书》卷104；《新唐书》卷5
	天宝十五载三月	工部尚书安思顺及弟元贞	哥舒翰诬陷思顺通谋安禄山	皆赐死	《旧唐书》卷9；《旧唐书》卷104；《新唐书》卷5；《新唐书》卷135；《资治通鉴》卷217

续表

	案发时间	事主	罪名	处置	资料来源
玄宗	天宝十五载六月丁酉	贵妃杨氏	诸卫顿军不进	赐死(缢杀于佛堂)	《旧唐书》卷9；《新唐书》卷5；《新唐书》卷118；《资治通鉴》卷218
肃宗	至德二载正月	建宁郡王俅	张良娣、李辅国诬陷恨不得为元帅，谋害广平王	赐死	《旧唐书》卷116；《新唐书》卷82；《资治通鉴》卷219；《册府元龟》卷296
	至德二载十二月	太子太师陈希烈	掌安禄山机衡	于大理寺狱赐自尽	《旧唐书》卷10；《旧唐书》卷50；《旧唐书》卷97；《新唐书》卷223上；《资治通鉴》卷212
	上元初	潭州刺史庞承鼎	李辅国谮承鼎陷妖人申泰芝	赐死	《旧唐书》卷185下；《新唐书》卷140；《新唐书》卷145
	上元二年四月乙卯	嗣岐王珍	蔚州镇将朱融言珍似上皇，因有阴谋	诏废珍为庶人，赐死	《旧唐书》卷95；《新唐书》卷81；《唐大诏令集》卷39；《资治通鉴》卷222
	上元二年四月	驸马都尉杨洄、薛履谦	预嗣岐王珍逆谋	赐自尽	《旧唐书》卷10；《旧唐书》卷95；《旧唐书》卷186下
代宗	宝应元年四月	山人申大芝	妖妄	赐死	《旧唐书》卷52
	宝应元年七月	前襄州刺史裴茙	诬构忠良，妄兴兵甲，擅为费用	除名长流费州。至蓝田驿，赐自尽	《旧唐书》卷11；《旧唐书》卷114；《新唐书》卷144
	宝应元年七月	道州刺史敬羽	不明	赐自尽	《旧唐书》卷11；《旧唐书》卷186下；《新唐书》卷209；《唐会要》卷41
	宝应元年	思州长史李鼎	贪赃	赐死于路	《册府元龟》卷700
	宝应二年正月壬寅	上柱国、颖国公、兵部尚书来瑱	程元振诬告言涉不顺，及王仲昇证与贼合	贬播州县尉员外置，翌日，赐死于鄠县，籍没其家	《旧唐书》卷11；《旧唐书》卷114；《新唐书》卷144；《资治通鉴》卷222
	广德元年九月	丰王琪	言不逊	赐死	《旧唐书》卷107；《唐会要》卷5；《资治通鉴》卷223
	广德元年九月甲午	祕书监韩颖、中书舍人刘烜	坐狎昵李辅国	配流岭表，寻赐死	《旧唐书》卷11；《新唐书》卷208

续表

	案发时间	事主	罪名	处置	资料来源
代宗	大历中	伎术待诏贾道冲	漏泄禁中事	赐酖于路	《旧唐书》卷187下；《新唐书》卷193
	大历二年八月壬寅	太常卿驸马都尉姜庆初、史忠烈、王臣子	修植建陵误坏连冈	赐自尽	《旧唐书》卷11；《新唐书》卷6；《新唐书》卷91；《册府元龟》卷925
	大历四年正月	宗室颍州刺史李岵	专杀（杀本道节度判官姚奭及奭之弟）	配流夷州，后赐自尽	《旧唐书》卷11；《资治通鉴》卷224；《册府元龟》卷152；《唐大诏令集》卷126
	大历四年七月癸未	皇姨弟薛华	因酒色，忿怒手刃三人。弃尸井中	系于京兆府。忌前一日，赐自尽	《旧唐书》卷11；《册府元龟》卷58
	大历五年九月辛未	武将刘希暹	鱼朝恩死故常自疑，有不逊语	赐死	《旧唐书》卷184；《新唐书》卷207；《资治通鉴》卷224
	大历十二年三月辛巳	中书侍郎平章事元载	长恶不悛，赃贿专擅	赐自尽	《旧唐书》卷11；《旧唐书》卷118；《新唐书》卷145；《资治通鉴》卷225
	大历十二年三月	元载妻王氏、长子伯和、次子仲武、季能	因元载狱从坐	并赐死	《旧唐书》卷118；《新唐书》卷145；《唐语林》卷5
德宗	大历十四年闰五月丙申	兵部侍郎黎幹、宦者特进刘忠翼	阴谋东宫事觉	除名长流，至蓝田赐死	《旧唐书》卷12；《旧唐书》卷118；《新唐书》卷145《资治通鉴》卷225；《册府元龟》卷153
	建中元年七月己丑	忠州刺史刘晏	荆南节度使庾准希诬奏刘晏与朱泚书，求营救，辞多怨望	赐自尽（密遣中使，就忠州缢杀之）	《旧唐书》卷12；《旧唐书》卷118；《资治通鉴》卷226；《新唐书》卷149
	建中二年冬十月	尚书左仆射杨炎	于曲江南立私庙，飞语云地有王气	贬崖州司马，未至崖州百里，赐死（缢杀）	《旧唐书》卷12；《旧唐书》卷118；《新唐书》卷145；《资治通鉴》卷227
	建中四年十月乙卯	检校司空崔宁	卢杞诬告宁与朱泚通谋	赐死，二力士自后缢杀	《旧唐书》卷12；《旧唐书》卷117；《新唐书》卷6；《新唐书》卷144；《资治通鉴》卷228

续表

案发时间		事主	罪名	处置	资料来源
德宗	贞元二年十二月庚申	尚书右丞度支元琇	韩滉诬奏	贬雷州司户参军。坐私入广州，赐死	《旧唐书》卷12；《新唐书》卷53；《新唐书》卷149；《资治通鉴》卷232
	贞元七年十月	丰州刺史郭钢	叛走吐蕃	至京赐自尽	《旧唐书》卷120；《新唐书》卷137；《册府元龟》卷134；《册府元龟》卷153
	贞元八年四月丁亥	谏议大夫知制诰吴通玄	与窦申、李则之诬构宰臣陆贽	贬通玄泉州司马，至华州长城驿赐死	《旧唐书》卷13；《旧唐书》卷190下；《新唐书》卷7；《新唐书》卷145；《资治通鉴》卷234
	贞元八年五月癸未	前太仆少卿刘士幹	遣奴谋杀乐士朝	赐死	《旧唐书》卷13；《旧唐书》卷145；《册府元龟》卷896
	贞元九年三月	中书侍郎平章事窦参	任情好恶恃权贪利；宦官左右谤毁不已	贬彬州别驾，再贬为驩州司马未至驩州，赐死于邕州武经镇	《旧唐书》卷13；《旧唐书》卷136；《新唐书》卷7；《新唐书》卷145；《资治通鉴》卷234
	贞元十六年冬十月辛未	流人通州别驾崔河图	严砺希监军旨，诬奏使奴诋抑良人，诉疾妄求出界	长流崖州，赐死	《旧唐书》卷13；《新唐书》卷7；《册府元龟》卷933
宪宗	元和元年	渝州司户王叔文	顺宗时擅权专制，交接朋党	赐死	《旧唐书》卷135；《新唐书》卷168；《资治通鉴》卷236
	元和元年九月辛丑	中书史滑涣	通于内枢密刘光琦，通四方赂	贬涣雷州司户，寻赐死，籍没家财凡数千万	《旧唐书》卷158；《新唐书》卷146；《资治通鉴》卷237；《册府元龟》卷153；《册府元龟》卷317
	元和五年夏四月	昭义军节度副大使卢从史	与镇州王承宗通谋	贬驩州司马，赐死于康州	《旧唐书》卷132；《新唐书》卷141；《资治通鉴》卷238；《册府元龟》卷862
	元和六年五月	前行营粮料使于皋謩、董谿	坐赃数千缗	皋謩流春州，谿流封州，行至潭州，并追遣中使赐死	《旧唐书》卷148；《新唐书》卷151；《新唐书》卷165；《资治通鉴》卷238；《册府元龟》卷511

续表

	案发时间	事主	罪名	处置	资料来源
宪宗	元和六年十一月	内官刘希光	受将军孙璹赂二十万贯以求方镇	赐死	《旧唐书》卷 154；《旧唐书》卷 194；《新唐书》卷 207；《资治通鉴》卷 238
	元和八年二月	太常丞于敏	贿赂梁正言及肢解其家僮	长流雷州，行至商山赐死	《旧唐书》卷 15；《旧唐书》卷 156；《新唐书》卷 172；《资治通鉴》卷 239
	元和十三年十月	五方使杨朝汶	妄捕系人，责其息钱，转相诬引，系近千人	赐死（杖杀）	《旧唐书》卷 170；《新唐书》卷 173；《资治通鉴》卷 240；《册府元龟》卷 317
	元和中	李师道、从事陆行俭	不明	流于新州，赐死	《太平广记》卷 351 引《投荒杂录》
文宗	大和三年六月癸酉	德州行营诸军计会使柏耆	平李同捷，诸将嫉耆功，比奏攒诬，兼内官马国亮参奏	贬循州司户，再命长流爱州，寻赐死	《旧唐书》卷 154；《新唐书》卷 175；《资治通鉴》卷 244
	大和三年十一月丙戌	前亳州刺史李繁	舒元舆诬奏擅兴出兵捕贼，滥杀无辜	于京兆府赐死	《旧唐书》卷 17 上；《旧唐书》卷 130；《新唐书》卷 139；《册府元龟》卷 941
	大和八年九月	随州刺史杜师仁	刺吉州，坐赃计绢三万匹	赐死于家	《旧唐书》卷 17 下；《册府元龟》卷 925
	大和九年八月丙子	女学士尚宫宋若宪	李训、郑注谮言李宗闵托驸马都尉沈仪厚赂若宪求执政	于外第赐死	《旧唐书》卷 17 下；《旧唐书》卷 52；《旧唐书》卷 176；《新唐书》卷 77；《资治通鉴》卷 245
	大和九年八月丙申	内官西川监军杨承和、淮南韦元素、河东王践言	庇护宋申锡；与李宗闵、李德裕中外连结，受其赂遗	于权州、象州、思州安置，寻遣使追赐死	《旧唐书》卷 17 下；《旧唐书》卷 176；《新唐书》卷 179；《新唐书》卷 208；《资治通鉴》卷 245
	大和九年十月辛巳	观军容使王守澄	文宗疾元和逆罪	遣中使李好古就第，赐酖杀之	《旧唐书》卷 17 下；《旧唐书》卷 184；《新唐书》卷 208；《资治通鉴》卷 245
	大和九年十二月壬申	翰林学士顾师邕	矫诏	下御史狱，流儋州，至商山，赐死	《新唐书》卷 8；《新唐书》卷 179；《资治通鉴》卷 245
	大和九年十二月壬申	左金吾卫将军李贞素	知甘露之变韩约之诈	流儋州至商山赐死	《新唐书》卷 8；《新唐书》卷 179

续表

	案发时间	事主	罪名	处置	资料来源
文宗	开成元年二月丙申	左武卫大将军朱叔夜	侵牟士卒赃数万家畜兵器	赐死于蓝田关	《旧唐书》卷17下；《新唐书》卷164
	开成元年八月甲辰	鄜坊节度使萧洪	诈称太后弟	流驩州，于道赐死	《旧唐书》卷52；《新唐书》卷77；《资治通鉴》卷245；《册府元龟》卷924
	开成四年十一月	闽人萧本	伪太后弟	自鄜坊追洪下狱，御史台按鞫，具服其伪，诏长流驩州，赐死于路	《旧唐书》卷52；《新唐书》卷77；《资治通鉴》卷245
	开成初	刘从谏幕府欧阳秬	伪太后弟萧本子秬表斥损时政，或言秬为之	诏流崖州，赐死	《新唐书》卷203
武宗	开成五年正月辛卯	陈王成美及安王溶、贤妃杨氏	仇士良立武宗，欲重己功，即摘溶尝欲以为太子事	赐死	《旧唐书》卷17下；《旧唐书》卷175；《新唐书》卷8；《新唐书》卷82；《资治通鉴》卷246；《考异》卷21
	会昌元年三月乙未	知枢密刘弘逸、薛季稜	仇士良屡谮弘逸等于上	赐死	《旧唐书》卷18上；《旧唐书》卷164；《新唐书》卷8；《新唐书》卷174；《资治通鉴》卷246
	会昌四年	刘从谏妻裴氏	裴以酒食会潞州将校妻子，泣告以固逆谋	赐死	《旧唐书》卷161；《新唐书》卷214；《资治通鉴》卷248；《册府元龟》卷616
宣宗	大中时	京兆府参军卢谌	与左补阙崔瑄争厅，下狱，言涉大不敬	除籍为民，投之岭表，行至洛阳驿，赐死	《东观奏记》卷中；《玉泉子》
懿宗	咸通三年八月	岭南西道节度使蔡京	为政苛惨，设炮烙之刑，阖境怨之	敕贬崖州司户，不肯之官，还至零陵，敕赐自尽	《资治通鉴》卷250
	咸通十年二月	(前宰相)端州司马杨收	诬告其纳赂	长流驩州，赐自尽	《旧唐书》卷19上；《旧唐书》卷177；《新唐书》卷184
	咸通十年二月	前镇南军节度使检校尚书严譔	广补卒，擅纳缣缣	赐自尽	《旧唐书》卷19上；《新唐书》卷158；《资治通鉴》卷250；《唐大诏令集》卷127

续表

	案发时间	事主	罪名	处置	资料来源
懿宗	咸通十年十月	和州刺史崔雍	开门延贼	差内养孟公度专往宣州，赐自尽	《旧唐书》卷 19 上；《新唐书》卷 159；《册府元龟》卷 153；《考异》卷 23
僖宗	咸通十四年十月	（前宰相）贺州刺史韦保衡	怨家告其阴事	再贬崖州澄迈令，寻赐自尽	《旧唐书》卷 177；《新唐书》卷 184；《资治通鉴》卷 252
	乾符元年正月	（前宰相）新州刺史路岩	纳贿树私	贬新州刺史。至江陵免官。流儋州，赐死，剔取喉上有司	《新唐书》卷 184；《资治通鉴》卷 252
	广明元年二月	左拾遗侯昌业	上疏极言时病	召昌业至内侍省，赐死	《资治通鉴》卷 253；《北梦琐言》卷 6
	光启元年七月乙巳	右补阙常濬	上疏以为姑息藩镇	贬万州司户，寻赐死	《新唐书》卷 9；《资治通鉴》卷 256
	光启三年三月	太子少师致仕萧遘	受朱玫伪命	赐死于永乐县	《旧唐书》卷 19 下；《旧唐书》卷 179；《新唐书》卷 101；《资治通鉴》卷 256
昭宗	景福二年九月甲申	太尉平章事晋国公杜让能、弟户部侍郎弘徽	李茂贞陈兵临皋驿，数宰臣杜让能之罪，请诛之	为雷州司户，后赐自尽。弘徽坐让能赐死	《旧唐书》卷 20 上；《旧唐书》卷 177；《新唐书》卷 96；《资治通鉴》卷 259；《旧五代史》卷 18
	乾宁三年五月辛巳	前宰相责授梧州司马崔昭纬	内结中人，外连藩阃	赐自尽（行次至荆南。中使至，斩之）	《旧唐书》卷 20 上；《旧唐书》卷 179；《新唐书》卷 223 下；《资治通鉴》卷 260；《唐大诏令集》卷 127
	乾宁四年八月	嗣延王戒丕、通王已下八王	华州韩建所杀	赐死于石堤谷	《旧唐书》卷 175；《新唐书》卷 10
	光化三年六月戊辰	特进、司空、门下侍郎平章事王抟、枢密使宋道弼、景务脩	崔胤所诬，言三人中外相结	王抟贬崖州司户，寻赐死于蓝田驿；流道弼驩州，务脩爱州，并死灞桥	《旧唐书》卷 20 上；《旧唐书》卷 175；《旧唐书》卷 184；《新唐书》卷 116；《新唐书》卷 208；《资治通鉴》卷 262；《唐大诏令集》卷 127

续表

	案发时间	事主	罪名	处置	资料来源
昭宗	天复元年正月甲午	两军副使李师度、徐彦孙	皆刘季述之党囚禁昭宗	赐死	《资治通鉴》卷262
	天复三年正月	内官第五可範已下七百人	崔胤、朱全忠诛杀	并赐死于内侍省	《旧唐书》卷20上；《旧唐书》卷184；《新唐书》卷208
	天复三年二月丙子	工部侍郎同平章事苏检、吏部侍郎卢光启	皆凤翔所命相，崔胤恶其党附韩全诲、李茂贞故杀之	并赐自尽	《新唐书》卷10；《新唐书》卷182；《资治通鉴》卷264；《考异》卷27
哀帝	天祐元年冬十月	检校太保左龙武统军朱友恭等	不戢士卒，侵扰市肆（推脱弑昭宗罪责）	友恭贬崖州司户，复姓名李彦威。氏叔琮贬白州司户，寻皆赐自尽	《旧唐书》卷20下；《资治通鉴》卷265
	天祐二年六月	陇州司户裴枢、琼州司户独孤损、白州司户崔远、濮州司户陆扆、淄州司户王溥、曹州司户赵崇、濮州司户王赞	朱全忠以旧朝达官尚在班列，将谋篡夺俾剪除	委御史台差人，所在州县，各赐自尽	《旧唐书》卷20下；《资治通鉴》卷265；《新唐书》卷10；《新唐书》卷182；《北梦琐言》卷15
	天祐二年六月	司空致仕裴贽	朱全忠剪除重臣	贬青州司户，寻赐死	《资治通鉴》卷265；《新五代史》卷1；《唐大诏令集》卷58
	天祐二年十二月	登州刺史柳璨	全忠授九锡，宣徽北院使王殷搆璨等言其有贰，故礼不至	贬密州司户，再贬长流崖州百姓，委御史台赐自尽	《旧唐书》卷20下；《旧唐书》卷179；《新唐书》卷223下；《资治通鉴》卷265；《唐大诏令集》卷127
	天祐二年十二月	温韬、裴硎、张茂枢	王殷、赵殷衡诬告复兴唐祚	温韬、裴硎、张茂枢并除名，委于御史台所在，赐自尽	《旧唐书》卷20下；《旧唐书》卷179；《新唐书》卷223下；《资治通鉴》卷265；《唐大诏令集》卷127
	天祐三年三月辛巳	西都留守判官左谏议大夫郑赛	不明	贬崖州司户，寻赐死	《旧唐书》卷20下
	天祐三年十二月	河阳节度副使孙乘	不明	贬崖州司户，寻赐自尽	《旧唐书》卷20下；《册府元龟》卷925

第四节　唐代赐死规则之特征

一、赐死与唐代政治密切相关

唐代赐死始终与不同历史时期之宫闱政治直接关联，凡被赐自尽者，或为宗属贵胄，或为宰辅重臣，亦时有地方长吏与将帅宦官交错其间。赐死遂与各派政治力量之博弈直接关联。除因十恶、赃贿、交通等原因，罪当赐死者以外，缘宗室内讧、酷吏陷害、朋党倾轧、权臣逆谋等原因蒙冤赐死者，亦不乏其例。太宗、高宗两朝，宗室称乱赐死现象频发，贞观中，长乐郡王幼良阴养死士、齐王祐据城逆谋，元昌阴附承乾，三人皆因窥测神器伏诛。高宗朝赐死者凡五例，人犯竟皆为宗室。永徽四年(653年)二月房遗爱谋反，累及荆王元景、吴王恪、巴陵、高阳公主等宗室数人①。至武后临朝称制，反易刚柔；罗织冤狱、剪除贵胄②。凤阁侍郎刘祎之、纳言魏玄同、文昌左相岑长倩五子、广州都督冯元常等，皆因酷吏诬告罹祸赐死。至玄宗朝，伴随宫闱权力斗争发生的赐死案件仍层出不穷，先天二年(713年)，太平公主与其党谋兴废立，公主及崔湜、薛稷皆赐自尽。开元二十五年(737年)四月，杨洄、武惠妃言瑛兄弟三人与驸马薛锈常构异谋，玄宗使宦者宣制于宫中，"废瑛、瑶、琚为庶人；流锈于瀼州；瑛、瑶、琚寻赐死城东驿，锈赐死于蓝田"③。人皆惜之。安史乱后，因不同派系成员倾陷诬告现象不断滋长，因此蒙冤就刑者不乏其例。贞元二年(786年)十二月，尚书右丞度支元琇为韩滉诬奏，贬雷州司参军，"坐私入广州，赐死"④。大和三年(829年)六月，德州行营诸军计会使柏耆平李同捷，诸将嫉耆功，比奏攒诋，兼内官马国亮参奏其私取奴

---

① (后晋)刘昫：《旧唐书》卷 4《高宗纪上》，中华书局 1975 年版，第 71 页。

② 陈玺：《从〈皇甫等文备墓志〉看武周酷吏政治》，载《社会科学辑刊》2008 年第 6 期，第 132 页。

③ (宋)司马光：《资治通鉴》卷 214 "玄宗开元二十五年(737 年)四月"，中华书局 1956 年版，第 6828—6829 页。

④ (宋)欧阳修、宋祁：《新唐书》卷 149《刘晏附元琇传》，中华书局 1975 年版，第 4798 页。

婢珍赀，耆贬循州司户，"再命长流爱州，寻赐死"①。赐死作为一种特殊的死刑执行制度，伴随君权专制高度发展，赐死制礼遇大臣之原始特征越益式微，相反却成为君权专制下君主随意处死大臣的一种手段②。晚至乾宁、天祐之际，因王室暗弱、藩镇称雄，朝臣无罪受戮几成常态③，赐死完全沦为乱臣贼子挟持君上，诛杀异己之托词。

① （后晋）刘昫：《旧唐书》卷154《柏耆传》，中华书局1975年版，第4109页。

② 许仲毅：《赐死制度考论》，载《学术月刊》2003年第7期，第78页。

③ 昭宗朝赐死案例七宗，其中五宗皆属冤案：(1)景福二年(893年)九月，李茂贞陈兵临皋驿，数宰臣杜让能之罪，让能贬为雷州司户，后赐自尽。弟弘徽坐让能赐死。昭宗驾自石门还京，念让能之冤，追赠太师（《旧唐书》卷20上《昭宗纪》）。(2)乾宁四年(897年)八月，嗣延王戒丕、通王已下八王为华州韩建所杀，并赐死于石堤谷（《旧唐书》卷175《昭宗十子·德王裕传》）。(3)光化三年(900年)六月戊辰，崔胤所诬特进、司空、门下侍郎平章事王抟、枢密使宋道弼、景务脩三人中外相结，王抟贬崖州司户，寻赐死于蓝田驿；流道弼驩州，务脩爱州，并死灞桥（《资治通鉴》卷262；《旧唐书》卷20上《昭宗纪》）。(4)天复三年(903年)正月，崔胤、朱全忠诛杀内官第五可範已下七百人，并赐死于内侍省（《旧唐书》卷20上《昭宗纪》；《唐会要》卷65《内侍省》）。(5)天复三年(903年)二月，工部侍郎同平章事苏检、吏部侍郎卢光启等皆凤翔所命相，崔胤恶其党附韩全诲、李茂贞，并赐自尽（《资治通鉴》卷264；《新唐书》卷182《卢光启传》）。哀帝时赐死案例七宗，皆为冤案：(1)天祐元年(904年)冬十月，朱全忠为推脱弑昭宗罪责，检校太保左龙武统军朱友恭贬崖州司户，复姓名李彦威。氏叔琮贬白州司户，寻皆赐自尽（《资治通鉴》卷265；《旧唐书》卷20下《哀帝纪》）。(2)天祐二年(905年)六月，朱全忠以旧朝达官尚在班列，将谋篡夺，先俾剪除，陇州司户裴枢等七人，委御史台差人，所在州县，各赐自尽。枢等七人已至滑州，皆併命于白马驿，全忠令投尸于河（《旧唐书》卷20下《哀帝纪》；《北梦琐言》卷15）。(3)天祐二年(905年)六月，司空致仕裴贽贬青州司户，寻赐死（《资治通鉴》卷265；《唐大诏令集》卷58）。(4)天祐二年(905年)十二月，全忠授九锡，宣徽北院使王殷构言柳璨等有贰，故礼不至。贬璨密州司户，再贬长流崖州百姓，委御史台赐自尽，是日斩于上东门外（《旧唐书》卷20下《哀帝纪》；《唐大诏令集》卷127）。(5)天祐二年(905年)十二月，王殷诬告复兴唐祚，温蕴、裴碙、张茂枢并除名，委于御史台所在，赐自尽（《旧唐书》卷20下《哀帝纪》）。(6)天祐三年(906年)三月，西都留守判官左谏议大夫郑赜贬崖州司户，寻赐死（《旧唐书》卷20下《哀帝纪》）。(7)天祐三年(906年)十二月，河阳节度副使孙乘贬崖州司户，寻赐自尽（《旧唐书》卷20下《哀帝纪》；《册府元龟》卷925）。(8)天祐三年(906年)闰十二月乙亥，兴唐府少尹孙秘以兄处极典，长流爱州，寻赐死。《旧唐书》卷20下《哀帝纪》；《册府元龟》卷925。

二、赐死对死刑规则多有变通

依《唐律》规定，死刑仅有法定绞、斩二刑，不得互换。受传统天人感应、秋冬行刑，以及佛道好生悲悯思想影响，唐代各类死刑可以执行的时间即为除正月、五月、九月和闰月以外的其他月份①，且须将禁杀日、致斋、朔望、假日等特定期日排除在外②。

与《唐律》规定之死刑行刑时限形成鲜明对比的是，唐代赐死案件基本遵循"决不待时"的处决原则，在可以查明行刑月份的100宗赐死案件中，有73宗于春夏之际或"断屠月"行刑，占全部赐死案件的73%。其中于春、夏两季行刑者51宗；断屠月（正月、五月、九月、闰月）行刑者22宗。其他27宗案件于十至十二月行刑（其中十月11宗、十一月5宗、十二月11宗），而这27宗案件亦未必完全符合禁杀日、大祭祀及致斋、朔望、假日等禁刑条件，此外，尚有13宗案件具体行刑月份不详。由此，唐代赐死案件实际排除执行死刑时限者，至少占据全部案件七成以上，律令规定之恤刑慎杀原则在赐死领域难于有效贯彻。

死刑覆奏是唐代诉讼法制中彰显慎刑思想的一项重要制度，自贞观五年（631年）张蕴古案始，唐代逐步确立死刑覆奏制度，一般死刑案件执行，法司均需多次奏报。开元二十七年（739年）《唐六典》详尽规定了死刑覆奏制度，明确了刑部和地方法司的死刑覆奏程序，与《唐律疏议》"死囚覆奏报决"条的罚则相互配合，形成完整的死刑覆奏制度③。基于慎刑考量，各类死刑案件均需履行覆奏程序。然实践中赐死案件明确提及覆奏者，仅见三例：其一，麟德元年（664年）二月丙午，魏州刺史郧国公孝协坐赃赐死，宗正卿陇西王博文等覆奏，"孝协父长平王叔良身死事者，孝协更无兄弟，继嗣便绝，

---

① （唐）长孙无忌等：《唐律疏议》卷30《断狱》"立春后秋分前不决死刑"，刘俊文点校，中华书局1983年版，第571页。

② 天一阁博物馆、中国社会科学院历史研究所天圣令整理课题组校正：《天一阁藏明钞本天圣令校正》附《唐开元狱官令复原清本》，第10条，中华书局2006年版，第644页。

③ 陈玺：《唐代诉讼制度研究》，商务印书馆2012年版，第264页。

特望矜免其死"①。高宗不从，孝协竟自尽于第。其二，大历十二年(777年)三月庚辰，宰相元载、王缙得罪下狱，代宗命吏部尚书刘晏讯鞫之。后元载赐死，王缙初亦赐自尽。刘晏谓李涵等曰："故事，重刑覆奏，况大臣乎！且法有首从，宜更禀进止。"②涵等从之，缙乃贬栝州刺史。其三，会昌四年(844年)，刘从谏妻裴氏"以酒食会潞州将校妻子，泣告以固逆谋"赐死，时朝议以裴氏乃以弟裴问立功，欲原之。刑部侍郎刘三复覆奏以为裴氏"'激励凶党，胶固叛心……适有酒食之宴，号哭激其众意，赠遗结其群情……朝典固'在不疑。阿裴请准法。'从之"③。可见，与一般死刑案件相同，赐死案件亦应依法履行覆奏程序。由于覆奏需上请君主慎思裁夺，而赐死则直接执行至尊最终旨意。由此，赐死诏敕在实质上具有排斥覆奏程序的效力。

三、唐代赐死对后世影响深远

五代承唐季丧乱，法度废弛，赐死制度之适用愈显轻重随意，赐死适用之对象及罪名多与律令相违。后梁开平二年(908年)三月，蜀太师王宗佶以阴畜养死士谋乱罹祸，蜀主贬其党御史中丞郑骞为维州司户，卫尉少卿李钢为汶川尉，"皆赐死于路"④。后唐明宗时，"襄邑人周威父为人所杀，不雪父冤，有状和解"⑤，降敕赐死。后晋天福六年(941年)六月，王延政以书招泉州刺史王继业，闽王曦"召继业还，赐死于郊外"⑥。开运三年(946年)

---

① (宋)王钦若等编纂:《册府元龟》卷 58《帝王部·守法》，周勋初等校订，凤凰出版社 2006 年版，第 618 页。

② (宋)司马光:《资治通鉴》卷 225"代宗大历十二年(777 年)三月庚辰"，中华书局 1956 年版，第 7242 页。

③ (宋)王钦若等编纂:《册府元龟》卷 616《刑法部·议谳第三》，周勋初等校订，凤凰出版社 2006 年版，第 7127 页。

④ (宋)司马光:《资治通鉴》卷 266"太祖开平二年(908 年)三月"，中华书局 1956 年版，第 8693 页。

⑤ (五代)孙光宪:《北梦琐言》卷 18"诛不孝"，贾二强点校，中华书局 2002 年版，第 339 页。

⑥ (宋)司马光:《资治通鉴》卷 282"高祖天福六年(941 年)六月"，中华书局 1956 年版，第 9224 页。

春正月丁未，"刑部员外王涓赐私家自尽，坐私用官钱经营求利故也"①。

延及两宋，唐代律令典章之赐死，得到相当程度的继受与贯彻。《宋刑统》在保留唐律旧文的同时，援引唐《狱官令》明确规定了赐死制度②。此外，《宋刑统》"断死罪"条又准唐会昌元年(841年)九月五日敕，将犯赃五品以上，合抵死刑，准《狱官令》赐自尽于家的规定纂入律文③，从而为这一时期赐死的实施提供了直接法律依据。

唐代赐死之实质与程序性规则也在五代、两宋时期得以延续。后周广顺三年(953年)正月，莱州刺史叶仁鲁坐赃绢万五千匹，钱千缗，"庚午，赐死；帝遣中使赐以酒食"④。此为优崇临刑犯官之例证。建炎元年(1127年)五月蔡攸、翛赐死，翛乃饮药，"攸犹与不能决，左右授以绳，攸乃自缢而死"⑤。此为罪囚自绝其命之例证。同时，唐代左降官中路或贬所赐死惯例于后世史籍中亦可拣得数例：乾化元年(911年)秋，相州刺史李思安以"壁垒荒圮，帑廪空竭"⑥贬柳州司户，寻赐死于相州。宋太宗端拱元年(988年)三月乙亥，郑州团练使侯莫陈利用坐不法，"配商州禁锢，寻赐死"⑦。至道元年(995年)正月丁卯，赵赞、郑昌嗣以横恣不法，"削夺赞官爵，并一家配隶房州，昌嗣责授唐州团练副使。既行数日，并于所在赐死"⑧。此外，为宋代司法所继承

---

① (宋)薛居正等：《旧五代史》卷84《晋书十·少帝纪四》，中华书局1976年版，第1113页。

② (宋)窦仪：《宋刑统》卷30《断狱》"断罪不当"，吴翊如点校，中华书局1984年版，第496—497页。

③ (宋)窦仪：《宋刑统》卷30《断狱》"决死罪"，吴翊如点校，中华书局1984年版，第496—497页。

④ (宋)司马光：《资治通鉴》卷291"太祖广顺三年(953年)正月庚午"，中华书局1956年版，第9489页。

⑤ (宋)周辉：《清波杂志校注》卷2"王黼身任伐燕"，刘永翔校注，中华书局1994年版，第42页。

⑥ (宋)薛居正等：《旧五代史》卷19《梁书十九·李思安传》，中华书局1976年版，第262页。

⑦ (元)脱脱等：《宋史》卷5《太宗纪二》，中华书局1977年版，第82页。

⑧ (宋)李焘：《续资治通鉴长编》卷37"太宗至道元年(995年)正月戊申朔"，上海师范大学古籍整理研究所、华东师范大学古籍研究所点校，中华书局1995年版，第808页。

者，尚有唐代差遣御史监刑之惯例，建炎元年(1127年)六月，张邦昌贬至潭州安置，"朝廷遣殿中侍御史马伸赐死，读诏毕，张徘徊退避，不忍自尽。执事者趣迫登楼，张仰首急睇三字，长叹就缢"。①

本 章 小 结

赐死属于唐代死刑具体执行方式之一。经由案例分析与史料比勘可知，唐代赐死在承继古礼精神的基础上，结合当时典章制度损益而成。赐死规则以《狱官令》、《唐律疏议》规定为基础，并在司法实践中形成诸多诉讼惯例，且对律令规定多有变通。唐代赐死规则适用广泛，程序严密，在彰显缙绅贵胄刑罚适用特权的同时，体现出君主权威对于诉讼活动的强势干预。另一方面，由于赐死程序的启动缘自君主权断，且适用于特殊身份群体，因而在具体行刑层面显示出于绞、斩等普通死刑的显著差别。同时，赐死之实施原因与具体程序又受到政治因素的直接影响，其中时常交杂宫闱争斗、朋党倾轧、权臣乱法等负面因素，遂使赐死在司法实践中表现出与律令规定背离之倾向。

---

① (宋)王明清：《挥麈余话》"平楚楼"，(明)陶宗仪等编：《说郛三种》卷 37，上海古籍出版社 1988 年版，第 629 页。

结　语

一、规则继受与变迁

中国传统诉讼法律文明三代发轫，秦汉立基，经由魏晋南北朝损益厘定，洎乎隋唐，可谓兴盛。历代诉讼规则中，告诉、拘捕、审判、执行诸端之发展沿革继受规律，可谓昭然若揭。诸如告诉、乞鞫、狱成、杂治、议罪、路鼓、肺石等诉讼规则皆源远流长，并为隋唐律令体系所直接继受。与此同时，唐代诉讼规则亦有基于特定历史条件之趋时更新，其中如加役流、长流等规则之创制，即以唐代为肇端。此外，王朝更迭与规则演进之异步特征是诉讼法史研究中值得特别关注的现象。特定时期国祚绵延竟法令迥异，王朝覆灭而典制犹存。具体至唐代诉讼法史领域，以"安史之乱"为界，武德至开元时期，其各类典制与周齐杨隋关系密切；天宝至天祐之际，各类规则却与五代两宋更相类似。其中若"务限法"见于《开元令》、"折杖法"始见于唐末，五代之际颇多损益，至宋代方纂入律典，遂成定制。有唐一代立法与司法相互为用，继受与创新协同并举，由此成就了唐代诉讼法制文明卓尔不群的风格，并由此确立了这一时期诉讼法制在中国传统法律体系之枢纽地位。

二、规则创制与适用

大量司法实践样本的客观存在与立法程序的渐趋规范，是诉讼规则创制之两项基本前提。司法实践始终是法律创制的基础，唐代司法审判既有对成文诉讼制度的严格遵循，亦有对不成文诉讼惯例的长期适用。经由反复法律实践求得规律性法则，进而完成法律创制，如前述杨思训妻诣阙称冤引发《贼盗律》修订、左卫大将军纪王慎等集议禁婚无服外亲范围等，即属此类。成文法典颁布后，司法审判则必以诏敕、律令规定为主要裁量尺度，然法律适用与规则创制进程并未至此终结。诉讼实践中出现的各类规则与实践之龃龉冲突现象，必须依赖设计新的规则予以解决，故出现因法律适用最终引发律令修订的情形。规则创制源自司法实践，经法司援引、适用，获得官方与民间认同与遵循，在以"永为常式"、"以为永格"，或则纂入律令典制等方式上升为"制度性规则"之前，即可称之为"惯例性规则"。此后，诉讼惯例的演进途径大致有二：或经立法机关吸纳或认可，最终上升为诉讼制度；或长期保持惯例样态，在特定领域长期运行并加以完善(如诣台诉事、杂治、长流等以诉讼惯例形式的长期适用)。总之，司法实践始终是诉讼规则变革的基本动力，由诉讼实践到法律创制，从诉讼惯例到诉讼制度，唐代诉讼规则体系经过长期调适、厘革、创新，其嬗变与发达轨迹皆清晰可循。

三、诉讼制度与惯例

从诉讼规则之构成而言，中国固有诉讼规则基本包括诉讼制度与诉讼惯例两类，二者相辅相成，各有侧重。秦汉以后，伴随律令制体系逐步建立，以成文法典为主要法律表现形式之立法样态渐成主导，见诸律令之诉讼制度成为诉讼规则之主干。与诉讼制度相比，诉讼惯例之运行与变化更具动态特征，诉讼惯例则时常表现为非成文样式，在律令制体系构建过程中，不断对诉讼制度予以修补和完善，而创制先例以至形成惯例，莫不以诉讼制度为基本对照。纵观隋唐时期诉讼规则发展历程，可以认为诉讼制度与诉讼惯例之间呈现反比分布样态：凡某一领域诉讼制度相对完备者，诉讼惯例发挥的作用即相对受限；若某一领域诉讼制度尚不健全者，则该领域诉讼惯例往往大行其道。诉讼制度之发展与完善，亦始终无法脱离司法实践，从而无法与诉讼惯例相互割裂。在诸如杂治、长流等特定领域，统治者更将诉讼规则长期保持惯例状态，予以长期适用。诉讼制度与诉讼惯例相辅相成、相互影响，最终成就了固有诉讼文明薪火相承与革故鼎新并存之基本风格，中国传统法律文化亦因融汇情、理、法诸多合理要素，得以跻身世界优秀法律文明遗产之列。

参 考 文 献

一、历史文献

B

（唐）白居易：《白氏六帖事类集》，文物出版社 1987 年版。

（唐）白居易：《白居易集笺校》，朱金城笺校，上海古籍出版社 1988 年版。

（汉）班固：《汉书》，（唐）颜师古注，中华书局 1962 年版。

C

（汉）蔡邕：《独断》，商务印书馆 1939 年版（丛书集成初编本）。

（宋）晁公武：《郡斋读书志校证》，孙猛校证，上海古籍出版社 1990 年版。

（清）陈立：《白虎通疏证》，吴则虞点校，中华书局 1994 年版。

（晋）陈寿：《三国志》，（宋）裴松之注，中华书局 1959 年版。

（唐）陈子昂：《陈子昂集》，徐鹏校点，中华书局 1960 年版。

（宋）程大昌：《雍录》，黄永年点校，中华书局 2002 年版。

（唐）崔令钦：《教坊记》，曹中孚等校点，上海古籍出版社 2012 年版。

D

大正一切经刊行会：《大正新修大藏经》，新文丰出版有限公司 1983 年版。

（唐）戴孚：《广异记》，方诗铭辑校，中华书局 1992 年版。

（清）董诰：《全唐文》，中华书局 1983 年版。

（宋）窦仪：《宋刑统》，吴翊如点校，中华书局 1984 年版。

（唐）杜牧：《樊川文集》，陈允吉校点，上海古籍出版社 1978 年版。

（唐）杜佑：《通典》，王文锦等点校，中华书局 1988 年版。

（唐）段成式：《酉阳杂俎》，方南生点校，中华书局 1981 年版。

F

（唐）范摅：《云溪友议》，《唐五代笔记小说大观》，上海古籍出版社 2000 年版。

（宋）范晔：《后汉书》，（唐）李贤等注，中华书局 1965 年版。

(清)方履籛：《金石萃编补正》，中国东方文化研究会历史文化分会编：《历代碑志丛书》（第 8 册），南京江苏古籍出版社 1998 年版（影印光绪二十年上海醉六堂石印本）。

(唐)房玄龄等：《晋书》，中华书局 1974 年版。

(唐)封演：《封氏闻见记校注》，赵贞信校注，中华书局 2005 年版。

G

(宋)高承：《事物纪原》，(明)李果订，金圆、许沛藻点校，中华书局 1989 年版。

(五代)高彦休：《唐阙史》，《唐五代笔记小说大观》，上海古籍出版社 2000 年版。

(清)顾炎武：《日知录校注》，陈垣校注，安徽大学出版社 2007 年版。

(唐)郭湜：《高力士外传》，丁如明辑校：《开元天宝遗事十种》，上海古籍出版社 1985 年版。

H

(唐)韩愈：《韩昌黎文集校注》，马其昶校注，上海古籍出版社 1986 年版。

(后晋)和凝：《疑狱集校释》，杨奉琨点校，复旦大学出版社 1988 年版。

(宋)洪迈：《容斋随笔》，孔凡礼点校，中华书局 2005 年版。

(汉)桓谭：《新辑本桓谭新论》，朱谦之校辑，中华书局 2009 年版（新编诸子集成续编）。

(唐)皇甫枚：《三水小牍》，《唐五代笔记小说大观》，上海古籍出版社 2000 年版。

J

(清)稽璜：《清朝文献通考》，浙江古籍出版社 1988 年版。

(清)吉同均：《乐素堂文集》，闫晓君点校，法律出版社 2014 年版。

(汉)贾谊：《新书》，阎振益、钟夏校注，中华书局 2000 年版。

K

(唐)康骈：《剧谈录》，《唐五代笔记小说大观》，上海古籍出版社 2000 年版。

(汉)孔安国传，(唐)孔颖达疏：《尚书注疏》，十三经注疏整理委员会整理，北京大学出版社 2000 年。

L

(明)雷梦麟：《读律琐言》，怀效锋、李俊点校，法律出版社 1999 年版。

(唐)李德裕：《会昌一品集》，商务印书馆 1936 年版（丛书集成初编）。

(宋)李昉等：《太平广记》，中华书局 1961 年版。

(宋)李昉等：《太平御览》，中华书局 1960 年版。

(宋)李昉等：《文苑英华》，中华书局 1966 年版。

(唐)李吉甫等：《元和郡县图志》，贺次君点校，中华书局 1983 年版。

(唐)李靖，(清)汪宗沂辑：《卫公兵法辑本》，刘发、王纯盛：《中国兵书集成》，解放军出版社 1988 年版。

(唐)李匡乂：《资暇集》，商务印书馆 1939 年版（丛书集成初编本）。

(唐)李林甫等：《唐六典》，陈仲夫点校，中华书局 1992 年版。

(宋)李上交：《近事会元》，中华书局 1991 年版（丛书集成初编）。

(宋)李焘：《续资治通鉴长编》，上海师范大学古籍整理研究所、华东师范大学古籍研究所点校，中华书局 1995 年版。

(宋)李心传：《建炎以来系年要录》，中华书局 1956 年版。

(唐)李肇：《唐国史补》，上海古籍出版社 1979 年版。

(唐)林宝：《元和姓纂》，岑仲勉校记，中华书局 1994 年版。

(唐)令狐德棻：《周书》，中华书局 1971 年版。

(五代)刘崇远：《金华子》，《唐五代笔记小说大观》，上海古籍出版社 2000 年版。

(清)刘锦藻：《清续文献通考》，商务印书馆 1935 年版(万有文库)。

(后晋)刘昫：《旧唐书》，中华书局 1975 年版。

(唐)刘肃：《大唐新语》，许德楠、李鼎霞点校，中华书局 1984 年版。

(汉)刘熙：《释名》，中华书局 1985 年版(丛书集成初编)。

(汉)刘向：《说苑校证》，向宗鲁校证，中华书局 1987 年版。

(汉)刘向集录：《战国策》，上海古籍出版社 1985 年版。

(梁)刘勰：《文心雕龙》，周振甫注，人民文学出版社 1981 年版。

(汉)刘珍等：《东观汉记校注》，吴树平校注，中州古籍出版社 1987 年版。

(唐)柳宗元：《柳河东集》，中华书局 1979 年版。

(唐)陆德明：《经典释文》，商务印书馆 1929 年版(四部丛刊初编)。

(唐)陆贽：《陆贽集》，王素点校，中华书局 2006 年版。

(唐)吕温：《吕衡州文集》，商务印书馆 1935 年版(丛书集成初编)。

(宋)吕夏卿：《唐书直笔》，商务印书馆 1937 年版(丛书集成初编)。

M

(元)马端临：《文献通考》，中华书局 1986 年版。

(汉)毛亨传，(汉)郑玄笺，(唐)孔颖达疏：《毛诗正义》，十三经注疏整理委员会整理，北京大学出版社 2000 年版。

(宋)孟元老：《东京梦华录笺注》，伊永文笺注，中华书局 2006 年版。

O

(宋)欧阳修、宋祁：《新唐书》，中华书局 1975 年版。

(宋)欧阳修：《新五代史》，(宋)徐无党注，中华书局 1974 年版。

P

(唐)裴庭裕：《东观奏记》，田廷柱点校，中华书局 1994 年版。

(清)彭定求等：《全唐诗》，中华书局 1999 年版。

(唐)皮日休：《皮子文薮》，萧涤非、郑庆笃校注，上海古籍出版社 1981 年版。

Q

(清)钱大昕：《廿二史考异》，方诗铭、周殿杰点校，上海古籍出版社 2004 年版。

(清)钱大昕：《十驾斋养新录》，上海书店出版社 1983 年版。

(宋)钱易：《南部新书》，黄寿成点校，中华书局 2002 年版。

(明)邱濬：《大学衍义补》，林冠群、周济夫点校，京华出版社 1999 年版。

R

(梁)任昉:《述异记》,中华书局 1931 年版。

S

(清)沈家本:《历代刑法考》,邓经元、骈宇骞点校,中华书局 1985 年版。

(梁)沈约:《宋书》,中华书局 1974 年版。

(清)沈之奇:《大清律辑注》,怀效锋、李俊点校,法律出版社 2000 年版。

(汉)史游:《急就篇》,(唐)颜师古注,岳麓书社 1989 年版。

(晋)司马彪:《后汉书志》,(梁)刘昭注补,中华书局 1965 年版。

(宋)司马光:《资治通鉴》,(元)胡三省注,中华书局 1956 年版。

(宋)司马光:《资治通鉴考异》,商务印书馆 1937 年版(四部丛刊本)。

(汉)司马迁:《史记》,(宋)裴骃集解,(唐)司马贞索隐,(唐)张守节正义,中华书局 1959
  年版。

(明)宋濂等:《元史》,中华书局 1976 年版。

(宋)宋敏求:《长安志》,(清)毕沅校正,成文出版社有限公司 1970 年版(中国方志丛书)。

(宋)宋敏求:《唐大诏令集》,中华书局 2008 年版。

(唐)宋之问:《宋之问集校注》,陶敏、易淑琼校注,中华书局 2001 年版。

(唐)苏鹗:《苏氏演义》,商务印书馆 1939 年版(丛书集成初编)。

(五代)孙光宪:《北梦琐言》,贾二强点校,中华书局 2002 年版。

(宋)孙奭等:《律音义》,杨一凡主编:《中国律学文献》(第 2 辑),黑龙江人民出版社 2005
  年版(民国上海涵芬楼景刊吴县潘氏滂熹斋藏宋刻本)。

(清)孙诒让:《墨子间诂》,孙启治点校,中华书局 2001 年版(新编诸子集成)。

T

(唐)唐临:《冥报记》,程毅中辑校,中华书局 1992 年版。

(明)陶宗仪等编:《说郛三种》,上海古籍出版社 1988 年版。

(元)脱脱等:《辽史》,中华书局 1974 年版。

(元)脱脱等:《金史》,中华书局 1975 年版。

(元)脱脱等:《宋史》,中华书局 1977 年版。

W

(清)万斯同:《明史》,上海古籍出版社 2002 年版(续修四库全书)。

(魏)王弼注,(唐)孔颖达疏:《周易正义》,十三经注疏整理委员会整理,北京大学出版社 1999
  年版。

(宋)王称:《东都事略》,孙言诚、崔国光点校,齐鲁书社 2000 年版。

(宋)王谠:《唐语林校正》,周勋初校证,中华书局 2008 年版。

(五代)王定保:《唐摭言》,商务印书馆 1936 年版(丛书集成初编)。

(唐)王方庆辑:《魏郑公谏录》,商务印书馆 1939 年版(丛书集成初编)。

(唐)王泾:《大唐郊祀录》,民族出版社 2000 年版。

(清)王明德:《读律佩觿》,何勤华等点校,法律出版社 2001 年版。

(宋)王明清：《挥麈余话》，(明)陶宗仪等编：《说郛三种》，上海古籍出版社1988年版。

(清)王念孙：《读书杂志》，江苏古籍出版社1985年版。

(清)王聘珍：《大戴礼记解诂》，王文锦点校，中华书局1983年版。

(宋)王溥：《唐会要》，上海古籍出版社2006年版。

(宋)王溥：《五代会要》，上海古籍出版社1978年版。

(宋)王钦若编纂：《册府元龟》，周勋初等校订，凤凰出版社2006年版。

(宋)王钦若等：《宋本册府元龟》，中华书局1989年版。

(五代)王仁裕：《开元天宝遗事》，曾贻芬点校，中华书局2006年版。

(唐)王维：《王右丞集笺注》，(清)赵殿成笺注，上海古籍出版社1984年版。

(汉)王先谦：《荀子集解》，沈啸寰、王星贤点校，中华书局1988年版(新编诸子集成)。

(清)王先慎：《韩非子集解》，钟哲点校，中华书局1998年版(新编诸子集成)。

(宋)王应麟：《困学纪闻》，(清)翁元圻等注，栾保群、田松青、吕宗力校点，上海古籍出版社2008年版。

(宋)王应麟：《玉海》，华文书局1964年版。

(战国)尉缭：《尉缭子全译》，刘春生译注，贵州人民出版社1993年版。

(北齐)魏收：《魏书》，中华书局1974年版。

(唐)韦应物：《韦苏州集》，陶敏、王友胜校注，上海古籍出版社1998年版。

(唐)魏徵：《隋书》，中华书局1973年版。

(唐)吴兢：《贞观政要》，上海古籍出版社1978年版。

X

(唐)萧嵩等：《大唐开元礼》，民族出版社2000年版。

(梁)萧子显：《南齐书》，中华书局1972年版。

(宋)熊克：《中兴小纪》，商务印书馆1999年版。

(魏)徐幹：《中论解诂》，孙启治解诂，中华书局2014年版。

(唐)徐坚等：《初学记》，中华书局1962年版。

(汉)许慎：《说文解字注》，(清)段玉裁注，上海古籍出版社1981年版。

(清)徐松辑：《宋会要辑稿》，中华书局1957年版。

(清)徐松：《唐两京城坊考》，李建超增订，三秦出版社1996年版。

(元)徐元瑞：《吏学指南》，浙江古籍出版社1988年版。

(宋)薛居正等：《旧五代史》，中华书局1976年版。

(唐)薛用弱：《集异记》，中华书局1980年版。

(清)薛允升：《读例存疑》，黄静嘉编校，成文出版有限公司1970年版。

(清)薛允升：《唐明律合编》，怀效锋、李鸣点校，法律出版社1999年版。

Y

(唐)颜师古：《匡谬正俗平议》，刘晓东平议，山东大学出版社1999年版。

(宋)晏殊：《晏元献公类要》，齐鲁书社1995年版(四库全书存目丛书)。

(唐)颜真卿：《颜鲁公集》，上海古籍出版社1992年版。

(五代)严子休：《桂苑丛谈》，《唐五代笔记小说大观》，上海古籍出版社 2000 年版。

(唐)姚思廉：《陈书》，中华书局 1972 年版。

(唐)姚思廉：《梁书》，中华书局 1973 年版。

(唐)元稹：《元稹集》，冀勤点校，中华书局 1982 年版。

Z

(唐)张读：《宣室志》，张永钦、侯志明点校，中华书局 1983 年版。

(唐)张九龄：《张九龄集校注》，熊飞校注，中华书局 2008 年版。

(唐)长孙无忌等：《唐律疏议》，刘俊文点校，中华书局 1983 年版。

(清)张廷玉等：《明史》，中华书局 1974 年版。

(唐)张鷟：《龙筋凤髓判》，(明)刘允鹏原注，陈春补正，商务印书馆 1939 年版。

(唐)张鷟：《朝野金载》，赵守俨点校，中华书局 1979 年版。

(唐)赵璘：《因话录》，上海古籍出版社 1979 年版。

(汉)赵岐注，(宋)孙奭疏：《孟子注疏》，十三经注疏整理委员会整理，北京大学出版社 2000 年版。

(宋)赵彦卫：《云麓漫钞》，傅根清点校，中华书局 2000 年版。

(清)赵翼：《陔馀丛考》，商务印书馆 1957 年版。

(清)赵翼：《廿二史札记校证》，王树民校证，中华书局 1984 年版。

(清)赵钺、劳格：《唐御史台精舍提名考》，张忱石点校，中华书局 1997 年版。

(唐)郑处晦：《明皇杂录》，田廷柱点校，中华书局 1994 年版。

(宋)郑克：《折狱龟鉴校释》，杨奉琨校释，复旦大学出版社 1988 年版。

(宋)郑文宝：《南唐近事》，《宋元笔记小说大观》，上海古籍出版社 2001 年版。

(汉)郑玄注，(唐)孔颖达疏：《礼记正义》，十三经注疏整理委员会整理，北京大学出版社 2000 年版。

(汉)郑玄注，(唐)贾公彦疏：《仪礼注疏》，十三经注疏整理委员会整理，北京大学出版社 1999 年版。

(汉)郑玄注，(唐)贾公彦疏：《周礼注疏》，十三经注疏整理委员会整理，北京大学出版社 1999 年版。

(清)祝庆祺等：《刑案汇览》，北京古籍出版社 2004 年版。

(清)祝庆祺等：《续增刑案汇览》，北京古籍出版社 2004 年版。

(周)左丘明传，(晋)杜预注，(唐)孔颖达疏：《春秋左传正义》，十三经注疏整理委员会整理，北京大学出版社 2000 年版。

二、今人论著

(一)中文部分

C

曹漫之：《唐律疏议译注》，吉林人民出版社 1989 年版。

岑仲勉：《郎官石柱题名新考订》（外三种），中华书局 2004 年版。

岑仲勉：《唐史馀渖》，上海古籍出版社 1979 年版。

柴德赓：《史籍举要》，北京出版社 2002 年版。

陈登武：《从人间世到幽冥界：唐代的法制、社会与国家》，五南图书出版股份有限公司 2006 年版。

陈登武：《地狱·法律·人间秩序——中古中国宗教、社会与国家》，五南图书出版有限公司 2009 年版。

陈高华等点校：《元典章》，天津古籍出版社 2011 年版。

陈顾远：《中国法制史》，商务印书馆 1934 年版。

陈光中、沈国峰：《中国古代司法制度》，群众出版社 1984 年版。

陈国灿：《敦煌学史实新证》，甘肃教育出版社 2002 年版。

陈国灿：《斯坦因所获吐鲁番文书研究》，武汉大学出版社 1997 年版。

陈国灿、刘永增编：《日本宁乐美术馆藏吐鲁番出土文书》，文物出版社 1997 年版。

陈灵海：《唐代刑部研究》，法律出版社 2010 年版。

陈尚君：《全唐文补编》，中华书局 2005 年版。

陈涛：《中国法制史学》，中国政法大学出版社 2007 年版。

陈玺：《唐代诉讼制度研究》，商务印书馆 2012 年版。

陈寅恪：《金明馆丛稿二编》，生活·读书·新知三联书店 2001 年版。

陈寅恪：《政治史述论稿》，生活·读书·新知三联书店 2001 年版。

陈寅恪：《隋唐制度渊源略论稿》，生活·读书·新知三联书店 2001 年版。

陈垣：《二十史朔闰表》，古籍出版社 1956 年版。

陈志超、陈高华等：《中国古代史史料学》，天津古籍出版社 2006 年版。

程树德：《国故谈苑》，商务印书馆 1939 年版。

程树德：《九朝律考》，中华书局 2003 年版。

程树德：《论语集释》，程俊英、蒋见元点校，中华书局 1990 年版（新编诸子集成）。

程树德：《中国法制史》，华通书局 1931 年版。

程政举：《汉代诉讼制度研究》，法律出版社 2010 年版。

［日］池田温：《唐代诏敕目录》，三秦出版社 1991 年版。

［日］池田温：《中国古代籍帐研究》，龚泽铣译，中华书局 2007 年版。

崔永东：《中国传统司法思想史论》，人民出版社 2012 年版。

D

戴建国：《唐宋变革时期的法律与社会》，上海古籍出版社 2010 年版。

戴建国、郭东旭：《南宋法制史》，人民出版社 2011 年版。

戴炎辉：《唐律各论》，三民书店 1965 年版。

戴炎辉：《唐律通论》，正中书局 1964 年版。

戴炎辉：《中国法制史》，三民书局 1979 年版。

丁凌华：《五服制度与传统法律》，商务印书馆 2013 年版。

丁元普：《中国法制史》，上海会文堂新记书局 1930 年版。

董康：《书舶庸谭》，朱慧整理，中华书局 2013 年版。

F

傅斯年：《史学方法导论》，上海古籍出版社 2011 年版。

G

甘怀真：《皇权、礼仪与经典诠释：中国古代政治史研究》，台湾大学出版社 2004 年版。

高明士：《中国中古政治的探索》，五南图书出版股份有限公司 2006 年版。

高世瑜：《唐代妇女》，三秦出版社 1988 年版。

勾利军：《唐代东都分司官研究》，上海古籍出版社 2007 年版。

桂齐逊：《国法与家礼之间——唐律有关家族伦理的立法规范》，龙文出版股份有限公司 2007 年版。

国家文物局古文献研究室等编：《吐鲁番出土文书》（第 1—8 册），文物出版社 1981—1987 年版。

H

韩国学中央研究院编：《至正条格》，韩国学中央研究院 2008 年版。

韩昇：《东亚世界形成史论》，复旦大学出版社 2009 年版。

韩树峰：《汉魏法律与社会——以简牍、文书为中心的考察》，社会科学文献出版社 2011 年版。

何木风：《隔墙有耳：中国历史中的告密往事》，凤凰出版社 2009 年版。

何忠礼：《中国古代史史料学》，上海古籍出版社 2004 年版。

胡宝华：《唐代监察制度研究》，商务印书馆 2005 年版。

胡戟、荣新江：《大唐西市博物馆藏墓志》，北京大学出版社 2012 年版。

胡留元、冯卓慧：《长安文物与古代法制》，法律出版社 1989 年版。

华学诚等：《扬雄方言校释汇证》，中华书局 2006 年版。

黄怀信等：《逸周书汇校集注》，上海古籍出版社 1995 年版。

黄晖：《论衡校释》，中华书局 1990 年版（新编诸子集成）。

黄时鉴辑：《元代法律资料辑存》，浙江古籍出版社 1988 年版。

黄现璠：《唐代社会概略》，商务印书馆 1936 年版。

黄永年：《六至九世纪中国政治史》，上海书店出版社 2004 年版。

黄永年：《唐史史料学》，上海书店出版社 2002 年版。

黄正建主编：《〈天圣令〉与唐宋制度研究》，中国社会科学出版社 2011 年版。

霍存福：《复仇·报复刑·报应说：中国人法律观念的文化解说》，吉林人民出版社 2005 年版。

霍存福：《唐式辑佚》，杨一凡主编：《中国法制史考证续编》，社会科学文献出版社 2009 年版。

J

蒋礼鸿：《商君书锥指》，中华书局 1986 年版（新编诸子集成）。

江士杰：《里甲制度考略》，商务印书馆 1944 年版。

L

赖瑞和：《唐代中层文官》，联经出版事业股份有限公司 2008 年版。

李斌城等：《隋唐五代社会生活史》，中国社会科学出版社 1998 年版。

李季平：《唐代奴婢制度》，上海人民出版社 1986 年版。

李交发：《中国诉讼法史》，中国检察出版社 2002 年版。

李锦绣：《敦煌吐鲁番文书与唐史研究》，福建人民出版社 2006 年版。

李文玲：《中国古代刑事诉讼法史》，法律出版社 2011 年版。

李希泌主编：《唐大诏令集补编》，上海古籍出版社 2003 年版。

李献奇、郭引强：《洛阳新获墓志》，文物出版社 1996 年版。

黎翔凤：《管子校注》，梁运华整理，中华书局 2004 年版（新编诸子集成）。

李学勤主编：《清华大学藏战国竹简》，上海文艺出版有限公司 2010 年版。

梁启超：《梁启超论中国法制史》，商务印书馆 2012 年版。

梁启超：《中国历史研究法》，华东师范大学出版社 1995 年版。

林咏荣：《中国法制史》，台北永裕印刷厂 1976 年版。

刘俊文：《敦煌吐鲁番唐代法制文书考释》，中华书局 1989 年版。

刘俊文：《日本学者研究中国史论著选译》，中华书局 1992 年版。

刘俊文：《唐代法制研究》，文津出版社 1999 年版。

刘俊文：《唐律疏议笺解》，中华书局 1996 年版。

刘俊文、［日］池田温：《中日文化交流史大系·法制卷》，浙江人民出版社 1996 年版。

刘文典：《淮南鸿烈集解》，冯逸、乔华点校，中华书局 1989 年版（新编诸子集成）。

刘馨珺：《明镜高悬——南宋县衙的狱讼》，北京大学出版社 2007 年版。

卢建荣：《北魏唐宋死亡文化史》，麦田出版社 2006 年版。

吕思勉：《论学集林》，上海教育出版社 1987 年版。

吕思勉：《吕思勉读史札记》，上海古籍出版社 1982 年版。

吕思勉：《吕著中国通史》，华东师范大学出版社 1992 年版。

吕思勉：《隋唐五代史》，上海古籍出版社 2005 年版。

M

马建华：《甘肃酒泉西沟魏晋墓彩绘砖》，重庆出版社 2000 年版。

毛阳光、余扶危主编：《洛阳流散唐代墓志汇编》，国家图书出版社 2013 年版。

［英］梅因：《古代法》，沈景一译，商务印书馆 1979 年版。

N

［日］籾山明：《中国古代诉讼制度研究》，李力译，上海古籍出版社 2009 年版。

P

潘维和：《唐律学通义》，汉林出版社 1979 年版。

蒲坚：《中国法制史》，中央广播电视大学出版社 2003 年版。

Q

钱大群：《唐律疏义新注》，南京师范大学出版社 2007 年版。

钱大群：《唐律研究》，法律出版社 2000 年版。

钱大群：《唐律译注》，江苏古籍出版社 1988 年版。

钱大群：《唐律与唐代法律体系研究》，南京大学出版社 1996 年版。

钱大群：《中国法律史论考》，南京师范大学出版社 2001 年版。

钱大群、钱元凯：《唐律论析》，南京大学出版社 1989 年版。

钱大群、夏锦文：《唐律与中国现行刑法比较论》，江苏人民出版社 1991 年版。

[日]浅井虎夫：《中国法典编撰沿革史》，陈重民译，中国政法大学出版社 2007 年版。

乔伟：《唐律研究》，山东人民出版社 1985 年版。

瞿同祖：《中国法律与中国社会》，中华书局 1981 年版。

R

[日]仁井田陞：《唐令拾遗》，栗劲等译，长春出版社 1989 年版。

[日]仁井田陞，池田温编辑代表：《唐令拾遗补》，东京大学出版会 1997 年版。

[日]仁井田陞：《中国法制史》，牟发松译，上海古籍出版社 2011 年版。

任世英：《隋唐帝国政治体制》，三秦出版社 2011 年版。

任爽：《唐代典制》，吉林文史出版社 1995 年版。

荣新江、李肖、孟宪实：《新获吐鲁番出土文献》，中华书局 2008 年版。

S

上海商务印书馆编译所：《光绪新法令》，李秀清、孟祥沛、汪世荣点校，商务印书馆 2010 年版。

尚秉和：《历代社会风俗事物考》，商务印书馆 1939 年版。

睡虎地秦墓竹简整理小组：《睡虎地秦墓竹简》，文物出版社 2001 年版。

苏舆：《春秋繁露义证》，钟哲点校，中华书局 1992 年版（新编诸子集成）。

孙家洲主编：《秦汉法律文化研究》，中国人民大学出版社 2007 年版。

T

唐耕耦：《敦煌法制文书》，刘海年、杨一凡主编：《中国珍稀法律典籍集成》（甲编第 3 册），科学出版社 1994 年版。

唐耕耦、陆宏基：《敦煌社会经济文献真迹释录》（1—4 辑），全国图书馆文献缩微复制中心 1986—1990 年版。

天一阁博物馆，中国社会科学院历史研究所天圣令整理课题组：《天一阁藏明钞本天圣令校正》，中华书局 2006 年版。

W

[英]沃克：《牛津法律大辞典》，李双元等译，法律出版社 2003 年版。

王立民：《唐律新探》，北京大学出版社 2007 年版。

王立民：《中国历史上的法律与社会发展》，吉林人民出版社 2007 年版。

王利器：《颜氏家训集解》，中华书局 1993 年版(新编诸子集成)。

汪潜：《唐代司法制度—唐六典选注》，法律出版社 1985 年版。

王汝涛：《唐代小说与唐代政治》，岳麓书社 2005 年版。

汪世荣：《中国古代判词研究》，中国政法大学出版社 1997 年版。

王树民：《史部要籍解题》，中华书局 1981 年版。

王仲镛：《唐诗纪事校笺》，巴蜀书社 1989 年版。

闻钧天：《中国保甲制度》，商务印书馆 1935 年版。

吴钢：《全唐文补遗》(第 1—10 辑)，三秦出版社 1995—2006 年版。

吴廷燮：《唐方镇年表》，中华书局 1980 年版(二十四史研究资料丛刊)。

吴震：《吐鲁番出土法制文书》，刘海年、杨一凡主编：《中国珍稀法律典籍集成》(甲编第 4 册)，科学出版社 1994 年版。

X

[日]西田太一郎：《中国刑法史研究》，段秋关译，北京大学出版社 1985 年版。

辛德勇：《隋唐两京丛考》，三秦出版社 2006 年版。

徐朝阳：《中国古代诉讼法》，吴宏耀、童友美点校，中国政法大学出版社 2012 年版。

徐朝阳：《中国诉讼法溯源》，吴宏耀、童友美点校，中国政法大学出版社 2012 年版。

徐道邻：《唐律通论》，中华书局 1945 年版。

徐道邻：《中国法制史论略》，正中书局 1953 年版。

许国霖：《敦煌石室写经题记》，新文丰出版公司 1985 年版(敦煌丛刊初集)。

徐敬修：《史学常识》，大东书局 1933 年版。

徐敬修：《说部常识》，大东书局 1933 年版。

Y

严耕望：《唐仆尚丞郎表》，中华书局 1986 年版。

严耕望：《唐史研究丛稿》，新亚研究所 1969 年版。

闫晓君：《秦汉法律研究》，法律出版社 2012 年版。

杨立新点校：《大清民律草案》，吉林人民出版社 2002 年版。

杨廷福：《唐律初探》，天津人民出版社 1982 年版。

杨廷福：《唐律研究》，上海古籍出版社 2012 年版。

杨一凡、刘笃才：《历代例考》，社会科学文献出版社 2012 年版。

郁嶷：《中国法制史》，北平震东印书馆 1931 年版。

岳纯之点校：《唐律疏议》，上海古籍出版社 2013 年版。

Z

詹宗佑：《点校本两唐书校勘汇释》，中华书局 2012 年版。

张家山二四七号汉墓竹简整理小组：《张家山汉墓竹简》，文物出版社 2006 年版(释文修订本)。

张建国：《中国法系的形成与发达》，北京大学出版社 1997 年版。

张晋藩：《中国法制通史》，法律出版社 1999 年版。

张晋藩：《中国司法制度史》，人民法院出版社 2004 年版。

张沛编：《昭陵碑石》，三秦出版社 1993 年版。

张鹏一编著：《晋令辑存》，徐清廉校补，三秦出版社 1989 年版。

赵晶：《〈天圣令〉与唐宋法制考论》，上海古籍出版社 2014 年版。

赵力光等：《西安碑林博物馆新藏墓志汇编》，北京线装书局 2007 年版。

赵文成、赵君平：《新出唐墓志百种》，西泠印社出版社 2010 年版。

赵秀玲：《中国乡里制度》，社会科学文献出版社 1998 年版。

郑显文：《出土文献与唐代法律史研究》，中国社会科学出版社 2012 年版。

郑显文：《律令时代中国的法律与社会》，知识产权出版社 2007 年版。

郑显文：《唐代律令制研究》，北京大学出版社 2004 年版。

中国科学院考古研究所编著：《西安郊区隋唐墓》（中国田野考古报告集考古学专刊丁种十八号），科学出版社 1966 年版。

周绍良、赵超：《唐代墓志汇编》，上海古籍出版社 1992 年版。

周绍良、赵超：《唐代墓志汇编续集》，上海古籍出版社 2001 年版。

朱方：《中国法制史》，上海法政学社 1932 年版。

朱雷：《敦煌吐鲁番文书论丛》，甘肃人民出版社 2000 年版。

［日］滋贺秀三：《中国家族法原理》，张建国、李力译，法律出版社 2003 年版。

（二）外文部分

［日］池田温：《敦煌汉文文献》，大东出版社 1992 年版。

［日］辻正博：《唐宋时代刑罚制度の研究》，京都大学学术出版会 2010 年版。

［日］小田义久编：《大谷文书集成》，法藏馆 2003 年版。

［日］中村裕一：《唐令逸文の研究》，汲古书院 2005 年版。

三、学术论文

（一）中文部分

［日］八重津洋平：《故唐律疏议研究》，收入杨一凡主编：《中国法制史考证》（丙编·第 2 卷），中国社会科学出版社 2003 年版。

鲍明晖：《从唐小说看唐人的诉讼观念》，《牡丹江师范学院学报》（哲学社会科学版），2011 年第 4 期。

［日］滨口重国：《唐代贱民部曲的成立过程》，收入刘俊文主编：《日本学者研究中国史论著选译》（第 8 卷），中华书局 1992 年版。

陈登武：《从唐临〈冥报记〉看唐代地狱审判》，《法制史研究》（台）第 6 期，2004 年。

陈登武：《内律到王法：唐代僧人的法律规范》，《政大法学评论》（台）第 111 期，2009 年 10 月。

陈登武：《从戴孚〈广异记〉看唐代地狱审判的法制意义》，《法制史研究》（台）第 12 期，2007 年。

陈顾远：《家族制度与中国固有法系之关系》，《中华法学杂志月刊》1937 年第 1 卷第 7 期。

陈顾远：《周礼所述之司法制度》，《中华法学杂志月刊》1937 年新编第 1 卷第 5—6 期。

陈光中：《中国古代的上诉、复审和复核制度》，《法学评论》1983 年第 3 期。

陈国灿：《对唐西州都督府勘检天山县主簿高元祯职田案卷的考察》，收入唐长孺主编：《敦煌吐鲁番文书初探》，武汉大学出版社 1990 年版。

陈俊强：《从〈天圣·狱官令〉看唐宋的流刑》，收入荣新江主编：《唐研究》（第 14 卷），北京大学出版社 2008 年版。

陈俊强：《述论唐代大赦的内容与效力》，历史语言研究所：《法制史研究》第 2 期，2001 年。

陈灵海：《国家图书馆周字 51 号文书辨疑与唐格复原》，《法学研究》2013 年第 1 期。

陈锐：《唐代判词中的法意、逻辑与修辞——以〈文苑英华·刑狱门〉为中心的考察》，《现代法学》2013 年第 4 期。

陈戍国：《从〈唐律疏议〉看唐礼及相关问题》，《湖南大学学报》（社会科学版）1999 年第 1 期。

陈玺：《隋唐时期巫蛊犯罪之法律惩禁》，《求索》2012 年第 7 期。

陈玺：《唐代长流刑之演进与适用》，《华东政法大学学报》2013 年第 4 期。

陈玺、何炳武：《唐代匿名告人现象的法律思考》，《人文杂志》2008 年第 3 期。

陈玺：《诣台诉事惯例对唐御史台司法权限的影响》，《湘潭大学学报》（哲学社会科学版）2011 年第 1 期。

陈永胜：《〈宝应元年六月高昌县勘问康失芬行车伤人案〉若干法律问题探析》，《敦煌研究》2003 年第 5 期。

陈永胜：《敦煌法制文书研究回顾与展望》，《敦煌研究》2000 年第 2 期。

程政举：《新资料和先秦及秦汉判例制度考论》，《华东政法大学学报》2009 年第 6 期。

程政举：《〈左传〉所反映的春秋诉讼及其对后世的启示》，《法学》2013 年第 7 期。

楚永桥：《燕子赋与唐代司法制度》，《文学遗产》2002 年第 4 期。

戴建国：《宋代加役流刑辨析》，《中国史研究》2003 年第 3 期。

戴建国：《唐代流刑的演变》，收入《法史学刊》（第 1 卷），社会科学文献出版社 2006 年版。

戴炎辉：《论唐律上身分与罪刑的关系》，台湾大学法学院《社会科学论丛》第 11 期，1961 年，收入黄清连主编：《制度与国家》，中国大百科全书出版社 2005 年版。

段塔丽：《从夫妻关系看唐代妇女家庭地位的变化》，《兰州大学学报》（社会科学版）2001 年第 6 期。

段伟：《救灾方式对中国古代司法制度的影响——因灾录囚及其对司法制度的破坏》，《安徽大学学报》（哲学社会科学版）2008 年第 2 期。

樊波、举纲：《新见唐〈李元昌墓志〉考略》，《考古与文物》2006 年第 1 期。

方潇：《中国古代的代亲受刑现象探析》，《法学研究》2012 年第 1 期

冯辉：《唐代司法制度述论》，《史学集刊》1998 年第 1 期

冯学伟：《敦煌吐鲁番文书中的地方惯例》，《当代法学》2011 年第 2 期。

冯卓慧：《从几件敦煌吐鲁番文书看唐代法律形式——式》，《法学研究》1992 年第 3 期。

［日］富谷至：《笞刑的变迁——从汉的督笞至唐的笞杖刑》，《东方学报》（85），2010 年，收入周东平、朱腾主编：《法律史译评》，北京大学出版社 2013 年版。

［日］冈野诚：《关于天圣令所依据唐令的年代》，李力译，《中国古代法律文献研究》（第 4 辑），

法律出版社 2010 年版。

高明士等：《评〈天一阁藏明钞本天圣令校正附唐令复原研究〉》，《唐研究》（第 14 卷），北京大学出版社 2008 年版。

高明士：《台湾近十年来(1995—2004)大学文史研究所对"中国法制史"研究概况》，《法制史研究》第 7 期，2005 年。

[日]高桥继男：《唐代后半期的巡院地方行政监察事务》，收入刘俊文主编：《日本中青年学者论中国史》（六朝隋唐卷），上海古籍出版社 1995 年版。

高世渝：《唐律：性别制度的法典化》，收入荣新江主编：《唐研究》（第 10 卷），北京大学出版社 2004 年版。

葛承雍、李颖科：《西安新发现唐裴伷先墓志考述》，收入荣新江主编：《唐研究》（第 5 卷），北京大学出版社 1999 年版。

桂齐逊：《五十年来(1949—1999)台湾有关唐律研究概况》，《法制史研究》创刊号，2000 年。

郭东旭、陈玉忠：《宋代刑事复审制度考评》，《河北大学学报》（哲学社会科学版)2009 年第 2 期。

郭莹：《中国古代的"告密"文化》，《江汉论坛》1998 年第 4 期。

韩国磐：《传世文献中所见唐式辑存》，《厦门大学学报》（哲学社会科学版)1994 年第 1 期。

韩秀桃：《中国古代礼法合治思想在基层乡里社会中的实践》，《安徽大学学报》（哲学社会科学版)1998 年第 1 期。

郝黎：《唐代流刑新辨》，《厦门大学学报》（哲学社会科学版)2004 年第 3 期。

何柏生：《数学对法律文化的影响》，《法律科学》2000 年第 6 期。

何木风：《把告密写进法律的第一人》，《中外文摘》2011 年第 17 期。

胡宝华：《唐代"进状"、"关白"考》，《中国史研究》2003 年第 1 期。

胡宝华：《唐代御史地位演变考》，《南开学报》（哲学社会科学版)2005 年第 4 期。

胡沧泽：《唐代御史台对官吏的弹劾》，《东南学术》1989 年第 3 期。

胡沧泽：《唐代御史台与宦官的关系》，《福建师范大学学报》（哲学社会科学版)1991 第 1 期。

胡沧泽：《唐代御史台司法审判权的获得》，《厦门大学学报》（哲学社会科学版)1989 年第 3 期。

胡凯：《唐代的法制建设——兼论唐"格"的作用》，《兰台世界》2008 年第 6 期。

胡如雷：《两件敦煌出土的判牒文书所反映的社会经济状况》，收入史念海主编：《唐史论丛》（第 2 辑），陕西人民出版社 1987 年版。

胡之芳：《我国古代刑事救济程序考评》，《法学杂志》2011 年第 10 期。

黄惠贤：《〈唐西州高昌县上安西都护府牒稿为录上讯问曹禄山诉李绍谨两造辩辞事〉释》，收入唐长孺主编：《敦煌吐鲁番文书初探》，武汉大学出版社 1990 年版。

黄时鉴：《〈大元通鉴〉考辨》，《中国社会科学》1987 年第 2 期。

黄晓明：《笞刑论考》，《安徽大学学报》（哲学社会科学版)1997 年第 2 期。

黄展岳：《记凉台东汉画像石上的"髡笞图"》，《文物》1981 年第 10 期。

霍存福：《〈龙筋凤髓判〉判目破译——张鷟判词问目源自真实案例、奏章、史实考》，《吉林大学社会科学学报》1998 年第 2 期。

霍存福：《唐故事惯例性论略》，《吉林大学社会科学学报》1993 年第 6 期。

霍存福：《唐式性质考论》，《吉林大学社会科学学报》1992 年第 6 期。

霍存福：《中国传统法文化的文化性状与文化追寻——情理法的发生、发展及其命运》，《法制与社会发展》2001 年第 3 期。

霍志军：《唐代的"进状"、"关白"与唐代弹劾规范——兼与胡宝华先生商榷》，《天水师范学院学报》2013 年第 3 期。

贾福海、程杰、魏义：《我国历史上的弹劾制考略》，《学术月刊》1981 年第 8 期。

贾宪保：《唐代北司的司法机构》，《人文杂志》1985 年第 6 期。

姜守诚：《新获北凉"缘禾二年"冥讼文书考释》，《鲁东大学学报》(哲学社会科学版)2010 年第 6 期。

姜素红：《试论"一准乎礼"》，《湖南农业大学学报》(社会科学版)2000 年第 1 期。

蒋铁初：《中国古代刑讯的目的与代价分析》，《法制与社会发展》2014 年第 3 期。

姜锡东：《岳飞被害与昭雪问题再探》，《郑州大学学报》(哲学社会科学版)2007 年第 2 期。

姜小川：《中国古代刑讯制度及其评析》，《证据科学》2009 年第 5 期。

金荣洲：《〈摩奴法论〉、〈唐律疏议〉所见古代印度与唐代妇女的社会地位》，《江汉论坛》2011 年第 2 期。

雷闻：《隋与唐前期的尚书省》，收入吴宗国：《盛唐政治制度研究》，上海辞书出版社 2003 年版。

李伯重：《唐代部曲奴婢等级的变化及其原因》，《厦门大学学报》(哲学社会科学版)1985 年第 1 期。

李辉：《中国传统"告密文化"之政治学考量》，《内蒙古社会科学》2006 年 5 期。

李季平：《试析唐代奴婢和其他贱民的身份地位》，《齐鲁学刊》1986 年第 6 期。

李交发：《中国传统诉讼文化宽严之辨》，《法商研究》2000 年第 3 期。

李露、王瑞平、饶晓敏：《中国古代刑讯制度的历史考察》，《理论月刊》2008 年第 6 期。

李天石：《从张家山汉简与唐律的比较看汉唐奴婢的异同》，《敦煌学辑刊》2005 年第 2 期。

李天石：《从睡虎地秦简看秦朝奴隶与唐代奴婢的异同》，《中国经济史研究》2005 年第 3 期。

李文凯：《北宋加役流新探》，《中国史研究》2001 年第 1 期。

李治安：《唐代执法三司初探》，《天津社会科学》1985 年第 3 期。

梁敏：《从〈唐律〉的规定性及社会实践看唐代妇女的地位》，《石河子大学学报》(哲学社会科学版)2009 年第 1 期。

梁启超：《历史统计学(续)》，《晨报副刊》1922 年第 11 期。

梁启超：《论中国成文法典编制之沿革得失》，收入范忠信选编：《梁启超法学论文集》，中国政法大学出版社 2004 年版。

刘安志：《读吐鲁番所出〈唐贞观十七年(643)西州奴俊延妻孙氏辩辞〉及其相关文书》，《敦煌研究》2002 年第 3 期。

刘海年：《秦的诉讼制度》，《中国法学》1987 年第 1 期。

刘后滨：《唐代司法"三司"考析》，《北京大学学报》(哲学社会科学版)1991 年第 2 期。

刘俊文：《论唐后期法律的变化》，《北京大学学报》(哲学社会科学版)1982 年第 2 期。

刘俊文：《唐律渊源辨》，《历史研究》1985 年第 6 期。

刘启贵：《我国唐朝流放制度初探》，《青海社会科学》1998 年第 1 期。

刘陆民：《唐代审判制度考》，《法学月刊》1947 年第 2 期。

刘昕杰：《引"情"入法：清代州县诉讼中习惯如何影响审断》，《山东大学学报》（哲学社会
　　科学版）2009 年第 1 期。

刘志坚：《"风闻弹劾"考》，《政治与法律》1986 年第 5 期。

龙大轩：《唐代的御史推弹制度》，《西南师范大学学报》（人文社会科学版）1998 年第 5 期。

龙大轩、原立荣：《御史纠弹：唐代官吏犯罪的侦控程序考辨》，《现代法学》2003 年第 2 期。

[日]泷川政次郎：《唐代法制史略》，王晞辰译，《清华学刊》1934 年第 42 卷第 3 期。

罗开玉：《秦国"什伍"、"伍人"考——读云梦秦简札记》，《四川大学学报》（哲学社会科学
　　版）1981 年第 2 期。

[美]马伯良：《〈唐律〉与后世的律：连续性的根基》，霍存福译，收入高道蕴、高鸿钧、贺卫
　　方编：《美国学者论中国法律传统》（增订版），清华大学出版社 2004 年版。

马晨光：《唐代刑事诉讼立案过程探讨》，《西北民族大学学报》（哲学社会科学版）2011 年
　　第 4 期。

马俊民：《唐代瓯使院制考论》，《天津师范大学学报》（社会科学版）1990 年第 1 期。

马晓丽：《论唐代的奴婢》，《烟台大学学报》（哲学社会科学版）1990 年第 2 期。

毛阳光：《洛阳新出土唐〈刘祎之墓志〉及其史料价值》，《史学史研究》2012 年第 3 期。

孟宪实：《国法与乡法——以吐鲁番、敦煌文书为中心》，《新疆师范大学学报》（哲学社会科
　　学版）2006 年第 1 期。

穆渭生：《唐代贱民的等级与法律地位》，《陕西教育学院学报》1996 年第 1 期。

潘春辉：《P. 2979〈唐开元廿四年岐州郿县县尉牒判集〉研究》，《敦煌研究》2003 年第 5 期。

彭炳金：《论唐代杖刑制度的发展变化》，《通化师范学院学报》2004 年第 9 期。

彭年：《秦汉族刑、收孥、相坐诸法渊源考释》，《四川师范大学学报》（社会科学版）1986 年第
　　2 期。

彭智：《"捶楚之下，何求而不得？"——对古代刑讯的几点考察》，《河南公安学刊》1994 年
　　第 1 期。

蒲坚：《释唐律"出入得古今之平"》，《政法论坛》2001 年第 4 期。

齐陈骏：《读伯 3813 号〈唐判集〉札记》，《敦煌学研究》1996 年第 1 期。

齐陈骏：《敦煌、吐鲁番文书中有关法律文化资料简介》，《敦煌学辑刊》1993 年第 1 期。

齐涛：《论唐代的流放制度》，《人文杂志》1990 年第 3 期。

[日]仁井田陞：《唐律令与其历史意义》，《北平近代科学图书馆馆刊》1938 年第 3 期。

[日]仁井田陞：《唐律令与东亚法律》，钱稻孙译，《舆论周刊》1937 年第 1 卷第 1 号。

[日]仁井田陞、牧野巽：《〈故唐律疏议〉制作年代考》，《东方学报》第 1、2 册，1931 年。收
　　入杨一凡主编：《中国法制史考证》（丙编第 2 卷），中国社会科学出版社 2003 年版。

陕西省考古研究所：《唐节愍太子墓发掘简报》，《考古与文物》2004 年第 4 期。

尚绪芝、张志伟：《中国古代司法审判中"刑讯"现象的文化机理探究》，《历史教学》2010 年
　　第 7 期。

史兵：《平反昭雪始于西周》，《益阳师专学报》1987 年第 1 期。

[日]辻正博：《从资料环境看 20 世纪日本的唐代法制史研究——以唐令的复原研究为中心》，周东平、陈进立译，收入王立民主编：《中国历史上的法律与社会发展》，吉林人民出版社 2007 年版。

[日]辻正博：《敦煌·吐鲁番出土唐代法制文献研究之现状》，《敦煌写本研究年报》第 6 号，2012 年 3 月。收入周东平、朱腾主编：《法律史译评》，北京大学出版社 2013 年版。

[日]辻正博：《〈天圣·狱官令〉与宋初司法制度》，收入荣新江主编：《唐研究》（第 14 卷），北京大学出版社 2008 年版。

苏力：《当代中国法律中的习惯——一个制定法的透视》，《法学评论》2001 年第 3 期。

苏亦工：《唐律"得古今之平"补辨——兼评〈四库提要〉之价值观》，《政法论坛》2008 年第 5 期。

苏亦工：《唐律"一准乎礼"辨正》，《政法论坛》2006 年第 3 期。

王春霞：《唐代长流制度研究》，《黑龙江史志》2010 年第 23 期。

王贵文：《邓艾之冤与昭雪》，《辽宁大学学报》（哲学社会科学版）1987 年第 3 期。

王国维：《古史新证》，《燕大学刊》1930 年第 1 卷第 1—2 期。

王斐弘：《敦煌写本〈神龙散颁刑部格〉残卷研究——唐格的源流与递变新论》，《现代法学》2005 年第 1 期。

王斐弘：《敦煌写本〈文明判集残卷〉研究》，《敦煌研究》2002 年第 3 期。

王宏治：《略述唐代的司法监督制度》，《浙江学刊》2004 年第 5 期。

王宏治：《唐代御史台司法功能转化探析》，《中国政法大学学报》2010 年第 3 期。

王建峰：《唐后期刑部尚书职权衰落探因》，《史学月刊》2009 年第 5 期。

汪进、胡旭晟：《五刑与五行：中国刑制的文化内涵》，《比较法研究》1989 年第 1 辑。

王立民：《有关中国古代刑讯制度的几点思考》，《华东政法学院学报》1999 年第 3 期。

王仁俊：《唐写本开元律疏名例卷附案证》，收入《敦煌石室真迹录己集》，宣统三年吴越王氏影本。

汪世荣：《中国古代的民事诉讼习惯》，《法律科学》2012 年第 4 期。

汪世荣：《中国古代的判例研究：一个学术史的考察》，《中国法学》2006 年第 1 期。

王雪玲：《两〈唐书〉所见流人的地域分布及其特征》，《中国历史地理论丛》第 17 卷第 4 辑。

王英生：《法制史学的本质及其研究方法》，《安徽大学月刊》，1933 年第 1 卷第 7 期。

王永兴：《〈唐律〉所载"同居有罪相为隐"一语如何理解？》，《历史教学》1962 年第 3 期。

翁育瑄：《从唐律的规定看家庭内的身份等级——唐代的主仆关系》，收入高明士主编：《唐代身份法制研究：以唐律名例律为中心》，五南图书出版股份有限公司 2003 年版。

武伯纶：《唐代长安的奴婢》，《人文杂志》1981 年第 1 期。

吴春桐：《法律习惯化与习惯法律化》，《东方杂志》1935 年第 32 卷第 10 号。

夏新华：《中国的传统诉讼原则》，《现代法学》2001 年第 6 期。

解梅：《P.2754〈唐安西判集残卷〉研究》，《敦煌研究》2003 年第 5 期。

谢元鲁：《汉唐掖庭制度与宫廷政治》，《天府新论》1999 年第 3 期。

邢义田：《汉代"故事"考述》，收入许倬云等：《中国历史论文集》，台湾商务印书馆 1986 年版。

徐道邻：《开元律考》，《新法学》1948 年第 1 卷第 3 期。

徐其萍：《略述唐代法官责任制》，《河北法学》1987 年第 4 期。

徐唐棠：《略论我国古代的刑讯制度》，《当代法学》2002 年第 9 期。

徐燕斌：《穿行在礼与法之间——〈龙筋凤髓判〉所揭示的唐代官吏的司法观》，《昆明理工大学学报》（社会科学版）2008 年第 3 期。

徐燕斌：《试论唐代法律中的贱民》，《河南教育学院学报》（哲学社会科学版）2009 年第 2 期。

徐忠明：《从明清小说看中国人的诉讼观念》，《中山大学学报》（社会科学版）1996 年第 4 期。

严冰：《情理·法理——从敦煌壁画中智断亲子归母案说起》，《敦煌研究》1998 年第 2 期。

闫晓君：《论张家山汉简〈收律〉》，《华东政法大学学报》2006 年第 3 期。

杨翱宇、刘俊杰：《唐代司法"三司"研析》，《兰台世界》2013 年第 23 期。

杨际平：《唐代的奴婢、部曲与僮仆、家人、净人》，《中国史研究》1996 年第 3 期。

杨莉、张音：《浅议汉代笞刑》，收入中国汉画学会、河南博物院：《中国汉画学会第十三届年会论文集》，中州古籍出版社 2011 年版。

杨一凡、刘笃才：《中国古代瓯函制度考略》，《法学研究》1998 年第 1 期。

叶峰：《论〈唐律〉"一准乎礼"、"得古今之平"》，《现代法学》1986 年第 2 期。

游自勇：《吐鲁番新出〈冥讼文书〉与中古前期的冥界观念》，《中华文史论丛》2007 年第 4 期。

虞国云：《汉代"杂治"考》，《史学集刊》1987 年第 3 期。

余经林：《略论唐代刑事控告及其受理制度》，《中外法学》1998 年第 3 期。

于凌、李焕青：《浅议秦汉时期的"笞杀"》，《赤峰学院学报》（哲学社会科学版）2010 年第 12 期。

袁昆仑：《唐代加役流制度研究——以〈唐律疏议〉为中心》，《周口师范学院学报》2014 年第 4 期。

岳纯之：《唐代中央对地方司法活动的监督与控制》，《学习与探索》2010 年第 1 期。

蕴华：《论惯习与法律之关系》，《法政杂志》1911 年第 1 卷第 7 期。

臧知非：《先秦什伍乡里制度试探》，《人文杂志》1994 年第 1 期。

张保来：《"笞刑"考》，《天中学刊》1997 年第 1 期。

张春海：《论隋唐时期的司法集议》，《南开学报》2011 年第 1 期。

张春海：《论唐代的安置刑》，《史学集刊》2011 年第 4 期。

张春海：《试论唐代流刑与国家政策、社会分层之关系》，《复旦学报》（社会科学版）2008 年第 2 期。

张琮军：《秦代刑事证据在诉讼程序中的运用》，《证据科学》2013 年第 1 期。

张国刚：《唐代乡村基层组织及其演变》，《北京大学学报》（哲学社会科学版）2009 年第 5 期。

张金桐：《〈冥报记〉的冥判故事与唐初"依律慎刑"思想》，《社会科学论坛》2002 年第 12 期。

张乃翥、张成渝：《洛阳龙门山出土的唐李多祚墓志》，《考古》1999 年第 12 期。

张勤：《从诉讼习惯调查报告看晚清州县司法——以奉天省为中心》，《南京大学法律评论》（2012 年秋季卷）。

张全民：《中国古代直诉中的自残现象探析》，《法学研究》2002 年第 1 期。

张荣芳：《唐代长安刑场试析》，《东海学报》（台）第 34 期，1993 年 6 月。

张善英、邓永奎：《浅论〈唐律〉对妇女地位的确认》，《重庆文理学院学报》（社会科学版）2008 年第
　1 期。

张伟仁：《中国传统的司法和法学》，《法制史研究》第 9 期，2006 年。

张维慎：《西汉社会生活中的"笞"罚》，《咸阳师范学院学报》2005 年第 1 期。

张维迎、邓峰：《信息、激励与连带责任——对中国古代连坐、保甲制度的法和经济学解释》，
　《中国社会科学》2003 年第 3 期。

张文昌：《"唐律研读会"的耕耘与收获》，《法制史研究》创刊号，2000 年。

张先昌：《浅议隋朝御史的弹劾权》，《史学月刊》2005 年第 11 期。

张小峰：《卫太子冤狱昭雪与西汉武、昭、宣时期政治》，《南都学坛》2006 年第 3 期。

张艳云：《唐代量移制度考述》，《中国史研究》2001 年第 4 期。

张艳云：《唐代左降官与流人异同辨析》，收入史念海主编：《唐史论丛》（第 8 辑），陕西师范
　大学出版社 1998 年版。

张艳云：《〈文明判集残卷〉探究》，《敦煌研究》2000 年第 4 期。

张艳云、宋冰：《论唐代保辜制度的实际运用——从〈唐宝应元年（762）六月康失芬行车伤人
　案卷〉谈起》，《陕西师范大学学报》（哲学社会科学版）2003 年第 6 期。

张应桥：《唐杨收及妻韦东真墓志研究》，《洛阳理工学院学报》2011 年第 2 期。

张雨：《唐开元狱官令复原的几个问题》，收入荣新江主编：《唐研究》（第 14 卷），北京大学
　出版社 2008 年版。

赵春燕：《中国古代刑讯制度演变规律之研究》，《中国刑事法杂志》2003 年第 4 期。

赵光怀：《"告御状"：汉代诣阙上诉制度》，《山东大学学报》（哲学社会科学版）2002 年第 1 期。

赵和平：《仁井田陞著，池田温等编〈唐令拾遗补〉》书评，收入荣新江主编：《唐研究》（第 4
　卷），北京大学出版社 1998 年版。

赵世超：《中国古代引礼入法的得与失》，《陕西师范大学学报》（哲学社会科学版）2011 年
　第 1 期。

赵娓妮：《国法与习惯的"交错"：晚清广东州县地方对命案的处理源于清末〈广东省调查
　诉讼事习惯第一次报告书〉（刑事诉讼习惯部分）的研究》，《中外法学》2004 年第 4 期。

赵雪军：《论"同居相为隐"原则》，《赤峰学院学报》（哲学社会科学版）2005 年第 4 期。

赵云旗：《论隋唐奴婢阶层在中国历史上的变化及其原因》，《晋阳学刊》1987 年第 2 期。

赵振华：《从王绾墓志看唐代私家奴婢生涯》，《河南科技大学学报》2007 年第 6 期。

郑定、闵冬芳：《"良贱之别"与社会演进——略论唐宋明清时期的贱民及其法律地位的演变》，
　《金陵法律评论》2003 年秋季卷。

郑禄：《唐代刑事审判制度》，《政法论坛》1985 年第 6 期。

郑显文：《律令制下唐代妇女的法律地位》，《吉林师范大学学报》（人文社会科学版）2004 年第
　3 期。

郑显文：《唐代诉讼活动中的翻译人》，收入《理性与智慧：中国法律传统再探讨》，中国政法
　大学出版社 2007 年版。

郑显文：《中国古代"农忙止讼"制度形成时间考述》，《法学研究》2005 年第 3 期。

钟昊：《唐代长流补阙》，韩国中国学会：《中国学报》2015 年，第 72 辑。

周宝珠：《岳飞冤狱及其平反昭雪前后的斗争》，《历史教学》1979 年第 12 期。

[日]滋贺秀三：《中国法文化的考察——以诉讼的形态为素材》，《比较法研究》1988 年第 3 期。

（二）外文部分

[日]八重津洋平：《唐代官人の貶をめぐる二三の问题》，《法と政治》18—2，关西学院大学
  1967 年。

[日]阪上康俊：《天圣令の蓝本となった唐令の年代比定》，载大津透编：《日唐律令比较研究
  の新段阶》，山川出版社 2008 年 。

[日]池田温：《敦煌本判集三种》，《古代东亚史论集》（下卷），吉川弘文馆 1978 年。

[日]川村康：《建中三年重杖处死法考》，池田温编：《中国礼法と日本律令制》，东方书店
  1992 年。

[日]大津透：《「コメント」日本令における式别式勅》，载大津透编：《日唐律令比较研究の
  新段阶》，山川出版社 2008 年。

[日]冈野诚：《初唐の戴胄-「守法」から见たその人と事迹》，载《明治大学社会科学研究所
  纪要》第 41 卷第 2 号，2003 年 3 月。

[日]冈野诚：《武则天に对する呪诅と裴怀古の守法——唐代の一僧侣をめぐる诬告事件》，
  《法史学研究会会报》第 10 号，2005 年。

[日]仁井田陞：《唐令の复旧について——附：董康氏の敦煌发见散颁刑部格研究》，载《法
  学协会杂志》52—2，1934 年。

[日]山根清志：《唐代良贱制下における良と贱とを分かつ基准をめぐって》，载《福井大学
  教育地域科学部纪要》第 3 部，社会科学第 59 号，2003 年。

[日]辻正博：《天圣「狱官令」と宋初の司法制度——「宋令」条文の成り立ちをめぐって》，
  载大津透编：《日唐律令比较研究の新段阶》，山川出版社 2008 年。

[日]筑山治三郎：《唐代における御史と酷吏について》，《京都府立大学学术报》16，1964 年。

四、学位论文

薄新娜：《唐代刑部的司法职能》，吉林大学硕士学位论文，2010 年 5 月。

初瑛：《唐代笞刑、杖刑问题研究》，四川师范大学硕士学位论文，2013 年 5 月。

郭永勤：《唐小说中的法律问题研究》，西北大学硕士学位论文，2007 年 6 月。

姜诗绮：《由诉讼关系看唐代女性在家庭中的地位》，南京大学硕士研究生毕业论文，2013 年
  5 月。

李芳：《唐律流刑考析》，吉林大学硕士学位论文，2008 年 3 月。

梁瑞：《唐代流贬官研究》，浙江大学博士学位论文，2011 年 7 月。

刘凡镇：《秦汉告奸法初探》，郑州大学硕士学位论文，2002 年 5 月。

马晨光：《唐代司法研究》，南京理工大学博士学位论文，2011 年 7 月。

王伟歌：《唐代掖庭研究》，上海师范大学硕士学位论文，2011 年 3 月。

徐睿一：《浅析我国古代的相邻关系》，吉林大学硕士学位论文，2012 年 4 月。

杨二奎：《唐代死刑适用研究》，吉林大学硕士学位论文，2010 年 5 月。

杨利锋：《秦汉连坐制度初探》，西北大学硕士学位论文，2006 年 6 月。

袁克勋：《试论中国古代见危不救罪与邻伍连坐制度》，复旦大学硕士学位论文，2008 年 10 月。

翟元梅：《唐代妇女民事法律地位研究》，南京师范大学硕士学位论文，2007 年 5 月。

张移生：《唐朝御史弹劾权研究》，安徽大学硕士学位论文，2012 年 4 月。

张茵茵：《唐代流刑制度研究》，河北师范大学硕士学位论文，2008 年 4 月。

索　引

鸣　谢

　　我关注中国传统诉讼法律文明十有余年,先后主持 2010 年国家社会科学基金项目"唐代刑事诉讼惯例研究"(结项鉴定等级为优秀,证书编号为: 20151063)、2016 年国家社会科学基金项目"宋代诉讼惯例研究"(项目编号: 16XFX002)。本书是我关于诉讼法史研究的第二本著作,也是国家社科基金项目"唐代刑事诉讼惯例研究"最终研究成果。伴随法律史学研究向纵深发展,部门法史与断代法史的研究渐为时所重。自古以来,我国知识分子就有"为天地立心,为生民立命,为往圣继绝学,为万世开太平"的志向和传统。博大精深且薪火相传的中华传统法律文明,正是中华"绝学"的重要组成部分,而继承和弘扬中华传统法律文明所蕴含的经验和智慧,则是当代学人艰巨而光荣的历史使命。

　　在这里,首先感谢我的诸位导师的关怀与栽培,包括中国社会科学院法学所杨一凡教授、湘潭大学法学院李交发教授、陕西师范大学历史文化学院贾二强教授、西北政法大学汪世荣教授、西北政法大学闫晓君教授。感谢西北政法大学各级领导和诸位同事的鼓励与关爱;感谢西南政法大学李鼎楚副教授和贵州财经大学李俊强副教授参与项目研究工作;感谢西北政法大学宋海彬教授、贵州财经大学肖海英教授提供外文资料和翻译支持。感谢评阅报告并提出宝贵意见的各位专家教授;感谢妻子李娟丽女士、女儿陈子瑄同学的理解与付出。

　　最后,特别感谢西北政法大学科研处王玉兰同志和科学出版社范鹏伟同志的大力支持与无私帮助。